Adalbert Engel

Franz Liszt

Adalbert Engel

Franz Liszt

Der virtuose Klang der Menschlichkeit

Casimir Katz Verlag

Ich widme dieses Buch
der Franz-Liszt-Gesellschaft in Eschweiler und
der Franz-Liszt-Gesellschaft in Kring, Nederlande.

Adalbert Engel

CIP-Titelaufnahme der Deutschen Bibliothek

Engel, Adalbert:
Franz Liszt: der virtuose Klang der Menschlichkeit / Adalbert
Engel. — Gernsbach: Katz, 1989
ISBN 3-925825-30-4

© Casimir Katz Verlag, Gernsbach 1989
Satz: Casimir Katz Verlag, Gernsbach
Lektorat: Dr. Klaus Pemsel in Zusammenarbeit mit der
          Literaturbetreuung Klaus Middendorf, München
Druck: Kösel GmbH & Co., Kempten/Allgäu
Umschlagsgestaltung: Zembsch' Werkstatt, München
ISBN: 3-925825-30-4

INHALT

VORWORT

Franz Liszts Werke werden immer häufiger aufgeführt, man begegnet seinem Namen auf immer mehr Plakaten und Programmheften. Unter solchen Umständen ist es selbstverständlich, daß sich das Interesse an seiner Abstammung und seinem Lebenslauf mehrt. Die Biographien, Monographien, Romane und Essays über Liszt machen heute schon eine ganze Bibliothek aus. Hat es da noch einen Sinn, ein neuerliches Buch über ihn zu schreiben? Jawohl, es hat einen Sinn! Die Franz Liszt gewidmeten Schriften sind entweder kränkend falsch oder schwärmerisch voreingenommen. Sachliche und dennoch schriftstellerisch anspruchsvolle biographische Werke über ihn gibt es kaum, was auch gar nicht so verwundert. Sein Name allein war damals in Europa gleichbedeutend mit Leidenschaft, mit Übernatürlichem. Böswillige dichteten ihm Satanimsus an. Dabei hat Franz Liszt sein Leben lang sich einen frohen Glauben bewahrt.

Liszts Leben war vielfarbig. Er war ein Virtuose seines Instruments, des Klaviers, und als Komponist ein kühner Neuerer. Es sind mehr als 1250 Werke von ihm verzeichnet, seine literarischen Schriften sind erstmals 1881 (6 Bände) erschienen und dann zwischen 1893 und 1905 in neun Bänden von Marie Lipsius veröffentlicht worden. Heute füllen seine Briefe mehr als 20 Bände, obgleich man mit Sicherheit damit rechnen muß, daß viele seiner Schreiben verschollen oder in Privathand sind. Ein namhafter ungarischer Musikhistoriker behaupet: "Wer die kühne Aufgabe auf sich nimmt, die Chronik von Franz Liszt niederzuschreiben, kann nichts anderes tun als zu - zitieren, indem er aus den Werken und Schriften des Franz Liszt, aus den

Memoiren, Bekenntnissen, zeitgenössischen Zeitungsartikeln und sonstigen Dokumenten das Wichtigste herausgreift, deren Vielfalt bewältigt und die Entscheidung darüber fällt, was er davon veröffentlichen oder weglassen will."

Ein Menschenalter lang unterrichtete und lenkte Franz Liszt die nachfolgende Musikergeneration. Unter seinen Schülern befinden sich einige der größten Pianisten und Musiker des 19. Jahrhunderts. Er war immer ein Propagandist fortschrittlicher Bestrebungen in der Musik. Wie weit sein Einfluß auf die moderne Musik geht, ist bisher nur in groben Zügen erschlossen. Vieles bleibt noch künftigen Forschungsarbeiten vorbehalten. "Der progressive Liszt ist längst entdeckt, obwohl in den Archiven noch manches schlummert, das erhärten würde, wie stark er als Bindeglied zur Moderne war", meint Berndt W. Wessling.

Franz Liszts Lebensweg enthält viele Gegensätzlichkeiten. Als Musiker war Liszt das verhätschelte Salonkind der Pariser Hautevolée, aber er machte sich nichts daraus, auch für Arbeiter zu spielen. Sein Auftreten machte ihn zum Ideal der Frauen, doch ist er 1865 als Abbé in den geistlichen Stand eingetreten. Von kleinbürgerlicher, für gewisse Pikanterien empfänglicher Neugier wurden einzelne Details aus diesem reichen Lebenslauf mit besonderer Schärfe ausgeleuchtet. Aus solchen Verzerrungen kann nur eine mangelhafte Kenntnis von Liszts Leben resultieren.

"Franz Liszts Musik unterliegt noch immer einer bemerkenswert konträren Beurteilung. Die einen empfinden sie als gefühlsarm, trivial, nur-virtuos; die anderen sprechen von tiefen Gedanken und Empfindungen oder wie einst Hugo Wolf von dem 'unvergleichlichen Schönheitssinn für musikalische Formen'", schreibt Wessling in seiner Liszt-Biographie. "Ein musikalischer Voyeur" war er für Claude Debussy, und Sergej Prokofieff stellt lapidar fest: "Das nächste Jahrtausend wird nur noch seinen Namen festhalten. Seine Musik wird vergessen sein." Ein großer Verehrer war Sergej Rachmaninow. "Neben ihm, der perfektesten romantischen Figur, die man sich vorstellen kann, verblaßt jeder Musiker jener Jahrzehnte: Nicht aus Unterlegenheit, sondern aus Mangel an Persönlichkeit. Hätte es die Vokabel 'Persönlichkeit' nie zuvor gegeben, für Franz Liszt hätte man sie erfinden müssen", schrieb er in einer New Yorker Zeitung. Schon um den noch lebenden Künstler häuften sich feindselige Kritiken und Gehässigkeiten.

In Bezug auf seine Zugehörigkeit entbrannte ein unsäglicher Streit. Allgemein bekannt ist, bis wohin Liszt gekommen ist; woher er aber kam, woher er abstammt, ist weniger geklärt. In den über ihn geschriebenen Werken gibt es keine sehr gründlichen Hinweise auf seine Abstammung. In vieler Hinsicht besteht ein vollständiges Durcheinander, was natürlich jedes objektive Urteil stört und den Streit um die Abstammung der Familie bis zum heutigen Tag nicht hat ruhen lassen. Zum Teil trägt Franz Liszt selbst die Schuld daran. Seine erste Biographikerin war Lina Ramann. Sie gab die erste Biographie noch zu Lebzeiten des Meisters, 1808, heraus. Es war ein saftig ausgeschmücktes Werk. Im Weimarer Liszt Museum ist das Exemplar vorhanden (1. Band), in dem Liszt Fehler selbst verbesserte, aber die romantische Abstammung so stehen ließ. Aus all diesen Gründen ist in diesem Buch auf eine exakte Genealogie Wert gelegt.

Man kann Franz Liszts Leben und Kunst, seine Schöpfungen nur dann verstehen, wenn man die Zeitstimmung wieder heraufbeschwört, in der er lebte: die Romantik. Aus Tagebüchern, Memoiren, Zeitungen und sonstigen Schriften wird die vergangene Zeit der Romantik wieder vergegenwärtigt, die von Franz Liszts rauschenden Erfolgen erstrahlte. Schon zu einer sehr frühen Zeit, nämlich am 9. Juni 1827, vermerkte Moscheles in sein Tagebuch: "Franz Liszts Spiel übertrifft alles früher Gehörte an Kraft und Überwindung von Schwierigkeiten."

Auf der Suche nach authentischen Daten und Dokumenten durchpilgerte ich fast jeden erreichbaren Ort, wo Liszt gelebt und gewirkt hat. So kam ich auf seinen Spuren von der iberischen Halbinsel bis in die äußerste Ecke Siebenbürgens. In Raiding (früher Doborján, Ungarn), dem Geburtsort Franz Liszts, im heißen Juli 1985, begriff ich dann, daß die Selbstverpflichtung, nach Vollständigkeit zu streben, leider ein unerreichbares Ziel ist.

SCHÖPFERISCHE HEIMAT

Betrachten wir das Gebiet, das sich zwischen Preßburg und Györ ausdehnt, so stellen wir überrascht fest, daß dieses kleine Territorium, das damals zu West-Ungarn gehörte, eine überaus große Anzahl namhafter Künstler hervorgebracht hat. Einer der Gründe hierfür mag die günstige Vermischung von deutschem, tschechischem und ungarischem Erbe sein.

Eine wesentliche Ursache aber finden wir in der Liebe zur Musik und in ihrer Pflege, welche für die dortige Bevölkerung charakteristisch ist. So ausgezeichnete Schulmeister wie Michael Feldinger, Georg Adam Liszt, Franz Lackner, Anton Seipold, Mathias Frank bezogen den Musikunterricht stets in ihre erzieherische Arbeit mit ein, und auch die Gottesdienste enthielten in der Regel musikalische Darbietungen. Die musikalische Unterweisung war Sache der Schulmeister, während die Pfarrei die Instrumente zur Verfügung zu stellen hatte. War ein Schüler so weit fortgeschritten, daß er eine Stimme sicher spielen konnte, so wurde er in die Musiziergemeinschaft aufgenommen. Hier konnte sich seine Musikalität richtig entfalten. So entstanden im Komitat Wieselburg (Moson) etliche regelrechte Musikerdynastien.

Aus *Preßburg* (damals Poszony und Sitz des ungarischen Parlaments) stammen *Johann Nepomuk Hummel* (1778-1837), *Viktor Herzfeld* (1836-1899) und *Ernst von Dohnányi* (1877-1960), der in Budapest lebte und berühmt wurde.

Joseph Haydn (1732-1809) und *Michael Haydn* (1737-1806) waren die Söhne des Dorfstellmachers in *Rohrau* und erhielten ihre musikalische Grundausbildung beim Schulmeister des Ortes. Joseph kam mit zehn Jahren zu einem

Verwandten, Mathias Frank, der in Hainburg Schulmeister war und ihn weiter ausbildete. Später ging Haydn nach Wien zu den berühmten Sängerknaben.

Ragendorf ist seit 1748 Heimat der Familie Liszt. Hier wuchs auch *Felix Schweighofer* (1842-1912) auf, der in Wien und Umgebung als Schauspieler gefeiert wurde.

Eisenstadt (damals Kismarton) ist der Wirkungsort Haydns beim Fürsten Esterházy. Berühmte Eisenstädter sind auch *Josef Weigl der Ältere,* der Cellist, und der *jüngere Weigl* (1766-1846), der in Wien Opernkomponist wurde.

Michael Mosonyi-Brand (1814-1870) stammt aus einer Kürschnerfamilie in *Frauenkirchen (Boldogasszony).* Nach dem ersten Musikunterricht beim Schulmeister bildete er sich autodidaktisch weiter, als Messner lernte er Klavier und Orgel spielen. Die Familie muß sehr arm gewesen sein, denn die Schwester Mosonyi-Brands starb vor 1914 im Frauenkirchner Armenhaus.

Moson (Wieselburg) ist der Geburtsort des Geigers *Karl Flesch* (1873-1944) und des berühmten Wiener Burgschauspielers *Josef Kainz* (1858-1910).

In *Lébény* wuchs der Dirigent *Arthur Nickisch* (1855-1922) auf, in *Raab (Györ)* sein Kollege *Johann Richter* (1843-1916), dessen Vater dort Kapellmeister an der Bischofskathedrale war.

Der Heimatort der Familie Liszt ist auch historisch nicht unbedeutend. Schon zu römischen Zeiten war hier ein Stützpunkt, und zwar der der XIV. römischen Legion. Ragendorf ist schon im Jahre 1208 als *Reugen* erstmals urkundlich erwähnt. Ab 1318 erscheint es als *Rayka* oder *Reyka,* später als *Raika* und *Rajka.* Mittelpunkt des Komitats war das auch heute noch bestehende Magyaróvár, dessen Ursprünge weit in die Vergangenheit weisen. 1683 brannten die Türken Kirche, Schule und Pfarrei völlig nieder, und damit wurden auch die Taufregister und das Archiv gänzlich vernichtet. Die Einwohnerschaft war überwiegend deutschstämmig. Karl III. und Maria Theresia siedelten in der Umgebung gezielt weiter Deutsche in großer Zahl an.

Im 18. Jahrhundert erscheint der Familienname *List* in ganz West-Ungarn schon mehrfach. Die erste Angabe lautet: "*1711 den 5 Febr. ist begraben worden ein armes Weib - Elena List, alt bei 31 Jahr.*"

Im 17. und 18. Jahrhundert legte man bei den Eintragungen ins Kirchenregister der Schreibweise der Familiennamen wenig Bedeutung bei. Den Namen des Urgroßvaters von Franz Liszt trug der Ortsgeistliche ein als *Sebastian List*. Die Sterbeeintragung des zweiten Kindes der Familie lautet: "*Den 2 September I s t den Sebastian Lüst sein Söhnlein Johann Christoph Begraben Worden alt 8 Täg.*"

Nach Meinung der sehr akribischen Liszt-Forscher ist der Name Liszt beziehungsweise List vom norddeutschen Vornamen Listhart abgeleitet. Er bedeutet verständig, klug. Unter den in West-Ungarn lebenden Deutschen war es üblich, auch die Erwachsenen mit Kosenamen anzureden. So wurde aus Johannes Hans, wobei für Kinder oder Jugendliche noch die Verkleinerungssilbe '-lein' angehängt wurde. Dies reduzierte sich zu einem '-l', so daß aus Hänslein Hansl wurde. Oft wurde bei den Namen, mit geringfügigen Veränderungen, nur der erste Wortteil ausgesprochen oder aber nur der letzte. So geschah es mit *Listhart*. Es entstanden die zwei Teile *List* und *Hart*, die beide geläufige Namen in der Gegend wurden. Der Name des ersten List erscheint noch mit den Varianten Lüstl, Lüst, Listl und List. Endgültig legte erst Georg Adam List den Familiennamen fest. Auf den überlieferten alten Urkunden, die er in seiner Eigenschaft als Notar ausstellte, erscheint seine Unterschrift als *Adam List Notarius mp.*

Franz Liszts Vater Adam Liszt aber schrieb seinen Namen schon ausschließlich ungarisch, und so ist er in die Musikgeschichte eingegangen.

Liszts Vorfahren lassen sich zurückverfolgen bis ins Jahr 1660, dem Geburtsjahr von Mathias Lager Senior, Franz Liszts Urgroßvater mütterlicherseits. Aus Lager Sen. dritter

Ehe wird am 5. September 1715 Mathias Lager geboren, Franz Liszts Großvater mütterlicherseits.

1740, am 13. September, heiratet der Bäckermeister Mathias Lager die Witwe des Bäckers Joseph Nündorfer aus Krems, die 17 Jahre ältere Regina. Der Bäckermeister wird Witwer und heiratet 1777 mit 62 Jahren nochmals. Die Auserwählte ist diesmal 24 Jahre alt und heißt Franziska Romana Schumann. Sie ist die Tochter eines Öttinger Uhrmachers.

Auch väterlicherseits kommen wir bis zum Urgroßvater Sebastian List, der sich im Januar 1748 in der Gemeinde Ragendorf (Rajka) im Komitat Raab niederläßt. Er heiratet eine Marie Roth. Franz Liszts Großvater, Georg Adam Liszt, wird am 24. Oktober 1755 geboren, wie aus dem Kirchenregister von Ragendorf hervorgeht. Den Zeitgenossen nach war Georg Adam Liszt ein Musikliebhaber, aber eine unruhige, schwierige Natur. Er geht in Ragendorf zur Schule und beschäftigt sich unter Anleitung seines Lehrers Michael Feldinger mit Musik, singt im Chor und lernt Violine spielen. 1774 erhält Georg Adam Liszt die Schulmeisterstelle der Gemeinde Edelstal.

Unter dem Datum 17. 1. 1775 findet sich im katholischen Kirchenregister von Oroszvár folgende Eintragung: *"Der Schulmeister Georg Adam Liszt, 20 Jahre alt, und die ledige Barbara Schlesack, 21 Jahre, haben miteinander die Ehe geschlossen."* Sie lebten zehn Jahre zusammen in dem kleinen Ort und hatten acht Kinder. Das zweite Kind, am 16. Dezember 1776 geboren, ist Adam Liszt, der Vater Franz Liszts.

Georg Adam muß eine äußerst unverträgliche Natur gewesen sein, da er bis 1806 schon den dritten Stellungswechsel vollzieht (meist durch eine Dienstentlassung nach Streitigkeiten verursacht) und auch die dritte Ehe schließt. Seinen Sohn Adam schickt er auf das Kgl. Kath. Gymnasium in Preßburg und verwendet auch große Sorgfalt auf seine musikalische Ausbildung. Adam beginnt, den Familiennamen konsequent von *List* in *Liszt* umzuwandeln.

Aus Mathias Lagers Ehe mit Franziska Romana Schumann geht am 9. Mai 1788 Maria-Anna Lager hervor, Franz Liszts künftige Mutter. Beide Eltern sterben früh, so daß Anna als Waise aufwächst. Anfangs arbeitet sie in ihrem Heimatdorf, dann geht sie nach Wien, wo sie bei vornehmen Familien als Zimmermädchen arbeitet, ohne die Aushilfe im väterlichen Betrieb ganz aufzugeben.

1793, 7. Januar: In Ragendorf stirbt im Alter von 90 Jahren Sebastian List. Sein 38jähriger Sohn Georg Adam hat zehn Kinder und ist zu der Zeit Schulmeister in Leitha. Auch hier bekommt er Streit mit den Oberen in der Gemeinde und wird aus dem Dienst entlassen. Am 21. September 1795 tritt dann Adam Liszt nach Beendigung des Gymnasiums in den Franziskaner-Orden ein, den er am 29. Juli 1797 wieder verläßt. Im Herbst schreibt er sich an der Philosophischen Fakultät der Preßburger Universität ein, daneben studiert er auch Musik bei Paul Rigler. Doch bedrückt durch die Armut der Familie und den Hunger der vielen Geschwister verläßt er die Universität wieder und tritt in den Dienst des Fürsten Esterházy. In Frakno wird er Gutsverwalter.

1801 widmet Adam Liszt eine eigene Komposition, ein Tedeum für 16 Instrumente, dem Fürsten Esterházy. 1805 wird Adam zum Gutsverwalter des 1683 unter Paul Esterházy erbauten Residenzschlosses befördert. Als Cellist wirkt er im Eisenstädter Orchester des Fürsten Esterházy mit und lernt bei den Konzerten Haydn und den berühmten Komponisten und Klaviervirtuosen Johann Nepomuk Hummel kennen.

1809 wird Adam Liszt unerwartet als Rentmeister nach Raiding (damals Doborján) versetzt. Zwei Musikinstrumente nimmt er dorthin mit: sein Klavier und das Cello. Jetzt beginnt er auch den Rat seines Vaters, doch zu heiraten, in Erwägung zu ziehen. Adam Liszt besucht den Vater oft, der mit dem Seifensieder des Ortes, Franz Xaver Lager, befreundet ist. Hier lernt er Anna Lager kennen, die neben ihrer Arbeit in Wien oft bei ihrem Bruder aushilft.

Im Dezember 1810 beginnt sich eine ernste Beziehung zwischen Anna Lager und Adam Liszt zu entwickeln, und schon am 11. Januar 1811 schließen beide mit fürstlicher Genehmigung die Ehe.

DER KOMET

Annas Niederkunft steht im Oktober 1811 bevor. In diesen Tagen ist ein Komet am Himmel zu sehen, den Adam Liszt als ein gutes Vorzeichen betrachtet. In der Nacht vom 21. zum 22. Oktober 1811 erblickt Franz Liszt das Licht der Welt.

Während über dem Dorf Raiding die Ruhe der Nacht liegt, sitzt der Rentmeister Adam Liszt, in seine Arbeit vertieft, am Tisch des Wohnzimmers. Er ist ein fleißiger, pflichtbewußter Mann. Die Arbeit ist aber auch zugleich Flucht für ihn. Er trägt jetzt Verantwortung für eine Familie. Wenn Adam Liszt jetzt bis spät in die Nacht zu Hause arbeitet, so deshalb, weil das Musizieren nicht mehr möglich ist: Frau und Kind schlafen nebenan und dürfen nicht geweckt werden. Doch während der Arbeit verfällt Adam immer wieder ins Träumen. Es sind ehrgeizige Träume, die ihn nicht loslassen, wenn er am Abend bei flackerndem Kerzenschein dasitzt und dabei alles andere vergißt. Obwohl er weit besser als sein Vater verdient, lebt er doch sehr eingeschränkt in dem einfachen, dörflichen Häuschen, das Eigentum der Esterházys ist.

Es gibt nur zwei Zimmer, beide mit gestampftem Lehmboden und äußerst bescheidener Einrichtung. Im Wohnzimmer steht vor dem einzigen Fenster ein Tisch, dazu die grobe Bank aus rohem Holz und ein paar Stühle. Das andere düstere Zimmer enthält das einfache Bett, in dem Franz Liszt geboren wurde.

Im Jahre 1812 verliert Georg Adam Liszt seine Anstellung, so daß er vorübergehend zum Sohn zieht und auch

Frau und Kinder bald nachkommen läßt. Für Adam Liszt wird das Leben so unerträglich. Er reicht ein Gesuch nach dem anderen um eine Stellung für den Vater bei der Kanzlei der Esterházys ein, doch vergebens. Im Januar 1814 wird er erneut versetzt, und so trennen sich die Wege wieder. Die letzte Station, die vom Vater Adam Liszts überliefert ist: Er verdient sein Brot als einfacher Arbeiter in der Pottendorfer Tuchfabrik. Am 31. Januar 1817 wird Georg Adam Liszt das letzte Kind geboren: Eduard Liszt. Er ist es, mit dem Franz Liszt später die verwandtschaftlichen Beziehungen aufrechterhält, dem er das Vermögen der Familie anvertraut, bei dem er wohnt, sooft ihn seine Reisen nach Wien führen.

Adam Liszt hat seinen Vater wiederholt in Pottendorf besucht. Einmal trifft er ihn nicht zu Hause an und geht in die kleine Dorfkirche, wohin sich der Vater aufgemacht haben soll. Dort empfangen ihn brausende Orgelklänge. Der ganz in sein Spiel vertiefte Vater nimmt das Kommen des Sohnes nicht wahr. Erst lange nachdem dieser leise zu ihm auf die Empore gestiegen ist und vor ihm gestanden hat, bemerkt er ihn und bricht das Spiel sofort mit einem schmerzlichen Lächeln ab.

Doch das Leben des Sohnes ist nicht weniger unstet; immer wieder wird Adam Liszt versetzt. 1815 lebt die Familie wieder in Raiding. Anna erhält endlich die vom Bruder lange zurückgehaltene Mitgift: 1000 Silbergulden. Tag für Tag zählt Adam Liszt den kostbaren Schatz nach, bis er eines Tages, zum Entsetzen seiner Umgebung, 600 Forint des Vermögens für ein Klavier "hinauswirft".

So haben den inzwischen so nüchternen, kühlen Adam Liszt seine Träume wieder eingeholt. Jede freie Minute verbringt er nun erneut am Klavier. Seine Frau, die doch stets bei ihm ist, äußert sich nie zum Spiel ihres Mannes, mag er auch Mozart, Haydn oder Hummels schwierige Kompositionen spielen oder Bach, der damals selten zu hören war, und Beethoven. Musik interessiert sie nicht. So fällt es Adam Liszt nicht schwer, seine Frau zu überreden, sich doch lieber früh mit dem Kind schlafen zu legen.

Eines Abends, als Adam wie gewohnt Frau und Sohn zu Bett schicken will, widersetzt sich der kleine Franz überraschend und bittet inständig, doch noch etwas aufbleiben und dem Vater beim Klavierspiel zuhören zu dürfen. Der überraschte Vater erlaubt es, und von nun an hört der Kleine dem Vater Abend für Abend noch einige Minuten zu. Geradezu gierig lauscht er der Musik und läßt niemals nach in seiner Aufmerksamkeit.

Den nimmermüden kleinen Zuhörer fragt Adam einmal: "Nun, hast du dir irgendeine Melodie merken können?" Verwundert schaut der Bub auf und erwidert, während er den Vater mit seinen klaren Kinderaugen anschaut: "Alle, Vater, ich habe keine einzige vergessen."

Und mit klarer, sicherer Stimme singt der kleine Franz die bisher gehörten Melodien dem erst neugierig, dann überwältigt zuhörenden Vater vor. Und weckt damit in Adam Liszt, der in seiner Raidinger Dienstwohnung in einem Meer von Hoffnungslosigkeit zu versinken drohte, die alten Träume zu neuem Leben. Er, der Fünfjährige, der noch nicht lesen und schreiben kann!

So beginnt im Dezember 1816 der Weg eines Kometen, eines noch im Verborgenen lebenden Titanen, dem später ein Teil der Menschheit zu Füßen liegen sollte; andere aber, die nicht einen Bruchteil dessen, was Liszt der Menschheit schenkte, zu leisten vermochten, die höchstens schwache Epigonen waren, werden mit Schmutz nach ihm werfen und ihn beschimpfen - ihn, der doch nichts anderes war als ein Mensch aus Fleisch und Blut.

DAS WUNDERKIND

Langsam und vorsichtig wird das Tor geöffnet, und ein blondhaariges Kind lugt hinaus. Voller Ungeduld und Erregung wartet es auf die Heimkehr des Vaters.

Fast unmerklich hatte sich das Leben der Familie Liszt in

den letzten Tagen verändert. Adam Liszt unterweist den kleinen Franz, der solch ein überraschend großes Interesse für die Musik zeigt, im Schreiben und Notenlesen. Adam Liszt schaut weit in die Zukunft... Die Entdeckung jenes denkwürdigen Abends, an dem Franz sein fantastisches musikalisches Gedächtnis und seine außerordentliche Begabung unter Beweis gestellt hatte, erweckt im Vater unerwartete Pläne und Hoffnungen.

Adam Liszt hat seinen Platz im Leben gefunden, es hat wieder einen Sinn, ein Ziel, eine Zukunft. Was ihm das Schicksal versagt hatte, das hofft er im Sohn zu verwirklichen. Der kleine Franz, *Putzi* gerufen, lernt begierig und macht in einem schwindelerregenden Tempo Fortschritte.

Seltsame Gedanken bewegen Adam Liszt, merkwürdige Gefühle erregen seine Seele: Als wenn er schon einmal gelernte und dann vergessene Dinge den Sohn lehrte. Als er aber versucht, das Tempo etwas zu verlangsamen, muß er sich eingestehen, daß nicht mehr er dem Sohn voraus ist, sondern das Kind mit solchen Riesenschritten voraneilt, daß der Vater befürchten muß, dies alles könne mit einem jähen Sturz in den Abgrund enden. Putzi sitzt den ganzen Tag lang am Klavier, lernt und übt.

Er hat sich in den ihm gemäßen Tagesrhythmus schnell hineingefunden. Morgens kann er nach Belieben ausschlafen, wie es seine Mutter für ihn durchgesetzt hat. Eine Zeit lang plagt ihn schweres Fieber, er magert völlig ab und hat nicht einmal mehr die Kraft, die Hand zu heben. In einem ganz frühen Alter leidet er dazu unter rätselhaften und häufig wiederkehrenden Krämpfen. Unheimliche Zuckungen durchrasen seinen kleinen Körper, danach liegt er bewegungslos, so daß weder Eltern noch Bekannte glauben, daß dieses zarte Kind nach solchen Anfällen am Leben bleiben könne.

Anstelle des bisher friedlichen Zusammenlebens der Familie gibt es nun oft Streitigkeiten. Adam kämpft um seine eigenen Träume - Anna um das Leben ihres Kindes. Drohend steht die Frage um Leben und Tod zwischen ihnen.

Eines Abends findet die Mutter Franz bewußtlos auf dem Boden liegend, mit dem Gesicht nach unten und ausgebreiteten Armen, wie ein flügellahmer Engel. Umgehend spannt der Vater die Pferde an, um einen Arzt zu holen. Dieser, aus Eisenstadt herbeigerufen, ist ein betagter Mann, der sich mit der in der Gegend herrschenden Kindersterblichkeit längst abgefunden hat. Er untersucht den schwachen Körper des Kindes, in dem kaum mehr ein Lebenszeichen zu finden ist. "Er hat hohes Fieber. Ich weiß nicht, ob er den Morgen noch erleben wird."

Die Mutter empört sich gegen diese Worte. Sie schiebt Arzt und Ehemann beiseite: Wo die Männer den Kampf aufgeben, da beweisen die Frauen ihre Stärke. Sie legt das Kind behutsam in sein Bettchen, kniet nieder und beginnt zu beten. Es vergehen drei volle Monate, bis Franz unter der Pflege seiner besorgten Mutter wieder gesund wird. Als er danach zum ersten Mal aufstehen darf, ist sein erster Gang der zum Klavier. Erneut beginnt er mit dem ihn beglückenden Lernen. Und das bisher so erschöpfte Kind strahlt bald regelrecht vor Frische.

Der Tagesablauf wird geregelt: Nach dem Frühstück spielt der Knabe die vom Vater aufgegebenen Übungen. Eine halbe Stunde lang, bis elf Uhr, darf er dann frei auf dem Klavier improvisieren - zu seiner allergrößten Freude und Wonne. Das Mittagessen nimmt die Familie gemeinsam ein; danach spielt Franz vierhändig mit dem Vater, was er aber gar nicht mag. Während des gemeinsamen Spiels klammert sich das Kind mit größter Aufmerksamkeit an die Noten: Sein Gesicht spiegelt die Anspannung wider, und vor lauter Eifer läßt er die Zungenspitze im Mundwinkel spielen. Wenn ihm ein Fehler unterläuft, zuckt es erschrocken zusammen, sich vor der Strenge des Vaters fürchtend. Nach dem vierhändigen Spiel folgt eine Lektion im Transponieren, darauf eine Czerny-Etüde, die Franz zunächst in C-Dur spielt, unmittelbar anschließend dasselbe in G-Dur, in D-Dur, A-Dur und so fort, die gesamten Tonarten durch. Er muß im Wechsel Werke von

Bach, Haydn, Mozart, Beethoven, Händel, Ries und Hummel spielen.

Unbeirrbar ebnet der Vater dem Sohn den Weg zum Künstler. Ihm persönlich nicht bekannte Wiener Musiker, die Eisenstädter Beamten und alle Bekannten überhäuft er mit seinen Briefen.

Mit halbem Ohr verfolgt der Vater während seiner Arbeit das Spiel des Sohnes und unterbricht sofort, wenn dem Kind ein Fehler unterläuft. Franz muß nun ein größeres Konzertstück einüben, bis zur höchsten Beherrschung von Technik und Ausdruck, als ob er auf dem Podium säße.

Das Kind hat eine seltsame, unerklärliche Angewohnheit. Es hält die vorgeschriebenen Tempi nicht ein und läßt eigenmächtig ein bis zwei Takte aus oder fügt von sich aus etwas ein. Es gibt dem eigenen Gefühl, der eigenen Vorstellungskraft Gestalt.

Im Innern des Jungen erklingen oft die von den Zigeunern gehörten Weisen, die sich ihm tief eingeprägt haben. Diese wilde und fremdartige Musik, die er einmal auf einer Kirchweih gehört hat, erregt ihn. Was die Zigeuner damals gespielt hatten, war so gar nicht vergleichbar mit irgendeiner Komposition von Beethoven, Mozart oder Cramer. Diese in der Modulation nicht eben abwechslungsreiche, aber in den Klangfarben desto eigenartigere, in ihrer Unregelmäßigkeit die verschiedensten Rhythmen enthaltende Musik bleibt für ihn fesselnd und rätselhaft. Was er bisher als Musik kennt, ist etwas ganz anderes.

Als er zum ersten Mal ein Stück von Ries spielt, bemerkt er beim Ablesen der Noten mit Schrecken, daß an einer Stelle die linke Hand eine Dezime zu greifen hat. Wie aber soll denn er mit seinen kurzen Fingerchen über zehn Tasten greifen, wenn er nicht einmal eine Oktave schafft. Voll Eifer und Erfindungsgeist löst er das Problem: Während die rechte Hand oben die Melodie spielt, schlägt die linke den unteren Ton der Dezime an, mit der Nase aber ergänzt er den fehlenden oberen Ton!

Wenn Franz zu Hause am Klavier sitzt, ist sein Spiel vir-

tuos: Wenn er sich jedoch vor Fremden produziert, ver-
schlägt es einem den Atem. Und dieses Wunder wiederholt
sich regelmäßig. Daraufhin nimmt Adam Liszt den Sohn
immer häufiger zu Bekannten und Freunden nach Eisenstadt und Ödenburg mit. In fremder Umgebung blüht das
Kind unversehens auf. Von dem Beifall, den Ovationen
kann es nicht genug bekommen. Es will sein Publikum erobern; wie es mit geröteten Wangen selbstvergessen und
ganz und gar dem Spiel hingegeben musiziert, ist es ein
wunderschönes Kind. Mit überraschtem Staunen betrachten ihn Vater und Mutter: Das soll ihr sonst so kränkliches
Kind sein?

Erst achtjährig, setzt er nicht nur die Eltern in Erstaunen,
sondern auch einige alte Musiker, die noch am Eisenstädter Hof verblieben waren. Diese holen ein völlig unbekann-
tes Klavierstück hervor, und auf Anhieb spielt Franz es fehlerlos vom Blatt ab. Dann faltet er das Notenblatt zusammen und spielt das ganze noch einmal aus dem Gedächtnis.
Mit ehrfürchtigem Staunen hören alle dem Spiel des Kindes zu. Die kleinen Knabenfinger laufen mit verblüffender
Sicherheit über die Tasten; deutlich gibt die rechte Hand
die Melodie an die linke ab, um sie dann wieder zu übernehmen; beim Crescendo beißt Franz fest die Zähne zusammen, und ein Tremolo läßt ihn von der beim Spiel
durchlebten Wonne am ganzen Körper erbeben.

Die Nachricht von der außergewöhnlichen Begabung
des Kindes breitet sich aus. Am 13. April 1820 trifft eine
Aufforderung des Herrn von Esterházy ein.

Er bestellt Adam Liszt zu sich und erkundigt sich nach
dessen Plänen. Adam Liszt erwidert, daß es für seinen Sohn
zum Lernen nur einen Ort gäbe - Wien! Das jedoch würde
große Geldausgaben bedeuten. Adam Liszt, der nicht un-
vorbereitet zu der Unterredung gekommen ist, zieht einen
großen Bogen Papier hervor - der Träumer und der pedan-
tische Beamte zeigen sich hier in einer Person vereint.

Seine Exzellenz entscheiden jedoch anders. Umsonst
wird von allen Seiten das außergewöhnliche Talent des

Kindes beteuert - er unterstützt die Angelegenheit nicht. Äußerst gnädig gibt er seine Genehmigung zu Adam Liszts eventueller Übersiedlung nach Wien - vorausgesetzt, es fände sich dort eine freie Stelle - und gewährt 200 Forint Unterstützung. Freilich findet sich in Wien keine freie Stelle, und so bleibt es lediglich bei den bewilligten 200 Forint.

Eines Tages trifft überraschend Post ein. Der Baron von Braun wünscht den Herrn Verwalter Liszt zu sprechen und bittet, er möge sich am festgelegten Tage nach Ödenburg bemühen. Dort erwartet ihn in der Schankstube des Gasthauses zum Posthorn anstelle des Barons dessen Erzieher. Er erklärt Vater Liszt mit großer Umständlichkeit, daß sein Schützling, der Baron von Braun, in seinen Kindheitstagen das Augenlicht verloren habe. Zum Ausgleich hierfür habe ihn das Schicksal mit einem großen musikalischen Talent gesegnet, und nun wünsche der Herr Baron in Ödenburg ein glänzendes Konzert zu geben. Dabei könne auch der Sohn des Herrn Liszt auftreten, von dem, wie man gehört habe, wahre Wunder berichtet werden.

Mehr als vierhundert Menschen versammeln sich im Oktober 1820 zu diesem Konzert im Alten Casino von Ödenburg. Adam Liszt zweifelt keinen einzigen Augenblick lang daran, daß das Publikum nicht des blinden Barons, sondern allein seines Sohnes Franz wegen herbeigeströmt ist.

Als Franz auf das Podium gerufen wird, vergißt Adam sogar die eigene Frau. Im allerletzten Moment erst reicht er Anna seinen Arm, und sie eilen in die Loge. Anna wagt nicht einmal, zum Podium hinzuschauen; Adam starrt gequält den Sohn an und muß feststellen, daß Franz inmitten der gutbürgerlichen, stattlichen Ödenburger Musiker jämmerlich zerbrechlich wirkt. Und er fühlt genau, daß sich auch Franz dessen bewußt ist, denn er sitzt mit gesenktem Kopf dort kläglich zwischen den Musikern.

Das alles aber ändert sich innerhalb eines einzigen Augenblicks. Als Franz auf das Zeichen des Dirigenten hin zu spielen beginnt, fährt das Publikum auf. Unter den Händen dieses zerbrechlichen Kindes erklingen solche mächtigen Akkorde, als wenn man eine Glocke zum Tönen gebracht hätte. Die Zuhörer richten ihre Aufmerksamkeit allein auf den Knaben; wie er die Führung an sich reißt, wie er das Orchester beherrscht, das Tempo bestimmt. Die Luft ist wie elektrisch geladen. Die Reihen im Saal erheben sich. Diese Dynamik, diese pulsierende Musik kann man nicht im Sitzen anhören.

Trotz klopfenden Herzens, trotz des Fiebers der großen Anspannung spielt Franz souverän und unbeirrt weiter. Es folgt nicht etwa ein höflicher Applaus, nein, ein rauschender, anhaltender, nicht enden wollender Beifall, wie nach einer besonders geglückten Theaterpremiere. Zuhörer springen auf, Männer und Frauen, und eilen zum Podium, um den kleinen Franz zu umarmen und zu küssen.

Geschicklichkeit, blendende Läufe, donnergewaltige Akkorde, kurz Virtuosität, die hoch im Kurs stand, hatte das Publikum überwältigt. Putzis erster großer Auftritt war ganz nach dem Geschmack der Zuhörer. Den schaffenden, schöpferischen Künstler, der nach allgemeiner Ansicht das wahre Künstlertum ausmachte, galt es noch zu entdecken.

Franz rutscht vom Klavierschemel, da seine Füße noch kaum den Fußboden erreichen, verbeugt sich und ruft mit heller Stimme: "Zu welcher Melodie soll ich improvisieren?"

Durch das Gewirr von erneutem Beifall, Gelächter und Rufen lassen sich doch einzelne Wünsche ausmachen: Das Duett Don Giovanni - Zerline und das Menuett aus Beethovens Septett.

Das Klavier bleibt eine Weile stumm. Dann, fast unmerklich, leise, als ob Geisterhände Harfentöne anschlügen, beginnt eine Musik Wellen zu schlagen, bis immer klarer und glänzender sich eine Mozartsche Melodie entwickelt.

Nach dem Konzert suchen Scharen von Begeisterten Franz Liszt auf und bitten um eine Wiederholung des Konzerts. Adam weist das Ansinnen nicht zurück, doch er verlangt Bedenkzeit. Fürst Esterházy hat endlich geruht, den kleinen Franz Liszt anzuhören, im Beisein des Haushofkapellmeisters. Die beiden Herren wechseln vielsagende Blicke. Aber das einzige Ergebnis der Audienz ist, daß seine Hoheit Fürst Esterházy verfügt, Adam Liszt solle kurzfristig seinen Passierschein erhalten.

Die nächsten Wochen vergehen mit der Vorbereitung des zweiten Ödenburger Konzerts. Adam strahlt vor Stolz. An weitere Auftritte in Preßburg, Baden und Wien ist schon gedacht.

Das zweite Ödenburger Konzert ist die reinste Feierlichkeit. Die Aristokratie und die Notabilitäten der Umgebung kommen fast ausnahmslos. Liszts Flügel wird auch heute noch zur Erinnerung an seine ersten Schritte zum Ruhm in Ödenburg aufbewahrt.

Nach dem Preßburger Auftritt hat Adam Liszt noch mehr Grund, stolz zu sein, denn Professor Heinrich Klein, der bekannte Komponist und Organist, zugleich Lehrer des großen ungarischen Komponisten Franz Erkel, schreibt einen Artikel:

"Am vergangenen Sonntag, am 26. November 1820, wurde dem neunjährigen Klaviervirtuosen Franz Liszt die Ehre zuteil, in Anwesenheit des ungarischen Adels und der versammelten Kunstliebhaber in der Wohnung des Grafen Esterházy seine Kunst vorzuführen. Der kleine Künstler erwies seine außerordentliche Geschicklichkeit und seine rasche Übersicht, die ihn befähigte, die schwierigsten Stellen der Partitur prima vista zu spielen. Alles, was man ihm vorsetzte, spielte er ohne Schwierigkeit und erweckte allgemeine Bewunderung. Er berechtigt zu den glanzvollsten Hoffnungen." (Preßburger Zeitung).

Und der Wagen rollt mit Franz weiter nach Wien und Baden. Im Januar 1821 ist die Familie wieder zu Hause. Die Stille der Heimat ist für Franz jetzt eher ungewohnt, so hat er sich in die täglichen Veränderungen eingelebt.

Adam ist fest entschlosssen, nach Wien zu fahren, auch wenn es keine einzige freie Stelle und nicht einmal eine

Wohnung gibt. Auch die Tränen seiner Gemahlin hindern ihn nicht, die Reise in die weite Welt anzutreten.

Adam bricht sämtliche Brücken hinter sich ab, nimmt sich unbezahlten Jahresurlaub, verkauft aus seinem Besitz das Klavier, die alte Kredenz, die Bibliothek und alle entbehrlichen Kleider, ja sogar die goldene Taschenuhr, die er noch als junger Mann erworben hatte. Ein allerdings harter Schlag ist der Brief Johann Nepomuk Hummels, der mitteilt, er sei bereit, dem Sohn Klavierunterricht zu geben, jedoch nur um ein Stundenhonorar von 5 Goldstücken. Ein solches Lehrgeld kann sich ein Adam Liszt nicht leisten.

Trotz alledem: Am 8. Mai 1822 verläßt die Familie Liszt Raiding. Nach der Messe von Hochwürden Rohrer folgt für Franz der Abschied vom Dorf, von den Menschen, von der glücklichen Kindheit.

Noch ein letztes Lebewohl, und der Wagen setzt sich in Fahrt, hinaus in die weite Welt, in eine glänzende Zukunft oder in eine endlose Verzweiflung.

WIEN

Adam Liszt und Familie kommen in Wien an. Sie nehmen zunächst Quartier im Gasthof Stiftgasse 92. Sie richten sich ein, stellen für Franz ein Klavier auf, an dem er jeden Tag üben kann. Adam macht in zahlreichen herrschaftlichen Häusern seinen Besuch mit den Empfehlungsschreiben. Fast überall bekommt er denselben Rat: das Kind könne nur von einem Professor weiter ausgebildet werden, und dieser sei der Beethoven-Schüler Carl Czerny.

Vater und Sohn machen sich an die große Unternehmung. Adam Liszt zieht die Klingel. Eine ältere Frau macht auf; sie ist nicht besonders freundlich. Die beiden teilen die Absicht ihres Besuches mit und bekommen daraufhin die ablehnende Antwort: "Mein Sohn kann keine neuen Schüler annehmen."

Franz fühlt sich wie vom Blitz getroffen. Adam drängt auf persönliche Anhörung und verschafft sich Zutritt zur Wohnung. Die Frau zuckt die Achseln und verschwindet mit verärgertem Gesicht. Die Besucher finden eine peinliche Ordnung vor in der Wohnung Czernys.

Der Inhaber empfängt die Besucher mit kühler Höflichkeit. Er erweist sich als ein pedantischer, auf jedes Detail achtender Mensch. Adam beobachtet den jungen Mann vorsichtig und trägt dann sein Anliegen vor.

"Schade um die Mühe; ich kann keinen neuen Schüler annehmen." - "Wir kommen aus weiter Ferne wegen der Ausbildung meines Sohnes." - "Tut mir sehr leid..." beginnt Czerny seine Antwort, schweigt aber dann plötzlich, weil Franz sich an das Klavier gesetzt und mit voller Kraft die schwierigste Czerny-Etüde zu spielen begonnen hat. Er spielt gutgelaunt und ohne Mühe.

Czerny ist zuerst erschüttert angesichts dieses Sakrilegs, aber aus Betroffenheit bringt er keinen Ton heraus, stellt sich bloß ans Klavier, wo Franz von der Czerny-Etüde, indem er einen geeigneten Akkord ausnutzt, zu einer Komposition von Hummel übergeht, die als besonders schwer gilt. Czerny hört ihm wie bezaubert zu. "Fast unglaublich", entschlüpft ihm.

Er setzt sich auf den zweiten Klavierstuhl und beobachtet aufmerksam das leichte, selbstsichere Spiel des Kindes. "Von wem hat das Kind gelernt?" fragt der Meister. "Ich selbst habe es unterrichtet, Herr Professor."

Der Junge spielt das Hummel-Stück zu Ende und blickt dann erst zu dem Meister auf. "Wie alt bist du?" - "Zehn." (Tatsächlich ist er 11 Jahre alt.) Der vor Überraschung noch kaum ernüchterte Meister spricht: "Ich übernehme den Unterricht des Jungen. Seit Schubert ist mir noch kein solches Talent untergekommen."

Sie einigen sich über den Stundenpreis und über die Zeit. Schon am nächsten Tag soll mit dem Unterricht begonnen werden. Adam und Franz Liszt verabschieden sich froh und glücklich von Professor Czerny. Frau Anna nimmt die angenehme Nachricht ebenfalls freudig zur Kenntnis, obwohl sie noch wegen der Zukunft ihres Kindes unsicher ist.

Die ersten Übungstage geht der Vater noch mit, aber am vierten Tag darf Franz zu seiner größten Freude schon allein zu Czerny gehen.

Eine Woche später kommt der Junge mit einer wichtigen Nachricht nach Hause.: "Papa, Herr Professor Czerny läßt sagen, daß er nun schon sieht, was ich können werde, und nimmt von heute an kein Honorar für die Stunden an. Und er bittet Sie, zu der nächsten Stunde mitzukommen, weil er mit Ihnen sprechen will."

"Er will dich umsonst unterrichten?" fragt Adam mit einigem Zweifel. "Ja, und er sagt außerdem, ich müßte bloß noch theoretisch lernen; Harmonielehre, Partiturenlesen und -spielen."

Adam Liszt besucht am nächsten Tag Czerny und bespricht mit ihm den theoretischen Unterricht seines Sohnes. Czerny empfiehlt den alten italienischen Meister Antonio Salieri, der eigentlich auch schon keine Schüler mehr annimmt.

Vater und Sohn gehen zur angegebenen Adresse Spiegelgasse 1088, ein kleines Häuschen an der Flanke des Grinzinger Hügels. Herr Adam klopft am Griffel des Rokokotors. Beim Warten, lesen sie die Aufschrift auf der patinaüberzogenen Kupfertafel, wo sämtliche Titel und Ränge des Meisters verzeichnet sind. Niemand öffnet, also machen sie selbst auf und gehen die knarrende Holztreppe hoch.

Schließlich hören sie die Stimme eines alten Mannes: "Wer ist da?" Adam gibt laut Antwort: "Wir sind Besucher und Musiker aus Ungarn."

Da stehen die beiden vor dem betagten Meister Salieri, der mit runzligem Gesicht, zahnlosem Mund, auf unsicheren Knien vor ihnen steht wie ein Stück Geschichte. Sein 73. Lebensjahr hat er schon erreicht. Der Maestro hat die Blüte und den Zusammenbruch der venezianischen Oper erlebt. Er war befreundet mit Haydn und verfeindet mit

Mozart. Beethoven war sein Schüler gewesen! Und mit seinen Ratschlägen half er Schubert und Moscheles. Mit Kaiser Joseph war er befreundet. Der Greis blickt sie an aus blitzenden Augen, mit denen er untrüglich in die Menschenseelen hineinsieht, die Tugenden und Untugenden erkennt.

Als die beiden Liszts vortragen, was sie hergebracht hat, will der alte Meister jedoch vom Unterricht des Kindes nichts wissen. Franz macht es wieder so wie bei Czerny, er schleicht sich ans Klavier und beginnt zu spielen. Auch hier das gleiche Ergebnis: Salieri will Franz unentgeltlich unterrichten!

So beginnt für Franz der doppelte Ernst der Arbeit. Czerny läßt ihn mehrere Tage hindurch spielen, um die Fähigkeiten des Kindes kennenzulernen. Nachdem er darüber einen Eindruck gewonnen hat, beginnt er mit dem systematischen Unterricht. Er erkennt den Hauptfehler des Jungen schnell: Franz hält sich nicht genau an die Noten. Er fügt der Komposition seine eigene Phantasie hinzu. Czerny findet den Rhythmus des Jungen unsicher, was höchstens einem Zigeunerprimas nachzusehen ist, aber keinem Podiumskünstler. Und die Hand! Czerny verbringt Stunden damit, die vollkommene Einheitlichkeit der Tonleiter sicherzustellen. Er verfügt über unerschöpfliche Einfälle, um den ungeschickten kleinen Finger und den kraftlosen Ringfinger zu trainieren. Außerordentliche Anstrengung kostet es den kleinen Jungen, die Triller, die Terzen und Sexten mit großer Schnelligkeit zu üben und herauszufeilen.

Zur Vervollständigung von alldem stellt Czerny das verhaßte Metronom auf, das mit gefühllosem Takt Franz zur Ordnung ruft. Nur mit Mühe kann der Junge seine alten Fehler ablegen. Czerny aber duldet nicht, daß Franz einzelne Takte nach Gutdünken verlängert. Er erzieht den Jungen schonungslos zu Ordnung und Genauigkeit.

Nach einiger Zeit werden für den Kleinen die Czerny-Stunden lästig, er verrichtet nur noch pflichtgemäß die

Übungen mit dem Metronom. Franz klagt dem Vater sein Leid wegen dieser seelentötenden Methode, aber kann ihn nicht für sich gewinnen. Er muß sich fügen und die Übungen über sich ergehen lassen. Gerne geht er nicht mehr zu Herrn Professor Czerny, dafür umso lieber zu Salieri.

Zum Unterricht der Harmonielehre verwendet der alte italienische Meister kleinere Gattungen der Kirchenmusik. Und Franz entdeckt nach kurzer Zeit, daß man auch musikalisch beten könne und müsse. Er hat schon als kleines Kind gerne gebetet und dabei eine unaussprechliche Freude und Wonne empfunden. Der alte Italiener bringt ihm bei, wie man in regelmäßiger Harmonie in musikalischer Sprache beten kann.

Von da an geht er immer summend auf der Straße, schließt oft die Augen und stößt dadurch nicht selten mit Fremden zusammen. Nach den ersten Gehversuchen beim Vater gewinnen im Unterricht des alten Meisters die Modulationen eine wunderbare logische Ordnung, und was er bis dahin nicht verstanden oder nur unklar geahnt hat, das sieht Franz jetzt sonnenklar.

Und wie der entzückende Italiener erzählen kann! Er erzählt die Geschichte seiner Kindheit, erzählt von seinem Lehrmeister und kehrt immer wieder zu Mozart zurück, für den er eigentlich schwärmt, ihn aber zugleich auch haßt, aber eben so, wie Verliebte hassen können: sehnsüchtig, eifersüchtig und zu Tode verwundet.

Außer Franz beschäftigt sich Meister Salieri noch mit einem jungen Wiener, der drei Jahre älter ist als der kleine Ungar. Der Maestro liebt beide Schüler; auch Franz und der andere, der Randhartinger heißt, mögen sich.

Die tragende Säule bleibt dennoch Professor Czerny; er lehrt und leitet den jetzt schon an sein Herz gewachsenen Schüler beharrlich zum Ziel. Mama Czerny sieht den goldblonden kleinen Pianisten mit dem Engelsgesicht als ihren Enkel an. Sie verwöhnt ihn, füttert ihn mit Süßigkeiten, setzt ihn auf ihren Schoß, streichelt und verzärtelt ihn.

Im Oktober 1822 zieht die Familie Liszt in die Krügerstraße 1047 in den zweiten Stock. Auf die Empfehlung von Professor Czerny werden die Türen der Vornehmen der Reihe nach für Franz geöffnet. Er bekommt zunehmend mehr Einladungen zu den Herren Hofräten, zu der steinreichen Frau Geymüller, dem Kämmerer Füjold, der um diese Zeit als musikalische Großmacht gilt und vom Kaiser beauftragt ist, die Wiener Oper neu zu organisieren. Herr Füjold hat einen direkten Draht zur Wiener Oper, namentlich zu deren drei 'Grazien': Henriette Sonntag, Wilhelmine Schröder und Karoline Unger, die ungarischer Abstammung ist.

Die Damen nehmen Franz in die Oper zu den Proben mit, überhäufen ihn mit kleinen Geschenken und vielen Küssen, wofür Franz nur ehrerbietig danken kann. Er ist ja noch kein Künstler im vollen Bewußtsein seiner Schaffenskraft, sondern erst ein Kind, das zunächst nur spielen kann, allerdings nach Meinung vieler Fachleute mit phantastischen Fähigkeiten. Aber die Frauen umringen ihn schon, halten ihn in ihren Armen und sehen mit ihrer Intuition die sich langsam herausbildenden Männerzüge in dem verschwommenen Kinderantlitz aufglimmen.

Dank der drei 'Grazien' und Herrn Czernys kommt es zu kleineren Hausmusiken. Der Herr Professor hat sich vorgenommen, den Jüngling bereits an die Rolle des Podiumskünstlers zu gewöhnen.

Bei der Familie Hackelberg-Landau ist ein Abend mit 300 Gästen und zwei kompletten Programmen. Der Kanzler, seine Exzellenz Fürst Metternich, ist ebenfalls geladen. Adam hat das mit vielem Treppensteigen und Klinkenputzen erreicht. Der kleine Pianist hat dabei auch die Schattenseiten der vielversprechenden Künstlerlaufbahn kennengelernt. Im Palais Metternich muß er mit seinem Vater volle anderthalb Stunden in einem kleinen, abgelegenen Zimmer warten, bis er vorgeführt wird. Der Hofmeister teilt mit, der Junge dürfe jetzt vor dem vornehmen Publikum erscheinen, er selbst werde ihn hinführen, Herr Adam Liszt solle im Zimmer zurückbleiben.

Zahllose Treppen müssen sie steigen, bis sie in eine große Halle kommen; das ist der Konzertsaal, in dem Juwelen funkeln, Medaillen glänzen, ein Leuchter mit tausend Armen das Licht verstreut, und darunter Herrschaften in glänzenden Abendkleidern prangen. Sie dringen durch die Menschenmasse, steigen hinauf zum in der Mitte des Saales aufgestellten Klavier; es gibt keine vorausgeschickte Bewunderung, hier wird der Jüngling schon für sein Programm entlohnt. Ein bezahltes Wunderkind!

Franz spielt nicht mehr so selbstvergessen wie bisher, er ist vorsichtiger und besonnener geworden. Aber dann kommt er immer mehr ins Spiel hinein, der Ton klingt voller, und beim letzten Satz flattert die Beethovensche Musik schon siegreich. Der Erfolg ist groß, Applaus und Aufforderungen zum Wiederholen.

Eines Abends wird Franz mit Saint Lubin, dem Wundergeiger, bekannt, dem Schüler des strengen Ludwig Spohr. Dem Klatsch nach hat Saint Lubin eher wegen seiner 17 Jahre Erfolg bei den Damen als wegen seines Talents. Auch Franz setzt sich an sein Instrument und spielt brillant. Der 11jährige fühlt eine heftige Sehnsucht, die wunderschöne Karoline Unger zu erobern, die ihn im wahrsten Sinne des Wortes bezaubert. Dieses Hauskonzert wird das Sprungbrett zu den ersten öffentlichen, großen Konzerten von Franz. Adam Liszt meint, das öffentliche Auftreten sei nutzbringend. Professor Czerny unterstützt diese Meinung. Er will dem manchmal noch zügellosen Schüler auf eine neue Stufe der Vervollkommnung emporhelfen.

Adam Liszt müht sich Tag für Tag ab, kommt oft nicht zum Essen nach Hause, läuft herum, organisiert, verhandelt, sucht Protektoren usw. Das erste öffentliche Wiener Konzert ist für Anfang Dezember angesetzt. Der Ort ist der Landstand-Saal, die Teilnehmer sind Saint Lubin, Karoline Unger und Franz Liszt.

Franz übt von früh bis spät unter Czernys strengem, unbestechlichem Blick. In der letzten Woche lassen sie schon die Salieri-Stunden ausfallen, stattdessen nehmen sie sich die modischen Musiknummern der Zeit vor, und der kleine Künstler darf frei phantasieren.

Zuhause wird eine Hauptprobe abgehalten, unter der Mitwirkung von Franzens Vater. Allerdings hört Herr Adam bald auf, seinen Sohn zu begleiten, denn dieser spielt das ganze Konzert samt Orchester und Solo. "Du bist ja so gut, Putzi", sagt der Vater mit kaum verhüllter Bewunderung und sichtbarer Verehrung. Zügellose Freuden und nagende Bedenken wechseln in seiner Stimmung.

Am nächsten Tag ist die Generalprobe im Konzertsaal. Czerny blättert die Noten beim Spiel von Franz um, mitten im Lärm der schwatzenden Musiker. Kaum sind die ersten Takte erklungen, wird es aber totenstill im Saal.

Bei diesem ersten Konzert im landständischen Saal am 1. Dezember 1822 ist die Wiener Elite zugegen: Aristokraten, Künstler, Musikliebhaber. Alle lauschen mit gespannter Neugier dem Kind, das als Wunder des Jahrhunderts gerühmt wird. Und es beginnt zu spielen ohne Noten. Umsonst setzt sich ein Musiker hin, für Franz die Noten umzublättern.

Als er das Stück beendet hat, steigt er vom Stuhl herunter und verneigt sich im losplatzenden Sturm des Applauses. Czerny und Salieri, die zwei liebevollen Meister, hängen mit aller Wärme an Franz; sie allein wissen wirklich, wer da am Klavier sitzt und eine steil aufsteigende Laufbahn zu beschreiten begonnen hat.

Das vollständige Programm des Konzerts steht in der *Allgemeinen Musikzeitung* vom Dezember 1822:

> Clementi: Overtüre
> Hummel: Klavierkonzert, gespielt von Franz Liszt
> Rhode: Variationen, gespielt von Leon de Saint Lubin
> Rossini: Arie aus der Oper *Demetrio e Polibio*, gesungen von Karoline Unger
> Freie Phantasie: der 12jährige Liszt improvisiert nach dem Wunsch des Publikums.

Unter den Zuhörern sitzt auch ein Mensch, der gespannt aufgepaßt hat und dann zum Gratulieren kommt: Rechtsanwalt Anton Schindler, Sekretär von Beethoven. Adam und Franz empfangen die Gratulation mit leuchtenden Augen.

Adam und seine Frau Anna sind glücklich über die Erfolge des Kindes und auch erfreut über die sich sammelnden Goldstücke, denn die Konzerte bringen hübsche Einkünfte. Die früheren kleinen Hauskonzerte sind auch nicht ohne Erfolg gewesen, aber was nun kommt, ist schon ein Wegweiser in die Zukunft. Anna aber glaubt im Grunde ihres Herzens immer noch nicht an diese leuchtende Zukunft und hätte am liebsten wieder gepackt und wäre zurückgefahren nach Raiding. Dort hätten sie zumindest ein Existenzminimum, und zwar ein sicheres, auf den Esterházy-Gütern. Adam übergeht diese hausbackenen Gedanken; er plant im größeren Stil.

Er beginnt, neue Konzerttermine auszumachen - etwa ein kleines Konzert im Kärntertor-Theater -, an denen Franz eigentlich nur als Mitwirkender auftritt, aber das ist eben der langwierige Weg an die Spitze.

An einem windigen Februartag frühmorgens gehen Adam und Franz Liszt zur großen Begegnung mit Beethoven. Vor dem Tor wartet schon Schindler auf sie und führt sie hinauf in die Wohnung, verschwindet aber dann hinter einer Tür, so, daß Adam und Franz etwas erschrocken und Böses ahnend verharren. Plötzlich ertönt Klavierspiel, aber eine Musik, die kaum den Gefallen von Czerny oder Salieri gefunden hätte. Es sind gröhlende Felskolosse, die die Wohnung erschüttern. Bleich tritt Schindler ins Zimmer mit einer Entschuldigung auf den Lippen. Der große Meister stecke mitten im Komponieren, ein großes Werk werde geschaffen, ein übermenschliches, und zwar die neunte Symphonie. Für die Besucher hört sich das wie ein Martyrium an. Erschüttert eilen sie hinaus, immer noch von den Entschuldigungen Schindlers begleitet.

In Franz reifen neue Gedanken. Das Konzert befriedigt ihn nicht mehr. Er möchte komponieren. Der Unterricht des Maestro Salieri greift ihm tief in Herz und Seele. Er gewinnt allmählich Einblick in die Kirchenmusik. Besonders beeindruckt ihn das "Tantum ergo", der musikalische Teil der Messe, den er schon in der Kirche von Raiding liebgewonnen hatte. Tagelang sitzt er an seinem Klavier mit geschlossenen Augen und reglosen Fingern und sucht den musikalischen Ausdruck in seinem Herzen. Jetzt hat er gelernt, was Komponieren heißt, aber hat noch überhaupt keinen Ton niedergeschrieben. Leidvoll empfindet er diesen Zustand.

Plötzlich erwacht in ihm die Musik, so wie er sie sich vorgestellt hat: gefällige Melodien, Modulationen, hinreißende Harmonien und Fortissimi, die Grundtonart, die den Abschluß bildet. Fieberhaft arbeitet der kleine Franz in jeder Minute seiner Freizeit, denn es steht auch schon wieder ein neuer Auftritt bevor. Nach zwei Wochen hat er das "Tantum ergo" zu Papier gebracht, vierstimmig mit Orgelbegleitung. Er schreibt alles sorgfältig ins Reine, auf bestes Notenpapier, und kann es kaum erwarten, es dem Meister Salieri zu zeigen. (Wie viele andere Jugendwerke ist dieses auch verschollen.)

Sein Lehrer läßt ihn Platz nehmen und vorspielen. Danach blättert Salieri aufmerksam die Seiten der geschriebenen Komposition durch und weist auf Fehler hin. Franz starrt beschämt auf die mißglückten Takte. Der Maestro schiebt den Jungen beiseite und beginnt selbst zu spielen, aber anders, als Franz es geschrieben hat. Das Kind hört verblüfft seine eigenen musikalischen Gedanken rein und selbstverständlich, ganz wie sie es sich vorgestellt hat. Das Kind entreißt dem Alten die Handschrift und macht sich gleich an die Verbesserung, wie es das Spiel des Lehrers noch im Ohr hat. Salieri hat nur eine Bemerkung: Ausgezeichnet, kann gedruckt werden.

Von diesem Tag an wächst in Franz immer mehr die Idee: die wahre Kunst ist die Schöpfung. Bravour auf dem Podium ist nur Virtuosität, die auch ein Zauberkünstler im Zirkus produzieren kann.

Herr Adam Liszt organisiert unermüdlich weiter. Ein

Konzert ist für den 13. April angesetzt. Wie sehr hat sich Franz danach gesehnt, daß der große Meister Beethoven ihm einmal zuhört. An diesem Datum ist es soweit. Das Wissen, wer da in der ersten Reihe unter den viertausend Zuhörern im Redoutensaal sitzt, bedrückt Franz Liszt auf einmal, er sitzt wie ein verwundeter Vogel auf dem Podium. Der Saal ist überfüllt, doppelt so viele Karten hätten verkauft werden können! Hummels h-moll Konzert ist das erste Stück. Franz sitzt gebrochen am Flügel und paßt auf den Augenblick seines Einsatzes auf. Er spielt mit so viel Andacht, so viel Hingabe wie noch nie, unter einer direkt elektrischen Spannung. Während des Spiels muß er einen Seitenblick auf Beethoven werfen.

Franzens Spiel löst enthusiastischen Beifall aus. Er ist wie ein Donnern. Alle sind begeistert von den Kinderhänden, die ein solches Feuerwerk entzünden können. Jetzt muß der kleine Junge noch Improvisationen bieten. Er muß es jetzt wagen. Noch einen schnellen Blick auf den Vater, der leichenblaß, mit Tränen in den Augen, im Hintergrund steht, dann tastet er sich auf der Klaviatur zu Beethoven vor, zum Andante aus dessen *A-Dur Symphonie*. Hineinverwoben wird eine Arie aus Rossinis *Zerline* in diese gewagte Improvisation.

Zunächst bleibt der heißersehnte Applaus aus. Tiefe Stille herrscht im Saal. Dann steht in der ersten Reihe jemand auf und geht mit würdigen Schritten hinauf aufs Podium. Der Mann beugt sich über den kleinen Pianisten, umarmt und küßt ihn, dreht sich dann um und geht wieder wortlos vom Podium herunter. Die Menge gibt stumm den Weg frei für diesen Meister, der da eben dem kleinen Künstler das sozusagen heilige Stigma der Verehrung gegeben hat: Ludwig van Beethoven. Was jetzt ertönt, ist kein donnernder Applaus, sondern ein komplettes wildes Gewitter!

Franz setzt seine Studien bei Professor Czerny und Maestro Salieri fort. Jetzt unterwirft er sich schon gern den schweren Fingerübungen Czernys, und der farbige Unterricht Salieris macht ihn einfach glücklich. Die beiden Meister sind der gleichen Meinung: Franz kann in Wien nichts mehr dazulernen. Auch Diabelli kann Adam Liszt nur den Rat geben: der Junge muß nach Paris! Sämtliche Meister hatten den blonden Jungen liebgewonnen, der jetzt mit so viel Eifer spielte, aber trotz der stürmischen Erfolge der bescheidene Junge mit den blonden Engelshaaren blieb.

Adam und Franz Liszt beraten sich mit Diabelli über die Zukunft des Jungen. Diabelli verliert Franz nur ungern. Er ist ein echter Geschäftsmann. Er hat sich sein Brot mit Gitarrestunden verdient, bevor er zum Klavier überging. Die Noten- und Instrumentenhandlung Steiner stellte ihn als Verkäufer ein. Seine nächste Station war bei Herrn Cappi. Da arbeitete er schon im Büro, trat bald in das Geschäft ein und gründete schließlich eine eigene Firma.

Diabelli eilt einem dritten Gast entgegen, begrüßt ihn mit einer breiten Geste und stellt ihn dann Adam Liszt vor. Auf Franz deutend, sagt er: "Das ist unser Wunderkind." Der Gast nickt gleichgültig und wäre schon gern weitergegangen. Es ist Gyrowetz, Dirigent der Hofoper, ein Kapellmeister, der schon in der ganzen Welt herumgekommen ist und sich nicht gerne zu kleinen Jungen herabläßt. Diabelli merkt das geringe Interesse von Gyrowetz, bittet aber den Herrn Kapellmeister dennoch, seine Meinung über Franz Liszt zu äußern. Über die Konzerte, die er hatte hören können. Daraufhin bekommt er die gleichgültige Antwort: *"Ich gehe nicht in Konzerte."* Diabelli gibt nicht nach: "Dann hören Sie sich das Spiel des Jungen jetzt an."

Gyrowetz tritt an den Notentisch und sucht mit dem Blick Hummels neues Klavierkonzert, das als sein schwerstes gilt. Das Stück steht im Ruf, Hummel habe es für seine eigenen Hände geschrieben und es gäbe keinen anderen Meister, der die Schwierigkeiten des Werks bewältigen könne. Franz nimmt die Noten und setzt sich damit an den Flügel, der im Geschäft steht.

Er spielt prima vista im richtigen Tempo. Wo der Komponist dem Pianisten nur eine unbedeutende Stimme zuweist und das größere Gewicht auf das Orchester legt, bricht Franzens Spiel besonders kräftig hervor, und man hört die Hörner und die Klarinetten heraus, auch die Oboe, vom Streichquintett gar nicht zu reden, auch nicht von den schallenden Trompetentönen. Gyrowetz starrt den Jungen bleich und verdutzt an und kann nicht glauben, was er gehört hat.

Adam Liszt bittet seinen Arbeitgeber, Fürst Esterházy, um weiteren Urlaub. Der Fürst lehnt ab. Frau Anna, die mehr Vertrauen zu der kleinen aber sicheren Einnahmequelle hat als zu den unsicheren, glänzenden Zukunftshoffnungen, kämpft jetzt für die Familie. Adam läßt sich nicht abbringen von seinem Vorhaben. Allerdings fragt er zuvor seine Exzellenz Fürst Metternich um Rat sowie andere Aristokraten, zusätzlich zu den Fachleuten Czerny, Salieri und Diabelli. Die Antwort ist überall die gleiche: Weiter auf dem begonnenen Weg!

Inzwischen bekommt Adam Liszt eine völlig unerwartete Einladung aus Pest von der Familie Miller: sein Sohn soll zumindest ein Konzert geben.

Am 23. April 1823 mieten sie einen Wagen und fahren durch das abwechslungsreiche ungarische Land nach Ofen-Pest. Sie kommen müde an. Nach einer kurzen Rast müssen sie zu dem Konzert. Franz spielt das schrecklich schwere Moscheles-Konzert und eine besonders knifflige Variation, die Moscheles schon mit der Absicht komponiert hatte, alle Schwierigkeiten der Technik in das Werk einzubauen. Auf dem Programm stehen als Ausführende außerdem noch Fräulein Teyber und Herr Babbin, die ein Duett spielen. Den Abschluß des Konzerts bildet eine freie Phantasie von Franz.

Über das Konzert schreibt der Rezensent: *"Eine seltene Zauberei hatte uns mitgerissen. Der 12jährige Junge erregte allgemeine Bewunderung mit seinem Talent."*

Auf das eine Konzert folgen noch zwei, eines am 10. Mai und eines am 28. Mai 1823. Beide Male im Deutschen Theater. Erfolg, Applaus und glühende Feiern! Herr Adam zählt die Einnahmen. Alles Geld legt er für die kommende große Reise beiseite, denn es ist eine kostspielige Unternehmung.

Sie kommen nach Wien zurück; Frau Anna bettelt andauernd, und Adam macht noch einen letzten Versuch: Er bittet seinen Fürsten wenigstens um einen verlängerten Urlaub, den er aber nicht bekommt. Einen Rückweg sieht er dennoch nicht mehr. Er macht sich zur großen Reise bereit, nach einem intimen kleinen Fest bei Herrn Professor Czerny.

Professor Czerny stellt ein Abschlußzeugnis aus und schreibt eine ganze Menge von Empfehlungsschreiben. Er wiederholt alles Lobende: das Kind ist ein Künstler reif für das Podium! Als Pianist hat er nichts mehr hinzuzulernen. Seine theoretische Ausbildung ist zwar noch nicht abgeschlossen, aber die Fortschritte sind auch so schon außerordentlich.

Zum Abschied legt Professor Czerny dem Wunderkind die Hand auf den Kopf und spricht mit gerührter Stimme: "Der liebe Gott möge dich in Schutz nehmen, Sisi! Und dich auf deinem Weg weiter leiten." Seine Stimme klingt leise, seine Augen werden trübe.

Am 20. September 1823 verläßt die Familie Liszt Wien. Herr Adam und Franz nehmen viel wertvolle Erinnerungen mit. Unvergeßliche Begegnungen bei Erzherzog Rudolf, im Haus des Bankiers Eskeles, bei den Medizinprofessoren Biehler und Bartolini, den Herren der Reichskanzlei und nicht zuletzt bei Anton Schindler, dem Rechtsanwalt, den man als 'Ami de Beethoven' kannte.

Vom Fürst Esterházy bekommt Liszt nur ein Dienstzeugnis, in dem die treue, fleißige Arbeit mit keiner Silbe erwähnt wird. Es ist ein Papier, wie es für einen aus dem Arbeit entlassenen Diener paßt.

DIE REISE NACH PARIS

Nach sechs mühevollen Reisetagen kommen sie am 26. September 1823 in der bayrischen Hauptstadt an. Der Familie Liszt gefällt die Stadt. Sie erinnert sie irgendwie an Pest. Vater Liszt hat Verträge für Konzerte in München, Augsburg, Stuttgart und Straßburg in der Tasche. Seine Manteltaschen sind ausgefüllt mit Empfehlungsschreiben, die er sorgfältig geordnet hat.

Unangenehm ist nur, daß Moscheles im Oktober hier ein Konzert geben wird, und es hätte sich nicht gehört, dem zuvorzukommen. So muß das Liszt-Konzert verschoben werden. Natürlich sind die Liszts auch bei dem Moscheles-Konzert zugegen. Franz stellt nach den ersten Takten fest, daß Moscheles ein vorzüglicher Pianist ist. Er sucht ihn nach dem Konzert auf und stellt sich ihm vor. Er wird aufs herzlichste empfangen. "Ich habe von dir schon gehört", sagt Moscheles, "und würde dich gern spielen hören. Wenn ihr nach London kommt, besucht mich."

Am 17. Oktober 1823 gibt Franz Liszt sein erstes Konzert in München. Spärliches Publikum; der Name Liszt ist ja hier noch nicht bekannt. Trotz der kleinen Anteilnahme ist der Erfolg groß. Liszt wird gleich für ein zweites Konzert und zwar für den 24. Oktober engagiert. Diesmal sind sämtliche Karten ausverkauft. In der Ausgabe der 'Augsburger Zeitung' vom 18. Oktober schreibt der Kritiker: *"Ein neuer Mozart ist erschienen. Man muß zugeben, daß die über ihn verbreiteten Nachrichten der Wirklichkeit nahekommen. Das Kind spielte Hummels h-moll Konzert leicht, sauber und präzise. Wir hatten das Werk schon sowohl von Moscheles als Hummel gehört, und wir entblöden uns nicht einzugestehen, daß das Kind um nichts hinter den beiden großen Meistern zurückstand."*

Franz spielt unvoreingenommen, seine Melodien schweben süß, und seine Spieltechnik ist einfach verblüffend. Der König von Bayern ist mit den Prinzessinnen zusammen im Konzert. Der Erfolg ist größer als erwartet.

Nach dem Konzert besuchen zwei Musiker die Liszts und bitten darum, Franz solle an ihrem Geigenabend mitwirken. Es sind die Gebrüder Ebner. Das Mitwirken von Franz bedeutet ein nicht geringes Opfer für Liszt, denn sie müssen die ganzen Einnahmen den beiden Geigern überlassen. Das Konzert findet am 26. Oktober statt und wird allgemein positiv beurteilt. Die Bayern sind fleißige und sparsame Menschen. Die Nachricht, Liszt habe das ganze Einkommen den Ebners überlassen, verbreitet sich rasch und löst große Hochachtung aus. Die Kunde kommt auch ins königliche Haus, und darauf folgt unmittelbar eine königliche Audienz, die nicht nach der Hofetikette verläuft. Der wohlgelaunte König Max I. umarmt den kleinen Franz und bittet ihn, etwas zu spielen. Unbefangen und begeistert folgt das Kind dem Wunsch. Nach dem Spiel stellt es sich wieder vor den König, der ganz von den Hofvorschriften abgeht, Franz an sich zieht und ihn rechts und links auf die Wangen küßt. "Es war schön und menschlich von euch, daß ihr die beiden verdienten Geiger unterstützt habt."

Frau Anna wartet auf ihren Mann und Franz im Hotel und hört ihren ausführlichen Bericht über das Konzert und den Empfang beim König mit Tränen in den Augen an. Am nächsten Tag geht es weiter nach Augsburg. Das intime Konzert am 30. Oktober löst einen so starken Widerhall aus, daß es am 1. November wiederholt werden muß, diesmal im Harmonie-Saal. Der Erfolg bleibt ihnen treu.

Die Reise wird fortgesetzt nach Stuttgart. Ein anderer Dialekt, alte Häuser, neue Gesichter, ständiges Üben und französische Sprachstunden! In den Musikalienhandlungen sammeln sich zahlreiche Menschen, die von der Virtuosität hingerissen, aber auch etwas verschüchtert sind. Das Konzert in Stuttgart findet am 5. November statt. Die Zeitungen berichten in Superlativen darüber.

Herr Adam macht Kasse. Das Vermögen macht jetzt 900 Gulden aus, ist aber noch zu wenig. Die nächste Station ist Straßburg. Die guten Nachrichten laufen ihnen voraus. Zum Konzert am 6. Dezember im Heilig-Geist-Saal herrscht

Massenandrang an den Eingängen. Erfolg und Ovationen bleiben nicht aus. Sie können nicht weiter reisen, denn das Konzert muß im Theater, das ein doppelt so großes Publikum aufnehmen kann, wiederholt werden. Die tumultuösen Szenen spielen sich in doppelter Stärke ab.

Endlich kann es weitergehen zum Endziel der Reise: Am 11. Dezember 1823 trifft die Familie Liszt in Paris ein. Eine völlig neue Welt. Die Zeitungen und Privatbriefe hatten die Ankunft der Liszts schon im vorhinein angekündigt. Kaum haben sie ausgepackt und sich einigermaßen häuslich eingerichtet, kommen schon die Einladungen, eine nach der anderen. Franz muß an 36 Abenden auftreten! Das Honorar reicht von 100 bis 150 Francs. Der erste bedeutende Abend findet bei der Exzellenz Lauriston statt, dem Kultusminister.

Viel hängt von diesem Konzert ab; die Exzellenz hat großen Einfluß. Franz bekommt den Saal unentgeltlich. Der Vater braucht also keine Opfer zu bringen. Mit dem Empfehlungsschreiben von Diabelli stellen sich Adam und Franz Liszt am 17. Dezember 1823 bei Sebastian Erard, dem bedeutendsten Klavierfabrikanten des Landes, vor. Der weißhaarige Erard mit den leuchtenden Augen empfängt die Gäste äußerst freundlich. Eine Empfehlung von Moscheles hat ihn darüber unterrichtet, mit wem er es zu tun hat. Als Erard merkt, wie schwer es Liszt fällt, französisch zu sprechen, sagt er: "Wenn es Ihnen lieber ist, reden wir deutsch. Ich bin ja Straßburger." Nun geht das Gespräch gleich flotter. Herr Erard läßt seine Gattin und seinen Neffen Pierre rufen, den er zum 'Thronfolger' auserwählt hat.

Franz rutscht unruhig auf seinem Stuhl hin und her, was Herrn Erard nicht entgeht. "Weshalb bist du nervös?" fragt er. Das Kind gesteht, es sei unglaublich neugierig auf die neuen Erard-Flügel. "Großartig", erwidert der alte Herr, "du machst Bekanntschaft mit meinen Klavieren, und ich lerne dein Spiel kennen." Franz eilt zum neuen Instrument, schlägt einen Ton an, vorsichtig, läßt ihn aber nicht los, son-

dern drückt die Taste noch tiefer hinunter und der Ton h ertönt von neuem. Darüber wird Franz aufgeregt und versucht sich an dem gewaltigen Flügel auf allerlei Art und
Weise. Herr Erard sagt: "Spiel so, wie du es gewöhnt bist."
Franz läßt die Es-Dur Variation von Czerny und ein Konzert
von Hummel ertönen. Das Instrument erfüllt ihn mit gren-
zenloser Freude. Er geht zu den Diabelli-Variationen über,
die Erard sofort erkennt.

Mit diesem Augenblick entsteht eine aufrichtige Freund-
schaft zwischen dem alten Herrn und dem Jungen. Auch
Frau Anna fühlt sich vom ersten Moment an heimisch in
diesem Haus. Die Erards behalten die Gäste auch zum
Abendessen da. Dabei fragt Erard, ob Franz etwas von
Spontini kenne, seinem Schwiegersohn. Und Franz setzt
sich wieder ans Klavier und spielt. Als er aufhört, spricht
Erard: "Du bist noch ein kleiner Junge, aber ein großer
Mann!" Liszts kehren glücklich und gerührt heim.

Am 19. Dezember 1823 klopfen Liszts mit den Empfehlungsschreiben von Maestro Salieri, Fürst Metternich und
weiterer Notabilitäten wohl versehen, am Tor des Conservatoires an und bitten, bei Luigi Cherubini vorgelassen zu
werden.

Ohne jede Zeremonie werden sie zum Maestro geleitet.
Sie stellen sich vor und teilen den Zweck ihres Kommens
mit. Cherubini weist hochnäsig die Bitte um Aufnahme zurück und sagt noch dazu, die Presse interessiere ihn nicht,
weder pro noch kontra, und außerdem lese er nie Empfehlungsbriefe. Franz überkommt ein Zittern. Herr Adam
macht einen neuerlichen Versuch: "Ich bitte Sie, meinen
Sohn wenigstens anzuhören." Cherubini ist unzugänglich.
"Ich liebe das Klavier nicht", sagt er und unterbindet damit
jeden weiteren Versuch. "Im Institut werden nur französische Staatsbürger zugelassen." Cherubini nickt mit dem
Kopf, dreht sich um und verschwindet hinter der gepolsterten Tür des Direktorzimmers. Franz kann nicht mehr aufhören zu weinen. Mutter Anna versucht, den aufgewühlten
Knaben zu beruhigen. Adam macht den Vorschlag, es sei

vielleicht am besten, zu Erard zu gehen und zwar sofort. "Meinst du nicht auch, Franz? Gehen wir gleich?"

Franz antwortet heftig: "Gehen wir." Der gütige Erard hört sich den Vorfall an und beginnt dann fröhlich zu lachen. "Ach, das braucht man ja nicht so ernst zu nehmen. Dieser Cherubini ist kein böser Mann, nur ein bißchen wichtigtuerisch. Eine zu Papier gebrachte Verordnung ist ihm heilig, außerdem ist er sehr nervös wegen meiner neuen Klaviere. Wer lernen will, kann auch außerhalb der Mauern des Conservatoires studieren." "Ich möchte, daß Sie meinem Jungen Stunden geben."

Ferdinando Paër, der in Paris lebende Opernkomponist und Kapellmeister, hört sich am nächsten Tag das Spiel von Franz an. Er setzt sich neben ihn und beobachtet den Jungen. Er fragt ihn aus, von wem, wie lange und wie er gelernt hat. Paër und Adam Liszt werden sich in der Sache der Stunden schnell einig.

Franz geht in den Unterricht. Paër beschäftigt sich ausschließlich mit Opernliteratur, für das Klavier hat er nicht viel Gefühl. Auch nicht für die Kammermusik und für die Symphonik. Nicht sehr systematisch widmen sie sich der Werke von Gluck. Bis zum Gehtnichtmehr kennt Franz schon die Noten auswendig. Paër arbeitet schwitzend, abgerissen, er wird in den Stunden mehrere Male gestört, einmal von einem Bürodiener, das andere Mal von einem gefeierten Tenor. Ein Notendrucker erscheint, dann kommt ab und zu eine schöne Frau. All das stört die Fortschritte Liszts nicht. Anfänglich glaubt Paër, es handelt sich um Zufälle, er macht immer wieder neue Versuche, um das unglaubliche Gedächtnis des Jungen zu prüfen. Erschüttert muß der Maestro mit ansehen, wie Franz nicht nur die Melodie vorträgt, sondern zugleich auch die entsprechenden Harmonien mitspielt. Paër schwitzt, wischt sich die Stirn ab und brummt vor sich hin: "Das ist ein Teufelskerl, tatsächlich!"

DIE EROBERUNG VON PARIS

Dank der Güte des Herrn Erard und seiner Verbindungen treffen weitere Empfehlungsschreiben und Einladungen ein, die vielversprechend sind.

Ein aufgewühlter Märzabend. Die Fenster des Palais Noailles sind hell erleuchtet. Der Fürst hat nach einer Pause von einem Jahrzehnt beschlossen, wieder einmal einen Abend zu geben. Der hervorragendste unter den Gästen ist der Graf von Artois, der jüngere Bruder Ludwigs XVIII., mit dessen Gattin Marie Antoinette ihn Klatschgeschichten in anzügliche Beziehung gesetzt hatten. Graf Artois wird jetzt schon als Herrscher von Frankreich begrüßt.

Unter den Gästen ist auch Talma, der hervorragende Schauspieler, der früher einmal Napoleon und die kaiserliche Familie unterrichtet hatte und schon historischen Ruhm genießt. Ergänzt wird die illustre Gesellschaft durch die Witwe des Herzog von Berry, der erst vor kurzem von einem Attentäter erschossen worden war. Anwesend sind auch der Herzog von Orléans, Fürst Joinville, Herr eines uralten, aber im Abnehmen begriffenen Vermögens. Auch der Bankier Rothschild ist zugegen, der Finanzmagnat des im Wachstum begriffenen Aerars. Den Rummel vervollständigen Schauspieler, schöne Frauen, zukünftige oder ehemalige Minister, Unternehmer, Abenteurer, Militärs, alte und neue Reiche, die die alten Sitten, Manieren und Ungezogenheiten, alles, was mit Geld und Macht zusammenhängt, übernommen haben.

Fürst Noailles hat zwar schon sein 75. Jahr hinter sich, hält sich aber noch immer kerzengerade und zeigt Würde in seinem edel geschnittenen Gesicht. Dieser sonderbare Mann hatte unter Ludwig XVI. den Hof, Graf Artois, den Fürsten aus der Provence, hassen gelernt und sich - rein aus Trotz - der Revolution beigesellt. Nicht einverstanden mit der Diktatur des Wohlfahrtsausschusses, emigrierte er. Anfangs sympathisierte er mit Napoleon, dem er später aber auch den Rücken kehrte.

Die Begrüßung ist diplomatisch korrekt, jeder wird mit Namen und Titel angekündigt. Doch heute gibt es eine Ausnahme vom höfischen Zeremoniell, aber nicht des blanken politischen Parketts wegen: Franz und Adam Liszt werden mit besonderer Wärme und Freundlichkeit empfangen.

An dem musikalischen Abend sind auch noch andere Berühmtheiten zugegen: Madame Cinti, Monsieur Bordogni, die Damen Peregrini und Pasta - die Stars der italienischen Oper. Im Palais Noailles ist keine Rede von solch steifer Etikette, wie sie im Palais Metternich üblich war. Herr Adam Liszt muß seinen Sohn in eine Ecke ziehen, um ihm eine Verschnaufpause zu gönnen in dem lockeren Trubel, denn jeder will den kleinen Meister sprechen, in der Hauptsache die schönen Frauen.

Nach der Nummer der italienischen Sänger darf Franz etwas von Hummel und Czerny spielen, wonach er bald zu Improvisationen übergeht. Franz spielt eine gute Stunde lang, dann unterbricht ihn der Hausherr. Die Nacht und die Spannung könnten dem Jüngling schaden.

Er selbst gibt den Befehl, das Kind mit dem herrschaftlichen Wagen nach Hause zu bringen, und begleitet sogar die Liszts bis zur Portiersloge. Dann verabschiedet er sich von ihnen herzlich und sagt: "A demain - bis bald!" Wer hätte das je in Wien getan, sowohl aus der alten wie der neuen Aristokratie?

Am 7. Januar kommt eine ehrenvolle Einladung: Die akademische Gesellschaft bittet Franz Liszt, zu erscheinen und seine Kunst vorzuführen.

Der ewig eilende und schwitzende Paër sagt kein Wort, aber trotzdem stellt sich heraus, daß diese Einladung ihm zu verdanken ist. Zum ersten Mal in seinem Leben liebt er einen Schüler wirklich und selbstlos, und das ist der kleine Franz Liszt. Die Prüfung vor der Akademischen Gesellschaft wird mit dem Ehrendiplom belohnt.

In Paris verbreitet sich sein Ruhm, immer mehr Leute kennen ihn schon dem Namen nach: "Le petit Liszt." Das

Leben wird anstrengend. Franz übt Tag für Tag, ermüdet aber leicht. Auch Adam Liszt hat Anlaß zu Klagen. Ihn quälen Magenschmerzen. Die stürmischen Ereignisse der vergangenen Jahre, die riskanten Unternehmungen, das Organisieren hinterlassen ihre Spuren. Adam muß eine vorgeschriebene Diät einhalten.

Paris zeigt auch seine üble Seite: Es kommen schmähende, mißgünstige und schimpfliche Briefe, meist ohne Namen. Der Vater unterschlägt tunlichst die Episteln; er kennt ja die Empfindlichkeit seines Sohnes.

Eine Messe in der Kirche St. Eustache überwältigt den Jungen derart, daß die Eltern sich Sorgen machen, der Sohn könne ohnmächtig werden.

Sie suchen den Pfarrer der Kirche, Abbé Bardin, auf, einen Priester und echten Franzosen, dem man die Liebe zu Wein und Musik ansieht. Er kennt Franz schon dem Namen nach und lädt ihn gleich zu einem musikalischen Abend seiner Gemeinde ein. Franz hat nur eine Bitte: er möchte die Orgel anschauen. Er läuft schon die Treppen nach oben voraus, und Abbé Bardin schnauft hinter ihm her. An der Orgel werden sie von einem alten, zahnlosen Musiker empfangen, der verschlossen und ablehnend wirkt. Franz schmeichelt sich bald ein, und die alte, auf zwei Füßen wandelnde Orgelpfeife wird besänftigt.

Der Organist erklärt Franz der Reihe nach das System der Manuale und Register und lädt zur größten Verwunderung des Abbés zum Ausprobieren der Orgel ein. Sie beginnen zu improvisieren. Das riesige Instrument klingt zuerst leise, dann schwillt der Ton an, nach einem Seufzer im Halbdunkel der Kirche erklingen Donnerstimmen, die die Mauern erbeben lassen. Adam Liszt entdeckt eine neue Begabung seines Sohnes, die ihn mit großer Bewunderung erfüllt. Aber auch Furcht mischt sich in sein Gefühl. Auf solchen Registern zu spielen ist beängstigend, es ist ein Gefühl, wie wenn jemand auf einem hohen Berg stünde und die unter ihm sich ausbreitende Tiefe entdeckt. Der alte Organist, der Abbé Bardin und Adam Liszt sehen einander verwundert an, als fragten sie sich gegenseitig, von wem hat das Kind all das gelernt.

Der verbitterte Organist tritt zu Franz und streichelt seine goldblonde Mähne: "Komm auch ein anderes Mal."

Adam Liszt macht die Nacht zum Tage, er organisiert das offizielle Pariser Vorstellungskonzert. Paër analysiert jede Probe gründlich. Erard, der Franz so liebgewonnen hat wie sein eigenes Kind, setzt alle Hebel in Bewegung. Fürstin Berry mobilisiert die Aristokratie, es kommt der Maler Roehn, der ein Porträt vom Kind malt, und die Reproduktionen verbreiten sich schnell. Dramenschriftsteller Theaulon und sein Kollege de Rancé mobilisieren alle übrigen Liszt-Bewunderer.

Der gütige Minister Lauriston sorgt dafür, daß für das Konzert das Théâtre Royal zur Verfügung steht, und zwar unentgeltlich. Zusätzlich wird vereinbart, daß die Italienische Gesellschaft zur Ergänzung des Programms den dritten Akt von *Roméo et Juliette* aufführt, und zwar in der hervorragenden Besetzung mit Monsieur Peregrini, Mademoiselle Cinti und Mme. Pasta. Der Dirigent ist kein geringerer als Gioacchino Rossini.

Je ein Opus von Hummel und Czerny soll Franz spielen, aber natürlich auch die Phantasien und Improvisationen auf gewünschte Melodien, die einfach unvermeidlich sind.

Adam Liszt läßt sich Visitenkarten drucken: *Adam Liszt, Rue de Mail No. 13, A 21, chez Erard Facteur de pianos et de harpes.*

Am Abend des 13. Februar 1824 gibt es ein Souper bei Erard anläßlich der Ankunft seines Schwiegersohns, Gasparo Luigi Pacifico Spontini, der gerade in Berlin Furore gemacht hat.

Das italienisch klingende Französisch des weltberühmten Komponisten verstehen die Liszts nur mit Schwierigkeiten. Unvergeßlich ist der Einzug des großen Meisters. Er krächzt auf der Schwelle und schimpft, warum ein Italiener an solchen Plätzen leben müsse wie Berlin oder Paris. Überall regnet es, Schnupfen, Lungenentzündung drohen den Leuten, und sie müssen im Schatten des Todes leben. Wütend setzt er sich an den wunderbar gedeckten Tisch - Flaschen aus Murano, venezianische Seltenheiten, altes Silber und das schwerste Porzellan von Sèvres entzücken die Augen.

Von einer gegenseitigen Vorstellung der Gäste ist keine Rede. Spontini schnupft zornig und sagt: "Ich kann in diesem Armstuhl nicht zu Mittag essen, weil ich meine Ellenbogen immer anschlage." Es wird ein anderer Stuhl gebracht. Nun interessiert sich der Gast für das Menue, wünscht Veränderungen. Er schafft gewisse Speisen ab und schreibt was anderes vor. Seine Frau, die geborene Juliette Erard, geht mit ihm um wie mit einem sehr empfindlichen, sehr kranken Jüngling. Der 50jährige 'Jüngling' fühlt immer wieder seinen Puls, blinzelt nervös mit den Augen und verzieht ständig die Nase.

Er mustert endlich den kleinen Gast und fragt: "Wer sind Sie?" Sein Ton schwankt zwischen dem eines absoluten Herrschers und dem eines total ungebildeten Barbaren. Erard läßt sich sofort vernehmen und stellt den lieben Gast vor. Das beeindruckt Spontini nicht, er fragt bloß: "Welche meiner Opern kennst du?" Dank der vortrefflichen Arbeit von Salieri und Paër findet Franz sofort das richtige Wort: "Den Cortez, den Milton, die Vestalin und den Pasqualet." Spontini spricht dann von seiner Oper Olympie. Das Libretto hat ein Literat namens Hoffmann ins Deutsche übersetzt, die Dekorationen stammen von einem gewissen Schinkel, der im Ruf, steht, der erste Theaterfachmann der Welt zu sein.

Nach dem Essen fängt Franz sogleich zu spielen an, ohne Noten, was Herrn Adam mit großer Furcht und Beklemmung erfüllt. Woher kann der Junge nur die vielen Noten im Gedächtnis behalten? Das Spiel macht aber keinen besonderen Eindruck auf Spontini, er guckt abwesend vor sich hin: "Wunderbare Musik... Fast unbegreiflich, daß sie von mir ist. Eigentlich ist alles darin enthalten. Mich plagt förmlich der Zweifel, ob ich etwas für die Nachwelt übriggelassen habe..."

Die letzte Hauptprobe in der Oper. Hinter den Kulissen horcht Franz. Neben ihm steht Paër: "Hör dir diesen Ton an", sagt er zu dem Jungen. "Dieser Ton ist der größte auf der Welt. Giuditta Pasta hat ihn gesungen."

Am 7. März abends acht Uhr soll die große Schlacht beginnen. Es geht um Erfolg oder Niederlage. Adam Liszt geht nervös hin und her. Das Konzert fängt mit einem guten Opus an. Die Italiener spielen eine Haydn-Symphonie. Die kennt Franz genau. Noch besser kennt sie Herr Adam. Der Junge paßt genau auf das Spiel des Orchesters auf. Er studiert die Farben der Instrumente, die stolzen Geigen, die verträumten Celli, die verliebte Harfe und den kräftigen Kontrabaß, am meisten aber die aufregende Trommel. Die glänzende Gesamtarbeit erfüllt ihn mit Bewunderung. Ihn stört bloß das lärmende Publikum.

Der Augenblick der Wahrheit kommt. Franz Liszt nimmt Platz am Flügel und achtet auf den Dirigenten Rossini. Nach einigen Minuten ertönt das Klavier. Herr Adam leidet. Vor Aufregung bekommt er Magenschmerzen, vor allem weil Franz trotz allen Zuredens die Noten nicht mitgenommen hat. Er spielt aus dem Gedächtnis, was für den Künstler aufregend sein mag, aber für die Angehörigen einfach unerträglich. Wie er bloß die Noten sämtlich im Kopf behalten kann, bleibt für Adam ein ständiges Rätsel.

Es folgt die Kadenz des ersten Satzes. Das ganze Publikum gibt einen Zischlaut von sich, nach der eine tödliche Stille kommt. Das Kind legt sich jetzt hinein, ergötzt sich an den Freuden des unerhörten Spiels, läßt sich in den Tönen treiben wie ein junger Delphin im Wasser. Das Publikum erstarrt in Verblüffung. Endlich folgt jener Teil der Komposition, in dem das Klavier frei spielen kann, das große Solo. Franz läßt das Klavier in himmlischen Stimmen singen, in Glissandi, im Wettbewerb mit hundert Harfen. Nur noch der letzte Satz, der chromatisch nach oben klettert, immer höher und immer leiser. Es klingt wie eine Äolsharfe, als verließe die Musik jeden irdischen Raum.

Jetzt müßte das Orchester einsetzen, aber das tut es

nicht. Franz spielt weiter und sieht sich um. Was zum Kukkuck treibt das Orchester? Die Musiker, die bei den Proben die Klavierstimme nicht gehört haben, weil er sie nicht mitgespielt hatte, erheben sich alle von ihren Sitzen, sehen sprachlos vor Verblüffung zu Maestro Rossini auf, der ebenfalls still steht, etwas nach vorn gebeugt. Sein Blick klebt auf den beiden Kinderhänden, die die wunderbaren Töne hervorbringen. Franz lächelt, blickt zum Maestro und wiederholt die in die Höhe steigenden chromatischen Triller ein zweites Mal. Das Publikum gibt Laute der Heiterkeit von sich. Nun vereinigen sich das Klavier und das Orchester wieder in einer lustigen Harmonie, einzig auf den Wink des Maestros.

Nach der Nummer erntet Franz einen Applaus, wie er ihn noch nie bekommen hat, ein nicht enden wollendes Klatschen. Franz verneigt sich auf dem Podium. Nachdem der Sturm sich gelegt hat, improvisiert er aus einer Mozart-Oper. Diesmal variiert er nicht wie früher einmal, er komponiert förmlich. Er lebt sich in das, was er spielt, völlig ein und summt mit seiner dünnen Kinderstimme die Melodie, holt sie bald von hier, bald von dort hervor, veranstaltet eine kontrapunktische Übung und beginnt dann das Ende aufzubauen. Er steigt mit dem Ton immer höher, läßt ihn sich weit ausdehnen, strebt mit sicherer Hand dem Ziel zu, steigert die Anschläge immer mehr, und als er am Ende seines Kunststücks anlangt, dröhnt das Klavier zugleich mit dem Applaus des Hauses, der die Mauern erschüttert.

Beim Konzert ist auch Talma, der meistgefeierte Schauspieler der damaligen Zeit. Mit einer Geste, die nur perfekte Schauspieler so ausüben können, hält Talma die Familie Liszt an: "Ich will deinen Blick sehen." Seine Stimme ertönt in neuen Registern: "Du wirst ein großer Künstler!" sagt er, beugt sich zu dem Jungen, küßt ihn auf die Stirn und verläßt theatralisch den Saal. Franz wendet sich an seinen Vater mit der Frage: "Warum sagt er, ich werde groß werden? Bin ich es noch nicht? Habe ich etwa schlecht gespielt?" Herr Adam antwortet kurz: "Du hast gut gespielt.

Ich fühle es noch, wie es mir kalt über den Rücken lief. Du bist nur sehr frech."

Der Frenologe Gall wendet sich an Adam Liszt und fragt: "Erlauben Sie, daß ich vom Kopf des Kindes einen Gipsabguß mache?" "Tut das nicht weh?" fragt der erste Pianist der Welt erschrocken. "Nein, nicht ein bißchen." Der Termin wird für den nächsten Nachmittag festgelegt.

Paris hat seinen charakteristischen Ausspruch bald bereit: Nicht nur der kleine Orpheus konnte Steine erweichen, der ungarische Junge beherrscht dieselbe Kunst an den Herzen der Franzosen.

Die sonst bissige, angriffslustige Presse ist begeistert: "Im Konzert am Sonntag schwebte mir immer eine Seelenwanderung vor: Es ist meine Überzeugung, daß die Seele und der Geist Mozarts in den jungen Liszt eingezogen sind. Die Tatsache wird dadurch bestätigt, daß die beiden eine gemeinsame Heimat haben." (Der französische Journalist sah die Österreicher und die Ungarn als eine gemeinsame Nation an). "Gemeinsam ist die Laufbahn, gemeinsam der Beginn in der frühesten Jugend. Das Kind kann die Klaviatur des Flügels kaum umspannen. Dennoch sagen wir, Franz Liszt ist der erste Klavierkünstler Europas. Gegen diesen Titel kann nicht einmal Moscheles protestieren", so die Drapeau Blanc.

Herr Martinville ist ebenfalls ein Mitarbeiter der Drapeau: "Weg mit jedem Notenständer, weg mit jeder Note und sonstigen Bedarfsartikeln: Der kleine Künstler übergibt sich seinem Genius, phantasiert frei, und hier hört die Macht des Wortes auf. Es gibt keinen Ausdruck, der der Wirklichkeit nahekommt. Harmonischer Aufbau, der wunderbare Geist Mozarts!"

Der Etoile findet kaum Worte für das Lob von Franz. Von dem kleinen Jungen schreibt er: "Er ist stolz und männlich."

Ein neues Schlagwort, das jeder als seine Erfindung reklamiert, setzt dem ganzen die Krone auf: 'La huitième merveille du monde!' - das achte Weltwunder.

Herr Adam Liszt rechnet. Die reine Einnahme macht 4711 Francs aus. Jede materielle Sorge ist überwunden. Konzerteinladungen strömen herbei aus Berlin, Brüssel, London und Stockholm. Die Welt hat sich geöffnet für Liszt; sein Name ist weltbekannt.

Neben dem vielen Lob tauchen aber auch wieder Briefe voller Schmähungen auf. Herr Erard, dieser unendlich weise und liebenswerte Mann, der überzeugt davon ist, daß eine unvoreingenommene Freundschaft tatsächlich existiert, er, ein Vorbild der Nächstenliebe und Wohltäter der Familie Liszt, erteilt den Rat, nicht zu protestieren und keine Entgegnung zu publizieren; solche Dinge müßten einfach überhört werden.

Nach dem Konzerterfolg meldet sich Herr Paër wieder. Der Mann, der es sonst immer so eilig hat, kann sich jetzt für den kleinen Künstler freimachen. Er redet dem Zwölf-jährigen zu, eine Oper zu schreiben. Drei Tage später hat Franz bereits das Libretto in der Hand: *Don Sanche ou Le Château d'Amour* (Don Sanche oder Die Burg der Liebe), Text von Theaulon und de Rancé, nach einem Märchen von Florian Claris.

LONDON UND MANCHESTER IM STURM

Adam Liszt hat schon viel von den Theatersitten und der Bühnenmoral gelernt. So holt er sich erst Informationen ein. Minister Lauriston sagt entschieden Ja zu den Opern-plänen. Nicht besonders günstig sieht es jedoch im künstle-rischen Beirat des Opernhauses aus. Ein ständiges Mitglied der Jury ist zwar Ferdinand Paër, der zweite aber - man scheut sich, den Namen auszusprechen - Cherubini.

Franz liest den Text, die Verszeilen fangen von selbst an zu musizieren. Er läuft ans Klavier und macht sich ans Kom-ponieren, aber dabei fühlt er einen bösen Stich im Herzen: Frau Anna, seine Mutter, hat mitgeteilt, sie könne das Leben, das sie führen, nicht weiter ertragen und sie fühle sich hier überflüssig. Die Konzerte zerreißen die Familie, jetzt, wo die Reise nach England gehen soll. Adam hält seinem Sohn die Treue. Anna fährt Mitte Mai 1824 zunächst nach Graz und dann weiter nach Krems, wo sie Verwandte hat. Zum Abschied hat sie noch ein Mahnwort an den Sohn: "Hör immer drauf, was dein Vater sagt. Sein Wort sei heilig für dich."

Franz weint bitterlich. Tränenden Auges fragt er: "Wann sehen wir uns wieder?" Frau Anna ist auch dem Weinen nahe: "Bald. Wenn ihr viel Geld gesammelt habt, kommt ihr nach Hause. Ein Kind kann doch nicht ohne Elternhaus aufwachsen." Herr Adam beruhigt seine Frau mit der Mitteilung: "Wenn du Geld brauchst, ich habe einige tausend Gulden bei der Esterházy-Kanzlei hinterlegt." An die kann sie zu jeder Zeit heran. "Ich dank dir, Adam." Ein letzter Kuß, eine letzte Umarmung, und der Wagen fährt ab. Bei dieser Gelegenheit sehen sich Mann und Frau zum letzten Mal.

Herr Adam macht Bilanz: Eigentlich habe ich alles geopfert. Mein Heim, meinen Beruf, mein Brot, meine Heimat, die Sicherheit, und jetzt werde ich auch von Anna losgerissen. Und sie ist doch sonst eine so stille, folgsame Frau, nur wenn sie sich einmal etwas in den Kopf gesetzt hat, läßt sie sich von keiner irdischen Macht davon abbringen.

Die Erards begleiten Franz und seinen Vater auf die Reise nach London. Unterwegs werden schon in kleineren Städten Konzerte gegeben, teils, damit Franz nicht aus der Übung kommt, und teils, um die Reisespesen aufzubringen. Der Erfolg ist überall gewaltig. Es gilt allgemein als ein Wunder, was dieses Kind hervorbringt.

In den ersten Tagen des Juni 1824 kommen sie in London an. Mehrere Dinge überraschen sie. Bisher waren sie der Meinung, Paris sei der Mittelpunkt der musikalischen Welt. Dagegen wimmelt es in London von Berühmtheiten der Musikwelt. Hier treffen sie Cramer, dessen Etüden Franz in Wien so oft geübt hat. Auch Ries ist in London, dessen Sonate Franz schon in Raiding kennengelernt hat, und er spielt sie auch anläßlich seines ersten Konzerts. Neue Berühmtheiten: Kalkbrenner, der Spezialist des Klavierspiels mit der linken Hand. Auch er lebt in London. Weitere große Namen begegnen ihnen: Neste, Griffin, Potter, Cipriani, und in einem englischen Dorf lebt auch Muzio Clementi, dessen Fingerübungen Franz so verabscheut hat beim Professor Czerny. Auf dem Kampfplatz tauchen auch zwei junge Pianisten auf: Die eine ist ein junges Mädchen, wunderbar, der andere ein Jüngling namens Aspull, den die englische Presse mit dem Beinamen 'Mozart Britannicus' verherrlicht.

Es stellt sich heraus, daß in London die Saison anders gerechnet wird als in Paris. Die Engländer lieben es, rechtzeitig auf ihren Sommersitz zu übersiedeln. Endloses Herumlaufen, Einsammeln und Vorzeigen der Empfehlungsbriefe, um in der gebotenen Eile ein Konzert zu organisieren. Noch eine Schwierigkeit: Die Engländer mögen fremde Sprachen und fremde Dialekte nicht. Lieber hören sie sich die im Englischen gemachten Fehler geduldig und verständnisvoll an. Bald erfahren die Liszts auch, daß die 'Großen' das Auftauchen dieses Jünglings nicht gern sehen. Sie leisten keine Hilfe, geben keine Ratschläge. Ries ist der einzige, der hilft. Er erweist sich als ein selbstloser und liebenswürdiger Mensch, eingedenk der Jahre, die er bei Beethoven als dessen Schüler verbracht hat und der Stadt Wien, wo Franz Liszts Aufstieg begann.

Die Einladungen der hohen Gesellschaft kommen sehr spärlich. Herr Erard hat zwar einige Vorstellungen in vornehmen englischen Häusern vermittelt, aber die Liszts müssen erfahren, daß es überaus schwer ist, Zutritt zur englischen Aristokratie zu gewinnen. Mitten in all diesen Sorgen und Schwierigkeiten organisiert Adam Liszt das öffentliche Konzert. Besonders mühevoll ist es für ihn, den Konzertsaal 'New Argyll Rooms' zu mieten und Herrn Smart als Dirigenten zu bekommen.

Das Konzert ist für den 21. Juni angesetzt, und sie sind

vor den Kopf gestoßen, als sie erfahren, daß genau an diesem Tag die berühmte Sängerin Pasta aus Paris herüberkommen soll, um ihr Konzert zu geben. Absagen kann man nicht mehr, schon darum nicht, weil der Saal nur für diesen Tag verfügbar ist. Die Musikliebhaber müssen also wählen, ob sie die weltberühmte Sängerin oder den jungen Liszt hören wollen. Die Mehrzahl entscheidet sich für den ungarischen Pianisten. In der Zwischenzeit werden in London auf den Straßen Zettel verteilt, auf denen zu lesen steht: *New Argyll Rooms. Master Liszt, der 12jährige ungarische Klavierkünstler, teilt höflichst mit, daß er sein Spiel am 21. Juni 1824 genau um 8.30 pm beginnt und sich freut, das vornehme Publikum von London begrüßen zu dürfen.*

Der Saal ist noch nicht voll, aber der Generalstab der Klavierkunst sitzt bereits in der ersten Reihe, der greise Clementi und der eifersüchtige Kalkbrenner, der schon gut Freund gewordene Ries und die übrigen. In letzter Minute sind doch sämtliche Karten verkauft worden.

Franz spielt leicht und überlegen, er nimmt von den Konzertgrößen überhaupt keine Notiz. Während das Konzert in vollem Gang ist, stellt sich heraus, daß der weltberühmte Mandolinist Signor Vimercati auch anwesend ist und sich anbietet, mit dem kleinen Ungarn zusammen zu spielen. Das tun sie auch. Die beiden intonieren gemeinsam die Variationen *Di tanti palpiti* von Czerny. Der Erolg ist unbeschreiblich. Das Publikum bleibt nicht einen Strich hinter dem aus Paris mit seiner Begeisterung zurück. Die Improvisationen stehen noch auf dem Programm. Dazu ist die Anteilnahme des Publikums unentbehrlich. Eine Dame empfiehlt, die berühmte Melodie aus dem *Barbier von Sevilla* zu spielen.

Das Kind zögert, nickt und fängt dann an. Es tut, als müßte es die Melodie von weither heranholen. Adam schaut seinen Sohn an, und ein Gedanke festigt sich in ihm: ein großer Komödiant ist er schon!

Franz spielt, als ob er eine schwierige kompositorische Arbeit für Meister Paër zu lösen hätte. Trotzdem ertönt die

Melodie fugenartig, aus der Fuge entsteht ein musikalischer Bau. Die rechte Hand spielt das Thema, die linke macht in chromatischen Tonreihen Sprünge nach unten. Dann kreuzen sich die beiden Hände, die linke 'singt', die rechte fegt über das Instrument, die Melodiewellen werden immer tiefer und leiser. Der Schluß ist ein dahinschwindender Seufzer.

Das Publikum ist hingerissen, eine beispiellose Ovation. Die Anwesenden beobachten mit einem Auge die großen Meister des Instrumentes, wie sie wohl reagieren. Endlich müssen sich auch die 'Großen' ergeben und begeistert applaudieren. Es erregt allgemeines Aufsehen, als Clementi sich erhebt, um zu erklären, daß im gegenwärtigen Augenblick es keinen zweiten gebe, der besser Klavier spielen könne als dieser kleine ungarische Junge.

Adam Liszt muß bei diesem Konzert draufzahlen. Teuer ist die Saalmiete, teuer der Dirigent, die Reklame, die Dividende; aber eins steht fest: Dieses Manko wird sich reichlich bezahlt machen. Die Einladungen kommen überstürzt, es gibt kaum einen Tag, an dem man den Jungen nicht in einem vornehmen Haus spielen lassen will. Das Kind ist in Mode gekommen auch in London.

Franz muß jeden Tag seine Übungen machen und wenn er noch atmen kann, muß er sich seiner Oper widmen. Das Komponieren ist die Kirche, die Religion für Franz geworden. Die knappe Freizeit verbringen Liszts mit Stadtbesichtigungen.

Mit unerwartetem Durst wirft sich Franz auf das Komponieren seiner Oper. Zuerst muß er alles Grundlegende zu Ende komponieren, allerdings ohne Instrumentierung. Die Arien, Duette, Quartette, die Ensembles muß er jede für sich niederschreiben. Er komponiert so schnell, daß seine Notenschrift für keinen anderen lesbar ist. Bei einer Gelegenheit bleibt Franz mitten in der Arbeit stecken. Sein Vater schlägt vor, er soll die Stelle auslassen, besser gesagt überspringen. Er wird schon später wieder zurückfinden. Andere Komponisten machten es auch so. In Franz hat sich irgendeine unbeschreibliche innere Spannung angehäuft. Er kann nicht aufhören. Es ist eine dramatische Stelle, wo er steckengeblieben ist. Umsonst sagt sein Vater: "Hör jetzt auf, übe etwas anderes."

Franz bleibt am Klavier und beginnt, aus dem Stegreif zu spielen. Auf dem Instrument entfaltet sich langsam aber sicher der nahende Sturm. Er spielt den gestaltlosen Sturm seines Innern auf Erards Klavier. Der Vater beobachtet das Spiel seines Sohnes. Er hört auf, Briefe zu schreiben, Umschläge zu adressieren, lauscht nur noch. Der Sturm bricht aus auf dem Klavier. Das Instrument zittert, und mit ihm zittert auch Herr Adam. Franz aber spielt und spielt mit bleichem, verängstigtem Gesicht, wie jemand, der vor den Dämonen flüchtet. Er donnert, hämmert auf das Klavier. Offenbar will er sich selbst noch mehr, noch stärker in den Orkan hineinjagen. Schließlich rutschen seine Finger kraftlos von den Tasten ab. "Ja, so wird es gut sein." Das sagt der Vater, aber er sieht zugleich, daß sein Sohn bleich und aufgewühlt ist. Er ahnt, was sich in der Seele des Jungen abgespielt hat.

"Jetzt gehen wir und machen einen Spaziergang, der wird uns gut tun." Das Kind gehorcht ohne eine Silbe. Es ist der 27. Juni 1824.

Die Royal Society of Musicians hält ihre Jahresfeier. Franz Liszt wird gebeten, am Fest teilzunehmen als Gast und Künstler. Franz willfährt gern. Der Organisator ist ein großer Musiker, ein großer Gelehrter und Dirigent der Königlichen Kapelle: Samuel Sebastian Wesley. Franz darf 20 Minuten lang den ersten Musikern des Landes vorspielen. Improvisiert mit Erfolg.

1. Juli. Die Künstlerkonkurrenz tritt auf. Der 'Mozart Britannicus', der kleine Aspull aus Manchester und dann die kleine Delphine Schaurot aus München. Die beiden spielen vorzüglich. Beide sind erstklassige Pianisten, aber unvoreingenommen stellt Franz fest, ihre Rhythmen sind verschwommen und ihr Anschlag ist farblos. In der Pause werden sie miteinander bekannt und unterhalten sich freundschaftlich. Franz spricht schon gut englisch, es grenzt an

ein Wunder, wie unheimlich schnell die Sprache an ihm haften bleibt.

Die beiden finden einen Brief von wenigen Zeilen in ihrem Heim vor. Franz soll Seiner Majestät, His Royal Majesty, dem König von England, in Windsor vorspielen. Als noble Geste bittet sie Seine Majestät, in Windsor zu bleiben für die Nacht. Herr Adam, zum richtigen Snob geworden, fühlt sich unendlich beglückt. Die beiden Liszts gehen ins Fremdenzimmer, bewundern die vielen schönen Einrichtungsgegenstände. Herr Adam stellt glücklich fest, daß auch noch Briefpapier mit dem Aufdruck *Windsor Castle* aufliegt. So setzt er sich sofort hin und schreibt einen Brief an Anna und läßt Franz ein paar Zeilen hinzufügen. Herr Professor Czerny in Wien bekommt auch eine Mitteilung mit dem königlichen Briefkopf.

Am nächsten Tag werden die beiden, nach einem reichlichen Frühstück, nach London entlassen. Sie nehmen ein nicht geringes Honorar von 50 Guineas mit. Auf ihrem Quartier werden sie schon vom Impresario erwartet, der ein Konzertangebot aus Manchester hat. Das Honorar soll 100 Guineas betragen. Das ist eine Summe!

Herr Adam empfindet schon seit Tagen Magenschmerzen, besucht den Arzt, der ihm etwas Medizin gibt mit dem Vorschlag, er soll England verlassen, das Klima täte ihm nicht gut. Ein Honorar von 100 Guineas, mehr als das Einkommen Herrn Adams für ein Vierteljahrhundert, nein, das kann man nicht sausen lassen. Gegen den ärztlichen Rat wird das Konzert vereinbart. Ein Plakat aus der Zeit gewährt Einblick in die Vergangenheit: *Theatre Royal Manchester. Die Firma Ward and Andrew fühlt sich hochgeehrt, dem verehrten Publikum zur Kenntnis geben zu können, es sei ihr gelungen - gegen beträchtliche finanzielle Opfer - den jungen Künstler*

Master Liszt,
der zwar nur 12 Jahre alt ist, aber für alle diejenigen, die ihn schon gehört haben, als der größte Künstler unserer Zeit gehalten wird...

Ein Einblick in das Budget des Konzerts gibt uns einen Begriff von den Kosten:

Der Saal .... 40 Guineas
Das Orchester .... 30 Guineas
Druck des Programmhefts .... 8 Guineas
Inserate .... 25 Guineas
Billetthefte .... 9 Guineas

Herr Adam hat Sorgen. Hier braucht man wahrlich ein überfülltes Haus, wenn man will, daß das Konzert nicht nur zum Ruhm beiträgt, sondern auch etwas einbringt.

Die Konzerttournee in England ist letztlich doch ein Erfolg. Sie gewinnt das scheinabr kühle englische Publikum für den Künstler, was beweist, daß es sehr wohl gute Musik zu würdigen und mit heißem Applaus zu honorieren versteht.

Adam zieht wieder einmal Bilanz. Er stellt fest, materielle Sorgen hätten sie nicht mehr. Nachdem er sein Rechnungsbuch in Ordnung gebracht hat, geht er zu Bett. Einschlafen jedoch kann er nicht. Ein sonderbarer Gedanke quält ihn: Was wird aus dem Sohn, wenn ich morgen die Augen schließen muß? Anna ist weit weg, das Kind ist zwar ein Genie, aber doch nur ein Kind. Das kleine Vermögen schmilzt, wenn man nicht Acht gibt, bald dahin wie der Märzschnee.

ARBEIT AN DON SANCHE

Im August 1824 kehren sie nach Paris zurück. Der Herbst bringt Unvorhersehbares: Die Einladungen bleiben aus. König Ludwig XVIII. ist gestorben. Zum neuen König wird Graf Artois ausgerufen und dieser sowie die hohen Familien überhaupt lassen das Musizieren wegen der Hoftrauer nicht zu.

Franz ist inzwischen in seinem 13. Lebensjahr. Er komponiert. Meister Paër kontrolliert jede Seite und läßt kaum eine ohne irgendeine belehrende Bemerkung durch. Franz arbeitet schon an der Instrumentation. Wenn es ihm zuviel wird, komponiert er andere kleine Werke. Er spielt bei sich zu Hause oft Stücke aus den neuen Opern Rossinis und Spontinis und eignet sich einige gefällige Melodien für den Vortrag auf dem Klavier an. Das tut er so lang, bis aus der Arbeit ein abgerundetes Impromptu hervorgeht. Dabei fällt Franz ein, er müßte auch, wie die anderen 'Großen' (Clementi, Czerny, Cramer), Etüden schreiben, kleine Vortragsstücke, die sich als Fingerübungen und zur Verbesserung des Fingersatzes eignen.

Eines Tages legt der Vater dem Sohn Noten vor. Dieser sieht sie sich an und ihm bleibt das Herz stehen: Auf dem Titelblatt steht

Impromptu sur des thêmes de Rossini et Spontini.
Par F. List.

Franz kann sich nicht sattsehen an seinem in Druck erschienenen Namen.

Frau Anna schreibt fleißig; die beiden Liszts antworten ebenso häufig. Sie fühlen mit Schmerzen, daß sie sich von der Mutter entfernt haben. Franz hat eine Wandlung durchgemacht, er ist ein schlanker, hübscher junger Mann geworden, die Blicke folgen ihm und zwar ganz besonders die der Frauen. Gott möge es ihnen verzeihen. Er spricht französisch so rasch wie ein eingeborener Pariser, so daß der Vater Mühe hat, ihm zu folgen. Ebenso flott ist er im Debattieren. Da muß einer schon einen frischen Verstand haben, wenn er es mit ihm in der Diskussion aufnehmen will.

Herr Erard verschafft ihm Freunde, Kinder aus der Verwandtschaft. Diese neuen Beziehungen sind Franz in manchem überlegen. Sie wissen vieles, was er noch nicht kennt. Wer ist Molière? Wer war Archimedes? Was ist der Pythagoräische Lehrsatz? Wie funktioniert eine Dampfmaschine? Wie kreist die Erde um die Sonne? Franz beginnt zu lesen und dabei entdeckt er viele weiße Stellen auf der Landkarte seines Bewußtseins. Er erkundigt sich, fragt herum ohne jede Scham und vertieft sich dann in die Lektüre. Er liest alles Mögliche, ohne System und Ordnung. Am liebsten möchte er in zehn Bänden gleichzeitig blättern. Das führt zu einer Überladung. Dann setzt er sich ans Fenster und blickt hinaus auf die Straße.

Er möchte nach St. Eustache zum alten Organisten gehen. Der Vater geht mit. Das Orgelspiel und die Kirchenbesuche üben einen starken Eindruck auf ihn aus. Er ist religiös erzogen worden, und jetzt entsteht in ihm eine Schwärmerei für die Mystik. Er erkundigt sich immerzu nach der Kirche, nach der geistigen Laufbahn, und der Vater fühlt, daß das Kind eine Lebenskrise durchmacht. Er kommt zu der Überzeugung, er müsse mit dem Sohn, der kein Kind mehr ist, vernünftig sprechen. Nicht debattieren mit ihm, sondern sich mit ihm von Mensch zu Mensch unterhalten. Er erklärt ihm, der Mensch sei geboren, die Arbeit zu vollbringen, die ihm der Schöpfer aufgetragen hat. Der Bauer bestellt den Boden, der Geistliche verkündet das Wort des Herrn, die Mutter erzieht das Kind und der Künstler verschafft seinen Mitmenschen Entzücken. Jeder Mensch erfüllt also einen Beruf und verrichtet, womit Gott ihn für das irdische Leben betraut hat.

Franz fragt: "Weißt du bestimmt, daß Gott mich damit betraut hat, andere Menschen zu zerstreuen?" "Ich weiß das bestimmt", antwortet der Vater.

Weihnachten verläuft in gedrückter Stimmung. Anna fehlt, die Frau und Mutter. Der Sohn arbeitet an der Partitur, spielt weniger, liest dafür mehr. Der Junge muß einen festen Boden unter die Füße bekommen, während er die letzten Glättungen an seiner Oper *Don Sanche* vornimmt. Inzwischen haben sie die vollständige Namensliste der Jury der Akademie bekommen: Paër, Cherubini, Berton, Boieldieu, Lesueur, Catel.

Mit erneuter Kraft macht sich Franz ans Üben, weil die Konzertprogramme wieder anlaufen. Den Verträgen nach müssen sie im März in Paris anfangen, dann in mehreren französischen Städten, in Bordeaux, Toulouse, Lyon, Nimes, Marseille auftreten, schließlich wieder ins geliebte England hinüberfahren nach London, Manchester und Windsor, um dann im Juni und Juli wieder nach Frankreich heimzukehren.

Die Konzerte erfreuen Franz nicht mehr so wie früher. Er hat nun mehr Sinn für das Komponieren. Der Vater wiederum betont, für ihn stehe die Welt der Konzertsäle jetzt offen und er müsse jede Gelegenheit nützen. Der alte Erard hält ihnen die Treue, steht mit Rat und Tat zur Seite, und das ist auch notwendig. Das Konzert am 15. März 1825 in Paris findet mit großer Besetzung statt: Curioni, Pellegrini, Zucchelli, Bordogni, sowie die Damen Cinti, Pasta und Rossi. Die Künstler ersticken fast im Applaus.

Es kommen die Stunden in der Reisekutsche, die Franz so haßt! Stroh liegt auf dem Fußboden, voller Flöhe. Verschlafene Reisegefährten blasen Zigarrenrauch zum Ersticken in den Wagen. Nach der Ankunft sofort das Klavier einstellen und den Klang erproben. Es vergeht keine halbe Stunde, da donnert schon die Stimme Adam Liszts im Nachbarzimmer im Streit mit dem Wirt, und Franz donnert auf das Klavier los.

In Bordeaux werden sie mit dem berühmten Geiger Pierre Roden bekannt, von dem Franz schon einmal eine Nummer auf einem gemeinsamen Konzert mit Saint-Lubin gespielt hat. In Marseille wird er von den Malern überrannt. Die Meister Pascal und Beisson machen Gemälde und Radierungen von ihm. Die Konzertreise nach Südfrankreich gelingt diesmal gut und trägt schöne Summen ein. Nur zum Ausruhen bleibt keine Zeit.

Ohne Unterbrechung geht es nach England; Empfang beim König. In Manchester tritt ein neunjähriger Geiger namens Banks mit auf, und das Orchester trägt als erste Nummer die Ouverture von *Don Sanche* vor. Daß diese Ouverture ein Bestandteil der Oper sein soll, die auf ihre Aufführung in Paris wartet, wird nicht bekannt gegeben. Es liegt den Liszts daran, zu hören, wie das Werk wirkt, wenn es incognito vorgestellt wird. Franz, der Komponist, ist mehr als aufgeregt. Ein örtlicher Dirigent leitet das Konzert. Franz sitzt in der ersten Reihe, wie irgend ein beliebiger Zuhörer. Herr Cudmore hebt den Taktstock, die ersten Töne erklingen. Franz wird die Kehle trocken, er glaubt, oben auf dem Podium stehen und singen zu müssen. In den Tönen kommen seine Seufzer, seine Sehnsüchte, seine Rührungen zum Ausdruck. Das Orchester singt, braust durch die Ouverture. Die Musiker, zum Teil alte, erfahrene Menschen, spielen alle gehorsam das, was ihnen Franz Liszt vorgeschrieben hat. Was für ein volles Glücksgefühl!

Der Dirigentenstab durchschneidet in der Luft die letzten Töne, und Franz spürt den unsagbaren Schmerz, den ein Sturz aus dem Himmel zurück auf die Erde verursacht. Dessen ungeachtet spielt er dann seinen Part so vollkommen wie noch nie. Leib und Seele glühen in ihm.

Mitten in der Konzentration auf die Instrumentierung der Oper wird er aus der Arbeit herausgerissen, denn er erkrankt und bekommt Fieber. Der Arzt kann außer Erschöpfung nichts feststellen und schlägt eine Erholungspause vor. Der aber stehen noch zwei Konzerte im Weg, die nicht abzusagen gehen.

Vier Tage später verlassen sie England, übersiedeln nach Boulogne. Hier soll eine größere Rast eingelegt werden: Baden in der See, Spaziergänge, Beobachtungen der ein- und auslaufenden Schiffe, Sammeln von Muscheln und Herumsitzen im prächtigen Kaffeehaus.

Sie können ihr Inkognito nicht lange wahren. Ohne besondere Mühe kann man sie dazu bringen, im großen Saal des Kaffeehauses ein Konzert zu geben. Der praktische und wirtschaftliche Adam Liszt kann mit dem Erlös gut die Kosten der Sommerpause decken.

Vater und Sohn einigen sich, niemandem ihre Ankunft in Paris bekanntzugeben. Franz ist immer noch nicht ganz bei Kräften. Er liegt - es ist ein heißer Julitag - im verhängten Zimmer und träumt. Die Töne eines Konzerts, das er vor langer Zeit in der St. Pauls Kathedrale gehört hatte, gehen ihm im Kopf herum. Die anglikanische Kirche zelebrierte einen Feiertag und dazu sangen mehrere hundert Kinder. Was die vielen Stimmen vortrugen, wirkte mit erschütternder Schönheit auf den jungen Pianisten. Beim Hören einer Harmonie von Haydn kostete er die ganze Schönheit und den süßen Schmerz aus im Stimmenozean der vielen hundert Kinder. Die Sehnsucht ergreift ihn, wieder einzutauchen in diese cherubinischen Töne.

Franz beginnt eine neue Etüdenreihe. 'Ich will das Antlitz eines Menschen beschreiben. Den Titel habe ich schon im Kopf - Malediktion - und in Gedanken ist auch schon das neue Klavierkonzert fertig.' Es darf angenommen werden, daß um diese Zeit die *Malédiction* tatsächlich ihre erste Formulierung gefunden hat, die verloren gegangen ist.

Die Ereignisse überstürzen sich. Der Impresario kommt mit dem Plan einer neuen Konzerttournee durch Holland und Deutschland. Die beiden Liszts überlegen sich das Angebot gründlich, schon allein aus dem Grund, endlich einmal wieder Anna, der Mutter, näher zu kommen.

Der Postbote bringt einen Brief. Aufgeregt liest ihn Adam Liszt seinem Sohn vor. Die Akademie der Schönen Künste fordert den Komponisten François Liszt auf, seine Oper der zuständigen Jury vorzulegen. Das kommt zu plötzlich. Adam möchte einen Aufschub erwirken; eine hoffnungslose Bitte. Er arbeitet für zehn, läuft herum, trifft seine Anordnungen; die Noten müssen noch abgeschrieben, Mitwirkende und Sänger engagiert, die Textverfasser herangezogen werden.

Wenn auch nicht nach acht Tagen, so doch in zwei Wochen legt Franz Liszt die Oper der Jury vor. Auch die beiden Textverfasser sind zugegen und fünf Sänger. Und vor allem ist Adam Liszt, bleich, mit zitternden Fingern, dabei. Der fast schon 14jährige Komponist sitzt am Flügel und paßt sorgsam auf jedes Wort der fünf allmächtigen Alten auf.

Die gefürchtete Jury im Saal der Académie Royale erweist sich als verständnisvoll und liebenswürdig, zur großen Überraschung der beiden Liszts. Schließlich erhebt sich Catel, geht hin zum Pianisten, umarmt ihn: "Gute Arbeit hast du geleistet, mein Sohn."

Die Prüfung durch die Akademie ist gelungen. Das Stück wird ins Herbstprogramm der Oper aufgenommen. Im Laufe der Vorbereitungen werden viele Teile gekürzt oder gestrichen. Erard tröstet den Komponisten: "Ohne Streichung ist noch nie eine Oper aufgeführt worden."

Die Erstaufführung von *Don Sanche* ist ein Erfolg. Der Komponist erscheint glückstrahlend vor dem Vorhang und empfängt den Applaus.

Der Vater bereitet seinen Sohn auf die erste Heilige Kommunion vor. Hingebungsvoll lernt Franz bei Abbé Bardin den Katechismus, liest religiöse Bücher und findet in ihnen eine unglaubliche Befriedigung. In der katholischen Religion, deren Wesen sich ihm jetzt zu offenbaren beginnt, kann er schrankenlos aufgehen.

Als er erstmals die Hostie in den Mund bekommt, wird er beinahe ohnmächtig. Kein Erfolg, kein Applaus kann ihm diese Seligkeit bringen. Die Orgel braust, und der unvergleichliche Duft des Weihrauchs erfüllt und entrückt ihn.

Don Sanche erlebt vier Aufführungen, danach wird sie nicht wieder ins Programm genommen - sie ist also durchgefallen. Die Oper, die bei der Hauptprobe auf der ersten Bühne der Welt die größten Hoffnungen erweckt hat, und der junge Komponist, schon auf den Stufen zum schwindelerregenden Thron der Weltberühmtheit, sind der Vergessenheit preisgegeben. Franz leidet Höllenqualen vor Scham.

Er sieht vor sich, wie alle jetzt von seiner Blamage lesen, besonders die Gegner, Cherubini, Kalkbrenner, Saint-Lubin und Cramer. Und was wird die Mutter in der Steiermark dazu sagen, wenn sie den Fall ihres Sohnes erfährt? Es ist einfach unerträglich. Den einzigen Trost findet er im Gebet.

Niemals vorher war er so oft in die Kirche gegangen wie jetzt. Er wirft sich dem lieben Gott an die Brust. Die Andacht ist so etwas wie ein Rausch, der seinen Schmerz für einige Zeit einschläfert, so als ob eine himmlische Hand ihm die glühende Schläfe streichelt. Die Religion hat sich seiner vollständig bemächtigt.

Mitten in dem größten Schmerz begreift er, daß sein Vater ihn wirklich und beispiellos liebt, daß eine tiefe und warme Zärtlichkeit in ihm steckt. Adam ist immer streng umgegangen mit ihm, und das hat eine gewisse Fremdheit zwischen Vater und Sohn aufkommen lassen. Er weiß zwar genau, wie sich sein Vater für ihn die Hacken abläuft, aber erst in der Zeit schwerer seelischer Kämpfe kommen sie sich wieder näher.

Doch er muß weiter lernen, weiter üben, wenn ihn auch der Mißerfolg der Oper lustlos macht. Paër unterrichtet ihn nicht mehr mit der alten Hingabe. Will er sich zurückziehen? Die beiden Liszts gehen zum alten Professor Kreutzer, der mit seinem Geigenspiel die Hochachtung Beethovens gewonnen hatte. Sie bitten den großen Meister, der infolge einer Handverletzung schon lange nicht mehr spielen kann, um ein Wort. Kreutzer antwortet aufrichtig: Franzens Arbeit sei gut und brauchbar, aber der Junge gehe auf einem falschen Weg voran. Er dürfe sich nicht zum Wunderkind von heute erziehen, sondern zum wahren Künstler von morgen und übermorgen. Die Kritik schmerzt, aber aus den Augen Kreutzers strahlt wahre Anteilnahme, und die beiden Liszts verstehen, daß er nur das Beste für Franz wünscht. Kreutzer empfiehlt Anton Reicha als Lehrer. So entfernt sich Franz nach und nach von Paër, und das gilt als stillschweigende Übereinkunft zwischen den beiden.

Meister Reicha wohnt im Schweizer Hof, im stillsten Winkel des Quartier Latin. Die Liszts kommen in ein echt deutsches Heim, mit ehrwürdiger Standuhr, rheinischen Landschaftsbildern, altdeutschen Möbeln und Noten auf jedem Fleck.

Besonders der gewaltige Erard-Flügel beim Fenster ist unübersehbar mit tausenden von Noten bedeckt: Cimarosa, Gluck, Mozart, Haydn, Salieri, Beethoven. Liszt lernt in Reicha einen lieben, guten Menschen kennen. Der Meister sieht sich Franzens mitgebrachte Kompositionen an. Er äußert sich ganz einfach: Die Extravaganz sei nur ein dummes Gefasel. Nach den unzuverlässigen Italienern sei es das beste, das Deutschtum zu studieren.

Franz geht von da an dreimal in der Woche zu ihm in den Unterricht. Bei einem so gutherzigen Lehrer ist es kein Wunder, daß bald ein gutes Einvernehmen entsteht.

Franz fühlt sich wie im Fieber, als Reicha von Beethovens Sonate Opus 101 *Langsam und sehnsuchtsvoll* spricht, von jener Musik, die sich nicht mit leichten Mitteln einschmeicheln, sondern nur die wenigen Seelen ergreifen will, die ihm auf seinem herrlichen, einsamen Weg folgen können.

Reicha befaßt sich in der Hauptsache mit dem Kontrapunkt, wozu er nicht das *Wohltemperierte Klavier,* sondern seine eigenen 36 Fugen verwendet. Auch Adam Liszt macht sich zum Lehrer. Er gibt seinem Sohn Stunden in Latein, in der französischen Grammatik, in der Geschichte, der griechischen Mythologie, auch etwas Mathematik - wogegen Franz sich heftig wehrt -, und bringt dem Jüngling die Literatur näher. All dieser Stoff fällt auf einen gärenden Boden.

Franz fängt an, ein Mann zu werden. Träume und Versuchungen verfolgen ihn. Diese Proben erlebt er auch tagsüber, auf den Straßen von Paris, wo man den berühmten Wunderpianisten kennt. Jeden Augenblick findet er sich dem Zauber von lächelnden Frauenlippen ausgesetzt. Zu Hause macht er seinen Erregungen in Wutausbrüchen Platz. Er wirft die Noten zu Boden, und zwar vor allem die Übungen von Czerny, aus denen er die Fingerfertigkeit lernen soll. Er kümmert sich nicht mehr um die Tonleiter. Dem Vater teilt er mit, Bach, Mozart oder Beethoven haben sich bestimmt nicht mit solchen lächerlichen Dummheiten abgegeben, die nur ein Schaden für die wirkliche Kunst seien.

Diese Empörungen beschränken sich nicht auf die eigenen vier Wände. An einem glänzenden Abend spielt Franz sehr schön, aber der Vater fühlt, daß er nicht ganz bei der

Sache ist. Als es dann zum Improvisieren kommt, und er fragt, was er spielen soll, erklingt ein Name: Beethoven. Franz nimmt den Wunsch zur Kenntnis und beginnt. Er präludiert kurz, improvisiert, als versuche er seine Erinnerungen in Ordnung zu bringen. Der Vater hört dem Spiel verblüfft zu. Das ist alles, nur nicht Beethoven. Immer ungehinderter, zügelloser läßt Franz seiner Phantasie freien Lauf. Das hochrangige Publikum applaudiert dem wilden Ritt begeistert.

Auf dem Heimweg macht der Vater dem Sohn Vorwürfe: "Wenn man Beethoven von dir verlangt, warum speist du das Publikum mit so einer Improvisation ab?" Die Antwort kommt nicht mehr von einem Kind, sondern einem verärgerten Mann: "Ich wollte ihnen zeigen, daß sie nichts verstehen, daß sie die Musik des größten Meisters mit den Improvisationen von Stümpern, wie ich einer bin, verwechseln. Am liebsten würde ich das ganze aufgeben."

Der Vater erkennt, was mit Franz nicht stimmt. Er versucht, seinem Sohn zuzureden. "In deinem Leben folgt jetzt die Periode, in der du noch kein Mann bist, aber auch kein Kind mehr." Franz fährt dazwischen: "Vater, lassen wir dieses Thema." Adam erwägt bei sich, ob es auch daran liegt, daß sein Kind ohne ein Heim aufwächst. Die vier Wände sind nur ein Haltepunkt zwischen den Tourneen.

Die Einrichtung der Wohnung ist nicht bescheiden, sondern ausgesprochen ärmlich: Ein Tisch für die Waschschüsseln, ein Schrank für die Kleider, eine Kommode für die Wäsche, zwei Ruhelager und - das Klavier. Scheußlich.

Eines Morgens teilt Franz mit, er wolle die kirchliche Laufbahn einschlagen. Adam erschrickt und eilt sofort zu Abbé Bardin, der dem Jungen zuredet: Er dürfe nicht sein von Gott ihm geschenktes Talent in einem Kloster vergraben. Er sei dazu berufen, die Menschen an seinen Schätzen teilhaben zu lassen. Die Worte des Priesters haben keine Wirkung. Adam eilt zu Reicha. Was der Meister dem Jungen sagt, bleibt ein Geheimnis. Tatsache ist nur, daß Franz von da an wieder regelmäßig übt und an dem Abend bei der Fürstin Berry, dem prächtigsten der Saison, wunderbar spielt. Fest steht indessen, daß bei Franz ein neuer Klang ertönt ist. Bisher hat er wie ein Kind mit dem Charme der Unschuld gespielt, nun aber treten die Sorgen, Geheimnisse und Gedanken eines Mannes hervor. Adam aber fühlt mit tiefer Trauer, daß der Junge, den er bisher wie ein Vögelchen in Händen hielt, sich frei macht, die Flügel entfaltet und ihm sehr bald vielleicht entfliegen wird. Zum Glück ist keine Zeit zum Grübeln.

ADAMS LETZTE TAGE

Eine Konzertfahrt durch Frankreich steht bevor. Der Anfang wird in Dijon gemacht und bald geht es schon über die Schweizer Grenze nach Genf, Luzern, Basel und weitere Städte. Der Erfolg ist überall groß. Das Feiern bricht nicht ab, aber das erfüllt Franz nicht mehr mit Freude. Er fühlt sich wie ein Zirkusclown. Auf den Reisen verschlingt er fromme Bücher, am häufigsten sind es die Bibel, die Lebensgeschichte des Franziskus von Assisi und das Buch des Thomas von Kempen über die Nachfolge Christi. Die innere Krise hält an.

Es ist der Juni 1827, der Anfang einer England-Tournee. Vor der Abreise hatte sie die Nachricht erreicht, Beethoven sei gestorben. Der Komponist der *Neunten* ist nicht mehr unter den Lebenden. Der Gedanke an den Tod beschäftigt Franz jetzt viel.

Der äußere Erfolg in England ist grenzenlos. Sonntags ist er mit dem Vater in der Westminster Abtei. Ein Kinderchor singt in der hohen Kuppel. Die Melodie trifft Franz ins Herz. Er liebt jetzt alles Schwermütige. Trauermessen erwecken in ihm ein krankhaftes Entzücken.

Er ergreift die Hand seines Vaters und sagt: "Das ist eine edle Musik, die den Menschen läutert. Wir werden nie wieder Konzerte geben. Ich kann nicht mehr."

Tatsächlich reagiert auch sein Körper; die Beine wollen ihn nicht mehr tragen, ihn schwindelt, er bekommt Kopfschmerzen und nimmt auffallend ab. Der Vater läßt einen Arzt kommen, der keinerlei Krankheit feststellen kann und nur den wohlwollenden Rat gibt, der Junge solle viel Ruhe haben, gut essen und trinken und sie sollen ans Meer gehen. Adam fügt sich: "Wir gehen nach Boulogne hinüber, machen keine Auftritte mehr, nur Spaziergänge, eine richtige Sommerfrische."

Auch Adam fühlt sich gar nicht gut. Am 1. August bekommt er einen Anfall. Wieder kommt der Arzt und sagt ihnen ganz energisch, sie müssen London sofort verlassen. Am 5. August kommen sie in Boulogne an, und Adam legt sich ins Bett. Eigentlich sind sie zur Erholung des Jungen nach Boulogne gekommen. Allerdings hatte der Vater schon oft über Magenschmerzen geklagt, sie aber nicht ernst genommen.

Am 10. August hat Adam unerträgliche Schmerzen. Der Arzt schüttelt besorgt den Kopf und verschreibt noch eine Medizin. Am 12. ist dem Vater sichtlich wohler, Franz spielt ihm vor. Der Vater setzt sich im Bett auf und spricht todernst: "Die kirchliche Laufbahn mißbillige ich nicht aus selbstsüchtigen Gründen, sondern im Interesse deiner Zukunft. Die Krise vergeht, und dann führt ein kerzengerader Weg auf den Parnaß der Musik."

Die Tage vergehen schleppend, und Vater und Sohn beschließen, der Mutter zu schreiben. Am 24. August 1827 schicken sie den Brief an Anna ab. Adam Liszt hat Fieber, das ihn nicht wieder verläßt. Er sieht fürchterlich aus, dünn wie ein Gerippe. Der einzige Trost des Kranken ist sein schöner, begabter Sohn, der gestern noch ein Kind war und heute schon eine Männerschönheit ist.

Adams Fieber steigt und bleibt ständig bei 40 Grad. Der Arzt sagt dem Sohn, er müsse sich auf das Ärgste gefaßt machen. Für Franz ist es jetzt schon sicher, daß die Stunde der unwiderruflichen Trennung bevorsteht. Er sitzt am Bett des Kranken und wälzt Gedanken über das Geheimnis von

Leben und Tod. Dann betet er. Noch einmal ertönt die Stimme des Vaters, um ein letztes Mahnwort an seinen Sohn zu richten, dann verliert er die Besinnung. Franz kniet neben dem Bett, lange, sehr lange. Plötzlich hebt er den Blick und sieht nur noch einen Toten. Der Schrei bricht aus ihm heraus: "Vater, teurer Vater!"

Am 28. August 1827 ertönt auf dem Friedhof in Boulogne sur Mer die Totenglocke für Adam Liszt, der 50 Jahre alt geworden ist. Beim Begräbnis auf dem Friedhof St. Damian gehen nur drei Menschen hinter dem Sarg her: der katholische Priester, der Arzt und Franz, der nunmehr ohne die schützende Hand des Vaters auskommen muß. Niemand wird mehr Putzi oder Sissi zu ihm sagen. Er kehrt allein nach Paris zurück.

Erards nehmen sich des kaum 16jährigen Franz an. Er kündigt die alte Wohnung; er hätte es in dieser nicht mehr aushalten können. Als die Mutter endlich eintrifft, ist bereits eine neue Wohnung gefunden. Der in praktischen Dingen unerfahrene Franz fühlt eine große Erleichterung, als die Mutter erklärt, sie wolle das Einrichten der Wohnung übernehmen. Zunächst will er keine Konzerte mehr geben, nur unterrichten und lernen. Er will deswegen die alten Bekannten wieder aufsuchen. Es ist Oktober, und Schnee liegt in Paris, eine Seltenheit. Sein erster Weg führt ihn zum Palais des Fürsten Noailles, wo er erfahren muß, daß der Hausherr inzwischen verstorben ist.

LISZT, LEHRER UND SCHÜLER DER ROMANTIK

In wenigen Tagen melden sich so viele Schüler, daß er keine Sorgen mehr wegen des Auskommens zu haben braucht. Er muß nicht einmal die zurückgelegten Gelder anrühren. Die Aristokratie ist bereit, ihm ihre Kinder anzuvertrauen.

Unter anderen kommt ein junger Mann aus Genf zu ihm, Pierre Wolf, und einer aus Belgien, Louis Messmeckers. Schon bald muß er Schüler abweisen. Eine Schülerin aber lehnt er nicht ab, es ist die Tochter der Gräfin Saint Cricq. Franzens Mutter, die ehemals so furchtsame Frau, nimmt jetzt ihren Platz in der Welt ein. Sie hat eine Aufgabe, eine Sendung. Mit größtem Taktgefühl erledigt sie die auf sie zukommenden Verpflichtungen.

Den Sohn darf sie so gut wie nie stören - das weiß sie. Mit einigen Vorhängen und billigen Teppichen hat Anna die Wohnung soweit aufgemöbelt, daß ihr Sohn auch daheim Schüler empfangen kann. Allerdings geht er zu den Adligen selber hin.

Während die Mutter mit dem stillen Gang der Dinge zufrieden ist, hat der gütige Erard, seine zweite Stütze, eine andere Meinung. Er ist geradezu erschrocken, als er von der neuen Entwicklung erfährt und rät Franz mit größtem Nachdruck wieder zu Konzerten. Es wäre doch unerhört, eine solche Begabung brach liegen zu lassen. Franz will nicht. Er begnügt sich mit dem Unterricht, und die Zahl der Schüler steigt so hoch, daß er die Stunden kaum mehr bewältigen kann. Am frühen Morgen muß er los, zuerst in die Kirche, dann in die große Stadt, in das erste Haus. Er gibt seine Stunde, sagt artig Lebewohl und geht zum nächsten - freilich zu Fuß. So durchwandert er die Riesenstadt, ohne sich auch nur eine Mittagspause zu gönnen. Nach Hause zur Mutter zu stiefeln, dazu reicht die Zeit nicht aus. Er ißt irgendwo ein paar Bissen und trottet weiter. Am wichtigsten ist für Franz, daß er die Abende mit seinen Büchern verbringen kann.

Sein Lieblingsschüler ist der gleichaltrige Pierre Wolf, Sohn einer Patrizierfamilie, sehr gebildet und artig. Pierre erhält seine Stunden täglich. Der 'Herr Lehrer' führt den Schüler in den Urwald der musikalischen Formen, in die Harmonielehre und in den Kontrapunkt ein, während der Unterrichtete ihm von ganz anderen Wundern erzählt. Wolf redet von Shakespeare, Corneille und Racine, von

Boccaccio und von dem prallen Dichter der Lebensfreude, Rabelais. Jeden Tag taucht ein neuer Horizont vor den beiden wißbegierigen jungen Menschen auf.

Wolf ist mit dem Direktor des Conservatoires, dem gelehrten Professor Zimmermann, verwandt, der am ersten Samstag jeden Monats die geistige Aristokratie von Paris bei sich bewirtet. Wolf nimmt seinen Freund, Meister Liszt, in Zimmermanns Studio mit. Eines Abends tritt der Hausherr zu Liszt und sagt: "Vielleicht ist unser junger Gast bereit, zu dem heutigen Abend etwas beizutragen."

Franz hatte sich zwar vorgenommen, vor Publikum nicht zu spielen, bevor er seine Dynamik, seine Akzente, seinen Rhythmus, seinen Klang, mit einem Wort - seine ganze Kunst umgeformt hat. Nun kann er aber doch nicht widerstehen. Er setzt sich an den Flügel und spielt Gluck. Zimmermann umarmt und küßt ihn daraufhin.

Zwei Tage später bekommt er schon eine schriftliche Einladung von Charles Nodier: Er sei gerne gesehen bei den Zusammenkünften des Cénacle in der Bibliothek Arsenal. Was das Cénacle genau ist, lernt der junge Künstler erst kennen, als er an Ort und Stelle erscheint. Der Ort und die Atmosphäre entsprachen genau den Vorstellungen eines romantisch gesinnten Künstlers dieser Epoche: Ahnungsvoll, etwas einschüchternd und pittoresk rituell.

Eine Stimme meldet feierlich einen neuen Gast an: Victor Hugo. Im Saal wird es plötzlich taghell, erwartungsvoll gespannte Stille tritt ein. Victor Hugo begibt sich zum Vortragstisch. Er beginnt seine Rede leise, vorsichtig, jedem Wort den entsprechenden Tonfall, die passende Musik gebend. Der Dichter ist fragil und vornehm. Aber er spricht gar nicht von noblen Dingen, im Gegenteil: Er spricht vom Volk. Das Cénacle achtet auf den Vortrag, Franz aber auf den, der vorträgt. Er lauscht tief beeindruckt inmitten der Zuhörerschaft, die einer Versammlung von Gläubigen gleicht.

Welch eine geistige Nahrung ist das für einen jungen Mann von 16 Jahren. Es läßt das Herz riesengroß wachsen, zu einem Höhenflug ansetzen, und feuert den Geist an, sich dem Rausch hinzugeben und dabei scharfsichtig zu bleiben.

Ob auch die Musik so ein Wunder wirken kann? Ist es möglich, über die Schönheit der Melodie hinaus, über den schmelzenden Reiz der Harmonien, über den himmlischen Zusammenklang der klassischen Musik hinaus eine Musica zu schaffen, in der Opus 101 und 106 plastisch erscheinen, die Werke des alten Titanen Beethoven, der seine Marmorblöcke nicht poliert, sondern den Menschen vor die Füße wirft, so rauh und wild mit den unzähligen Ecken, wie die Natur selbst oder der Herrgott sie geschaffen hat. Eine neue Art des Klavierspiels breitet sich aus in den Darbietungen von Franz. Allmählich wird es von einem Gärungsprozeß umgeformt.

Bei der Zusammenkunft des Cénacle wird das Wort Romantik zum ersten Mal ausgesprochen. Die Kritiker lehnen es mit heftigem Haß ab. Die Verteidiger sehen darin eine siegreiche Offenbarung. Die romantischen Künstler erkennen die neuen Farben, den neuen Raum für ihre Schöpfungen und kommen so zum antiken Griechentum, in das ahnungsvolle Arabien, auf den türkischen Boden, überfüllt mit hunderten Geheimnissen, und sie entdecken in Franz das exotische Zeichen - den Ungar.

Der gütige Erard gibt einen Abend im großen Salon, und Franz ist eingeladen. Das ganze Cénacle de la Muse Française mit Victor Hugo kommt. Es kommen auch Lormian, der Schrecken der Akademiker, und Dechamps, und all die Damen, die die Spießbürger noch mehr einschüchtern als Prominenz. Der Abend beginnt mit einem Harfensolo, mehr um das großartige Instrument des Hauses Erard vorzuführen als der Kunst wegen. Dann singt die Cinti, und Franz setzt sich ans Klavier. Den Kunstplauderern, den Zerstreuung suchenden Salonvirtuosen wirft er kühn Beethoven hin!

Tödliche Stille. Nicht die Musik zwingt die Anwesenden, zu schweigen, sondern die außerordentliche Hingabe, die der Pianist ausstrahlt, die eindrucksvolle Kraft, die nicht nur das mächtige Gewölbe des Musikstücks aufrechterhält. Das Publikum sieht den jungen Mann, seinen titanischen Kampf mit dem Stoff, während er die Musik hervorbringt, die mehr einem Bergrutsch, einer Sturmflut oder einem Weltuntergang ähnlich klingt.

Die Wirkung ist nicht eindeutig. Viele sind der Ansicht, das Wunderkind sei verschwunden, den Platz nehme nun ein kämpferischer junger Mann ein, der grausam auf den Flügel hackt und der kein Maßhalten mehr kennt. Die Vorsichtigen schreiben den Effekt dem Komponisten zu: Beethoven sei eben zu schwer für die französischen Ohren. Immerhin gibt es eine Gruppe, die die Musik mit lautem Jubel begrüßt, gerade wegen ihrer jugendlichen Kühnheit. Franz will den Führer des Cénacle hören, Hugo. Dieser äußert sich niederschmetternd: *"Die Musik ist eine veraltete Kunst, ein zahnloser Löwe, der seine Stimme noch hören läßt, aber nicht mehr beißen kann... Der heutige Künstler sagt offen seine Meinung."*

Franz läßt sich von der Äußerung Hugos nicht entmutigen, aber er wird nachdenklich: Vielleicht hat der 'Führer' doch irgendwie recht. In ihm brodeln und gären die Gedanken. Die Musik muß beredter gemacht werden, offener, kühner. Franz ist mit seinen 16 Jahren in einem Alter, das keine Unmöglichkeiten kennt. 'Ich! Ich werde die beredte Musik schaffen!'

LIEBESTRAUM

Eine seiner Schülerinnen beeindruckt ihn. Es ist die Tochter der Gräfin St. Cricq, Caroline. Verfügt der Graf schon über ein bedeutendes Vermögen, so ist der Reichtum seiner Frau geradezu horrend. Graf St. Cricq ist der Handelsminister von Karl X. und er hütet seine Position; er gehört zu den Menschen, denen es egal ist, wem sie dienen, wenn sie nur ihren Rang, ihren Status bewahren können. Die Gräfin ist wegen ihrer schlechten Gesundheit so gut wie ausgeschlossen aus der Gesellschaft. Sie ist von melancholischer Natur, was durch die Krankheit und den damit verbundenen Zimmerarrest noch gesteigert wird. Ausgeschlossen vom Trubel der Welt, flieht sie in die bunte Umgebung der Romane und der Romanzen in Versen. Der Graf hat seinen Fuß schon seit Jahren nicht mehr über die Schwelle ihres Schlafzimmers gesetzt und darauf verzichtet, dem ungeheuren Vermögen einen männlichen Erben zu schaffen.

Die phantasiereiche Mutter läßt also ihre Tochter Caroline Klavierspielen lernen. Franz erkennt schnell ihre Begabung. Das erweckt zuerst seine Aufmerksamkeit für das hochgewachsene, schlanke blonde Mädchen. Er unterrichtet sie mit viel Takt und Geduld, und die beiden jungen Menschen verstricken sich unvermeidlich im Netz der Liebe. Die gütige Gräfin sieht es mit Zufriedenheit; sie freut sich geradezu, daß ihre Tochter das erleben darf, was ihr nicht zuteil geworden ist: die wahre Liebe.

Caroline übt fleißig und ist auch begierig, das Spiel ihres 'Meisters' zu hören. Franz setzt sich ans Klavier und spielt das Lied, welches eben seine Schülerin mit dem Goldhaar und der Porzellanhaut gespielt hat. Voller Hingebung widmet er sich dem Instrument, aber nach dem sanften Spiel der Schülerin tönt es jetzt wie das Brüllen eines Löwen nach Lerchengesang. Mutter und Tochter sehen betroffen und verwundert den jungen Mann an.

Der Gesundheitszustand der Gräfin verschlechtert sich zusehends; die beiden jungen Menschen werden immer besorgter. Die Mutter hat ihrem Mann von der Zuneigung der beiden erzählt und dem Wunsch Ausdruck gegeben, daß die glücklichen Kinder sobald als möglich die Ehe schließen sollten. Der Graf, der mit seinen Gedanken in einer ganz anderen Welt lebt, hat nur zerstreut genickt; für ihn war das Thema damit erledigt.

Wieder eine Klavierstunde im Hause St. Cricq. Franz

wird zugeredet, als Gast zu bleiben. Dieser vergißt, wie viele Schüler anderswo noch auf ihn warten. Nach dem gemütlichen Geplauder spielt Franz wieder, diesmal die *Mondscheinsonate*. Die Gräfin und ihre Tochter hören sprachlos, bezaubert zu. "Er ist heute der beste Klavierspieler der Welt", kann die Gräfin nur sagen. Es ist einer ihrer letzten Abende. Bald danach schließt sie die Augen für immer.

Die Trauer ist so pompös, wie es ihrem Rang gebührt. Nach dem Begräbnis gibt Franz noch einige Stunden, dann schließt sich für ihn das Tor des Palais St. Cricq endgültig. Seine Exzellenz, der Herr Minister, läßt ihn eines Tages rufen und teilt ihm kurz mit, seine Tochter Caroline sei verreist, sie werde einen Mann heiraten, der zu ihr, zu ihrem Rang paßt. Er schätze zwar die jugendlichen Gefühle, aber die beiden seien so jung, daß man ihre Pläne nicht ernst nehmen könne. Er entläßt den jungen Künstler ohne einen Händedruck.

Franz sagt ausnahmslos alle Stunden ab. Frau Anna fragt nicht, forscht nicht nach, erteilt keinen Rat, macht keine Vorwürfe. Geldsorgen haben sie im Augenblick keine, sie können von dem inzwischen aufgesparten Vermögen zehren.

Trotzdem ist es schauerlich anzusehen, wie sich ihr junger Sohn quält, wie er sich aufreibt und die meiste Zeit im Bett zubringt. Er starrt an die Zimmerdecke, als könne er dort eine unsichtbare Schrift lesen.

Wochen vergehen in diesem lethargischen Zustand, bis Franz sich schließlich doch wieder aufrafft. Sein erster Weg führt ihn zu Abbé Bardin. Der heiter gesinnte Geistliche hat schon alles erfahren. Bardin tröstet nicht, er nimmt ihm auch die Beichte nicht ab, sondern zieht den jungen Mann einfach an sich und streichelt seinen schönen blonden Kopf. "Du mußt leben, mein Sohn, für dich selbst. Wir stellen alle große Erwartungen an dich!"

Doch Franz erhält noch einen Schlag. Der *Etoile*, der vor kurzem ihn noch wie einen Gott gefeiert hat, bringt die

Trauermeldung: *"Der junge Liszt ist tot."* Diese Meldung rüttelt Franz auf. Er sieht ein, daß er ums Leben kämpfen muß. Der Artikel im *Etoile,* der einen anderen endgültig vernichtet hätte, erweckt wieder sein nüchternes Selbst.

Die Mutter tritt ins Zimmer, schaut ihren Sohn an, der sich im Spiegel betrachtet: "Prüfst du dich, mein Junge?" "Mutter, ich lasse mir die Haare wachsen, wie sie die Ritter der Renaissance trugen." Nachdem er das gesagt hat, setzt er sich an den Flügel und spielt eine Beethoven-Sonate.

Ihm steht auch ein Konzert bevor, das er wegen einer früheren Vereinbarung geben muß. Er ist müde und gleichgültig. Auf dem Programm steht Beethovens Es-Dur Konzert. Ohne darin aufzugehen, ohne dem Publikum einen Blick zu widmen, absolviert er seine Nummer zu Ende, nickt dann nur stumm und verläßt das Podium. Bei einem weiteren Konzert hat er auf einmal hohes Fieber.

Der Arzt, den Frau Anna sofort hat rufen lassen, stellt Masern fest. Franz verkündet: "Ich muß spielen!" Darauf bemerkt der Arzt: "Das mag sein, aber du spielst mit deinem Leben."

Als Franz wiederhergestellt ist, führt ihn der erste Weg in die Kirche. Dort überläßt er sich ganz der Atmosphäre seiner Religion und sieht darin die verlorene Liebe als Opfer an. Lange Gebete mäßigen seinen Schmerz und verwandeln ihn in ein wunderschönes Farbenspiel. Jeden Tag wieder erlebt er den Rausch im betörenden Weihrauch; die farbigen Fenster, der zauberhafte Orgelton verwandeln seine Schmerzen in ein wunderbares Mysterium. Für neue musikalische Eindrücke ist er nicht empfänglich.

Eines Tages kommt ein Russe namens Lenz zu ihm, ein leidenschaftlicher Musikliebhaber. Er kommt wie vom Schicksal gerufen. Der beste Pianist der Welt ist nicht in der Kirche, sondern liegt auf dem Diwan und raucht Pfeife. Der Russe stellt sich höflich vor, Franz hört sich an, was er zu sagen hat. Der Gast will ihm sein Können zeigen. Er bietet mehrere Stücke an, die aber Franz nervös ablehnt. Er will vor allem Weber nicht hören, Lenz bittet ihn jedoch so sehr, daß zumindest *Die Aufforderung zum Tanz* Gnade findet. Er setzt sich ans Klavier. Bei den ersten Tönen empfindet Franz einen Schlag. Der Russe spielt so hart. Eigentlich bevorzugt Franz die harten Klaviere; so wollte er seine Finger immer stärken. Nach den ersten Takten, die Lenz spielt, wird er schon unterbrochen und gebeten, das Gespielte zu wiederholen. Lenz spielt gut, schwungvoll und stark, ist nur in der Dynamik, im Tempo etwas nachlässig. Beim dritten Wiederholen steht Franz aufgeregt vom Diwan auf und setzt sich ans Klavier. Er beginnt das dreimal hintereinander Gehörte zu spielen und verblüfft damit Lenz geradezu. Mit Bewunderung beobachtet der Russe das vorzügliche Gedächtnis und das hexenhafte Spiel Franzens.

Franz bemerkt mit Schrecken, wie schnell das beiseitegelegte Geld dahinschmilzt. Er muß wieder zum Klavierunterricht zurückkehren. Die meisten alten Schüler freuen sich, wieder von ihm Stunden zu bekommen. Auch neue kommen hinzu, mehr als seine Zeit ihm erlaubt. Die Zöglinge sehen nun einen ganz anderen Meister vor sich.

Dieser neue Liszt ist ein schweigsamer, niemals lächelnder junger Mann geworden, der kein anderes Gesprächsthema hat als die Musik. Sein Blick ist versonnen, seine Sprache leise. Statt der seraphischen Heiterkeit von früher verbreitet er eine vitriolische Bitterkeit. Er geht auf keine Gesellschaft, obgleich Erards ihn rufen und weiter verhätscheln. Sein einziger Freund ist jetzt Urhan, der Organist. Dieser geheimnisvolle, auf Wunder erpichte mystische Freund stört ihn nicht, weil er mit erstaunlicher Ausdauer das reine Leben sucht.

Urhan sitzt im Opernorchester so, daß er die Bühne nie sieht. Zwischen den leichtlebigen Schauspielern geht er umher wie Daniel in der Löwengrube. Er hütet sich vor der Welt der Körperlichkeit und der Sünde.

In dieser Saison bleiben die Einladungen - zur großen Erleichterung von Franz - größtenteils aus. Einzig zu dem Abend der österreichischen Botschaft geht er, fühlt sich aber auch dort ziemlich einsam. Er meidet die Gesellschaft, die Unterhaltung. Bald darauf gibt der Botschafter der österreichischen Monarchie einen zweiten, kleineren Abend, bei dem Franz wieder mitmacht. Die Zigeunermusik, die ertönt, fließt in sein Blut. Ihm kommt es vor, als würde neues Leben sich in ihm einnisten. Die Gastgeberin verkündet zum Abschied folgendes: "Am nächsten Dienstag fällt unser Abend aus. Die meisten Eingeladenen nehmen an einer Hochzeit teil." - "Was für eine Hochzeit?" - "Die kleine St. Cricq heiratet den Grafen D'Artigaux."

Franz hat das Gefühl, ein Axthieb spalte ihn. Er sitzt verlegen da, lächelt peinlich, innerlich von einem unförmigen, schauerlichen, seelischen Wirbel ergriffen. Er erhebt sich, sucht seine Garderobe und geht.

Zu Hause im Bett überkommt ihn ein schmerzliches Weinen, das ihn geradezu würgt. Frau Anna will den Arzt kommen lassen, Franz aber bittet sie, das nicht zu tun. Er erzählt seiner Mutter, was er diesen Abend erfahren hat.

Wieder beginnt er, von der geistlichen Laufbahn zu sprechen, womit er seine Mutter zu Tränen erschreckt. Sie fleht ihn an, sich eines Besseren zu besinnen, worüber er endlich in tiefen Schlaf fällt. Tagelang vergräbt er sich in Bücher. Nichts auf der Welt interessiert ihn.

BEGEGNUNG MIT BERLIOZ

An einem Novembertag tritt er in den Saal des Conservatoires, fast unbewußt. Er sieht sich das Programm nicht an, sitzt nur gelangweilt da und hört zu. Plötzlich muß er aufhorchen. Eine Nummer, kühn und merkwürdig instrumentiert, erweckt sein Interesse. Er greift nach dem Programm: *Concert des Sylphes,* Komponist: Hector Berlioz. Von da an hört er sich die Musik aufmerksam an und sucht mit den Augen den Komponisten. Da steht dieser in der dritten Reihe gerade auf: ein sonderbar aussehender, rothaariger Mann. Liszt beschließt, diesen Mann kennenzulernen.

Bei Erards erkundigt er sich nach Berlioz und erfährt, daß dieser der Sohn eines Dorfarztes ist und in der Pension D'Aubrée Gitarrestunden gibt. Außerdem setzt er gerade Goethes *Faust* in Musik. Er würde bei Pleyel, dem anderen berühmten Klavierfabrikanten, diesen merkwürdigen Menschen kennenlernen. Zunächst schiebt er den Besuch von einem auf den anderen Tag auf. Der *Etoile* schickt dieser Tage eine Abordnung zu ihm, die ihn um Entschuldigung bitten möchte für die versehentliche Todesmeldung.

Eine Einladung des Cénacle rüttelt Franz aus der seelischen und körperlichen Hinfälligkeit. Die Zusammenkunft findet in der Rue Notre Dame des Champs, in der Wohnung des jungen Meisters Victor Hugo statt. Sie ist überaus gut besucht. Es erscheinen der Dichter Gérard de Nerval, furchtsam, vielleicht auch hochmütig, Lamartine mit blutroter Weste, der aufgeregte, redegewandte, entzückende Théophile Gautier mit dem wehenden Haarschopf. Auch Dumas kommt bescheiden - um diese Zeit hat sein Roman *Anthony* Welterfolg zu verzeichnen. Zugegen ist auch Sainte Beuve, strahlend vor Häßlichkeit und gewählter Eleganz. Auch die Maler Devéria und Delacroix kommen. Der Dichter und Architekt Petrus Borel, der ungekrönte Herrscher der Pariser Theater, der mit dem Applaus oder den Pfiffen seiner 300 Akademieschüler das Schicksal der elenden Bühnenautoren entscheidet, taucht auf. Mit dabei sind auch die Amazonen. Ein weiterer Gast tritt ein: Honoré de Balzac, der seine Laufbahn unter einem Pseudonym begonnen hat, weil er seiner Familie geschworen hatte, mit seiner Schreiberei keine Schande auf sie zu bringen. Balzac, der sich mit Kellerbuchdruckern herumschlagen und streiten muß, sie alle bereichernd, nur eben die eigene Tasche leer lassend. Er hat breite Schultern, einen Gladiatorenbrustkorb und einen Cäsarenkopf. Nach einigem Zögern setzt sich Franz neben ihn.

In der Unterhaltung erzählt Balzac, er habe Franzens Konzerte schon wiederholte Male gehört, und jetzt möchte er wissen, wie eine Melodie entsteht und wie sie sich entwickelt. Wie arbeitet ein Musikant? Das ist eine Sache, die man aus Büchern nicht erfahren kann. Er, Balzac, arbeite jetzt an einem Roman, dessen Held ein Musiker ist. Bei diesem trauten Gespräch entsteht eine neue Freundschaft.

Im Laufe des Abends wird mitgeteilt, die Comédie habe Victor Hugos *Ernani* angenommen. Zur großen Premiere am 25. Februar 1830 gehen alle hin. Der Vorhang öffnet sich, und ein einziger Augenblick genügt, nicht gestört von Zischen, Trampeln, herausfordernden Bemerkungen, rohen Entgegnungen, ein einziger Augenblick genügt, daß Hugos Text in seinen Zauber alle Zuschauer einbezieht. Der Dichter hat gesiegt.

Nach der Premiere besucht Franz Liszt mit anderen endlich Berlioz. Dieser haust in einer Mansardenwohnung und gleicht mit peinlicher Pedanterie den miserablen Zustand der Wohnung aus. Das Wohnzimmer ist so gut wie leer. Die abbröckelnden Mauern sind mit Zeitungen tapeziert, um das Elend zu verbergen. Im nächsten Zimmer stehen einige Möbel; in der Ecke ein Eisenbett, einige Nägel in der Wand, ein Stuhl für die Garderobe und eine herumliegende Gitarre, das Instrument des Musiklehrers.

Das Gesicht des Komponisten ist blaß, fast grau und verschlossen. Man könnte glauben, es öffne sich nur in der Theaterbeleuchtung. Er spricht schön, aber rasch. Mit Berlioz kann man nicht streiten. Ihn kann man nur anhören, wie Talma oder Racine. Es ist immer ein wunderbarer Monolog, den er vorträgt. Eine Diskussion ist nicht nötig. Berlioz erzählt die Geschichte, die Gegenseite der Geschichte, zählt die Argumente auf, die an der Schwelle der Ereignisse auftauchenden Argumente und Gegenargumente, und alles, was mit seiner Historie zusammenhängt.

Ein vertrauliches Gespräch, das eine lange Freundschaft ins Leben ruft, entwickelt sich in der schäbigen, leeren Wohnung. Berlioz erzählt von seiner hoffnungslosen Liebe und was er unter ihrem Einfluß geschrieben hat: Die Phantastische Symphonie. In der Wohnung von Berlioz ist kein Klavier. Folglich heißt es: Auf zu Erards.

Der Chef des Hauses empfängt die unerwartet späten Gäste freundlich und führt sie direkt in den Klaviersaal. Die Partitur wird vorgenommen und sofort auf den Notenständer getan. Berlioz gesteht verschämt, er könne nicht Klavier spielen. Franz setzt sich mit einem Gesicht, das um Entschuldigung bittet, an den Flügel. Er blättert die Seiten um, sein Blick trinkt geradezu die Tonzeichen, dann blättert er die Partitur auf die erste Seite zurück und beginnt zu spielen. Berlioz sitzt in der entferntesten Ecke des Saales, sein magerer Körper krümmt sich. Ein richtiges Fieber schüttelt ihn. Eigentlich hört er ja sein eigenes Meisterwerk zum ersten Mal.

Die beiden Erards, die Musikgefährten, verharren reglos, so wie der erste Flügelschlag der Musik sie einfrieren ließ. Eine wunderbare Musik, die noch wunderbarer wird durch das Musizieren eines begnadeten Künstlers. Die tausend Düfte des Opiumrauchs, der Trompetenschall, das Hohngelächter, die süßen Frauentriller, das Sturmbrausen, das unerklärliche Wunder dieser improvisierten Inspiration, der schrille Ton der Posaunen, das Klopfen der Pauke, der nasale Ton der Oboe, die höllische Trauerfeier des Dies Irae werden zum Leben erweckt.

Nach den letzten Tönen tritt Stille ein. Berlioz sitzt geradezu gebrochen da; die anderen stehen verblüfft, bezaubert von der musikalischen Geisterbeschwörung. Mit ausgehöhlten Augen tritt Berlioz vor Franz hin, verneigt sich tief und bringt mit größter Mühe hervor: "Ich danke. Ich danke dir."

Franz läßt sich die Partitur geben und macht sich an die Arbeit. Ein Tag und eine Nacht genügen ihm für diese Aufgabe. Ehrenwert ist die Schöpfung und ehrenwert der Schöpfer: Berlioz. Habeneck mit den Felsenschädel schließt sich dem Studium der Partitur an. Mit immer größerem Respekt blickt Habeneck Franz an, der blendend Partitur lesen kann und mit seinem Adlerblick Schreibfehler bemerkt, die die Komponisten begangen haben.

Später Abend. Auf den winkligen Straßen des Montparnasse spazieren zwei Menschen: Hector und Franz. Später erweitert sich die Gesellschaft; sie begegnen einem deutschen Musiker, Ferdinand Hiller, der Fräulein Camilla Mocke begleitet. Berlioz ist in sie verliebt. Die Straße wird Schauplatz des fröhlichen Gesprächs und der bissigen Späße. Fräulein Mocke hat in der Mädchenschule Daubre Klavierstunden gegeben. Ebendort, wo Berlioz Gitarre unterrichtet; so haben sich die beiden kennengelernt. Beim abendlichen Spaziergang entsteht bald ein Dreieck, gebildet von Hiller, Hector und Mocke. Franz sieht heiter dem Spiel zu, das bald Ernst werden sollte. Er denkt wieder an Caroline. Mit Erschrecken stellt er fest: Die Wunde verheilt, die Krankheit vergeht. Er hat schon wieder einen Blick für hübsche Gesichter, verlockende Augen, die tausend Verführungen von Paris.

Er erkennt im Vorbeigehen die italienische Bodega, das stille Restaurant. Da überkommt ihn ein sonderbarer Gedanke: Er hat Sehnsucht nach dem St. Cricq Palais. Er geht zu Fuß dahin, sieht sich eine Weile die verhängten Fenster an, geht dann rücklings auf die andere Straßenseite hinüber, um das Palais besser zu sehen. In diesem Augenblick wird es ihm bewußt, wessen er beraubt worden ist, welche höllische Macht es ist, die Herzen zerreißt, Leben zertrümmert.

Er weiß es selbst nicht, wie er nach Hause gekommen ist. Wilhelm Lenz, der knallrote junge Pianist aus Riga, kommt noch zu Besuch. Lenz gesteht seine große Freude, Franz die Hand reichen zu können. Der erprobte Pianist lehnt es nur aus Bescheidenheit ab, mit Franz vierhändig zu spielen. Darauf bemerkt der junge Ungar: "Ganz umsonst tun wir schamhaft, mein Junge; vor dem Arzt müssen wir uns entkleiden." Lenz setzt sich verschämt an den Flügel.

Franz läßt sich von der Melodie mitreißen, er setzt sich selbst an die Tasten und beginnt zu spielen. Was er erklingen läßt, ist der Frühling selbst, die Ströme der Liebe, die glückliche Selbstvergessenheit: Wie schön du bist, Jugend!

Lenz steht dabei wie vom Blitz getroffen, er stammelt, und die Erregung hat alle französischen Wörter aus seinem Gedächtnis gefegt. Er beginnt, russisch zu schwärmen, ohne daran zu denken, daß Liszt davon kein Wort versteht.

Franz aber fällt in den nächsten Tagen in den lethargischen Zustand zurück. Wiederholte Male kehrt er in die nächstgelegene Kirche ein und vergißt sich dort eine ganze Weile. Wieder zu Hause, greift er nach dem *Faust* und liest darin, dann holt er sich den *Werther* und findet auch daran Vergnügen. Er glaubt, seine eigenen Schmerzen wiederzufinden. Es kommt soweit mit ihm, daß er Visionen zu haben glaubt. Er magert total ab, ist nur noch Haut und Knochen, sein Blick wird unsicher, sein Gang schwankend. Wer ihn nicht kennt, muß ihn für einen zügellosen, liederlichen jungen Mann halten.

Eine Veränderung regt sich in ihm nach dem ersten Kammerkonzert in Erards Salon. Zum Konzert sind zwei wichtige Figuren geladen: Liszt und Massart. Zuerst spielen Liszt und Fétis je ein Stück und bekommen dafür höflichen Applaus. Die nächste Nummer ist die Kreutzer Sonate, die sogleich die Stimmung erhitzt. Massart hat ausgeprägtes Lampenfieber. Nun beginnt er gedämpft, dann aber reißt ihn der Sturm des Flügels mit. Mit Franz kann man nicht vorsichtig musizieren, sich auf Einzelheiten einlassen, fein und verschämt tun. Hier mußte man fliegen und in vollen Tönen singen, soweit es das Herz aushält.

Der alte Erard weint. Verschämt beruft er sich auf sein Alter wegen seiner Rührseligkeit. Massart mit den borstigen Haaren steht wie verzaubert, verständnislos dabei, wie ein Medium, aus dem die höheren Mächte sprechen.

Franz verschließt sich wieder in sein Heim. Allein auf der Botschaft Österreich-Ungarns erscheint er von Zeit zu Zeit. Wenn er seine Unterrichtsstunden hinter sich gebracht hat, flüchtet er in die Kirche und verbringt dort seine ganze Zeit.

Die große Politik geht mit dröhnendem Schritt voran. Fürst Polignac ist Ministerpräsident geworden. Franz notiert sich, daß Karl X. den eigenen natürlichen Sohn zum

Ministerpräsidenten bestellt hat. Ihm entgeht auch nicht, daß mit dem Rücktritt der Martignac-Regierung Graf St. Cricq aufhören wird, Minister zu sein. Auch diese Nachricht erfreut ihn nicht besonders.

Mit seinen körperlichen Kräften ist Liszt ziemlich am Ende, auch mit den seelischen. Nachts kann er nicht schlafen, und in der kleinen Kirche wird er zweimal ohnmächtig neben dem Altargitter. Immer hat er Fieber. Seine Mutter läßt den Arzt kommen, der schüttelt aber nur den Kopf. Franz widmet sich dem Beten so wie ein Trinker dem Wein. Nur der Rausch kann seine Qual lindern, aber er braucht davon immer mehr.

Zwei Tage bringt er im Bett zu und weiß selbst nicht, ob er wacht oder träumt. Plötzlich hört er ein fernes Geräusch. Von der Straße tönt Geschrei und Getrampel herauf. Seine Mutter kommt hereingestürzt, weinend und entsetzt: "Franzi, man schießt auf der Straße! Das ist die Revolution."

Draußen wiederholt sich der groteske Spaß der Geschichte: Der greise König Karl X. hat den Abkömmling des selben Polignac auf den Posten gesetzt, der einmal schon einen König auf die Guillotine befördert hatte. Der Greis brüllt, wenn jemand ihm rät, seinen Minister auszutauschen. "Auch meinem älteren Bruder, dem Märtyrer Ludwig XVI. redetet ihr erst zu, die Minister zu entlassen, danach habt ihr den Eingeschüchterten ausgeraubt, erniedrigt und schließlich ermordet. Nein, mit mir könnt ihr das nicht machen! Ich laß mich auf kein Spiel mit dem Henker ein. Wenn nötig, sterbe ich mit dem Schwert in der Hand!" So der alte König.

Aus reiner Angst greift er zum Mittel, das auf einen Schlag das in hundert Richtungen zerfallene, ewig unzufriedene Parlament zu einer Einheit schmiedet. Der Greis hat allein zu der Schweizer Garde und deren Kanonen Vertrauen. Die Opposition verläßt sich wiederum auf eine sonderbare Maschine, die mit blitzschnellem Knattern Drucksachen aus sich herauswirft.

Die Führer der Opposition: Thiers, Mignet, Carrell, Remusat, Casimir-Perier, Odilon und Barrot reihen sich um die Druckmaschinen, als der Polizeipräsident von Paris in die Redaktion des 'Temps' eindringt und die Leute auffordert, mit der Arbeit aufzuhören. Der Direktor erwidert darauf: "Mein Herr, das geht über meine Macht. Wenden Sie sich gefälligst an die Arbeiter selbst!"

Als sich der Polzeipräsident umdreht, findet er sich von bösartigen Gesichtern umgeben, Arbeitern, die mit ihren Körpern die Druckmaschinen verteidigen. Der Präsident bläst in seine Pfeife, Bajonette blinken, Schüsse knallen, einige fallen blutüberströmt hin. Wer würde sich nicht an die berühmte Tagebuchaufzeichnung Ludwigs XVI. vom 14. Juli 1789 erinnern, vom Tag der Erstürmung der Bastille: *"Heute war ich auf der Hirschjagd. Sonst ist nichts besonderes passiert."*

Inzwischen hat sich eine Menge von Zehntausenden vor dem Gebäude versammelt. Sie schicken eine berittene Ordonnanz zu Polignac, und dieser schickt dieselbe weiter direkt zu Marschall Marmont. Das gießt nur Öl ins Feuer. Der Name Marmont erweckt größeren Haß, als wenn der Greis Bluthunde auf die Menge gehetzt hätte. Marmont war der sichere Zusammenbruch, der Verrat.

Die von Lungenschwindsucht und Hunger Dezimierten marschieren jetzt auf den Straßen der Hauptstadt. Schüler, junge Menschen aus allen Gewerben schließen sich ihnen an unter dem immer lauter gerufenen Schlagwort: *"Marmont! Marmont! Der Niederträchtige muß zertreten werden!"* Aus seinem Namen wird ein Alarmzeichen, bald auch ein Aufruf zum Widerstand und Kampf. Hunderttausende überrennen den greisen Marschall, der sich zuerst auf die Tuilerien stützt, weil er es nicht vorzieht, einfach auf die andere Seite überzugehen, seine Stellungen aufzugeben und nach Saint-Cloud zu flüchten. Nur die Schweizer halten Stand, weil sie gleichgültig gegenüber dem Kampf sind und sich auf ihre Kanonen verlassen. Das Morden ist ihr ehrenhafter, bezahlter Beruf. Sie laden ungerührt ihre

Kanonen, zielen genau und schießen wie auf dem Exerzierplatz.

Franz erfährt von all dem nur aus zweiter Hand. Er liegt apathisch auf seinem Bett. Dann platzt eine Granate in unmittelbarer Nähe seines Hauses. Die Fenster klirren, von der Straße hört man Hilferufe, Geschrei und dann wieder eine Explosion. Diesmal fallen die Fenster des Hauses gegenüber scheppernd auf die Straße. Es ist, als ob weit draußen irgendwo das Meer, die Flut braust. Zuerst noch sind es lauter unklare Laute, dann kommt Takt hinein.

Aus dem Löwengebrüll wird ein andauernder Schall. Franz fällt das Buch aus der Hand. Er fühlt sich von einem elektrischen Schlag getroffen. 'Ja, das ist die *Marseillaise*'. Ein Sprung, und er befindet sich schon auf der Straße. Innerhalb einer Minute hat er sich geändert. Ihn überkommt ein unbeschreiblicher Rausch, ein Glücksgefühl. Dann sieht er seine Mutter, die den Sattlermeister aus der Nachbarschaft, der offenbar verwundet ist, behandelt. "Was ist eigentlich passiert?" fragt Franz. Der Sattler antwortet entrüstet: "Was es gibt, mein Herr? Daß es ihre Freunde übel haben werden. Jetzt wollen wir ein wenig die Grafen Mores lehren. Was sie sich in der letzten Zeit erlaubt haben, konnte man nicht mehr ertragen. Was sind Sie für ein Franzose? Haben Sie von alldem nichts gemerkt?"

"Ich bin kein Franzose, ich bin Ungar!" "Aber Augen und Ohren haben Sie doch! Die Grafen und der Greis schmissen alle Gesetze durcheinander. Schon seit zwei Monaten bekomme ich meine Zeitung nicht, die Abgeordnetenkammer wurde aufgelöst, das Wahlrecht abgeschafft. Darum haben wir die Bourbonen zurückgebracht."

Wieder naht eine Menge, die Franz für irgendeinen jungen Anführer hält. Sie umringen ihn und reihen sich hinter ihm auf. Gleich darauf setzt sich die ganze Meute in Bewegung, soweit es die Miliz, die anrückt, zuläßt. Die Aufständischen hören sich die Rechenschaft eines ihrer verwundeten Kameraden an. Franz kann den Sprecher nicht sehen, hört nur dessen Stimme, die durch die Massen sickert.

"Der alte Marmont kam an wie einer, den man aus der Hose geschüttelt hat. Er sprang vom Pferd und warf sich dann vor dem Greis hin: 'Majestät, man hat uns durchgeprügelt.' Allerlei Unsinn quasselte Marmont, nur nichts Wahres. Er erklärte, der Greis bräuchte niemand mehr. Es wäre am besten, wenn er noch rechtzeitig das Weite suchte. Dabei ist der Thronfolger dafür berühmt, daß er mit seinen Pfeifenstielbeinen und seinem Riesenbauch nur fressen und den Frauen unter die Röcke krabbeln kann. Zu seiner größten Schande versetzte ihm Marmont einen Stoß. Als ich all das hörte, bin ich, so gut meine Beine mich trugen, hergerannt."

Die Miliz hört sich den Vortrag an und löst dann den Waffencordon auf. Die Menge rückt ab in Richtung Rathaus und schleift Franz mit sich. Unterwegs treffen sie auf einen Sonderzug, an dessen Spitze der 73jährige Lafayette steht. Er bleibt stehen und spricht: "Ich stand schon 1789 an dieser Stelle und bin nun wieder nach Hause gekommen. Es lebe die Republik! Wenn ihr aber einen König haben wollt, dann sei es Louis Philippe."

Die Menge zieht auf Saint-Cloud zu. Der Blick von Franz bleibt an einem fuchtelnden Mann haften, der mit einem riesigen Knüppel um sich schlägt. Es ist kein anderer als Berlioz. Er steht auf einem Hügel und dirigiert. Er bemerkt Franz, springt hinunter und rennt direkt in seine Arme. Glücklich umarmt er ihn. Eingehängt gehen die beiden hinter der Menge her.

Die letzten Kanonenschüsse sind noch nicht verklungen, da beginnen schon die drei glorreichen Tage: 27., 28. und 29. Juli 1830.

Als Franz nach Hause kommt, bittet er seine Mutter um Wein. Sie wundert sich, bringt ihm aber das Getränk. Franz gießt ein und trinkt das Glas auf einen Zug leer. Er ist fröhlich und aufgeweckt, setzt sich plötzlich ans Klavier.

Zuerst spielt er gedankenlos wie auf der Suche nach einem Thema. Er schlägt immer stärkere Akkorde an, schließlich donnert das Klavier unter Franzens Fingern.

Zuerst ist es nur die *Marseillaise,* die sich da entwickelt, bald aber geht er zum Improvisieren über und plötzlich verfällt er, der Katholik, in einen ketzerischen Gesang, aber er fühlt keine Gewissensbisse deswegen und erfreut sich an dem majestätischen Thema immer stärker: *Eine feste Burg ist unser Gott.* Dreimal spielt er dasselbe Thema, das in immer glänzenderen Registern erklingt. 'Ist das nicht ein protestantischer Gesang? Macht nichts! Höchstens würde es dem Grafen St. Cricq nicht gefallen, aber dem lieben Gott umso besser.' Allmählich geht er wieder zur *Marseillaise* über.

Seine Mutter kommt hereingerannt, hört das Spiel ihres Sohnes, nimmt wahr, daß er drei Motive vermischt und immer großartiger ausbaut. Der Flügel tönt unter seinen Händen, und die Häuser, die Mauern, die Straßen, die Länder tönen mit. So sitzt er am Klavier, bis er gegen Mitternacht plötzlich aufspringt. Er greift nach Bleistift und Notenpapier, spielt mit einer Hand auf dem Flügel und notiert mit der anderen. "Was machst du, mein Sohn?" "Eine Revolutionssymphonie!" ruft Franz leidenschaftlich. Die so kraftvoll begonnene Musik verebbt bald wie ein Bach, der sich in unfruchtbarem Sand verläuft. Nicht nur die Invention verfliegt, sondern auch der Stern der drei glorreichen Tage.

Es stellt sich heraus, daß sich im Wesen nichts verändert hat, höchstens soviel, daß die Macht aus der Hand Polignacs in die des Bankiers Lafitte übergegangen ist. Das Elend wird noch umfassender als unter dem Greis. Die Polizei macht kein Geheimnis daraus, daß in den Vorstädten Revolution gärt.

Franz hat keine Lust zum Politisieren, aber die Ideen der Zeit reißen auch ihn mit. Er denkt nach: 'Wenn Gott herabschaut auf die Erde, sieht Er das ewige Bild des Menschen aus jeder Zeit, Er sieht die familiengründenden Eigenschaften, die zur Entstehung des Vaterlandes führten, die Lebensart des Menschen und die Gesellschaftsform, in der sich natürlicherweise das Nationalgefühl und das Staatsbewußtsein entwickelten. Das ist an sich edel und gut.

Doch was wird daraus? Aus dem Nationalgefühl wird Krieg, Aufwiegelung der Nationalitäten, unsinniges Chaos, aus dem Staatsgefühl Despotie, Sklaverei, noch mehr Militärdiktatur, Hinrichtungen anständiger Menschen, Massenexekutionen. Er erblickt das moderne Wirtschaftsleben in seiner fortschrittlichen Form, freien Handel, freie Industrie und Produktion, Konsum, den klugen und gerechten Tausch von Gütern, die schöne Lebensordnung des Fleißes. Großartig und edel! Doch was wird daraus wiederum? Raffgier der Unternehmer, Elend der Arbeiter, empörender Reichtum und tierische Armut, wütende Klassenfeindschaft. Die grausame Macht des Geldes, ein irrsinniges Durcheinander. Was hast du erreicht, indem du gleich Prometheus den Göttern das Feuer entwendet hast, unglücklicher Mensch?'

Liszt geht Victor Hugos Vorlesung im Kopf herum. Was läßt sich da tun? Was kann ein Künstler für die Masse fertigbringen, für die soziale Gerechtigkeit? Er findet keine Antwort auf diese Frage. Aber der Kanonendonner heilt ihn doch wie ein Wundermittel. Es hallt ihm in den Ohren: Steh auf und geh!

Kein einziger Graf wird auf dem Grève-Platz enthauptet, nicht einmal die Republik wird ausgerufen. Die Barrikaden sind wieder verschwunden, der Thron ist erhalten geblieben, allerdings sitzt ein anderer drauf: Louis Philippe, der Herzog von Orléans.

Franz legt die Revolutionssymphonie beiseite und denkt an das Fieber der Juli-Tage zurück wie an irgendeinen erstaunlichen, heilenden Traum. Er beginnt kleinere Kompositionen, wobei er merkt, daß in dem, was er niederschreibt, Beethovens oder Berlioz' Takte spuken. Er sucht neue Wege.

BEI DEN SAINT-SIMONISTEN

Berlioz bewirbt sich für den Rom-Preis. Man führt seinen *Sardanapal* auf, der keinen Erfolg hat. Er wirft in seinem Zorn die Partitur zwischen die Musiker. Tags darauf ist er wieder vollständig er selbst, voller Zutrauen.

Endlich kann Berlioz nach Rom abreisen. Franz vermißt den alten Freund. Er denkt über seine bisherige Arbeit nach, vergleicht seine Kompositionen mit denen Hectors. Er muß feststellen, daß seine Werke gut sind, jedoch so originell, so kräftig und mitreißend wie Berlioz kann er auf dem Notenpapier nicht sein. Zuviele Gedanken überströmen ihn auf einmal. Selbsterkenntnis und Strenge sich selbst gegenüber sind geboten. Alles Überflüssige muß weggelassen und nur das Wesentliche festgehalten werden.

Franz bleibt allein. Der fromme, für Berlioz schwärmende Urhan, der von Lampenfieber geplagte Massart, der in Paris kleben gebliebene Lenz mit den roten Wimpern, der fleißige Wolf und der mit dem akademischen Unterricht immer mehr in Anspruch genommene Kreutzer können Hector nicht ersetzen.

Und auch der gütige alte Erard entfernt sich für immer. Den einzigen Trost findet Franz in dem Südfranzosen David mit dem öligen Gesicht. Wenn Franz ihn ansieht, muß er unvermeidlich an Mephisto denken. David führt ihn in eine völlig neue Welt ein.

Für Franz erschließt sie sich in einem kleinen Häuschen der Rue Tarane. Hier hausen die Saint-Simonisten. Aus ihren Ideen haben sie beinahe eine neue Religion gemacht, dank dem Herzog von Saint-Simon mit dem abenteuerlichen Lebenswandel, der erklärte, in der Vergangenheit hätten das Kreuz und das Schwert die Gesellschaft geführt. Das hieße soviel wie: der Aberglaube und der Krieg. Es müsse eine neue Welt geschaffen werden für die Arbeit und die Wissenschaft. Der Herzog ist ungeduldiger als der maßloseste Jakobiner. Diesen sonderbaren Menschen halten manche für einen Hochstapler, andere wiederum für einen Propheten und großen Philosophen.

Bei den Saint-Simonisten werden einige Gedanken ausgesprochen, wovon die jungen Leute und natürlich der empfindsame Franz Herzklopfen bekommen.

Der jetzige Führer ist Enfantin, der kein Geheimnis daraus macht, daß der vor knapp fünf Jahren verstorbene Herzog Saint-Simon der Messias selbst gewesen ist. Er aber stellt sich bescheiden nur als der Prophet des Messias dar. Enfantin ist ein schöner und stattlicher Mann wie ein griechischer Gott. Seine Redeweise, sein disziplinierter Vortrag machen Eindruck. Die Gläubigen vermehren sich. Es muß ein neuer Raum gemietet werden, der sich ebenfalls bald als zu klein erweist.

Die Saint-Simonisten erwerben die Zeitung 'Globe'. Sie verbreiten den neuen Glauben, das Dogma, den Kult. David mit dem öligen Gesicht gebärdert sich wie ein Besessener unter den Brüdern. Franz ist aus anderem Holz geschnitzt. Er ist auch begeistert, als man ihm vom Zukunftsstaat erzählt, aber nicht ohne Widerspruch. Denn es gibt zuviele Behauptungen, mit denen er nicht einverstanden sein kann.

Doch bei den Saint-Simonisten gibt es keinen Streit, hier gelten nicht die Argumente, sondern nur die Offenbarung. Die aber strömt auf den Gläubigen herab.

Schließlich verkündet Enfantin, die kleinste Zelle der Gesellschaft sei das Menschenpaar, Mann und Frau. Diese bilden eine seelische und körperliche Einheit. Von nun an erscheint Enfantin nicht mehr allein, sondern bringt seine weibliche Ergänzung mit. Die jungen Männer begeistern sich, die jungen Frauen verlieren die gute Laune. Enfantin ist also kein freier Mann mehr.

Die Anhänger der neuen Religion verlassen wie üblich nach der Versammlung den Saal ordentlich, still und diszipliniert. Ein Fremder, der diesmal neben Franz steht, macht eine bissige Bemerkung: "Ich dachte, sowas gibt es nur in Preußen." Franz antwortet: "Das sind Franzosen, und bei denen ist das Herz, sind die Nerven und vor allem der Blut-kreislauf in Ordnung."

Erst beim Hinausgehen stellt sich der Gesprächspartner als Heinrich Heine vor. Von nun an treffen sich die beiden oft, diskutieren aber nicht. Beide sagen ihre Meinung, ohne daß sie den anderen beeinflussen wollen. Heine ist ein geistreicher, zu Witzen aufgelegter Mensch, der Gott und die Menschen, den Haß und die Liebe, das Gestern und das Morgen im Spaß verdreht.

Heine ist Held des Café Helder. Er ist von einer kleinen deutschen Kolonie umgeben. Hier findet man den verschla-fenen Biertrinker Hiller (Berlioz hat ihn so getauft), dann Lenz, der gut Deutsch spricht, den treuen Wolf und den neuen Pariser Pilger, Felix Mendelssohn Bartholdy. Er steht im Ruf, ein Millionär und Genie zu sein. Felix ist ein getreuer Evangelischer, und das ist schon ein Grund für Heine, ihren gemeinsamen jüdischen Ursprung zu betonen. Der sanfte und friedliche Felix hört eine Weile still zu, plötzlich ist er aber beleidigt und steht auf. Man kann ihn nicht zurückhal-ten, Heine hat ihn zu tief gekränkt. Franz schließt sich dem davoneilenden Felix an. Sie unterhalten sich, und Franz merkt gleich, daß Felix nicht über Heine sprechen möchte, also wechselt er das Thema. Sie sprechen von Musik, von Goethe, vom *Faust*. Schnell ist jede Befangenheit zwischen ihnen verschwunden. Franz lädt Mendelssohn in seine Wohnung ein, der gerne mit ihm geht. Bei dieser Gelegen-heit beschließt Franz, daß er eine bequemere und schönere Wohnung haben müßte, denn sein Gast Mendelssohn lebt ja in einem vornehmen Umkreis.

Felix hört sich ein oder zwei Stücke von Franz an, an de-nen er gerade arbeitet, dann setzt er sich ans Klavier. Das Spiel von Franz ist himmelstürmend und wühlt die Hölle auf. Das andere Genie holt aus dem Instrument eine ätherische Sauberkeit hervor. Alles ist vollkommene Harmonie. Jede musikalische Form ist glatt poliert wie ein Edelstein, den der beste Schleifer bis zur Vollkommenheit bearbeitet hat.

Auf Pater Enfantins Bitten erklärt sich Franz bereit, auch

vor den Saint-Simonisten zu spielen. Er improvisiert mit dem Feuer, das er immer in sich trägt, und holt mit ungezähmter Wildheit einen zügellosen, bitteren Rhythmus wie ein Zähneknirschen aus den Tasten. Aber er endet sanft. Die Saint-Simonisten springen auf, manche weinen, manche lachen. Einige umarmen einander und geben entzückte Töne von sich. Ein junger Mann küßt das Klavier.

Der Sänger Nourrit fragt Liszt: "Was hast du gespielt?" "Ich habe aus der *Symphonie Phantastique* meines Freundes Berlioz improvisiert. Hat es euch gefallen?" "Ich weiß es nicht, ich habe die Musik nicht verstanden. Aber sie hat mich so aufgeregt, daß ich am ganzen Körper zittere, sogar jetzt noch."

Franz geht auch noch weiter zum Kreis Heines, hört ihm gern zu, aber eigentlich kann er ihn nicht liebhaben. Er schätzt ihn jedoch als gebildeten deutschen Dichter, der dazu ein ganz gefährlicher Menschenkenner und Politiker ist. Heine prophezeiht schon, daß es mit den Saint-Simonisten bald schief gehen wird.

Jemand fragt: "Mit welchem Recht kann man was gegen Enfantin vorbringen?" Heine zuckt die Achseln: "Die Macht hat keine Begründung nötig. Die Macht kann auf das Recht verzichten, wenn sie die Macht hat."

Die Vorhersage bewahrheitet sich schnell. Heine hat sich nur insofern geirrt, als die Macht sehr wohl einen Rechtstitel gesucht hat. Sie tritt zum Schutze der Moral auf. Enfantin verkündet nämlich eine Norm, die zwei bis drei Probeehen gestattet und erst dann den Gläubigen für die endgültige heilige Ehe verpflichtet. Der Innenminister, die Ministerräte, der Polizeipräfekt und die verschiedenen Zweit- und Drittkapitäne, die die Probeehe Enfantins schon längst verwirklicht haben, und zwar so, daß sie manchmal die Freuden von drei, vier Probeehen genießen, zeigen ihn nun als Scheinheiligen an.

Enfantin wartet nicht auf den Judaskuß, sondern setzt sich hübsch still ab. Vierzig Getreue folgen ihm. Die Polizei leistet tüchtige Arbeit bei den übriggebliebenen Saint-

Simonisten. Sie läßt auf Lastwagen die Schriften wegbringen, die verschiedenen Staatssystem-Pläne, Kassenbücher, die Korrespondenz. Sogar die Fußböden werden aufgerissen, ob keine Waffen darunter versteckt sind.

Für Enfantin wird im Verkehrsministerium eine leitende Stellung freigemacht, die er unter vorbehaltenden Grundsätzen annimmt. Der Regierung genügt das. Hinter den gepolsterten Türen der Ministerien, glauben sie, möge die Grundsätze aufrechterhalten, wer mag, aber den Mund halten und handeln, wie man es ihm befiehlt. Damit hat die Bewegung der Saint-Simonisten ihr Ende gefunden.

CHOLERA UND PAGANINI

Kurz danach bricht in Frankreich die Cholera aus. Der Schutz von Paris wird verdreifacht, aber die Seuche tut ihre Wirkung unter der Bevölkerung, bringt unzählige Pariser in Jammer und Not. Die Stadt wirkt wie ausgestorben, die Häuser sind verriegelt. Wenn der Postbote kommt, werden die Briefe geräuchert, meistens so gründlich, daß auf dem Papier kein einziger Buchstabe lesbar bleibt. Die Brunnen werden vom Militär bewacht: Das Trinkwasser soll nicht verseucht werden. Es wird nicht mehr geküßt, nicht einmal die Hände werden gereicht, die Menschen bleiben sich drei Schritte vom Leib. Die Ämter werden leer, die Geschäfte mit Eisengittern verschlossen. All das im Februar, während es in einem fort regnet, und auch mittags die Sonne nicht hoch kommt im grauen Himmel.

Auf den Straßen marschiert eine Patrouille nach der anderen vorbei. Überall, nur nicht im Parlament, wird darüber gesprochen, daß auch das Elend die Seuche verstärkt. Es steht zu befürchten, daß das Volk der Vorstädte wieder eine Revolution vorbereitet. Die Preise klettern ins Unerschwingliche, an vielen Stellen brechen Schlägereien aus mit Verwundeten und Toten.

Überall ziehen Leichenwagen vorbei, und als die auch nicht mehr reichen, werden alte Schlitten herausgenommen, jeder mit drei oder vier Särgen beladen. Die Krähen kommen von den Feldern in die Stadt und krächzen in der Nähe von Notre Dame auf dem Steinschmuck.

Aber die Pariser bleiben auch in den Stunden voller Todesangst sich einigermaßen treu. Auf den Straßen sind auch Spaziergänger zu sehen, die neugierig stehen bleiben, um einem elenden Plakatkleber zuzusehen, den man in diesem Unwetter auf die Straße hinausgejagt hat. Niemand hat den Mut, unter solchen Umständen ein lautes Wort zu sprechen. Die Neugierigen warten, bis das Papier ein wenig getrocknet ist und auf dem gelben Plakat die schwarzen Buchstaben lesbar werden:

Nicolo Paganini am 9. März 1831.

Der Geigenvirtuose ist immer für eine Sensation gut. Die Herren der Presse kennen da keine Nachsicht. Sie haben die Zeitungen der letzten Jahre durchstöbert, die italienischen und die deutschen, und jegliche Schauerlichkeit hervorgekramt. Da war zum Beispiel in einer deutschen Zeitung zu lesen: *"An der Geschicklichkeit Paganinis ist schließlich nichts Verwunderliches. Er verdankt sie seinem achtjährigen Aufenthalt im Kerker, und während dieser Zeit hatte er nichts anderes als seine Geige. Er war zu dieser langen Bußzeit verurteilt worden, weil er einen seiner Freunde, der sein Nebenbuhler war, niedergestochen hatte."*

Woanders steht: *"Es ist wahr, was die ganze Welt behauptet, daß sich Paganini mit Leib und Seele dem Teufel verschrieben hat. So ist er der beste Violinist geworden. Und so verdient er Millionen."*

Paris lacht, ist entsetzt, schaudert, aber damit ist das Spießrutenlaufen noch nicht zu Ende. Aus einer anderen deutschen Zeitung wird noch ein Zitat veröffentlicht: *"Primo mihi (zuerst komme ich). Diese Devise des Egoismus kann zuweilen gerechtfertigt sein. Es erscheint aber, daß Herr Paganini den unabänderlichen Beschluß gefaßt hat, zu dem Nachsatz: Cras tibi (morgen kommst du) vorzuschreiten."*

Da wird Paganini nun wild, und Fétis bringt seine Entgegnung in der *Revue Musicale,* Wort für Wort. Ein ungleicher Wettkampf. Die Morgenzeitungen werden von Hunderttausenden gelesen, die *Revue Musicale* von kaum einigen Hundert. Darin steht, wieviel Konzerte Paganini zu wohltätigen Zwecken gegeben hat in Mailand, Rom, Bologna, Dresden, Leipzig und noch anderen Städten.

Die Nachrichten kommen auch zu Liszt. Er eilt ins Haus Erard, bekommt aber keine befriedigende Aufklärung. Man liest die Wiener, Berliner Kritiken, aber davon wird einem nur wirr im Kopf. Erards schlagen vor, er soll sich an Paër wenden, denn ihrer Kenntnis nach haben Paganini und Paër bei ein und demselben Meister in Parma gelernt. Paër ist nicht zu finden. Franz eilt zu Rossini, der ein guter Freund von Paganini ist, aber so gut wie nichts über ihn weiß. Was das Spiel des Italieners anbelangt, sagt Rossini: "Er ist der absolute Meister seines Instruments, das er unübertrefflich spielt."

Am selben Abend ist Franz bei der Fürstin Rauzan eingeladen und macht dort die Bekanntschaft der Gräfin Laprunarède, eine schöne junge Frau mit viel Temperament, die mit einem Mann verheiratet ist, der ein Jahrzehnt älter ist als sie. Gleich bei der ersten Begegnung empfinden sie Sympathie füreinander, sprechen von Paganinis Konzert, auf das jeder neugierig ist. Sie holen sich das Berliner Konversationslexikon. Darin ist eine Erklärung des berühmten Musikkritikers Rellstab: *"Paganini hat die höchste Bergspitze erreicht, die aber nur anderen Leuten als Spitze erscheint. Für ihn selbst ist es nur eine Hochebene. Dort lebt er, wohnt er, und von dort geht er in Wirklichkeit in die noch höheren Regionen hinaus!"*

In Gedanken versunken geht Franz an diesem Abend nach Hause. Er möchte seinen Geist durchlüften lassen, er weiß, daß das Konzert ein entscheidendes Ereignis für ihn werden wird. Er geht an dem Plakat vorbei und liest: *Nicolo Paganini fera suonare il suo violino.*

Großer Verkehr herrscht auf der Rue Richelieu. Gespanne halten vor dem Hôtel de Paris. Keiner kümmert sich an diesem 9. März um die mörderische Seuche; die Herrschaften strömen ins prächtig erleuchtete Gebäude.

Mit unsagbarer Spannung geht Franz zum Konzert. Die erste Reihe im Parkett ist für die Künstler vorbehalten. Dort sitzen Liszt, Hiller, Kreutzer, Urhan, Kalkbrenner, Massart und der gefürchtete Kritiker Fétis. In der ersten Reihe sitzen noch Auber, Boieldieu, Mendelssohn und Heine. Auch das Cénacle ist anwesend, mit Ausnahme Hugos. Franz sieht auch Dumas, Gautier, Balzac und noch viele gute Bekannte. Die Saaldiener erscheinen, machen die Kerzen aus. Der Saal ist in Dunkel gehüllt. Größte Stille herrscht. Die Bühne ist leer. Es ertönt eine Ouverture, vom Orchester gespielt, und die macht die Finsternis noch vollständiger. Nun hebt eine Stimme an, die vom Himmel zu kommen scheint und ihren Weg zu den Ohren der Menschen sucht. Sie trifft mitten ins Herz.

Dann fällt ein Schatten auf die Bretter, eine sachte Bewegung ist auf der Bühne wahrnehmbar. Der Maestro steht eine Weile still, hat den Kopf hochgehoben, als wolle er den heißen Strom kosten, der vom Zuschauerraum zu ihm hinaufströmt. Er steht still und hört sich den Applaus an, der ihm zufließt. Dann huscht ein sonderbares, böses Lächeln über sein Gesicht. Er hat ein unwahrscheinlich mageres, todbleiches Gesicht, das tiefes Leid ausdrückt. Er hebt die Geige so unter das Kinn, als hätte das Instrument ein riesiges Gewicht, das eine gigantische Schulter erfordert. Ein Gewicht, von dem seine Knie einzuknicken und seine Beine sich zu verheddern drohen. Er preßt den Mund zusammen, so daß man nur seine starke Nase und sein hartes Kinn sehen kann. Langsam hebt er den Bogen in die Höhe und setzt ihn weich auf die Saite.

Die Luft ist wie in flüssiges Gold getaucht, das einen au-

genblendenden Glanz hat. Ein Ton erklingt, aber so, als er-
töne nicht ein Instrument, sondern die ganze Welt.

Kein einziger Zuhörer in der Oper kennt das Podium so
genau wie Franz. Er kennt den Zauber jeder Geste, die
Ströme, die von dem Musiker ausgehen. Ist das hier unbe-
holfene Bescheidenheit oder gerade das Gegenteil? Der
Künstler ist hier der Überlegene; selbstsicher steht er da,
fühlt sich wohl im Halbdunkel der Bühne. Er weiß, was
grelles Licht, schwere Dekoration, leuchtender Pomp bedeuten. Franz sitzt mit gespannten Nerven da und beobachtet den Geiger. Er versucht, nach seinen Geheimnissen
zu spähen. *Il Jettatore* kann seine Musiker doch nicht be-
trügen.

Nach den ersten wenigen Takten stellt Franz sofort fest,
daß der Maestro eine Scordatur benutzt, das heißt soviel,
als daß er die Saiten verstimmt. Er spannt sie aneinander, er
dehnt die traditionelle Quint-Kette aus, um noch breiter,
noch kühner das Reich der Töne umfassen zu können.
Franz bemerkt, daß Paganinis linke Hand nicht nur die
eines Geigers von übermenschlicher Geschicklichkeit ist,
sondern auch die eines Gitarrespielers. Diese blitzschnell
bewegte, samtweiche, riesige Linke berührt nicht nur die
Saiten, sondern tippt auch auf sie mit einem harten Schlag.
Sein Bogen ist ein Zauberstab. Er tanzt höllisch, läßt nie gehörte Töne und Rhythmen herausspringen. Franz erzittert.
Sein untrügliches Ohr stellt sofort fest, daß das D-Dur Konzert falsch angegeben ist. Was der Geiger spielt, ist nicht D-
Dur, sondern Es-Dur. Die Stellung der Finger verrät ihm sofort, daß alle in Es-Dur spielen.

Er beobachtet dieses Spiel. Paganini schüttet volle Akkorde auf das Publikum mit übermenschlicher Sicherheit,
unbeirrbar. So sehr er sich auch von diesem Zauber frei machen möchte, ein Wort geht Franz nicht mehr von den Lippen: ÜBERMENSCHLICH!

Er paßt auf und denkt, er kann die Armaturen des Künstlers erspähen. Oh du elender Musiker, du glaubst, du hast
jetzt den Meister ertappt! Da irrst du dich. Was bringt die-

ser Musikdämon zustande! Auf einer einzigen G-Saite mo-
nologisiert er. Aber was ist das für eine Saite, was für ein
Bogen, und wer ist dieser Besessene, der den Schmerz der
ganzen Welt, die Ironie, die Sehnsucht nach Schönheit in
eine Saite zusammendrängen kann.

Franz gibt den Kampf auf. Er wird sich dessen bewußt,
daß nicht die Scordatur Paganinis Geheimnis birgt, auch
nicht die gitarremäßige Linke, auch nicht die Orchester-
stimme, die allmächtige G-Saite. Hier handelt es sich um
etwas anderes, was man nicht in Worte fassen kann. Man
steht hier einer übermenschlichen Kraftanstrengung gegenüber, die alles übertrifft, was jemals ein Künstler fertig-
gebracht hat. Dem kann man mit Konventionen, mit technischen Geschicklichkeiten nicht beikommen, mit nichts,
wofür der Spießbürger einen Namen findet. Es geht über
das Menschenmögliche hinaus.

Nach dem ersten Satz folgt ein geradezu beängstigender
Applaus. Franz ist unfähig zu applaudieren; er ist zu sehr
ergriffen, erschlagen, schlichtweg gelähmt.

Die folgenden Capricci bringen noch eine Fülle von
Überraschungen. Der teuflische *Jettatore* ist eine Leitfigur
für Jedermann, der jemals einen Bogen in der Hand hatte
oder vor einem Klavier saß oder einen Pinsel in der Hand
hielt, oder auch sich eine neue Maschine ausdachte, um etwas Unbekanntem nachzuspüren.

Dieser schwarze Mann wird zum Mythos, daß es keine
Grenze der Künstlerschaft gibt. Börne, der einstige Ohren-
zeuge, hat gesagt: *"Paganini ist für mich der Teufel in Men-
schengestalt."*

Paganinis Spiel muntert Franzens Ehrgeiz enorm auf.
Dieses geisterbeschwörende Konzert hat ihn niedergeschlagen und aufgerüttelt, erniedrigt und ermutigt. Franz
Liszt faßt den Entschluß: Ich muß den Maestro einholen!
Ich muß die Höhen erobern, die er erklommen hat, und
dann noch höher steigen! Er ist der Maßstab. Was unter-
halb des Maßstabs ist, gehört der Vergangenheit an - ist auf
ewig überholt.

Franz eilt wie von den Furien gehetzt nach Hause. Er setzt sich sofort an den Flügel und schlägt einen Ton an. Den beobachtet er. Er probiert veschiedene Anschläge aus, ändert die Handhaltung, variiert das Pedalspiel, schlägt Terzen, Oktaven an, trillert, beißt dabei die Zähne zusammen. Er hört nur einen ärmlichen Klang, nicht die siebeneinhalb Oktaven des Klaviers. Mit Blut und Tränen muß er den Triumph über das Instrument herbeiführen. Franz sucht mit zorniger Entschlossenheit die Lösung des Geheimnisses. Später, aus der Entfernung von Jahren, erinnert er sich daran, wie einfach ihm seine Entdeckung vorkam. Er findet heraus, daß das Nachahmen zu nichts führt. Er muß etwas Neues schaffen, etwas vollständig Neues. Paganini kann ihm nur ein Kompaß sein, aber kein Vorbild. Er muß die Tonleiter des Klaviers so auseinanderspannen auf den vielen Saiten, wie es Paganini auf seiner Guarneri tut. Er muß das Orchester, das im Klavier steckt, erwecken, mutig den Donner heraufbeschwören, der in den niedrigsten Registern lungert, den Klingelton erwecken, den niemand anzurühren wagt, ganz hoch oben im Märchenreich der oberen Register.

Franz sucht nach dem Geheimnis mit einer beinahe nervenkranken Manie, übt in einer Tour 28 Stunden lang und hört erst auf, als seine Mutter darum bettelt, er solle sich Ruhe gönnen.

Seine Unterrichtsstunden versieht er nebenbei, um leben zu können. Gleich hinterher macht er sich ans Üben, trifft sich mit niemandem.

Der Eindruck von Paganini trägt erste Früchte: das Virtuosenstück *Grande Phantaisie sur la Clochette de Paganini.* Es ist auf ein Thema des Violinkonzerts in h-moll des Italieners komponiert und eröffnet die Reihe der Paganini-Transkriptionen. Den ersten Versuch reißt Liszt in Stücke. Im Eifer der Arbeit wird er zum Erfinder: Neue Triller und Tremoli, die sprudeln und funkeln wie Champagner, der frisch aus der Flasche heraussprizt, blitzende Oktavenläufe, verdoppelte, verdreifachte und vervierfachte Tonleitern, aber vor allem der Gebrauch des Pedals, das mit tausend Kunstgriffen neue Töne aus den Tasten hervorzulokken vermag. Dieses Spiel ist nicht mehr die zarte Kunst der Kammermusik, nicht das zirpende Clavecin der Meister mit der gepuderten Perücke, sondern das donnernde Klavier, das zum Konkurrenten des Orchesters avanciert ist.

Er arbeitet weiter an den Paganini-Variationen. Sorgfältig und aufmerksam schreibt er die Etüden ab, verblüffende Meistergriffe zwischen den Händen, die Technik der verteilten Klangdekorationen. Franz wird sich bewußt, daß er an einer Schicksalswende steht.

Nach dem besessenen, monatelangen Üben beginnt er, die Wirklichkeit zu ahnen. Was er von dem braven Professor Czerny gelernt hat, ist überwiegend veraltet: Die an die Brust gedrückten zwei Ellenbogen, die schön rund gehaltenen Hände, das mit großer Vorsicht verwendete Pedal und eine Technik, die sich vor schallenden Forti hütet. Die Technik der Mittelmäßigkeit gehört der Vergangenheit an. Das einzige Gesetz: Freiheit! Sich lossagen von jeder Fessel, jeder altertümlichen Tradition, lehrerhaften Pedanterie und der Furchtsamkeit vorsichtiger Halbtalente.

Alles ist hier erlaubt, wenn das ganze Herz dahintersteht, alle Qualen der Träume und alle Schönheit der Leiden. Alles ist erlaubt, nur eines nicht: Sich kleiner zeigen, als man gewachsen ist. Alles ist erlaubt dem unbändigen, aufrührerischen Menschen des vorwärts rennenden Jahrhunderts.

Der an Pierre Wolf geschriebene Brief ist das aufrichtigste Geständnis: *"Mein Kopf und meine Finger arbeiten wie zwei verfluchte Geister. Homer, die Bibel, Platon, Locke, Byron, Hugo, Lamartine, Chateaubriand, Beethoven, Bach, Hummel, Mozart sind alle um mich. Ich studiere sie neugierig und meditiere über sie. Ja, ich verschlinge sie. Außerdem übe ich vier - fünf Stunden täglich. Terzen, Sextetten, Oktaven, Tremoli, wiederholte Töne, Kadenzen. Oh, wenn ich nicht verrückt werde, wird ein Künstler aus mir! Du wirst dich überzeugen."*

Franz hat keinen Zweifel, die großen Kunstwerke werden im Feuer der maßlosen, höllischen Qualen geboren. Das ist mehr als Mode, das ist das gültige Gebot des Jahrhunderts.

Und wer kann das besser beweisen, als der Freund mit dem Geiergesicht: Berlioz. Denn er kommt, richtiger gesagt, rennt herein in die neue Wohnung in der Rue Provence, küßt die Mama, dann Franz und begrüßt mit einer tiefen Verbeugung das Klavier: "Die traumfarbene Wiege der flammenden Gedanken!" Liszt empfängt den heimgekehrten Freund mit großer Freude. In wenigen Augenblikken teilt er ihm mit, was geschehen ist, vor allem, welche Wirkung Paganinis Konzert auf ihn gehabt hat. Franz bemerkt schließlich: "Für mich ist das Jahr 1831 die Zeit der großen Wende, das Jahr, in dem ich meinen Weg gefunden habe."

Berlioz ist über die öffentlichen Vorfälle informiert. Aber das Wesentliche für ihn ist im Moment, daß seine Angebetete Camilla zum quälenden Dämon geworden ist. Unter der Einwirkung ihrer Mutter, Frau Mocke, hat sie ihn einfach stehen lassen und beschenkt mit ihrer sanften Unschuld jetzt Erards Konkurrent, Pleyel, der das Privileg genießt, eine der höchsten Steuern von Paris zahlen zu dürfen.

Berlioz erzählt auch atemlos, die treulose Frau habe ihr Leben als sinnlos erklärt, Schlafmittel genommen und bis in die Unendlichkeit geschlafen. Als sie doch wieder erwachte, habe sie das Leben und auch die Musik plötzlich wieder schön gefunden, sie habe mit dem Komponieren begonnen. Hectors abschließende Bemerkung zu Camilla lautet jedenfalls: "Die habe ich vergessen. Ich habe sie aus meinem Herzen herausgerissen, seit ich die ewige Ophelia gefunden habe: Harriett."

DER GLANZ DER SALONS

Eine der Zuhörerinnen bei Paganinis Konzert war auch die Gräfin Laprunarède gewesen. Franz geht wieder in Gesellschaft und trifft die junge frische Gräfin eines Abends wieder. In der Unterhaltung behauptet er kühn: "Was kein anderer schaffte, habe ich geschafft; auf dem Klavier das erreicht, was Paganini auf der Geige geleistet hat." Da sagt die schöne Gräfin: "Zeigen Sie, was Sie können!"

Franz setzt sich ans Klavier, befangen und mit gespannten Nerven. Seine erste Gelegenheit, das, was er unter Höllenqualen in den letzten Monaten sich angeeignet hat, öffentlich auf die Probe zu stellen. Mutig beginnt er ein Capriccio von Paganini. Nach den ersten Takten fragt ihn die Gräfin: "Was ist das?" "Eine Nummer von Paganini, die ich auf das Klavier transponiert habe."

Franz fängt von neuem an und empfindet eine teuflische Wonne. Er spielt mit wilder Energie und lockt die Töne eines Orchesters hervor. Das Klavier schmettert, ein Sturm tobt durch den ganzen Saal. Noch nie gehörte Töne steigen aus dem verzauberten Instrument auf. Als Franz geendet hat, tritt tödliche Stille ein. Als erste ergreift die Hausherrin, die Gräfin, das Wort: "Unglaublich, unglaublich; sowas hat es noch nicht gegeben!"

Franz erhebt sich vom Flügel, glücklich, mit leuchtenden Augen. Plötzlich spürt er eine ungeahnte Müdigkeit. Die Gräfin bemerkt es und fragt: "Fehlt Ihnen etwas?" "Danke nein. Ich bekomme jetzt manchmal Schwindel, wenn mich das Spiel ermüdet." "Sie müssen zu uns kommen und sich ausruhen." Franz bedankt sich für die freundlichen Worte der schönen Dame.

Franz lebt wieder im Halbtraum. Er will nicht nachdenken, verbringt die Nächte in wildem Rausch. Ein ganzes Jahr hat er nicht gebeichtet. Seit der Revolution hat er Pater Bardin nicht wiedergesehen.

Das ruhelose Jahr 1831 vergeht, und Franz sieht dem neuen Jahr 1832 neugierig entgegen. Es fängt erst einmal schlicht mit Arbeit an. Franz scheint es, als lerne er jetzt zum zweiten Mal Klavierspielen auf einem unbekannten Instrument. Er wünscht nicht nur, das Klavier zu erobern und zu überwinden, sondern auch den darin hausenden geheimnisvollen Dämon, und über diesen hinaus in Regionen vorzudringen, in die vor ihm noch kein Pianist Eingang gefunden hat. Wiederholte Male denkt er an den Scheideweg, dessen Anfang durch Paganini und sein satanisches Können gesetzt wurde und dessen Ende nicht abzusehen ist.

Franz erhält eine dringliche Einladung zu einer Gesellschaft bei der Gräfin Plater. Es sind noch zwei Tage bis zu dem Abend. Franz geht erst noch zu Hugo, der glücklich und zufrieden im Kreise seiner Familie arbeitet. Er liest Franz seine neuen Gedichte vor, die dieser nur so trinkt. Der Musiker empfindet dabei einen leichten Schauer, und als Hugo geendet hat, sagt er: "Geben Sie mir dieses Manuskript. Ich mache daraus eine Symphonie." "Gerne. Ich habe noch mehr davon." Franz bedankt sich, nimmt das Manuskript und stürmt davon. Ihm brausen die Worte des Gedichtes im Kopf und er denkt nach, wie er diesen Jammerschrei der Menschheit in Musik setzen könnte.

In den Pariser Salons erscheinen die ersten Polen. Die Abendgesellschaft der Gräfin Plater wird auch einem polnischen Gast zuliebe gegeben, der seit Dezember 1831 in der Stadt weilt. Franz prüft den Fremden und stellt folgendes fest: Er ist empfindlich, was nicht nur an seiner Haut, sondern auch an seinen blutarmen, schmalen Händen zu sehen ist. Franz betrachtet das etwas schmerzliche Gesicht. Er liest darin, daß der Schmerz dort ein ständiger Gast ist. Er schätzt auch seine Kleidung rasch ab. Der Mann ist elegant, aber kein Geck; ein Mann, der sich so kleiden muß. Dazu zwingt ihn ein innerer Befehl, nicht die Mode. Franz tritt zu ihm und stellt fest, daß das bleiche, schmerzliche Gesicht plötzlich von einem Lächeln erheitert wird. "Ich freue mich sehr, mit Ihnen bekannt zu werden. Ich heiße Frédéric Chopin." Franz bemüht sich auch, einen freundlichen Ton anzuschlagen.

Am selben Abend wird er noch mit Pater Lamennais bekannt, dem berühmten Geistlichen, von dem er schon oft und viel gehört hat.

Die beiden neuen Bekannten muntern Franz auf. Sie unterhalten sich heiter, die Atmosphäre ist warm. Auf die Bitte der Hausherrin setzt sich Chopin ans Klavier. Der Saal wird verdunkelt. Nur eine einzige Kerze leuchtet, als Chopin zu spielen beginnt.

Es ist die Musik der Nacht und der Einsamkeit. Es ist eine Bedrängnis, die unausweichliche Furcht vor etwas Kommendem, das noch keine Gestalt und keinen Namen hat. Der einsame Mann singt eine sanfte und zarte Melodie, die nicht beschrieben, nur erträumt werden kann. Franz gibt sich dem Zauber hin, und es wird ihm klar, daß diese Musik, die dem Schein nach keine Form erträgt - sie ist ja so unmittelbar, als käme sie direkt aus der Seele - ein wunderbares Uhrwerk ist. Kein Ton ist darin, der an ein altes Meisterwerk erinnern würde, alles ist neu und eigenartig an der Musik des bleichen Polen. Als Chopin geendet hat, ist die ganze Gesellschaft entzückt. Man will ihn nicht vom Klavier aufstehen lassen. Er spielt weiter. Sonderbar ist, daß er keinerlei Lockmittel verwendet, sein Musizieren ist fast monoton, er intoniert leise, kann aber auch so die Zuhörer bezaubern.

Franz beschließt, mit diesem gleichaltrigen Musiker Freundschaft zu schließen. Er verspricht ihm gleich, zu seinem Konzert zu kommen, nicht nur alleine, sondern mit seinen sämtlichen Musikerfreunden.

Am 26. Februar 1832 gibt Chopin sein erstes Pariser Konzert im Pleyel-Saal. Liszt und seine Freunde sind zugegen. Chopin spielt sein f-moll Konzert und die *Don Juan* Variationen. Das Spiel, die Frische und der Mut reißen alle Zuhörer mit. Schon nach den ersten Takten ist Franz überzeugt, daß ihn das Schicksal mit einem außerordentlichen Talent zusammengebracht hat. Seine Fingerarbeit ist vollkommen. Sie zeugt vom Cramer-System. Zweifellos hat er unter den ersten Pianisten der Welt seinen Platz.

Liszt schreibt über dieses Konzert: "Ich erinnere mich genau an seinen Auftritt im Pleyel-Saal. Der begeisterte Applaus, den er bekam, kam mir als ein bescheidener Ausdruck der Hochachtung vor, es steckte ja soviel Wunderbares und Poetisches in seiner Musik, die bisher unbekannte Wege einschlug."

Franz ist in einer Vorbereitungsphase, er spielt einstweilen nur im Freundeskreis, im Feuer der auf ihn gerichteten Frauenaugen. Es ist Adèle Laprunarède, deren Blick am meisten glüht. Es wird Winter, und Franz nimmt die Einladung der erobernd schönen Gräfin an, den Winter in den Alpen - wohl verborgen vor den Parisern - in ihrem Schloß zu verbringen.

Das Jahr 1833 beginnt stürmisch. Franz besucht die Pariser Salons, hört mit Interesse den Gesprächen zu, macht den Damen den Hof, und all das stiftet Verwirrung in seiner Seele. Den Ruhepol bildet Chopin. Dieser neue Freund bewährt sich; alles rohe, laute, starke meidet er, außerdem raucht er nicht, läßt sich in keine Streitigkeiten ein, bleibt sparsam, beinahe knauserig. Durch das häufige Beisammensein kommen auch die Eigenschaften Chopins zum Vorschein, die aus seiner Musik nicht herauszuhören sind. Im Allgemeinen ist sein Musizieren träumerisch, tränenreich. Dabei ist Chopin unter Freunden ein heiterer, wohlgeratener Mann. Rasch zeigt sich, daß er es auch oft nicht an bissigen Bemerkungen fehlen läßt, wie sie die Frauen lieben. Chopin ist am liebsten mit Franz zusammen. Beide hatten eine mühsame Jugend hinter sich und hingen an den Eltern, beide waren zu gleicher Zeit das erste Mal verliebt, und keiner hatte Glück in der Liebe. Natürlich erzählen sie viel von ihrer Heimat. Chopins Vater ist als Franzose geboren, der Sohn aber denkt mit Sehnsucht an das schöne Polen zurück, während Franz, der zwar nicht Ungarisch kann, von der Zigeunermusik schwärmt und sich an das schöne Donauufer erinnert.

Ungleich sind die beiden in ihrer musikalischen Auffassung. Die leidenschaftlichen Fortissimi von Franz erschrekken Chopin, und es liegt ihm auch nicht, die Geheimnisse des Klavierspiels zu erforschen. Franz will immer höher und höher hinaus in die blauen Sphären, aber ebenso auch in die Tiefen der Musik eindringen, dorthin, wo der Urquell des Lebens rauscht. Auch ihre religiösen Auffassungen sind verschieden. Doch all das verursacht niemals einen Gegensatz; sie sind wie Zwillingsbrüder. Sie werden überall zusammen eingeladen und sind immer zusammen in den Salons anwesend. Etwa bei der Fürstin Belgiojoso oder bei der Fürstin Duras, natürlich auch bei Rauzan.

Hugo läßt seine Verbindungen spielen, daß die 'Zwillinge' eine Einladung in das Palais d'Agoult bekommen. Natürlich erfährt Gräfin Adèle von der Einladung. Sie wird von vornherein eifersüchtig und macht Szenen, gibt sich aber bald zufrieden in der Gesellschaft eines älteren Herrn. Der Gatte von Adèle ist kränklich; sie ist klug genug, rechtzeitig für Ersatz zu sorgen, sich weniger um die Liebe zu kümmern als um einen höheren Rang, ein größeres Vermögen.

Die Diener im Haus d'Agoult zünden sämtliche Kerzen an und melden einen Besuch nach dem anderen: Professor Legouvé, Frédéric Chopin, François de Litz (!), Eugène Delacroix, Honoré de Balzac, Hector Berlioz, Abbé Lamennais. Es erscheint auch Hiller, der deutsche Pianist, der einen Tag früher geboren ist als Franz, weswegen er von ihm Onkel Hiller genannt wird. Es kommt Osborne, der schweigsame irische Musiker. Der Berliner Bankierssohn Mendelssohn tritt ein. Nourrit, der Opernsänger, fehlt nicht, auch nicht Dévéria, der modische Zeichner, der ein guter Freund von Hugo ist. Das Porträt von Franz, auf dem er so schön ist wie Byron, ist aus der Hand von Dévéria. Ein weiterer berühmter Maler ist anwesend: Ary Scheffer, der Franz dazu bringen wird, ihm Modell zu sitzen. Nicht zu vergessen ist auch Foyatier, der Bildhauer, der einen Spartakus für die Tuilerien gemacht hat und eine Statue von Liszt, die seitdem eine Zierde, ein berühmter Schmuck des königlichen Palais ist.

Die beiden osteuropäischen Pianisten, die ihr Künstlertum nach Paris verschlagen hat, lassen es sich wohl ergehen in der von den Kandelabern erleuchteten Welt, in der Gesellschaft von Fürsten, Grafen und Gekrönten. Sie kennen die Familienzusammenhänge und die Liebesverhältnisse, nehmen teil an Streitigkeiten, verbreiten Klatschgeschichten und sind dabei, wenn neue Freundschaften geschlossen werden. Sie hören sogar mit halbem Ohr Staatsgeheimnisse und treiben obenauf wie Rosen auf einem Teich bei den herrlichen Gartenfesten. Jeden ihrer Schritte beobachten die Frauen der Gesellschaft entzückt. Franz ist tatsächlich ein Mann von edler Schönheit.

Etwa um 10 Uhr sind alle drei Säle gefüllt, die Dame des Hauses gibt Chopin eine ziemlich deutliche Aufforderung, für die Gesellschaft auf dem Flügel zu spielen. Comtesse Marie d'Agoult ist wunderschön, geradezu unwiderstehlich; Franz folgt wie verzaubert jedem ihrer Schritte. Marie geleitet Chopin an den Flügel, legt ihm das Kissen auf dem Stuhl zurecht, breitet die goldgrüne Decke aus und gibt dann den Lakaien ein Zeichen, die Lichter auszumachen.

Chopin wartet nicht, bis es ganz dunkel wird, sondern beginnt gleich, sein fis-moll Nocturne zu spielen mit jener seltenen Hingabe, die auch dem großen Künstler nur in spärlichen Augenblicken gegeben ist. In diesem Moment begreift Franz das Wesen von Chopins Musik: Es ist die Sehnsucht nach der Heimat, die ihn auch hier in Paris nicht ruhen läßt. Er sehnt sich nach dem gewaltigen polnischen Himmel, unter dem all die Dörfer und Städte und Kirchtürme so gebrechlich erscheinen, ja auch der Mensch selbst.

Applaus. Franz steht neben dem Klavier und hat das Gefühl, jemand hat ihn am Arm gefaßt. Es ist Chopin, der ihm ins Ohr flüstert: "Jetzt setz du dich an den Flügel und spiel dasselbe." Und das fis-moll Nocturne ertönt ein zweites Mal unter den Stahlhänden von Franz, der sich Mühe gibt, die Tasten so sanft zu berühren wie Chopin. Sein untrügliches Gedächtnis läßt ihn keinen Ton verfehlen; er verlängert etwas die Pausen und läßt den Rhythmus so schaukeln, daß die Musik noch wunderbarer klingt, aber doch nicht anders, als Chopin es gemeint hat. Er läßt die Melodie singen, etwas zurückhaltend aber leidenschaftlich, kurz gesagt so, als spiele Chopin sein Nocturne ein zweites Mal.

Dann werden die Leuchter angezündet und zur nicht geringen Verwunderung der Zuhörer dankt Franz für den Applaus. Dann stellen sich beide Künstler neben das Klavier und fordern neuerlichen Beifall heraus. Berlioz nähert sich Chopin und zieht ihn mit sich in eine Ecke. Franz lauscht, kann aber nicht genau hören, was Berlioz sagt. "...sie war bei Ihrem öffentlichen Konzert und schreibt Gedichte über Sie, und eine wunderbare Novelle, ganz großartig. Ich wäre glücklich, wenn so über mich geschrieben würde, aber das Gedicht war Ihnen gewidmet, mein Freund."

Chopin lächelt erschrocken und verständnislos. "Ich verstehe nicht, mein Herr, von wem Sie eigentlich reden. Wer ist der Dichter, und was will er von mir?" Berlioz' Mephistostirn legt sich in Falten: "Was für eine Frage! Wer anders könnte die Dichterin sein als die wunderbarste Frau des Jahrhunderts, George Sand?" Die Antwort, die Chopin gibt, klingt gemessen: "Ich schätze die Dichterin sehr hoch, aber ich habe nicht die Absicht, mit ihr persönlich bekannt zu werden. Ich kann Frauen, die rauchen, nicht ausstehen, auch die Amazonen in Hosen nicht, niemanden, der sich skandalös aufführt." Berlioz antwortet verblüfft: "Spießbürgerliche Beurteilung. Sie würden Ihre Meinung ändern, wenn Sie die Dame kennen würden."

Franz beobachtet mit dem einen Auge die beiden Freunde, mit dem anderen verschlingt er die strahlend schöne Marie d'Agoult. Die Comtesse ist 28 Jahre alt, seit 6 Jahren verheiratet und Mutter von zwei Kindern. Sie hat sich für heute besonders zurechtgemacht, ihre Abendtoilette ist ein wahres Gedicht. Dazu trägt sie elegant strahlenden Schmuck. Sie hat ein edel geschnittenes Gesicht, das sie mit zartem Rouge zum Leuchten gebracht hat. Sie

112

ist auch eine gebildete, in der Literatur bewanderte Dame, kann sich persönlicher Beziehungen zu Goethe rühmen und - sie langweilt sich mit ihrem Gatten. Vor einiger Zeit hatte sie schon ein Auge auf Liszt geworfen, der als schöner Mann nicht weniger berühmt war wie als Künstler. 'Das Elfenbein-Profil von Liszt' war ein ständiger Ausdruck in den Zeitungen.

So kommt es, daß die schöne Frau, die sich langweilt, ihr Glück bei dem großen Virtuosen sucht. In ihren Memoiren schreibt Marie d'Agoult: *"Er ist groß und schlank, hat ein helles Gesicht, hat leidende und zugleich überlegene Gesichtszüge. Sein Gang ist unsicher und unruhig, als wäre er ein Phantom."* ... *"Franz stellte sich vor, setzte sich zu mir und begann mit kühner Liebenswürdigkeit ein mehr als vertrauliches Gespräch, als kennten wir uns schon lange. Ich fühlte die Kraft und die Freiheit eines selbständigen Geistes und fühlte mich angezogen."*

Nach der ersten Begegnung ist Franz ein immer häufigerer Gast im Palais d'Agoult. Die beiden sehen sich also nicht nur anläßlich der überfüllten Festlichkeiten. Franz kommt zu den Empfangsstunden oder er begleitet sie auf ihren Spaziergängen. Sie unterhält sich viel mit ihm über die Welt, über sich selbst, und sie entdecken ineinander immer neue Werte. Als die Gräfin im Sommer nach Croissy zieht, lädt sie Liszt dorthin ein. In den ersten kurzen Briefen ist die beginnende Liebe schon enthalten. Der Briefwechsel ist eigentlich sinnlos, weil sich die beiden fast täglich treffen.

Franz befaßt sich auch viel mit seinen Schülern. Zwischendurch lernt er auch selbst. Als Fétis, der belgische Musikhistoriker, eine Vortragsreihe ankündigt, gehen Liszt und Chopin gemeinsam hin. Bald schließen sich Hiller und Osborne an. Der unruhige, ewig bewegliche und aufrührerische Fétis erfindet ein neues Schlagwort: die 'Omnitonie'. Er ist zu dem Schluß gekommen, daß in der Musik der Zukunft die Töne und die Harmonien noch viele bis jetzt nicht bekannte Kombinationen eingehen werden.

Chopin schüttelt den Kopf; er hält das alles für konfuses Zeug.

Franz ist anderer Meinung und erklärt: "Für mich ist alles sonnenklar." Er beginnt, seine Absicht darzulegen, geht auf die Lehre des Abbé Lamennais ein und endet bei der Religion. Bald stellt sich heraus, daß sich die beiden Freunde nicht nur in der Musik, sondern auch in alltäglichen und religiösen Dingen voneinander unterscheiden. Sie streiten sich nicht, sondern kalkulieren von vornherein ein, daß zwischen ihnen ein unüberbrückbarer Unterschied liegt. Es tut ihrer Freundschaft keinen Abbruch.

Der Pole liebt das Feuer, die Leidenschaft und den Schwung des Ungarn, und der Ungar liebt an dem Polen sein angeborenes Herrentum, das feine Gefühl und auch die liebenswürdige Spitzfindigkeit. In der Musik kommen sie sich nun sogar näher.

ABENTEUER DER BERÜHMTHEIT

Franz hört sich manche Unterrichtsstunden von Frédéric an. Auch der liebenswürdige Guttmann ist dabei, der seinen Herrn mit der Treue eines Haustieres liebt und verehrt. Eine beliebte Schülerin ist Fräulein Esterházy, die immer Komplimente für den Lehrer bereit hat. Noch mehr schmeichelt sie aber Franz Liszt, der in den Augen des Fräuleins kein junger Mann mehr, sondern ein Großmeister ist. Am Ende der Stunden erscheint auch Fontana, dieser brave Mann, der seine Brötchen als Angestellter verdient, aber seine Hauptaufgabe darin sieht, Tag und Nacht Chopin zur Verfügung zu stehen. Er kopiert die Kompositionen und erledigt die Korrespondenz. Er rechnet auch mit den Schülern ab, weil Geldsachen Chopin nicht liegen. Außerdem geht er zu Duport, neue Hüte zu bestellen und eine Menge von Krawatten einzukaufen, er ermahnt den Modeschneider Dautremont, der fast jeden Monat einen neuen Anzug für den polnischen Künstler nähen darf, wobei er immer etwas Neues erfinden muß. Einmal sind es Perlmuttknopfe, ein andermal ein weinrotes Seidenfutter oder eine Schnureinfassung oder etwas Wunderbares aus chinesischer Seide. Wenn die Stunden vorbei sind, und Guttmann sich entfernt hat, der am liebsten auch nachts auf der Schwelle des Meisters den Wachhund gespielt hätte, dann besprechen die beiden Freunde einmal die Angelegenheit George Sand.

Die Schriftstellerin schickt immer wieder per Boten die Aufforderung, sie wolle mit dem polnischen Musiker unbedingt bekannt werden. Chopin meint, er möchte sich nicht in eine Skandal-Chronik verwickeln, in der er vielleicht den zehnten oder den hundertsten Platz einnehmen müßte. Er spielt auf die Damen an, die Schmetterlinge sammeln, weil sie sie lieben und verwöhnen als wunderschöne Geschöpfe Gottes, sie zum Schluß aber doch auf Stecknadeln pieken und so verwahren.

Chopin und Liszt sehen in der Lebensgeschichte der 'Frau des Jahrhunderts' gründlich nach. Es gehört sich, die Dame zu kennen und zu vergöttern als den Genius der freien Frau, aber man darf sie auch beschimpfen, denn sie erlaubt sich in den Augen der Spießbürger unziemliche Freiheiten wie das Zigarrenrauchen oder den häufigen Wechsel der Liebespartner.

Schon ihre Abstammung ist nicht alltäglich. In ihrem Stammbaum steht als Urgroßvater August der Starke, der durch seine Skandal-Chronik berüchtigte König von Sachsen, dessen Sohn der königliche Bankert war, der durch Heirat mit König Ludwig XV. in Verwandtschaft geriet. Dieser bekam auch den Marschallstab und ihm wurde ein wunderschönes Mädchen geboren, das einen Millionär namens Dupin, einen richtigen Geldsack, heiratete. Der Sohn aus dieser Ehe, Maurice Dupin, ist der Vater der Schriftstellerin. Klatschmäuler wissen über ihre Mutter zu berichten, daß sie ein Mittelding zwischen einem Straßenmädchen, einer Tänzerin und einem Marktweib ist. Nun, aus dieser

Ehe ist Amandine Aurore-Lucie Dupin hervorgegangen, die 'Hosenfrau' George Sand. Als junges Mädchen ist die Sand im Reichtum aufgewachsen, doch zwischendurch hat sie den Zwiebelgeruch der Armut riechen müssen.

Ein Baron Dudevant heiratet die junge Dupin und zeugt mit ihr zwei Kinder. Danach erst entpuppt sich die zukünftige George Sand, die alles auf den Kopf stellt. Sie faßt den Entschluß, alles, was hochstaplerische, zügellos phantasierende Schriftsteller erträumten, zu verwirklichen. Sie läßt den Herrn Baron im häuslichen Nest sitzen und flieht nach Paris. Ihre Devise lautet, alles ist erlaubt: treu zu sein, eine Dirne zu sein, als Freidenkerin sich in den Trubel des Lebens zu werfen; alles ist erlaubt, nur eines nicht: lügen!

Sie fängt mit einem Paukenschlag an. Als Mutter schafft sie sich einen Liebhaber an, den Redakteur Sandeau, und nachdem sie von ihm alles gelernt hat, was man aus dem Liebes- und Literaturgeschäft erfahren kann, setzt sie ihn vor die Tür. Und zwar schleunigst, weil sie sich an Alfred de Musset ranschmeißt, der ein Genie nicht nur im Schreiben sondern auch im Lieben ist. Sie arbeiten an einem Schreibtisch, schlafen in einem Bett, fahren in einem Wagen, zanken sich, gehen auseinander, versöhnen sich wieder und verblüffen ganz Paris mit ihrem ersten Roman *Indiana.*

Nachdem die beiden Freunde Franz und Frédéric die Angelegenheit der Sirene aus der Rue Pigalle behandelt haben, beschließen sie, sich ins 'tiefe Wasser zu werfen', komme, was da wolle. Der Besuch bei der gefährlichen Frau wird beschlossen.

Wenn der 22jährige Franz Liszt auf der Straße geht, sagen die Leute hinter ihm laut seinen Namen, und wenn er in einen Laden geht, wird er gleich angesprochen. Immerzu kommen Lakaien in seine Wohnung und bringen ihm Briefe. Er steckt schon tief in Abenteuern. Seiner Mutter, Frau Anna, gefällt das am Anfang, später aber äußert sie schon Befürchtungen, wohin das führen soll. Franz beteuert: "Mutter, ich lasse mich mit niemandem ein."

Nur ist das eben nicht wahr, denn er läßt sich mit allen

Frauen ein. Er muß selbst darüber nachdenken, was für ein Dämon in ihm sitzt, daß er gegen seinen Willen und seine Absicht mit jeder Frau eine Affäre beginnen muß. Seine Frömmigkeit, sein Herumsitzen in der Kirche hat aufgehört, seit einem Jahr hat er nicht mehr gebeichtet, ist nicht beim Abbé gewesen und fühlt sich schuldig nach den Worten der Bibel: Der Geist ist willig, aber das Fleisch ist schwach.

Sobald er in eine Gesellschaft kommt, fühlt er die Augen von mindestens fünf Damen auf sich gerichtet. Es sind zündende, unmißverständliche Blicke. Frauen aus jeder Gesellschaftsklasse, Damen der Halbwelt, Bürgerinnen, überhaupt alle Sorten, verwöhnen ihn mit ihrer Kunst, so daß er sich allmählich gezwungen fühlt, neuerlichen Abenteuern aus dem Weg zu gehen. Seine Augen, die bald blau, bald grün schimmern, haben eine besondere Macht. Es heißt, er könne so furios blicken wie Klavier spielen. Er kennt keinen Unterschied zwischen feiner Zurückhaltung und rückhaltloser Bereitschaft.

Dieses innere Aufflammen beobachtet er auch bei Chopin. Also dann los! Die 'Zwillinge' gehen in die Künstlerkolonie der Rue Pigalle. Das Gebäude, auch die Gegend, sind sonderbar. Ein inneres Tor verschließt den Eingang, durch den man in mehrere Häuser gelangt. Hier haben Lamennais sein Lager und Delacroix sein Atelier. Balzac ist unter dieser Adresse zu finden gewesen, und an einer Tür hängt die Visitenkarte des Philosophen Pierre Leroux. Und es ist das Pariser Domizil von George Sand. Wie aus der Einsamkeit kommende Robinsons stehen die beiden also vor George Sands Haus. Hier sind schon deren Freunde Lamartine, Heine, Miczkiewicz, Berlioz und manchmal auch Sainte-Beuve, Sue, Dumas und Meyerbeer aus- und eingegangen.

Die erste Überraschung bereitet ihnen der Hof der Sirene, der am ehesten einer dörflichen Meierei ähnlich sieht. Da sind ein Gemüsegarten, einige Obstbäume, eine Meute von Hunden, Hühner und Tauben. Die Hunde sind kein bißchen feindlich gesinnt und drücken ihre feuchten Schnauzen an die Hände der Gäste. Auch zwei Kinder sind da: Solange und Maurice. Der etwa zehn Jahre alte Maurice empfängt die Gäste mit der Freundlichkeit eines Weltmannes, die feenhafte kleine Solange wiederum liefert sich mit Franz zuerst ein Blickduell. Der Künstler muß das Kind an sich ziehen, das sich an ihn schmiegt und ihm sich dann sorgsam auf den Schoß setzt, seinen Hals umfängt und dazu verlauten läßt: "Wenn du eben willst, kannst du mich auch küssen."

Nicht so ergeht es Chopin. Ihn ärgert es, daß er warten muß, und er ist nahe daran, seinen Zylinderhut in den Staub zu feuern und seinen funkelnagelneuen Ebenholzstock zu zerbrechen.

Bald kommen auch weitere Gäste: Berlioz ohne Harriett, Sainte-Beuve mit der Gattin Hugos, Zimmermann, der eine ganze Schar Musiker mitbringt. Musset kommt gähnend, und schließlich und endlich erscheint die Hausfrau.

George Sand stürzt sich gleich auf Chopin: "Na, bin ich tatsächlich so erschreckend?" Chopin erbleicht, errötet darauf, Schweißperlen stehen ihm auf der Stirn, und er sagt fast stotternd: "Entschuldigen Sie, ich habe nie von Ihnen behauptet, Sie seien erschreckend." Hilfesuchend sieht er Franz an.

Der aber hilft nicht, denn er ist in die Betrachtung der Hausfrau vertieft. Auf den ersten Blick sieht sie wie eine rundliche Frau aus, erst später merkt man, daß sie muskulös ist und zwei Brüste hat, die so schwellend hochragen, als hätte sie noch keine zwei Kinder geboren. Ist sie schön? Nein, das ist sie nicht, das steht fest. Aber ihre großen Augen haben einen besonderen Zauber.

Die Gästeschar setzt sich vollzählig an den Tisch und speist stumm, fanatisch; keinem fällt es ein, Chopin, Zimmermann oder Liszt aufzufordern, Musik zu machen. Alle essen wie ausgehungert. Schließlich unterbricht die Hausfrau die Stille, sie steht auf, hebt ihr Weinglas und richtet ihr Wort an Madame Hugo: "Ich begrüße die größte Schöp-

fung des Jahrhunderts, Gott schenke dem Genius ein langes Leben, der die *Notre Dame de Paris* geschrieben hat."
Sie gibt sich nicht als große Schriftstellerin aus, hat kein Abendkleid an, sondern ein Hauskleid, das nach Küche riecht, spricht aber andererseits entzückt von *Notre Dame de Paris* und von dem Schriftsteller, der die ganzen Schmerzen und Sehnsüchte der Welt beschreibt und sie auf sich nimmt wie weiland Atlas.

Franz schweigt heiter und paßt auf. Chopin ist erregt, kann keine Ordnung in sein Inneres bringen. Er fühlt sich von dieser umstrittenen Frau zugleich angezogen und abgestoßen. Er bleibt bei diesem Besuch an der Angel hängen. Er weiß noch nicht, er ahnt nur, daß er vor einer verhängnisvollen Wendung steht.

Liszt hat seine ersten Wahrnehmungen festgehalten: "Sie macht nicht den Eindruck einer verführerischen Sirene, ihre bloßen Füße steckten in Pantoffeln, in ihren Händen trug sie das selbstgekochte Abendessen, wobei sie sich die Hände an einem dicken Tuch abwischte. Dann begrüßte sie jeden einzelnen je nach Rang, Freundschaftsgrad und Zuneigung, und küßte dabei jeden einzelnen auf die Stirn, das Gesicht oder auf den Mund."

Die Zeit aber bleibt nicht stehen, wenn sie ab und zu auch stecken bleibt. Liszt fängt eine Transkription von Berlioz' Phantastischer Symphonie an. Großartig löst er mit den unausgenützten Mitteln des Klaviers die Orchesterfarben und -töne auf. In einem Brief schreibt er darüber: "Wenn ich mich nicht irre, habe ich als erster ein neues Vorgehen eingeführt bei der Klaviertranskription der Phantastischen Symphonie. Nicht ohne Gewissensbisse, als hätte ich mich an einem heiligen Text vergriffen; aber ich habe mich bemüht, auf dem Klavier nicht nur die Struktur, sondern auch die Teileffekte und die vielerlei harmonischen Zusammenhänge wiederzugeben."

Berlioz ist dankbar über diesen Sympathiebeweis und zerdrückt seinen Freund beinahe in einer heftigen Umarmung. Im Grunde ist er auch zornig darüber, daß erst diese

Transkription Erfolg hat und nicht seine Originalnoten. Berlioz scheint ein bißchen verrückt aus Rom zurückgekehrt zu sein. Alles spricht dafür, daß er in die englische Schauspielerin Harriett Smithson noch verliebter als zuvor ist. Der Komponist ist gerade in einer heftigen Fehde mit dem großen Kritiker Fétis begriffen, die sogar in Franz Bedenken auslöst, ob er sich dieser neuartigen Musik weiter widmen soll.

Es gibt ein gemeinsames Konzert mit Chopin und dem Geigenkünstler Ernst, danach einen großen musikalischen Abend bei der Gräfin Plater. Hier treten Chopin, Hiller und Liszt auf. Sie spielen um die Wette Variationen auf das Lied *Noch ist Polen nicht verloren.* Dann ein Abend im Farvart-Saal mit dem immer leidenschaftlicher tobenden Berlioz. Die Künstler sind nicht alltäglich: die beiden Schwestern Grisi, Urhan, Chopin und Liszt. Danach folgt ein wilder Streit in der Redaktion des *Journal des Débats,* der bis lange nach Mitternacht dauert, denn Berlioz putzt unter dem Schutz des Redakteurs Bertin die Musikrubrik herunter.

Liszt bearbeitet noch weitere Stücke von Berlioz. Er erhält seinerseits ein königliches Geschenk: Chopin widmet eine Etüdenreihe Franz und eine andere Marie d'Agoult. Diese Stücke müssen natürlich sogleich dem Publikum vorgeführt werden; noch ein weiteres wunderbares Konzert.

Am 15. Dezember 1833 spielen Chopin, Hiller und Liszt das Dreiklavier-Konzert von Bach. Für Franz ist das alles wie ein Karneval im Traum, denn alle seine Gedanken und freien Minuten drehen sich um Marie. Sie ist vollständig erobert. Sie bittet um Erlaubnis, die Frau zu sehen und mit ihr bekannt zu werden, die Franz das Leben geschenkt hat.

Franz ist aufgewühlt, seine Gefühle und Gedanken sind verwirrt. Sein alter Freund Abbé Lamennais ist in ein Provinzhaus übersiedelt, in eine ferne Ecke der Bretagne: La Chênaie.

Der glaubensfeste katholische Abbé hatte die Religionsfreiheit, die Pressefreiheit verkündet und war überhaupt in

Die Mutter: Maria Anna Liszt, geb. Lager

Der Vater: Adam Liszt

Franz Liszt im Jahre 1824

Das Geburtshaus in Raiding

Oktober 1820: Franz Liszt tritt erstmals in Ödenburg öffentlich auf.

Ludwig van Beethoven, das Vorbild.

Ferdinando Paër

Antonin Reicha

seiner Zeitung, dem *Avenir,* für Reformen eingetreten. Daraufhin wurde er nach Rom bestellt. Der heilige Vater hatte ihn empfangen und sich mit ihm ausschließlich über das Wetter unterhalten, schließlich gnädig entlassen.

Zuhause waren dann die Kommentare des Papstes eingetroffen. "Der heilige Vater wurde nicht nur überrascht, sondern auf das ernsteste verärgert dadurch, daß das *Avenir* Religionsfreiheit und Pressefreiheit verkündete, in scharfem Gegensatz zu den Grundsätzen der Kirche." All das sei Wahnsinn und mit dem Katholizismus unvereinbar, hatte der Papst behauptet.

Der Abbé muß sich untertänig dem Beschluß fügen, das Erscheinen der Zeitung einzustellen. Deshalb der Rückzug in die Bretagne. Franz ist ohne den Vertrauten. Er quält sich, denn er hat mit Marie ein Verhältnis begonnen. Er kann die bis zum Wahnsinn begehrte Frau nicht vergessen.

Das Abenteuer verwickelt ihn in Schulden. Fortan verpflichtet er sich zu viel mehr Stunden, als er nervlich aushalten kann. Er besucht nur noch seine drei engsten Freunde und teilt mit ihnen seine knappe Freizeit. Nur Chopin arbeitet weiter gelassen und harmonisch. Berlioz hingegen durchlebt seine stürmischsten Tage. Harriett ist krank geworden und kann keinen Arzt zahlen. Es gibt nur eine Rettung für sie: ein Wohltätigkeitskonzert. Der Klavierkünstler Henri Herz hilft bereitwillig und tritt mit Chopin und Liszt zusammen auf.

Franz lebt im Bannkreis der Liebe zu Marie. Die Gräfin zieht sich nach Croissy zurück. Im Januar 1834 gehen Briefe an Marie: "Wieder haben Sie kein Lebenszeichen von sich gegeben, nicht einmal eine kurze Botschaft. Glauben Sie, daß zwischen uns alles erledigt ist? Ich werde Ihnen treu bleiben bis in den Tod. Franz." Neuerlicher Brief an Marie: "Was bedeutet mir 1834? Für mich existieren Sie allein auf der ganzen Welt. Kann ich Sie nicht sehen? Schreiben Sie mir, und erzählen Sie von dem gestrigen Tag und von Ihrer heutigen Nacht... Lassen Sie mich das lesen."

BEICHTEN

Am 12. April 1834 kommt Franz Liszt in Saint Pierre an. Ein Fußweg von einer halben Stunde vorbei an Felsen, rotgebranntem Gras, einigen frostigen Bäumen, die in einem fort vom Windsturm der Bretagne gerüttelt werden, bringt ihn zu Abbé Lamennais.

Bevor Franz noch seine Sachen auspackt, berichtet er Marie von seinen Erlebnissen in einem Brief. "Ich bin im Heim bei dem guten und großartigen Hauswirt Abbé Lamennais. Das Haus ist nicht sehr ansehnlich, aber es hat eine gute Einteilung. Mein Zimmer liegt im ersten Stock, wo auch der Abbé sein Zimmer hat. Es gibt noch einen dritten Raum, eine Bibliothek (das ganze Haus ist voller Bücher), auch Herr Boré wohnt hier, ein großer Gelehrter. Im zweiten Stock sind kleine Zellen, in denen drei Leute einquartiert sind, die eher noch nach Studenten als nach ausgebildeten Männern ausschauen."

Franz fühlt sich wohl im altertümlichen Haus. Die jungen Leute machen Musik und sorgen für Zerstreuung. Franz sehnt sich danach, sein Herz dem Abbé zu öffnen. Endlich hat er die vertrauliche Unterhaltung. "Vater, Sie kennen Marie gut! Sie wissen, daß wir uns liebhaben! Ich habe Angst vor dieser Frau, aber ich liebte sie vom ersten Augenblick an. Monatelang sind wir umeinander herumgegangen wie Fechter, die den schwachen Punkt des Gegners suchen. Marie war die bessere Fechterin. Sie fand die wunden Punkte sogleich. Manchmal hatte ich das Gefühl, jeder auf der Welt hält mich für einen großen Künstler, nur sie nicht. Sie ist hoch gebildet. Ich habe mich oft ihr gegenüber schwach gefühlt, oft hat sie mich, wenn ich was lateinisch sagte, verbessert: 'Sie kennen ja nicht einmal die Syntax.' Mir erging es wie einem Bauernjungen, der sich auf das rutschige Parkett eines herrschaftlichen Hauses verirrt hat.

Marie war überlegen. Ich beobachtete ihr Betragen und sah, daß man es nicht lernen kann. Mit solchem Können und Wissen muß man geboren sein. Marie führte mich in die Gesellschaft ein, machte mich mit Marquis Gabriac bekannt, mit dem früheren französischen Botschafter in Stockholm, auch mit dem Baron Meyendorff und dessen Frau, einer vornehmen Russin. Der Bruder von Baron Meyendorff ist der Militärkommandeur von Warschau geworden, der Chopin vertrieben und auch andere Notabilitäten schlecht behandelt hat. Heinrich Heine war auch zu Gast bei Marie und glänzte in der vornehmen Gesellschaft.

Ich empfand nur Beklommenheit. Dann kam der erste Kuß. Marie bat darum, ich sollte sie küssen wie ein Bruder! Der Kuß ist leider nicht so ausgefallen. Nein, das war kein brüderlicher Kuß, sondern eine verrückte Umarmung im Rausch, wild und leidenschaftlich. Nun waren wir Tag für Tag zusammen. In einer solchen Lage schütze Gott den bösen Verführer. Er gibt schöne Frühlingstage mit rosa Wolken, wo der Boden nur so duftet. Ein Geruch, den man mit dem eines Hochzeitszimmers vergleichen kann. Die Spaziergänge im Garten erfüllten mich mit einem Rausch.

Dann die Bitte, ich solle etwas spielen, und schon gingen wir hinauf in das Musikzimmer im ersten Stock. Im Haus war kein Personal, alles leer. Das wußte allein Marie. Wir gingen fast blind die zweimal gebogene Marmortreppe hinauf. Marie hatte die Hand auf meiner Schulter, und ich umfaßte ihre Taille. Weiter geht es in meiner Erinnerung nicht. Wir fanden das Musikzimmer nicht oder wollten es nicht finden."

Doch in seinem Innern sieht Franz noch die Bilder vorbeiziehen, wie er die Gräfin leidenschaftlich an sich zog, wie sie sich nur ein wenig wehrte, um dann auf sein Küssen einzugehen mit einem Lippen-Bekenntnis von so gierigem Hunger und so wilder Schamlosigkeit, daß Franz erschrecken mußte. Wie verrückt hatten sie sich in den Taumel gestürzt, als wollten sie einander Schmerz zufügen; die völlige Hingabe, unvergeßlich für das ganze Leben.

Der weise Abbé hört die Beichte mit Verständnis an und spricht nicht dazwischen. Franz fährt fort:

"Eine Woche danach sagte Marie: 'Ich muß Ordnung

schaffen in meinem Leben. Ich kann nicht Versteck spielen, nicht lügen. Ich verlasse meine Familie, meinen Mann, meine Mutter, und gehe mit dir.' Dann verkündete sie zögernd: 'Ich will keine Ehe mit dir schließen, es wäre zu sonderbar: eine Comtesse d'Agoult, aus der eine Frau Franz Liszt würde. Nein, das tue ich nicht.'"

Die Beichte findet erst in den Morgenstunden ein Ende. Lamennais sagt nichts dazwischen und schweigt auch am Schluß des Geständnisses. Sie gehen schlafen, allerdings nur für wenige Stunden.

Der bronzene Mann klopft an Franzens Tür: "Steh' auf, wir gehen!" Beim morgendlichen Treffen sagt der weise Abbé nur soviel: "Das reine Leben müssen wir aus den eigenen Kräften herbeiführen." Dann spazieren sie nach Saint Pierre hinunter. Der Abbé spricht nicht, er tadelt nicht, er diktiert nur ein Tempo, das beinahe ein Laufschritt ist. Sie durchkreuzen den Wald und die Weinberge und kommen bei einer elenden Hütte an. Dort treffen sie einen alten Mann, der bis auf die Knochen abgemagert ist.

Der Abbé holt unter seinem Mantel Brot, Käse und gedörrten Fisch hervor und gibt es dem Knochengerüst, das sich gierig ans Essen macht. Als dieser den letzten Brocken verzehrt hat, beginnt der Abbé zu sprechen: "Mein junger Freund ist von weither gekommen, um Ihre Geschichte zu hören."

Die menschliche Ruine hebt an: "Ich bin aus Lyon geflüchtet, während der schauerlichen Metzelei. Wir schlugen uns im Elend durch, wir hungerten, wir baten um eine Lohnerhöhung von drei Sous. Die Fabrikanten gingen zum Schein darauf ein, sandten aber einen Boten ab, um das Militär zu holen. Das ganze reiche Viertel war geflüchtet, aber uns Elenden gab man keinen Bescheid. Am dritten Tag war ein besonderes Glitzern in der Umgebung von Lyon zu sehen: Kanonen marschierten auf, Kavallerie; die ganze Stadt war vom Militär umringt. Und dann begann die Belagerung der Mauern von Lyon, die eine ganze Woche anhielt.

Häuser gingen in Brand auf, stürzten ein, die Höfe wurden mit Kartätschen beschossen, die überfüllten Höfe, wohin die hilflose Bevölkerung geflüchtet war. Soviel tote Kinder hat der Herrgott bei der Metzelei von Bethlehem nicht gesehen und so viele tote Frauen auch nicht seit dem Untergang von Jerusalem."

Lamennais fragt: "Warum sind Sie geflohen?" - "Ich wurde beschuldigt, zu den Anführern der Revolution zu gehören, dafür wurde ich 'in contumaciam' zum Tode verurteilt. Die Totengräber beförderten mich aus der Stadt heraus, als einzigen Lebenden unter den vielen Toten. Das Massengrab war nämlich viele Meilen weit vor der Stadt. Soweit brachten sie mich mit dem Wagen. Mein Leben ist in der Hand des Herrn Abbés."

Als der Abbé mit Franz wieder allein ist, sagt er nur soviel: "Auf dem Kreuz Christi war ein Nagel - die menschliche Selbstsucht." Franz schweigt erst eine Weile, dann bricht es aus ihm heraus: "Ich muß ein Konzert geben, um den Armen zu helfen."

Der Abbé schüttelt energisch den Kopf: "Du gibst kein Konzert, mein Sohn, keinerlei Almosen. Du bist ihnen was anderes schuldig. Du sollst das Andenken in deinem Herzen bewahren und so verewigen, daß auch andere Menschen die fürchterliche Verwüstung sehen und hören, daß ihnen die blutig glühenden vier Buchstaben 'Lyon' genügen."

Franz arbeitet an dem neuen Werk *Lyon*. Sein Prinzip: arbeitend leben oder kämpfend sterben. Er gestaltet die Symphonie des Schlachtenbildes in der Form einer Klavierpartitur. Paris fällt ihm ein. Er arbeitet leidenschaftlich, so daß der Abbé ihn herausreißen muß, um ihn zu einem Spaziergang zu bewegen. Am häufigsten besteigen sie den Hügel Sainte-Geneviève, auf dem eine kleine verwaiste Kapelle steht. Es ist lange kein Gotteshaus mehr, nur noch eine elende Scheune, deren Orgel der Wind ist, der durch die zerbrochenen Bleifenster hereinbläst. Doch eine Madonnenstatue ist noch da. Hier betet der Abbé. Dann erzählt er Franz eine kurze Legende, eine Vision. An dieser Stelle trafen sich irgendwann die bösen Könige. Aus brutaler Machtgier schlugen sie vor, die Gesetze, den Glauben, die Wissenschaft und die Tugenden auszurotten. Die Tugend ist ein Verbündeter der Starken. Es gibt nur ein Mittel dagegen. Man muß die Priester Christi mit Schätzen, hohen Stellungen und Macht schwach machen. Dann wird das Volk Christus im Stich lassen. Franz begreift den Gedanken des Abbés.

Bei Abbé Lamennais werden auch ernste philosophische und literarische Debatten geführt. All das trägt zur seelischen Bereicherung Liszts bei. Er arbeitet auch an seiner Studie: *Über die Kirchenmusik der Zukunft.* Er beginnt seine Ausführungen mit der Zeit, als der Gottesdienst noch die seelische Notwendigkeit des Volkes befriedigte. Der Altar und das Theater dienten zur Beschwichtigung der Seele und der Augen. Liszt schreibt: *"In unseren Tagen aber, wo der Altar zu schwanken beginnt, dienen die Kanzel und die religiösen Zeremonien dem Spott der Zweifler, die Künste müssen das Innere der Kirche verlassen und den Raum für ihre großartigen Offenbarungen in der Außenwelt suchen. Das Vorbild, das mich zu der neuen Musik geführt hat, ist - sehr bezeichnend - die Marseillaise."*

Franz sieht die nahe Zukunft schon ähnlich wie Lamennais in seinen Visionen. Dazu schreibt er: *"Bald werden wir hören, wie in den Dörfern, auf den Äckern, in den Stadtrandbezirken, in den Fabrikhallen und in den Großstädten nationale, moralische, politische und religiöse Gesänge erklingen, Lieder und Hymnen, die für das Volk gedichtet und vom Volk gesungen werden, ja sicher von Arbeitern, Tagelöhnern, Handwerkern, Söhnen und Töchtern, Männern und Frauen des Volkes!"*

Bald werden die *Harmonies poétiques et religieuses*, ein kühnes und neuartiges Werk, in der ersten Fassung fertig, wozu als Vorwort ein Vers von Lamartine dient. Dieses sonderbare Stück erweckt romantische Gefühle auf verblüffende Weise und hat weder eine Tonart, noch einen Rhyth-

126

mus. Darum gibt ihm Liszt die Bezeichnung: senza tempo.
Zugleich arbeitet er weiter an seinem Werk *Lyon*, aber das
Klavierwerk erscheint erst 1842, als erstes Stück des Al-
bums eines Reisenden *(Album d'un voyageur)*, steht aber
nicht mehr in der späteren Sammlung *Années de Pèlerinage*, weil es keine Improvisation ist und auch nicht die
charakteristischen Eigenschaften der frühen Liszt-Werke
besitzt.

Der Einfluß des Abbés Lamennais bremst vorübergehend Liszts Gefühle für Marie, kann aber keine wesentliche Änderung herbeiführen. Die Empfindungen der beiden füreinander werden auch in der Entfernung nicht geringer. Marie d'Agoult schwärmt leidenschaftlich für Liszt
und sie gefällt sich darin.

Eines Tages kommt ein Brief mit nur einer Zeile: "Franz,
ich habe Sie nötig! Marie." Der Abbé hält ihn nicht zurück,
er könnte das auch nicht. Einige Buchstaben genügen, daß
Franz seinen Koffer packt, seinem selbstlosen und wahren
Freund Lebwohl sagt und nach Paris reist. Die Gedanken-
und Glaubensfestigkeit, die Franz durch den Abbé erreicht
hatte, ist wie weggeblasen.

Kaum einen Tag später fliegen die beiden Geliebten sich
schon leidenschaftlich in die Arme. Marie teilt Franz mit,
ihr Töchterchen sei krank, und sie fühle sich schuldig:
"Gott straft mich wegen meiner Sünden."

Franz erinnert sich etwas gerührt an die reinen Tage in
der Bretagne, an die Gesellschaft des Abbés Lamennais
und an die erfrischende Kraft, die von ihm ausging. Trotzdem ist es eine Freude, hier in Paris mit Marie dem wie ein
ewiger Scheiterhaufen glühenden Berlioz zuzuhören, dem
unerschöpflichen. Berlioz gehört zu jenen glücklichen
Menschen, die auch aus ihren Niederlagen einen Sieg machen können. Bei der ersten Begegnung mit Franz rückt er
mit der Neuigkeit heraus, daß er mit Bertin vom *Figaro* gebrochen habe.

"Herr Bertin wollte mir seine ganze Familie auf den Hals
schicken, er ist ja der Chefredakteur, die Mama eine Dich-

terin, die Tochter Komponistin. Nur ich sagte meine Meinung so scharf, daß ich am nächsten Tag schon mit Schlesinger verhandeln mußte." Schlesinger ist Chef der *Gazette musicale*. "Ich bringe Ihnen Liszt, Heine, George Sand, Sainte-Beuve, d'Ortigue, nur eben Fétis nicht, diesen alten Ochsen."

Franz fährt dazwischen: "Chopin und Sand?" - "Leider nichts. Unser kleiner Pole ist aus dem Netz gerutscht, so daß Sand sich seitdem nicht genug wundern kann. Was ist das für eine Freiheit! Wenn eine solche Anglerin wie die Sand ihre Netze nach mir auswerfen würde, würde ich keine einzige Flosse rühren. Mag auch Gefangenschaft, und wenn nötig, der Tod kommen."

Franz interessiert sich für Berlioz' neue Arbeit. Freund Hector legt ihm eine funkelnagelneue Partitur vor, das überarbeitete und in der endgültigen Form abgeschriebene Werk *Harold in Italien*. Franz durchblättert die Partitur blitzschnell, setzt sich dann ans Klavier und beginnt zu spielen, während ihm Berlioz noch erklärt: "Eigentlich habe ich das für Paganini geschrieben. Ihm dachte ich die bravouröse Bratschenstimme zu. Der Maestro hat das Werk mit Begeisterung gelesen, kann sich aber zu einer Aufführung nicht entschließen; er kann nichts Neues mehr lernen. Er ist alt geworden, und sein Gehirn gleicht einem vollen Schwamm. Es kann keinen einzigen Tropfen mehr aufnehmen. Jetzt sollte Urhan die Stimme spielen."

Als das Klavier schweigt, redet Hector weiter: "Rossini schweigt. Er wurde vor kurzem aufgefordert, eine neue Oper zu schreiben. Das hat er abgelehnt. Er ist nur bereit, sich mit Küchenrezepten zu beschäftigen. Meyerbeer dagegen - die ganze Welt ist mit seinem Robert dem Teufel voll. Gott strafe jeden Greis, der sich als Komponist aufspielt. Ich wartete darauf, daß Cherubini aufhört, oder auch Spontini. Dafür hat der größte Maulheld Rossini den Mund gehalten. Aber mit einem Meyerbeer kann ich nicht fertig werden, der wird uns alle überleben. Der ist wie ein hundertjähriger Koch, der immer für eine Familie gekocht hat.

Der kennt ihren Geschmack genau; genauso kennt Meyerbeer den verdorbenen Geschmack von Paris wie kein anderer. Den bedient er; er weiß, wer eine Arie mit Soße braucht, ein Duett mit Gemüsebeilage, wer ein Finale mit Champagner wünscht; verdammte Geschichte. Was kann ein elender französischer Komponist unter so vielen italienischen und deutschen Köchen anfangen?

Ich arbeite jetzt an einem neuen Werk und werde damit die ganzen Küchenchefs hinwegfegen. Mein *Benvenuto Cellini* wird ein Werk sein wie es kein zweites in diesem Jahrhundert oder Jahrtausend gibt." Hector hat ausgiebig seinem Herzen Luft gemacht.

Franz bekommt wieder Lust, seinen treuen Freund Abbé Lamennais zu besuchen, wenn auch nur für kurze Zeit. Marie ist ohnehin sehr beschäftigt; sie will mit sich selbst ins Reine kommen.

Franz besteigt also den Postwagen und reist in das Dorf La Chênaie bei Dinan. Der Abbé mit der bronzenen Haut empfängt ihn aufrichtig erfreut und quartiert ihn in seinem alten Zimmer ein, neben dem bescheidenen Boré, dem Orientalisten und Fachmann für die armenische Sprache.

Der Hauswirt ist auf die Pariser Klatschgeschichten neugierig, insbesondere darauf, was für einen Eindruck die päpstliche Enzyklika *Singularis nos* erweckt hat, die gegen den Abbé und seine Lehre gerichtet ist. Darüber kann ihm Franz aber nicht viel erzählen, denn die Sache hat keinen großen Wirbel in der Großstadt verursacht.

Nach dem Mittagessen gehen sie im Garten des Abbés spazieren, bis sie zu einem Felsen kommen: "Hier wird mein Grab sein. Unter diesem Stein soll man mich begraben."

Franz interessiert sich für die Mystik des Todes, und der weise Abbé sagt, indem er Franz in die Augen blickt: "Haben Sie schon eine schwarze Leichendecke gesehen, auf die die Tränen fallen? Das ist das wahre Symbol des Lebens."

Als Franz am späten Abend seinem Hauswirt Gute Nacht

gesagt hat, setzt er sich ans Klavier. Ihm springt seine neue Komposition direkt aus den Fingern. Er zeichnet sie auch gleich auf und versieht sie mit dem Titel *Der Gedanke der Toten.*

Die Spaziergänge und langen Gespräche mit dem Abbé haben seine religiösen Ansichten gefestigt. Er kehrt nach Paris zurück, erfüllt von Aufruhr gegen den amtlichen Klerus. Er fühlt sich katholischer als die Kirche selbst. Doch damit, muß er überrascht feststellen, pflegt er in seiner Seele jetzt ketzerische Gemeinschaft mit Luther und Calvin.

Kaum kann er das Wiedersehen mit seiner Geliebten erwarten. Er wünscht, mit ihr zu debattieren. Als sie die heftigen Wiedersehensküsse hinter sich haben, beginnen sie schon nach den ersten Sätzen, sich zu streiten. Franz erfährt auf schmerzliche Art, wie klug Marie ist, wie blitzschnell ihr Gedankengang sein kann. Er gelobt sich, gedanklich auch die Höhe zu erklimmen, auf der Marie steht.

Nach dieser Begegnung bekommt er tagelang keine Nachricht von ihr. Da schickt er einen Boten zu ihr ins Palais. Eine Antwort erhält er auch darauf nicht. Lange Zeit erfährt er nicht, daß das Töchterchen von Marie wieder schwer krank geworden ist. Bei solchen Gelegenheiten, wenn es um Leben oder Tod geht, wird alles lästig, was zu anderen Zeiten die höchste Wonne verursacht.

Eines Tages klopft es an Franzens Tür. Zwei Männer stehen auf der Schwelle und stellen sich vor: Graf Teleky und Graf Lichnowsky. Es sind zwei Landsleute, mit denen er im vollsten Sinn des Wortes eine Freundschaft fürs Leben schließt.

Das Jahr 1834 endet mit einem Konzert. Am 25. Dezember findet eine Matinée im Pleyel-Saal statt; Liszt und Chopin spielen ein vierhändiges Stück von Moscheles und ein auf zwei Klaviere übertragenes Lied von Mendelssohn.

FLUCHT MIT MARIE

1835 fängt mit einer traurigen Nachricht an: Louise, die Tochter von Marie d'Agoult, ist gestorben. Von der Beerdigung hat Liszt gar nichts erfahren. Man erzählt, es seien nur zwei Menschen hinter dem kleinen Sarg hergegangen: die Marquise Flavigny und Marie d'Agoult.

Der Tod der kleinen Louise ist Franz Liszts drittes Sterbeerlebnis. Alle Schauerlichkeiten, Erhabenheiten und Geheimnisse prangen als Schmerzenstöne in seinen späteren Werken, in denen fast ausnahmslos vom Tod die Rede ist. So wie Dante träumt auch er von den Geheimnissen des Todes. Man denke an die spätere Dante-Symphonie!

Eines Abends, als Franz wieder an seiner revolutionären musikalischen Dichtung *Lyon* feilt, bekommt er überraschend Besuch: Marie steht vor ihm, die immer noch glühend geliebte. Erschreckend leise beginnt sie zu sprechen: "Mein Töchterchen ist die Erbin der Vermögen der Flavigny, d'Agoult und Bethmann. Jetzt ist die ganze Familie aufgewühlt; der Vater tut gleichgültig, der ältere Bruder benimmt sich brutal. Ich möchte nur eines: Flüchten."

Sie beschließen gemeinsam die Flucht, ungeachtet dessen, daß Abbé Lamennais es beiden abgeraten hatte. Auch Berlioz sagt Franz erregt ins Gesicht: "Diese Frau ist kalt, egoistisch und böse. Sie ist auch berechnend. Sie steigt mit dem Beglückten in die Höhe und läßt ihn im Stich, wenn er in Not gelangt. Du solltest sie im weiten Bogen meiden, bevor es zu spät ist. Sie hilft dir auch bei der künstlerischen Entwicklung nicht!"

Aber Berlioz spricht ganz umsonst. Franz Liszt gerät in diesen Jahren in eine Übergangsphase, und an seinen Schöpfungen zeigt sich eine kühne Instrumentation, eine Art zu schreiben, die sich über jede technische Schwierigkeit hinwegsetzt, was die Werke später in den Ruf bringt, sie könne kein anderer als Liszt allein spielen.

Paganini hatte die Leidenschaft für das Instrument in Liszt erweckt und ihn zu einer grenzenlosen Erweiterung seiner Virtuosität veranlaßt. Auch Berlioz hatte große Wirkung auf Liszt ausgeübt. Das zeigt sich an Klavierpartien, die er *Particion de piano* nannte. Die Transkriptionen mit neuem Geist, neuer Technik, zeigen sich zuerst in der phantastischen Symphonie *Episode de la vie d'un artiste.*

Franz benutzt die Paraphrasen und Phantasien der Meister nach der Mode der Zeit. Oft sind es nur Werke und Themen der Modegrößen. Für diese Arbeiten und ähnliche ist er später oft angegriffen worden, sowohl von den Zeitgenossen als auch von der Wissenschaft. Für Liszts Weiterentwicklung ist es von vergleichsweise geringer Bedeutung, daß er manchmal Konzessionen an den Zeitgeschmack macht und virtuose Konzertstücke veröffentlicht.

Ein gründlicher Kritiker von Liszts Musik, Humphrey Searle, schreibt die im Jahre 1834 entstandene *Grande phantaisie symphonique* Themen der komischen Dichtung *Lelio* von Berlioz zu. Das große Konzertstück, ursprünglich eine Komposition für zwei Klaviere, das bis zum heutigen Tag nicht herausgegeben worden ist, ebenso wie die *Lelio* Phantasie, gelten nicht als Werke von Liszt. Erlebnis und Erschütterung zeigen sich zu allererst im Klavierstück *Lyon.* Es sind zwar Elemente aus fremden Quellen darin, aber der Wärmegrad gehört Liszt!

In den neueren Werken ertönen Trauer, Mißerfolg und Bitternis, gemischt mit aufrichtiger Leidenschaft, pathetischer Marschmusik ähnlich, in italienische Melodien eingefaßt. *Lyon* ist das erste im *Album d'un voyageur,* das zweite führt den Titel eines Gedichtes von Lamartine, *Harmonies poétiques et religieuses,* und im Vorwort ist dieser Titel zum Motto gewählt. Es fängt mit den Worten an: "Ces vers ne s'adressent qu'à un petit nombre" (diese Verse richten sich nur an wenige). Der Schluß lautet: "Es gibt vom Schmerz gebrochene Herzen, verstoßen von der Welt, es gibt die, die in der Welt für ihre Gedanken in der seelischen Einsamkeit Zuflucht suchen, um zu weinen, um zu warten oder um anzubeten!" Liszt legt großen Wert darauf, daß der seelische Zuspruch zu den Wenigen gelangt, denen er Trost zu bringen wünscht.

In den Anweisungen zum Vortrag sind ganze Passagen versehen mit der Anmerkung: *Extrèmement lent avec un profond sentiment d'ennui.* Die Aufregung steigert sich, wird zur heftigen Leidenschaft des letzten *Andante religioso,* das Beruhigung bringt. Nach Raabe verraten seine Werke das, was wir heute expressionistische Schreibweise nennen würden, ein Experiment, das zu keinem Resultat führen kann, aber klar anzeigt, mit welcher Leidenschaft und virtuosen Technik Liszt in das reiche Arsenal der Polyphonie eindringt.

Zunächst führt das zu einer uferlosen Überschwemmung, tritt aber - auf ungleich höherer Ebene - in seinen Altersstücken, die in die Zukunft weisen, wieder hervor. Die Reihe der Originalkompositionen wird von einer Folge aus drei Stücken abgeschlossen. Der Titel ist *Apparitions.* Das erste Stück führt die Bezeichnung *Senza lentezza quasi allegretto,* eine zarte musikalische Dichtung mit einer dynamisch umrahmten Skala von Stimmungen, hochzart und hinsterbend vom dreifachen *piano* bis zu stürmisch tobenden *forti.* Das zweite Stück ist scherzoartig, spielerisch, und paßt trotz seiner individuellen Sprache genau in die musikalische Atmosphäre, die Liszt aus der Freundschaft mit Chopin und dessen Musik erworben hat. Als drittes Stück kommt ein Schubert-Walzer in anspruchsvoller und abwechslungsreicher Bearbeitung, der später in den *Soirées de Vienne* seinen endgültigen Platz finden wird. Mit diesen kleinen Werken und Experimenten tritt Liszt ein in die Phase seiner echten Schöpferkraft.

Ein Zeitgenosse schreibt: "Wieviel Keime zu Themen sind wohl untergegangen im Laufe seines Lebens, am Grunde seiner Seele, aber in einen inneren Gärungsprozeß geraten, aus dem später unter der Einwirkung neuer Erlebnisse oder Gelegenheiten Schöpfungen heranreiften!"

Liszt wird von seinen Gegnern als ein Salonheld, ein Frauenverführer hingestellt, dessen Bildung man für mangelhaft hält. Das mag für seine früheste Jugend stimmen, aber jetzt, wo Liszt in das rauhe Leben tritt, hat seine reiche Seele wie ein Schwamm jede Art von Kultur aufgesogen und verarbeitet.

Die neue Periode der Wanderjahre in Liszts Leben fängt an, als er 24 Jahre alt ist. Seine Kunst, seine Technik, seine Dynamik sind ausgereift, und seine Zeitgenossen nennen ihn den Paganini des Klaviers. Seine Gefühle, seine Liebe wurzeln nicht so tief und erreichen keine solchen Höhen wie seine Virtuosität.

Marie hat einen endgültigen Entschluß gefaßt. Sie bricht alle Brücken hinter sich ab und folgt dem Beispiel der Sand; sie verläßt mit ihrer Mutter Paris.

Liszt muß noch in Paris auftreten. In Berlioz' Konzert führt er seine auf das *Lelio*-Thema komponierte Phantasie, ein Konzertstück nach Mendelssohns Werken und auch *La marche d'Alexandre*, eine Variation über Moscheles, auf. Im April und Mai 1835 folgen weitere Konzerte. Schmerzliche Augenblicke der Trennung von Marie.

Er teilt seiner Mutter schließlich mit, er folge Marie in die Schweiz. Die Mutter antwortet nicht, macht keine Vorwürfe, aber in der Nacht hört Franz Schluchzen aus dem Nachbarzimmer. Tagsüber hält sie sich mit großer Kraftanstrengung in der Gewalt. Er hat sein Leben noch kaum begonnen und schon verdorben, das steht in ihren Augen. Ein Skandal und eine Enttäuschung lasten schwer auf Frau Annas Seele. Doch Geschäftliches muß besprochen werden. Liszt muß auch über die Schüler verfügen. Er tritt manche an Chopin und Hiller ab, die älteren Herren aber an Mme Pleyel, dem feenhaften Fräulein Mocke, die früher einmal die Muse von Berlioz und Hiller war und die jetzt mit dem Pleyel-Vermögen hinter sich eine umschwärmte Künstlerin geworden ist.

Er besucht zum Abschied alle seine Freunde und verabschiedet sich von ihnen. Der einzige, dem er mit Schmerzen Lebewohl sagt, ist Chopin. Er hätte ihn gern umarmt, aber irgendeine Verlegenheit hält ihn zurück, und so ist es Chopin, der ihn in die Arme nimmt und an sich drückt, und in den Augen der beiden erscheinen Tränen. Das kann Franz nie mehr vergessen.

Er läßt seine Post nach Bern, 'Hotel des Balances' schikken. Die Reise führt ihn von Paris, dem kulturellen Mittelpunkt der Welt, nach Basel, einem kleinen Schweizer Städtchen, das noch im Mittelalter schlummert.

Die Schweiz ist wie eine kalte Dusche für ihn. Kaum in Basel angekommen, schreibt Liszt: "Geliebte Mutter! Gestern vormittag bin ich in Basel angekommen, packte aus, machte Ordnung und habe unterwegs kein Geld überflüssig ausgegeben. Meine Brieftasche ist noch voll. Möglich, daß wir in vier oder fünf Tagen weiterreisen - zusammen."

Nicht nur Marie d'Agoult und Franz Liszt treffen Ende Mai in Basel ein, auch Maries Mutter ist dabei, die einzige der Familie, die ihre Tochter nicht im Stich gelassen hat.Die Mutter, Tochter des steinreichen Bankiers Bethmann, betet ihre Tochter an, genauso wie diese ihre Mutter. Die Marquise de Flavigny legt gleich am ersten Tag ihre Vornehmheit ab, sie weint einfach und unverhüllt, wie jede Bürgerliche, die ihre einzige Tochter auf dem Weg ins Verderben sieht. Beim Mittagessen einigen sie sich darüber, daß die Mutter nach Paris zurückkehrt. Die Marquise muß ihre Versuche, die Tochter zur Umkehr zu bewegen, als gescheitert betrachten. Zuhause warten schwere Tage auf sie, erfüllt von Klatschgeschichten und Verleumdungen.

Franz steht zu Marie. Diese teilt ihm mit, daß sie ein Kind erwartet! Das Verhängnis hat sich erfüllt, Marie hat sämtliche Verbindungen zur 'Gesellschaft' abgebrochen, und diese Gesellschaft verzeiht nie.

Kaum ist die Marquise fort, brechen sie auch nach Genf auf. Eine neue Wohnung wartet auf sie, Ecke Rue Tabazan und Rue des Belles Feuilles, mit einer wunderbaren Aussicht auf das Jura-Gebirge. Eine Turmuhr in der Nähe schlägt jede Viertelstunde, und früh, mittags und abends begrüßen die Glocken der Kathedrale die 'Empörer' mit H-Gis-E ... Fis-Dis-H.

Mißtöne gibt es vorerst nicht. In den Tagebüchern von Marie heißt es später: "Wir haben keinerlei Reiseprogramme, keine Pläne gemacht. Wir ließen uns durch den Zufall leiten. Es war uns ja egal, wohin wir reisten, wir wünschten nichts anderes, als zusammen zu sein und allein."

Franz will sich wirklich um nichts anderes als um ihre Liebe kümmern. Marie hat sich so maßlos in diese Beziehung geworfen, um ihre Selbstmord-Gedanken zu vertreiben. Sie ist wegen der Sinnlosigkeit ihres Lebens zu Franz gekommen, der wiederum den Sinn seines Lebens ihr opfert. Zum Glück ist das nur ein Übergangszustand. Marie, die George Sand bewundert und es ihr gleich tun will, versucht sich ein bißchen am Schreiben, aber letztlich bleibt sie doch - ihrer gesellschaftlichen Erziehung verhaftet - ein Weibchen, daß nur in der Hingabe an den Mann ihre Erfüllung finden kann.

Wieder zurück in Paris, eilt die Marquise de Flavigny zu ihrem Schwiegersohn, dem eingebildeten Graf d'Agoult, um ihn über das Geschehene zu informieren. Sie hofft, es würde den Grafen erschüttern, und er würde ohnmächtig zusammenbrechen, denn sie haßt den mit ihr gleichaltrigen Schwiegersohn. Schade nur, denkt die Marquise, daß ihre Tochter Marie an einen Musiker geraten ist und nicht wegen eines Fürsten ihren alternden Mann hat sitzen lassen.

Die beiden Flüchtlinge ahnen mehr als daß sie wissen, was in Paris vor sich geht. Genf bietet den Flüchtigen einen angenehmen Aufenthalt. Die Schweizer sind von Natur aus zurückhaltend.

Trotzdem erregen Marie und Franz Aufsehen; die außerordentlich schöne Frau und der ebenfalls ungewöhnlich aussehende Künstler, die ursprünglich wegen ihres ähnlichen Betragens und Aussehens für Geschwister gehalten werden. In der Stadt der strengen Kalvinisten folgen dem Paar, das ganz ohne Papier, ohne jeglichen gültigen Segen für ihre enge Beziehung gekommen ist, argwöhnische und mißtrauische Blicke. Ihre 'Gewissensehe' mochte wohl unter den gottlosen Papisten in Paris für etwas gelten, hier aber wird so etwas nur als ehebrecherisch und glaubenslos angesehen. Nicht nur die Aristokratie hat ihre ungeschriebenen Gesetze, auch die Kleinbürger haben ihren Stolz und sind eingebildet auf ihre Moral, die ihre feste Burg ist.

Herr Liszt und Comtesse d'Agoult aber lassen sich nichts nachsagen, sie entrichten pünktlich ihre Miete, ja sie zahlen sogar ein Jahr im voraus; außerdem läßt Marie den Hausleuten allerlei Aufmerksamkeiten zukommen.

Liszt sieht sich in Genf nach Schülern um. Als kleinen Triumph über die moralische Engstirnigkeit kann er verbuchen, daß er dem Genfer Conservatoire einen Ehrenbesuch abstatten darf. Der ganze Lehrkörper versammelt sich und hofiert ihm, dem Bonaparte des Klaviers. Damit ist das Eis gebrochen.

Franz teilt mit, er würde gerne am Conservatoire unterrichten, und zwar die Fortgeschrittenen und die begabten Zöglinge unentgeltlich. Diese vornehme Geste macht ihn aber auch wieder verdächtig: Einer, der umsonst unterrichtet, zieht den Wert des Geldes in Zweifel, den Wert jeder geistigen und moralischen Position. Könnte er nicht auch andere eiserne Gesetze der Gesellschaft in Zweifel ziehen?

DIE LAGE DER KÜNSTLER

Die Tage der Einsamkeit, der Zurückgezogenheit sind vorbei. Es wird schon als selbstverständlich hingenommen, daß Franz am Arm seiner überaus schönen Lebensgefährtin durch die Straßen von Genf spaziert. Hermann Cohen aus Hamburg, aus dem später ein Karmeliter-Pater wird, und der schon in Genf lebende Pierre Wolf sind die ersten Bekannten.

Liszt stellt Gehilfen ein für den Unterricht. Er schreibt den derzeitigen Tagesablauf seiner Mutter: "Früher als um

9 Uhr in der Früh stehen wir nicht auf, und unser Tag ist bis 11 Uhr abends voll ausgefüllt. Der Vormittag gehört dem Conservatoire und der Methodik, ja, meiner Kunst. Nach dem Mittagessen lese ich, spiele Klavier, mache Besuche und arbeite an Artikeln. Abends schreibe ich Briefe oder ich ruhe mich aus. "

Die Arbeit wird mit Begeisterung fortgesetzt. Liszt nimmt es auf sich, eine Klavierschule vorzubereiten und diese auf eigene Kosten drucken zu lassen. Die drei 'jungen Leute' bringen ganz Genf in Bewegung. Wolf bleibt jedoch nicht lange, er will nach Rußland gehen.

Liszt ist von unerschöpflichem Lerneifer erfüllt, vor allem, was die Lektüre betrifft. Er bittet seine Mutter, ihm sämtliche Werke von Bossuet und Fénelon zu schicken, die Schriften von Bernardin de Saint-Pierre und die von Augustinus, Shakespeare und Byron, die französischen Moralisten und Belletristen, Bücher von Montaigne, Chateaubriand, natürlich auch von Victor Hugo und Lamartine.

Bei Marie entdeckt Franz einen neuen Zug: Sie wird eifersüchtig. Dieses Gefühl von ihr wird durch die stürmisch anwachsende Schar der Schüler und Schülerinnen gesteigert. Eines Tages trifft Chopins Liebling ein, die Gräfin Maria Potocka - unberechenbar sind die Wege der Kunst und der Liebe - mit der Bitte, Franz solle sie unterrichten. Es taucht die ewig wandernde Familie Belgiojoso auf, die noch immer gefährlich schöne Fürstin und ihre beiden Brüder, die vorzügliche Singstimmen haben und den Gesang auch berufsmäßig betreiben. Es taucht Mademoiselle Musset, die Schwester des Dichters auf. Der junge Klavierkünstler und die verliebte Frau träumen von einem stillen Leben und fühlen sich plötzlich von einem ähnlichen Rummel umgeben wie in Paris.

Es kommen nicht nur die Schüler, auch Gelehrte und Schriftsteller werden von Liszt angezogen. Aus dem Freundeskreis hebt sich der Gelehrte Adolphe Pictet, Philolog und Orientalist, hervor, der sich mit keltischen und orientalischen Sprachen beschäftigt. Ein Mann von langsamer

Sprechweise, ein trockener und ein wohlüberlegter Mann. Er wartet, bis an seinem Denken, wie an einer Angel, die Wunder hängen bleiben. Pictet ist ein leidenschaftlicher Wanderer, der im Jura herumsteigt und Franz oft mitnimmt.

Wenn sie an einen schönen Bergrücken gelehnt sitzen und betrachten, wie das Wolkendickicht unter ihnen sich allmählich auflöst, bringt es die alte Stadt auf einmal so nahe, als könnten sie sie mit der Hand greifen. Der Kirchturm blinkt, auf dem Wasser gleitet eine Barke, die einer Messerklinge ähnlich in die sanftschaukelnde Seide des Wassers schneidet.

In der stillen Luft des Gebirges fühlt Franz ein Klopfen, das schwach, aber immer stärker in ihm erwacht, das Gefühl des Schöpfers. Die neue Umgebung der Stadt Calvins und Rousseaus, die Wunder des Genfer Sees unter dem Alpen-Panorama, das Volksleben, die Freiheit und freie Luft, all das gibt genügend Nährstoff für romantische Naturschwärmerei. Die in den fünf Vierteljahren entstandenen Klavierstücke, das *Album d'un voyageur*, die später in einer anderen Kombination in die *Années de pèlerinage* eingehen, schöpfen ihre Substanz aus diesen starken Eindrücken. Die Titel bestätigen das: *Chappelle de Guillaume Tell, Au lac de Wallenstadt, Vallée d'Obermann, Les cloches de Genève.*

Liszt findet zu sich selbst. Von nun an sucht er neue Ausdrucksmittel, er wünscht, eine neue Klavierkunst zu schaffen. Der Bonaparte des Klaviers, der die virtuose Kunst Paganinis, die Farbenpracht von Berlioz und die geflüsterten Geständnisse Chopins im Blut hat und Häßliches und Schönes, Großartiges und Erbärmliches zu einer einzigen Hostie vermischen kann, probiert jetzt etwas anderes aus, das durchsichtiger, heller, schmuckloser und aufrichtiger scheint. Es ist etwas, wovon es ihm selbst kalt über den Rücken läuft: "Kann ich das?" oder richtiger "Wage ich das?"

Die Lebensordnung ist wieder festgefügt. Der Unterricht verschafft Franz Freunde und noch mehr Bekannte. Er schließt Freundschaft mit James Fazy, der als Emigrant in Paris gelebt hat. In seiner Geburtsstadt Genf hat Fazy nun einen Lehrstuhl an der Universität, einen Posten als Redakteur und eine führende Stellung unter den links gerichteten Politikern der Stadt. Franz besucht fast jede seiner Vorlesungen. Deshalb schlägt Fazy ihm vor, sich an der Universität einzuschreiben, um auch die übrigen wertvollen Vorträge anhören zu können. Die philosophischen von Denis, aber auch die von Candolle, dem Botaniker, der außerdem noch Rechtswissenschaft lehrt und als höchster Patron der Wissenschaft der Stadt gilt. Er ist Präsident der Société des Arts und empfiehlt Franz, sich auch in Geschichte und Volkswirtschaft umzuhören bei Sismondi. Sismondi, schon weit über 60, aber leidenschaftlich am modernen Europa interessiert, nimmt noch ganz rüstig am gesellschaftlichen Leben teil und begleitet seine Freunde Pictet und Liszt auf den Bergausflügen. Dieser außerordentliche Mann schätzt und fördert viele neue Interessen in Liszt.

Aber mehr noch ist Franz von Denis angezogen, der ihm Schellings Philosophie und deren kunsthistorische Kapitel nahebringt. Liszt findet darin plötzlich eigene Gedanken wieder: *"Wir verurteilen jede Entwicklung zum Tode, wenn wir das Neue mit den Maßstäben vergangener Zeiten messen..."*

Franz kann sich entfalten, kann hier regelrecht aufblühen. Er hat Anteil an der Musik, an universitärer Bildung und an gesellschaftlichen Ereignissen. Allmählich wird er zum Mittelpunkt eines Kreises, in dem auch noch der Zauber der Weiblichkeit seine Fähigkeit zur Unterhaltung anstachelt. "Liszt ist ein musikalischer Dämon, ein Talma in den Augenblicken seines Aufflammens" schreibt in der Zeit Valérie Boissier, eine seiner Schülerinnen und Anbeterinnen.

Marie dagegen wird immer schwerfälliger, launischer und reizbarer. Franz braucht ihr gegenüber eine unendliche Geduld und läßt sie nicht allein, im Gegenteil, er zieht sie immer mehr zu seinen Arbeiten heran. Er schreibt die in

Paris begonnene Reihe von Artikeln weiter, z. B. den noch unvollendeten Aufsatz *Die Methode des Klavierspiels*. Die erste Kritikerin der jetzt zu Papier gebrachten Teile der Arbeit ist Marie. Sie erklärt, sie könne das Geschriebene nicht verstehen.

Eine Aufsatzfolge bringt die *Gazette musicale de Paris* zwischen Mai und August 1835: *Die Lage der Künstler*. Es ist ein Zyklus, der aus sechs Teilen besteht. Liszt weist auf die traurige Lage der Musik und der Musiker sowie auf die Schwierigkeiten der künstlerischen Institutionen in Frankreich hin: *"Ich weiß nicht, welches unglückliche Verhältnis die Künstler dazu verurteilt hat, sich außerhalb der Gesellschaft durchzuschlagen und sie der heiligen Rechte der Ehre und Wertschätzung beraubt hat. Ihre bloße Existenz hängt von der Gnade oder Ungnade, aber auch von ihrer Person ab"*, schreibt er.

Liszts kompositorische Tätigkeit hört auch in dieser Zeit nicht auf, sie verstärkt sich im Gegenteil. Er schafft Transkriptionen aus italienischen und französischen Opern und Themen, mit sicherer Hand aufgebaute freie Phantasien auf Grund der Arbeiten von Halévy, Rossini, Meyerbeer und Pacini, romantische Phantasien, die er seiner Schülerin Valérie Boissier widmet. Zum erstenmal gibt er mit der Ausdruckskraft des Klaviers das Schubert-Lied *Die Rose* wieder.

Liszt findet noch die Zeit, während er an Studien von leidenschaftlichem Ton arbeitet, mit Marie Reisen zu unternehmen. Darüber heißt es in Maries Memoiren: "So vergingen zwei Monate. Während wir in wunderbaren Bergen herumreisten, haben wir keinen einzigen Brief bekommen... Am Wallenstädter See verweilten wir längere Zeit, Franz schrieb für mich ein Stück in melancholischem Ton - ich konnte es mir nie ohne Tränen anhören."

In der gleichen Zeit arbeitet Liszt auch an Opernphantasien und an der Transkription mehrerer Vokalwerke. In der zweiten Hälfte des Jahres beendet er die Phantasien über Themen der *Jüdin*, der *Niobe* sowie der *Lucia di Lammermoor*. Außerdem entstehen Rossini-Bearbeitungen.

Ende September wird es kalt, und das Liebespaar zieht nach Genf zurück. Liszt wartet immer noch mit stets neuen Überraschungen auf. Er gibt am 3. Oktober ein Konzert zugunsten der Initiative der Fürstin Belgiojoso, die italienische Revolutionäre unterstützt. Er tritt an dem Abend mit ihren beiden sangesbegabten Brüdern auf. Das Konzert hat einen Riesenerfolg. Zur größten Verwunderung aller nimmt Liszt auch diesmal keinen Groschen an. Die braven, fleißigen Genfer sind nicht traurig.

Als Liszt endlich ein selbständiges Konzert ankündigt und hohen Eintritt verlangt, folgt eine kleinliche, schadenfrohe Rache: Die Kleinbürger einer Großstadt strafen die Schüler von Saint-Simon, Lamennais, Sismondi, Fazy und Denis. Sie boykottieren das Konzert. Franz, der in seinem Leben schon viele Prüfungen bestanden hat, legt jetzt seine Prüfung in Selbstdisziplin und künstlerischer Ehre ab. Er läßt seine wichtigen Zuhörer nicht im Stich, spielt vor dem dünnbesetzten Haus unbeirrt sein Programm mit Werken von Beethoven, Weber, Berlioz und Chopin und auch eigenen musikalischen Reiseerlebnissen. Er wird von dem Glücksfieber der Freiheit erfüllt. Ein als Leitvogel an der Spitze fliegender Kranich hat wohl so ein Gefühl, wenn er über seine Flügel zurückblickt und sieht, daß die Schar weit, unendlich weit hinter ihm zurückgeblieben ist.

In einem Brief an George Sand schreibt er: "Wieviel hätten Sie gelacht, wenn Sie die gelben Plakate gesehen hätten, auf denen unsere Namen standen... Die ansehnliche Gruppe der Gaffer wurde angezogen, die rasch erfahren wollte, mit welchem Recht und welchem Vorwand dieser Mann fünf Francs von ihnen zu fordern wagt, während sie seit undenklichen Zeiten die für sie nötige große Portion der Harmonien für drei oder noch weniger Franken hatten beschaffen können, um einen Abend angenehm zu verbringen und sich dann ohne jeden Ausdruck von Angst zur Ruhe zu legen."

Aus Paris kommen ungute Nachrichten. Die Familie Flavigny verweigert den Flüchtlingen jegliche Hilfe. Damit ist nicht nur eine moralische Blamage, sondern auch eine vollständige materielle Entrechtung erreicht. Die Vornehmen von Paris, die erst die romantische Geschichte der Frau, die sich nur um ihr eigenes Recht gekümmert hat und mit ihrem Geliebten vor dem Leben des Alltags geflohen ist, beweint haben, denken jetzt, wo es um materielle Unterstützung geht, mit Entrüstung an das Paar: "Für sie ist kein Platz mehr unter der Sonne, zumindest nicht unter dem Pariser Himmel."

Die engen Freunde bleiben nicht weg, zeigen sich weder untätig noch treulos. Die Sand meldet sich, aber noch vor ihr tun es Berlioz und Schlesinger und auch Pianin Janin. Letzgenannter ist der Redakteur der *Gazette musicale*, der Liszts Artikel über die Lage der Künstler drucken läßt.

Franz schreibt seinen Aufsatz, zum Schluß erschrickt er selbst vor seinen mutigen Worten. Marie darf den Artikel sorgfältig durchlesen, macht ihre kritischen Anmerkungen und gibt Franz schließlich den Rat, es sei besser, nicht in so ein Wespennest zu stechen. Aber Franz kommt gar nicht darum herum. Selbst die friedlichsten Themen bergen noch Zündstoff.

Franz entschließt sich zum Druck. Seine Kriegserklärung erregt großes Aufsehen. Er blickt nämlich Jahrhunderte voraus. *"Ein Künstler steht heutzutage außerhalb der Gesellschaft, denn der dichterische, das heißt der religiöse Effekt ist aus dem modernen Leben verschwunden. Eine soziale Kunst gibt es nicht mehr, oder sie ist noch gar nicht geboren. Wer ist denn jetzt ihre Umgebung? Bildhauer? Nein, keine Bildwerke schaffende, sondern Bildwerke produzierende Handwerker. Maler? Auch nicht. Reine Anstreicher. Musiker? Auch keine Musiker. Es gibt ja nur Musikfabrikanten. Alles Handwerker. All diese bereiten nur bittere Qual denjenigen, die als richtige Jünger der Kunst stolz und unabhängig geboren wurden. Der echte Künstler findet sich von den Kunstfabrikanten umgeben, von Handwerkern, die für die vom Massengeschmack angesteckten und ungebildeten Reichen phantasieren und ihnen ihre Fä-*

higkeiten widmen. Der echte Künstler ist schließlich dazu gezwungen, als Bruder des Handwerkers einen Platz einzunehmen. Sie müssen zur Kenntnis nehmen, daß die Massen sie alle gleichstellen, und daß die begabten Künstler mit derselben simplen Hochachtung und stumpfen Bewunderung bedacht werden. "

Das Echo ist nicht gerade günstig. Das verwundert auch nicht bei einem Inhalt, der vernichtend ist für die gesellschaftliche, politische, materielle und moralische Position des Künstlers denen gegenüber, die sich wie Könige vorkommen, Königinnen besitzen und vom königlichen Einkommen leben. Über Liszt wird gespöttelt. Seine Kunst wird genausowenig geschont wie sein Privatleben und seine Schriften. Diese Kritik verfolgt ihn sein Leben lang, ja sogar über seinen Tod hinaus. Selbst in unserem Jahrhundert hört man noch die Kritik; niemand nimmt sich die Mühe, über ihn nachzudenken. Es ist besser und bequemer, die vorgekaute Meinung zu kopieren.

Franz fühlt, daß mit seinen Schriften irgendetwas nicht stimmt. Den Fehler kann er nur bei sich selbst suchen. Heute wissen wir, daß ein großer Teil von Liszts früheren Schriften von Marie stammt. Die letzten sind allerdings zweifellos von seiner Hand. Marie hat für sich ein Betätigungsfeld gesucht und es in der Mitsprache bei Franzens Schriften gefunden.

Am 11. Oktober 1835 erscheint der sechste Teil von Liszts Artikelserie, in dem er nach einem Ausweg sucht und einen Arbeitsplan ausarbeitet. Dazu schreibt er: *"Sämtliche Musiker, alle, die von einer großen und starken künstlerischen Kraft durchdrungen sind, rufen wir auf, sich in einer gemeinsamen Organisation zu vereinigen, in einer brüderlichen Verbindung, einer heiligen. Sie sollten einen allgemeinen Weltbund gründen, der sich zum Ziel setzt:*

1. die Musik auf dem Weg hochstrebender Ziele und unbegrenzter Entwicklung in Gang zu setzen, sie zu ermutigen und zu erneuern,

2. dadurch wird die Lage und das Schicksal der Künstler gehoben, denn die Mißhandlungen und Ungerechtigkeiten werden abgeschafft und die nötigen Verfügungen im Interesse ihrer Anerkennung in die Welt gesetzt.

Zu diesem Zwecke fordern wir, sie sollen

a) alle fünf Jahre Versammlungen der Kirchenmusik, der dramatischen und symphonischen Musik veranstalten und sollten die als beste beurteilten Stücke einen Monat lang im Louvre aufführen. Diese sollte dann die Regierung erwerben und auf eigene Kosten veröffentlichen. Anders gesagt: wir fordern ein neues Museum, es soll ein musikalisches Museum gegründet werden.

b) Der Musikunterricht soll in den Volksschulen eingeführt werden, er soll auf andere Schulen ausgebreitet, und im Zusammenhang damit soll eine neue Kirchenmusik ins Leben gerufen werden.

c) Die Orchester sollen neu organisiert und der Chorgesang in sämtlichen Pariser und auch in den Provinzkirchen verbessert werden.

d) Ähnlich zu England und zu Deutschland sollen auch hier große musikalische Feiern veranstaltet und Versammlungen der Philharmonischen Gesellschaften feierlich veranstaltet werden.

e) Ein Opernhaus soll geschaffen werden, in dem Konzerte und Kammermusikvorführungen stattfinden (im Einklang mit unserem früheren Artikel, den wir über das Conservatoire geschrieben haben).

f) Unabhängig vom Conservatoire sollen musikalische Fortbildungsstätten gegründet werden, die von hervorragendsten Künstlern geleitet werden, und diese sollen in größeren Städten des Landes verbreitet werden.

g) Es soll ein Lehrstuhl für Musikgeschichte und -philosophie errichtet werden.

h) Die besten Werke von der Musik der Renaissance bis zu unseren Tagen, mit einem Wort, die älteren und die neueren Musikkompositionen sollen in billigen Ausgaben allen zugänglich werden.

Diese Ausgabe, die nach und nach in historischer Reihen-
folge vom Volkslied bis zur Chorsymphonie Beethovens die
ganze Entwicklung der Musik umfassen sollte, könnte den
Titel 'Pantheon der Musik' führen. Die daran anschließen-
den Biographien, Abhandlungen, Erklärungen und Erläu-
terungen sollen mit den anschließenden Texten zusammen
eine echte musikalische Enzyklopädie bilden."

Paris macht sich über die Vorschläge Liszts lustig, die Regierung schweigt. Die guten Freunde, die Schicksalsge-
fährten, sind begeistert: Endlich jemand, der die Lage der
Künstler und der Kunst vor die Weltöffentlichkeit gebracht
hat. Die billigen Musikfabrikanten, deren Werke nicht einmal einen Sommer überleben, sind wütend. Das gemeine
Volk nimmt überhaupt keine Kenntnis von dieser Anregung und weiß vielleicht nicht einmal, daß es eine echte
Musikkunst gibt. Der Redakteur der *Gazette musicale* in
Paris hat das Gefühl, daß die Blätter seiner Zeitung zu glühen beginnen.

Einen musikphilosophischen und einen musikhistorischen Lehrstuhl an die Universität?! Die Orchester, die
philharmonischen Vereine, die Gesangschöre und die Kör-
perschaften der Musikliebhaber sollen genauso Jahresver-
sammlungen abhalten wie die industriellen und kommer-
ziellen Vereinigungen?! Sie sollen darüber debattieren, wo
sie sich geirrt haben und wo sie richtig vorgegangen sind?!
Die Demokratie der Musikgemeinschaft soll geschaffen
werden?!

Liszt demonstriert mit diesen aufgeworfenen Fragen und
Forderungen den zum stolzen Selbstbewußtsein erwachten Künstler. Er entwickelt die Fragestellung weiter. Er unterscheidet die Musiker nach Kategorien, nach den *vortra-*
genden, den *schöpferischen* und den *lehrenden* Künstlern.
Mit viel Zynismus schlägt er auch noch die Einführung
einer vierten Unterabteilung vor: die der Musikkritiker.
Was er darüber schreibt, ist bissig und schneidend: *"Da*
aber unsere gelehrten Herren und Richter der Kritik - mit
Ausnahme einiger ehrenwerter und kenntnisreicher Män-

ner - es nicht der Mühe wert halten, sich etwas mehr als die sieben Töne der Tonleiter anzueignen, habe ich Bedenken, daß ich ihnen als unhöflich erscheine und sie nur darum nicht zu den einfachen Musikern zähle, weil diese Herren zweifellos höheren Zielen zustreben."

Sooft er auch die Übelstände sachlich untersucht, enthebt er die Künstler genausowenig wie die Gesellschaft oder die Regierung der Verantwortung. Unter dem Eindruck der Tatsache, daß Hofmusiker wie unnütze Diener aus Einsparungsgründen davongejagt wurden, stellt Franz energisch die Frage: *"Was soll ein Berlioz anfangen? Was soll der Künstler tun, der angefeuert ist von hohen Ideen, große Werke schaffen will, die von niemandem und von keiner Gesellschaft aufgeführt werden? 'Die Antwort ist einfach', werden die Gefragten sagen. 'Sie sollen Romanzen schreiben, Liederchen und Potpourris, oder was noch besser wäre, sie sollten Galoppaden schreiben und Kontratänze über die volkstümlichen Motive neuer Opern!'"*

Mit einer deftigen Portion Selbstverhöhnung und Sarkasmus läßt er die großes Aufsehen erregenden Schlagerverfasser hochleben: *"Es lebe Musard! Es lebe Tolbecque! Laßt die Herren und ihre geistigen Verwandten hochleben! Die sind die Louis Philippes, die Rothschilds der Musik!"* Ohne die Hoffnung aufzugeben führt Liszt voller Optimismus den Kampf weiter. Er beruft sich auf die liberalen Prinzipien der freien Rede, das Recht auf Forschung und Meinungsäußerung bezüglich seiner Ideen, die von einem tiefen Verantwortungsbewußtsein getragen sind. "Den Liszt der vergangenen Jahre haben wir alle gekannt, aber der heutige Liszt hat den alten weit hinter sich gelassen. Er hat außerordentliche Flügel ausgebreitet, die ihr nicht kennt", so äußert sich Berlioz über die Aktivitäten seines Freundes.

In den Tagen der fieberhaften Tätigkeit hat Liszt Marie, die werdende Mutter, nicht vergessen. Als man ihm mitteilt, die Geburt habe eingesetzt, rennt er nach Hause. Er wird vom Arzt und der Hebamme sanft, aber entschieden aus dem Zimmer gewiesen. In seiner Ungeduld läßt er Freunde rufen. Allein kann er es nicht aushalten.

Am 18. Dezember 1835, einem Freitag, abends um 22.00 Uhr wird Maries und Franzens erstes Kind geboren: Blandine. Diesen Namen hatten sie sich schon vor langer Zeit ausgesucht. Franz ist der Name aus Lyon bekannt, die heilige Blandine ist die Schutzpatronin der Stadt. Franz kann schließlich dankbar an Maries Lager eilen, ihre Hand und auch ihr bleiches Gesicht küssen.

In der aufgeräumten Schweizer Vorweihnachtsstimmung rauschen die Damen an und sagen alles, was man einer jungen Mutter bei solchen Gelegenheiten wünscht. Marie kann aber soviel Wohltat kaum ertragen, nachdem sie soviel Boykott hat aushalten müssen.

Am 21. Dezember nachmittags um zwei Uhr unterschreibt Liszt im Beisein des bürgerlichen Beamten Golay die Geburtsurkunde, die nicht der lauteren Wahrheit entspricht. Liszt ändert wissentlich den Familien- und Taufnamen, den Geburtsort und das Alter der Marie. Im Matrikel stehen zum Beispiel mehr erfundene Märchen als in einem romantischen Roman der George Sand. Denn die Mutter des neugeborenen Kindes heißt auf einmal Katherine-Adélaide Méran. Die Genfer Angaben bewahren bis zum heutigen Tag diesen Namen als den der Mutter des ersten Kindes von Franz.

Zur Zeit von Blandines Geburt soll Marie 24 Jahre alt sein? Auch dieses Datum ist weit von der Wirklichkeit entfernt, denn Marie zählte schon 30 Lenze. Der Wahrheit entspricht dagegen ganz, daß der Vater des Kindes Franz Liszt heißt, 24 Jahre alt ist, in Ungarn geboren wurde und in Genf wohnt. Als Beruf gibt er Musiklehrer an. Diese nicht wahrheitsgemäßen Angaben bestätigen als Zeugen bereitwillig die beiden Komponisten Pierre Etienne Wolf und James Fazy.

Liszt ist wirklich und aufrichtig glücklich über das Kind und widmet sein erstes Lied der neugeborenen Tochter: *Les cloches de Genève* (auf den Text von Cesare Bocelle geschrieben) hat als Untertitel *Angiolin del biondo crin* (Engelchen mit blondem Haar). Das schöne Lied zeugt davon, daß Liszt die Vaterschaft mit Freuden angenommen hat und von dem Engelchen mit dem goldenen Haar von Anfang an entzückt gewesen ist.

Die Lieder mit ihrer neuen Form- und Harmoniewelt, vor allem die *Années de pèlerinage,* greifen laut Béla Bartok einigen Wagner-Kompositionen vor. *Tristan und Isolde,* ein spätes Werk von Wagner, zeigt überraschende Ähnlichkeiten zu Liszts Klavierstück *Vallée d'Obermann,* das eigentlich ein Jugendstück ist. Die folgenden Zeilen sind Original-Bartok: *"Es war seine Entdeckung, er verkündete die Neuigkeit und schmiedete sie und ließ sie von seinen Schülern spielen. Außerdem heißt es bei ihm, daß er mit den Wanderjahren eine Epoche eröffnete, nicht zum 19., sondern zum 20. Jahrhundert, denn auch diese späte Musik geht von hier aus. Liszt ist die Vollendung der romantischen Musik und legt den Grund für die Moderne. Er schließt eine Epoche ab und eröffnet eine neue."*

So beglückend auch sein Selbstbewußtsein als frischgebackener Vater ist, kann der alte Franz Liszt doch nicht von einem Augenblick zum anderen verschwinden. Stetigkeit und Häuslichkeit kehren nicht ein. Er ist ein ewiger Wanderer, der nirgends zuhause ist, überall nur ein Zelt aufschlägt, nie ein Haus für sich baut. Nur hat er neuerdings auch eine schriftstellerische Laufbahn eingeschlagen.

Lamartine, einer der größten französischen Dichter, drückt sogar sein Bedauern über die allzu große musikalische Begabung Liszts aus. Wenn er die nicht hätte, könnte er sich der Schriftstellerei widmen, wozu er, wie Lamartine sagt, mehr Begabung habe als er selbst. Liszts veröffentlichter schrifstellerischer Nachlaß macht heute mehr als zwanzig dicke Bände aus. Sein Genre ist der Aufsatz in Briefform.

Wer die in der *Gazette musicale* erschienenen Titel von Liszt liest, wird überrascht feststellen, daß er mehr als hundert Jahre seiner Zeit voraus war. Er stellt in den 30er Jahren des vorigen Jahrhunderts Forderungen, die zum Teil heute noch nicht verwirklicht sind.

Einen seiner interessantesten Briefe richtet er an Heine, den deutschen Dichter, der als Emigrant in Paris lebt. Dieser antwortet Liszt und schreibt mit dem von ihm gewohnten Zynismus über die Ideale, die Liszts Begeisterung ständig wachhalten. Heine, als eingefleischter Pessimist, schätzt nicht nur Ideale gering, sondern auch den an diese glaubenden Liszt. Franz ist großzügig genug, sich nicht nur selbst, sondern auch seinen Angreifer in Schutz zu nehmen.

In der Antwort, die er an Heine richtet, heißt es: "Nicht wahr, mein Freund, wir beide gehören nicht zu den gleichgültigen Egoisten, zu deren großer Schar, die nur mit geschlossenem Herzen und Verstand ausschließlich für ihren Mund und Magen leben?"

Liszt unterhält eine ständige Korrespondenz mit George Sand, eingedenk der glücklichen, heiteren Tage in Paris. Er redet sie immer als 'Mein lieber Freund' an, ohne daran zu denken, daß die Angesprochene eine Frau ist.

Wenn er schreibt, bleibt er immer bescheiden, aber seine Bescheidenheit ist keine Pose, sondern die Offenbarung einer unendlich sanften Seele. Das beweisen die von ihm stammenden Briefe, die nach seinem Tode veröffentlicht worden sind.

Marie und Franz zerbrechen sich auch ständig darüber den Kopf, wen wohl die Frau des Jahrhunderts als nächsten auf ihre Stecknadel pieken wird. Sie kommen überein, Chopin weiterhin als Kandidaten zu nominieren. Franz ist um den polnischen Freund besorgt und stellt Sand zur Rede, die ihrem Charakter entsprechend Franz folgende Antwort gibt: "Er kann so entzückend husten, daß in einem der schlafende Krankenwärter wach wird. Er ist so schön, so gut wie ein Engel auf einem Altarbild. Ich bin nicht so wie er, ich bin eher ein Teufel. Allein er kann mich erlösen. Ich weiß, daß ich als eine Schlechte, als Bösartige geboren bin, aber ich möchte gut sein, und er ist derjenige, der aus mir eine Gute machen könnte. Es ist eine größere Sache, aus jemandem das Gute herauszuentwickeln als Gutes zu tun!"

Liszt antwortet darauf mit Besorgnis: "Engel und Teufel, Weihrauch und Schwefel, wie gehören diese Dinge zusammen?" Aber er schreibt umsonst. Wenn George Sand sich einmal etwas in den Kopf gesetzt hat, kann keine Macht der Hölle sie davon abbringen.

THALBERG

Im Jahre 1836 geht ein neuer Stern am Musikhimmel in Paris auf: Sigismund Thalberg. Der junge Wiener Pianovirtuose erobert mit seinen Konzerten die französische Hauptstadt. Die sensationsgierige Presse stellt ihn bereits als den besten Klavierspieler der Welt dar. Thalberg ist schon dank seiner Abstammung eine Berühmtheit. Er ist der natürliche Sohn des Fürsten Ditrichstein und einer vornehmen Aristokratin. Seine großartigen Verbindungen lassen ihn auf dem glatten Pariser Parkett nicht ausgleiten. Liszt erfährt von Thalberg erst durch die Pariser Presse; auch im Freundeskreis wird dessen Name immer öfter erwähnt als der neue Stern, das neue Wunder.

Franz Liszt lacht über das Wunder im Bewußtsein seiner titanischen Kraft. Wer könnte schon den Weg in die himmlischen Höhen des Klavierspiels zurücklegen, die er, Liszt, bewältigt hat?

Er schreibt an seine Mutter: "Ich möchte mit Thalberg bekannt werden. Die Werke, die ich von ihm gesehen habe, sind leidlich. Das Lob, das ihm die Presse schenkt, interessiert mich nicht." Genauso sollte übrigens auch der norwegische Violinvirtuose Ole Bull den Geiger der Unerreichbarkeit, Paganini, in den Schatten stellen.

Die Tiraden der Presse nehmen kein Ende. Die Journalisten schreiben im Ton der trunkenen Bezauberung. Thalberg sei von neuer Art elegant, er kenne keine technischen oder musikalischen Schwierigkeiten, was er treibe, sei kein Klavierspiel mehr, er vollführe Wunder auf dem Instrument, entführe seine Zuhörer in eine Märchenwelt und beschenke sie mit dem seltensten künstlerischen Geschenk, mit der ungebrochenen reinen Harmonie. Die namenlosen kleinen Kritzler, die erfolglosen, unbekannten Nullen, die nichts können als eine Feder führen, piesaken mit dieser Waffe jetzt Liszt. Bisher haben sie ihm nichts antun können, jetzt lassen sie aber ihre Stimme ertönen. Jetzt ist die Gelegenheit zur Rache gegeben.

Jahrelang hat in Paris ein Pianist gelebt; Ruhm, Geld und Liebe sind ihm von allen Seiten zugefallen, Frauen der Aristokratie haben ihn verwöhnt, nun ist sein Platz von einem anderen besetzt. Liszt wird unruhig. François Joseph Fétis, der Musikhistoriker belgischer Abstammung, dessen Vorträge Liszt mit Chopin zusammen gehört hat, Direktor des Brüsseler Konservatoriums, erklärt Thalberg zum epochalen Genie. Fétis, der die musikalischen Erscheinungen aus historischer Höhe verfolgt, beweist dieses Mal wenig Scharfsinn: Er stellt Thalberg über Liszt und ruft ihn zum neuen musikalischen Wunder aus.

Die *Gazette musicale* ergibt sich. Sie kann nicht anders; es ist nicht möglich, sich der ganzen Welt zu widersetzen. Es sieht so aus, als würde Thalberg alle Vorgänge aus dem allgemeinen Bewußtsein streichen.

Franz Liszt gibt sich der Selbstprüfung hin. Ist es möglich, daß er, der seit 15 Jahren sich dazu vorbereitet, im Klavierspiel etwas völlig Ungeahntes hervorzubringen, das würdig des neuen Jahrhunderts ist, während er mit Lamennais stritt und von Paganini die Fabeln auslieh, während er, geführt von Pictet, eine neue Welt entdeckte, mit Goethe sich bekannt machte, kann es sein, daß während er, Liszt, eine neue Kunstart, die des musikalischen Tagebuchs schuf und sich damit abmühte, das Klavier zu einem Wunderinstrument hervorzuheben, das teuflisch virtuos die tiefsten menschlichen Töne von sich gibt, ist es möglich,

daß während dieser Zeit jemand aus dem Dunkel der Un-
bekanntheit hervortritt und den ganzen qualvollen Weg
der Entdeckung für überflüssig erklärt? Ist all das möglich?

Inzwischen liest Liszt von einem gesellschaftlichen Ereignis: Am 7. Mai hat Carolyne Iwanowska die Ehe mit
dem Fürsten Sayn-Wittgenstein geschlossen. Die Nachrichten aus der Gesellschaft, die Klatschgeschichten, berühren ihn jedoch nicht.

Marie benimmt sich heldenhaft. Sie bringt den Vorschlag: "Fahre nach Paris und höre dir Thalberg an." Bevor
Liszt in Paris eintrifft, hat Thalberg die Stadt schon verlassen. Franz besucht seine Freunde, vor allem Berlioz. Die
einzige und erste Frage lautet: Was hältst du von Thalberg?
Hector macht keine Umstände, er sagt offen seine Meinung: "Ich liebe die Pianisten nicht und habe vielleicht
deshalb nicht Klavierspielen gelernt. Ich liebe die Musiker" - und er läßt ein bei ihm seltenes Lächeln aufblitzen -
"Ich liebe die Musiker... Burschen, wie du einer bist, mein
Freund Franz!" Liszt fühlt sich tief gerührt von dem aufrichtigen Geständnis des alten Freundes.

Er besucht auch Chopin. Der polnische Künstler ist elegant geworden. Er ist ausgesucht vornehm, hat die Höf-
linge hinter sich: Herzog Radziwill, Fontana, Plater und die
Potockis sind alle die alten Freunde, Protektoren und Verehrer. Nur Chopin ist nicht mehr der Alte. Er atmet etwas
mühsam, als wäre er gerade gelaufen, seine Augen strahlen fieberhaft, die Haut an seinen Schläfen ist so durchsich-
tig, daß man das Netz der Adern sieht wie auf einem anato-
mischen Atlas.

Chopin empfängt Liszt jedoch auffallend herzlich. Franz
geht gleich zum Thema über. "Laß mich hören, wer und
was dieser Thalberg ist. Du bist der einzige, der hier ein
richtiges Urteil abgeben kann." Chopin antwortet ohne zu
säumen: "Er ist ein vorzüglicher Pianist, ich habe ihn wiederholte Male gehört, bin auch bekannt geworden mit ihm;
er hat eine prima Kinderstube. Er ist höflich, etwas zurückhaltend und spricht wenig."

Franz fällt ihm in die Rede: "Sprich mir von seinem Klavierspiel. Ist er ein besserer Pianist als ich es bin?" Chopin: "Oh, davon kann keine Rede sein. Aus mir spricht jetzt nicht der Freund, sondern der Klavierspieler. Er spielt haargenau, aber was er treibt, ist immer nur Klavierspiel. Du, Franz, bist hundertmal soviel wert wie er."

Liszt bricht in Tränen und Lachen aus, so daß Chopin ihn fragt: "Was ist mit dir los, bist du verrückt geworden?" Franz fühlt sich befreit. Chopins Antwort hat ihm seine alte Eitelkeit und Überzeugung zurückgegeben. Franz fragt weiter: "Aber die Kritiker schreiben von einer neuen Spielart." Chopin: "Er kann alles, was erlernbar ist. Seine Spielart ist bei alldem noch ziemlich naiv. Mit einer Hand untermalt er dichte Passagen und mit der anderen markiert er stark die Melodie." Er setzt sich sofort ans Klavier und führt Thalbergs Spielart vor. "Diese Art zu spielen macht ihn sehr populär."

Franz: "Es gibt schon eine ungeduldige Thalberg-Partei, der wir nicht gut genug sind. Wir müssen uns bewähren, du wirst dich doch nicht unterkriegen lassen!"

Dann unterhalten sie sich noch lange, spielen sich noch gegenseitig ihre Kompositionen vor. Franz verläßt Chopin erholt und erleichtert. Fontana begleitet Franz hinaus und klärt ihn über das leidvolle Schicksal Chopins auf. "Wir glaubten zuerst, das Pariser Leben und die Atmosphäre haben Chopins Nerven angegriffen. Dann vermuteten wir, es habe etwas mit dem Herzen zu tun. Jetzt hat man seine Krankheit endgültig festgestellt. Er hat eine schwache Lunge. Er muß Paris verlassen. Er kann keine weiteren Konzerte mehr geben, es ist aus mit ihm. Er wird wohl leider auch mit dem Unterricht aufhören müssen."

Franz schlägt den Weg zu Erards ein. Der junge Erard bietet jede Unterstützung an, die sein Vater, wäre er noch am Leben, Franz hätte zukommen lassen. Der Erard-Salon steht Franz Liszt jederzeit zur Verfügung, ohne jede Gegenleistung.

Während seines Pariser Aufenthaltes tritt Liszt zweimal

auf. Einmal bei Erard, wo er sein Konzert ohne das allgemeine Publikum spielt. Er lädt nur seine Freunde Janin, Schlesinger, Berlioz und d'Ortigue ein, den Musikschriftsteller, auf den ihn der Abbé Lamennais aufmerksam gemacht hat. Der Abbé wird auch zugegen sein und, wenn er dem Prinzip 'audiatur et altera pars' zugeneigt ist, auch Fétis, der Advokat Thalbergs.

Vor dem Beginn des Konzerts, das als eine geschlossene Veranstaltung angekündigt ist, umstehen zahllose Wagen das Erard-Palais. Nahezu 500 Personen bitten oder fordern mit Drohen, Geld, Grobheiten und Ministerempfehlungsschreiben vor den zu Tode erschreckten Portiers Einlaß. Erard selbst eilt zum Tor; er ist hilflos der Menge gegenüber, die eindringen will. Die Besucher sind alle aus dem Faubourg Saint-Germain, vor denen Meister Erard das Knie beugen muß.

Er kann nicht anders, er muß die Tore aufschließen, und eilt sogleich zu Franz, um ihm die neue Situation mitzuteilen. Aus dem geschlossenen Konzert ist eine Massenveranstaltung geworden. Franz könnte die Angelegnheit leicht erledigen, er muß nur Mantel und Hut nehmen und erklären: "Ich spiele nicht."

In wenigen Augenblicken hat er die Bedeutung der Situation durchschaut und seinen Entschluß gefaßt: "Ich spiele Beethoven Op. 106, die *Hammerklavier-Sonate.*"

Franz wirft dem Publikum, das ihn gering schätzt, die übermenschlichen Akkorde des Titans Beethoven hin. Ein dantescher Abstieg in eine Unterwelt, die Paris nicht kennt und nicht kennenlernen will. Das ist der düstere, ungezierte Abgrund, wo nur diejenigen hinkommen, die mit den schwersten Sorgen des Lebens kämpfen, und wenn sie diese niedergerungen haben, kein glückliches Lächeln, sondern den Tränenschleier aufsetzen.

Allegro; doch ist das ein Allegro von der Art, wie wenn ein Riese die Höllentore mit dem Hammer bearbeiten würde. Dann das *Apassionato con molto sentimento.* Freilich wäre es gut für die Zuhörerschaft, wenn sie statt des

Sentimento irgendeinen sentimentalen Ton zu hören bekäme. Aber während des Niedergangs kann man keine 'Sentiments' äußern. Das Riesengewölbe der dreifachen Fuge voller Pulsschläge, Zuckungen, Fragen, abgerissener rätselhafter Antworten spannt sich über das Publikum; lauter musikalische Spekulationen, komplizierte Meistergriffe, die aus der glühenden Tiefe einer leidenschaftlichen Seele kommen.

Und mehr als 500 Menschen drängeln sich im erweiterten Erard-Saal, alle wissen und fühlen es, daß sie Augenzeugen einer großen Bewährungsprobe sind. Ein junger Mann sitzt am Flügel, dem alles gegeben ist: Eleganz, Überlegenheit, imponierendes Können. Doch dieser junge Mann verzichtet auf billige Effekte! Er spielt die *Hammerklavier-Sonate,* er will keinen Eindruck schinden, sondern mit innerlichem, beinahe fieberhaftem Erleben das Publikum mit den himmelstürmenden und die Hölle aufwühlenden Akkorden des 'Meisters' überschütten.

Das Konzert muß wiederholt werden. Franz gibt nach dringenden Bitten das zweite Konzert im Pleyel-Saal. Die seltene Auszeichnung einer Unterschrift von ihm auf der persönlichen Einladung soll Eintritt gewähren. Doch wieder findet sich eine phantastisch große Menge ein. Wieder sind es die nähesten Ministersekretäre, Aristokraten, weltberühmte Schauspieler, Halbweltdamen, die ihn umwirbeln.

Liszt verzichtet auch diesmal auf die Jagd nach Volkstümlichkeiten, auf den Erfolg um jeden Preis. Sein Programm besteht wieder aus Beethoven und eigenen Werken, und natürlich aus Ehrenbezeugungen den großen Zeitgenossen gegenüber: Weber, Berlioz, Meyerbeer und natürlich Chopin. Der Erfolg ist stürmisch.

Die Menschen gehen glücklich nach Hause, um sich, wie man zu sagen pflegt, auszuschlafen nach dem großen Erlebnis, damit sie am nächsten Tag wieder nüchtern den weniger Glücklichen mitteilen können: "Ja, ja, sehr originell, sehr sonderbar, das gewählte Programm zeugt für einen

Sonderling. Na ja, Thalberg ist was anderes. Der ist feiner, vornehmer. Natürlich ist Liszt außerordentlich begabt, aber er ist richtiggehend verwildert während der ihm aufgezwungenen Verbannung."

Die Pressekampagne hält weiter an. Liszt schreibt jetzt schon weniger tolerant über Thalberg, nicht über den Pianisten, sondern über den Komponisten. Thalbergs Werke hält er für schwach, sogar für minderwertig. Die Höflichkeiten, die die Presse Thalberg erweist, empören ihn geradezu; er erträgt es nicht, wenn Thalberg höher eingeschätzt wird als Chopin. Es verdrießt ihn, daß die gefälligen, aber völlig auf technische Bravour aufgebauten Stücke von Thalberg über die wunderbaren Werke von Chopin gestellt werden.

Liszt verteidigt nicht sich selbst, sondern die Kunst Chopins, was die meisten Biographen vergessen haben. Obgleich es ihm zur Ehre gereicht, daß er selbst die Beschuldigung des Neids auf sich nimmt für die Gerechtigkeit, die wahre Kunst.

Chopins Schüler halten ihn in Paris fest. Er redet sich ein, daß diese Begegnungen wichtig sind für seine künstlerische und schriftstellerische Geltung. In Wirklichkeit empfindet er eine starke Sehnsucht nach den Menschen, die ihm nahestehen. Was er in Genf nur in einem Vortrag von 10 Minuten erklären kann, kann er mit einem Augenzwinkern verständlich machen, mit einer spaßhaft betonten Silbe erledigen.

Er wird auch von Gewissensbissen geplagt und schreibt deswegen oft an die in Genf Zurückgelassenen, vor allem an Marie: "Paris, Mai 1836. Ich habe mit Musset zu Mittag gegessen. Der ist aufrichtig und hat schicklich über unsere Angelegenheit gesprochen. Ich habe ihn eingeladen; er kommt im Sommer zu uns, und ich habe ihm versprochen, daß ich ihn mit Ihnen bekannt mache." "Paris, Mitte Mai. Ich war mit Lamartine zusammen, und er stellte mir die aufrichtige Frage, wie soll es nun weitergehen? Ich gab ihm die Antwort: 'Ich habe mein Leben einer einzigen Person gewidmet, der Kunst.'"

Nach diesen zwiespältigen Liebesgeständnissen macht er einen glücklichen Besuch in Yard, wo er sich mit George Sand unterhält. Er spielt gern mit den Kindern Solange und Maurice. Er hört in der Sorbonne Miczkiewicz zu, der fieberhafte, von prophetischem Wahn durchsetzte Vorträge hält.

Paris ist noch immer ein Wespennest. Argumente und Gegenargumente prallen unvermindert aufeinander. Die Geduld von Berlioz geht zu Ende. Am 12. Juli würdigt er in der *Gazette musicale* Liszt. Daß sich Berlioz soweit für ihn einsetzt, ist geradezu rührend.

Am Ende seines Aufsatzes analysiert er den oben erwähnten Auftritt Liszts, bei dem dieser die *Hammerklavier-Sonate* von Beethoven vorgetragen hat, jene erhabene Dichtung, die bis zu diesem Tag ein Sphinxrätsel war für alle Klavierspieler. Der neue Ödipus Liszt löste das Rätsel glänzend. Wenn der Komponist im Grab noch hätte zuhören können, wäre er von Stolz und Schauer überwältigt worden. Die ideale Ausführung des wunderbaren Werks, das bisher als unaufführbar zählte. Dadurch, daß Liszt eigentlich das bis zum heutigen Tag unverstandene Meisterwerk verstanden hatte, dadurch erwies er sich als der Pianist der Zukunft.

Franz hatte nicht die Absicht, länger als ein paar Tage in Paris zu verbringen. Seine Ausgaben, geschäftlichen Angelegenheiten, Verhandlungen über das nächste Konzert rauben aber viel Zeit. Dann trifft er sich mit Meyerbeer, dem er verspricht, daß er dessen neue Oper, *Die Hugenotten,* sich anhören wird.

Er schreibt also einen Brief an Marie, der mit Entschuldigungen und Ausreden gepflastert ist. In Wirklichkeit bleibt er gern in Paris, das ihn wie ein Magnet anzieht. Die volle Wahrheit ist, daß ihn die Fürstin Belgiojoso zurückhält. Die schöne Christine becirct ihn, und Franz weilt gern in der Nähe dieser wunderbaren Frau, bis das eintrifft, was in so einer erregenden Situation eintreffen muß.

Danach kehrt Franz mit wahrem Schuldgefühl über

seine Untreue zu Marie nach Genf zurück. Die alte Liebe ist jedoch etwas verblaßt. Nach der ersten Begegnung bricht zwischen den beiden der Sturm aus. Es dauert Tage, bis wieder Frieden in das Heim einkehrt. Ihr Gefühl füreinander blüht wieder auf, wenn auch nicht mehr mit der alten Glut, aber doch mit ruhigem Glimmen.

Marie gibt von ihrer kalten Starre einiges auf und lenkt sich mit dem Gedanken ab, daß die Sand und ihre Kinder sie besuchen werden. Sie vertritt das Prinzip: Wenn wir nicht in Paris sein können, dann soll wenigstens Paris zu uns kommen.

Es folgen fröhliche und ausgelassene Tage, die bei den braven Genfer Spießbürgern Befremden auslösen und bei den englischen Touristen eine gewisse Empörung.

Zwischendurch platzt die Nachricht hinein, Thalberg sei wieder in Paris. Die Begegnung ist also unvermeidlich. Franz muß demnach zu Beginn der Saison in Paris sein. Liszt setzt in Genf einstweilen seine Arbeit fort, beendet den Zyklus *Années de pèlerinage* und schreibt eine Phantasie über die *Hugenotten*. Zugleich macht er sich an Berlioz' *Harold-Symphonie* heran und schreibt eine Klaviertranskription zur Overtüre von *König Lear*, in der er massive Orchesterwirkungen erreicht.

Im Sommer machen Franz und Marie mehrere Ausflüge in die entzückendsten Gegenden der Schweiz. Im Herbst kommt George Sand an, und sie machen einen gemeinsamen Ausflug nach Chamonix am Fuße des Mont Blanc. Sand verewigt die heiteren Tage in den *Lettres d'un Chamonoix*.

Sie machen eine Rundfahrt nach Fribourg, wo sie in die Saint Nicolas Kathedrale gehen. Liszt setzt sich an die berühmte Orgel und beginnt zu spielen. Dazu schreibt George Sand: *"Es ging auf den Abend zu und es regnete. Die gothischen Gewölbe verloren sich im Halbdunkel. Aus der Höhe tönten die düsteren Klänge des 'Dies Irae' aus Mozarts Requiem, von Liszt gespielt. Es machte den Eindruck, daß der große Künstler die ganze dantesche Hölle und das*

Purgatorium unter die schlanken, blaß rosa und grau geäderten Spitzbogen zauberte. Wir hörten ihm durchgeistigt und gerührt zu. Auch Liszt selbst spielte durchgeistigt und tief erschüttert. Sein Geist drückte seine Gefühle genau aus. Das florentinische Profil von Franz zeichnete sich noch nie so scharf ab, bleich und rein in die Wolken der mystischen Schauer und religiösen Trauer."

George Sand bleibt bis Mitte Oktober bei Liszt zu Gast. Die Heiterkeit und Ruhe inspirieren Franz wieder zur Arbeit. Er schreibt sein *Rondeau phantastique* auf das Lied *El Contra-bandista* (Der Schmuggler) von Manuel Garcia. Dieses spielt er an einem Herbstabend Sand vor, die davon derart ergriffen wird, daß sie unter dem Einfluß eine romantische Novelle schreibt. Sand nimmt Abschied und verläßt Genf, Marie und Franz nur schweren Herzens. Die Anhänglichkeit bricht nicht ab infolge der Entfernung. Liszt wechselt oft Briefe mit Sand, und diese befördert die interessantesten davon sogleich an Janin weiter.

Am 6. Dezember erscheint in der *Gazette musicale* Liszts Brief an Sand: Lettre d'un voyageur à George Sand. *"Es ist meine feste Überzeugung, daß Kunstschöpfungen eine gewisse Philosophie und Kritik besitzen, die niemand besser ausüben kann als der Künstler selbst... Der Künstler ... weiß ja besser als sämtliche Kritiker der Welt, an welchem Punkt er einen Fehler begeht..."*

Mut zeugt Mut. Es wird klar ausgeprochen, daß der wahre Kritiker des Werkes der Künstler selbst ist. Sodann macht Franz sich an eine Operation, von der zu befürchten ist, daß nicht der Kranke, sondern der Arzt stirbt. Franz analysiert seinen Gegner Thalberg. Er zerlegt dessen Phantasien, vor denen die ganze Welt das Knie beugt, mit außerordentlichem Mut. Franz ist bereit, als Pianist um den ersten Rang auf dem Podium mit seinem Gegner zu kämpfen. Aber die Streitigkeiten in der Presse nehmen ihm die gute Laune. Nicht wegen seiner eigenen Werke, sondern wegen der von Chopin.

Liszt wird total mißverstanden, auch von seinen späteren

Biographen, denn sie sehen in den Angriffen auf Thalbergs Kompositionen einen Schönheitsfehler in Liszts Charakter. Es ist eine historische Tatsache, daß Liszt nicht Thalberg, den virtuosen Pianisten angriff, sondern Thalberg, den minderwertigen Komponisten, den man widerrechtlich über Chopin hinaushob. (Was ist von Thalbergs Werken übrig geblieben? Von wem und wo werden sie gespielt?) Zugegeben, daß Franz streng in seinem Urteil ist, wenn er schreibt: *"Seine Kompositionen erreichen nicht einmal Mittelmaß."*

Anfang Dezember fährt Liszt endlich nach Paris und zeigt sich am 18. des Monats mit Berlioz zusammen dem Publikum. Auf dem Programm steht eine Phantasie über die Themen von Berlioz' *Lelio* und eine Phantasie aus Pacinis Oper *Niobe*. Der Saal ist gesteckt voll. Viele Schwärmer können nicht kommen, weil die Logenmieter vom Faubourg Saint-Germain sie aus dem Saal verdrängt haben.

Liszt wird mit eisiger Stille empfangen, nur das zarte Rauschen der Fächer ist zu hören, dieses sonderbare Sausen, das an die Stimme einer angriffslustigen Riesenschlange erinnert. Man hört Türen zuschlagen, ein unbestimmbares Geräusch; die Gesichter sind teilnahmslos, die Atmosphäre verspricht nichts Gutes. Die offen zur Schau gestellte Langeweile dominiert zumindest die erste Viertelstunde von Liszts Konzert.

Franz beugt sich über das Klavier, er fällt fast darüber hin, dann denkt er glücklich daran, daß Marie nicht da ist; sie könnte vielleicht diese unmenschliche Spannung nicht ertragen.

Franz Liszt weiß, daß er seine Via Dolorosa vor sich hat. Entweder siegt er, oder er wird ans Kreuz geschlagen. Er lauert auf Hectors Kommandostab und schlägt mit elementarer Kraft auf die Tasten. Er fühlt, daß in ihm sich eine krampfhafte Spannung löst. Jetzt ist er im Reich der Musik, in seinem Lebenselement. Er spielt geradezu übermenschlich. Er füllt das beseeligende, freie Spiel mit Rhythmus. Franz fühlt, es ist nicht mehr Hector, der die Leitung hat, sondern er selbst, der das ganze Musikerheer mit sich reißt. Der Applaus ist unsicher. Die Menschen blicken sich an. Wenn die Enthusiasten der Musik anwesend wären, wäre der Kampf schon entschieden. Aber hier sind vornehmlich die Damen und Seladons vom Faubourg Saint-Germain, die den Künstler nicht zu Fall bringen können, aber auch keinen richtigen Erfolg durchdringen lassen wollen.

Es erklingt die *Niobe*-Phantasie. Vorhin musizierte ein Orchester von hundert Musikanten, jetzt spielt ein einziges Klavier. Da müssen auch schon die vornehmen Damen und Seladons aufhorchen. Das sich selbst überlassene Instrument zitiert nicht das ganze Orchester, sondern läßt es geradezu vergessen. Sonderbar ist so ein Flügel, in dem sich Dämonen verbergen. Einmal klingt er, als tönten Trompeten aus ihm, das andere Mal hört man das einschmeichelnde Singen des Cellos, dann wiederum den Donner der Pauken, und schließlich bezaubert die Geige mit ihren Pizzicatos das Publikum. Darauf müssen die Herren und Damen den Atem anhalten, so sehr, daß einer inmitten der Hochspannung, wahrscheinlich aus purer Aufregung, zu klatschen beginnt und das ganze Publikum in den Applaus hineinreißt. Nun zeigen die Herrschaften vom Faubourg Saint-Germain dieselbe Begeisterung wie vor ein paar Jahren.

Ein Sieg, einer, den man nicht oft wiederholen kann, denn sonst müßte die kräftigste Persönlichkeit zusammenbrechen. Da beschließt Liszt, längere Zeit in Paris zu bleiben und mehr Konzerte zu geben.

Aber die Thalberg-Verherrlichung hält sich. Jedes kleine Mädchen, das Klavier spielen kann, spielt ein Stück von Thalberg, und jede Musikzeitung bringt ein Lob auf ihn. Dasselbe tun die Kritiker, die obendrein Thalberg Liszt unter die Nase reiben. Aber nicht etwa, daß sie den Pianisten Liszt angegriffen hätten, sie schmähen offen oder verhüllt den Komponisten Liszt. Der schärfste Angreifer ist Fétis, der oberste Kritiker.

Liszt kauft sich sämtliche Noten von Thalberg, spielt jedes Stück, analysiert und studiert sie. Ihm ist das alles unverständlich. Entweder hat er oder die Welt den Verstand verloren. Diese süßlichen, siruppartigen, beim ersten Hören zweifellos gefälligen Werke sollen die neue Musik bedeuten? Was ist dann der Sinn, was ist dann der Wert der tollkühnen Musik von Berlioz? Was ist der Wert von Chopin mit seinen vollkommen ausgefeilten Stücken?

"Meine Freundschaft mit Ihnen verpflichtet mich dazu, aufrichtig mit Ihnen zu reden. Sie sind ein großer Künstler, ein außerordentliches Talent. Sie können jede Technik kunstvoll überwinden. Das System, das Sie von anderen geerbt haben, haben Sie vollkommen ausgefeilt, aber Ihr Spiel hat keinen neuen Gedanken gegeben. Sie sind Abkömmling einer Schule, die schon ausgedient und nichts mehr zu sagen hat. Sie haben etwas mit einem Dach versehen, was schon nicht mehr wirklich da war. Aber der Mensch der neuen Schule sind Sie nicht. Der ist Thalberg, und das ist der wesentliche Unterschied zwischen Ihnen beiden", schreibt Fétis an Liszt. Franz weiß schon nicht mehr, was er tun soll. Im Zimmer des 'Hôtel de France' geht er stundenlang herum. Dann aber setzt er sich an den Schreibtisch.

Der kämpferische Geist läßt Liszt nicht ruhen: "Sie sind ein großer Professor, Ihre Einsatzbereitschaft ist tatsächlich unbegrenzt. Ihre Verdienste um die Kunst lassen sich nicht abstreiten. Und doch, mag Ihre Kunst noch so vollkommen erscheinen, kann sie doch nicht allgemein enzyklopädisch genug sein, auf keinen Fall kann Ihre Kunst das höchste Forum bedeuten; es steht Ihnen nicht zu, über die Kunst, über die Musik zu urteilen. Anders würde es sich verhalten, wenn Sie sich die Mühe genommen hätten, gewisse Werke geduldig durchzustudieren, die Sie, eigentlich könnte man sagen ungesehen, in Stücke gerissen haben. So konnten Sie natürlich kein gerechtes Urteil fällen. Und darum ist das, was Sie geleistet haben, Herr Professor, wertlos, oder nahezu wertlos."

Paris verfolgt die Presseschlacht bis zum äußersten. Am

2. Januar erscheint in der *Gazette musicale* die vollständige Kritik Liszts über Thalberg. Der Redakteuer der Zeitschrift, Maurice Schlesinger, bringt den Artiekl schon mit Vorbehalt.

Liszt schreibt: *"Es ist pure Unbeholfenheit und Eintönigkeit, was ich in den Werken von Herrn Thalberg finde. Wer das Urteil für ungerecht oder übertrieben hält, soll einen flüchtigen Blick auf die Phantasie von Herrn Thalberg werfen. Das ganze ist so locker gedruckt, daß man es leicht lesen kann, man gewinnt also prima vista den Eindruck, daß es völlig überflüssig ist, nach Gedanken zu jagen und zu spähen. Solange diese Musik gespielt wird, hat das Verständnis nichts dabei zu suchen. Eine angenehme Musik, bei der man nicht die geringste Überraschung erlebt. Nicht einmal den Schatten von etwas Neuem entdeckt man da, wenn man ihr zuhört. Mit entzückender Kürze wickelt sich ab, was den Eindruck machen könnte, der Grundgedanke des ganzen Werkes zu sein. Die Arpeggios und chromatischen Tonleitern füllen mit der größten Leichtigkeit ganze Seiten. Wie vollkommen einfach ist der ganze Versuch! Jeder Takt hat den gleichen Rhythmus und jeder Takt das gleiche Maß. Man könnte glauben, das ganze Werk sei von einer Maschine, die Composium genannt werden könnte, komponiert."* (Eine Maschinerie, die komponiert und improvisiert, und die im Jahre 1824 im Salon von Dietz ausgestellt war.)

Selbst dann, wenn Liszt eine Anerkennung aussprechen will, wirkt seine Feder kränkend: *"Zwei andere Werke, die besten von ihm, zeugen zweifellos von einem Vortragstalent. Sogar auch davon, daß der Komponist sehr gut mit den Werken von Hummel, Moscheles, Kalkbrenner, Herz und Chopin bekannt ist."* Da es sich um einen Kollegen handelt, wirkt die Kritik ziemlich geschmacklos und erregt großes Aufsehen. In der ganzen Musikwelt entsteht eine Rebellion. Selbst die guten Freunde nehmen Liszt den groben Angriff übel. Niemand teilt seine Meinung.

Das Geschriebene verwelkt schneller als die Blumen in

der Schale. Heute streitet noch ganz Paris darüber, und morgen macht man sich lächerlich, wenn man die Sache noch einmal erwähnt.

Vom 18. Januar an veranstaltet Liszt Kammermusik-abende in Paris mit zwei Freunden: Christian Urhan, dem französischen Violinkünstler, und Alexandre Batta, dem belgischen Cellisten. Liszt und seine Freunde setzen die Erziehung des Publikums unermüdlich fort. Überall, wo sich nur eine Gelegenheit dazu ergibt, tragen sie klassische Werke vor: Klaviertrios und einige Duo-Sonaten von Beethoven. Bei diesen Abenden erscheinen nicht die feinen Leute von Saint-Germain, sondern die wahren Musik-schwärmer.

Liszt gibt eine ganze Folge von Konzerten: Am 18. Januar, am 4. und 11. Februar und wieder am 18. desselben Monats. Eine Kunstgattung macht er wieder lebendig, die auf dem Podium der Weltstadt schon in Vergessenheit geraten ist, die Kammermusik. Alle schrillen Farben und selbstgefälliges Pathos müssen vermieden werden.

Thalberg hat ein Potpourri auf die dankbarsten Melodien von Beethoven im Programm, mischt ein sonderbares Getränk aus dem feinsten Wein. Liszt und seine zwei Gefährten spielen das Opus 70, das Opus 97 und das Opus 121, lauter Meisterwerke, die Liszt demütig vorträgt, die aber nicht 'reißerisch' sind. Die Schankwirte des Musikmarktes dagegen bieten die billige, aber betörende Ware an, die vom Publikum bis zur Trunkenheit verschlungen wird.

Franz und seine Freunde setzen die Musikabende fort. Am 12. Februar erscheint in der *Gazette musicale* die erste Folge von Liszts *Lettres d'un bachelier de musique*.

Plötzlich verbreitet sich die Nachricht, Thalberg sei da! Franz holt tief Atem, wie ein Löwe, wenn er den Jäger, der ihn verfolgt, erblickt. Fétis veröffentlicht einen offenen Brief in der *Gazette musicale,* in dem er die Argumente von Liszt abschwächen will. Angeblich reagiert Liszt auf die 'unbegründeten Angriffe' mit heftigem und nervösem Temperament, aber zum Schluß verzeiht Fétis ihm großmütig. Franz gibt darauf keine weitere Antwort; damit endet das Presseduell.

Am 12. März 1837 ist quasi alle Welt anwesend im Théâtre des Italiens, wo Thalbergs Konzert stattfindet. Franz zieht sich in eine Loge zurück. Er beobachtet den österreichischen Künstler und auch sich selbst. Ob Neid und Eifersucht nicht sein Urteil beeinflussen? Nein! Er beobachtet den Künstler mit aller Ruhe.

Thalberg tritt auf das Podium nicht wie ein Klavierkünstler, sondern so, als ob er der bevollmächtigte Minister der österreich-ungarischen Monarchie wäre. An seinem Frack hängt eine Vielzahl von Medaillen. Sein Backenbart ist sorgfältig gepflegt. Thalberg hält sich gerade, etwas steif, bleibt neben dem Klavier stehen, macht sich zum Empfang der Verehrung bereit, verneigt sich dann ein bißchen dem Publikum zu, und hat eine besondere Verbeugung für den Botschafter der Donaumonarchie. Diese wird übertroffen durch eine Verbeugung, die seiner Majestät Louis Philippe gilt.

Das Publikum tobt. Wem das Toben eigentlich gilt, ist eine Frage, die gar nicht so leicht zu beantworten ist. Möglich, daß man in erster Linie den König feiert, der glücklich aus den Wirren des Fieschi-Prozesses herausgekommen ist. Es ging um einen herabgekommenen, etwas verrückten italienischen Magnaten. Einige behaupten, er stamme aus Korsika und sei sogar mit Napoleon verwandt. Nun, dieser närrische Italiener wollte seine Majestät töten, der die italienischen und polnischen Patrioten im Stich gelassen hat. Seine Majestät, der Bürgerkönig, kann sich jetzt gnädig feiern lassen. Die Vornehmen von Saint-Germain jubeln zugleich dem bescheiden im Parkett sitzenden Staatsanwalt zu, der Fieschi und Gefährten, die den Mund hätten öffnen können, erstaunlich rasch zum Tode verurteilt hat.

Franz beobachtet mit jeder Nervenfaser das Spiel, die Technik, die Persönlichkeit seines Rivalen. Thalberg spielt tatsächlich wunderbar Klavier, die Töne rollen einzeln, wie

Perlen, es gibt keine Maschinerie, die die Vollkommenheit dieser Läufe nachmachen kann. Thalberg hat die gleiche Haltung am Klavier wie ein geübter Herrenreiter im Sattel, der die Zügel hält. Zwischendurch läßt er die Peitsche knallen, ohne dabei den Körper zu rühren. Er spielt elegant, ohne Kraftanstrengung, makellos rein, und das gilt für die erste Nummer sowohl wie für die zweite und dritte. Für Franz ist diese Präzision schon ermüdend. Das Publikum begeistert sich.

Thalberg läßt, obwohl es nicht auf dem Programm steht, die berühmte Beethoven-Phantasie erklingen. Franz fühlt sich, als hätte er einen elektrischen Schlag bekommen nach den ersten Akkorden. Der Österreicher spielt die Melodien des alten Titanen glatt, flott, elegant und fehlerlos, herausgeputzt durch alberne Äußerlichkeiten, die der Meister verachtet, und die lächerlich sind. Für Franz ist der Becher zum Überlaufen voll. Er erhebt sich, verläßt die Loge und geht rasch die Treppe hinunter. Das Konzert trägt Thalberg einen Riesenerfolg ein.

Chopin meint nach dem Spiel: "Thalberg ist ein vorzüglicher Pianist, aber er ist nicht mein Mann. Er spielt die Fortes und die Pianos mit dem Pedal und nicht mit der Hand. Außerdem trägt er diamantene Hemdenknöpfe!"

Das Pariser Publikum wartet aufgeregt auf Liszt, wartet darauf, was folgen wird, wenn sich die beiden Konkurrenten gegenüberstehen. Das wird ein wirklich klassisches Amusement werden! Der Kampf der Gladiatoren auf Leben und Tod, und natürlich wird Caesar mit dem Daumen nach unten zeigen: 'Tötet den Elenden! Nicht darum, weil wir ihm böse sind oder auf einen Skandal erpicht; wir sind gar nicht böse, wir kennen keinen Groll. Aber das Volk braucht prickelnde Unterhaltung!'

Paris kann schnell vergessen. Die Affaire Marie und Franz ist schon kein Thema mehr, das ist schon überholt. Es ist also nicht eine moralische Entrüstung, die das Urteil spricht, sondern das Schwungrad im Lauf der großen Welt. Im Duell tötet jemand oder er wird getötet. Soll dieser ungarische Zigeuner, dem bis jetzt alles gelungen ist, seinen Weg gehen. Er wird sich hoffentlich selbst in die Falle bringen, so klingt es in den Köpfen der Pariser.

Eine Woche später, am 19. März 1837, gibt es die erste direkte Vergleichsmöglichkeit zwischen Thalberg und Liszt. Franz nimmt an diesem Konzert seine ganze Kraft zusammen, um so zu spielen wie noch nie. Er trägt die *Niobe-Phantasie* und das *f-moll Konzert* von Weber vor. Den authentischen Bericht über das Konzert gibt Legouvé:

"Da das Publikum Gelegenheit hatte, die beiden Künstler miteinander zu hören, ist der Streit noch nicht beendet. Es waren jedenfalls zwei völlig verschiedene Persönlichkeiten am Werk. Liszt saß mit durchgeistigtem Gesicht am Flügel, warf seine langen Haare unaufhörlich nach hinten, hatte ein siegreiches Lächeln um die Lippen, seine Augen leuchteten, das bleiche Gesicht war gerötet von innerem Feuer. Während er spielte, sammelte sich Elektrizität in der Luft, man glaubte den Donner zu hören und das Zischen der Blitze zu sehen. Dabei war etwas Komödienhaftes, etwas vom Ungar und vom Zigeuner. Thalbeg stellte genau das Gegenteil dar. Er kam vornehm, kalt, soviel wie geräuschlos auf das Podium, begrüßte das Publikum mit einer höflichen Verbeugung, setzte sich ruhig ans Klavier und bewahrte seine Ruhe bis zum Schluß."

Wer hat gesiegt und wer den Kampf verloren? Wem gehört der erste Rang? Liszt oder Thalberg? Legouvé selbst kann die Entscheidung des ersten Gefechts nicht bestimmen.

Sogleich nach dem Konzert schreibt Liszt an George Sand: *"Ich habe sechs Monate mit nutzlosem Kampf und fruchtlosen Versuchen zugebracht, habe mein Herz freiwillig den Aufregungen des gesellschaftlichen Lebens hingegeben und duldete von Stunde zu Stunde die Pein jener ewigen Mißverständnisse, die, wie mir scheint, noch lange Zeit zwischen Publikum und Künstler bestehen werden."* ... *"Man hat mir oft zum Vorwurf gemacht, ich hätte am wenigsten Grund zur Klage, denn ich hätte ja von Kindheit an*

zu jeder Zeit Erfolg gehabt, der meine Begabung übertraf,
sogar meine Erwartungen. Aber gerade der rauschende
Applaus hat mich überzeugt, daß der Erfolg vielmehr der
Laune der Mode, meinem Ruf, meinem tatkräftigen Vor-
trag gegolten hat als dem echten, tiefen Erlebnis!"

Der Kampf hält noch an, vorerst in ein- und demselben
Saal mit ein- und demselben Programm, anläßlich eines
Wohltätigkeitskonzerts der Fürstin Belgiojoso am 31. März
zugunsten der italienischen Emigranten. Der Preis eines
Billetts ist phantastisch hoch: 40 Francs.

Beide Künstler werden im übervollen Saal mit größtem
Enthusiasmus empfangen, und das Resultat bleibt unent-
schieden. Der Mitarbeiter der *Gazette musicale* behauptet,
die Zahl der Bravos war vollständig gleich verteilt zwischen
den beiden Künstlern, keineswegs kann behauptet werden, der eine hätte mehr Applaus bekommen als der andere! Aber das ist auch nicht wichtig, denn das zeugt doch
weder für den einen noch für den anderen. Damit bliebe
der Hausfrau der zweifelhafte Ruhm erhalten, mit einer
fahlen Geste die Frage zu entscheiden, die im römischen
Circus Maximus immer wieder gestellt worden ist: wer darf
am Leben bleiben?

Die Fürstin Belgiojoso ist von diesem Augenblick an die
unübertreffliche Schiedsrichterin im Zweikampf Liszt -
Thalberg. Von ihr erwartet man, ein neuerliches Treffen
der beiden unter Dach und Fach zu bringen. Die Fürstin
gibt von neuem einen Wohltätigkeitsabend, wieder zur
Unterstützung der italienischen Revolutionäre. Sie versammelt die obersten Hundert und lädt neuerlich Liszt und
Thalberg ein, aber auch den älteren Herz, Pixis, Chopin
und einen bescheidenen Gast, der in Paris für einige Stunden als Sensation gilt: Carl Czerny, der ursprünglich nur zu
Besuch zu seinem weltberühmten Schüler gekommen ist.
Jetzt umkreist jeder Herrn Czerny, jeder möchte irgendein
Geheimnis, irgendetwas Interessantes von ihm erfahren
über die Kindheit des 'großen Zigeuners'. Hat es Zeichen
gegeben, und wie waren diese, die das Wunder dieser er-

staunlichen Laufbahn voraussagten? Der Befragte gibt der übertriebenen Phantasie der Neugierigen kein Futter. "Er war ein fleißiges Kind, wohlerzogen. Sein armer Vater opferte für ihn nicht nur seine Laufbahn, sondern auch sein Leben..."

Der Abend bei der Fürstin Belgiojoso ist mehr als ein Konzert. An sechs Klavieren sitzen sechs Künstler: Chopin, Czerny, Herz, Liszt, Pixis und Thalberg. Sie spielen alle um die Wette den Marsch aus der Oper *Puritaner* von Bellini. Dieses gemeinsam geschriebene Werk erscheint später unter dem Titel *Hexameron,* und Liszt hat es oft in seinen Konzerten gespielt.

Hier, bei diesem sonderbaren Konzert muß entschieden werden, ob Liszt oder Thalberg der erste Rang gebührt. Beide Künstler spielen ihre eigene Variation, Liszt als letzter. Aber er spielt nicht nur seine eigene Variation, sondern zeigt mit einer Geste Thalbergs 'Methode', Czernys pedantisches Spiel, Chopins träumerische Farben, die überlegene Routine von Herz und Pixis, und gibt eine riesige Koda, die zur Hälfte über Bellinis Melodie hinauswächst.

Eine sonderbare, zum Nachdenken anregende Produktion. Liszt beweist, daß er alles kann, was Thalberg, Herz, Pixis oder Czerny wissen können, nur eben etwas besser, und er im Besitz von irgend etwas ist, was die anderen - vielleicht mit der Ausnahme von Chopin - niemals haben erreichen können.

Er hat ein Zeichen an der Stirne, das niemand in Zweifel ziehen kann, der ihn einmal aus der Nähe gesehen hat. Dieses Zeichen ist das heilige Stigma des begnadeten Künstlers, des wahren Genies!

Das Duell der Virtuosen geht an diesem 31. März 1837 in vollem Frieden, wie es für zwei vornehme Geister paßt, mit größter Loyalität zu Ende.

Am 30. April erscheint der Aufsatz *Der ewige Wanderer* von Liszt. Darin schreibt er: "*Charakteristisch für einen wahren Künstler ist, daß er sich - wo immer - für eine Stunde ein Zelt bauen kann, aber ein bleibendes Haus darf er nie-*

mals bauen. Er bleibt doch immer ein Fremder zwischen den Menschen, seine Heimat ist immer anderswo, was immer er tut, wohin immer er sich begibt, überall wird er sich im Exil fühlen. Der Künstler lebt einsam. Der Künstler hat niemlas Gefährten. Wenn ihn die Ereignisse, die Gesellschaft noch so verwöhnen, wird er in der Seele immer unbegreifliche Töne vernehmen, und eine unüberwindliche Einsamkeit fühlen, in der ihn keine menschliche Stimme je erreichen kann."

DIE KLEINE FAMILIE REIST

Am 1. Mai 1837 verläßt Liszt Paris, um auf das Gut Nohant in Berry zu fahren, zu Marie, zu Sand und zu Chopin. Der Weg nach Nohant führt über prächtige Landschaften, der Frühling ist in voller Blüte, die Obstbäume leuchten. Der Wagen fährt geräuschlos am Ufer des Indre.

Franz wird richtiggehend von einem Empfangskomitee begrüßt. Marie trägt die kleine Blandine im Arm, Sand führt die schlanke Solange, der trotzige Maurice und das unvermeidliche Fräulein Célestine geben das Geleit. Der große Maler Delacroix ist auch gerade da.

Das Gebäude ist ein kleines, unförmiges, altes Haus aus der Zeit Ludiwgs XVI., es prangt voller Blumen. Maries Zimmer ist im Erdgeschoß, im selben Raum steht auch das wunderbare Klavier von Liszt, das mit großen Kosten hierher gebracht worden ist.

In Nohant gewinnt Franz seine Ruhe wieder. Tagsüber spaziert er am Ufer des Indre, während er Dante, Shakespeare, Montaigne, Hugo und die deutschen Philosophen liest. Am Abend sitzt die Gesellschaft auf der von Gebüschen umgebenen Terrasse, und wenn in der Ferne das letzte Geräusch verstummt und die Natur sich selbst wieder findet, setzt sich Liszt ans Klavier.

In Franz erwachen die Erinnerungen an seine jüngste

Vergangenheit und stören sein Gewissen. Er hat Paris verlassen nach einem Gewissenskampf von fünf Monaten. Thalberg hat er überwunden, aber in seinem Innersten fühlt er sich geschlagen. Viel besser als er hat Thalberg während des ganzen Duells zurückhaltend, wohlerzogen und ruhig bleiben können.

Der heitere Himmel von Nohant wirkt aber heilsam und gibt Franz Ruhe und Vergessen. Er kann sich in dem heiteren, lustigen Kreis völlig erholen und wieder arbeiten, an Beethovens Symphonien, von denen er Transkriptionen macht wie vorher von Berlioz' Werken.

In Liszt wird auch der Gedanke nach einer neuen Studie reif: Zum Schutz des Klaviers. *"Das Klavier ist für mich, was dem Seemann sein Schiff, dem Araber sein Roß ist, und vielleicht noch mehr. Denn mein Klavier war bis jetzt ich selbst, der vertrauliche Beschützer meines Lebens, alles, was in meiner Jugend in den glühendsten Tagen in mir rumorte. Meine Leidenschaft brachte seine Saiten zum Vibrieren, seine Tasten gehorchten allen meinen Launen."*

Während Liszt beschäftigt ist, arbeitet George Sand an den *Mosaikstickerinnen*. Im Vorwort dieses Buches heißt es: *"Ich weiß nicht, warum, ich habe aber noch nichts mit solchem Vergnügen geschrieben wie dieses Buch."*

Nur einer wirft seinen hageren Schatten über diese sonnige und ausgelassene Zeit: Chopin. Er setzt sich nicht ans Klavier, sosehr man ihn auch darum bittet, ja geradezu anfleht. Chopin ist leider schon so schwach, daß er den stürmischen Fortschritt seiner Krankheit nicht mehr verbergen kann. Sand übt unendliche Geduld mit dem Kranken, ihre Kinder aber ziehen sich von ihm zurück. Nach einer ruhelosen Nacht muß aus Châtre ein Arzt geholt werden: Chopin fühlt sich schlecht. Der Arzt meint, man müsse den Kranken nach Paris bringen, Sand jedoch ist um den schwächlichen Menschen besorgt und will ihn in Nohant zurückhalten. Sie bringt das größte Opfer für ihn, das sie je für einen Mann gebracht hat, sie arbeitet nicht. Sie sitzt am Krankenbett, pflegt ihn, gibt ihm Umschläge, Nahrung und wäscht ihn wie ein unbeholfenes Kind.

Marie, die gesund ist, aber wieder von ihrer Eifersucht geplagt wird, gerät in Streit mit Sand. So wird beschlossen, daß sie und Franz vor der verabredeten Zeit verreisen. Sie können die Hausfrau in solchen schwierigen Zeiten nicht überlasten, und Sand hält die Reisewilligen nicht zurück.

Der Abschied ist kurz und mit einem charakteristischen Ausspruch von Sand gewürzt: "Man spricht viel Übles von mir. Ich fürchte, ich bin schlechter als mein Ruf. Trotzdem bitte ich euch, mich zu verteidigen. Gebt von mir bekannt, daß ich zu großem Mitleid fähig bin, und wer eines so großen Mitleids fähig ist, kann nicht wirklich schlecht sein!"

Es ergibt sich die Frage: Verreisen ja, aber wohin? Nach Genf hat überhaupt keinen Sinn, Paris wäre unmöglich, nach Italien zu fahren ist noch zu früh. So nimmt die kleine Familie zuerst ihren Weg nach Lyon. Es ist Ende Juli.

Nach der Ankunft schreibt Franz einen von Marie konzipierten Brief an den fernen, guten Freund Pictet: "Mein Freund, nachdem ich Berry verlassen hatte, wollte ich nach Lyon, und fand mich dort plötzlich unter so viel Leid, daß mein ganzes Gerechtigkeitsgefühl sich empörte. Was ist es für ein Zustand, mit verschränkten Armen zuzusehen, wie die ganze Einwohnerschaft gegen das Elend ankämpft, das Körper und Seele gleichermaßen aufreibt. Das Alter sehen ohne Rast, die Jugend ohne Hoffnung, die Kindheit ohne Freude! Alle sind sie in eine übel riechende Zelle gestopft, und wer keinen Platz hat, sich zur Ruhe zu legen, bereitet mit seinen elenden Händen die prächtige Seide, die teuren Stoffe, webt die herrlichen Materialien, hinter denen die verweichlichten Reichen ruhen, und wer keine Lappen hat, um seine Nacktheit zu bedecken, webt Goldbrokat zur Zierde einer Königin, und die Kinder, für die die Mutter niemals ein Lächeln hat, stehen gekrümmt vor den Webrahmen und verfolgen mit gelähmtem Blick die Arabesken, die unter den Fingern der Mutter entstehen, und die Blumen, die für die Großen der Erde als Kinderspielzeug dienen.

Achtzehn Jahrhunderte sind vergangen, seitdem Christus die menschliche Brüderschaft verkündete, aber seine Worte werden auch heute noch nicht besser verstanden wie damals." ... "Diejenigen, die das Schicksal der Nationen in Händen halten, vergessen, daß die Geduld nicht die Tugend der Massen ist. Die Masse, die lange gejammert hatte, schreit plötzlich auf, ganz fürchterlich!"

Am 3. August gibt Liszt ein Konzert in Lyon; der Erfolg ist kolossal. Bei Franz wird der Blick für die eigene Umgebung geschärft. Marie ist verschwenderisch, hat keinen Begriff davon, was die Dinge kosten. Das Quartier, die modischen Kleider, das Personal, die für die Vornehmen gegebenen Abendmahle, das alles verschlingt ein Vermögen.

Franz kündigt ein Wohltätigkeitskonzert an; er will für die Arbeiter schaffen. Was das für einen Tumult ergibt! Noch niemals hat eine solche Menge das Lyoner Theater erfüllt.

Franz beginnt in einer furchterregenden Stille zu spielen. Zuerst Chopin, dann Weber, Pacini, kurze Schweizer Melodien, Notizen aus den Wanderjahren und dann wiederum die blendenden *Transzendental-Etüden,* die den Künstler im vollen Glanz seiner technischen Vollkommenheit zeigen. Stürmischer Applaus. Zugaben werden gefordert, noch und noch. Nach dem Konzert begleiten viele aus dem Publikum ihn nach Hause und bleiben noch lange unter seinem Fenster stehen. Aber dennoch fühlt Liszt auch bei dieser menschlichen Wärme, wie heimatlos er ist.

Weil einige es gerne sähen, Liszt in ihrer Stadt zu behalten, wird ein Abend zu seinen Ehren veranstaltet. Zu diesem erscheint ein anderer gefeierter Gast: Nourrit. Es ist derselbe Nourrit, der als jugendlicher Sänger in der Oper von Liszt die Titelrolle gesungen hat. Ein freudiges Wiedersehen. Nourrit ist ein stiller, fast trauriger Mensch, der seinen Weltruhm wie ein enges, unbequemes Gewand trägt.

Man möchte ihn singen hören, aber Nourrit ist nicht geneigt. Franz hat einen Band Schubert-Lieder mitgebracht, diesen legt er vor Nourrit hin, der sich erst weigert, schließlich den Band doch durchblättert. Seine Augen bleiben bei dem Erlkönig haften. Er durchläuft die Noten schnell und sagt dann bedauernd: "Deutscher Text, ich kann damit leider nichts anfangen."

Das ist der große Augenblick für Marie. Während Liszt Klavier spielt, übersetzt sie den Erlkönig ins Französische, was ihr gut gelingt. Die erste Strophe des Erlkönigs auf Französisch ertönt. Großer Erfolg, ein Applaus, der nicht aufhören will. Daran haben drei Personen Anteil: der Sänger, der Begleiter und - Marie!

Sie möchte am liebsten die Fenster aufreißen, durch die Zimmer tanzen und es in die Welt hinausschreien: das bin ich, ich, das ist mein Werk! Ihre erste selbständige literarische Arbeit, die in ihr eine schon lange schlummernde Sehnsucht erweckt hat: schreiben, künstlerisch tätig sein, wie Sand.

In Lyon ist kein Bleiben für das junge Paar. Sie schlagen den Weg nach Italien ein. Die erste Station ist Chambéry, wohin der Dichter Lamartine Liszt eingeladen hat. Das Heim des großen Dichters ist jetzt schon sein eigenes Museum. Die Gäste fühlen sich hier nicht wohl, sie spüren einen Gruftgeruch. Also reisen sie gleich weiter.

Es geht über Genf nach Italien. Am 17. August kommen die unruhigen Wanderer am Lago Maggiore an und fahren weiter Richtung Mailand.

Ein bleibendes Andenken an diese Reise ist der Brief von Franz, den er an den französischen Schriftsteller Louis de Ronchaud richtet: "Du glaubst wohl, ich renne, mir den Dom anzusehen, das Museum, die Bibliothek? Ich denke nicht daran, nichts davon. Ich treibe mich herum auf den Straßen von Mailand, so wie ich auf den Pariser Boulevards herumgehen würde, und finde mich plötzlich, ohne zu wissen, wie das vor sich gegangen ist, der Scala gegenüber, vor der Tür von Ricordis Geschäft.

Weißt Du es, besser gesagt, Du weißt es nicht, weil Du niemals - Gott sei Dank - Sechzehntel-Akkorde geschrieben und verkauft hast, so kannst Du nicht wissen, daß

Ricordi einer der größten Musikverleger von Italien und jedenfalls einer der ersten in Europa ist. Und der Verleger ist der Statthalter der musikalischen Gesellschaft, er ist der 'Salus infirmorum' und das 'Refugium peccatorum' für den herumwandernden Musiker, wie ich einer bin.

Ich trete ein, setze mich ohne jede Einleitung an das offene Klavier und improvisiere ein Vorspiel: Das ist meine Art, die Visitenkarte vorzulegen. Ricordi ist da. Ich kenne ihn nicht, und er kennt mich nicht. Er hört mir zu und gerät in Feuer. Wie er mir später erzählte, hatte er noch nicht zu Mittag gegessen und war sehr hungrig. Die Begeisterung steigerte seinen Appetit. Er dachte an das Risotto, das auf ihn schon wartete. Während eines Orgelpunktes läuft er weg, sammelt Kraft und kehrt mit gesteigerter Sympathie zurück. Er sagt zu mir kein Wort, aber ich höre, wie er zu seinen Gehilfen sagt: 'Questo e Liszt o il diavolo.' (Dieser ist Liszt oder der Teufel).

Auf diese Verdächtigung hin erhebe ich mich, gehe hin zu Ricordi und nenne meinen Namen. Kaum fünf Minuten später (wie das möglich war, weiß ich nicht) stellt mir Ricordi sein Haus im Dorf Brianza zur Verfügung, seine Loge in der Scala, seine Kutsche, sein Pferd und die 1500 Partituren, die er besitzt.

Den Ruheort habe ich schon. Das kleine Sommerhaus heißt Bellagio, es steht unmittelbar am Ufer des Comer Sees. Ein kurzer Spaziergang, und die Stille ist schon vor den berühmten Platanen der Villa Melzi zu finden, oder neben dem kühlen Wasser des Sees, oder ich befinde mich in den Anlagen, dort, wo die berühmte Schöpfung des Bildhauers Bonelli steht. Geradezu versteckt stellt das Denkmal die Beatrice dar, die Pilgerin, die auf der Strecke zwischen Hölle und Purgatorium Dante erwartet, auf dem Weg ins Paradies."

Das Paar hat das Gefühl, nach Hause gefunden zu haben, doch es melden sich auch Sorgen. Sie haben schon lange keine Einnahmen gehabt. Da heißt es wieder Konzerte veranstalten und geben. Ricordi ist in seinem Element.

Viele haben schon die Frage gestellt, ob das Haus Ricordi schläft? Wie sonst ist es möglich, daß der größte Klavierkünstler der Welt sich untätig herumtreibt, und man noch nicht versucht hat, ihn auf das Podium zu bringen. Die Verhandlungen führt der Juniorchef der Firma, Tito Ricordi, ein richtiger Geschäftsmann und nebenbei auch ein ausgebildeter Komponist. Der Chef hat seine Bedenken. Italienische Klavierkunst gibt es nicht, und sie hat bis jetzt noch keinem gefehlt. Was einem Italiener gefällt, ist die Geige. Denkbar, daß das italienische Publikum der Scala an einem Abend den Rücken kehrt, wenn einer auftritt, der nichts anderes auf der Welt kann als Klavier spielen.

Liszt verewigt die Wochentage von Bellagio für Ronchaud in einem Brief: "Bisher habe ich im tiefsten Inkognito gelebt und es sehr genossen, obgleich ich mit allen Kräften ein Klavier prügelte, das fast um seine sämtlichen Saiten trauert. Niemandem ist es bis jetzt eingefallen, mir die geringste Aufmerksamkeit zu widmen, und in mir einen anderen Menschen zu vermuten, wie einen, der ein mit ziemlich kräftigen Knöcheln ausgestatteter Privatier ist. Aber heute bin ich auf dem Weg nach Hause dem Polizeikommissar begegnet, der mir die Ehrenbezeichnung darbrachte. Mein Hausherr interessiert sich besorgt darum, ob ich mit dem Abendessen zufrieden bin, und ob ich bemerkt habe, daß der Friseur namens Geronimo, während er mich rasierte, wichtigtuerischer den Seifenschaum mir ins Gesicht schmierte als man das gewöhnt ist. Bald habe ich das Rätsel gelöst. Ich las die Mailänder Zeitung und sah darin, daß mein Freund Ricordi, der die seine Schaufenster füllenden Partituren von mir verkaufen will, dem glücklichen Italien, das keine Ahnung davon hatte, wie glücklich es ist, zur Kenntnis bringt, daß ich 'Nel genere fantastico ed ispirato' - unvergleichlich sei."

Tito Ricordi führt das Konzert durch. Die Zeit bleibt nicht stehen, im Gegenteil, sie rast förmlich. Liszt bekommt unerwartet eine Einladung nach Genf, gerade zur richtigen Zeit. Seine Kasse ist ziemlich leer.

Am 3. Oktober spielt er ein Potpourri für vier Klaviere, zum Besten der italienischen Flüchtlinge, mit Pierre Wolf, Hermann Cohen und Bonoldi.

Der Herbst erweist sich als äußerst wichtig für die schöpferische Arbeit. Liszt komponiert Etüden und arbeitet am *Album d'un voyageur*. Außerdem übt und spielt er viel. Liszt ist 27 Jahre alt, ein junger Mann, hinter dem große Kämpfe und Kunststücke stehen, aber mindestens ebensoviele stehen ihm noch bevor. Jetzt nimmt er sich strenge Gesetze vor. Das Haus schläft noch, wenn er schon an seiner Arbeit sitzt.

Man glaubt von Liszt, er verstreue seine Musik ohne Skrupel. Ganz das Gegenteil wird jetzt versucht: Er feilt mit besonderem Eifer an seinen Werken, er will nicht mehr der große Improvisator sein, für den er gehalten wird. Jetzt überarbeitet er jeden Takt auf das Genaueste, er verbessert, verschönert den Bogen der Melodie und ruht nicht, bevor er die 'innere Musik' gefunden hat, die er nicht nur mit den Ohren, sondern auch mit dem Geist oder mit der Seele hört und erlauscht. Ruhe findet er nur, wenn die hörbare Musik mit der Erinnerung, dem inneren Klang der unhörbaren übereinstimmt. Er steht also am frühen Morgen auf, wie ein Mönch, der Kodexe zu schreiben hat. Erst jetzt hält er für abgeschlossen, was *Etudes d'exécution transcendent d'apres Paganini* genannt werden kann.

In Liszt verstärken sich die Gedanken an die einfachen Leute, die er in die Möglichkeiten der Musik einführen will. Seine Pläne können nicht Wirklichkeit werden, der Schwung seiner Laufbahn trägt ihn weiter, das Gewesene verwirklicht sich nur von Zeit zu Zeit in bloßen Gedanken und auch dort immer blasser. Er hat die Kunst zum Eigentum des gesamten Volkes machen wollen, denn nur so kann sie ihre vollständige Berufung erfüllen. Das ist ein Sinnbild zum Verständnis der Grundrichtung von Liszts Kunst.

Am 24. Dezember 1837 wird zu Weihnachten das zweite Kind von Marie und Franz geboren, das zur Erinnerung an die Tage von Como Cosima getauft wird. In der Präfektur von Bellagio werden die persönlichen Daten des Kindes eingetragen: Flavigny Cosima Liszt. Die Eltern: Maria Flavigny und Francesco Liszt. Die Familie lebt in der Gewissensehe. Der Präfekt schreibt die Namen nicht ohne ein gewisses Kopfschütteln.

Franz empfindet einen Stich in der Seele. Dieses Kleine hat ebenso kein Heim, keine Heimat, wie ihr Vater! Marie findet wieder stärkere Beachtung. Die Menschen sind wieder liebenswürdig, und das tut wohl. Sie bleiben auf der Straße stehen, wenn sie entlanggeht, drehen sich nach ihr um, machen Bemerkungen. Der Wechsel vom Jahr 1837 auf das Jahr 1838 erfolgt in aller Stille und Ruhe in der Sturmecke, obgleich über den Comer See Stürme brausen.

Auch in der Ferne wird ein Datum eingetragen: Am 30. Dezember 1837 wird Marie Lipsius geboren (das ist jene La Mara, die Liszts Briefe veröffentlichen wird in Leipzig).

LISZT AUF ITALIENISCH

Ende Januar 1838 übersiedeln Liszt und Marie d'Agoult vom Ufer des Comer Sees nach Mailand. Hier erwarten sie vorrangig schöne Erlebnisse: die Begegnung mit Rossini und eine Erneuerung ihrer Freundschaft. Rossini kennt Liszt noch aus Wien und Paris, damals als ein Wunderkind, jetzt als einen weltberühmten Virtuosen, und Rossini ist jetzt in größerem Maße entzückt von ihm als damals. So wird der Maestro ständiger Besucher an den musikalischen Abenden. Er tritt auch bei Ricordi auf und erntet den Berichten nach stürmischen Erfolg.

In Bellagio komponiert Franz zum ersten Mal die *Dante Symphonie* und beginnt den zweiten Band des *Album d'un voyageur* zu schreiben. Der erste Band ist ein Erlebnisbericht aus der Schweiz, überwiegend Landschaftsbilder mit dem Pinsel der Musik gemalt. Man könnte auch sagen, das italienische Album übersetzt, was die Kunstwerke zu sagen haben, in die musikalische Sprache. Hier nimmt Franz auch die mit 15 Jahren komponierten Etüden vor, die er dann unter dem Titel *12 große Etüden* umgearbeitet herausgibt. Die Umarbeitungen konnte man nicht veröffentlichen, weil keiner sie außer ihm hätte spielen können. Jetzt arbeitet er sie von neuem um und gibt ihnen den Titel *Transcendental-Etüden.* Er widmet sie Carl Czerny, dem Professor der Arbeit. Einen ganzen Band übergibt er auch Ricordi, er solle sie herausgeben, denn dieser setzt ihm ja immer zu wegen neuer Manuskripte.

Die Zeiten vergehen schnell und Ricordi versteht sie gar nicht mehr, weil die Italiener wegen eines Pianisten die Konzertsäle stürmen. Der Künstler muß auch erst das Publikum begreifen lernen. Es applaudiert nicht, klopft nicht mit dem Spazierstock auf den Fußboden, wie es die oberen Hundert in Paris tun, kennt die verfeinerte Zufriedenheit nicht. Die Italiener brüllen entfesselt die Bühne und das Podium an und werfen die Hüte hinauf oder auch die Krawatten, zuweilen auch die Geldbörsen - allerdings leer. Obgleich das Publikum von Mailand den Gesang jener Zeit lieber hatte und sich mehr dafür interessierte als für die Instrumentalmusik, hat Liszt dennoch einen stürmischen Erfolg ganz im italienischen Stil. Es passiert mehr als einmal, daß man ihm Erinnerungsgegenstände überreicht. Einige brechen Stücke vom Klavier ab (das hat übrigens auch Stendhal beschrieben!). Als Resultat eines sehr erfolgreichen Konzerts erinnert das Instrument mehr als einmal an ein gerupftes Huhn. Egal. Franz selbst hat auch schon mehrere Klaviere mit seinem stahlharten Anschlag verhunzt.

Das Konzertpublikum besetzt schon mittags den Saal, umsonst müht sich Tito Ricordi, Ordnung zu schaffen. Sehr oft kann das Konzert wegen Kartenstreitigkeiten nicht rechtzeitig beginnen. Das Publikum will eine Viertelstunde lang selbst auftreten: es brüllt im Chor 'Liszt, Liszt!'

Wenn es sich halbwegs ausgeschrien hat, kann Franz mit dem Konzert beginnen, aber mit welchen Tönen! Wenn das Klavier eingesetzt hat, singt nach wenigen Minuten bereits das ganze Publikum mit. Franz hat ein Gefühl, als würde er von einem heißen Strom vorwärts gestoßen, von riesigen Wellen, die ihn in die Luft heben wie gigantische Engelsflügel. Bei den Variationen wird gezischt, ansonsten herrscht Stille. Vielleicht noch ein Seufzer, ein Husten, ein Sessel, der knirscht. Sobald die Phantasie ausgeklungen ist, bricht das Inferno aus. Die Italiener beginnen, das Podium zu bombardieren. Jedes überflüssige Kleidungsstück schleudern sie auf die Bühne und brüllen wie von Sinnen nur: Francesco!

Aus reinem Zufall begegnet er in dieser furiosen Zeit in Mailand wieder dem Sänger Nourrit, der an der Scala auftritt und an den Rossini-Abenden singt. Er trifft auch die alten Freunde Pixis, einen der Virtuosen-Konkurrenten, und Ferdinand Hiller.

Der Erfolg von Liszt ist nicht ganz eindeutig. Trotz der furiosen Begeisterung wird, was Franz spielt, nicht einhellig gutgeheißen. An einem Abend, während der Aufführung einer Etüde, redet ein Zuhörer dazwischen: "Wir sind hergekommen, um uns zu zerstreuen, nicht zum Lernen!" Das Mailänder Publikum ist immer nur mit der Bewältigung unglaublicher technischer Schwierigkeiten zu beeindrucken.

Ricordi aber ist ein gewiefter Geschäftsmann. Er weiß sehr wohl, daß die Begeisterung erlahmen kann. Das muß durch eine Sensation überwunden werden. Er kündigt ein Festkonzert an. Dabei sollen auftreten: Mortier, Pixis, Schoberlächner, Orrigi, Liszt und Hiller. Sechs große Musiker sollen zugleich spielen! Drei auf dem Klavier vierhändig! Neben diesen Glanzstücken sind auf dem Programm auch die schönsten Melodien aus der *Zauberflöte* aufgeführt. Von dieser Pointe des Abends hätte Franz vielleicht abgesehen, wenn er nicht aus dem Mund von Tito Ricordi vernommen hätte: "Mozart muß in das Bewußtsein der Italiener eingeschmuggelt werden; die sind nämlich der Meinung, die Musik des großen Salzburgers sei massiv, angestrengt, kaputtinstrumentiert, oft ohne Melodie und viel zu dissonant."

Ängstlich denkt Franz an sein neues Werk, die *Dante-Sonate.* Was würden die Italiener zu diesem Werk sagen, das selbst für einen Italiener massiv und dissonant und allzu deutsch ist? Die Alpen sind eine Trennlinie, eine Grenze auch in der Musik, muß Franz erkennen. Nördlich der Alpen ist die Musik kalt, abstrakt, und arm an Melodien, dagegen ist die südliche leicht, melodiös und zerstreut.

Ricordi tut sein Bestes, damit ein großes Publikum dieses 'Konzert der Sechs' zu Ende anhört. Das Fazit: Stürmisches Feiern auf der einen, Zurückhaltung auf der anderen Seite. Entschädigt fühlt sich Franz dadurch, daß man ihn neuerdings außer zu den Rossini-Konzerten immer öfter in die vornehmen Salons einlädt. Er wird bei der inzwischen nach Mailand gereisten Fürstin Belgiojoso, bei dem Grafen Samoljov und bei Maffei gesehen. Bei Rossini, dessen Stern allmählich im Sinken begriffen ist, ist er schon heimisch.

Unter diesem Einfluß bereitet Franz sein nächstes Konzert vor, die *Soirées musicales de Rossini* - eine Transkription - und eine Bearbeitung der *Wilhelm Tell-Overtüre.*

Hiller - direkt aus Paris gekommen - ist natürlich voll mit Nachrichten vom Seine-Ufer. Wenn er von Sand und Chopin erzählt, wird Liszt hellhörig: "Eine sonderbare Liebe, die so begann, daß die Frau für den Mann schwärmte, und der Mann sich das gerade noch gefallen ließ. Dann ändert sich die Verbindung: Sand hat vielleicht die sonderbare Leidenschaft des Mannes satt, aber der beginnt die Frau erst jetzt zu lieben. Daraus muß ein Bruch entstehen. Das heißt, es müßte geschehen, weil der unglückliche Pole, der wunderbare Künstler, krank ist, und die Ärzte ihn schon aufgegeben haben. Die Sand bleibt standhaft dem Mann zur Seite, obgleich die Krankheit nicht gerade appetitlich ist für eine sensible Frau. So ein Lungenkranker schwitzt und spuckt Blut. Die Sand nimmt alles auf sich.

Die beiden sind nach Mallorca verreist; die Ärzte haben gemeint, die balsamische Luft würde Chopin gut tun, und ohne diese Kur würde es mit ihm bald zu Ende gehen. Sie fuhren los, aber der Diener suchte schon am Anfang des Weges das Weite. Wo sie nur entlangfuhren, verbrannten die Hauswirte die Bettwäsche nach ihnen; natürlich ließen die sich den Preis bezahlen. Das war alles, nur keine Hochzeitsreise."

Tito Ricordi läßt Liszt keine Zeit zum Überlegen. Die Rossini-Abende finden weiter statt, doch quasi in absteigender Linie. Liszt kann Ricordi bald einen ansehnlichen Band Manuskripte übergeben: die *Soirées musicales,* den improvisierten Stoff der Rossini-Abende.

An den glänzenden Abenden blendet Franz die ganze Gesellschaft, obgleich da eine Elite von Geigern, Kammermusikern, Dichtern, Politikern und Geldleuten zusammenkommt im Salon. Alle Anwesenden lassen sich blenden von Franz, der nicht nur glänzend musiziert, sondern sich auch abwechselnd italienisch, deutsch und französisch unterhält. Immer noch kann keine Frau an Liszt vorbeigehen, ohne ihre Augen eine Weile an ihm haften zu lassen.

An einem Rossini-Abend erhält er dennoch eine Wunde, von der er sich lange nicht erholen kann. Rossini fragt: "Arbeiten Sie nicht ein bißchen zu viel?" Darauf Liszt: "Nur soviel, Maestro, wie mich meine Neigung, oder richtiger meine Leidenschaft arbeiten läßt." Rossini: "Wissen Sie von sich selbst, daß Sie ein Genie sind?" - "Ich würde es nie wagen, mir selbst ein solches Zeugnis auszustellen." Rossini erwidert darauf: "Ich würde mir mehr noch erlauben zu sagen, Sie sind genial, ein Genius, oder wie die Franzosen sagen, ein Génie. Und doch, Herr Liszt, wird nichts aus Ihnen. Sie zerstreuen sich und halten nichts zusammen. Sie verschleudern sich."

Franz Liszt geht dieses Gespräch nicht aus dem Kopf. Vielleicht hat Rossini recht? Aber er arbeitet doch mit selbstquälerischem Fleiß, sitzt den ganzen Tag am Schreibtisch und begnügt sich niemals mit der ersten leicht hingeworfenen Skizze, sondern verbessert das geschaffene Thema hundertmal, tausendmal. Unter solchen qualvollen Gedanken ist es sehr schwer, auf dem Podium standfest zu bleiben. Zu oft melden sich lästige Gedanken; da ist es schwer, bei Vernunft zu bleiben.

Franz bleibt mit ehrenvollen Einladungen eingedeckt. Bei einer Aufführung in der Scala, die er als Zuschauer besucht, will er seinen Ohren nicht trauen, als er in den Theatersaal eintritt, während auf der Bühne die Vorstellung schon im Gang ist. In den Logen klappen die Türen auf und zu, der Gatte wird von seiner Gnädigen oder seiner Verehrten besucht, die Gattin rauscht pompös mit ihrem Galan an. Ein Knirschen, Zischen, Wispern unterdrückter Gespräche tönt im Saal, während auf der Bühne eine erbärmliche Vorstellung abrollt. Ein bedauernswertes Orchester mit schäbigen Musikanten vor einer abgenutzten Dekoration in blasser Beleuchtung müht sich ab. Das Ensemble wird nicht vom Dirigentenstab, sondern von Gottes Erbarmen zusammengehalten. Alles ist eher eine Parodie als ein Drama mit Musik.

Franz kann es kaum erwarten, zu sich nach Hause zu kommen. Gleich setzt er sich hin und schreibt einen ironischen Brief an die Redaktion der *Gazette musicale.* Er liest den Brief Ricordi vor.

Dieser wird leichenblaß, dann steht er auf und sagt zum Abschied nur soviel: "Sie haben einen verhängnisvollen Fehler begangen, weil Sie sich über etwas äußern, von dem Sie keine Ahnung haben. Dieses Volk hat kein Parlament, kein Forum, keine Presse, keine Literatur, keine Heimat und kaum eine Hoffnung, jemals zu beweisen, daß es dies alles bekommen wird. Alles, was dieses Volk hat, ist die Scala. Ein verschlissenes, altes Gebäude, und ärmlich, ja. Dennoch weiß jeder, daß die Menschen, die von Loge zu Loge ziehen, diese einzige Möglichkeit ergreifen, um ohne Zeugen, ohne Spione, ohne Polizisten Worte miteinander zu wechseln. Woher wissen Sie, was hier unter der Oberfläche brodelt? Meine einzige Hoffnung ist, daß die Pariser Redaktion die entsprechende Erfahrung haben und den Artikel nicht bringen wird. Denn wenn sie es dennoch tut, dann müssen Sie die Verantwortung dafür tragen!"

Der Artikel erscheint und löst allgemeine Entrüstung aus. Liszt hat sich schwer gegen die ungeschriebenen Gesetze der Gastfreundschaft vergangen.

Am 16. März fahren Liszt und Marie nach Venedig. Die Natur, die Jahrhunderte überspannenden Bauwerke, das venezianische Theater und die Kunst füllen mit ihren Schöpfungen das Volksleben mit einer sonst nirgends erlebten Farbenpracht, bereichern die Seelen der beiden Menschen, besonders die des romantischen Musikers. In der venezianischen Nacht erklingen Tassos Verse, die Stanzen des befreiten Jerusalems. Um diese Zeit beginnt Liszt ein Klavierstück, die erste Nummer der Folge *Venezia e Napoli* (überarbeitet 1840). Hier läßt er die Melodie zum ersten Mal erklingen, später wiederholt er sie in einer seiner effektvollsten symphonischen Dichtungen, dem *Tasso.*

In Venedig liest Liszt eine Nummer der *Gazette musicale,* die ihm seine Freunde zugeschickt haben und in der Heine ihn angreift. Der Angriff empört ihn nicht. Er setzt sich hin und formuliert in Ruhe die Antwort, die am 8. Juli in der *Gazette musicale* erscheint.

DIE ÜBERSCHWEMMUNGSKONZERTE

Liszt setzt auch in Venedig seine gewohnte Arbeitsweise fort. Er steht früh auf und setzt sich an die Arbeit. Eines morgens spaziert er zum Markusplatz hinunter, setzt sich ins Café Floriani an einen Tisch und entspannt sich. Genauso könnte er auf dem Montparnasse in Paris oder am Dom in Mailand sitzen, oder in Genf, am Ufer des Sees. Überall fühlt er sich zuhause, doch nirgends daheim. Er hat ein Stück Boden hingegeben, damit er das Weltall ergreifen kann. Er sitzt am Tisch des Kaffeehauses, und der Kaffee wird kalt.

Der Kellner legt eine Zeitung vor ihn hin. Eine Wiener Zeitung. Auf der letzten Seite stutzt er vor einer Meldung von zwei Zeilen: Am 13. März 1838 hat die Donau die Dämme durchbrochen und die Stadt Pest vernichtet. Liszt zahlt, steht auf und eilt nach Hause. Ein Gedanke formt sich in ihm: Helfen!

Er beschließt, nach Wien zu fahren und zwei Konzerte zu geben; eines zugunsten der Hochwassergeschädigten und eines zur Deckung seiner Reisekosten. Marie heißt die Pläne nicht gut. Liszt muß mit ihr und danach mit dem Verleger Ricordi kämpfen, der ihn auf keinen Fall aus seiner Verpflichtung entlassen will. Eine weitere Schlacht muß mit der österreichischen Bürokratie geschlagen werden. Bevor ihm sein Paß ausgehändigt wird, werden Nachforschungen angestellt. Zu welchem Zweck geht ein Anhänger von Saint-Simon nach Wien, ein Freund von Lamennais, ein skandalbelasteter Held in 'Gewissensehe'?

Er läßt alles stehen und liegen und fährt am 7. April nach Wien. "Im Café Floriani habe ich von der schauerlichen Überschwemmung in Pest gelesen. Als ich vom Elend meiner Mitbrüder erfuhr, verständigte ich sofort meinen Wiener Verleger Haslinger: Ich komme! So kam mein erstes Konzert in Wien zustande, wo ich drei Streicher-Klaviere kaputtgeschlagen habe."

Aus den beiden für 18. und 20. April angekündigten Konzerten werden zehn. Das Publikum kann nicht genug bekommen. Die Zeitungen bringen lange Würdigungen, die Begeisterung kennt keine Grenzen. Sämtliche Eintrittskarten sind sofort vergriffen.

Am 15. April schreibt Liszt an Marie: "Das Konzert ist auf nächsten Mittwoch festgesetzt. Vorgestern und gestern habe ich vor 15 Künstlern gespielt: Czerny, Mayseder, Merk, Lachner, Clara Wieck, Haslinger und einem Lehrer des Konservatoriums namens Tischhof. Und noch eine Anzahl Unbekannter. Die Begeisterung war kolossal. Kein Zweifel, daß ich einen vernichtenden Erfolg gehabt habe."

Über das Konzert berichtet in ihrem Tagebuch Therese Walther, die später die Frau des Emigranten des ungarischen Freiheitskrieges, Franz von Pulzky wurde: "1838.

19. April. Während Liszt spielte, habe ich zumindest am Anfang über die Schwierigkeiten und über die Kraft seines Spieles gestaunt, seine Gewähltheit und seine wunderbare Bereitschaft, sowohl in geistiger als in technischer Hinsicht. Sehr bald dachte ich aber an nichts mehr. Mich überschwemmte ein Gefühl für alles, was mich so tief erschütterte, daß ich weinen mußte: Das waren keine Töne für mich, sondern das Leben selbst. Ein alles umfassender Genius mit glühender Seele, die einen sein Leben und seine Gedanken fühlen ließ und die sich stürmisch zu Harmonien vereinigte! Ich begriff, warum die Menschen für ihn so schwärmten, obgleich er selbst auch nicht frei von irdischem Atem ist, und doch so empfänglich für jede Schönheit."

Weitere Auszüge aus dem Tagebuch: "1838. 21. April. Liszt stattete Metternich einen Besuch ab. Auf dem Himmel von Wien sind drei Sterne: Thalberg, Henselt und Clara Wieck, und doch belagern alle Leute den Laden von Haslinger: hier werden die Eintrittskarten für das Liszt-Konzert verkauft."

"1838. 30. April. Heute genossen wir eine wunderbare Kunstleistung. Liszt spielte Schuberts Transkriptionen. Zuerst spielte er Teile aus den Müller-Liedern, den Schwanen-Gesang, die Winterreise, und dann als Zugabe Schubert-Märsche, und die Hommage à Schubert, mit anderen Worten die *Soirées de Vienne*. Haslinger will die Paganini-Etüden von Liszt herausgeben. Der Meister hielt daran fest, daß als Anhang ein Paganini-Stück eines völlig unbekannten jungen Mannes veröffentlicht wird. Wenn ich mich richtig erinnere, handelt es sich um eine Entdeckung von Liszt, einen gewissen Robert Schumann!"

"1838. 1. Mai. Heute war ich einer richtigen Offenbarung teilhaftig. Ich ging zu Haslingers Hauskonzert. Zugegen waren die drei Likl (musikalische Tausendkünstler, die auf jedem Instrument der Welt spielen), außerdem waren da noch der Opernsänger Staudigl und Randhartinger, dieser vielseitige Künstler, der Sänger und Musiker, Dirigent und, wie es heißt, Operndirektor ist, denn das will man aus ihm machen. Endlich kommt Liszt an und umarmt sofort Randhartinger, von dem es sich herausstellt, er habe ebenfalls mit Liszt zusammen beim alten Salieri gelernt. In wenigen Minuten erzählen sie eine ganze Reihe von alten Streichen.

Eine neuere Sensation zu Liszts Ehren: das ganze Burgtheater marschiert auf, Frau Rettich, Julia Gley, Daniel Löwe, Louise Neumann, die nachmalige Gräfin Schönfeld, und einige Gesangssterne, so Jenny Lutzer, Ludwig Pietze, Graf Bolze und Fürst Dittrichstein (angeblich der Vater von Thalberg). Liszt läßt sich nicht viel bitten, er setzt sich ans Klavier, das heißt, er würde sich setzen, aber Haslinger begleitet ihn in den großen Nachbarsaal; dahinter die ganze vornehme Gesellschaft. Dort wartet schon ein kleines Orchester auf sie, die Mitglieder sind: Ziehier, Ullmann, König, Holz, Merk. Meister Slama sitzt auf dem Pulpit, nur das Klavier hat noch keinen Herrn."

Die *Neue Zeitschrift für Musik* bringt in ihrer Nummer vom 28. April einen Artikel über die vier Pianisten, die Wien besuchten. Reines Spiel: 1. Thalberg, 2. Wieck, 3. Henselt, 4. Liszt (in diesem Fach läßt man den Meister durchfallen). Improvisierfähigkeit: 1. Liszt, 2. Wieck (der 3. und 4. Platz werden nicht vergeben!). Nach dem Gefühl der Menschen: 1. Liszt, 2. Henselt, 3. Wieck (hier haben sie Thalberg fallen gelassen). Originalität: 1. Liszt (weiter gibt es keinen). Die Charakterisierungen der Pianisten werden so zusammengestellt: Thalberg ist der sich einschmeichelnde Italiener, Liszt der französische Romantiker. Nach den Namen Clara Wiecks und Henselts steht: die Repräsentanten der deutschen sentimentalen Schule. Die sonderbare Kritik hat dadurch Gewicht, daß sie im Blatt von Claras Bräutigam Schumann steht. Clara übrigens spielt neue Kompositionen von Robert, unter anderen den *Karneval,* und entzückt damit Liszt.

Franz wird mit Schumanns Verlobten bekannt. Die Künstlerin ist damals 19 Jahre alt. Sie wird für eine tiefsinnige, aufrichtige, gefühlvolle Künstlerin gehalten. In Clara

Wiecks Tagebuch steht: "Wir haben Liszt gehört, den kann man mit keinem anderen Künstler vergleichen, er ist einzig in seiner Art. Er erweckt Schreck und Bewunderung, ist aber außerdem unglaublich liebenswürdig. Wie er am Flügel sitzt, kann man nicht beschreiben, er ist auch darin originell, daß er richtiggehend zusammenklappt vor dem Instrument. In der Leidenschaft kennt er keine Grenzen. Manchmal verstößt er gegen das Schönheitsgefühl dadurch, daß er die Melodie zerreißt. Er ist ein Geist von großem Styl. Man kann von ihm sagen, daß bei ihm Kunst und Leben ein und das selbe sind."

"Statt der geplanten zwei Konzerte wurden es in einem Monat zehn. Eine solche Anstrengung würde auch einen stärkeren Mann, wie er, erschöpfen. Allerdings hatte er seit fünfzehn Jahren keinen solchen begeisterten Empfang erlebt, wie zuletzt in Wien. Er konnte für das bewundernde Publikum Händel genauso wie Beethoven, Weber wie Chopin, Berlioz und schließlich seine geliebten Etüden spielen, die von dem Publikum der Scala abgelehnt wurden." Erstaunlich ist dieses Urteil eines jungen Mädchens.

Die Wiener Überschwemmungskonzerte sind sozusagen die Einführung zu Liszts Virtuosenlaufbahn. Nach den Jahren des Wunderkindes erreicht er hier den höchsten Rang. Wien dient zum eigenen Vergleich und ist ein dankbares Erprobungsfeld. Hier kommt jeder reisende Diplomat der Kunst vorbei, und Wien ist der Ort, auf den die große Welt hört. Die großartige Clara Wieck beweist sich als wahre 'Fachmännin'. Im Vergleich Liszt-Thalberg schreibt sie: "Während Liszt das Klavier als ein Mittel auffaßt, sieht Thalberg darin ein Ziel."

In einem der zehn Konzerte erscheint der Kaiser selbst, der Liszt gern zum k.u.k. Kammerkünstler ernannt hätte. Es kommt nicht dazu, denn der Polizeiminister Sedlnitzky funkt dazwischen, indem er behauptet, Liszt sei wegen seiner politischen Haltung dessen nicht würdig. All das berührt Liszt nicht. Vielmehr freut es ihn, daß er seinen Landsleuten 25.000 Gulden schicken kann; damals eine imposante Summe. Lieber hätte er das Geld selbst nach Ungarn gebracht. Er hätte gerne sein Vaterland gesehen, hätte gerne Volkslieder gesammelt, wie das seine Nachfolger Bartok und Kodaly taten.

DER NAZARENERFREUND IN ROM

Ende Juni ist Liszt wieder in Mailand. Hier erwartet ihn ein Höllensturm wegen seines Artikels über die Scala. Die Zeitungen *Pirata, Figaro* und *Corriere dei Teatri* kündigen einen Kreuzzug gegen Liszt an. Man macht ihm zum Vorwurf, er sei undankbar, verstoße gegen die Frauenehre, indem er die italienischen Gatten lächerlich macht, die Sänger in der Oper, die Künstler; und all das tue er vom Podium des großen Künstlers herab. *"Überhaupt, warum gefällt sich Herr Liszt in der Rolle des großen französischen Künstlers, er ist doch kein Franzose, sondern ein Ungar."*

Liszt erwidert darauf mutig und führt an, nur guter Wille habe seine Feder geführt und seine endlose Hochachtung für die italienische Kunst. Die Luft wird eisig um ihn. Von seinen Konzerten wird nicht mehr gesprochen.

Er verlegt seinen Sitz nach Venedig. Ihn begleiten Moriani, der vorzügliche Bassist, Ronconi, der namhafte Bariton, und als große Überraschung taucht Karoline Unger auf. Die Gönnerin seiner Jugendzeit ist auf einmal wieder da, so schön wie ehemals. Es heißt, sie sei in heißer Liebe zu Lenau, dem Dichter, entbrannt. Franz muß es mit großem Bedauern zur Kenntnis nehmen.

Das Publikum besucht seine Konzerte nicht mehr. Man vergißt ihm den Scala-Skandal nicht. Er findet Trost in Dankesbriefen, die ihn aus Ungarn erreichen, aber der Begriff des Vaterlandes ist wieder verdunkelt. Nach der verlorenen Schlacht von Venedig erreicht ihn eine Einladung vom Fürsten Modena.

Die Villa ist mehr als eine fürstliche Residenz. Franz er-

190

fährt, daß Kaiser Ferdinand nebst Frau und noch einige Mitglieder des Herrscherhauses eingeladen sind. Vor den hochvornehmen Gästen tritt Liszt mit großem Erfolg auf, und das wird ihm bei seiner Laufbahn noch von Nutzen sein.

Franz Liszt und Marie d'Agoult sind weiter unterwegs. Sie verbringen den Sommer in Lugano und Genua. Im September ist noch ein Konzert in Mailand angesetzt. Wieder wird der Pianist unfreundlich empfangen. Ein offener Brief ändert daran auch nichts. Er verläßt Mailand ohne Bedauern.

Ende September fährt das Paar nach Florenz, findet aber keine Ruhe, deshalb verbringt es den Oktober in Padua. Im November kehren sie nach Florenz zurück, den Dezember verbringen sie in Bologna.

Liszt gibt ein Konzert. Darüber schreibt er Berlioz: "Ich trete nur auf, um mein Handwerk nicht völlig zu vergessen."

Franz erinnert sich an das Konzert, das er vor dem Habsburger Kaiser gegeben hat. Er durfte an einem Tisch mit der kaiserlichen Familie zu Mittag essen. Jede Minute war genau vorgeschrieben, als ob die Bedürfnisse nicht von den Menschen, sondern vom kaiserlichen Willen regiert würden; irgendeine altertümliche, wunderliche Choreographie, die keinen Sinn, nur ihrem Pomp hat, unnütz und ermüdend. Dann folgten die Klavierspiele nach dem Abendessen. Seine Majestät Ferdinand schlief schon zu Beginn ein, nur die Kaiserin hörte zu. Nachdem sie zu zweit geblieben waren, begannen sie ein intimes Gespräch. Ihre Majestät, die vom Korsett und sonstigen Toiletterequisiten zusammengehalten wurde wie ein zerfallendes Holzfaß von Reifen, sah sich den wohlgefälligen, schön gewachsenen jungen Mann genauer an. "Sie werden in Stücke gerissen von den Frauen?", fragte die kaiserliche Dame. Sie lachte mit dünner, doch wohlklingender Stimme, als ob sie noch immer so schön wäre wie vor 30 Jahren, als sie eine verführerische Erzherzogin war. Franz hat ihr versprechen müssen, sich im nächsten Frühjahr oder, was noch besser wäre, im Winter dieses Jahres einzufinden und ihr vorzuspielen.

Franz sinniert. Das sind die Ungeheuer, von denen Fürstin Belgiojoso gesprochen hat wie von den mörderischen apokalyptischen Reitern? Über den Gedanken muß er lächeln.

Die Postkutsche rollt und trägt den Heimatlosen. Er kommt am 5. Januar 1839 in Rom an, mit einer Unmenge von Koffern. Er hat auch einiges musikalisches Gepäck. Die 12 Etüden, seine Lieblingskinder, hat er umgearbeitet, so auch das Capriccio von Paganini. Schuberts Divertissement Opus 54 ist fertig geworden, *Melodies à la hongroise,* die Transkription im ungarischen Stil (après Schubert), sowie der *Grand galop chromatique* (der Große chromatische Galopp). Franz Liszt fährt mit größten Hoffnungen nach Rom. Er träumt davon, er würde von nun an nur schöpferische Arbeit leisten, komponieren. Er hat soviel zu sagen und so wenig beendet.

Neben Trinità dei Monti mietet Liszt eine Wohnung in der Via della Purificazione. Der Kanonikus Angelo Majo verewigt die Ereignisse in Briefen an Kardinal Lambruschini.

"Rom, der 10. Januar 1839. Monsignore!

Nach dem Wunsch Eurer Exzellenz bin ich heute bekannt geworden mit dem, der zu Gast nach Rom gekommen ist, mit Franz Liszt, und habe nähere Freundschaft geschlossen. Meine Wohnung ist neben seiner. Er kam mit viel Gepäck und einer sehr vornehmen Dame an. Sie macht einen sehr guten Eindruck und hat eine Zofe mit. Der Maestro und die Gräfin sprechen gut italienisch. Ihn habe ich schon als Kind gehört und gesehen, so hat es mich sehr überrascht, daß sein goldblondes Haar ein üppiges Braun geworden ist, und seine Stimme, die mild und leise war, sich zu einem vollen Bariton verdunkelt hat.

Bei dem Mittagessen - ich habe mit Herrn Liszt zusammen zu Mittag gegessen - löste sich von dem guten Rotwein die Zunge des Meisters, und er stellte Fragen, aber eine solche Menge, daß Ihre Exzellenz von soviel Unsinn, wie er da von sich gab, in Verlegenheit gekommen wäre. Ich bemühte mich, ihm alle Fragen zu beantworten. Der Maestro lächelte nur ironisch." Kanonikus Angelo Majo ist der Oberbibliothekar der vatikanischen Bibliothek.

Es folgt ein neuerlicher Bericht am 22. Januar 1839: "Wenn Monsignore nach zwei Wochen wieder mit dem vortrefflichen Künstler zusammenkommen, möchte ich zu dem Zweck einige Einzelheiten hier schreiben, die ich von dem Personal der Villa Purificazione erfuhr.

Also, das in Gewissensehe lebende Paar gibt jährlich 300.000 Francs aus. Das Einkommen der Dame, das aus Frankreich stammt, macht kaum mehr als 5000 Fr. im Jahr aus. Die Reibereien und Gegensätze haben sich in Rom besonders verschärft. Der Mann wird von der geistigen Aristokratie der Stadt verherrlicht. Unter anderem ist Ingres hier, Direktor des Französischen Instituts. Es melden sich Tag für Tag bei Liszt Overbeck, Führer der sogenannten Nazarener-Bewegung, dann Schnorr von Carolsfeld, Bonaventura Genelli, Wilhelm Schadow, ebenfalls ein Mitglied der Nazarener-Bewegung, der steinreiche Engländer W. Allmers und der irische Bischof, dann ein russischer Nabob, Fürst Galicin. Ein häufiger Gast ist der Maler Cornelius, der Liszt wiederholte Male gezeichnet hat. Consalvi, der Kardinal Mezzofanti, der den Gast mit einem ungarischen Gedicht begrüßte. Liszt weilte gern unter den Gästen, im Gegensatz zu Madame, die das nicht gerne tut.

Ich machte Liszt darauf aufmerksam, daß die Nazarener-Bewegung gefährlich sei. Sie würde nur die Dorfpfarrer in der Kirche dulden, die Bischöfe, Kardinäle und Kanonici, mit einem Wort die Beamten der Kirche aber auseinanderjagen. Das baufällige St. Isidora Kloster, in dem sich die Nazarener zurückgezogen haben, beherbergt ausnahmslos Maler. Die enthalten sich von jedem Luxus und haben ein Schlagwort: Du sollst dir nicht mehr Leben wünschen wie die Erdarbeiter haben, die Bauern und Fischer. Sei einfach und anspruchslos. Was ist die blendende Farbenpracht

wert, die untrügliche Zeichnung, die wunderbare Drape-
riedarstellung, wenn dahinter der christliche Sinn jeder
Kunst nicht blüht: der Glaube an Gott und die Liebe zum
Menschen. Effektvoll und mitreißend, hat die Bewegung
viele Anhänger geworben.

'Denken Sie nicht, Herr Künstler', frage ich, 'daß die
milde künstlerische Revolution schließlich mit gefährlichen Konsequenzen verbunden sein kann?' Liszt antwortet
mutig: 'Wenn die Lehren revolutionär sind, dann bin ich
auch ein Revolutionär. Ich verkünde eine Revolution gegen
die Mittelmäßigkeit, die Faulheit, gegen die seelenlose
Imitation, gegen die schamlose Hypokrisie, gegen die unglaubliche Gauklerei, die menschliche Gleichgültigkeit,
die mörderische Dummheit und gegen alle Sünde, gegen
die schon der Nazarener aufgetreten ist und eine ewige
Mahnung an uns zurückgelassen hat, das Kreuz. Wer für
die Gerechtigkeit kämpft, wird vielleicht ans Kreuz geschlagen, aber siegen kann nur derjenige, der Mut genug
hat, den Kampf aufzunehmen!'

Mit Ergebung, A. Majo."

Liszt verbringt ein halbes Jahr in der ewigen Stadt. Konzerte, Kompositionen und Bekanntschaft schließen mit den
Schönheiten Roms, ihren Schätzen, und allem, was bewundert werden will. Hier wird er näher bekannt mit Domini-
que Ingres, der Liszt durch sämtliche Säle des Vatikans zu
den Berühmtheiten des Altertums führt. Franz bekommt
ein immer klareres Bild von der Gesamtkunst. Auch in seinen Schriften spiegelt sich die Beziehung zu Ingres.

Im Februar schreibt Liszt in sein Tagebuch: "Wenn
meine Lebenskraft dazu ausreicht, versuche ich, die Dante-
Symphonie zu schreiben. Dann, drei Jahre später die
Faust-Symphonie, und dann noch drei Skizzen: *Der Sieg
des Todes, Die Komödie des Todes und Dante.*"

An Massart schreibt er: "Ich liebe Rom, aber nur jene
Stadt, die der Vergangenheit angehört, die neue zieht mich

nicht an. Das Campo Vanino, das Forum, das Colosseum, die Thermen des Caracalla, der Palatinus, das sind meine Lieblingsorte. Hier gehe ich am liebsten spazieren. Unbeschreibliche Gefühle erwecken die Ruinen in mir. Ich fühle mich überwältigt, aber ich kann mich niemals dazu entscheiden, ihre Schönheit wiederzugeben."

Inzwischen sind sich Franz und Marie immer fremder geworden. Franz will sich der schöpferischen Arbeit widmen, dabei behindert ihn Marie. Sie hält nicht viel von der Schöpferkraft ihres Geliebten, hat sich in erster Linie in den virtuosen Klavierspieler verliebt, in den berühmten Mann, ja eher noch in den verliebten Gockel, der für sie schwärmte. Darum hat sie den Gatten, die gesellschaftliche Stellung und ihr Heim verlassen. Sie hat damit gerechnet, daß Franz sie für das Opfer, das sie für ihn brachte, feiern würde, solange sie lebte. So glühend die Liebe einstmals war, jetzt beginnt sie zu erkalten. In Marie bleibt nicht viel mehr davon übrig als die ungeduldige, anspruchsvolle Eitelkeit. In Franz bleibt ein eigensinniges Pflichtgefühl wach. Die Liebe der beiden hat jetzt schon Ähnlichkeit zu einer Beziehung, wie sie zwischen einem Schuldner und einem Gläubiger besteht.

Im März gibt Liszt ein Konzert im römischen Palais des Fürsten Galicin, im Palazzo Poli, in Anwesenheit der versammelten Vertreter der Künstlerwelt. Das Konzert veranstaltet der namhafte Amateur Mihail Wielhorsky. Dieses ist der erste, sozusagen historisch bedeutende 'öffentliche Soloabend', oder - wie Listz das Konzert nannte - 'Klaviermonolog', bei dem er allein, ohne Mitwirkende auftritt. Überraschend ist aber, daß das Publikum geduldig zuhört; das italienische Publikum, das sonst keine halbe Stunde ohne Gesang existieren kann.

So beschreibt den Fall Kanonikus Majo: "Rom, 1839, der 10. März. Monsignore!

Liszt gab vier Konzerte hintereinander. Eines in Gesellschaft der Francilla Pixis, einer angenommenen Tochter des Klavierkünstlers Pixis. Eines auf der Bühne des Teatro Argentino, dann ein Orgelkonzert in der San Luigi dei Francesci Kirche, und schließlich ein Konzert im geschlossenen Kreis, im Palais des Fürsten Galicin, das der Künstler allein bestritt, ohne Mitwirkende. Er spielte fast drei Stunden lang, ohne daß die gespannte Aufmerksamkeit auch nur für einen Augenblick nachgelassen hätte. Auf mich machte das Konzert einen tiefen Eindruck.

Ich bat den Maestro, sich Zeit zu nehmen zu einem Gespräch ohne Zeugen. Dabei habe ich Liszt offen gesagt: 'Sie sind ein vortrefflicher Mensch, ein vortrefflicher Künstler. Es besteht nur die Gefahr, daß Ihre Gedanken durch Irrlehren in eine falsche Richtung entführt werden.' Liszt antwortete selbstbewußt: 'Auch für die Irrlehren bin ich allein verantwortlich.' Auf meine Frage, ob ihn die falschen Propheten, wie z.B. Lamennais, nicht auf Abwege führten, antwortete er: 'Von ihm habe ich viel gelernt.' Es sah schon aus, als wollte Liszt das Gespräch nicht weiterführen, als er nach langem Überlegen dann doch sagte: 'Welche Musik ich immer komponiere, zu welcher Musik auch immer ich meine Freunde anrege, all das würde Rom nicht verändern. Rom müßte grundlegend anders werden, damit eine neue Kirchenkunst und -musik entsteht. Sie, Herr Kanonikus, wünschen eine neue Kunst in der Stadt, in der Padre Piazza der am meisten gefeierte Glaubensredner ist? Dieser Padre spricht jeden Sonntag davon, daß die Erde sämtliche philosophischen Bücher auf den Scheiterhaufen werfen müßte, samt der irrsinnigen Gelehrten, die in Zweifel ziehen, daß die Erde ein einziger riesiger Teller ist, ewig und reglos, und die Sonne um die Erde kreist. Sie phantasieren, Herr Kanonikus, tatsächlich über eine reformierte Kirchenkunst? Kaum eine Stunde vorher war Overbeck bei mir, beklagte sich fast weinend, man habe die Heilige Familie mit einem Tuch zugedeckt, weil die barfüßige Madonna die Autorität der Kirche verletze und die Moral.

Es ist zu befürchten, Eminenz, daß sich die Behörden arg blamiert haben. Mit Respekt, A.M.''

Seine Überlegungen zur Beziehung von Kunst und Musik schreibt Liszt u.a. an Berlioz: "Durch Raphael und Michelangelo lassen sich Mozart und Beethoven besser verstehen. Giovanni Pisano und Fra Beato erklären mir Allegri, Marcello und Palestrina, auch Tiziano und Rossini, die ich als zwei gleiche, glänzende Sterne sehe. Ebenso das Colosseum, der Campo Santo sind mit dem Requiem und der Symphonie *Eroica* verwandt".

Unter diesem Eindruck sind die drei Petrarca-Sonette geboren, unter dem Einfluß der Musik, die mit den Gedichten zusammenklingt: Gesegnet sei das Jahr, der Monat, der Tag (47.). Dann das 104.: Ich habe keine Kraft, um Krieg zu führen. Oder das 123.: Ich habe himmlische Engel hinieden gesehen. Die nach der ersten Variante gedichtete Musik hat Liszt später mehrere Male umgearbeitet. Und noch zwei Klavierwerke: *Sposalizio*, diese pentatonisch und modal aufgebaute Schöpfung, verwandt mit dem späteren Barock, die zu komponieren Liszt durch das Gemälde Raphaels angeregt wurde. Zu *Il Pensieroso* hat er sich durch die Bildwerke von Michelangelo am Medici-Grabmal anregen lassen.

Dabei wird Liszt mit den Werken der präklassischen Komponisten bekannt. Er hört ihre Werke in der Sixtinischen Kapelle an. Er selbst spielt alles auf der Orgel nach, was ihm von Palestrina, Allegri und Vittori in die Hände fällt.

Am 9. Mai 1839 wird Daniel, der Sohn von Marie und Franz geboren. Franz ist nicht froh darüber, als er erfährt, Marie werde wieder ein Kind bekommen. Marie kann man es auch nicht übel nehmen, wenn sie durch die Verstimmung von Franz die gute Laune verlor. Später aber wurde Daniel Liszts Liebling, obgleich der Vater sich bei der Geburt nicht freuen konnte.

Das steht im Brief des Herrn Kanonikus: "14. Mai 1839. Monsignore!

Meine Zeilen sollen eine Art Nachschrift sein. Viel zu berichten habe ich nicht. Daniel, das dritte Kind von Franz und Marie, erhielt den Namen in heiliger Taufe. Liszt teilte mir mit, er würde, sobald es ihm die Umstände erlaubten, Rom verlassen. Zuerst ziehen sie sich in Lucca zurück, dann suchen sie sommerliche Ruhe im Fischerdorf San Rossore. Ihr ergebener A. M."

Das Familienereignis wird auch durch den Brief von Marie d'Agoult an George Sand verewigt: "Eigentlich hatten wir die Absicht, im Laufe des Sommers beim Sultan uns zu präsentieren, aber aus dieser Reise ist nichts geworden. Ein kleiner Bengel, den ich in die Welt zu setzen Lust hatte, hatte unseren Plan zunichte gemacht. Der Junge verspricht, sehr hübsch zu werden, und wird durch die Milch der schönen Frau von Palestrina genährt. Franz ist leider wieder melancholisch. Der Gedanke, daß er der Vater von drei kleinen Kindern ist, verstimmt ihn sehr." Die Kinder läßt Liszt natürlich auf seinen Namen ins Matrikel eintragen. Aber die Unterhaltskosten der fortgesetzt wachsenden Familie sind für ihn fast zu hoch. Er wird von materiellen Sorgen geplagt.

Er weiß, daß er entweder eine Dirigentenstellung, die ihm sicheres Einkommen verschafft, annehmen oder die Virtuosenlaufbahn fortsetzen muß, die er zwar haßt, aber die ein bedeutendes Einkommen sichert. Er muß, ob er will oder nicht, das Wanderleben des Virtuosen fortsetzen. Die wahre Arbeit, das Komponieren, kann er sich für spätere Zeiten aufheben.

Nun folgen zehn Jahre ununterbrochenes Wanderleben. Fast jeden Abend muß er Konzerte geben, immer in einer anderen Stadt. Reisen ohne Ende, die auch heute noch mit bequemen Verkehrsmitteln abschreckend und ermüdend sein würden. Bedenkt man, wie umständlich damals der Verkehr in rüttelnden Postwagen auf unebenen Straßen war, dann lassen sich die Anstrengungen halbwegs ermessen. Dazu kommen aber noch Festessen, Begrüßungsreden und das Klavierüben Tag für Tag, denn das Programm ist ja überall ein anderes.

Erfolg, Begeisterung, Aufregung ohne Beruhigung, Rausch ohne Rast. Kann einer sich daran gewöhnen? Nicht einmal in zehn Jahren. Das Geheimnis seines Erfolges ist nicht allein in seiner Virtuosität zu finden. Die technische Bravour, auch wenn sie alles Vorgetragene übertrifft, erweckt nur Staunen, Bewunderung und höchstes Entzükken, aber nicht eine begeisterte Aufnahme. Kann das schöpferische Genie schlafen, selbst wenn es die besten Beruhigungsmittel des Erfolgs einnimmt? Kann der schöpferische Geist schweigen, während er seine atemberaubende Produktion vorführt? Nein. Ein wahrer Virtuose kann nur einer sein, der als Dichter geboren ist: poeta nascitur.

Liszt hat die Zukunft um der Gegenwart willen bestohlen. Was er den Lebenden gab, hat er den noch nicht Geborenen weggenommen. Er hat vor allem sich selbst betrogen, denn Freude und Befriedigung fand er niemals im Vortrag, sondern in der schöpferischen Arbeit. War Franz Liszt ein glücklicher Mensch? Nein! Glücklich ist nur der zu nennen, der größeren Erfolg als Begabung hat. Und er ist gefeiert worden nur für einen Bruchteil seiner Begabung. Seine Begabung überragte selbst seine beispiellosen Erfolge. Der Podiumserfolg hat ihn zehn Jahre lang von seinem wahren Beruf ferngehalten.

Liszts ganzes Leben ist ein Wandern. Er treibt sich überall in Europa herum, von Portugal bis zur Türkei, von Frankreich bis Rußland. Wie ein Komet schweift er durch Europa, verbreitet Glanz und Glorie, wobei er sich selbst verbrennt.

Italien bildet einen Wendepunkt in Liszts Leben. Mitten in dem Wanderleben einen Abschnitt, eingekeilt in die Verwirrungen seiner Jugend. Gerade in Italien strahlen vor ihm am klarsten die Ideale auf, die in der ferneren Zukunft mit unveränderlichem Licht seinen ganzen Lebensweg beleuchten werden.

Am 4. Juni schreibt Liszt einen Brief an Fürstin Christine Belgiojoso, in deren Palast sich das berühmte Duell Liszt-Thalberg abgespielt hat. Darin läßt er sich in spaßigem Ton über seine Konzerte aus: "Wie langweilig müssen die im Gegensatz zu den 'musikalischen Monologen' gewesen sein. Ich selbst kann meine Konzerte nicht anders nennen, zu denen ich mit der Tollkühnheit eines Musikers den Mut haben werde, Rom damit zu beglücken, und die ich ebenfalls mit musikalischer Tollkühnheit in Paris einführen werde. Stellt Euch vor, nachdem ich mich vergeblich angestrengt habe, ein verständiges Programm zusammenzustellen, stelle ich mich als Ludwig XIV. vor, werfe ich frech meine Konzerte dem Publikum hin, und nun erlaube ich mir, interessehalber das Programm meiner musikalischen Monologe zu präsentieren:

1. Overtüre zu Wilhelm Tell, vorgetragen von Franz Liszt
2. Die Puritaner, Reminiszenzen, Phantasie, geschrieben und vorgetragen vom selben
3. Etüden und Grundstücke - vom selben
4. Improvisationen auf gegebenen Melodien - wieder von dem selben - Das ist das Ganze, nicht mehr und nicht weniger."

Am 15. Juni verlassen Franz und Marie Rom. Es geht zuerst nach Lucca. Abnehmende Ruhe und steigende Gereiztheit begleiten diese Flucht vor sich selbst.

Den Sommer verbringen sie noch in Lucca, dann fahren sie nach San Rossore, und dort ist die gemeinsame Reise zu Ende. Die alltäglichen Affären sind unerträglich geworden. Marie hat das fortwährende Reisen satt. Sie sehnt sich nach Paris. Maries musikalische Bildung ist sehr einfach. Sie kann Franz nicht folgen, gibt das Musizieren auf, sie schreibt lieber und, wenn sie nichts anderes zu schreiben hat, dann führt sie Tagebuch.

Mit freundlicher Hilfe sind einige ihrer Schriften in Pariser Blättern erschienen, unterschrieben sind sie nach dem Beispiel von George Sand mit einem Männernamen, Daniel Stern. Das hat eine deutsche Bedeutung. Im Englischen bedeutet das Wort 'streng'. Sie wäre gern ein in der Höhe leuchtender Stern geworden, nach dem Beispiel des französischen Dichters Ronchaud, der sich offensichtlich verliebt hat in Marie, und dessen Gefühle sie gern duldet.

Marie wird also mit ihren Kindern nach Paris zurückkehren und die Pflege der Kleinen der Mutter Liszts überlassen. Liszt selbst geht auf Konzerttourneen.

In einer Triester Zeitung liest Franz, man habe ein Komitee für ein Beethoven-Denkmal gebildet, daß europaweit eine Sammlung veranstaltet, aber überall nur sehr lächerliche Beträge einheimst.

424 Franken sind bis jetzt eingegangen. Franz sieht den Fall als seine eigene Angelegenheit an und beschließt, selbst den fehlenden Betrag - einen astronomischen - zu beschaffen. Am 5. Oktober schreibt er aus Pisa nach Bonn an das Denkmalskommittee: "Da die Gaben für das Beethoven-Denkmal sehr langsam eingehen, und die Verwirklichung in weiter Ferne zu schweben scheint, mache ich selbst den folgenden Vorschlag: den zur Herrichtung fehlenden Betrag aus eigenen Kräften zu decken, und wünsche dafür überhaupt keine Gegenleistung. Ich behalte mir nur die Auswahl des Bildhauers vor. Dieser ist der florentinische Meister Bartolini, der für den besten Italiener gehalten wird."

Liszt bekommt erst in Wien Antwort. Die Unterzeichner sind dankbar und haben nur die eine Bedingung, daß sie kein Marmordenkmal, sondern eines in Bronze bestellen möchten. Franz muß jetzt zu seinen Worten stehen. Das kann er auch, seine Einnahmen übersteigen die Rekordsummen, die Paganini einnahm.

Franz schreibt an seinen Freund Berlioz: "Man muß dieser Kleinlichkeit ein Ende bereiten, denn das kleinliche Sammeln ist eine Beschämung von Beethovens Gedenken; die auf diese Weise mit viel Quälerei zusammengekratzten Spenden sind nicht würdig unseres Beethovens, eine

Schande für jeden Einzelnen, und eine Bitterkeit für uns Musiker!"

Liszt und Marie d'Agoult gehen im Oktober auseinander. Marie fährt allein nach Paris zurück, Franz, mit der Mutter und den Kindern - sie ist ja ihretwegen gekommen, reist zuerst in mehrere italienische Städte: Florenz, Rom, Triest, und dann nach Wien. Mit dem Vorsatz, von Wien aus könne er weiter nach Ungarn reisen. Er hat in letzter Zeit viele Briefe aus Ungarn erhalten, so daß Marie ihn schon als ungarischen Rebellen bezeichnete.

Liszts Leben, zumindest ein großes Kapitel davon, endet hier. Nach den Lehr- und Wanderjahren tritt der junge Liszt ins Mannesalter, in eine glänzende Laufbahn, die in die Zukunft leuchtet.

Am 16. November kommt Liszt in Wien an. Hier sucht er seinen Verleger Tobias Haslinger auf, der Konzerte für ihn veranstalten soll. Er teilt Liszt mit, es lägen Anfragen vor, zehnmal soviele, wie er Konzerte zu geben gedenkt. Haslinger ist ein Kaufmann alten Schlags. Jetzt packt ihn der Enthusiasmus und er plant statt der vorgesehenen drei Konzerte sechs, und außerdem noch einige Abendvorstellungen. Die anderen sollten Mittagskonzerte sein, was für Franz eine starke physische und geistige Anstrengung bedeutet. Haslinger gibt ihm Ratschläge, oder besser gesagt, er würde ihm welche geben, wenn Liszt auf ihn hörte. Liszt teilt dem Verleger schließlich mit, er möchte dabei auch ein Schubert- und ein Beethoven-Konzert geben. Den Wienern Schubert und Beethoven vorzusetzen, ist in Haslingers Augen ein Wagnis. Die selben Lieder, die der göttliche Vogl sang, und die Beethoven-Symphonien in Klavierfassungen, die vor gar nicht so langer Zeit der Meister selbst dirigiert hat.

Beim Konzert sitzt in der vordersten Reihe Dr. Anton Schindler, der Statthalter Beethovens. Liszt hat Erfolg. Schuberts *Erlkönig* lauscht das Publikum vorgebeugt, sich an die Stühle klammernd; das Lied wirkt wie eine aufregende Geschichte. Mit anderen Schubert-Liedern geht es auch so. Den *Erlkönig* muß er dreimal hintereinander spielen. Viele schwören, sie hätten Vogls Stimme aus dem Klavier gehört. Danach spielt Franz eine Transkription und Beethovens Sechste mit aller zur Verfügung stehenden Hingabe.

Nach den sechs Konzerten wird Liszt krank. Haslinger fühlt sich in seinem Element. Er gibt Liszt eine kurze Rast, dann redet er ihm ins Gewissen, dieser Erfolg sei eine Gelegenheit, die nie wieder zurückkehre, die dürfe er nicht auslassen. Er weiß, womit er Liszt auf die Beine bringen kann. Er braucht ihm nur zu sagen, Camilla Pleyel komme hierher zu einem Konzert. Die Menschen würden Wunder von der Pleyel erzählen, es bestünde die Gefahr, ihr Erfolg würde auf Liszts Kosten gehen. Der liebenswürdige Geschäftsmann verführt Liszt und kann gar nicht absehen, was er in Gang setzt.

Liszt besucht noch am selben Abend Camilla. Die Pianistin, deren Stimme und deren Lächeln so reizvoll sind und die so intim tut, als hätten sie sich erst gestern zuletzt gesehen, erweckt in Liszts Herzen die romantischsten Gefühle. Camilla gibt sich hin.

Gleich am nächsten Tag ist ein Privatkonzert bei dem Grafen Palffy, mit einer Sensation! Camilla spielt, und Liszt blättert die Noten um; derselbe Liszt, der in das Podium verliebt ist, der auftreten will und auf Applaus erpicht ist, läßt sich zu dieser Dienstleistung herab. Er macht der schönen Pariserin keine Konkurrenz.

Franz ist ein Kavalier und diskret. Er denkt nicht daran, Haslinger zu erzählen, Camilla habe im selben Hotel, wo er logiert, ein Zimmer gemietet. Er berichtet nicht, daß Camilla fünf Minuten nach ihrer Ankunft an seinem Krankenbett gesessen ist und er verrät nicht, daß der strahlend schöne Blondschopf sich an seine Wange gelehnt hat. Sie läßt sich nicht abhalten, auch dadurch nicht, daß er sie ermahnt, vorsichtig zu sein, nicht daß sie das Fieber von ihm bekommt, worauf der entzückende Engel nur die Antwort gibt: "Was mache ich mir schon aus deinem Fieber!"

Camilla rechnet richtig. Sie scheut sich, nach Liszts Konzert auf das Podium zu treten, als ob sie sich mit ihm messen wollte, mit dem Musiktitan. Dieser spürt das Bedenken der Frau und bietet ihr an, sie am Arm auf das Podium zu begleiten, was ihm keineswegs schwer fällt. Camilla Pleyel hat den gewünschten Erfolg.

Die beiden Wanderer können sich nur zwei Tage an der Fügung des Schicksals erfreuen, dann geht der eine hierhin, der andere dorthin. Wir zitieren wieder aus dem Tagebuch der Therese Walther: "21. November. Am Dienstag gingen wir zu Liszts Konzert. Seine Erscheinung ist für mich immer anziehend. Er spielte die Pastorale, die mich nicht befriedigte. Ich halte es für verfehlt, ein solches Werk mit einem einzigen Instrument aufzuführen, so weit reicht die Kraft und die Eignung des Klaviers nicht. Ich halte es für unwürdig, daß ein Genius wie Liszt sich nicht mehr für die wahre Kunst hingibt".

Am 27. November lesen wir im Tagebuch der Therese Walther: "Ich war mit Maria Trost in Liszts Konzert. Was er heute bot, ist einfach unübertrefflich."

6. Dezember, wieder aus Thereses Tagebuch: "Am Montag, vor dem Essen, Liszts Konzert, das mich vollständig hinriß. Er spielte herrliche Werke, Beethovens f-moll Sonate, Schubert-Lieder, dann eine sehr schöne Phantasie von ihm über die Lucia-Themen begeisterten mich geradezu, ich fühlte mich wie entrückt."

Liszt erkrankt bald wieder. Die Gräfin Sidonie Reviczky pflegt ihn und tut alles, um die Freundschaft enger zu knüpfen. Auf Liszts Haut entstehen brennende Ausschläge. Ratlos umstehen die Ärzte sein Bett. Man wickelt ihn in feuchte Tücher, was das Risiko einer Lungenentzündung beinhaltet.

EHRUNGEN IN UNGARN

Noch im Bett liegend, schreibt Liszt einen Brief an Graf Leo Festetics, seinem Verbindungsmann in Ungarn, und kündigt sein Kommen an.

18. Dezember. Franz trifft in Preßburg ein. Diese Stadt wählt er für sein erstes Auftreten in Ungarn, weil es dieselbe ist, die Zeugin seiner Kindheitserfolge war. Am Hafensteg wartet eine riesige begeisterte Menge auf ihn. Eine offizielle Delegation, die extra auf die Nachricht von Liszts Ankunft eine Sitzung der Diät - eine Art Parlament - unterbrochen hat, erwartet ihn bei der Anlegestelle.

Darüber schreibt Liszt: "Man könnte sagen, ein richtiges Delacroix-Bild, mit allem Pomp, mit krummen Säbeln, Federbüschen, samtenen Jacken, Goldketten mit Edelsteinen, wunderbaren Rössern, mit Sattelzeug, daß man für den Preis eine Herrschaft oder ein kleineres Reich beschaffen könnte. Ich habe die Namen nicht mehr in Erinnerung; alle waren begeisterte Menschen, die laut riefen, meine Hand drückten, der eine und der andere küßte mir auch das Gesicht."

Am 19. Dezember um 9 Uhr früh schreibt Liszt einen Brief an Marie: "Hier ist meine wilde und ferne Heimat. Samt meinen Freunden - Amen! Die Ankunft in Preßburg erfolgte in der Früh um fünf Uhr, und mittags fand das erste Konzert statt. Gestern hatten wir ein Abendessen, dann einen Besuch, den Grafen Széchenyi, ein großer Empfang, dann beim Gouverneur von Fiume, wo jeder zugegen war, war ich der Held des Tages, obgleich das Preßburger Publikum den fürchterlichen Ruf hat, es sei sehr kalt. Dennoch ist jeder davon überzeugt, daß es wieder so begeistert zugehen wird wie anderswo.

Noch eine Nachricht. Wahrscheinlich wird mich die ungarische Diät in den Adelsstand erheben. Da es eine nationale Angelegenheit ist, die ich nicht selbst gesucht habe und nicht darum bat, ja nicht einmal den Wunsch danach hatte, macht es mir doch Freude. Eine kleine Schwierigkeit ist dabei. Wenn man mir den Adelstitel gibt, muß ich mir ein Adelswappen zulegen, es wäre mir sehr lieb, wenn Sie mir ein Wappen erfänden."

Am 20. Dezember, diesmal im Theater, spielt Franz zugunsten der Armen. Der Saal ist überfüllt. Eine seltene Sache in Preßburg. Liszt berichtet an Marie: "Auf dem Plakat stand ich nur mit einem Stück - einer *Lucia*-Phantasie - dem ersten Teil und dem *Marie-Walzer*. Weil das Publikum nicht müde wurde, war ich gezwungen, mich an den Flügel zurückzusetzen; die Applause erneuerten sich, als ich die ersten Akkorde vom *Rákóczi-Marsch* begann - eine sehr volkstümliche Melodie in Ungarn, und ich habe sie jetzt nach meiner Art umgeschrieben -, rauschte der ganze Saal von 'Eljen! Eljen'-Rufen." (Hoch! Hoch!) "Sie können sich keinen Begriff davon machen, doch bei all Ihrer stoischen Gleichgültigkeit für Erfolg und Applaus bin ich sicher, daß Sie gerührt gewesen wären".

Ein anderer Bericht: "Inzwischen ist ein interessanter Artikel im Pester Tagblatt erschienen, wo der Artikelschreiber feststellt, daß 1660 der Palatin Thurzo einen freundschaftlichen Brief an einen gewissen Kaspar Liszt schrieb und ihn als Kamerad und mehr noch als Vetter ansprach. Sofort wurde beschlossen, dieser Liszt sei ein Vorfahre von mir. Eine Deputation suchte mich auf, begrüßte mich in elegantem Latein und gab mir zu wissen, man brauche nicht weiter nachzuforschen, ich sei einer von ihnen. Alles weitere sei Angelegenheit der Zeit und der Bürokratie. Unaufhörliches Feiern, das auf mich wirkt wie das schwerste, berauschende Getränk. Mir schwirrt der Kopf."

Ein Zitat aus dem Tagebuch: "Unmenge Gäste, blendend gekleidete Damen, österreichische Uniformen, Gewänder von Hohepriestern, ungarische Paradekleider, Fräcke... Ein ungarisches Wort höre ich kaum. Rings um mich wurde allgemein Deutsch oder Lateinisch gesprochen, besonders das Lateinische machte Eindruck auf mich. Das hatte einen gewissen historischen Anstrich, erinnerte an ferne Jahrhunderte, an die Hinterlassenschaft von alten Zeiten. Die vielen Begrüßungsreden, Blumensträuße, Ansprachen hatten mich schon sehr geplagt. Mein kaputtgeredetes Hirn dröhnte schon vor Leere, ich hatte schon Sehnsucht nach Rast und Ruhe. Aber davon kann keine Rede sein.

Noch eine interessante Nachricht aus Italien. Die wandernde Belgiojoso-Familie schickte mir einen Zeitungsartikel nach mit einem kurzen Bericht über einen neuen italienischen Kometen. Sein Schicksal ist erschütternd. Im August 1838 starb sein Töchterchen, im Oktober '39 das Söhnchen, und am 17. November '39 führte man mit großem Erfolg seine erste Oper in der Scala von Mailand auf unter dem Titel *Oberto*. Der Name ist Giuseppe Verdi, der die italienische Oper erneuern will. Ricordi steht mit Herz und Seele hinter ihm und unterstützt ihn."

Am 22. Dezember, am Sonntag, ist das dritte Konzert in Preßburg im Redoutensaal. Liszt berichtet darüber: "Dasselbe Publikum, dieselbe Menge und derselbe Erfolg, all das ist unerhört in Preßburg. Am Sonntag habe ich nach dem Konzert mit Graf Esterházy gemeinsam Mittag gegessen, ein entzückender Mensch, ich war gezwungen, ihm zu versprechen, wenn ich wieder nach Preßburg komme, bei ihm abzusteigen. Nachmittags um vier setzten wir uns in den Wagen und fuhren mit glänzender aristokratischer Begleitung nach Pest, wo wir am 23. Dezember nachmittags um vier Uhr ankamen."

Der Pester Musikverleger Tobias Wagner schreibt an seinen Wiener Kollegen Haslinger: "Ich hatte für Liszt im Hotel Palatinus ein Quartier bereit, das er nicht in Anspruch nahm. Er stieg bei Graf Festetics ab."

Im gräflichen Saal wird er vom Chor des Musikverlegers empfangen. Danach spielt auf dem geräumigen Hof das Militärorchester, und schließlich führt man im Saal des Palastes Beethovens Septett auf, bei dem auch Graf Brunswick mitwirkt. Der Chor singt eine für diese Gelegenheit komponierte Kantate, geschrieben von Franz Schobert, ein guter Freund von Schubert. Die Musik hat Johann Grill, der

Kapellmeister vom Pester Deutschen Theater komponiert. Die Kantate endet mit den Worten: "Franz Liszt, Deine Heimat ist stolz auf Dich!"

Darüber steht in Liszts Tagebuch: "Der Musikverleger Wagner wollte mich davon überzeugen, daß es meine vaterländische Pflicht sei, mein Werk einem Ofenpester Drucker zu übergeben, der es verlegen würde. ... In mir erwachte der Gedanke, ich müßte die ungarische Musik kennenlernen. Aber wer von den mir Genannten sollte es sein? Man empfahl mir Franz Erkel, den Dirigenten. Erkel ist so alt wie ich, scheint aber verbittert zu sein, und ist ein schweigsamer, mürrischer Mensch. Dabei spricht er vorzüglich deutsch.

Nach ein paar Worten stellte es sich heraus, daß er auch im Französischen bewandert ist. Ich sagte zu ihm, ich möchte gerne einige schöne ungarische Lieder lernen und mitnehmen auf eine Rundreise in Europa. Er sagte darauf nur: 'Das kann man schon, aber ich halte es nicht für zielgemäß.'"

Erkel läßt bei diesem Treffen mit dem gebürtigen ungarischen Virtuosen einige Bitterkeit heraus, in dem Tenor: 'Da kommst du für ein paar Tage, erntest alles ab, Applaus, Auszeichnungen, Geld, und da willst du uns auch noch die Lieder wegnehmen.' Franz kann ihn aber überreden, eine echte ungarische Melodie zu spielen.

Es erklingt eine Art von Klavierspiel, wie sie von Pixis, Kalkbrenner oder Moscheles bekannt ist, ganz unbekümmert darum, ob das Spiel gefällt oder nicht. Erkel schlägt fast gleichgültig die Tasten an, fängt dann aber doch Feuer.

Liszt liefert davon eine glühende Beschreibung: "Als ob aus dem geöffneten Himmel Donner und Blitze heruntersausen würden. Nur hatte dieses Gewitter einen Takt. Und zwar nicht irgendwelchen. Man glaubte, Reitergruppen galoppieren zu hören, denen eine Musik von Schnabelflöten voranging. Und Reiterattacken wieder und wieder. Ich konnte dieses Gekreisch und dieses Getrappel gar nicht mehr sitzend ertragen. Sowie der letzte Donner verstummt war, fragte ich: 'Was war das?' Er sah mich an, aber so bitter, daß es mir ins Herz stach. 'Das wissen Sie nicht, Herr Kollege? Das ist der echte *Rákóczi-Marsch!'"*

Liszt sieht Erkel bis zum 27. Dezember nicht wieder. In der Pester Zeitung von diesem Tag schreibt der Rezensent: *"Herr Franz Liszt gab am 27. Dezember 1839, mittags um 12 Uhr ein Konzert im großen Redoutensaal. Das Programm war folgendes: 1. Phantasie nach Motiven aus den Puritanern, gespielt auf dem Forte-Piano allein von Herrn Franz Liszt, 2. Quartett auf Männerstimmen, vorgetragen von Herrn Hans Grill, Herrn K.E. Sch. und Hern J., Mitglieder des Ofenpester Musikvereins, 3. La Serenata l'Orgia (aus den Rossini-Abenden), gespielt allein auf dem Forte-Piano von F. Liszt, 4. das nächste Quartett von Hans Grill, gesungen von den vorigen Herren, 5. Nachtgesang und Ave Maria, Lieder von Schubert, auf dem Forte-Piano vorgetragen allein von F. Liszt."*

Die Zeitungskritik erwähnt unter anderem noch: *"Nichts scheint für ihn unmöglich zu sein. Aus seinem Vortrag sprüht unbeschreibliches Feuer, und die Freiheit der Sprünge gleicht einem Lavaausbruch. Ein lästiger Platzregen fiel dieser Tage vom Himmel. Vielleicht darum, damit der Sieg unseres Kompatrioten umso glänzender hervorgehoben wird. Etwa tausend Menschen hatten sich versammelt, die mit endlosen 'Eljen'-Rufen den Künstler empfingen, und der Jubel wollte nicht aufhören. Man applaudierte nach allen Nummern, aber auch vorher schon.*

Es standen da zwei Forte-Pianos, nach Norden und Süden gedreht, auf denen Franz Liszt abwechselnd spielte. Nach dem Programm, nach der letzten Nummer wurde der Künstler zwölfmal herausgerufen auf das Podium, schließlich improvisierte er eine Zugabe auf ein ungarisches Thema."

Am 28. Dezember hört Franz sich im Ungarischen Theater die Aufführung des *Fidelio* an, und als er in die Loge tritt, bricht das Publikum in Massenapplaus und 'Eljen'-Rufe aus.

Er wird der Grande Dame des Theaters, Frau Schodel, vorgestellt, einer wahren Königin. Sie trifft Verfügungen, erteilt Befehle, läßt die Leute herumspringen, als ob sie alle junge Choristen wären. Sie geht herum, als trüge sie eine Krone auf dem Kopf. Es trifft zu, daß sie eine hochgebildete Künstlerin ist, aber sie ist ebenso jähzornig, was Franz bei einer Probe selber zu spüren bekommt.

Kaum zwei Minuten, nachdem der Korrepetitor sich an die Tasten gesetzt hat, bricht der Sturm aus; Frau Schodel wütet, trommelt auf das Klavier, schimpft fließend ungarisch, deutsch und französisch. Der Zorn ist nicht nur auf den Klavierbegleiter gerichtet, sondern ein wenig auch auf Liszt. 'Du bist ein weltbekannter Podiumskünstler, aber ich bin auch keine X-Beliebige. Hier auf diesen Brettern regiere ich!' So ist ihr furioses Auftreten zu verstehen.

Franz gibt sich bescheiden und fragt, ob sie etwas dagegen habe, wenn er die Meisterwerke von Beethoven und Schubert begleiten würde. Sie sieht ihn an, schnappt nach Luft, dann saust sie aus der Turmhöhe ihrer Einbildung plötzlich herab, drückt Liszt die Hand: "Diese große Auszeichnung wage ich gar nicht anzunehmen."

Über Franz Erkel lernt Liszt einen übermütig lächelnden Jüngling kennen. Er sieht diesen verlegen an; ihm sind ja im Laufe seines Lebens so viele Gesichter entgegengetreten, daß er jetzt ratlos ist. "Lieber Freund, ich weiß nicht, wer du bist, leg dein Inkognito ab."

"Erinnerst du dich nicht an Vetter Anton? An den Sohn des Gutsverwalters von Raiding?" Franz fühlt ein plötzliches Herzklopfen, denn es dämmert ihm, der lächelnde Jüngling kann kein anderer sein als der Sohn des einstigen Verwalters Frankenburg.

"Du mußt Dolfi Frankenburg sein!" Nun fließen bei Franz die Tränen.

Dieser Spielgefährte aus der Kindheit, der als Journalist in Pest lebte, hat die wichtigsten Sätze und Daten über Liszt im Band *Franz Liszts Lebensbilder* festgehalten. So auch die unvergeßlichen Worte Lázár Petrichevich

Horváths: "Da muß ich aber lachen, wenn einige Diplome, verstaubte Papiere hervorkommen, die Adelspapiere von Franz Liszt sein sollten. Die hat er doch nicht nötig, die alten verstaubten Papiere, wo ihn der allmächtige Gott mit seiner heiligen Hand zum Edelmann bestimmt hat. Der große Napoleon fällt mir ein, der es nicht duldete, als Gelehrte beweisen wollten, er stamme vom Geblüt der Medici ab. Der antwortete nur: 'Ich brauch keine Ahnen, ich bin für mich selbst Ahne genug!'"

Beim Festmahl des Grafen Festetics betätigt sich Dolfi als Dolmetscher, denn einige der hohen Herrschaften begrüßen den Virtuosen auf Ungarisch.

Das Fest ist herzlich und intim, denn Franz sitzt mit der ganzen Familie um den Ofen herum. Und dann gibt es eine Überraschung! Die Türen gehen auf, es erscheinen die Mitglieder eines Chores, die auf den Wink ihres Dirigenten einen Begrüßungsgesang für Franz Liszt zu singen beginnen. Dieser muß schon wieder aufpassen, daß er vor Rührung nicht zu weinen beginnt.

Am 29. Dezember gibt es ein neuerliches Konzert im großen Redoutensaal vor anderthalbtausend Zuhörern. Eine Besonderheit dieses Konzerts vornehmlich mit Schubert-Liedern ist, daß die Eintrittskarten das erste Mal in Pest in Ungarisch gedruckt werden. Es ist der besondere Wunsch Liszts gewesen.

Den Wechsel auf das Jahr 1840 erlebt Liszt in Ungarn. Schon am 2. Januar folgt ein weiteres Konzert im Redoutensaal. Vor dem offiziellen Programmbeginn singen Mitglieder des Gesangvereins die Liszt-Kantate.

Die *National-Zeitung* schreibt darüber: *"Acht junge Damen mit klarer Stimme begeben sich zu Liszt und begrüßen ihn. Dann nehmen sie ihren Lorbeerkranz, der auf einem roten Samtkissen liegt, und legen den Kranz Herrn Liszt auf das Haupt. Die Anwesenden brechen alle in gehörige 'Eljen'-Rufe aus, lassen den Gefeierten hoch leben, feiern ihn mit Applaus. Als Konzertprogramm trug Liszt Webers f-moll Klavierkonzert vor und das Hexameron."*

Für den 4. Januar wird auf einem Plakat mit roten Buchstaben angekündigt: "HERR FRANZ LISZT gibt aus patriotischer Regung ein Konzert zugunsten des Ungarischen Theaters. Auf dem Programm stehen: 1. Andante Finale aus der Oper *Lucia di Lammermoor,* vorgetragen von Herrn Liszt; 2. *Galop chromatique,* vorgetragen ebenfalls von Herrn Franz Liszt." (Dabei handelt es sich um eine Uraufführung.)

An dieses Konzert erinnert sich der Schriftsteller Laszlo Bártfay mit folgenden Worten: "Zum Schluß trat der weltberühmte Künstler vor den Vorhang; empfangen wurde er von stürmischem Applaus und 'Eljen'-Rufen. Er hatte ungarische Kleidung an: kirschfarbenen Dolman, blaue Hosen mit goldener Verschnürung, Korduanstiefel mit Sporen. Von seinem Vortrag zu schreiben wäre überflüssig, weil man die Vollkommenheit seines Spiels nicht in Worte kleiden kann. Das muß man gehört und bewundert haben.

Nach dem Spiel der beiden Stücke wurde er noch wiederholte Male mit Applaus hervorgerufen, seine Haltung verriet keinen Dank mehr, sondern ein sich Abfinden und Hingeben. Eine ganze Weile stand er da, die Hände an die Brust gedrückt, tief gebeugt vor dem tobenden Publikum. Plötzlich richtete er sich auf, setzte sich ans Klavier, und nach ein paar einleitenden Tönen erklang unter seinen Fingern der *Rákóczi-Marsch.* Danach brach das Publikum abermals in Begeisterung aus, die als geradezu maßlos bezeichnet werden kann. Es war zu befürchten, das Theater würde in seine Bestandteile aufgelöst von dieser Begeisterung. Er mußte aufhören, erhob sich vom Klavier und dankte mit wiederholter Verneigung für die unerhörte Feier. Nachdem wieder Ruhe eingetreten war, spielte er den *Rákóczi-Marsch* zu Ende. Tiefe Stille herschte im Theater, so daß man auch nicht den leisesten Ton vom Publikum hören konnte, als ob alle Menschen den Atem angehalten hätten und zu Stein erstarrt wären.

Bevor Liszt sich hinter den Vorhang zurückziehen konnte, traten Graf Festetics und Baron Augusz und noch andere vornehme Herren auf die Bühne. Graf Festetics hatte einen prächtigen vergoldeten Säbel mitgebracht und überreichte diesen dem Künstler, der das Geschenk annahm und sich sogleich damit umgürtete... Liszt trat vor, schob den Flügel eine Kleinigkeit zurück, hob sein bleiches, erschrockenes Gesicht in die Höhe und sprach mit fester, im Anfang etwas befangener Stimme seine Dankesrede: 'Dieses Schwert will ich mein ganzes Leben bewahren... Das ist kein Symbol allein. Ungarn strebt nach neuerlichem Ruhm, nun - nach den Schlachten - mit der Kunst und der Literatur und der Verbundenheit mit den Friedensfreunden.'" Heute ist dieser Säbel im Nationalmuseum in Budapest zu besichtigen.

Liszt fühlt sich offensichtlich zuhause. Er präsentiert sich in einem ungarischen Gewand auf dem Podium. Sein bloßes Erscheinen löst stürmischen Applaus aus.

Das größte Geschenk an das Volk besteht darin, daß er den *Rákóczi-Marsch,* erweitert zu einem festlichen Stück, vorträgt. Der *Rákóczi-Marsch* kann ja die ungarische Marseillaise genannt werden. Ein Beweis dafür ist, daß die Habsburger Zensur den Druck des Marsches zunächst nicht zuließ; das konnte erst viel später geschehen. Der Effekt dieses Konzerts, die 'Eljen'-Rufe, die den Himmel erstürmen, ist kaum vorstellbar. All das ist nicht nur ein künstlerisches, sondern auch ein politisches Ereignis. Der Schatz der Nation stattet seiner Heimat einen Besuch ab, und ein Land streichelt mit seiner Begeisterung den verzärtelten Liebling. Vor dem Theater erwarten eine Militärkapelle und eine riesige Menge mit Fackeln den Virtuosen. Einige begeisterte junge Leute wollen, wie schon früher einmal bei Fanny Elssler, die Pferde aus dem Wagen spannen.

Liszt schreibt auch einen getreuen Bericht an Marie d'Agoult: "Das Haus des Grafen Festetics lag sehr weit vom Theater. Überall standen zahllose Menschen die Strecke entlang. Nachdem wir ein Drittel des Weges zurückgelegt hatten, ließen wir den Wagen halten, stiegen aus, und setzten den Weg zu Fuß fort: Graf Festetics, in der Mitte ich, und Baron Augusz. Überall wurden wir von Freudenrufen begleitet. Man kann sich von der Begeisterung dieses Volkes und von der Hochachtung, die sie dem Künstler entgegenbringt, keinen Begriff machen. Es war ein Triumphzug, wie ihn nur Lafayette und einige Mitwirkende der Revolution gewagt hatten."

Man gewinnt den Eindruck, daß Liszt wie Bártfay ihren echten Patriotismus bei aller aufrichtigen Gerührtheit auch sehr effektheischend überliefern.

Liszts sechstes Konzert findet am 6. Januar in der Redoute statt. Dem folgt ein Brief an Marie vom 7. desselben Monats: "Nach so einer Demonstration war ich dafür, auch meinerseits etwas für die Stadt und für das Land zu vollbringen. Deshalb verlängere ich meinen Aufenthalt in Pest um einige Tage. Ich gebe ein Konzert zugunsten des zu gründenden Konservatoriums. Ich werde den Chor und das Orchester dirigieren beim großen Beethoven, die Phantasie mit dem Chor, und das Konzert von Weber spielen."

8. Januar. Der Rat der Stadt Pest wählt Liszt zum Ehrenbürger. Im Diplom steht folgendes: *"Wir, Bürgermeister, Richter, Räte der königlichen Freistadt Pest, bezeugen hiermit, daß wir und die gewählte Bürgerschaft in Anerkennung der Verdienste, die Herr Franz Liszt um unsere Stadt erwarb bei der Hilfe für die Überschwemmung des Jahres 1838, aus dem fernen Ausland geeilt nach Wien, der Hauptstadt der österreichisch-ungarischen Monarchie, kam, ein Konzert gab, und die Einnahmen zur Linderung des Elends stiftete. Außerdem überließ er für das Nationaltheater und für den Gesangverein die Einnahmen, wodurch die genannten Anstalten einer wesentlichen Hilfe teilhaftig wurden. Für all das nehmen wir Herrn Franz Liszt unter die Bürger unserer Stadt auf und lassen ihn all der Vorteile teilhaftig werden, welche die anderen Bürger unserer Stadt genießen."*

Noch am selben Abend, an dem er die Auszeichnung bekommt, gibt Liszt ein Konzert in Begleitung des hervorragenden Geigers Mihaly Táborszky. Zuerst spielt er seine eigene *Hugenotten-Phantasie,* und dann zusammen mit Táborszky das Duo von Bériot für Geige und Klavier. Nach dem ungewöhnlichen Erfolg spielt er als Zugabe Variationen auf ein Thema von Weber. Am nächsten Tag um 12 Uhr soll er wieder ein Konzert geben, diesmal zugunsten der Blinden.

Am Abend erfolgt ein festlicher Empfang im Nationalcasino mit Tanz. Bei dem Bankett mit mehreren hundert Gedecken werden so ausführlich Begrüßungs- und Festreden gehalten, daß Liszt zum Schluß ganz wirr im Kopf ist. Er stiftet offiziell eine beträchtliche Spende für das Nationaltheater und das Konservatorium. Da ihm der Rummel zu viel wird, setzt er sich ans Klavier und spielt den allzu bekannten *Rákóczi-Marsch* und noch einige ungarische Werbelieder, die er vom berühmten Zigeunerprimas Bihari einstmals gehört hatte. Der immer etwas verbittert dreinschauende Erkel und der Jugendfreund Dolfi Frankenburg sind dem erschöpften Franz dabei behilflich, den andauernden Ovationen durch die Hintertür des Gebäudes zu entkommen.

ZURÜCK ZU DEN WURZELN

Draußen wütet der Sturm, es klingt wie Wolfsgeheul. Bei der herrschenden Kälte ist sogar die Donau zugefroren, der Schiffsverkehr eingestellt. Franz bekommt auf die Frage, wohin sie eigentlich gingen, keine Antwort. Endlich betreten die drei ein kleines Gasthaus. Aus dem hinteren Zimmer klingt Zigeunermusik durch den Wirtshauslärm. Franz fühlt sein Herz klopfen. Erkel aber sagt einfach: "Jetzt passen Sie auf, mein Herr! Sie hören einen Musiker, wie Sie noch wenige gehört haben, denn solche kommen nur selten vor. Selbst ein gelernter Musiker steht mit offenem Mund verblüfft da. Ein Urtalent, mit stahlharten Fingern und heißem Herzen. Bedenken Sie, mein Herr, wenn dieser Mann unter einem glücklicheren Stern geboren wäre, wäre aus ihm ein neuer Paganini geworden."

Erkel stellt die beiden Musiker Franz Liszt und Franz Bunko einander vor. Bunko verneigt sich nicht untertänig, sondern im Bewußtsein seines eingeborenen Stolzes. Liszt erinnert sich des Abends später: "Der Primas begann das Spiel mit einem leisen Seufzer. Dolfi hatte nicht mal die Zeit, ein Wort zu übersetzen, da erklang schon eine Melodie, die mich mit ihrem sonderbaren, orientalischen Klang ergriff, und danach folgten ohne Ende immer weitere und neuere Lieder. Die Stimmung wurde immer wärmer, eine Stimmung, die keine Übersetzung erforderte, weil die Tanzlust erwacht war, so daß man nicht sitzend zuhören konnte, man wurde sozusagen hochgerissen vom Platz. Junges Volk, das hereingedrungen war, hatte schon zu tanzen begonnen, mit einer wunderbaren Choreographie, stolz und eingebildet, und doch mit lächelndem Liebreiz.

Ich frage Erkel: 'Was ist das für ein Tanz?' Erkel sieht mich an und brummt: 'Diesen Tanz kennen Sie nicht, mein Herr? Es ist der ungarische Csárdás!' Gleich daraufhin frage ich: 'Wenn ihr so einen wunderbaren Tanz habt, warum tanzt ihr denn im Casino blödsinnigen polnischen oder tiroler Hoppsassa, bestenfalls einen Wiener Walzer, wo doch der Csárdás schöner und schwungvoller ist wie jeder andere Tanz auf der Erde?' Erkel zuckt die Achseln: 'Wenn ich etwas sage, nennen sie mich einen Esel und meinen, ich soll mich nicht einmischen. Aber wenn Sie etwas unternähmen, würde daraus im Nu eine Landesmode werden.' In der Stimme war etwas wie ein Vorwurf, aber auch Hochachtung."

Franz denkt gleich daran, für den nächsten Tag ein Fest zu veranstalten, zu dem er sämtliche Musiker vom Nationaltheater, bekannte und unbekannte Mitglieder, einladen will. Die eingebildeten und wichtigtuerischen Aristokraten sollen lernen, wie man sich mit einfachen Leuten vereint. Franz sieht den ungarischen Nationaltanz vor sich,

216

der nur noch ins Bewußtsein der tonangebenden Schichten zu heben ist.

Baron Augusz schiebt plötzlich ein Klavier in den Saal, und Feri Bunko, der Primas, zieht mit. Die beiden Franz, Liszt und Bunko, spielen abwechselnd den Leuten zum Tanz auf, und das junge Volk schließt sich gleich der Gruppe an.

Am 11. Januar gibt Franz wieder ein Benefizkonzert für das Konservatorium. Da ist er als Kapellmeister kennenzulernen.

Er fängt das Programm mit der Overtüre zur *Zauberflöte* an, dann kommen die Chorphantasie von Beethoven, anschließend die *Oberon*-Overtüre und ein Duett aus der Oper *Marino Faliero* von Donizetti. Damit ist es aber noch nicht genug, er stimmt aus Beethovens *7. Symphonie* das Andante an, dem er einen Chor aus dem Haydn-Oratorium folgen läßt, und zum Schluß spielt er das *es-moll Klavierkonzert* von Weber, eines seiner Lieblingsstücke.

Liszt bringt es auf Einnahmen von 1377 Gulden, die er dem zukünftigen Nationalkonservatorium überläßt, das später Franz Liszt Musikakademie heißen wird. Den Abschied veranstaltet er am 12. Januar wieder in der Redoute.

Vorausgesetzt, das Eistreiben auf der Donau läßt es zu, will er am 13. Januar über Raab und Wien nach Petersburg reisen. Endgültig kommt Liszt erst am 15. Januar von Pest los. Bereits am nächsten Tag gibt er ein Konzert in Raab, im großen Saal des Komitatshauses. Am 17. Januar ist er wieder in Preßburg; hier gönnt er sich ein paar Tage Ruhe, gibt dann am 21. Januar ebenda ein neuerliches Konzert. Getreulich gibt er Marie in Paris immer brieflichen Bericht. Von Preßburg fährt er nach Wien.

Am 16. Februar schreibt er von dort an Marie: "Meine Teure! Seitdem wir uns getrennt haben, lebe ich in ständiger Aufregung, ohne Ziel und ohne Befriedigung. Es ist meine Beschäftigung, die mir immer lächerlicher vorkommt, wenn nicht gar verhaßt. Es ist mir unmöglich, ernsthaft zu arbeiten, obgleich ich zwischendurch vier oder fünf ungarische Tänze geschrieben habe, die Ihnen gefallen werden, sehr effektvoll."

Am 17. Februar kommt Franz in Ödenburg an, in der Stadt, die vor 20 Jahren der Schauplatz seines ersten öffentlichen Konzerts war. Er tritt am 18. Februar im Städtischen Casino auf. Die Einnahmen bestimmt er wieder für einen wohltätigen Zweck. Aus Dankbarkeit wird er von der Stadt Ödenburg unter die Ehrenbürger aufgenommen.

Bei diesem Konzert hört der in Ödenburg Militärdienst leistende Sandor Petöfi, der nachmalige ungarische Nationaldichter, Liszt zum ersten Mal.

Am 19. Februar fährt Franz in seinen Geburtsort Raiding. Die Kindheitserinnerungen erwachen wieder in ihm. Auf dem Weg zu seiner Geburtsstätte erkennt er jedes Dorf, jede Kirche, jeden Weg, ja fast jedes Haus wieder. Der liebe Pfarrer Rohrer, der damals noch Kaplan gewesen ist, erwartet ihn. Die Kirche kommt Franz jetzt so klein vor, aber die alte Orgel tönt wieder. Nach der Messe macht er einen Spaziergang im Dorf, dann einen Besuch im Geburtshaus. Franz ist bis ins Herz gerührt von der Mitteilung, dieses Haus soll für die Nation angekauft werden.

Dann fährt er weiter und kommt am 20. Februar in Kismarton (Eisenstadt) an, wo er sich seines Vaters erinnert, der hier in Fürst Esterházys Orchester gespielt hat.

"DAS IST MEIN LEBENSELEMENT"

Die ruheloseste Zeit in Liszts Leben fängt an, die kraftraubendsten zehn Jahre. Nach den erfolgreichen heimatlichen Konzerten kann er sich keine Rast gönnen, um ungestört schöpferische Arbeit zu leisten. Er möchte komponieren, Klavier- und Orchesterstücke gleicherweise, er möchte die Sache der neuen Musik vorwärtsbringen - doch in der Hauptsache braucht er Geld. Zu diesem Zweck nimmt er das ermüdende Wanderleben auf sich, eilt als Virtuose durch Europa, von Schottland bis Konstantinopel, von Gibraltar bis Moskau. Trotz der anstrengenden Reiserei muß er aber Marie d'Agoult dann gestehen: "Das ist mein Lebenselement."

Der nächste Weg führt Liszt nach Wien. Dort wird er schon von einem großen Packen Post erwartet, darunter auch Briefe von und über Marie. So erfährt er, daß ihre Freundschaft mit George Sand nicht mehr besteht, daß ihr Sainte-Beuve den Hof macht und außerdem ein englischer Herr namens Bulwer, den Marie schon oft erwähnt hat. Das Liebesverhältnis zwischen Marie und Bulwer ist nur ein kurzfristiges. Doch ob es nun kurze oder dauerhafte Affären sind, ihm ist die einstige schöne Frau schon gleichgültig geworden. Die Erinnerungen sind verblaßt wie die alten Küsse.

In Wien wartet auch Haslinger, der Verleger, auf ihn, der ihm eine Option für seine ungarischen Lieder gegeben hat. Franz hatte vor, dem Werk den Namen *Ungarische Rhapsodien* zu geben. Doch darin unterliegt er eigentlich einem Irrtum. Liszt kannte die echte ungarische Volksmusik nicht, die Lieder, die man in den Dörfern singt, er kannte eigentlich nur die von den Zigeunern ausgeschmückte, gefällige Musik, die schon in den Schlössern und Salons zur Zerstreuung der hohen Herrschaften gespielt wurde. Liszt war der im Volk verwurzelten Musik nie begegnet. Es war eine einseitige Liebe aus der Ferne. So ist das wahre Verhältnis zum ungarischen Volk zu sehen, und darunter hatten seine *Ungarischen Rhapsodien* zu leiden. Haslinger, der geschäftstüchtige Verleger aber gibt das heraus, was er leicht verkaufen kann.

Er teilt Liszt mit, daß das Interesse für seine Konzerte so groß sei, daß er diese nur in der Redoute veranstalten könne. Dort ist für 3000 Zuschauer Platz, eine Menge, die bisher nur die Konzerte von Catalani und Paganini herbeigelockt haben.

Lassen wir bei dieser Gelegenheit wieder Liszt zu Wort kommen: "Ehe ich im Konzert zu spielen beginne, stürzt der Adjutant seiner kaiserlichen Majestät herbei, spricht diskret mit Haslinger, trifft Verfügungen, die ersten Reihen werden weiter nach hinten geschoben, und dann teilt der Verleger mit müder Stimme dem Publikum mit: 'Seine kaiserliche Majestät und die kaiserliche Familie sind jeden Augenblick zu erwarten.'"

Ihre Majestät Maria Anna nickt mit einem vertrauten Blick Franz Liszt zu, während ihr Gatte schon von der ersten Minute an schlummert. Das Konzert dauert zweieinhalb Stunden.

Nach der letzten Nummer bricht ein höllischer Sturm los. Es wird um eine Improvisation gebeten. Man gibt die Themen auf, darunter auch solche eines unbekannten Talents namens Johann Strauß; eine Melodie, die Liszt vom ersten Augenblick an gefällt: das Leben ein Tanz! Die Improvisationen erregen stürmisches Gefallen. Das Publikum ist so begeistert, daß es noch das ungarische übertrifft. Wenn Liszt Pester Reminiszenzen einfallen, improvisiert er ungarische Melodien. Das Publikum applaudiert, aber Seine Majestät steht plötzlich auf und verläßt den Saal.

In Wien wird Franz auch mit dem aus Prag stammenden Musiker Dessauer bekannt. Bald kommt die Bitte, er möge Prag die Ehre erweisen. Dessauer will die ganze Korrespondenz und alles, was dazugehört, für den 'Herrscher' Liszt besorgen, der nur noch zu signieren braucht. Auf dem Weg nach Böhmen gibt es zwischendurch ein Konzert in Brünn.

Am 7. März 1840 tritt Franz in Prag vor dem neugierigen Publikum auf. Der Musikverleger Jakob Fischer teilt ihm mit, er habe weitere vierhundert Eintrittskarten herausgeben müssen, sämtliche Plätze sind verkauft, man habe inzwischen schon Stühle an das Klavier geschoben.

Franz kümmert sich diesmal nicht um das offizielle Programm und fängt mit der *Mondschein-Sonate* an. Dann folgen das *Ave Maria* und der *Erlkönig*. Zuerst zuckt das Publikum betroffen zusammen, doch dann überrollt den Virtuosen eine Welle der Begeisterung, die jede Ordnung im

Konzertsaal hinwegspült. Franz fängt daraufhin eine Nummer an, die er für ein Hussiten-Lied hält. Sein Spiel erklingt plötzlich wieder in tödlicher Stille. Aber schließlich rauscht nach der Zugabe auch hier der Applaus auf.

Johann Hoffmann, ein angesehener Musikverlger in Prag, tritt beim anschließenden Empfang bei der Gräfin Elisa Schick zu Liszt, nimmt ihn beiseite und teilt ihm mit einem spaßigen Lächeln mit, das Hussiten-Lied kaufe er sofort. Dann klärt er den überraschten Pianisten auf, das Lied sei in Wirklichkeit kein hussitisches, sondern ein tschechisches Kriegslied, darum sei das Publikum bei den ersten Akkorden erstarrt und erst hinterher erwacht.

Liszt ist seit dem 14. März in Dresden. Eine Menge Briefe erwarten ihn und eine Deputation aus Leipzig: Hiller, Mendelssohn und Schumann.

Eine unvergeßliche Erinnerung: Schumann tritt bei Liszt ins Zimmer, gibt sich still und bescheiden. Er ist außerordentlich klug, aber läßt sich nicht nahe kommen. Man muß erst tief in den Menschen eindringen, und entdeckt dann ein Wunder. Robert Schumann spricht von sich selbst, seiner Jugend, seinem Leben, tritt dann ans Klavier, spielt aber nur einige Töne, denn diese Hand, dazu geschaffen, ihn zum Paganini des Klaviers vorrücken zu lassen, ist verletzt. Inzwischen kommt Clara Wieck an, Robert Schumanns Gattin und Muse. Sie bedankt sich bei Liszt, daß er in der Pariser Zeitung von Schlesinger mehrere Artikel den Kompositionen von Schumann gewidmet hat. Als Gegenleistung liest Clara aus der *Neuen Zeitschrift für Musik* eine Begrüßung vor:

"Wir wissen, daß einige Lorbeerblätter mehr oder weniger nicht viel ausmachen bei dem Sieggewohnten. Möglich ist auch, daß Sie aus reiner Bescheidenheit sich zufrieden geben mit Ihren bisherigen Leistungen... Kommen Sie, Sie waren ja noch nie in Norddeutschland, wir erwarten Sie mit offenen Armen."

Am 16. März tritt Liszt mit großem Erfolg auf. Schumann: "Das Publikum hatte ihn mit großen Feiern empfangen, dann begann er zu spielen. Auch schon früher hatte ich ihn gehört, aber der Künstler spielt anders für das Publikum als für einige wenige Zuhörer. Außerdem hat sich Liszt auch selbst verändert. Das Publikum so zu entzücken, in die Höhe zu heben und mitzureißen konnte kein einziger Künstler außer Paganini. Schwerer als alles andere ist es, das Wesentliche in Liszts Kunst zu erkennen und festzuhalten... Die Vergangenheit und die Gegenwart würden es uns erlauben, viele berühmte Künstler neben Liszt zu stellen, aber was die Energie und was den Mut anbelangt, bleiben alle hinter ihm zurück. Besonders gern hat man ihn in eine Reihe mit Thalberg gestellt, aber man muß nur die beiden ansehen, und dann ist die Frage auch schon entschieden."

Schumann stellt Liszt den *Carnaval* vor, den für ihn Clara schon einmal gespielt hat. Franz blättert die aufgeschlagenen Noten durch und beginnt wie üblich wieder prima vista zu spielen. Clara wird schneeweiß, Robert bekommt feurige Wangen. Beide können nicht umhin, das unbegreifliche Spiel zu bewundern.

Das Konzert nimmt mehr als viereinhalb Stunden in Anspruch, für Liszt tödlich ermüdend. Es ertönen Schuberts herrliche Lieder in der Interpretation von Frau Schröder-Devrient: der *Erlkönig*, die unvergeßliche *Margarete am Spinnrad*, die *Winterreise*, der *Schwanengesang* und Schumanns *Carnaval!* Das Publikum hat bald herausbekommen, daß Liszt kaum in die Noten schaut. Er hat sie vor ein paar Stunden gesehen und donnert sie jetzt in die Tasten, wie etwa den *Davidsbündler-Marsch*.

Die nächste Station soll Leipzig sein. Doch der schon in Ungarn eingestellte Sekretär hat mit seinem arroganten Benehmen dummerweise die Stimmung verdorben. Er hat die Eintrittspreise in Unkenntnis der Sachlage unverhältnismäßig hoch angesetzt und vor allem den Journalisten keine Freikarten geben lassen. Der 'Erfolg': *"Keine Hand regte sich zu seinem Empfang"*, muß die *Leipziger Zeitung* melden.

Am 17. März im berühmten Gewandhaus-Saal trifft Franz der erste künstlerische Mißerfolg. Nicht nur der Applaus bleibt so gut wie aus, obwohl der Saal bis zum letzten Platz besetzt ist, sondern auch Pfiffe sind im Saal zu hören. Die Folge: Liszt wird krank.

Er muß sich wieder mit Ausschlag ins Bett legen, sich Umschläge machen lassen. Mendelssohn beschließt, den Fehler wiedergutzumachen. Liszt kann auf keinen Fall mit einem Skandal Leipzig verlassen. Glücklicherweise kommt ein festlicher Anlaß, der 21. März, der Geburtstag von Johann Sebastian Bach und Jean Paul. Mendelssohn veranstaltet ein Konzert vor erlesenem Publikum, bei dem Liszt mit Hiller und Mendelssohn das *Dreierkonzert* von Bach spielt. Außerdem sind drei Leipziger Komponisten aufs Programm gesetzt: Schumann, Mendelssohn und Hiller.

"Um einige ältere Virtuosen in Staunen zu versetzen, schreibe ich hier hin, daß Liszt fast alles prima vista spielte. Die Etüden und den *Carnaval* hatte er schon vorher gekannt, aber das Konzert von Mendelssohn hat er einige Tage vor dem Auftritt erst gesehen. Bei seiner großen Inanspruchnahme kam er in der kurzen Zeit kaum dazu, das Werk zu studieren", berichtet Schumann am 25. März 1840.

Der andere vertraute Kamerad der Leipziger Tage, Mendelssohn, schreibt an Moscheles: "Mit seinem meisterhaften Spiel und seiner bis in die Fingerspitzen reichenden Musikalität hat er mir sehr große Freude bereitet. Seine Schnelligkeit, seine Elastizität, vor allem sein prima vista-Spiel, sein vollständiges Durchdrungensein von der Musik ist einzig in seiner Art, in alldem hat ihn noch niemand übertroffen, und wird ihn vielleicht auch nie übertreffen."

Liszt besänftigt die schärfsten Gegner schon auch dadurch, daß er das Wort auf deutsch ergreift. Sicher wäre Französisch für ihn leichter gewesen, doch das schöne Deutsch erleichtert ihm die erwünschte Wendung. Der brave Konzertveranstalter meldet sich sofort: "Der Friede ist geschlossen, wir können das nächste Konzert veranstalten."

Mendelssohn redet ihm ins Gewissen, Schumann bettelt ihn geradezu: sie möchten ihn hören und sehen in diesen diabolischen Strahlen, die ihn auf dem Podium immer umgeben. Liszt trifft allerdings eine unglückliche Wahl: ein Konzertstück von Weber. Das Orchester kann Liszts Tempo nicht übernehmen, es stolpert, macht Fehler, versucht mit schnellerem Spiel, die Verspätung einzuholen.

Liszt: "Das war weniger ein Konzert, als ein Ringen auf Leben und Tod. Der Kampf um Erfolg. Schumann rettete die Situation, indem er dazwischenrief: 'Vive l'empereur!' Der treue Freund übertrieb ein wenig!"

Rastlos überträgt Franz noch in Leipzig Mendelssohn- und Schumann-Lieder aufs Klavier.

Am 31. März verläßt Liszt Leipzig im Bewußtsein, daß er sich doch mit der Thomas-Kirche und der Stadt Bachs angefreundet hat. Das ist aber ein Irrtum! Nach seiner Abfahrt bläst die *Allgemeine Musikzeitung* zur Hetzjagd auf ihn. Diese Zeitung wird nicht nur in Leipzig und Dresden gelesen, sondern in ganz Deutschland, in der Monarchie, in Preßburg, Ödenburg und Ofen-Pest.

Liszt schreibt: "Ich kann durch die ganze Welt reisen, Sieg um Sieg erringen, hinter mir munkelt das Leipziger Memento: Ja, ja ... aber das Leipziger Gewandhaus hält nichts von seinen Kompositionen."

Liszt ist sich sicher, der Artikel ist von Professor Wieck geschrieben oder zumindest inspiriert worden von ihm, dem größten Hintertreiber in Leipzig. Auf der Fahrt ist ihm auch Claras Gesicht erschienen, ihr hartes, unfreundliches Lächeln, mit dem sie ihn begrüßte, als er vom Podium trat. Zweifellos hat er mit Schumann nicht den überragenden Erfolg erzielen können wie etwa mit dem *Chromatischen Galopp.*

Liszt: "Trotzdem behaupte ich, die Zeit für den *Carnaval* wird kommen, und er wird denselben Ehrenplatz einnehmen wie Beethovens dreiunddreißig *Diabelli-Variationen!*"

Liszt trifft wieder in Frankreich ein. Er gibt noch ein Konzert in Metz, dann fährt er nach Paris, wo ihn Hector Berlioz schon ungeduldig erwartet. Und was tut dieser gottgesegnete gute Freund? Er schreibt im *Journal des Débats* ein Hallelujah auf Liszt: *"Der König der Pianisten ist bei uns! Und da es unmöglich ist, daß er ganz Paris seine Aufwartung macht, wird er sich die Ehre geben, die Kunstfreunde der Hauptstadt der Welt bei sich zu empfangen, mit einem Musikfest, und zwar wie es Könige zu tun pflegen: bei freiem Eintritt!"*

Im April sucht Franz im Hotel in Paris ein unbekannter Herr, Richard Wagner, auf. Darüber schreibt dieser in seinen Memoiren: "In der ominösen zweiten Hälfte meines Pariser Aufenthaltes bekam ich von Laube die Nachricht, Franz Liszt sei in Paris, und ich soll es nicht unterlassen, ihn zu besuchen, denn Liszt sei großmütig und werde unter allen Umständen bereit sein, mir zu helfen. Nachdem ich von seiner Ankunft erfuhr, besuchte ich ihn in seinem Hotel. Das war in den frühen Vormittagsstunden. Im Hotel traf ich drei Herren, denen sich kurz darauf Liszt im Schlafrock anschloß, in freundschaftlichem Gespräch. Am Gespräch, das Liszts letzter ungarischer Reise gewidmet war und französisch geführt wurde, konnte ich nicht teilnehmen. Ich hörte eine Weile gelangweilt zu, bis sich Liszt an mich wandte und mich freundlich fragte, was er für mich tun könne. Anscheinend konnte er sich an die Empfehlung von Laube nicht erinnern: auf seine Frage wußte ich keine andere Antwort zu geben, als daß ich ihn kennenlernen wolle, wogegen er - anscheinend - keinen Einwand hatte. Er versicherte, mich nicht zu vergessen, und versprach mir, zu seiner nächsten Matinee eine Karte zu schicken. Mein ganzer Versuch, mit Liszt ein Gespräch über die Kunst zu beginnen, bestand daraus, daß ich ihn fragte, ob er, Liszt, außer Schuberts *Erlkönig* auch den Loewe kenne? Nachdem er meine Frage verneint hatte, war der befangene Besuch zu Ende und schloß damit, daß ich ihm meine Adresse angab."

Aus diesem merkwürdigen Anfang entwickelte sich eine der bedeutendsten und spannungsreichsten Künstlerfreundschaften!

In den ersten Maitagen bricht Liszt zu einer England-Tournee auf. Er gibt am 9. und 22. Mai Konzerte, das heißt 'piano-recitals', wie man sie dort nennt. Seine Konzerte haben keinen eindeutigen Erfolg, was Liszt etwas verstimmt. Am 12. Mai 1840 gibt es einen Empfang im Buckingham Palace. Königin Victoria und Prinzgemahl Albert geben sich die Ehre.

Die Königin empfängt den Virtuosen bei sich ohne jede Zeremonie: "Oh, Herr Liszt, auf diese Minute habe ich schon lange gewartet." Franz ist auch ein Weltmann geworden: "Ich hatte auch schon längst den Traum, Eurer Majestät gegenüberzustehen."

Die Königin in der Mitte, rechts von ihr Liszt, links Albert, gehen über die Treppe mit dem roten Teppich zum Musikzimmer. Zuerst setzt sich Victoria ans Klavier, spielt nur kurz, um dann Liszt den Platz zu überlassen. Franz spielt Rossini, Bellini, Meyerbeer und zum Schluß das traditionelle Thema *Rule Britannia.* Den lautesten Beifall spendet die Königin selbst. Danach folgt ein revolutionärer Schritt: Liszt darf mit dem Königspaar an einem Tisch sitzen.

Nach dem pompösen Abend befördern die vier schönsten Pferde des Buckingham Palace Liszt in sein Quartier.

Dieser Besuch beim Königspaar fördert die Bekanntschaft Liszts mit Lady Blessington, die anscheinend sehr vertraulich wird und die Eifersucht von Marie erweckt. Marie flammt wieder auf für ihren Franz, die Weltberühmtheit. Plötzlich ist sie nämlich in seinem Hotel. Franz kann sie nur mit Mühe davon überzeugen, daß sie sich nicht in Italien oder in der Schweiz aufhalten, sondern im puritanischen England. Hier würde ein Skandal seiner Karriere ein Ende machen. Marie, die einsieht, daß es um Geld, und zwar um viel Geld geht, übersiedelt in die Provinz.

In London sucht auch der Musikverleger Wessel den Podiumskünstler auf, und klagt, er habe die Werke von

Chopin herausgegeben, könne sie aber nicht verkaufen, sie blieben auf dem Pult liegen, helfen könne da nur Franz Liszt.

Franz veranstaltet tatsächlich ein Konzert, der Erfolg bleibt nicht aus, die in die Noten investierten 200 Louisdor werden für Herrn Wessel gerettet.

In der Pause des Konzerts sucht ihn sein alter Freund Moscheles auf. Auch an dem vortrefflichen Meister ist die Zeit nicht spurlos vorübergegangen. Er hat weiße Haare, rötliche Wangen und nicht mehr viel Zähne. Seine Augen strahlen Freundschaft und guten Willen aus. Er sagt zu Franz: "Sie konkurrieren mit mir, mein Sohn. Sie haben das Weber-Konzertstück gespielt, das ich kaum drei Tage vorher in den Hanover Square Rooms zu Gehör brachte. Es ist nicht zu leugnen, ich habe mich geschämt, ich blieb hinter Ihrem Vortrag weit zurück." Bei dieser Gelegenheit äußert Moscheles auch: "Nach Liszts Spiel muß man das Klavier wegschließen!"

Der alte Freund spricht unter vier Augen mit Liszt: "Eines müssen Sie mir erklären, mein Sohn: aus Ihnen sprühen die Gedanken, die Melodien, die vielen großartigen musikalischen Einfälle, warum greifen Sie immer nach ausgeliehenen, fremden Melodien? Phantasien, Variationen, Paraphrasen, Bellini, Donizetti, Meyerbeer, Pacini, Schubert, der Himmel allein weiß, an wem Sie sich noch vergreifen werden. Sie sind zu mehr berufen, zu größeren Tiefen und höheren Flügen. Warum tun Sie all das?"

Liszt verschließt das im Übungszimmer stehende Klavier und sagt langsam: "Seitdem ich mich besinnen kann, lebe ich im Konzertsaal unter Künstlern, im Publikumskreis, und schätze es. Aber im Laufe von zweieinhalb Jahrzehnten mußte ich die Erfahrung machen, daß das Publikum am meisten auf die billigsten Effekte erpicht ist. Diesem Durst kommen die vortrefflichsten Künstler entgegen, denn niemand möchte gern gegen den Strom schwimmen. Ist schon bequemer, sich von dem Strom tragen zu lassen. Ich habe mir schon als Kind vorgenommen, gegen die Strömung zu schwimmen, mich gegen die schlechte Kunst zu wenden. Wünscht Ihr Paraphrasen? Die sollt Ihr bekommen! Dann zwinge ich Euch, den Don Juan kennenzulernen. Oder wollt Ihr Phantasien haben? Mit kitzelnden Arpeggios und pfeifenden Trillern? Ihr sollt auch das haben, Ihr müßt Euch damit abfinden, daß Ihr alldas nur mit Beethovens 6. *Symphonie* zusammen bekommen könnt. Grande Phantaisie und Bravour-Variationen? Das weiß ich auch, aber ich putze damit den *Erlkönig* und die *Margarete am Spinnrad* heraus. Einer meiner Meister, der Abbé Lamennais, hat mir beigebracht: der Künstler, der sich keine fernen und erhabenen Ziele außer dem Erfolg setzt, verdient den Namen Künstler nicht."

In England erlebt Liszt begeisterte Ovationen, aber auch so rohe Kritiken, wie er sie noch nie erlebt hat. Die *Musical World* tut sich besonders darin hervor: *"Liszt ist gefühllos, seine musikalische Auffassung ist einfach abschreckend, sein Stil besteht aus rohem Dreschen des Instrumentes. Weil er unfähig zu aufrichtigen Gefühlen ist, versucht er, seine Zuhörer mit phantastischen technischen Tricks zu blenden. Bei seinem Namen wird man eher an musical clowns auf dem Markt erinnert als an einen geweihten Priester der Kunst."*

Auf diesen rohen Angriff gibt Henry Chorley die Antwort: *"Liszt ist der einzige Klavierkünstler, der die Stimme seines Jahrhunderts beherrscht. Er spricht im Namen des 19. Jahrhunderts und singt dessen Part mit revolutionärem Schwung."*

Franz geht mit bitterem Geschmack im Mund in der Themsestadt umher. Am 27. Mai erreicht ihn die erschütternde Nachricht, Paganini sei in Nizza gestorben. Liszt ergreift die Feder und schreibt einen Nekrolog: "Paganini ist verschieden. Die Flamme seines Lebens ist erloschen, und mit ihr ein mächtiger Atemzug des Lebens. Ein Wunder hat mit ihm aufgehört. Ein Wunder, wie es im Reich der Kunst nur einmal, ein einziges Mal in solchem Maße existierte. Die Größe dieses unerreichten und noch weniger je überflügelten Genius schließt selbst die Möglichkeit der Imitation aus."

Im Wespennest Paris will Baron Blaze de Bury, Feuilletonist der *Revue des deux Mondes*, Liszt einen Backenstreich versetzen, aber es wird eine richtige Ohrfeige daraus. Den wütenden Artikel hat der ungarische Paradesäbel herausgefordert, den der Pianist in Ungarn bekommen hatte.

"Wir vertragen es, wenn die Herren Beethoven und Weber Hungers sterben, aber wir zeichnen Herrn Liszt mit einem Paradesäbel aus!"

Dieser beleidigende Angriff trifft nicht nur Liszt, sondern auch die ungarische Nation. Liszt: "Ich bin mir selbst darüber im klaren, daß einem Musiker, einem Podiumskünstler, einem Virtuosen, ein Säbel nicht zukommt. Ich wußte es vom ersten Augenblick an, daß die Überreichung des Schwertes, wenn auch als eine noch so festliche Szene gedacht und noch so rührend, ja großartig war, nur eine Spalte weit von einem Abgrund ist, in den diejenigen hineinfallen, die von der öffentlichen Meinung lächerlich gemacht werden. Aber ich konnte die Freude derjenigen nicht stören, die mich an sich drückten, als ihren Bruder anerkannten, und bei denen die Auszeichnung eine solche Tat ist, deren nur ein Araber fähig ist, der sein geliebtes Pferd einem anderen schenkt. Das ist in Ungarn eine alte ritterliche Sitte, weil dort das Schwert eine patriotische Bedeutung hat."

Eine amüsante Episode ereignet sich in Leicester. Der Earl of Leicester, ein schwieriger und eingebildeter alter Herr, der noch dazu Kontrabaß spielt, fühlt sich zum Konzertvirtuosen berufen. Bei der Probe verkracht er sich fast mit jedem Musiker. Franz plant seine Rache. Während des Konzerts gerät das Orchester etwas aus dem Takt. Da ist der Zeitpunkt gekommen. Franz diktiert ein Tempo, daß dem alten Herren der Bogen aus der Hand fliegt. Dieser brüllt: "Herr Liszt, das Publikum ist gekommen, um sich an meinem Spiel zu ergötzen, und nicht an Ihrem!" Franz zuckt lächelnd die Achseln und bemerkt nur: "Pauvre diable!" (Armer Teufel).

Die Konzert-Tournee rollt weiter nach Brüssel. Liszt wird dort mit Felix Lichnowsky bekannt, der jahrelang sein treuer Begleiter bleibt, z.B. mit ihm nach Rußland fährt.

In Brüssel trifft Liszt zufällig Fétis wieder, der jetzt schon ein unbedingter Anhänger von ihm geworden ist. Fétis schreibt für das neue Französische Lexikon den Artikel über Liszt, doch das ist ihm immer noch nicht genug Wiedergutmachung für seine einstigen unwürdigen Angriffe. Für seine neue Methodik erbittet er von Liszt Etüden.

Liszt engagiert in Brüssel Belloni, einen Italiener mit leuchtenden Augen, als Sekretär, der seine Aufgabe glänzend versieht. Er empfängt die Redakteure, stellt sich jedem höflich vor: Gaetano Belloni. Er entschuldigt sich, daß der Meister die Herren nicht persönlich empfangen kann, aber die sehr mühsame und gefährliche Fahrt hätte ihn erschöpft.

Der neue Sekretär wird auch gefragt: "Ist es wahr, daß der Maestro die ganzen Kosten vom Beethoven-Denkmal auf sich genommen hat?" Belloni genießt das Thema wie ein Tenor die große Arie: "Tatsächlich hat der Maestro noch in Italien die Schande erfahren, daß die Musiker der Welt die Bonner Denkmalsgesellschaft mit kaum 400 Gulden unterstützt haben, ein geradezu lächerliches Trinkgeld." Belloni erklärt begeistert: "Ich beobachte schon seit Jahren die Laufbahn des Maestro und habe jede ihn betreffende Nachricht gesammelt, die in den letzten 15 Jahren in deutsch, französisch, englisch oder italienisch erschienen ist. Ich habe seine Programme und Plakate zusammengetragen. Sie sind in meiner Privatsammlung zu finden."

Aus dem Nachbarzimmer ist Klavierspiel zu hören. Belloni, der bescheidene Türsteher des Meisters, schließt die Augen, legt den Finger andächtig auf die Lippen: "Psst! Das ist Beethoven, op. 106."

Die Rundreise setzt sich fort in Baden-Baden, dann in Wien, Frankfurt und Bonn. 10.000 Franken stiftet Liszt in

Bonn für das Beethoven-Denkmal. Bei dem Konzert in Ems ist Zarin Alexandra Fjodorova, die Gattion Nikolaus I., anwesend, und lädt Liszt zu einer Konzertreise nach Rußland ein.

Liszt wird noch einmal nach Belgien gerufen. Ein Kongreß zur Erinnerung an den vor 100 Jahren geborenen belgischen Komponisten Grétry findet statt. Eine Folge von Konzerten schließt sich an. Eine neuerliche interessante Begegnung mit Ole Bull, dem norwegischen Geigenkünstler, kommt zustande, mit dem Liszt über Paganini spricht.

Ole Bull wandelt überall auf den Spuren Paganinis, in Italien, Frankreich und in anderen Ländern. Schritt für Schritt ist er dem schrecklichen Spießrutenlaufen, dem letzten Weg des großen Geigers gefolgt. Es ist im Grunde hoffnungslos, aus dem Schatten des alles überragenden Zaubergeigers zu treten.

In der zweiten Hälfte des Sommers ist Franz Liszt wieder in England. Die Konzerte folgen einander hart auf den Fersen. In London verletzt er sich die Hand. Er kann nur mit der Rechten spielen, die Linke ersetzt kein geringerer Meister als Moscheles. Königin Viktoria wünscht den Maestro immer wieder zu hören. Das Konzertgenie ist deshalb oft zu Gast im Schloß Windsor.

Am 17. August schreibt Liszt aus London an Massart: "Ich steige voll ein in das Leben eines Wanderkomödianten. Und zwar für lange Zeit, für sechs Wochen! Aber was sind das für Wochen! Jeden Tag zwei Konzerte, mein Herr. Mit 18 Programmnummern. Unter solchen Umständen habe ich kaum etwas zu sagen, ich erlebe nichts Neues, nur die Städte ändern sich unaufhörlich. Sonst ist alles furchtbar eintönig. Am Vormittag Konzert, am Abend Konzert, immer mit dem selben Programm. Ich kann mich nur mit den immer wieder neugeformten Werken in Schwung halten."

Oktober und November sind Deutschland vorbehalten. Franz gibt sechs Konzerte in Hamburg und versetzt die ganze Stadt in Fieber. Durch die Konzerte fließt viel Geld herein, das aber auch wieder ausgegeben wird. Belloni verteidigt heldenhaft die 'Burg der Finanzen', aber er unterliegt den Angriffen von außen und innen. Liszt lebt nach dem Prinzip: Wer verlangt, dem gib! Freue dich, daß du geben kannst. Dein Talent hat dir Gott nur geliehen, damit du es verschenkst unter die Menschen.

Mit den Einnahmen der sechs Hamburger Konzerte von 17.000 Francs stiftet er nun einen Pensionsfonds für Orchestermusiker. Belloni ist schon blaß geworden, als er den Betrag sah, den sein Chef in Bonn für das Beethoven-Denkmal überwiesen hat, und jetzt noch einmal mehrere Tausend Francs, dazu noch etwa 5000 für das Blinden-Institut. Doch Bellonis aufrichtiges Herz schlägt auch vor Stolz, daß Liszt sich so viel Wohltätigkeit leistet.

Gegen Ende des Jahres erscheint Liszt wieder in London. Er gibt auch in Manchester und anderen englischen Städten Konzerte. Neuerliche Einladungen ins Schloß Windsor kommen, er spielt wieder Königin Viktoria vor.

Kritische Angriffe, die es früher schon gegeben hat, werden wieder erneuert, allerdings nicht in so scharfem Ton. Liszt übernimmt eine Gelegenheitstournee mit einigen englischen Freunden. Am 23. November spielt er in Reading, dann auch in Dublin. Die Einnahmen der Künstlergesellschaft sind so gering, daß sie nicht einmal für das Abendessen des Tages ausreichen. Andererseits ist die lockere Reise, die nicht im Glanz der großen Galaabende steht, amüsant und unvergeßlich.

Im Dezember hält sich Liszt in Manchester auf: "Seit zwei Wochen ziehe ich wieder das englische Joch. An jedem gesegneten Tag ein Konzert, und dazwischen Reisen von 30 bis 50 Meilen. Und so geht es bis Ende Januar. Ich hungere und dürste nach der Heimkehr nach Ungarn. Jede dortige Erinnerung wurzelt tief in meiner Seele und ich kann doch nicht heimkehren".

Ein mühsames Jahr liegt hinter Franz. Das neue Jahr 1841 verspricht auch nichts Besseres. Konzerte in Schottland sind zu absolvieren.

Am 10. Januar fahren Marie und die drei Kinder mit Franz nach Dover, um bei stürmischer See mit dem Schiff über den Kanal zu reisen und nach Paris zurückzukehren. Franz hat sich zu einer Europatournee verpflichtet; es hat keinen Zweck, länger in England zu bleiben. Die gemeinsamen Wege trennen sich gleich wieder, Liszt verabschiedet sich von seinen Kindern, denn er muß weiter nach Brüssel und Liège. Arbeit ist das Mittel zum Vergessen.

Ein ungarischer Freund schließt sich an, Graf Alexander Teleky, der ihn sogar nach Rußland begleitet. Liszt geht nach Paris zurück und gibt drei Konzerte. Jedes Billett kostet 20 Francs, und die Säle sind trotzdem jedesmal gesteckt voll.

Am 3. April gibt er sein drittes Konzert im Saal des Conservatoire zugunsten des Beethoven-Denkmals (für das Denkmal sind 60.000 Francs vorgesehen). Liszt spielt ausschließlich Beethoven, am Konzert wirkt auch Berlioz mit. Die Kritik ist nicht voll einverstanden mit Liszts Beethoven-Auffassung. Im Mai fährt er mit Marie wieder nach England, muß aber seine Konzerte vorzeitig unterbrechen wegen geringer Teilnahme des Publikums.

Am 5. Mai schreibt Richard Wagner in der Dresdner Abendzeitung: *"Was würde und was könnte aus Liszt werden, wenn er kein weltberühmter Mann wäre, besser gesagt, wenn man aus ihm keine Berühmtheit gemacht hätte? Ein freier Künstler, ein kleiner Gott, nicht wie jetzt ein Sklave des geschmacklosesten Publikums, des Publikums der Virtuosen."*

Liszt wird jetzt auch mit schlechten Kritiken eingedeckt, gallige Rezensionen voll schonungslosen Zynismus. Meistens wird er in den Ländern verrissen, in denen er nicht anwesend ist. Die direkt erlebten Erfolgsserien geben dem Konzertreisenden auch keine rechte Befriedigung.

VIRTUOSENARBEIT

Franz Liszt hat nicht die Muße, seine Kompositionen auszufeilen, und er kann die früheren Werke, die seinem Herzen nahestehen, nicht aufführen. Wer hätte schon die tiefen Gedanken der *Wanderjahre* verstanden, ihre revolutionäre Harmoniewelt? Selbst seine Freunde und Musikerkollegen haben sich davon ferngehalten. Einige virtuose Stücke, die ihm liegen, etwa Lieder von Schubert und Mendelssohn, verfehlen die Wirkung schon allein deswegen, weil sie nicht die eigenen Gedanken und Gefühle in Reime fassen, sondern die anderer Dichter. Franz hat mehr aus der Sprache der Lieder, der Opern, der Geigen geschöpft als aus seinem Innern, denn seine wahre Sprache war das Klavier, da klang sie voll und echt.

Am wenigsten hat diese Art, sein Innerstes auszudrükken, die Frau verstanden, die ihm am nächsten hätte stehen sollen: Marie d'Agoult. Der innere Bruch ist bereits seit einigen Jahren vollzogen, die endgültige Trennung wirft ihre Schatten voraus. Die Leidenschaft ist verblaßt, ja sogar die legitime Eifersucht, die Marie noch im vergangenen Jahr in London an den Tag gelegt hat, ist nicht mehr vorhanden.

Seine überaus schöne, eindrucksvolle Erscheinung, dazu noch sein Status als allerorten gefeierter Musiker, haben es Franz leicht gemacht, Frauenherzen zu brechen. Zweifellos sind die Nachrichten über Liszts Abenteuer nicht ohne Grund verbreitet worden. Die Schwäche für weibliche Reize ist ihm nicht abzusprechen. Das muß auch die Hauptanziehungskraft Marie d'Agoults gewesen sein, die ihrerseits fast ausschließlich vom Glanz des schönen und berühmten Mannes angezogen wurde, dessen Strahlen auch sie in goldenes Licht tauchen sollten. Ein intimes Verständnis für den künstlerischen Ausdruck, die künstlerische Botschaft Franz Liszts, ist Marie nicht zuzugestehen.

All dies wird in diesem Sommer deutlich, als Franz seine Familie zu einem Ferienaufenthalt auf die Rheininsel Nonnenwerth holt. Dort gibt es ein eingestürztes altes Kloster, nur die Kapelle ist noch ganz erhalten. Deren kleine Glocke weckt die Einwohner der kleinen Insel und läutet sie in den Schlaf. Auch das Wasser begeistert Liszt, das Wasser mit den vorbeifahrenden Kähnen. Ein Sinnbild des deutschen Fleißes, der nie ruhenden Arbeitslust. Und besonders die stillen Nächte haben es ihm angetan. Die Ruhepause aber läßt sich nicht wie vorgestellt verwirklichen, es herrscht keine Harmonie mehr zwischen Marie und Franz. Letztlich sind die Ferien psychisch anstrengender als die langen Tourneemonate.

Die Liebe und die Eifersucht sind bei Marie verschwunden, aber was bleibt, ist ihre unmenschliche Eitelkeit. Sie kann nur sich selbst verzeihen, sieht aber anderen nichts nach. Deshalb reist sie vorzeitig wieder zurück nach Paris, wo sie sich eine glänzende Wohnung einrichtet. Die drei Liszt-Kinder werden Frau Anna Liszt anvertraut, die sich nicht viel um sie kümmert. Die Spesen für den Unterhalt seiner Nachkommen muß Liszt übernehmen, während Marie die Grande Dame spielen kann, denn sie hat von ihrer Mutter ein Riesenvermögen geerbt.

Während der Ferien auf Nonnenwerth kommt die Nachricht, König Friedrich Wilhelm IV. habe eine Sammlung begonnen, um den Kölner Dom fertigzubauen. Eine Delegation von zwanzig Personen besucht Liszt und bittet ihn, bei der Verwirklichung des frommen Zwecks mitzuwirken. Franz sagt niemals nein. Er beschließt, deswegen in Köln ein Konzert zu veranstalten. Im baufälligen Hafen von Nonnenwerth legt ein vollbesetztes Schiff an. Der Gesangverein ist zur Begrüßung aufgereiht. Mit Liszt an Bord dampft es ab nach Köln.

Am 23. August gibt Franz sein Konzert, das 1140 Gulden einbringt, die er vollständig für den Dombau zur Verfügung stellt. Auf den Sammelbogen schreibt er folgendes: "Ich weiß nicht warum, aber beim Anblick einer Kathedrale überkommt mich jedesmal eine besondere Rührung. Das kommt daher, daß die Musik die Architektur der Töne ist. Oder ist es umgekehrt: Wäre die Architektur die kristallisierte Musik? Ich weiß nicht, aber soviel ist gewiß, daß es eine enge Verbindung zwischen den beiden Künsten gibt. So gebe ich denn meine Heller zur Vollendung des Domes hin."

Die Kölner veranstalten aus Dankbarkeit ein großes Feuerwerk. Mit der Stille von Nonnenwerth ist es nun vorbei. Aber wir haben als Früchte dieses Aufenthalts die Lieder *Am Rhein, Die Loreley, Mignons Lied* und *Es war ein König in Thule*. Heine, Goethe, Uhland und Hugo sind die Paten.

Doch die Jugenderinnerungen an den Zigeunerprimas Bihari und die Zigeuner von Raiding lassen den Keim eines Meisterwerks entstehen, das erst Jahre später seine endgültige Form gewinnt: *Die drei Zigeuner*, auf einen Text von Lenau.

Franz muß sich wieder auf Reisen begeben. Er denkt gern an Hamburg zurück, an das dortige warmherzige Publikum. Beethovens *Quintett op. 16* wurde so aufgenommen, wie es das Werk verdient, von bescheidenen, aber begeisterten Musikliebhabern. Die Hamburger schwärmen aber nicht zuerst, um nachher umso lauter 'Kreuziget ihn' zu rufen.

Straßen ohne Ende. Die Rundreise führt zuerst nach Frankfurt, dann nach Kassel, Aachen und noch viele viele Städte, bis nach Cuxhaven. Fahrt über die Ostsee. Kopenhagen liefert neue Eindrücke. Der König von Dänemark, Christian VIII., läßt Liszt gleich zu sich bitten, ohne jegliche Zeremonie. "Ein alter Wunsch von mir ist in Erfüllung gegangen. Seit Jahren schon wünschte ich mir, Ihre Bekanntschaft zu machen."

Der König zeichnet Liszt mit dem höchsten Verdienstorden aus. Franz ist nicht undankbar. Er läßt eine Reihe von Konzerten folgen, die die Armenkasse von Kopenhagen bereichert und somit Waisenhäusern und Musikerheimen zugute kommt. Da kann der Sekretär Belloni noch so sehr den Kopf schütteln, wenn er die überwiesenen Summen sieht. Franz kennt nur ein Gebot: Génie oblige!

Der authentischste Schilderer von Liszts dänischen Konzerten ist Andersen, der Dichter und Märchenerzähler, der dazu schreibt: "Ich habe mich mit konservativen Politikern unterhalten, mit verängstigten friedlichen Bürgern, die bei den Tönen von Liszts Musik auf die Straße hinausrannten, um mit Hunderttausenden von Mitbürgern die *Marseillaise* zu singen. Aus dem dürren Mathemamtiker wird beim Anhören von Liszts Musik ein Enthusiast. Die Nachfolger des Gelehrten Hegel hören aus Liszts Musik das Echo ihrer Philosophie heraus, die gigantischen Wellenschläge der Weisheit, die die Menschheit zu den Ufern der Vollkommenheit befördern. Auf den Dichter Liszt wird der Dichter aufmerksam und der Reisende - dabei denke ich in erster Linie an mich selbst - sieht Märchenländer, die er schon traf, oder welche er erst demnächst aufsuchen wird. Und so ist es wahrhaftig: Liszts Musik ist eine zauberhafte Reise; ich höre aus ihr meinen Herzschlag, mit dem ich Abschied nehme von den fernen Küsten meiner Heimat, ich höre den Wellenschlag am Felsen von Terracina, dabei auch das Brausen der Orgel in altdeutschen Kathedralen, die meine Seele ausfüllen; ich glaube, die Eisfelder der Alpen zu sehen, die bunten Kostüme des italienischen Karnevals, den Vesuv und den Ätna, und ich höre die Posaunen des Jüngsten Gerichts, dessen Töne in den Felsen der Griechen widerhallen und die längst toten Götter anrufen!"

So sieht es der Dichter, ganz von den Flammen des Komponisten entzündet. Selbst der Fachmann kann bei Liszt keinen kühlen Kopf behalten, ist doch Franz die Ausnahme, das Ungewohnte, der Gegensatz zu allem, was ehrenhaft, zuverlässig und regelrecht mittelmäßig ist. Vor allem der Ton Franz Liszts bringt die Fachleute in Verlegenheit. Und dieser Ton ist anscheinend bis ins Unendliche steigerbar.

Es ist ein oft wiederholter Kunstgriff, den *Chromatischen Galopp* so leise zu beginnen, daß bereits ein lautes Aufatmen oder das Summen eines Fächers für das Publikum in den hinteren Reihen störend wirkt. Dann aber geht der

Chromatische Galopp von Stufe zu Stufe höher im Wärmegrad, bis das Forte schon den ganzen Saal erfüllt. Die Zuhörer holen immer rascher Atem, als hätten sie selbst Anteil an der Kraftentfaltung des Künstlers. Aber der Ton des Instruments verstärkt sich noch weit über das Fortissimo hinaus. Oft genug ist es schon vorgekommen, daß das Publikum mitten im Galopp zu klatschen begann: Es konnte die Spannung einfach nicht länger ertragen. Und der Künstler ist dann erst zum höchsten Grad des Fortissimo aufgestiegen.

Diese Tonkunst ist mehr als ein Brillieren auf dem Flügel. Es ist ein besonderes Orchester, das vom Willen der Leidenschaft und dem Genie eines einzigen Mannes in Schwung gebracht worden ist. Zu Beginn seiner Laufbahn hat Liszt sich oft von seinem wunderbaren, unwiderstehlichen Ton fesseln lassen. Nicht viel anders als der Schauspieler, der von seinem eigenen Organ gefangengenommen wird. Nach einigen Jahren, je mehr sich der Erfolg, der Sieg ihm zugesellte, lernte der Pianist, daß er mit dem Klang des Flügels keinen Mißbrauch treiben dürfe. Franz hat erst begreifen müssen, daß nur ein schlechter Schauspieler keinen Unterschied zwischen einem Shakespeare und einem Molière machen kann. Selbstbeherrschung wurde sein Hauptcharakterzug. Die ist er sich selbst und dem Publikum schuldig. Mit steigender Begeisterung spielt er große klassische Werke, die eine restlose Hingabe nicht nur vom Künstler, sondern auch von den Zuhörern fordern. Da kann er sie nicht betören mit Hilfe der Kunstgriffe des in alle galaktischen Sphären gesteigerten *Chromatischen Galopps,* da darf er nichts anderes bieten als die klare, reine und unmißverständliche Musiksprache; Rhythmen, die frei und dennoch präzise pulsieren, so natürlich und selbstverständlich wie das Atmen oder der Herzschlag des Menschen. Bei den großen Klassikern darf er nicht mit einem Feuerwerk des Klaviers brillieren.

Die neue Errungenschaft besteht darin, die Stücke nicht nur vorzutragen, sondern sie auch zu durchleuchten, sie als

Meisterwerke erkennbar zu machen. So wie eine Melodie mit der anderen in Kampf gerät, wie ein Thema sich gegen das andere drängt in einem dramatischen Gefecht, muß der Kampf zu Ende gehen im Zeichen der siegreichen Harmonie. Die Größe des Künstlers kommt daher, daß er den Menschen Werke näher bringen kann, die für sie bis vor kurzem noch unlösbare Rätsel waren. Früher einmal hat Liszt vom Improvisieren sich hinreißen, von der zigeunerhaften Bravour betören lassen. Er hat den musikalischen Text ergänzt, Oktaven an Stelle der simplen Tonreihen gesetzt, das Publikum mit Akkordläufen verblüfft, wo im Originaltext nur eine bescheidene Tonreihe stand, es mit einem gewaltigen Baß, der den brüchigen Ton des Werkes wie mit einem Pfeiler stützte, beeindruckt.

. Franz wendet sich im Lauf der Jahre mehr vom Improvisieren ab. Er wird immer schlichter, ja sogar puritanischer, und daran will er auch sein Publikum immer mehr gewöhnen. Statt des angekündigten Bravour-Programms spielt er Beethoven oder Bach, nicht nur, um zu entzücken, sondern auch, um den Anspruch höher zu setzen.

Immer noch sind Franz Liszts Hände die schnellsten und sichersten, die jemals über die Tastatur eines Klaviers schwebten. Zu Beginn seiner Laufbahn machte er nicht nur von den musikalischen Mitteln Gebrauch, sondern auch vom diabolischen Glanz schauspielerischen Könnens. Er gab sich so, als ob er selbst unter der Kraftanstrengung zu leiden hätte, als ob sein zerbrechlicher Körper die Spannkraft der Seele kaum noch aushalten könne. Mit den Jahren gibt er dieses Theater auf und fesselt gerade dadurch seine Zuhörer; weil er alles so ausdrückt, wie man es in seiner Muttersprache sagen würde.

Fachleute - Freunde und Gegner - haben seine Geheimnisse in der Form seiner Hände, seiner Finger, im besonderen Wuchs der Zwischenräume der Finger zu ermitteln gesucht. Es stellte sich indes heraus, daß weder die Ausmaße, noch die Form seiner Hände anders waren als bei normalen Menschen. Übelgesinnte Kritiker meinten, das Geheimnis seines Erfolgs mit seiner jugendlichen Schönheit, später mit seiner bezaubernden Eleganz und fürstlichen Haltung zu erklären. Später - manche Jahrzehnte sind darüber verflossen - stellte sich heraus, daß noch der greise Liszt größere Erfolge hatte als der jugendliche, umschwärmte Mann. Durch Äußerlichkeiten lassen sich die Geheimnisse eines Lebens nicht ermitteln. Auch Vergleiche mit großen Zeitgenossen zeigen nur, daß der Maßstab nie der richtige ist. Liszts einziges Geheimnis war, daß er überhaupt kein Geheimnis verbarg. Er hatte eben Hände, die flinker und sicherer waren, vielleicht auch stärker als die anderer Menschen.

Niemals kam er auf den Gedanken, daß die Musik lediglich durch die Begegnung seiner Hände mit dem Instrument entstehe. Er sah keine Notenhälse, spielte keine Notenköpfe, er zwang die leblosen Zeichen, Geständnisse abzulegen. Er ruhte nicht, bis er in ihnen den tieferen Inhalt entdeckte, wie Bach, Mozart, Beethoven oder Chopin dachten und fühlten, wie Berlioz Funken schlug, wie die großen Geheimnisse des Unbegreiflichen - des Göttlichen für manche - sich in Klang verwandelten.

Auf endlos sich hinziehenden Straßen, die einen müde rütteln und schütteln, gelangt Liszt wieder nach Paris. George Sand begrüßt den Komponisten mit einem Leitartikel. Franz berät sich mit Hector Berlioz über die Veranstaltung des Beethoven-Konzerts. Hector ist schon Feuer und Flamme dafür, Beethoven in Paris 'einzuschmuggeln'. Am 3. April '41 erklingen das *Klavierkonzert in Es-Dur,* auch die *Kreutzer-Sonate* (mit Massart). Den Abschluß bildet die *6. Symphonie.* Berlioz brilliert geradzu. Liszt bringt mit dem ersten Satz die Menschen zum Weinen. Mit dem Finale erzielt er die gegensätzliche Wirkung. Stürmischer Applaus. Als Zugabe wünscht sich das Publikum die Phantasie *Robert der Teufel.* Franz gerät ganz außer sich. Zum Beethoven-Konzert paßt Meyerbeer nicht, und Franz Liszt kann auch nicht als Virtuose brillieren. Dieser Abend gehört allein dem Andenken des großen Ludwig.

Dennoch geht Franz aufs Podium und spielt das Gewünschte. Er läßt sich nichts anmerken, könnte aber innerlich die Wände hochgehen, um es ironisch zu formulieren.

Wermutstropfen fallen auch in Paris in den Becher des Virtuosen. Oscar Commetant ist in einem satirischen Artikel über Liszt hergefallen, und darauf folgt ein schmerzlicher Angriff von Heine. Franz hat keine Ahnung, womit er den Dichter gekränkt haben sollte. Das bleibt auch für die spätere Zeit ungeklärt.

BERLIN

Franz muß nach Weimar aufbrechen. Der vom Urlaub zurückgekehrte Belloni organisiert die weiteren Konzerte. Am 26. November 1841 findet das erste Konzert in Weimar statt. Liszt tritt erstmals vor der Großherzogin Maria Pavlovna, der Schwester des russischen Zaren Nikolaus I., auf. Weitere Konzerte folgen am 28. und 29. November. Die Großherzogin beschenkt Liszt mit einem Brilliantring zum Zeichen ihrer Bewunderung. Am 30. 11. findet in Jena die Fortsetzung von Liszts bravouröser Konzerttournee durch das Deutsche Reich statt. Liszt trifft in Jena zum ersten Mal Dr. Gille, den Kurator der akademischen Konzerte. Nach den vielen bösartigen Angriffen endlich eine Bruderseele. Dr. Gille meint zu Liszt: "Sie sind mehr als ein Klaviervirtuose, Sie sind der Orpheus des Jahrhunderts."

Eiligst wird der Weg nach Dresden fortgesetzt (Konzert am 4. Dezember), und Liszt wird auch in Leipzig erwartet, auf dem alten, beängstigenden Schlachtfeld, wo es nicht nur Napoleon erwischte, sondern auch ihn. Leipzig ist sozusagen die Höhle des Löwen namens Pofessor Wieck, Schumanns Schwiegervater.

Am 6. Dezember nimmt Franz schon in Leipzig an Schumanns Konzert teil. Er spielt mit Clara Wieck das *Hexameron* auf zwei Klavieren. 13. Dezember. Selbständiges Konzert von Liszt. Darin werden zwei Werke für Männerchor von ihm selbst vorgestellt: das *Rheinwein-* und das *Stundenlied.* Die beiden Chorwerke lösen eine scharfe Kritik von Clara Wieck aus: "Ich kann nichts anderes dazu sagen, als daß sie schrecklich sind." Liszt ist überrascht, aber er muß standhalten, denn er darf in Leipzig keine Schlacht verlieren. Am 15. Dezember spielt er im Gewandhaus Beethovens *Es-Dur Konzert,* wovon die *Allgemeine Zeitung* schreibt: *"Mendelssohn hat mit dem Stück einen tieferen und dauerhafteren Erfolg erzielt."*

Die *Don Giovanni*-Phantasie bringt Franz ungeteilten Erfolg ein. Das Publikum nimmt keine Kenntnis mehr von den Kritiken. Das Gewandhaus und seine Umgebung gleicht einer belagerten Festung, Studenten müssen zusätzlich als Ordner eingesetzt werden. Die Direktion des Gewandhauses möchte unbedingt noch weitere Konzerte bekommen, doch Belloni muß mit blutendem Herzen mitteilen, daß Liszt keinen freien Tag mehr hat.

Auf seinem Programm stehen: 27. Dezember, 1., 5., 9., 12., 16., 21., 23., 25., 30. Januar 1842, 3., 4., 6., 10., 16., 19., 23., 25. Februar und 2., 3. März Konzerte in Berlin. So stark ist Liszt verplant.

Während der Tourneehektik findet er dennoch Zeit, ein Werk für Klavier und Streichorchester zu komponieren. Das Instrumentieren geht ihm nicht gut von der Hand. Die Komposition besteht aus einem einzigen Satz; die Harmonien sind mutig und neuartig, nehmen stellenweise die des späteren *A-Dur Konzertes* vorweg. Über das Werk schreibt er den Titel *Malédiction,* und so kommt es in das Verzeichnis der Liszt-Werke (Diesen Titel hat er schon als Kind benützt, anläßlich seiner England-Reise; jenes Werk aber ist verlorengegangen).

Franz ist ausgelaugt. In einem Brief vom 18. Dezemeber an Marie heißt es: "Meine kleine Leipziger Schlacht ist mehr als ein Sieg. Ich habe dreimal gespielt... Es tut mir leid, daß Sie meine Chorwerke nicht hören konnten... In diesem Augenblick brauche ich nicht zu kämpfen. Mir bleiben mindestens 5000 Francs in der Kasse, Belloni ist zufrieden."

Nun sitzt er wieder im Wagen, das Reiseziel ist Halle. Dort hält er sich kurz auf und fährt weiter zum großen Ziel Berlin. Am 27. Dezember findet das erste Berliner Konzert statt. Noch am selben Abend schreibt er an Marie: "Soeben ist mein erstes Konzert zu Ende gegangen. Unerhörter Erfolg. Mehr als 800 Menschen, das heißt soviel wie ein gesteckt volles Haus. Ich spielte allein. Der König erschien ohne jede Einladung. Mein eleganter Gast war gekommen und hat sehr applaudiert. Das ist eine Ausnahme, weil die Hoftrauer sehr streng ist. Ich glaube, ich kann es Humboldt verdanken."

Auch die weiteren Auftritte von Liszt werden von unaufhörlichem Erfolg begleitet. Diese Konzerte zu Anfang des Jahres 1842 sind der Gipfelpunkt in Liszts Konzertlaufbahn. Es gibt eine Statistik, wonach Liszt in Berlin in 10 Wochen 21 öffentliche Konzerte gegeben hat. Die ersten 10 finden in der Singakademie statt. Da sich dieser Raum als zu klein erweist, werden die weiteren in der Oper gegeben. In 21 öffentlichen Konzerten hat er 80 verschiedene Werke vorgetragen, die die ganze damalige Musikliteratur umfassen; von der Transkription, von Bachs Orgel-Fugen, die er selbst eingerichtet hat, bis zu den Komponisten seiner Zeit: Mendelssohn, Schumann, Chopin. Außer diesen amtlichen Konzerten tritt er bei mehreren Gelegenheiten auf, bei Hof und in Privathäusern, und dirigiert auch zum Beispiel Beethovens 5. *Symphonie.*

Franz wird von den Empfängen überflutet. Im Jagor-Saal ist ein Abendessen für 300 Personen. Zugegen sind der Kultusminister Eichhorn, Graf Reder, der Oberintendant des Königlichen Theaters, Dr. Förster, in Vertretung der Akademie. Es kommen Wach, der Maler, Stier, der Architekt, Rauch, der weltberühmte Bildhauer, und Rauchs Plakette wird Franz überreicht. Sie hat folgende Gravierung:

Dem Genius
dem Künstler von Geist und Gemüth
dem Ehrenmanne von Gesinnung und Charakter
FRANZ LISZT
in dankbarer Erinnerung
an schöne Stunden frohester Begeisterung
Die Kunstgenossen und Kunstfreunde in Berlin
den 18. Februar 1842

Eine Feier in der Aula der Akademie der Wissenschaften. Die Professoren Wieprecht und Flodoard-Geyer überreichen ihm ein Ehrendiplom. Kaum ist der Applaus verklungen, da muß er sich schon in den Wagen setzen und in den Salon der Mme Beer fahren, die keine andere ist als die Mutter von Meyerbeer.

Dort trifft er sich mit den Schriftstellern Carl August Peter Cornelius und Varnhagen von Ense, mit Humboldt, dem Gelehrten, und schließt unter anderem Bekanntschaft mit Charlotte von Hagn, der schönsten und begehrtesten deutschen Schauspielerin, sowie Bettina von Arnim, einer Freundin von Goethe und Beethoven.

Das Berliner Programm läßt ihm, wie er an Marie schreibt, beinahe Kopf und Herz zerspringen. Berlin wird auch zum Schauplatz eines wichtigen musikhistorischen Ereignisses. Als Liszt Beethovens 5. *Symphonie* zu dirigieren hat, organisiert er das Orchester bei dieser Gelegenheit um. Es wird aus seinem Graben auf die Bühne geholt und nimmt dort amphitheatral Platz, wodurch er ein ähnliches Wunder vollbringt wie Leonore im *Fidelio,* wenn sie den Gefangenen aus dem Kerker holt und ihn den Glanz und den süßen Geschmack der Freiheit kosten läßt. Seine Musiker sind von diesem Augenblick an nicht mehr elende 'Musikanten', sondern Künstler, die durch seinen Stab aus der Unterwelt heraufgezaubert werden.

Berlin feiert und tobt fieberhaft, aber auch unfreundliche Kritik läßt sich vernehmen. Doch Ludwig Rellstab, der gefürchtetste Musikkritiker von Berlin, schreibt in der *Vossi-*

schen Zeitung: "Liszt ist der erste Virtuose, der Konzerte ohne Mitwirkende gibt. Er spielte sieben Stücke hintereinander auf dem Klavier - allein. Der Saal war brechend voll. Die ersten drei Stücke habe ich mehr mit dem Verstand als mit dem Gefühl aufgefaßt. Eine wunderbare Fertigkeit! Beethovens Adelaide war nach unserem Eindruck das schwächste Stück. Hierbei stattete der Künstler seine Schulden an unsere Zeiten ab. Von Bachs Chromatischer Phantasie angefangen, steigerete sich die Wirkung von Augenblick zu Augenblick. Man fühlte sich bezaubert. Der Chromatische Galopp zum Schluß des Konzertes war eine Spitzenleistung an Virtuosität. Er ist der größte Virtuose unserer Zeit."*

Varnhagen schließt sich in seiner Kritik Rellstab an: "Die Kritik faßt ihre Aufgabe falsch auf, wenn sie diese außerordentliche Erscheinung mit dem Maß des Gewöhnlichen mißt und nicht erkennt, daß man ein Genie nur nach seinem eigenen Maß messen kann."

Anders schreibt die *Abendzeitung:* "Man hat aus ihm einen Götzen gedrechselt, spendet ihm Fackelzüge und Serenaden, man küßt ihm die Hände, stickt sein Portrait, die Menschen haben einfach ihren nüchternen Verstand verloren." Der *Gesellschafter* bringt ihn mit Cagliostro in Beziehung. Freiherr von Schönholz schreibt: "Berlin hat richtiggehend eine Katastrophe erlebt. Held des Unglücks war ein Pianist... Aus dem geschmacklosen Spaß wird eine Tragödie!"

Kritik und Angriff bringen auch der *Comet* und der *Bemerker,* das *Rheinland* und die *Berliner Witze.* Am ärgsten aber ist, was die *Leipziger Allgemeine Musikzeitung* bringt. Schwärmerei wie Haß haben keine Grenzen.

Die Konzerte werden fortgesetzt, so auch die Abendgesellschaften und Begegnungen mit namhaften Persönlichkeiten. Eine unvergeßliche Episode entspinnt sich mit Charlotte von Hagn, und eine wunderbare Erinnerung bleibt die Zusammenkunft mit der immer noch schönen 57jährigen Bettina von Arnim. Die Presseangriffe hören nicht auf, aber Liszt wird erst wirklich bitterböse, als auch Charlotte von Hagn in den Schmutz hineingezogen wird.

Franz klammert sich eigensinnig an seinen Grundsatz: man muß über die Köpfe der Niemande hinwegsehen. Aber jetzt stellt sich Belloni auf die Hinterbeine, formuliert und unterschreibt die energische Antwort. Danach hält der üble Chor den Mund.

Franz schreibt am 25. Januar an Marie: "Ich stehe jeden Tag um 9 Uhr auf. Kurz darauf haben sich schon etwa 50 Leute bei mir im Zimmer eingefunden. Was wollen sie? Die meisten wollen Geld. Einige, die jungen, kommen einfach, um mich zu sehen".

12. Februar: Die Preußische Akademie der Wissenschaften wählt Franz Liszt zu ihrem Mitglied. Die Philosophische Fakultät der Berliner Universität weist jedoch das Gesuch Liszts, der sich um den Doktortitel beworben hat, ab.

Zu Liszts letztem Konzert in Berlin am 2. März schreibt Rellstab: *"Bei Liszts Abschiedskonzert in der Oper drängten sich die Leute genauso wie bei den früheren. Der Publikumserfolg war so groß, daß er jeden anderen, an den wir uns erinnern können, übertraf. Catalani hat 1816 den Saal des abgebrannten Schauspielhauses siebenmal und die Garnisonskirche einmal gefüllt, Paganini brachte das, in wesentlich größerem Zeitabstand als Liszt, zwölfmal fertig. Liszt wiederum machte das in der überfüllten Singakademie zehnmal und gab zwischendurch an sechs verschiedenen Orten zum Teil zugunsten anderer Künstler, zum Teil zu wohltätigem Zweck, danach fünfmal in der großen Oper 21 Konzerte...*

Ihn wollte man nicht allein wegen seiner unvergleichlichen künstlerischen Fertigkeit bewundern. Die Anziehungskraft bestand auch darin, daß seine Begabung die ganze Persönlichkeit durchwärmt und durchdringt... Wir wollen nicht über seine kleinen Übertreibungen und Details mit ihm streiten, die wie elektrische Lichter das reiche Gemälde beleuchten. Wenn diese auch nicht an Beethoven herankommen, gehen sie ihm nahe, und Beethoven hätte

*selbst ähnlich gedacht, wenn er über eine solche Mechanik
verfügt hätte...*

*Der Künstler hat an dem ganzen Abend - so unser Ein-
druck - mit gesteigertem Elan gespielt; seiner selbst würdig
wollte er von uns Abschied nehmen."*

3. März, ein letztes kleines Klavierkonzert in Reiseklei-
dern im Hotel de Russie. Varnhagen von Ense, Publizist
und Kritiker, erinnert sich: "Der Schloßplatz und die König-
straße sind so gedrängt voll wie bei einer Krönung... Man
erzählt, der Hof und die Aristokratie seien außer sich, daß
ein Musiker begrüßt wird wie ein König oder noch begeisterter." Auch Friedrich Engels berichtet in einem Brief an
seine Schwester von Liszts Konzerten in Berlin: "Liszt verzaubert mit seinem Klavierspiel jede Dame. Für einen
Handschuh, den er fallen läßt, fallen sich die Damen in die
Haare."

Die Begeisterung erreicht wahrlich die Ausmaße einer
Massenhysterie. Sein Bild wird auf Handschuhen, Tellern,
Gläsern und Krawatten in den Geschäften zum Kauf angeboten. Ein neues Parfum wird nach ihm benannt. Der Kult
um das Idol Liszt nimmt Formen an, die stark an unser Jahrhundert und den Starrummel im populären Musikgeschäft
erinnern.

Die Neidhammel und Spielverderber versuchen noch,
die Stimmung gegen Liszt zu schüren. *"Noch nie feierte der
Wahnsinn größere Triumphe"*, ist der Kommentar der
Abendzeitung zur 'Lisztomanie'. Der Gepriesene sowie
Geschmähte kann sich jedoch nicht länger damit aufhalten, er muß Berlin verlassen. Außer Fürst Lichnowsky und
Belloni fährt Baron Schober ein Stück weit mit. Er muß nach
Weimar, um das Wiener Kabinett beim Sächsisch-Weima-
rischen Hof zu vertreten. Liszt kommt mit dem wohlunter-
richteten Baron ins Gespräch und erhält auch Nachrichten
aus der Musikwelt. In Mailand sei im September 1840 das
Stück eines neuen italienischen Titans schmählich durchgefallen, nämlich Verdis Oper *Pfingstkönigtum*. Nun, dieser blamierte Verdi hat dieses Jahr, am 9. März 1842, einen

gewaltigen Sieg mit seiner neuen Oper *Nabucco* errungen, am Ort seines Mißerfolgs, der Scala.

Die Reisen führen Liszt über Marienburg (Auftritt am 8. März) nach Königsberg. Hier verbringt er einige Tage und bietet die Abendeinnahmen der Universitätsjugend an. Von Freunden erfährt Franz, Cherubini sei am 15. März gestorben.

Am 19. März verleiht die Philosophische Fakultät der Königsberger Universität Liszt den Titel eines Doktors der Musik. Professor Jacobi, der weltberühmte Mathematiker, liest den lateinischen Text des Diploms: "Ab ordine Philosophorum Virum Celeberrimum Franciscum Liszt Hungarum equitem legionis Honorariae Academiae Regiae." Ein lateinisches Diplom für einen ungarischen Künstler. Dieser bedankt sich befangen auf französisch: "Le beau c'est la splendeur du vrai, l'art c'est le rayonnement de la pensée..." (Schönheit ist der Glanz der Wahrheit, die Kunst ist das Strahlen des Gedankens. Dieser Strahl möge mich auf meinem weiteren Weg leiten).

In der rüttelnden Kutsche wiederholen sich rhythmisch die schönen Worte in seinem Kopf, im Takt mit dem Klappern der Riesenräder des Reisewagens. Ein Gespräch kommt nicht in Gang, denn seine Reisegfährten sind in der Stille eingenickt.

In der zweiten Märzhälfte wird in Riga Station gemacht, dann geht es nach Nittau. Der Flügel dröhnt mit dem *Chromatischen Galopp*, dem *Puritanermarsch*, der *Niobe*-Phantasie, bis wieder die rüttelnde Melodie der Landstraße zu hören ist. Städte, Dörfer, Klöster, Kirchen mit Zwiebeltürmen tauchen auf; die russische Grenze ist erreicht.

HERRSCHER GEBEN LISZT DIE EHRE

Von Tilsit aus schreibt Liszt: "Was hat mein eitler Ruhm für einen Sinn? Wozu diese elende Plackerei?"

In der kleinen Stadt Mitava gibt Liszt drei Konzerte, dann noch zwei in Dorpat. Nach ermüdender Reise, am 16. April 1842, kommt er mit seiner Begleitung in St. Petersburg an. Die Zeitungen und Zeitschriften haben bereits Tage zuvor die Nachricht von seiner Ankunft verbreitet. Er hat kaum Zeit, auszupacken, da muß er sich schon zurechtmachen für Audienzen, Verhandlungen und natürlich seine Darbietungen.

Am Abend des 17. April erscheint Liszt vor Zar Nikolaus I. Franz bekommt durch den eiskalten Empfang bei Hof gleich eine Kostprobe von der Aufgeblasenheit und Selbstvergötterung der Romanovs, des Herrschergeschlechts. Wenn die Habsburger sich Velazquez als Beispiel nehmen, so tun die Romanovs dies mit den in Goldprunk erstarrten Ikonen.

Petersburg, 20. April 1842. Das erste Konzert im Sitzungssaal des Adelsstandes. Strahlende Beleuchtung, Juwelen, Festgewänder, die einem Märchen aus Tausendundeiner Nacht entsprungen sein könnten. Der Preis für eine Karte ist ungeheuer hoch. Aber doch warten dreitausend Menschen in tödlicher Stille auf den Anfang des Konzerts. Unter dem Publikum sind zahlreiche Musiker, unter anderem auch Michail Glinka. Bis die Zarenloge besetzt ist, muß die größte Stille gewahrt werden. So schreibt es die Romanovsche Etikette vor. Etwas verspätet erscheint endlich die Zarin ohne ihren Gatten, das Konzert kann beginnen. Liszt tritt wieder allein, ohne Mitwirkung anderer Künstler, auf.

Er muß nach drei Tagen seinen Auftritt sogar wiederholen. Wieder kommen dreitausend Zuhörer. Diesmal ist die Zarenfamilie vollständig erschienen.

Zu Liszts erstem Petersburger Konzert machen Vladimir Wassiljevich Stassow und sein Freund, der spätere berühmte Komponist, Alexandr Serow sich Notizen. Stassow schreibt - in gespielter Entrüstung: "Bei diesem Konzert wich alles von dem Gewohnten ab. Liszt war allein auf dem Podium, das war schon unerhört und beispiellos. Welche Eitelkeit, welche Aufgeblasenheit und Einbildung: ich bin mir allein genug! Nein, solche maßlose Eitelkeit ist sogar zu wenig. Er vertritt auch das Orchester und die menschlichen Stimmen, was für ein komischer Vogel!"

Gemeinsame Erinnerung von Stassow und Serow: "Nach dem Konzert waren wir wie besessen. Wir schworen, dieser Tag sei für uns heilig. Noch niemals haben wir ein damit vergleichbares Erlebnis gehabt. Jetzt verstehe ich erst, warum Liszt gerade das Klavier gewählt hatte, warum er sich als Vortragskünstler produziert. Jetzt begreife ich erst, was Musik vermitteln heißt, und überhaupt, was Musik ist!"

Hauskonzert im Schloß des Grafen Wielhorsky am Mihailov Platz am 21. April. Liszt spielt seine Erfolgsnummern, dann aber, zur größten Verblüffung des Publikums, intoniert er prima vista einige Teile von Glinkas *Ruslan und Ludmilla*. 25. April, erneutes Konzert. Auf dem Plakat steht: 2. Konzert im Adelssaal, Samstag Nachmittag um 2 Uhr. Herr Liszt trägt die folgenden Stücke vor: *Hexameron,* bravouröse Variationen von Thalberg, Chopin, Pixis, Herz u.a. auf Themen aus den *Puritanern;* 2. Ungarischer Marsch; 3. Rossini: *Tarantella;* 4. Chopin: *Mazurka;* 5. *Ave Maria,* ein Lied von Schubert; 6. Polonaise; 7. *Robert der Teufel,* Phantasie.

Nach dem Konzert schreibt Liszt an Marie: "Das zweite Konzert im selben Saal, wo weder Thalberg noch die anderen Künstler, die im Ausland auch spielten, ein Konzert zu geben wagten, ausgenommen Mme Pasta, zu der nur 700 Zuhörer gekommen waren. Diesmal war der Zar erschienen, eine außerordentliche Ehrung."

Zwischen Zar Nikolaus und Liszt herrschte ein gespanntes Verhältnis. Der Grund ist bis zum heutigen Tag ungeklärt, obgleich viel daran herumgerätselt wurde. Sichere Fakten darüber sind nicht bekannt.

Als Zugabe spielt Liszt eine Transkription des *Erlkönigs,* wozu ein russischer Musiker bemerkt: "Es war ein richtiges Bild mit Dichtkunst."

Das 3. Konzert findet am 4. Mai statt. Das offizielle Programm ist verlorengegangen. Wir können uns nur auf das Tagebuch von Stassow und auf die Aufzeichnung des zweiten Sohnes von Graf Wielhorsky verlassen, die in der Handschriftensammlung der Lenin-Bibliothek zu finden sind. In diesen Aufzeichnungen finden Beethovens op. 27, die *cis-moll-Sonate Quasi una fantasia* und Webers Konzertstück Erwähnung. Am 12. Mai wird für den Kinderchor ein Wohltätigkeitskonzert veranstaltet. Außerdem tritt Franz noch für die Privatschulen des Frauenvereins, für im Elend lebende Künstler und für die Hamburger Brandgeschädigten auf, was zu dieser Zeit in Rußland ungewohnt ist. Am 17. Mai gibt er das 5. Konzert im Engelhardt-Saal, der heute unter dem Namen Lenin-Saal der kleine Konzertsaal der Leningrader Philharmonie ist. Am 27. Mai wird das letzte öffentliche Konzert veranstaltet, und nur am 28. Mai noch kann das erlauchte adelige Publikum Franz Liszt lauschen.

So findet Liszts erste russische Reise mit einem großen Erfolg ihr Ende. Der abreisende Künstler wird sogar von einer Verehrerschar bis nach Kronstadt begleitet. Wieder folgen die Fahrten ohne Ende, aber diesmal geht es heimwärts. Eine Heimat hat er ja so gut wie nirgends, nur immer eine Station. Die Räder des Reisewagens rütteln, Gehöfte, Kirchen bleiben zurück, und mit dem Ton der Räder erwachen Tonbruchstücke. Erinnerungen bemächtigen sich seiner in der sauberen Stadt Genf mit ihren Glockentönen. Auf den langen weiten Strecken leuchten immer wieder Frauenaugen in seiner Erinnerung auf. Franz Liszt, der Wandervogel, der die Nester und die Frauen wechselt. Marie, George Sand, Camilla Pleyel, Fürstin Christine, auch verschwommene Gesichter, sodann Gesichter aus der jüngsten Vergangenheit: Charlotte, Bettina, und jetzt Mme Kalergis, die Frau, die seine Rußlandreise in die Wege geleitet hat. Qualvolle und erniedrigende, aber auch selige und selbstbewußte Liebschaften.

Nach der Durchquerung ganz Europas öffnet sich vor ihm plötzlich Frankreich. Er kommt am 30. Juni in Paris an. Kaum hält er sich ein paar Tage in der Stadt auf, kommen die vielen Verpflichtungen, z.B. ein Wohltätigkeitskonzert für den Opernchor. Zur Ruhe kommt Liszt nicht. Es gibt keinen Ort, wo er sich niederlassen kann. Belloni entfaltet eine teuflische Geschicklichkeit, weiß ein Programm für jeden Tag, und läßt Franz kaum Zeit, in Paris Atem zu holen. Der Tastenmeister wird weitergeschickt nach Liège zum Konzert anläßlich der Enthüllung des Grétry-Denkmals. Das nächste Ziel ist Brüssel, wo es natürlich ein Konzert geben soll, wo es auch zu einem langweiligen Empfang kommt, und Franz die Erschöpfung schließlich überfällt.

Auf der kleinen Insel Nonnenwerth kommt es zu einer neuen Begegnung mit Marie und den Kindern. Zwischen Marie und Franz ist keine Spur von Liebe mehr faßbar, daran kann auch der Zauber der wunderbar romantischen Insel nichts ändern. Freunde und Begleiter bringen Abwechslung in das eintönige Leben.

Liszt komponiert kleinere Lieder. Einige überarbeitet er, und davon bleiben dann *Am Rhein, Die Zelle von Nonnenwerth, Mignon* und *Lorelei* erhalten.

Am Ende des Sommers bricht Liszt wieder auf. Diesmal ist Thüringen das Ziel. Er hat einen Brief aus Weimar erhalten, in dem er eingeladen wird an den Ort, in dem Herder, Goethe und Schiller lebten, und wo bis zuletzt Hummel das Zepter der Musik hielt. Denn inzwischen ist auch Hummel gestorben. Aus dem Brief geht hervor, man würde Liszt gerne in Weimar sehen, wo das Musikleben eher harmlos verläuft.

Am 8. Oktober schließen der Weimarer Erbprinz Karl Alexander und die Fürstin Sophie die Ehe in Den Haag. Weimar schwimmt in einem Freudenrausch. Der junge

Thronfolger Karl Alexander bringt jetzt seine Frau nach Hause, Sophie, die Tochter des holländischen Königs, die keine Schönheit ist, aber sehr liebenswürdig und reich. Die Einwohner der Stadt, Bürger und Beamte, reiben sich freudig die Hände: wir haben eine gute Ehe geschlossen. Sie befolgen das Beispiel von Österreich: Bella gerant alii! Tu, felix Austria, nube! ('Kriege mögen die anderen führen! Du, glückliches Österreich, heirate' - ein fälschlicherweise dem ungarischen König Matthias Corvinus aus dem 15. Jahrhundert zugeschriebener Ausspruch).

Zu diesen Feiern kommt Franz mit seiner kleinen Gesellschaft an, zu der jetzt - auf Vorschlag Bellonis - der Sänger Giovanni Battista Rubini zählt.

Am 22. Oktober, einem Sonntag, feiert das neue Ehepaar seinen Einzug, zu dem Liszt und Rubini eingeladen werden. Der Freudenvater vergißt den berühmten Pianisten an diesem großen Feiertag nicht. Um diese Zeit lebte ja schon kein weltberühmter Schriftsteller mehr, der Weimars kulturellem Leben Glanz hätte geben können, da mußte Liszt herangelockt werden, um der Musik in Weimar Ehre zu machen.

Am 23. Oktober treten Liszt und Rubini bei einem glänzenden Hofkonzert auf. Am 29. Oktober veranstaltet Liszt wieder ein Wohltätigkeitskonzert, bei dieser Gelegenheit teilt die Großherzogin Liszt mit, daß sie es gern sähe, wenn er sich auf Dauer in Weimar niederlassen würde. Man würde ihm das jährlich zu veranstaltende Festkonzert anvertrauen.

Der durch Europa Gehetzte fühlt sich ausgezeichnet in dieser ruhigen, heiteren Stadt, und überlegt tatsächlich, ob er sich nicht hier niederlassen und die Gelegenheit nützen sollte, die lokalen musikalischen Leistungen näher kennenzulernen. Eine Oper zu schreiben, das ist ja sein geheimer Wunsch.

Marie d'Agoult hat in einem Brief zu der geplanten Rußlandreise Liszts geschrieben: "Ich glaube, das wird seine letzte große Reise sein. Danach kehrt er nach Paris zurück und schreibt eine Oper." Franz hat seinem Stück schon einen Titel gegeben: *Corsaire*. Der Plan ist nie verwirklicht worden.

Liszt verhandelt mit der Großfürstin. "Ihre Majestät sind sehr gnädig, aber bei Hof und am Hoftheater ist ein vorzüglicher Kollege von mir tätig, Monsieur Chélard. Es wäre unwürdig, ihn aus seiner Stellung zu drängen, oder was noch schlimmer wäre, als Neuangekommener ihn zu überholen. Ich kann nicht Chélards Vorgesetzter sein, aber faßt es nicht als Unbescheidenheit auf, Majestät, auch nicht sein Untergebener."

Die Großherzogin erhebt sich und sagt: "Ich bedanke mich bei Ihnen für Ihre wertvolle Bemerkung, die mit meiner Überzeugung, meiner Meinung übereinstimmt. Sie schätzen Ihren Kollegen, aber sich selbst auch. Wir werden Ihre Ehre und Ihre Anhänglichkeit zu Ihrer Freiheit respektieren."

Am 30. Oktober formulieren Liszt und Ziegesar den Entwurf eines Vertrages, den der Hof günstig aufnimmt. Liszt unterschreibt am 31. Oktober 1843 den Vertrag, der im ganzen aus drei Punkten besteht: 1. Die beiden Kollegen werden einander nicht stören. 2. Liszt bekleidet keinen besonderen Rang; er bleibt Monsieur Liszt. 3. Er ist verpflichtet, jährlich drei Monate in Weimar zu verbringen. Die Zeit kann er selbst bestimmen. Seine Bezahlung beträgt 1000 Taler. Das Dokument ist in einer Schrift vom 2. November erhalten; an dem Tag wurde es bekanntgegeben: "Karl Friedrich von Gottes Gnaden, Großherzog von Sachsen-Weimar. Dr. Franz Liszt, Hofkapellmeister in außerordentlichem Dienst." Dieser Titel wurde ihm zubewilligt. Im Schlußsatz heißt es: "Die Verhältnisse des Kapellmeisters Chélard bleiben unberührt."

Am kleinen Weimarer Hof herrscht eine familiäre Stimmung. Da gibt es keine steife Etikette. Eine Protokollordnung wird nicht beachtet. Die Gattin Karl Alexanders, Sophie, klopft an die Tür des Künstlerzimmers und gratuliert Liszt persönlich.

Liszt würde am liebsten seinen dreimonatlichen Vertrag sofort antreten, aber Belloni läßt das nicht zu: "Die Konzertverträge sind unterschrieben, Maestro, und das bedeutet soviel wie ein gegebenes Wort. Und an Franz Liszts Wort darf niemand zweifeln."

Belloni weiß sehr genau, womit er den Maestro binden kann. Und er denkt auch an seine eigene Tasche. Bekommt er doch ansehnliche Prozente von Liszts Einnahmen.

Eine neue Konzertreise beginnt, die ihn über Aachen, Amsterdam, Leyden, Utrecht und Münster schließlich zum Jahresende nach Berlin führen wird. Seine erste Haltestelle aber ist Frankfurt. Dort kommt es zur Affaire mit Baron Rothschild. Ohne sein Wissen und Zustimmung hatte der Bankier angekündigt, Liszt trete bei seinem Hauskonzert auf. Doch Franz läßt sich nicht beeindrucken, er ist daran gewöhnt, daß niemand über ihn verfügen kann. Das Geld ist nicht allmächtig.

Liszt vergißt auf seinen Reisen auch seine Kinder nicht. Am 23. Dezember schreibt er aus Münster einen Brief an Blandine: "Dieser Brief erreicht Dich noch, wie ich hoffe, an Deinem Geburstag. Diesen Tag kann ich nicht vergessen und noch weniger kann ich ohne Tränen daran denken..."

Zum Jahreswechsel begibt sich Franz wieder ins Wechselbad Berlin. Die Lisztianer dort erwarten ihn sozusagen mit Lorbeerkränzen, die Gegner mit gewetzten Messern.

Liszt stiftet den 'Anonymen' des Berliner Opernhauses, den einfachen Musikern und Bühnenarbeitern, eine Einnahme. Er läßt das *d-moll Konzert* des immer weniger gut gesinnten Mendelssohn erklingen. Dieser hat die Berliner Erfolge lächerlich gemacht, also spielt Franz ein Mendelssohn-Konzert. Daneben brilliert er auch als Dirigent bei den Overtüren von *Oberon* und *Coriolan*. Als er Hummels Septett spielt, zwingt Franz auch die wütendsten Gegner in die Knie.

Aus Berlin schreibt er an Marie: "Im Februar fahre ich auf dem selben Weg wie im vorigen Jahr, wahrscheinlich in der Gesellschaft von Rubini, nach Petersburg. Dort will ich mich kurz aufhalten, um diesmal Moskau nicht auszulassen."

Ein neuerlicher Brief am 11. Januar: "Daniels Gedichte sind bei allen Fehlern entzückend. Blandine schreibt sehr richtig. In der Zukunft lassen Sie sie alleine schreiben und diktieren Sie nicht. Es würde mich sehr freuen, wenn sie ein bißchen Klavier spielen würde. Aber tun Sie, wie Sie es für gut finden."

Liszt fährt von Berlin aus nach Schlesien und spielt am 21. Januar in Breslau. Mitten in der langen Tournee schweifen seine Gedanken weiter: Ende Juni, wie er Marie schreibt, will er über Schweden und Dänemark wieder nach Paris zurück. Für das nächste Jahr, 1844, plant er eine Reise nach Ungarn. Er fragt bei Marie an, ob sie nicht mitkommen wolle?

Marie antwortet am 30. Januar: "Was Sie über die ungarische Reise schreiben, darauf antworte ich nicht." Franz kann Marie kein einziges Mal dafür gewinnen, in die Heimat zu kommen. Egal, es ist sowieso schon alles aus.

Konzerte über Konzerte in Breslau. Am 1. Februar dirigiert Liszt zum ersten Mal dort eine Oper, die *Zauberflöte*. Am 7. Februar verläßt er Breslau nach zehn Konzerten und macht noch eine Reiseschleife nach Berlin, wo er nochmals sein Können mit Beethoven, Schubert, Mendelssohn und Schumann zum Besten gibt und sich mit Meyerbeer und Schelling trifft. Er wird auch mit der Sängerin der Dresdner Oper, Wilhelmine Schröder-Devrient zusammen gesehen: ein gefundenes Fressen für die Klatschmäuler. Am 27. Februar schreibt er wieder an Marie: "Teleky kommt mit mir nach Rußland, und wir bleiben wahrscheinlich ein bis zwei Jahre dort. Ich glaube sehr, daß er schließlich mein Freund wird."

Nun geht es weiter in immer strengerem Tempo Richtung Osten: Potsdam, Fürstenwald, Posen, Krakau und Warschau. Im Reisewagen ist gerade noch Platz für einen kleinen Tisch, auf dem Franz einen Brief schreiben kann, dessen Buchstaben nicht nur vom rollenden Wagen geschüttelt werden, sondern auch von einem inneren Fieber. Das Schreiben geht nach Ungarn, an István Fay: "Du hast bestimmt recht, wenn Du sagst, ich könne nirgendwo so nach eigener Lust und Laune schaffen wie in Ungarn. Aber zuvor muß ich mich leider noch einige Jahre wie ein Zigeuner herumtreiben. Jedenfalls will ich Euch im nächsten Jahr besuchen."

In den ersten Apriltagen kommt er in Warschau an. Kein Brief von Marie. Vielleicht ist sie beleidigt? Oder steht sie im Bann einer neuen Liebe? Dabei ist Marie eifrig am Schreiben, doch sitzt sie nicht über einem Brief, sondern über einem Buch.

Franz Liszt hält sich zusammen mit Felix Lichnowsky und Alexander Teleky, den treuen Begleitern, länger in Warschau auf. Diese Liebe zum polnischen Volk wird dem Zarenhof verdächtig. Noch dazu spielt Liszt mit Vorliebe Werke von Chopin, der wegen seiner freiheitlichen Tendenzen in Polen persona non grata ist. Er ist auch Tag und Nacht mit der Familie Chopin und mit anderen rebellischen Polen zusammen. Schließlich gibt es noch einen privaten Grund, der den Zar in Erregung bringt. Er hat ein Auge auf die rothaarige Gräfin Kalergis geworfen, die neue Favoritin Liszts. Der 'Herrscher aller Reußen' läßt sich auch von einem beschwichtigenden Brief der Gräfin nicht von seinem Argwohn abbringen. Franz Liszt muß überwacht werden. Angeblich wird sogar der Minister für Sicherheit, Graf Benckendorf, mit der Observierung des reisenden Virtuosen beauftragt.

So steht Franz Liszt im April 1843 unter ständiger Beobachtung. Doch aktiv eingreifen kann auch der Polizeioberrat Galicin nicht, nur berichten: "Der ungarische Vagabund gibt nach dem öffentlichen Auftritt Konzerte bei Rebellen." Galicin muß seinem Ärger gegenüber den ihm zugeteilten Polizisten Luft machen, daß sie nicht wirksamer aufpassen auf den Weltenbummler und Revolutionär Liszt, der bei den Familienabenden sogar Variationen auf die Melodie *Noch ist Polen nicht verloren* gespielt haben soll.

DAS RUSSISCHE PUBLIKUM

Ankunft in Petersburg. Rubini hat Liszt mitgeteilt: "Hier werden Sie mit offenen Armen empfangen." Das ist nicht gerade die Wahrheit. Die politischen Nachrichten aus Warschau haben offenbar das Klima stärker beeinflußt als der private Brief von Gräfin Kalergis. Franz ist von seinen Konzerten in Anspruch genommen, er kümmert sich nicht darum, wie die Intrigen der Hofschmeichler verlaufen. Vertrag ist Vertrag! Die Konzertreihe beginnt am 25. April (allerdings ist im Tagebuch der 26. April verzeichnet). Am 27. und 29. April sind Wohltätigkeitskonzerte in Privathäusern. Am 30. taucht der alte Freund Fürst Wielhorsky auf, in dessen Haus der berühmte Pianist zu Gast ist.

Beim ersten Konzert im Engelhardt-Saal spielt Liszt Glinka. Er bindet auch die ihm bekannten Zigeunerlieder zu einem Strauß und macht Improvisationen. Selbst die zornigsten Gesichter glätten sich. Keiner macht eine Bemerkung, alle wollen, daß er noch weiter spielt. Er wird von Großfürst Michael gefragt, ob er Glinka für einen guten Musiker hält. "Ein Genie!" kommt die Antwort. Der Großfürst zuckt nur die Achseln.

Die Zeitungen in der russischen Hauptstadt bringen keine einzige schlechte Kritik. Mit Rubini zusammen gibt Franz Liszt am 30. April ein weiteres Wohltätigkeitskonzert. Dazu steht in Turgenjews Tagebuch: "Entzückend und hinreißend! Ich stand ganz nahe, und Liszt bekam einen riesigen Applaus."

Abends, in der Großen Oper, sieht Franz sich *Ruslan und Ludmilla* von Glinka an. Darüber wird sogar in der *Literaturnaja Gazeta* vermerkt: *"Bei dieser Aufführung fiel ein schmächtiger junger Mann auf; wer er war, ist leicht zu erraten: Liszt."*

In der Nacht zum 2. Mai verläßt Liszt Petersburg und fährt nach Moskau, wo er noch am Abend seinen ersten Auftritt hat im großen Theater. Stassow schreibt in sein Tagebuch: "Moskau war grenzenlos entzückt von Liszt. Wie

1842 in Petersburg." Nach weiteren Konzerten am 4., 12. und 16. Mai kann auch Franz Marie mitteilen: "Das Moskauer Publikum ist mir gegenüber außerordentlich wohlwollend."

Liszt spürt, daß er vor einem Publikum mit Sinn für seine Musik und seine Gedanken spielt. Auffallend viele junge Hörer sind zugegen, meist Anhänger von Glinka: Dichter, Philosophen, Musiker, Maler, Journalisten, Gelehrte. In diesem jungen Volk gärt etwas, das seiner Majestät dem Zaren nicht gefallen kann. Die jungen Leute stehen nicht stramm vor den Romanov-Ikonen, sie machen Spaß und üben Kritik. Die Romanovschen Gebote sind ihnen nicht mehr heilig.

Am 16. Mai gibt Liszt ein Orgelkonzert in der evangelischen Kirche. In der Zeitung *Moskwitjan* ist ein Artikel: "*Liszt interessiert sich für die russische Volksmusik. Sowie russische Volkslieder ertönen, schlägt er den Rhythmus und begleitet die Wendungen der Musik, gibt sich den traurigen Weisen hin und noch mehr dem Schwung der Tanzlieder.*"

Der Direktor des Zarentheaters, Werstowskij, schreibt in sein Tagebuch: "Liszt hat Moskau verrückt gemacht. Er spielt überall und für jeden. Er ist ein Künstler, dessengleichen kein anderes Land Europas besitzt. Wenn er etwas von Meyerbeer spielt, muß Meyerbeer es bedauern, daß es ihm nicht gelungen ist, sich das so auszudenken, wie Liszt es spielt. Rossini könnte sich die Haare raufen, daß ihm das nicht so eingefallen ist, wie Liszt es darbietet. Wie soll ich das nur beschreiben, als ich eines Abends spät zu ihm ging und ihn auf dem Fußboden sitzend fand. Rings um ihn brüllte ein maßloser Zigeunerchor, dem er entzückt zuhörte. Nach einigen Liedern sprang er zum Klavier und improvisierte eine regelmäßige Phantasie mit Zigeunermotiven. Dabei lasse ich micht nicht sogleich in Staunen versetzen; früher einmal habe ich auch selbst improvisiert, aber Liszt als Improvisator ist wunderbar und spielt auf dem Klavier das in Oktaven, was die besten Klavierspieler nicht mal einfach fertigbringen."

Auftritt folgt Auftritt. Am 28. Mai spielt Franz in einem Wohltätigkeitskonzert ein letztes Mal vor dem Moskauer Publikum. Anfang Juni kehrt er noch einmal nach Petersburg zurück. Am 5. Juni tritt er mit Rubini und anderen im Konzert der Sängerin Elisa Meerti auf. Am 7. nimmt er an dem Flötenkonzert von Guillou teil, am 9. tritt er im Konzert der Sängerin Marie Cecce vor das Petersburger Publikum. Am 14. gibt er ein selbständiges Konzert und spielt diesmal auf dem neuen Instrument, dem Piano-Orchestre von Lichtenthal.

In diesem Konzert stimmt er den Tschernomor-Marsch aus *Ruslan und Ludmilla* an, und dann noch die Phantasie Vollweilers über Themen aus derselben Oper. Die Transkriptionen fertigt Liszt kurz vor Konzertbeginn an. Am 17. Juni, nach einer Matinee, fährt er mit dem Schiff nach Lübeck ab. Diesmal hat Liszt keinen so großen Erfolg gehabt wie sonst. Dazu schreibt Stassow: "Die Hauptstadt des Zaren ist jetzt von den italienischen Opern und Sängern beherrscht. Im Jahr 1843 interessierte sich Petersburg nicht für Liszt und die wunderbaren künstlerischen Werke, mit denen er seine erstaunlichen Konzerte bestückte."

Liszt tritt in eine neue Phase seines inneren Reifungsprozesses. Er wägt die Dinge ab und sucht nach einer besseren Lösung. Soll er sein Genre wechseln? Nein, auf keinen Fall. Er studiert weiter die Meisterwerke von Schubert, Mendelssohn und Schumann, die aus dem Rahmen der Hausmusik herausgewachsen sind. Aber er formuliert anders. Er ist sich dessen bewußt, daß sein Instrument alles kann. Sein Klavier beherrscht alles, was ein Sänger, eine einzelne Geige oder ein riesiges donnerndes Orchester vermag. Franz schwärmt für Beethoven, für seine Symphonien, aber als sein Eigentum kann er sie nur empfinden, wenn er sie in seine eigene Sprache, die Sprache des Klaviers übersetzt hat. Ebenso muß er mit den Tonkathedralen des Orgelmusikers Bach verfahren. All die Kompositionen, mit denen er

260

Marie d'Agoult

*Blandine, Daniel
und Cosima Liszt,
1843*

Liszt am Klavier, umgeben von Dumas, George Sand, Rossini und der Gräfin d'Agoult, um 1840

Franz Liszt, um 1848

Frédéric Chopin

Niccolo Paganini

Hector Berlioz

Sigismund Thalberg

Matthias Kirche in Budapest; hier wurde am 8. Juni 1867 Kaiser Franz-Josef zum ungarischen König gekrönt.

Ausschnitt aus der Krönungsmesse.

sich beschäftigt, von Berlioz und auch von Paganini, werden erst sein Eigentum, das er dann in den Konzerten brillant präsentieren kann, wenn er ihre Musik in seine eigene Sprache übersetzt hat.

Während seiner ganzen Laufbahn fühlt er eine unwiderstehliche Sehnsucht nach der Oper. Er erforscht Auber, Bellini, Rossini, Donizetti, Meyerbeer, Halévy, Pacini, Mozart und Carl Maria von Weber. Ihn reizt es, zu ermitteln, wie man mit der Melodie Charaktere darstellt, wie man Musikdramen zustande bringt und die Spannung auf die Bühne zaubert. Aber er kann seinem Instrument so wenig untreu werden wie der Kapitän seinem Schiff. So ist er auch später mit Erkel, Verdi, Wagner und Tschaikowsky umgegangen. Mit seinem Instrument diskutiert er über die Fragen des Lebens, stellt seine Erlebnisse, Zweifel, Besinnlichkeit oder Ruhelosigkeit, seinen Glauben und seine Menschlichkeit dar. Er hat, bis zu seinem 33. Lebensjahr durch Europa rasend, die größten Triumphe erlebt, die einem Podiumsliebling zuteil werden können: doch immer noch folgt der Wanderer seinem ruhelosen Weg. Belloni muß laufend neue Daten in sein Konzerttagebuch eintragen.

Liszt braucht dringend die sommerliche Rast auf Nonnenwerth, wo er wieder mit seinen Kindern und seiner Lebensgefährtin zusammentrifft. Marie allerdings kümmert sich wenig um Franz; sie hat sich an die Abfassung ihrer Lebensgeschichte herangewagt und arbeitet überdies an dem Entwurf eines Romans. Der Sommer vergeht, die Wege der Familie trennen sich wieder...

Die Postkutsche rattert diesmal durch Süddeutschland. Zweimal sieht er seine geliebte Stadt München. In ihr herrscht trübe Stimmung: Der bayrische Thronfolger kämpft auf griechischem Boden, und die bayrische Truppe wird bedrängt von der türkischen Übermacht. Seit Tagen ist keine Nachricht von ihnen da. Der König von Bayern erscheint trotzdem im Konzert, so strömt auch das Publikum herbei. 1500 Gulden, die Einnahmen aus einem Konzert im

Odeonssaal, überreicht Liszt dem Magistrat als Spende für das Blinden-Institut.

Seine Majestät der König, ein Musterbild an Sparsamkeit, gibt Order, den Geldsack von Liszt im Museum in eine Vitrine zu legen zum ewigen Gedächtnis an die Großmut.

In München macht Liszt neue Bekanntschaften, u.a. mit dem Maler Wilhelm Kaulbach, dessen Gemälde *Die Hunnenschlacht* ihn später zu der Komposition einer symphonischen Dichtung anregt.

SORGE UM DIE KINDER

Mit dem Jahr 1844 beginnt Liszt seine Tätigkeit als Kapellmeister in Weimar. Schon am 7. Januar steht er auf dem Podium und dirigiert Beethovens 5. *Symphonie,* dann spielt er noch das *h-moll Konzert* eines seiner glanzvollen Vorgänger in Weimar, Johann Nepomuk Hummels. Weitere Konzerte folgen, die Tage und Wochen fliegen; es wird Frühling, und der Zugvogel Liszt zieht wieder los.

Liszt streift in seinem Flug die deutschen Städte Jena, Erfurt, Gotha, Bernburg, Bautzen, Hannover, Braunschweig, Dessau, Stettin und Dresden.

Im letztgenannten Ort wird er nach seinem Konzert von seinen Freunden in die Oper geführt, er muß ein neues Meisterwerk anhören: *Rienzi* von Richard Wagner! Liszt sitzt an diesem Abend in der Loge und hört etwas gelangweilt zu. Kaum werden einige Takte gespielt, fühlt er sich überrascht. Er neigt sich vor und paßt gut auf. Die Musik des kleinen befangenen Mannes spricht eine persönliche Sprache, mit ihrer Harmonie erweckt sie in Liszt neue Einfälle, die noch keinem anderen je gekommen sind. Alles ist originell und neu.

In der Pause des ersten Akts sucht er sofort Wagner auf und gratuliert ihm von Herzen zu dieser vorzüglichen Schöpfung. Die beiden befinden sich in der Garderobe des

Opernhauses, die dem Sänger Tichatschek gehört, den Liszt ebenfalls beglückwünscht. Er verspricht Wagner, den *Rienzi* zu studieren und die Oper zur Aufführung zu empfehlen, wo sich dazu eine Gelegenheit ergibt. Der 2. Akt gefällt Liszt noch besser. Es braucht seine Zeit, bis man sich an die 'Redeweise' dieses Mannes gewöhnt. Die Dramaturgie ist auch vollständig neuartig, es gibt keine mit Rezitativen künstlich verbundenen Arien, nichts Traditionelles.

In Dresden verwickelt sich Liszt in ein neues Liebesabenteuer. Die Auserwählte ist die wunderschöne Tänzerin Lola Montez, von der Wagner im Ganzen nur soviel zu bemerken hat: Verdammnis = Lola Montez. Der bayrische König wird es noch zu spüren bekommen. Für Liszt wird dieses Abenteuer ein überflüssiges Kreuz. Er verläßt Dresden fluchtartig.

Im April ist er schon in Paris, wo der Riß zwischen ihm und Marie nur noch größer wird, nicht zuletzt wegen Lola Montez. Da hilft auch Franzens briefliche Zerknirschung nichts: "Ich bin tief traurig und niedergeschlagen. Ich zähle die Schmerzen zusammen, die ich verursacht habe."

Am 12. April schickt er Marie Karten zu seinem nächsten Konzert. Sie schickt sie wieder zurück. Mit zwei Konzerten in Paris beginnen die größten materiellen Erfolge des reifen Mannes. Von Paris geht es weiter nach Südfrankreich, "um die fahrende Handelsvertreter-Laufbahn fortzusetzen", wie er selbst bitter schreibt. Marie will Paris nicht verlassen, auch nicht Franz auf seinen Rundreisen begleiten, und schon gar nicht nach Ungarn mitfahren, weil sie das für eine Narrheit von Franz hält. Sie glaubt auch nicht an den Komponisten Franz Liszt, ebensowenig daran, daß er die Künstlerlaufbahn aufgeben, auf das Podium, den Reisewagen und das maßlose Geld verzichten will.

Franz selbst ist ja unglaublich anspruchslos. Alle seine Ansprüche befriedigt ein gutes Buch, eine schmackhafte Zigarre, ein Schluck Wein, sehr einfache Nahrung, ein tadelloser Frack für das Podium und ein Hausanzug für die Arbeit am Schreibtisch. Wir müssen seine materielle Auffassung im Spiegel der Wirklichkeit untersuchen. Was jagt ihn eigentlich durch die ganze Welt? Die Antwort ist einfach: Blandine, Cosima und Daniel, die drei Kinder. Deren Lebensunterhalt und Zukunft muß sichergestellt werden. Er muß ihnen ein Vermögen hinterlassen, denn nichts wird so schwierig sein wie das Schicksal dieser drei Kinder. Welche Laufbahn sie auch einschlagen, man wird sie immer mit ihrem Vater vergleichen - was kann er anderes tun als ein Vermögen zu sammeln, um ihnen Geld in die Hand zu geben? Würden sie sich schwach erweisen, kann sie das Geld über Wasser halten. Von ihrer Mutter, Gräfin Marie d'Agoult, können sie nichts erhoffen. Zwar hat Marie ein gewaltiges Vermögen von ihrer Mutter geerbt, aber davon bleiben wegen ihrer verschwenderischen Lebensweise und Prunksucht nicht viel übrig.

Die nächsten Stationen sind Lyon, Marseille, Toulon, Nimes, Toulouse, Bordeaux, Montpellier und Pau. Nach dem Konzert dort taucht die große Liebe der Jugendjahre auf: Caroline Saint-Cricq, jetzige Madame d'Artigaux. Franz blickt in ein gealtertes, vollkommen graues Gesicht, nur der Lavendelduft vermag noch die wehmütige Erinnerung an die vergangene Zeit zu wecken. Franz macht aber im unfreundlichen Schloß der Caroline einen Anstandsbesuch und läßt seiner einstigen Schülerin und Jugendliebe zwei kleine Kompositionen zurück: *Frabiolo pastor* und *Chanson du Bearn* - Variationen zweier altfranzösischer Lieder. Noch ein Lied entsteht. Das macht Liszt für sich selbst, als Testament seiner Jugend: "Ich möchte hingehen wie das Abendrot / Und wie der Tag in seinen letzten Gluten: / Oh leichter, sanfter, ungestillter Tod - / Sich in den Schoß des Ewigen verbluten." Das Lied zeigt Verwandtschaft mit der anderthalb Jahrzehnte späteren Tristan-Musik.

Herr Belloni ist nicht in solch romantischer Stimmung, er muß die Tournee, die weiter in den Süden führt, organisieren. Er holt sich Informationen über die spanischen Veranstalter ein. Nach den nicht gerade vertrauenswürdigen Nachrichten bedingt er sich eine Garantiesumme aus, die rechtzeitig bei einer guten französischen Bank hinterlegt werden muß. 10.000 Francs pro Abend, der Vertrag tritt nur dann in Kraft, wenn die Crédit Lyonnais den Betrag bestätigt. Das wird wundersam schnell erfüllt: Die Bank meldet sich postwendend, und Herr Belloni überquert mit siegreichem Antlitz die Pyrenäen wie Hannibal die Alpen. Die Stationen auf der Iberischen Halbinsel sind vom 8. August an Madrid, Lissabon, Cordoba, Sevilla, Valencia, Cadiz, Gibraltar und Alicante.

Während Franz Liszt auf spanischem Boden Erfolge auf Erfolge häuft, stirbt im österreichischen Pottendorf am 8. August nachmittags um vier Uhr der Großvater Adam Georg Liszt im Alter von 89 Jahren. Nach dem Totenbuch ist Adam Liszt pensionierter fürstlicher Organist.

Im Oktober-November gibt Liszt 14 Konzete in Madrid und wird dann am Hof der Königin, die fast noch ein Kind ist, mit dem Ritterorden und der Karl III.-Medaille ausgezeichnet. Lissabon darf 12 Konzerte erleben. Liszt ist schon todmüde von den vielen Auftritten, den abscheulichen Hotelzimmern und den mittelalterlichen Formalitäten am spanischen und portugiesischen Hof. Doch auch den Winter verbringt er in Spanien und Portugal.

Am 1. Januar 1845 schreibt Liszt aus Cadiz einen Brief nach Weimar an Großherzog Karl Friedrich, einen Brief, der zur einen Hälfte eine Entschuldigung und zur anderen eine Bitte um verlängerten Urlaub ist: "Als ich im vorigen Herbst beschloß, mich auf die spanische Tournee zu wagen, konnte ich nicht voraussehen, daß meine Rückkehr nach Weimar darunter leiden wird. Ich dachte, zwei Monate würden für Madrid und Lissabon genügen. Die Verkehrsschwierigkeiten und die Folgen der Propaganda, die man nicht voraussehen kann, sind in diesem Land, in dem kein wertvoller Künstler sich hinwagte, unberechenbar. Aber denkt nicht, Königliche Hoheit, daß es Nachlässigkeit von mir ist, und es kommt die Zeit, wo ich, nach meiner Sehnsucht, in Weimar Wurzel schlagen kann."

Am 5. März schreibt Liszt aus Gibraltar einen Brief an Schober: "Meine Fahrt nach Wien wird das Ende meiner Virtuosenlaufbahn bedeuten."

Aus Gibraltar schreibt Franz auch an Cosima: "Mein liebes Kind! Die Großmutter sagt, daß Ihr viel von mir sprecht und an mich denkt. Das macht mir Freude, und ich kann nicht unterlassen, Euch das mitzuteilen. Meine Kinder! Am 2. April ist das Franciscus-Fest, mein Namenstag. Ich hätte es gerne, wenn Ihr den feiern würdet. Aus einer Karte sucht Gibraltar heraus, denn von hier schreibe ich Euch. Denkt an mich, und ein Strahl meiner Gedanken möge über Eurem unschuldigen Fest leuchten."

Der erste Brief der Achtjährigen, etwas schwächlichen Cosima an ihren Vater: "Mein lieber Vater! Ich danke Ihnen tausendmal, daß Sie die Zeit genommen haben, mir einen so lieben Brief zu schreiben. Ich werde mich bemühen, Ihre guten Ratschläge zu befolgen. Mademoiselle Camille ist mit mir zufrieden, und wenn mein Vater zurückkehrt nach Paris, wird er sehen, daß ich schon eine ganze Menge an Klavierstudien gelernt habe..."

In Granada hat Liszt Gelegenheit, die Sitten, Gewohnheiten und die Musik der spanischen Zigeuner zu studieren.

Marie, jetzt ganz resolut aus ihrer vergangenen romantischen Stimmung erwacht, bemüht sich jetzt, ihm die Kränkungen, die wirklichen und eingebildeten, zurückzuzahlen. Franz bekommt einen Brief von Abbé Lamennais, in dem er mitteilt, Marie habe ihn beauftragt, mit seiner Autorität und seinem moralischen Gewissen auf Franz einzuwirken, daß er, was die Zukunft anbelangt, nach den Geboten der reinen Vernunft vorgehen soll. Die Kinder sollen vorwiegend mit ihrer Mutter die Verbindung aufrechterhalten, der Einfluß der Großmutter sei überflüssig. Noch weniger notwendig seien die romantischen Heimatgedanken, die Franz in die Kinder eingepflanzt hat. Es sei kein Platz, im Namen eines längst vernichteten, aufgesaugten Volkes, 'ungarische Illusionen' zu wecken, die in der Musik vielleicht bestehen können, im Leben aber kaum.

Am 18. Mai 1845 schreibt der noch so müde Liszt aus Granada: "Mein treuer Abbé! Unter tausend anderen Sorgen plagen mich jetzt zwei Hauptprobleme in Verbindung mit meinen Kindern. Das eine ist ihre Erziehung, das andere ist ihre Lage in Bezug auf ihre Legalität. Was ihre Erziehung anbelangt, so haben wir das im Einvernehmen mit Marie d'Agoult schon einmal entschieden. Die ältere Tochter ist bei Mme Bernarde, die jüngere, die gebrechlicher ist, soll ebenfalls zu Mme Bernarde kommen. Zunächst soll meine Mutter für sie sorgen. Ich meine, und so meinen die meisten Leute, deren Rat ich überhaupt annehme, daß dies die weiseste Lösung ist, wenn auch nicht die denkbar beste. Gehen wir zu der Frage der Nationalität und Legalität meiner Kinder über. Man kann sie auf keinen Fall für Franzosen halten: Blandine ist in Genf, Cosima in Como, Daniel in Rom geboren. Alle drei tragen meinen Namen, und ich habe volles Verfügungsrecht über sie, was mir auch Verpflichtungen auferlegt. Meine Kinder folgen der Staatsangehörigkeit ihres Vaters. Ob es ihnen paßt oder nicht, sie sind Ungarn, und die ungarischen Gesetze sind gültig für sie. Mein einzig gangbarer Weg ist, daß ich über den Palatin den König bitte, ihre volle Legalisierung anzuerkennen. Bitte entschuldigen Sie mir die langwierige Auseinandersetzung. Ich verbleibe mit ausgezeichneter Hochachtung Ihr sehr dankbarer und treuer Anhänger, Franz Liszt."

Ende April kehrt Liszt nach Frankreich zurück und komponiert eine Kantate. Ein weiteres Schreiben an Lamennais geht am 28. April aus Marseille ab. Im Brief informiert Franz den Abbé, er habe nicht die Absicht, nach Paris zurückzukehren: "Im Juli gedenke ich, nach Bonn zu fahren zur Enthüllung des Beethoven-Denkmals, und zum Vortrag einer Kantate, die ich zu diesem Zweck geschrieben habe. Zumindest der Text ist ziemlich neuartig: eine Art 'Magnificat' des menschlichen Genius, den Gott mit seiner ewigen Offenbarung über alle Zeiten und Räume hinweg schuf. Dieser Text wäre genausogut anwendbar für Goethe oder für Raffael oder Columbus wie für Beethoven. Vor dem Winter werde ich meinen Dienst am Hof von Weimar wieder antreten, dem ich immer größere Wichtigkeit beimesse."

OPFER FÜR BEETHOVEN

Liszt fährt in die Schweiz, um sich auszuruhen. Belloni ist mit ihm und die unausbleiblichen zwei ungarischen Magnaten, Teleky und Lichnowsky. In Basel gibt er ein Konzert. Er kann sich den Luxus nicht erlauben, eine Vorstellung auszulassen.

In der Pause meldet sich bei ihm ein magerer junger Mann, naß vom Regen, und berichtet, er sei aus Zürich zu Fuß gekommen, um den Meister Franz Liszt zu hören. Der Fremde ist ein bescheidener, armer, aber begeisterter junger Mann. Er traut sich die rechte Hand des Meister kaum anzunehmen: "Sie ehren mich sehr, Meister. Ich habe Sie in Hamburg schon einmal gehört."

Liszt fragt ihn, was er wünsche. Der antwortet: "Ihr Konzert hören." Belloni fällt ihm in die Rede: "Kein einziger Platz ist frei im Saal." Liszt sagt dazwischen: "Dann setzen Sie sich zu mir aufs Podium."

Franz besieht sich den naßgeregneten mageren Mann. Seine Kleidung ist abgetragen und eng, nur seine Hände sind fein, aber blau vor Kälte. Sein Schuhwerk ist dürftig. Dann aber legt er ihm den Arm um die Schultern und sagt: "Ihren Namen habe ich nicht verstanden." Der junge Mann in seiner apostolischen Armut sagt: "Joachim Raff."

Im Laufe des kurzen, aber erschöpfenden Gesprächs stellt sich heraus, daß Raff ein Musiker ist, und zwar ein gut ausgebildeter, der alles gelernt hat, was man lernen kann: Dirigieren, Instrumentieren, Kammermusik, auch Komposition. Er spielt Klavier, Geige, Orgel und kennt sämtliche

Geheimnisse der Blasinstrumente. Er kopiert auch Noten, und all das macht er mit einer schönen Schrift. Kurz: er hat alles gelernt, nur eines nicht, nämlich wie man Geld verdient.

Raff sitzt neben dem Meister auf dem Podium, als hätte er einen Platz im Himmel. Er begleitet schießlich Liszt nach Deutschland als sein Sekretär. Anfang Juli kommen sie in Bonn an: Liszt, Raff und Belloni. Die Vorbereitungen zur Beethoven-Feier bringen bittere Tage. Es fehlt an einer sorgfältigen Organisation, einer umsichtigen Anordnung, und das fällt Franz sofort auf.

Das Veranstaltungskomitee hat Meyerbeer eingeladen, Félicien David, den Saint-Simonisten mit dem öligen Gesicht, den strengen Spohr und den trauerschwarzen Anton Schindler. Ebenso sind der lebenslustige Moscheles und der Fürst der Pariser Musikpresse, Jules Janin, vertreten. Beim Fest erscheinen Chélard, der Weimarer Konterdirigent, der zum Freund gezähmte Fétis, Kreutzer, der stürmisch seinen Freund umarmt; es erscheinen Lindpaintner, der Stuttgarter Musikdirektor, die noch immer strahlend schöne Camilla und schließlich Berlioz, allerdings ein bißchen müde.

Bei all diesen versammelten Zelebritäten muß Liszt jedoch erschrocken feststellen, daß Mendelssohn, Schumann, Auber, Halévy und Thomas nicht eingeladen wurden, auch Habeneck nicht, der mehr für Beethoven getan hat als alle Anwesenden. Es fehlt weiter der alte Lehrer, Professor Czerny, der doch Beethovens letzter hervorragender Schüler war. All das bereitet Liszt üble Laune, zumal er mehr zum Denkmal beigetragen hat als sämtliche Spender Europas. Schon bei der Auswahl des Bildhauers ist Liszt auf heftigen Widerspruch gestoßen. Er hat sich schon damit abgefunden, daß statt des von ihm vorgeschlagenen Italieners Bartolini der deutsche Bildhauer Hähnel das Rennen gemacht hat.

In Deutschlands Herz kann einfach kein Werk eines ausländischen Bildhauers stehen, die nationale Entrüstung wäre zu groß gewesen. Hähnels Statue steht schon im August 1845, sie ist nur noch mit einer Plane zugedeckt. Das ewig streitende, eifersüchtige, kaum je einmütige Komitee wäre beinahe bei der Zusammenstellung des Programms aneinander geraten. Schließlich wird folgende Auswahl vorgestellt: *9. Symphonie, Missa Solemnis, C-Dur Messe, Christus am Ölberg, 5. Symphonie, Coriolanus, Egmont*, Overtüre und Finale von *Fidelio*, das *Es-Dur Klavierkonzert*, ein Quartett und die *Festkantate* von Liszt. Weitere Schwierigkeiten ergeben sich daraus, daß in Bonn kein geeigneter Saal zum Konzert zur Verfügung steht. Die Reitschule ist nicht präsentabel, weil der Stallgeruch bei aller Putzarbeit nicht zu überwinden wäre. Das Komitee diskutiert verlegen, weil es nicht anders kann. Der Worte werden genug gewechselt, aber es lassen sich keine Taten sehen.

Liszt schlägt kurzerhand vor, eine Festhalle zu bauen. Die einzige Frage der Kommission lautet: Wer gibt denn dafür Geld? Der davongejagte ungarische Zigeuner hilft natürlich mit seiner Opferbereitschaft. Von seinen Goldstücken läßt er eine große Halle bauen, in der für mehrere Tausend Zuhörer Platz ist. Am 11. August, am Vorabend der Feier, wird unter Spohrs Leitung die *9. Symphonie* und die *Missa Solemnis* gespielt. Am 12. August, um halb zwölf mittags, wird Beethovens Denkmal enthüllt. Unterdessen spielt man im Münster die *C-Dur Messe*. Liszt ist schon zornig und schimpft, aber in dem Augenblick, als die Plane vom Denkmal fällt und die Sonne darauf scheint, beruhigt er sich: eine ausgezeichnete Arbeit.

Beim Nachmittagskonzert dirigiert Liszt die *5. Symphonie* und das Finale des *Fidelio,* und hinterher spielt er noch das *Es-Dur Konzert.* Franz taumelt beinahe schon vor Müdigkeit. Er hat für die Hauptarbeit der Veranstaltung aufzukommen. Und was ist der Dank? Die aristokratischen Kreise Deutschlands würdigen Liszts selbstlose Bemühungen, seine gewaltigen materiellen Opfer nicht. Wozu sollten sie auch? Das Denkmal steht, wer fragt denn noch danach, wie und wann es entstanden ist? Auch die deutschen

Musikerkollegen zürnen, weil Liszts Festkantate gespielt wird und nicht die ihrige.

Am 13. August findet das letzte Festkonzert statt, bei dem Liszts *Beethoven-Kantate* gespielt wird. Berlioz schreibt nach der Aufführung: "Liszt überflügelte, was man von den Fähigkeiten eines großen Komponisten erwarten konnte."

Dann folgt ein Bankett im Restaurant *Stern,* wo Wolf, der Poet mit der feinen Feder, als erster das Wort ergreift zu einer Laudatio, in der er eine neue 'Harmonielehre' aufstellt: Meister Spohr gibt den Grundton an, Franz Liszt schafft als zusammenfassende, alles mit Liebe überbrückende Terz, und Karl Breidenstein, der Bonner Universitätsmusikdirektor, ist die problemlösende Dominante.

Liszt wird von den ärgerlichen Begleiterscheinungen der Beethoven-Feier so krank, daß er sich ins Bett legen muß. Dieselben Symptome wie damals in Wien: hohes Fieber, geschwollene Gliedmaßen, kleiner roter Ausschlag. Liszt bleibt allein. Belloni bereitet schon die folgende Konzerttournee vor, Raff ist mit dem Abschreiben der Stimmen der vielverlangten Fest-Kantate beschäftigt. Franz läßt sich nach Köln verlegen.

Der im Bett liegende Kranke hört eine Tür leise aufgehen. Wie eine körperlose Fee tritt Marie Kalergis ein. Sie macht Ordnung im Zimmer, kocht Tee, lüftet, liest vor. Liszt ist nicht einmal imstande, seine gedunsene Hand aufzuheben, er streichelt nur mit den Augen die freiwillige Krankenschwester. Die zärtliche Frau, die hilfsbereite Samariterin und Liebende setzt sich ans Bett und liest aus der *Bonner Zeitung: "Der Bonner Stadtrat beschloß, im Einverständnis mit dem Denkmal-Komitee Beethovens, nach Franz Liszt eine Straße zu benennen."* Franz ist tödlich erschöpft, aber soviel Kraft hat er noch, um heftig zu protestieren: "Nein!" Umsonst kommt der Bürgermeister persönlich zu ihm, er bleibt bei seinem Entschluß. Er will nichts von der Straße wissen!

Dem Konzertgenie brummt immer noch der Kopf, es flimmert ihm vor den Augen, seine Extremitäten brennen. Die Ärzte, die noch an ein vorübergehendes Übel glauben, müssen mit ansehen, daß sich die Krankheit über Wochen hinzieht. Als Franz aber davon erfährt, daß junge holländische Sänger in Kleve ein Konzert geben, kann er nicht im Bett bleiben, sondern schleppt sich geradezu dorthin. Er hört im Fiebertraum die Junioren Orlando di Lasso, Josquin-des-Prés und Palestrina singen. Und da geschieht ein Wunder. Dem kranken wachsen Flügel. Marie Kalergis, Belloni und Raff können ihn mit allem Betteln nicht davon abhalten, daß er sich ans Klavier setzt und ein Konzert gibt. Sein Zustand verschlimmert sich daraufhin natürlich wieder. So muß er für den ganzen September, bis Mitte Oktober, in Baden Baden einen Genesungsurlaub machen.

Franz bekommt ein inneres Fieber, ein Musikfieber, er kann nicht untätig liegen, er beginnt eine Konzertrundreise im Laufe des Herbstes. Die Stationen sind: Freiburg, Straßburg, Metz, Nancy, Reims, Nantes und noch viele französische Städte. Anfang Dezember ist der Wanderer wieder in Weimar. Ihn beschäftigt der Plan einer Dante-Oper, dessen Text Autran liefert.

Die Monate Januar und Februar 1846 verbringt Liszt in Weimar. Die dreimonatige Verpflichtung ist erfüllt. Belloni hat schon wieder ein dichtes Programm zusammengestellt. Der eigene Reisewagen wird vorbereitet, den Liszt sich hat anfertigen lassen. Ein bequemer Reisewagen mit gepolsterten Kissen für die langen Fahrten und für mehrere Personen, ein Wagen, den man umgestalten und zum Schlafen nutzen kann.

Ein unglaublich bewegtes Jahr wartet auf Liszt, das Jahr seiner letzten Konzerttourneen. Auch in Ungarn erscheint er noch einmal.

Es beginnt ein schwindelerregender Wirbel: Wien 1., 5., 8., 11., 17., 22., 27., 31. März, 4., 17. April 1846. Zehn Konzerte gibt Liszt und schlägt drei Flügel in Trümmer. Schon tut es ihm leid, eine solche Tour auf sich genommen zu haben: Österreich, Ungarn, Rumänien, Türkei, Rußland. Jetzt

ist es schon egal, er muß auch bei äußerst angespannten
Nerven die Wiener, Brünner, Prager Konzerte durchste-
hen. In Wien erlebt Liszt eine angenehme Überraschung.
Er trifft den alten Freund Berlioz, der eben seine Wiener
Konzerte beendet hat. Sie freuen sich über die Begegnung,
verbringen jede mögliche freie Minute zusammen. Hector
plant eine Pester Reise, zu Franzens großer Freude. Liszt
holt seine Sammlung ungarischer Melodien hervor, den
Rákóczi-Marsch, und Berlioz fängt Feuer. Sogleich geht er
an die Arbeit und macht von dem Marsch eine Niederschrift, instrumentiert ihn für das Orchester.

Franz wohnt im Hotel London. Hier wird ihm der später
berühmt gewordene, jetzt gerade 15jährige Joseph Joachim, ein aus Ungarn stammender Geigenkünstler, vorgestellt. Franz fühlt sein Herz schneller schlagen bei Jo-
achims reifem Geigenspiel. Eine originelle Begabung und
vor allem auch ein Landsmann, beinahe aus demselben
Dorf, steht vor ihm. Ein kurzes Gespräch mit den Eltern endet mit dem Vorschlag, der Sohn soll sich in Weimar melden, aus ihm soll ein Konzertmeister werden.

Bankette und Feierlichkeiten wie der 80. Geburtstag des
Dirigenten Gyrowetz sind zu überstehen, auch der kaiserliche Hof will Liszt sehen.

NACH OSTEN

Franz sehnt sich schon sehr nach Hause, nach Pest. Der
Dampfer *Erzherzog Johann* der Donaudampfschiffahrtsge-
sellschaft bringt ihn am 30. April dorthin. Am Donaukai
warten viele tausend Menschen auf die Ankunft des großen Pianisten.

Am Abend ist ein Konzert, das der bitter gesinnte Franz
Erkel dirigiert. Am 3. Mai gibt Liszt sein erstes Konzert in
der Redoute. Die ungarische Presse läßt sich vernehmen,
aber nicht mehr eindeutig. Der Kritiker des *Honderü*

schreibt: *"Das Schicksal hat Liszt in Verhältnisse gebracht, die ihn fernhalten von seiner Heimat, seinem angebeteten Vaterland. Ihn bedrückt das Fatum seiner Nationalität, und er läßt seine Hörer die freudige Flamme seiner ungarischen Seele spüren, bis in die kleinste Ader seines Herzens. Er ist ein Ungar in jedem Atom seines reizbaren Nervensystems. Er fühlt, daß er selbst zu den Unglücklichen gehört, die vom Genius aus ihrer Heimat vertrieben wurden, um den fürchterlichen Preis des Weltruhms zu erwerben."*

Die *Budapester Nachrichten* schlagen einen ironischen Ton in ihrer Nummer vom 3. Mai an: *"Es gibt viele Menschen in Pest, die sich den Kopf darüber zerbrechen, wie man wohl dem braven Künstler beweisen könnte, daß die Begeisterung für ihn noch niemals so hoch gestiegen war, als eben jetzt in Pest. Viele haben beschlossen, zur größeren Hochschätzung der Kunst den Kopf zu verlieren, ja, wir haben schon in Druck gelesen, daß wer bei einer so hohen künstlerischen Leistung den Verstand nicht verlieren kann, der hat eben keinen zu verlieren."*

Am 4. Mai besucht der Direktor des Ungarischen Nationalmuseums Liszt und holt sich die Erlaubnis, sein Porträt malen zu lassen. Miklós Barabás malt Liszts Porträt auf Kosten des Mäzens Guido Karátsonyi. Am 8. Mai gibt Frau Schodel, die Sängerin des Nationaltheaters, einen Festabend zu Liszts Ehren. Bei diesem Essen meldet Liszt zum ersten Mal an, er werde die Virtuosenlaufbahn aufgeben und wolle sich von nun an der Komposition widmen, zuvor aber noch in Amerika auftreten. Darauf verzichtet er später, obwohl ihm eine Million Dollar geboten werden, und noch 1877 Millionenangebote kamen.

Die Redoutenkonzerte dienen wieder wohltätigen Zwecken, der Nationalgarde etwa oder dem Frauenverein. Das wichtigste Stück ist immer der *Rákóczi-Marsch*. Am 11. Mai ist ein Abschiedsabend angesetzt, am 12. Mai ein Fest-Mittagessen zu Liszts Ehren.

Der darauffolgende Tag wird in der *Pester Zeitung* groß angekündigt: *"Morgen gibt Franz Liszt sein letztes Kon-*

zert, *damit sagt er seiner Nation Adieu, die ihn mit all der Wärme des Gefühls der Kompatrioten empfing, er verabschiedet sich von seiner Heimat, der anzugehören sein Nationalstolz ist, und die er nun für längere Zeit nicht wiedersehen wird. Morgen hören wir also zum letzten Mal den großen Musikkönig.* "

An diesem Tag bekommt Liszt den Brief der Fürstin Belgiojoso, in dem sie mitteilt, sie habe den wunderbaren *Sardanapal* gefunden, die Schrift des Dichters Rotondi, der für seine Anteilnahme an der nationalen Bewegung in Italien im Gefängnis saß. Bei dieser Gelegenheit bestätigt die Fürstin Liszt, daß der begabte italienische Komponist Verdi bald eine sehnlichst erwartete neue Komposition auf die Bühne bringen wird. Verdi findet das besondere Interesse Liszts.

Am 13. Mai wird für Liszt extra Erkels Oper *László Hunyadi* im Nationaltheater aufgeführt. Es ist mittags 12 Uhr, im Theater sitzt Franz Liszt mit Herrn Belloni und einigen Freunden. Sämtliche Mitwirkende treten als Fleißaufgabe ohne Honorar auf, ausschließlich Franz zuliebe. Die Motive von außerordentlicher Klangqualität heischen Liszts Aufmerksamkeit. Nach der Vorstellung drückt Liszt dem Komponisten seine wärmsten Glückwünsche aus. Dieser Tag ist auch als Bild verewigt; Miklós Barabás hat bei dieser Gelegenheit eine Lithographie von ihm gemacht, mit Liszts eigenhändiger Unterschrit: An Franz Erkel, in freundschaftlicher Verehrung von Franz Liszt, 13. Mai '46, Pest.

Das letzte Konzert ist zugunsten des Waisenhauses. Am 14. Mai reist Liszt noch einmal nach Wien. Trotz der großen Erfolge erscheinen auch böse satirische Meldungen. So schreibt der *Pesti Hirlap* an dem Tag: "*Seitdem Liszt wegging, wird seine Loge täglich von drei kräftigen Menschen ausgepumpt, um die Tränengüsse zu entfernen, die an dem Abend hineingeweint worden sind. Angeblich gibt es in diesem Meer immerzu tausende zu Tode applaudierter Handschuhe, zahllose krank gewordene Taschentücher, zahllose durchguckte Guckerstücke, was das Pumpen sehr behindert."*

Am 17. Mai steht Liszt in Wien auf dem Konzertpodium und dirigiert die Overtüre zu *László Hunyadi* von Erkel. Die Overtüre weckt gemischte Resonanz. Liszt wiederholt zur Rache an den Zischenden und aus Dankbarkeit für die Applaudierenden die Overtüre. Danach kann sich Liszt in Rodaun bei Wien einige Tage ausruhen. Öfter fährt er nach Wien, sucht den Volksgarten auf, wo der ältere Strauß aufspielt.

Über einen Abstecher nach Zagreb geht es wieder ins ungarische Land, wo er mit Ehrungen überhäuft wird. In Ödenburg wird ihm der Ehrentitel Tafelrichter verliehen, und er bekommt von der Stadt einen Dirigentenstab aus echtem Silber.

Am 10. Oktober ist Liszt schon wieder in Pest. Seit Wien hat der Musikkönig einen neuen Schüler. Es ist der vierzehnjährige Johann Nepomuk Dunkl, der später Mitinhaber des größten ungarischen Musikverlages werden wird.

Dunkl hat seine Erinnerungen aufgeschrieben: "Ewig unvergeßlich bleibt für mich, wie die Stadt Pest Liszt begrüßte und empfing. Bei Weizen warteten zwei Schiffe auf uns, auf denen Magnaten und vornehme Herrschaften mit ihren Damen waren. Wir fuhren von einem Blumenwald bedeckt weiter nach Pest. Dort zog die Universitätsjugend auf zum Empfang von Liszt. Graf István Szécheny, der große ungarische Patriot, kam aufs Schiff und hielt eine Begrüßungsrede, gefolgt von unaufhörlichen Eljen-Rufen, und die Menge begleitete Liszt wie einen siegreichen Heerführer."

In seiner eigenen Reisekutsche, die er sich 1842 in Rußland hatte anfertigen lassen, fährt Franz erst mal zum Entspannen auf das Gut des Grafen Festetics. Trotz der Trennung hält er den Kontakt mit Marie d'Agoult, hauptsächlich seiner Kinder wegen, noch aufrecht. Am 8. Oktober schreibt er ihr: "Während meines Aufenthaltes in Ungarn habe ich viele Fragmente gesammelt, mit denen man das musikalische Epos dieses sonderbaren Landes zusammenstellen könnte, dessen Rhapsode ich sein möche. Die sechs neuen Hefte (ca. 100 Seiten), die ich jetzt in Wien unter dem gemeinsamen Titel *Mélodies hongroises* herausgegeben habe (es gab davon vor sechs Jahren schon vier Hefte), bilden einen fast vollständigen Zyklus aus diesem halb ossianischen (weil in diesen Liedern das Gefühl einer verschwundenen Heldenrasse aufzufinden ist) und halb zigeunerischen Epos. Unterwegs werde ich noch zwei oder drei Hefte schreiben, um das Ganze zu vollenden."

Am 12. Oktober trifft sich Liszt mit Baron Anton Augusz. Liszt besucht der Reihe nach seine aristokratischen Bekannten. Seinen Geburtstag, den 22. Oktober, feiert er in Szekszárd, wo für sein Konzert ein derartiger Andrang herrscht, daß er das dortige Komitatshaus mühelos ein zweites Mal füllen könnte.

Franz schreibt einen Brief an seine Mutter: "35 Jahre! Ich bin in der Mitte meines Lebens, und in der Mitte meiner Bestrebungen. Ich wende mich an Euch, meine Mutter, mit heftigen Gefühlen und herzlicher Sehnsucht nach Euch, die Ihr immer so lieb und so gut zu mir wart. Bis jetzt war es mir nicht gelungen, meine Hütte aufzubauen, in die ich allen meinen Ruhm einschließen könnte, allein meinen Ehrgeiz, obgleich ich das dazugehörige Material nicht entbehre und auch das Grundstück nicht".

Am 24. Oktober sagt er der Stadt Szekszárd Lebewohl. Sein nächster Gastgeber ist der Bischof von Pecs (Fünfkirchen), der ihn in sein wundervolles Schloß Nádasd einquartiert. Dem Fünfkirchener Gesangverein (der spätere Liszt-Chor) stiftet der Komponist ein Männerquartett mit dem Titel *Das Bächlein*. Auch bei den prachtvollen Konzerten hier wird von der Kritik hervorgehoben, daß "natürlich der *Rákóczy-Marsch*" gespielt wurde.

Am 27. Oktober besichtigt Liszt die schöne Kathedrale von Fünfkirchen mit seinem ganzen Gefolge, und er improvisiert auf der wundervollen Orgel mit 48 Registern ein Konzert, das eine dreiviertel Stunde dauert. Er spielt das

Ave Maria und den Trauermarsch aus *Don Sebastian* großartig. Danach folgt das Mittagessen beim Bischof, der Liszt ersucht, er möge eine Messe komponieren, die man nach vollendeter Restaurierung des Gotteshauses aufführen würde. Liszt nimmt den Auftrag an.

Am gleichen Tag noch geht es weiter nach Südosten: Mohács, Eszék, Neusatz und Temesvár. Von nun an ist Franz Ehrenbürger von Temesvár. Am 15. November Konzert in Lugos und am 18. eines in Nagyszeben, wo er auch am 20. noch spielt. Die Zeitung *Mult és jelen* vom 10. 11. berichtet darüber: *"Der König des Klaviers gab im Tanzsaal der Stadt ein Konzert, ... welches mit dem größten und lautesten Erfolg aufgenommen wurde. Aber es passierte etwas, was man tatsächlich bedauern kann. Am Ende des Konzertes bei den Zugaben wurden zwei Themen mit lautem Rufen vorgeschlagen: Der Erlkönig von den Sachsen und der Rákóczi von den Ungarn. Liszt schätzte den letzten Vorschlag höher ein und spielte dieses Stück. In den Applaus, der reichlich gespendet wurde, mischten sich auch Pfiffe, was Liszt offenbar unangenehm berührte. Die sächsische Abordnung fühlte, daß ein Mißgriff verübt wurde. Am nächsten Tag suchte eine Delegation Liszt auf und drückte ihr Bedauern aus. Zugleich ersuchte die Delegation Liszt, noch ein Konzert zu geben, wofür sie ihm 600 Gulden zusicherten, was aber der Künstler ablehnte."*

Während Liszt in Siebenbürgen auf Tournee ist, erscheint in Paris ein Buch. Der Titel ist *Nélida*, der Verfasser nennt sich David Stern. Marie d'Agoult hat sich diesen Künstlernamen ausgewählt. Mit zähneknirschender Verbissenheit hat sie an ihrem ersten großen Werk gearbeitet, das als Roman erscheint. Es ist nur eine verschlüsselte Autobiographie. Die in ihrem Ehrgeiz gekränkte Gräfin malt ein ungerechtes, gehässiges und bösartiges Bild von Liszt, den sie im Buch unter dem Namen Guermann als Kunstmaler auftreten läßt.

Über Zabloa, wo Liszt zu Ehren ein rauschendes, zweitägiges Abschiedsfest gegeben wird, geht es nach Klausenburg, wo er am 24. November nachmittags um 5 Uhr ankommt. Empfangen wird er von einem Fackelzug und einer Militärkapelle. Klausenburg ist eine laute und bewegte Stadt. Alle Leute wollen nur Liszt sehen, den Virtuosen. Am 26. November gibt er sein erstes Konzert in der Redoute.

Im Saal haben 500 Leute Platz, aber wesentlich mehr sind gekommen. Die Eintrittskarten sind teuer, finden aber blitzschnellen Absatz. Auf dem Programm Liszts stehen seine berühmten Transkriptionen aus der *Lucia di Lammermoor*, aus der *Norma*, aus den *Puritanern* und Schuberts *Ave Maria*. Außerdem noch die unerläßlichen ungarischen Lieder und der *Rákóczi-Marsch*, der nicht fehlen darf. Am nächsten Tag steht in der Zeitung: *"Was soll ich über sein Spiel sagen? Manchmal flossen mir die Tränen, manchmal fühlte ich mich erschüttert. Und nach dem Rákóczi-Marsch konnte ich nur denken, er habe den Ton des verbannten Fürsten von dessen Geist übernommen."*

Nach drei Konzerten sind die Begeisterung und der Wunsch, ihn da zu behalten, so groß, daß der ungarische Virtuose richtiggehend aus Klausenburg flüchten muß.

Belloni ist auch hierin ein geschickter Organisator. Am 8. Dezember braust das Klavier von Liszt schon in Nagyenyed und am 11. in Nagyszeben. Um Kronstadt macht er einen Bogen und fährt weiter nach Osten. Der Reisewagen rollt durch kleinere Dörfer und bescheidene Städte.

Das Neujahr 1847 erlebt Liszt in Bukarest. Immerzu denkt er an das Opernschreiben und gibt auch Marie davon Bericht: "Ich habe zwei Opernthemen, den Sardanapal und Richard in Palestina." Die Oper in einem Akt beruht auf einem Roman von Walter Scott. Aber auch aus der wird wie aus allen Opernprojekten nichts.

Im Bukarester Konzert beschenkt Franz seine begeisterten Zuhörer mit den *Rumänischen Rhapsodien.* In dieser Stadt liest er Maries Buch *Nélida.* Am 3. Januar schreibt er an sie: "Also ich gratuliere Ihnen sehr aufrichtig und sage Bravo zu der Form und dem Inhalt Ihrer Nélida. Ich glaube, Sie haben die im Buch verstecke Wahrheit nicht ganz klar durchgedacht. Egal. Ich habe das Buch zwei Freunden hingegeben, sie sollen es auch lesen... Vom Rhein her schreiben Sie mir, daß von meiner ungarischen Ehe gesprochen wird. Davon ist bis jetzt kein einziges Wort, kein einziger Buchstabe wahr. Aber Sie wissen ja, daß den Blättern wiederholte Male eingefallen war, mich zu verheiraten. Unter anderem mit Fräulein Montez!"

Nélida ist eine nur schlecht verkleidete Abrechnung mit Liszt. Es verwundert, daß der Betroffene nicht in höchstem Maß gekränkt auf die Lektüre reagiert hat. In der Romanfigur Nélida de la Thieullaye präsentiert sich Marie als sanftmütig, geduldig, opferbereit und edel bis zur Selbstaufgabe, dagegen wird Guermann Régnier, die Verkörperung Liszts als Maler, als triebhaft, selbstsüchtig, oberflächlich, pflichtvergessen und gewissenlos an den literarischen Pranger gestellt. Liszt bleibt nach der Lektüre ungerührt. Er ist so von sich und seinem Ruf in der Öffentlichkeit überzeugt, daß er es unter seiner Würde findet, sich gegen solche Unterstellungen zur Wehr zu setzen.

CAROLYNE

Im Januar konzertiert er in Jassy, dann in der Ukraine, und kommt in den ersten Februartagen in Kiew an. Die gastfreundliche Stadt begrüßt Liszt freudig. Belloni steckt bis zum Hals in Arbeit. Es stellt sich heraus, daß sie sechsmal soviele Konzerte geben müssen, als die Veranstalter in Kiew angeboten haben. Belloni denkt ganz selbstzufrieden an sein eigenes wachsendes Bankkonto. Aber er schimpft und flucht, als er erfährt, daß Liszt außer den verabredeten Konzerten auch noch wohltätige Konzerte geben will! Am 5. Februar ist das erste Konzert in Kiew im Vortragssaal. Die üblichen virtuosen Nummern füllen sein Programm.

Das zweite Konzert muß schon in der Universitätsaula gegeben werden, mit noch mehr Publikum, noch feurigerem Erfolg. Nach dem Konzert schreibt Liszt seinen Brief an Massart: "Meine Mutter, der ich vor kurzem einen ziemlich langen Brief schrieb, wird Sie über meine Pläne unterrichten. Vor dem Frühjahr 1848 kann ich mit meiner Oper *Sardanapal* nicht rechnen."

Am 14. Februar tritt Liszt zum letzten Mal in Kiew auf. Und das ist ein bedeutender Tag. Bedeutend für Liszts weiteres Leben, weil ihn die Füstin Carolyne von Sayn-Wittgenstein zum ersten Mal hier hört. Am folgenden Tag wird Liszt eine größere Geldsumme ausgehändigt, Spende zu einem Wohltätigkeitskonzert. Geberin ist Fürstin Carolyne.

Belloni geht der Sache rasch nach und berichtet vom Ergebnis seiner Nachforschungen. Carolyne ist 28-29 Jahre alt, verfügt über ein unschätzbares Vermögen; der Gatte, ein russischer Offizier, ist deutscher Abstammung und ein Höfling, der von seiner Frau getrennt lebt seit der Geburt ihrer kleinen Tochter. Die Fürstin ist außerordentlich gebildet, spricht lateinisch, französisch, englisch, deutsch, russisch und polnisch. Ihr Vater, Peter Iwanowsky, ist ein Pole. Sie unterhält eine Freundschaft mit Gräfin Potocka, der Freundin von Chopin, hat ganz Europa bereist, kennt die große Welt und hat ihr jetzt erst den Rücken zugewandt. Dazu ist sie tief religiös.

Einige Tage später besucht Liszt die Fürstin auf ihrem Landgut Woronice. Sie schließen Bekanntschaft. Die erste Liebe von Liszt hieß ebenfalls Caroline, und nun begegnet ihm wieder dieser Name! Diese zweite Carolyne unterscheidet sich von jeder anderen Frau, der Franz je begegnet ist. Sie ist eigentlich nicht schön, eher zu mager und dunkelhäutig, wirkt auf den ersten Blick unbedeutend. Obgleich sie 10 Jahre jünger ist als Marie, sieht sie älter aus. In ihrem kleinen Gesicht fallen die große Nase, aber auch die großen schwarzen Augen auf. In ihrem Temperament unterscheidet sie sich ebenfalls von allen seinen Verehrerinnen, sie ist nicht überschäumend, liebt das friedliche Leben und verhätschelt ihr Töchterchen. Sie liest viel, die geistige

Aristokratie zieht sie an, doch sie verläßt den Ort ihrer Zurückgezogenheit, zwischen Kiew und Odessa gelegen, so gut wie nicht mehr.

Liszts Konzert hat auf die Fürstin Sayn-Wittgenstein größten Eindruck gemacht. Am nächsten Tag geht sie in die Kirche, wo sie ebenfalls ein Opus von Liszt hört. Die Orgel und der Chor tragen eine kirchliche Komposition von Liszt vor. Und diese macht noch mehr Eindruck auf Carolyne als die Orgelstücke. Liszt erfährt zu seiner Verwunderung, daß es eine Frau auf der Welt gibt, die sich nicht für sein Privatleben, sein Alter, sein Einkommen, seine Liebesaffären und damit zusammenhängende Klatschgeschichten interessiert, sondern für seine schöpferischen Pläne, eine, die vor ihm nicht ihre Augen senkt, um sie dann plötzlich zu heben und einen feurigen Blick auf ihn zu werfen. Sie fordert ihn nicht heraus, ist nicht gefallsüchtig, meidet affektierte Redensarten, vielmehr interessiert sie sich für seine Lektüren. Taktvoll forscht sie danach, ob er zur Erfüllung seiner Lebenspläne die nötigen Mittel zur Verfügung habe. Für einen Liebling der Frauen ist all das neu und überraschend.

Liszt verbringt auf Carolynes Einladung einige Wochen in Woronice. Von hier schreibt er Marie einen Brief, kühl und höflich, damit sie sieht, er sei nicht böse auf sie wegen der Beleidigungen in ihrem Buch. Im Gegenteil, er ersucht Marie, ein Vorwort zu seinen *Ungarischen Rhapsodien* zu schreiben, die er herausgeben will.

"Mir liegt viel an dieser Arbeit, und ich lege Wert darauf, daß jemand Geeignetes dem Publikum den Inhalt entfalte."

Von seiner neuen Bekanntschaft schreibt er auch: "Wissen Sie die Neuigkeit? Daß ich in Kiew einer ganz außerordentlichen Frau begegnet bin. So sehr außerordentlich, daß ich beschloß, mit Wonne 20 Meilen zurückzulegen, einen Umweg von ein paar Stunden, um mit ihr plaudern zu können. Ihr Gatte heißt Nikolai Sayn-Wittgenstein, ist Fürst, ihr Familienname ist Iwanowsky. Ich bin jetzt bei ihnen und schreibe Ihnen von seinem Gut."

Liszt verschickt nicht nur Briefe, er bekommt auch welche nach Woronice. Zum Beispiel ein kleines Paket - der Absender Bedrich Smetana ist ihm unbekannt -, das Noten und ein Schreiben enthält. Liszt öffnet den Brief: "Gnädiger Herr! Mein Vertrauen setze ich in Ihre weltweit bekannte Großmut und Güte, daher fasse ich den Mut, Ihnen meine geistigen Kinder anzubieten. Mein Einkommen macht 12 Gulden im Monat aus. Bewahrt mich gerade vor dem Hungertod. Die Protektoren, die ich bis jetzt aufgesucht habe, versahen mich mit Versprechungen, aber taten bis jetzt noch nichts. Jetzt habe ich die Nachricht erhalten, daß meine Eltern auch in großem Elend leben. Ich dachte schon daran, daß ich anfange zu betteln, da leuchtete wie ein Blitz Ihr Name auf.

Auf meinem Tisch liegt eine von Ihren Noten. Ich bitte Sie, meine gütigen Arbeiten wohlwollend entgegenzunehmen und mir dazu zu helfen, daß ich sie in Druck geben kann. Ihr Name wäre mir Freibrief zum Publikum. Ich möchte auch sagen, Ihr Name wäre der Eckstein zu meinem Glück. Meine Ungeduld und meine bedrückte Stimmung sind unbeschreiblich. Ich ersuche Sie, sich meiner gütig anzunehmen, mich nicht der Verzweiflung zu überlassen. Hochachtungsvoll Ihr B. Smetana." Der tschechische Komponist wird sich auch im Alter noch auf die Fürsorge Liszts verlassen können.

Franz macht sich von Woronice aus wieder auf den Weg. Seine nächsten Reiseziele sind: Lvov, Tschernowitz, Jassy, Galatz und Istanbul.

Liszt schreibt im Brief an einen ungarischen Freund über die Tage in Woronice, über die strahlende und gebildete Hausdame: "Wir haben natürlich nicht die Absicht, uns ineinander zu verlieben."

Aber aufgrund gewisser Symptome und Beweise können wir erfahren, daß dies eine reine Schutzbehauptung war. Liszt verfaßt auf der ersten Reisestation einen leidenschaftlich gestimmten Brief an Carolyne: "Ich kann mich nur an Sie halten, mein ganzer Glaube, meine ganze Hoffnung und meine Liebe sind auf Sie gerichtet, und enden bei Ihnen - et nunc et semper... Unaussprechliche Geheimnisse haben sich in Ihnen geoffenbart, nun kann ich schon mit ruhigem Gemüt sterben und segne Ihren Namen. Oh, wenn ich Sie nur bald wiedersehen könnte, weil mein ganzes Herz und meine ganze Seele, mein Glauben und meine Hoffnung auf Ihnen beruhen. Sie sind mein Alles, und ich bin der Ihrige!"

ABDANKUNG EINES VIRTUOSEN

Am 4. Juni schreibt er einen Brief an den Großherzog Karl Friedrich nach Weimar und erteilt ihm Ratschläge, wie er sein Theater reformieren solle. Es beansprucht Reformen und natürlich sehr viel Geld. In der Hauptsache hält er das Budget für die Anstellung der Primadonnen für wichtig, außerdem müssen die Chöre umgestaltet werden, weil nach seiner Meinung ihr Wert geringer als Null ist.

Den Monat Juli erlebt Liszt in Galatz, wo er wegen Seuchengefahr mehrere Tage in der Quarantäne verbringen muß. Am 17. Juli schreibt er einen Brief an Marie nach Paris, worin er sie neuerlich bittet, zu den *Ungarischen Rhapsodien* ein Vor- oder Nachwort zu schreiben. Am 18. Juli erstattet er Jules Sénart, dem Angehörigen der berühmten Pariser Verlegerfamilie, Bericht über seine Istanbuler Erlebnisse. Er musiziert zwar wenig, aber der Sultan empfängt ihn gnädig in Audienz, erweist sich als freigebiger und weltgewandter Mensch mit sehr guten Französischkenntnissen. Er schenkt Liszt ein prächtiges goldenes Etui voll mit Goldstücken.

Des weiteren verständigt Liszt auch den französischen Klavierfabrikanten Pierre Erard, er habe mit dem Klavier, das jener nach Istanbul geschickt hat, großartige Reklame für sich gemacht. Liszt schreibt: "Das Klavier hat sich großartig bewährt, zweimal bei seiner Majestät, dem Sultan, und zweimal bei meinen Konzerten. Der Anschlag ist etwas schwierig, und es hat einen tiefen Gang. Das ist aber nur Wichtigtuerei, denn ich habe mich sehr verwöhnen lassen von den angenehmen Wiener 'Pantoffeln' (Klavieren), wie Du sie wahrscheinlich gerne nennst."

Ende Juli fährt Liszt nach Odessa in die Ukraine. Am 2. August gibt er sein erstes Konzert in der Stadt. Stassow weiß von sechs Konzerten, andere Quellen berichten von zehn. Am 25. August überarbeitet Liszt sein Programm, weil sein Publikum Interesse zeigt und empfänglicher geworden ist. Er verzichtet auf die virtuosen Nummern und stellt eine anspruchsvollere Vortragsreihenfolge zusammen. 1. Beethoven: *Trio;* 2. Händel: Variationen; 3. Bach: *Chromatische Phantasie;* 4. Beethoven: *Adelaide* in eigener Transkription; 5. Hummel: *Septett.* Odessa ist ein schöner, angenehmer Aufenthalt, das Wetter ist wunderbar, die Landschaft entzückend, die Menschen geben sich freundlich. Und noch dazu kommt Carolyne.

Haslinger, der rührige Wiener Musikverleger, der die Reiseroute verfolgt und seinen Postmeister spielt, schickt auch eine Menge Briefe nach Odessa, darunter auch welche von der schönen rothaarien Frau von Kalergis, die bei Franz doch ein bißchen schlechtes Gewissen verursachen. Doch jetzt ist Carolyne von Sayn-Wittgenstein näher.

In Odessa fassen die beiden das erste Mal den Plan, ihr Leben gemeinsam zu verbringen. Sie hoffen, daß Carolyne mit der Genehmigung des Zaren und des Papstes geschieden werden und dann ein zweites Mal heiraten kann. Carolyne Sayn-Wittgenstein will gern ihren Adelstitel opfern und ganz einfach die Frau von Franz Liszt werden.

Franz kommen schmerzhafte Erinnerungen, denn Marie nahm eine entgegengesetzte Stellung ein. Wie hat sie gesagt? "Sie denken doch nicht im Ernst, daß aus mir, einer Gräfin, der Comtesse d'Agoult, eine Frau Franz Liszt werden soll!" Die maßlos reiche und überaus gebildete Dame aus Woronice wäre bereit, auf alle Vorteile zu verzichten, um Helferin und Muse von Franz Liszt zu werden. Der Meister fährt in den ersten Septembertagen nach Jelizavetgrad (heute Kirovgrad), wo sich der Zar aufhält. Jakow Issakowitsch Milstejn äußert die folgende Meinung in der in Moskau herausgegebenen Liszt-Monographie aus dem Jahr 1956: *"Liszt ist zu dem Zweck hierher gefahren, um den erzürnten Tyrann zu befriedigen und die Scheidung von Carolyne von dem zu den russischen Hofkreisen gehörenden Offizier Nikolai Sayn-Wittgenstein durchzusetzen."*

Im September schreibt Liszt aus Nikolajew einen glühenden Brief an seine Mutter: "Die Lösung meines Lebens nähert sich... Ein unerwarteter, glücklicher Zwischenfall scheint die Waagschale meines Lebens in eine glückliche Richtung zu neigen. Das Jahr 1847 bringt mir Glück."

Aus diesen Zeilen geht hervor, daß Liszt im Ernst daran dachte, mit Carolyne die Ehe zu schließen, die letzten Endes von Zar Nikolaus abhing.

A.A. Fet, ein zu der Zeit in der Armee dienender Dichter, schreibt über Liszt in Jelizavetgrad: "Um den Glanz des Festes zu erhöhen, ist der europaweit bekannte Liebling George Sands, Franz Liszt, angereist gekommen, und ist beim Oberst Ossmann abgestiegen. Hier scheint er größere Beträge verloren zu haben, als er Einnahmen für seine Konzerte bekam. Es ist schwer zu beschreiben, welche Begeisterung sein Spiel, sein von blondem Haar gekrönter Künstlerkopf auslöste."

Liszt gibt mehrere Konzerte in Jelizavetgrad, aber es gibt keine genauen Daten, wahrscheinlich waren es der 13., 14. und 18. September. Diese Konzerte sind darum von größter Bedeutung, weil mit dieser Serie Liszt seine Virtuosenlaufbahn beendet. Kurz vor seinem 36. Geburtstag gibt er in Jelizavetgrad sein letztes Konzert.

Die russischen Zuhörer wissen nicht, was der Künstler in diesem Moment durchlebt. Er schlägt den letzten Akkord der letzten Nummer, einen H-Dur Akkord, wiederholte Male an, donnernd, als ob es ihm Mühe mache, die letzten Töne loszuwerden. Und danach schlägt er kräftig den Dekkel des Flügels zu, als ob er mit diesem Akt sein Leben abschließen wolle. Der als ein Zauberer aufgestiegene Künstler, der erste Pianist der Welt, ist am Rand von Europa vom Podium abgetreten. Der Triumphzug durch die ausverkauften Konzerte in ganz Europa ist unwiderruflich beendet. Ob dem ein Hosianna folgen wird? Oder wird es ein 'Kreuziget ihn!' geben?

Schon vorher hat Liszt dem Großherzog von Weimar zur Kenntnis gegeben, daß er seiner Virtuosenlaufbahn ein Ende bereiten und seine ganze Arbeitskraft Weimar widmen möchte. "Jelizavetgrad stellt die letzte Station meines Konzertlebens dar, das ich bis zu diesem Jahr fortgeführt habe. Von nun an will ich meine Zeit besser ausnutzen, inzwischen aber meine Ruhe wahren, um später umso schneller vorwärts schreiten zu können." Er will seine Absicht verwirklichen, aus Weimar *die* Kunststadt Europas zu machen.

Carolyne ist glücklich über diesen Plan. Sie ist überzeugt davon, daß Weimar eine zweite, diesmal musikalische Glanzzeit erleben wird. Goethe hat in Weimar den Thron der Literatur geschaffen, Liszt möchte diese Kleinstadt zum Zentrum der Musik avancieren lassen: "Ich messe Weimar fortgesetzt eine größere Bedeutung bei. Weimar ist mein Fixstern!"

Liszt hat seine Entscheidung nicht aus heiterem Himmel gefällt. Er war von dem verzerrten Ebenbild in der *Nélida* von Daniel Stern alias Marie d'Agoult tief betroffen und wollte sein Leben ändern. Er hat mehreren Freunden gegenüber und sogar in Zeitungsinterviews zum Ausdruck gebracht, daß er die Virtuosenlaufbahn satt habe. Einen diesbezüglichen Ausspruch notiert auch Lichnowsky in sein Reisetagebuch: "Ich brauche ein anderes Milieu, einen anderen Gegenstand zur inneren Ausrichtung, eine andere Atmosphäre - ich werde fortan nur komponieren." Dies muß aber ein frommer Wunsch bleiben, solange ihm nur die Virtuosentätigkeit die erforderlichen Geldmittel beschafft, die er zu seinem und dem Unterhalt seiner Kinder braucht.

Das Entscheidendste aber ist die Achse Woronice – Weimar in ihrer weiblichen Seite. Hier werden die Weichen für Liszts endgültige Abdankung gestellt. Carolyne Sayn-Wittgenstein führt nämlich einen intensiven Briefwechsel mit Maria Pavlovna, der Schwester des Zaren und Großherzogin von Weimar, der Mutter Karl Alexanders. Sie korrespondieren auch oft über das 'Phänomen' Franz Liszt. Beide Frauen sind überein gekommen, daß man etwas unternehmen muß, um das Genie vor dem Abgrund zu retten. Carolyne wünscht sich, ihn nachhaltig und festverankert für die Ewigkeit als Komponisten heranzubilden.

Sie kann mit ihrem immensen Vermögen die wirtschaftliche Basis bieten für einen Ausstieg Liszts aus der Virtuosenlaufbahn. Und sie fädelt alles überaus geschickt ein, indem sie den Pianisten nach Woronice einlädt. Vorher schon hat sie einige intime Freunde Liszts in Petersburg und Moskau gebeten, für sie Stimmung zu machen. Sie bietet Franz an, ihm erst einmal mit einem 'kleinen' Betrag auszuhelfen, den er nach vielen Schmeichelreden schließlich akzeptiert. Sie weiß genau, wie sie ihn an sich binden kann.

Während Liszts Abwesenheit von Woronice ist Carolyne auch nicht untätig. Sie fragt in Weimar nach, ob Liszt wirklich mit einer Anstellung bei Hofe rechnen könne, und bekommt einen positiven Bescheid. Damit gewinnen ihre Pläne rasch feste Gestalt.

Liszt besucht Carolyne wieder Mitte Oktober und verweilt vier Monate bei seiner neuen Liebe. Die Fürstin beschließt, ihre Ehe mit der Begründung für ungültig erklären zu lassen, sie sei noch minderjährig gewesen, als man sie gegen ihren Willen verheiratet habe. Sie will die juristischen und finanziellen Schwierigkeiten der Scheidung mit Unterstützung der Zarenschwester Maria Pavlovna durchsetzen. Carolyne hat fest vor, mit Liszt nach Weimar zu übersiedeln. So endet das für Liszt bedeutende Jahr 1847 mit großen Hoffnungen und Plänen.

1848 ist ein Jahr großer Unruhe in Europa. Franz Liszt und Carolyne Sayn-Wittgenstein aber fangen das neue

Jahr in trauter Zweisamkeit an. Sie lesen gemeinsam und diskutieren über alle möglichen Fragen der Kunst. In dieser Zeit komponiert Liszt auf das Gedicht von Victor Hugo *Ce qu'on entend sur la montagne* (Was man auf dem Berg hört) sein erstes symphonisches Gedicht. Damit das kleine ukrainische Dorf auch seinen Platz in der Musikgeschichte bekommt, komponiert er das Werk: *Les glanes de Woronice.*

Anfang Februar nimmt ein immer noch von den so rasch entworfenen Heiratsplänen verblüffter Franz Liszt Abschied von Woronice. Er bricht auf zum Wendepunkt Weimar.

Hinter Franz liegen die Jugend und der größere Teil seines Lebens. Was hat er mitgebracht? Viel Erfolg, schwindende Erinnerungen, schmerzende Wunden, peinliche Durchfälle und Kritik. Was bleibt davon übrig? Das Wort einer über sechzigjährigen Frau hallt in seiner Seele wider, das Wort der Freundin Goethes und Beethovens, deren Haare schon schneeweiß sind: Bettina Brentano. Die kleine Brentano, die einst in Beethoven, jetzt in Liszt entdeckt, was die größten Zeitgenossen nicht wahrgenommen haben. Die aus Berlin geschickten Worte der kleinen Brentano füllen jetzt Liszts Herz mit Wärme, als er in Weimar seinen Platz einnimmt: "Unter jenen, die Dich feiern, verstehen Dich nur wenige. Die Jugend, die sich um Dich sammelt, hat das Feuer Deines Geistes gespürt. Freu Dich mit ihnen. Ich will Dein Wohl. Weil ich Dich lieb habe, verlange ich nichts anderes vom Schicksal, als die Macht, daß Du die Welt den Helden der kommenden Generation begreiflich machen kannst!"

Der Wanderer gibt sich in Weimar der Ruhe hin, um frische Kraft zu sammeln und so seinen Weg in die Zukunft zu machen.

Und gerade dann, als sein Leben an einem Ruhepunkt angelangt ist, rührt sich die Welt und ganz besonders seine Heimat. Der Schrei nach Frieden, Freiheit und Unabhängigkeit wird immer lauter.

Belloni hat sich von ihm schon in Rußland getrennt und sich nach einer Pause in Paris an seinem früheren Wohnort Brüssel samt Familie niedergelassen. Armer Belloni. Er kann nicht begreifen, daß jemand auf dem Höhepunkt seiner Laufbahn sich vom Konzertleben zurückzieht, wenn ihm das Geld am üppigsten zufließt, schöne Frauen sich um ein Lächeln von ihm reißen und überall in der großen Welt sich die hohen Herren vor ihm verbeugen. Beispiellos ist dieser Fall, daß einer am Gipfel seiner Erfolge der Öffentlichkeit den Rücken kehrt. Franz ist auf dem Höhepunkt seines Ruhms abgetreten vom Podium, um die Zukunftsmusik zu schaffen. Das geht über Bellonis Fassungsvermögen. Er begreift auch nicht, daß jemand höher als das Geld das Fortkommen als Künstler bewertet. Auch das nicht, daß er seinen Entschluß gerade in dem Jahr faßt, als die Eisenbahn zu verkehren beginnt, und damit eines der leidigsten Probleme eines Virtuosen, die unaufhörliche Reiserei, eine bequemere Lösung erhält. Doch lange Jahre noch wechseln die beiden Männer miteinander Briefe.

WEIMAR 1848

Liszt steht in Weimar am 2. Februar auf dem Dirigentenpult und leitet das Konzert, das zum Geburtstag des Großherzogs stattfindet. Am 6. Februar ist Hofkonzert. Franz dirigiert mit dem Stab, den er von Fürstin Carolyne Sayn-Wittgenstein mit der Ermahnung bekommen hat, er möge lieber dirigieren als Klavier spielen.

Liszt sieht sich schon in den ersten Tagen vor der bitteren Erfahrung, daß das Theater, die Sänger, das Orchester und der Chor sehr heruntergekommen sind. Die Stadt ist langweilig, von Vorurteilen belastet, und die Beamten gewähren ihm die Mittel nicht, wesentliche Reformen durchzuführen. Das großherzogliche Paar, unterstützt von dem Intendanten Ziegesar, zerbricht sich den Kopf darüber, wie man frisches Leben erwecken könne. Sie einigen sich schließlich darauf, daß sie jedes Jahr am 16. Februar am Geburtstag der Großherzogin Maria Pavlovna eine neue Oper eines deutschen Komponisten uraufführen werden.

Am 16. Februar 1848 wird, auch als Ergebnis von Liszts verständnisvoller Arbeit und seinem Fleiß, Flotows *Martha* aufgeführt. Franz ist von Tatendrang erfüllt. Er will sich gar nicht mehr an die Wanderjahre erinnern.

In Weimar geht die Arbeit weiter. Bald werden zwei Opern, Schmidts *Prinz Eugen* und Beethovens *Fidelio* aufgeführt. Die Großherzogin ist gütig und verspricht dem Liebespaar Vermittlung und Hilfe. Franz gibt sich wieder ganz den Orchesterproben hin. Dazu braucht er aber viel Geduld! Das Orchester spielt schläfrig, und die Einsätze sind ungenau. Franz ist hartnäckig und ausdauernd. Es gelingt ihm bald, neues Leben in das Ensemble zu bringen. Er bereitet der Gruftstimung und Müdigkeit ein Ende.

Liszt fühlt sich in Weimar nunmehr geborgen, er hat seine Gesellschaft, seine Freunde, zu denen auch Baron Schober gehört, der auf der Weimarer Botschaft der Donaumonarchie Dienst tut. Den hat Liszt noch in Pest kennengelernt.

Natürlich kommt von der allgemeinen politischen Unruhe auch einiges nach Weimar, aber äußerlich sind keine Veränderungen zu spüren.

Die Meldungen von der französischen Revolution dringen aus Paris nach Weimar. Das regt Liszt mächtig auf; er schreibt an Carolyne: "In diesem Augenblick treffen durch die Straßburger Telegramme die unglaublichsten Nachrichten über die Ereignisse aus Paris ein. Diese Ereignisse werden in der Zukunft eine großartige Bedeutung erlangen, jedenfalls müssen wir auf eine Bestätigung warten. Man wird ja sehen. Es geht um nicht weniger als um eine Abdankung Louis Philippes, die Einnahme der Tuilerien, die Beauftragung der Herzogin von Orléans mit der Regentschaft und die Einsetzung eines Ministeriums Molé/Thiers. Morgen werden wir erfahren, woran wir uns halten sollen."

Noch am selben Abend setzt Liszt den angefangenen Brief fort: "Die Nachrichten aus Frankreich werden bestärkt, eine provisorische Regierung wird eingesetzt, unter Lamartine als Außenminister. Und was habe ich Ihnen gesagt? Frankreich ist nicht nur im Zustand der Revolution, sondern ist schon eine Republik geworden! Die Tuilerien werden dem Boden gleichgemacht, und einige Eisenbahnen, so die Nordbahn und andere, zerstört."

Am 1. März schreibt Liszt einen Brief an Franz Dingelstedt über die Pariser Ereignisse: "Sie fühlen bestimmt so wie ich, und teilen meine Gedanken. Trotz der dummen Verleumdungen kann nicht wertlos werden, was wertvoll war. Ihr Herz hat nie aufgehört für jene zu schlagen, die wir als wertvolle Menschen kennengelernt, die sich als solche bewährt haben! Belloni ist glücklicher als ich. Als Artillerieleutnant datiert er seinen Brief vom Pariser Rathaus, auf das jetzt alle Augen Europas gerichtet sind... Dabei vergesse ich, daß ich die Politik hasse, und das ist seit 15 Jahren das erste Mal, daß ich mich von ihr wieder hinreißen lasse."

Die Revolution bleibt nicht auf französischem Boden stehen. Dem Beispiel wird nachgeeifert in Köln, am 13. März in Wien und in Pest am 15. März. Europa steht in Flammen. Carolyne Sayn-Wittgenstein veräußert inzwischen eines ihrer Güter für eine Million Rubel, wovon sie den größten Teil für ihre Tochter deponiert. Der Zar läßt auf die Nachricht von der Revolution hin die Grenzen sperren. Die Familie von Wittgenstein, in Ängsten um ihr riesiges Vermögen, intrigiert beim Zaren und heckt den Plan aus, Carolyne in ein Kloster sperren zu lassen, da man sie mit Rücksicht auf ihren hohen Rang nicht in eine Irrenanstalt stecken kann. So bleibt Carolyne nur ein Weg: die Flucht.

Sie schafft es, mit ihrer Tochter und der Erzieherin auf das Gut des Fürsten Lichnowsky, Krzyzanovice, zu kommen.

Am 24. März schreibt Liszt, der immer mehr unter den Einfluß der Revolution gerät, den folgenden Brief: "Ich, der

292

immer die Politik haßt, muß heute gestehen, daß ich nicht weiß, wie ich mich gegen sie wehren kann." Am 26. März fährt Liszt mit der Großherzogin Carolyne entgegen. Unmittelbar vor seiner Abreise erhält er das Werk des Komponisten Smetana mit dem Titel *Morceaux caractéristiques.* "Die Widmung des Werkes nehme ich dankend an, und habe die Noten bereits dem Verleger zukommen lassen."

Liszt ist abwesend, als ein neuerlicher Brief von Smetana eintrifft: "Gnädiger Herr! Wenn ich so viel Geld hätte, daß ich mir die Miete einer Wohnung erlauben könnte, würde ich nicht nur meine Existenz ordnen, sondern auch meine Eltern zu mir nehmen, und ich würde der Glücklichste der Welt. Ich bin ein schöpferischer und vortragender Künstler und besitze trotz alldem nicht ein einziges Instrument. Ich glaube, daß ich sehr unbescheiden und kühn bin, wenn ich Sie um eine Anleihe von vierhundert Gulden bitte. Ich erkläre hiermit feierlich, daß ich für die Leihsumme mit meinem Leben hafte. Es gibt außer Ihnen keinen Menschen, dem ich mein Elend einzugestehen wagen würde. Die reichen Menschen, die Geldaristokraten, haben überhaupt kein Mitgefühl für einen armen Teufel, wie ich einer bin, und lassen einen ruhig des Hungers sterben." Nach seiner Rückkehr überweist Franz für Smetana sofort die vierhundert Gulden.

Am 27. März kommt Liszt in Dresden an, steigt um und fährt weiter nach Krzyzanovice. Als er ankommt, wird er schon aufgeregt erwartet von Fürst Lichnowsky. Liszt verbringt hier zwei Wochen. Diese Zeit benützt er, um Smetana ausführlich zu antworten. In seinem Brief vom 30. März heißt es: "Der 30. März 1848, Krzyzanovice.

Mein lieber Freund! Vor allem sage ich Ihnen einen lieben Dank für die Widmung, die ich umso lieber annehme, weil die Werke tatsächlich die hervorragendsten, zutiefst empfunden und am feinsten ausgearbeitet sind von all denen, die ich in der letzten Zeit in die Hand bekam. So schwierig es heute auch ist, ein gutes Werk an einen guten Verleger zu bringen, wenn nicht ein schon berühmt gewordener, allgemein bekannter Name als Verfasser darunter steht, hoffe ich trotzdem, daß ich Sie bald über die Herausgabe der *Morceaux caractéristiques* benachrichtigen kann. Ich tue jedenfalls alles, was ich tun kann, daß man Ihnen ein entsprechendes Honorar überreicht, was Sie anregt, eine aktive Verbindung mit dem Verleger einzugehen. Franz Liszt."

Noch am selben Tag schreibt er einen Brief an Marie d'Agoult, in dem er mitteilt, wie tief beeindruckt er von der ungarischen Revolution ist. "Meine Landsleute haben sehr einfach sehr bedeutende Dinge vollbracht, über die ich mich von ganzem Herzen freue."

18. April. Nach unsäglichen Strapazen kommt Carolyne an. Den letzten Abschnitt des Fluchtweges hat sie schon zu Fuß zurücklegen müssen, denn Wagen und Pferde sind im Schnee stecken geblieben. Wie eine Besessene muß sie sich ihren Weg erkämpfen. Das wieder zusammengeführte Paar bleibt nicht lange im Schloß. Die russische Grenze ist zu nahe.

Lichnowskys zweites Schloß, Grätz, ist der nächste Aufenthalt. Die beiden Menschen, die sich gefunden haben, verbringen hier glückliche Tage. Unterdessen breitet sich die Revolution in Europa weiter aus. In Paris ist der Bürger-König gestürzt, und in Prag ist der Doppeladler zertrümmert worden, Wien ist aufgewühlt, in Budapest rührt sich die Jugend.

Der folgende Brief von Liszt ist vom 22. April datiert: "Mit Polen, Italien, Ungarn, um von Deutschland ganz zu schweigen, kann man nicht so umgehen, wie mit Chören alter Opern, die dazu berufen sind, im geeigneten Moment ihren dauernden Refrain zu wiederholen: 'Libertà' oder 'Felicità'."

Die revolutionären Ereignisse bleiben nicht ohne Eindruck auf Liszt, denn in dieser Aufregung komponiert er den *Hymnus der Arbeit*. Er hegt den Plan einer Oper um Spartacus, läßt ihn aber bald wieder fallen.

Liszt begeistert sich für die Revolution, und Carolyne teilt seine Gefühle in moderater Weise. Es läßt sich leicht ausmalen, wenn Carolyne ihn nicht zurückgehalten hätte, wäre Liszt mit unter die Kämpfer gegangen. Carolyne läßt Franz nicht los. Anfang des Sommers fahren die beiden über Prag nach Wien, wo die Unruhe noch anhält, und die Demonstrationen auf den Straßen ein alltägliches Ereignis sind. Aus dem Tagebuch des Zeitgenossen und Augenzeugen J.N. Dunkl: "In den stürmischen Tagen 1848 besuchte ich mit Liszt die Barrikade, an der Karl Formes, der bekannte Bassist, das Kommando führte. Liszt schenkte Geld und Zigaretten den dort wachenden Arbeitern. Liszt trug im Knopfloch statt aller anderen Auszeichnungen die ungarische Nationalkokarde!"

Liszt fährt mit der Fürstin nach Raiding, um ihr den Ort zu zeigen, wo er geboren ist, wo er seine Kindheit verbracht und seinen Kometenweg angetreten hat.

Sie fahren über Ödenburg (Sopron) nach Eisenstadt (Kismarton). Hier besuchen sie den ungarischen 'Lamennais', den Franziskanerpater Alsbach. Die alten Freunde raten beiden dringend, den Ort zu verlassen, der unsicher geworden ist; das Land werde bald in Flammen stehen. Ohne großen Zwischenaufenthalt in Wien geht es also weiter Richtung Weimar.

FÜR WAGNER

In Dresden machen sie kurz Rast und treffen im Hotel de Saxe Wagner. Dieser erinnert sich: "Kurz nach den mühevollen Tagen trat Liszt, der aus Wien gekommen war, in mein Zimmer ein. Er hat die Barrikaden in Wien durchlebt!"

Im Monat Juni des Jahres 1848 kommen Liszt und die Fürstin in Weimar an. Carolyne quartiert sich im ersten Stock der Altenburg, des Schlosses auf dem Hügel, ein; Liszt steigt im Hotel Erbprinz ab. Dieses formale, der öffentlichen Moral zugestandene Getrenntleben hat Liszt aber bald über und zieht nach in die Altenburg.

In Weimar wartet schon ein Brief auf Liszt, den Wagner aus Dresden geschrieben hat, und zwar am 23. Juni: "Mein vorzüglicher Freund! Sie sagten vor einiger Zeit, Sie hätten Ihr Klavier verschlossen: daraus schließe ich die Folgerung, daß Sie in kurzer Zeit ein Großkapitalist geworden sind. Mir geht es leider schlecht. Und wie ein Blitz fällt mir ein, daß Sie mir helfen könnten. Ich habe selbst mit der Herausgabe von drei meiner Opern begonnen. Dazu hätte ich 5000 Taler nötig. Könnten Sie mir das Geld beschaffen? Haben Sie zu diesem Zweck Geld? Oder wüßten Sie ein Mittel oder eine Person, die den Betrag zu meiner Verfügung stellen könnte? Wäre es nicht sehr interessant, wenn Sie der Verleger wären und über meine Opern verfügen könnten? Freund Meser müßte die Angelegenheit auf Ihre Rechnung so getreu fortführen wie auf die meinige. Dann könnte ich wieder ein ganzer Mann werden, der für sich einstehen könnte als Künstler und der im ganzen Leben niemals mehr einen Heller von einem anderen verlangen müßte, und der nun froh und zufrieden arbeiten würde.

Mein lieber Liszt! Mit diesem Betrag könnten Sie mich von der Knechtschaft erlösen. Glauben Sie nicht, daß ich als Sklave dieses Geld wert wäre? R.W."

Liszt antwortet Wagner umgehend. "Weimar, den 4. Juli 1848.

Hochverehrter Freund! Ich habe gestern abend Herrn Villen geschrieben, um ihn zu bitten, mit Ihnen, Ihrem Anwalt und Herrn Meser das Partiturengeschäft zu besprechen, um zu einer Einigung zu kommen, damit Sie mir dann eine genaue Antwort geben können. Für mich ist es jetzt unmöglich, nach Dresden zu kommen, doch mit Gottes Hilfe können sich meine Verhältnisse so gestalten, daß ich Ihnen mit meinen bescheidenen, aber geschwächten Diensten nützlich sein kann, als Ihr aufrichtiger und hingebungsvoller Freund und Bewunderer, F.L."

Liszt studiert den *Tannhäuser,* den Wagner ihm zugeschickt hat. Und je mehr er darin liest und Teile daraus spielt, umso entzückter ist er vom Werk und gefestigter in der Überzeugung, daß dieser kleine Mann mit dem verstörten Blick, den blauen Augen und dem stark hervorstehenden Kinn ein großer Künstler ist. Was Richard Wagner zu Papier bringt, ist edel und vornehm.

Auf Liszts Einladung kommt Wagner im August nach Weimar. Darüber berichtet Liszt Belloni: "Richard Wagner, Dirigent in Dresden, ist seit gestern bei mir. Er ist ein erstaunlicher Mensch. Ein richtiges bahnbrechendes Genie, wie wir es in diesem Land nötig haben, er ist eine neue und strahlende Erscheinung in der Kunst."

Weimar ist von Anfang an Dreh- und Angelpunkt der Freundschaft zwischen Liszt und Wagner, da das erste Kennenlernen in München wirklich flüchtig gewesen ist und die inhaltliche Auseinandersetzung erst beim Anhören des *Rienzi* einsetzte. Bald hofft Liszt, Wagner als Mitstreiter für seine Pläne zur Reform des Musiktheaters zu gewinnen. Das neue Musikdrama muß geboren werden, weil er, Franz, es so will. Dabei ist es ihm egal, ob er, Wagner, Berlioz oder auch Schumann die Führung übernehmen wird.

Liszt sieht seine Stellung in Weimar als die geeignete Position, um die neuen Töne zum Leben zu erwecken, aus der Erde, der Natur oder eben aus Wagners Kopf.

Wagner ist zwei Jahre jünger als Liszt. Er ist arm, was ihm aber keineswegs das Selbstvertrauen und die Überzeugung von seinem Talent nimmt. Fest steht jedoch, daß diese Gewißheit der Schaffenskraft ohne Liszts Zutun viel schwerer offenbar geworden wäre. Ein Musikdrama erhält seine endgültige Form erst auf der Bühne, ohne sie bleibt es unvollendet. Wagners Werke wären kaum gespielt worden ohne Liszts tatkräftigen fördernden Einsatz. Ein Bühnenwerk läßt sich nicht für die Schublade schaffen wie ein Epos, eine Symphonie oder eine Klaviersonate. Sogar Schubert, obgleich er zahlreiche Musikwerke geschaffen hat, ist als Opernkomponist untergegangen, weil sie nur schlecht oder überhaupt nicht aufgeführt worden sind!

Wagner bleibt dies erspart, so unerhört kühn auch seine Versuche sind. Liszt stellt sich ihm mit seiner ganzen Autorität an die Seite, tritt für ihn überall ein - das ist eine historische Tatsache. Liszt hat sich mit den Theatern, der Presse, den Schauspielern und Orchestern gestritten und schließlich durchgesetzt, daß Wagners Musikdramen aufgeführt wurden. Vorschuß schickt er dem Anfänger und Hungerleider unbeschränkt. Das Geld kommt oft aus seiner eigenen Tasche, oder auch aus der Kasse des Großherzogs, den er überredet hat, dafür zu sorgen, daß Wagner ungestört arbeiten kann.

Als der *Tannhäuser* in Weimar zur Aufführung angenommen und aufs Programm gesetzt ist, rackert Liszt sich ab, korrepetiert mit dem Orchester, den Sängern, dem Chor, wie ein jugendlicher Enthusiast. Jede Rolle, jede Stimme nimmt er mit den Betreffenden durch und bringt ihnen bei, worum es geht. Er muß sich viel herumstreiten, denn keiner begreift die von den allgemein verbreiteten, leichten italienischen Opern völlig unterschiedliche Musik. Franz Liszt, der größte Pianist der Welt, und auch als Komponist schon nicht mehr unbedeutend, eine Größe, der die ganze Welt zu Füßen liegt, setzt sich mit ganzer Energie für einen unbekannten Komponisten ein, der sich noch nicht hat durchsetzen können. Und er tut dies nicht in erster Linie für Wagner, nicht für den guten Freund, sondern für die Musik, die Musik der Zukunft!

Anfänglich wollen die Menschen nichts von dieser Musik wissen, stehen ihr fremd gegenüber. Es kostet Liszt eine unsagbare Mühe, bis er es erreicht, daß Wagners Musik, von Weimar ausgehend, die Welt erobert.

Um die eigenen Werke, die Liszt zu gleicher Zeit komponiert, die bedeutendsten, die er überhaupt hervorgebracht hat, kümmert er sich so gut wie gar nicht. Er lädt die Kritiker Wagners wegen nach Weimar ein und schreibt derweilen seine eigenen Meisterwerke, symphonische Dichtungen und Klavierkonzerte, für die Schublade.

Die Welt der neuen Harmonie, die Liszt schon in seiner

Jugend erahnt hat und aus der Natur hervorzaubern wollte wie ein physikalisches Gesetz, verwirklicht eigentlich Richard Wagner. Liszt wird zum Columbus, der sein Leben für das neue Land aufopfert, doch der neue Kontinent wird nicht nach ihm benannt; der Amerigo Vespucci der Musik heißt Wagner. Liszt macht sich nichts daraus, ihm ist es nur um den Erfolg zu tun; selbstlos bereitet er die Kunstwelt für Wagner vor.

Dem *Tannhäuser* zuliebe opfert er Berlioz und verschiebt die Erstaufführung des *Benvenuto Cellini,* das Meisterwerk des Franzosen. Er findet die Partitur des *Tannhäuser* einfach noch besser. Die Freundschaft von Berlioz und Liszt fällt Wagner zum Opfer. Der Ruhm Wagners, den er eigentlich Liszt zu verdanken hat, übertrifft schließlich den Ruhm Liszts um vieles.

Die Musikgeschichte nennt die Zeit Liszts die Epoche der Romantik. Nach den drei Wiener Klassikern Haydn, Mozart und Beethoven treten die Komponisten des 19. Jahrhunderts auf den Plan: Weber, Schubert, Schumann, Mendelssohn, Chopin, Berlioz, Liszt und Wagner.

Liszt hält es für die Pflicht des Komponisten, die Menschheit durch die Musik zu beeinflussen, den seelischen und geistigen Aufstieg zu fördern. Er hat immer die Allgemeinheit, das Interesse der Menschheit vor Augen, auch beim Hauptcharakterzug der romantischen Kunst, dem Hervortreten der individuellen menschlichen Affekte an die Oberfläche.

Die klassische Musik widmet sich den allgemeinen menschlichen Gefühlen, um das, was in allen Menschen gleich ist, herauszuarbeiten. Die Romantiker stellen die individuellen Gefühle in den Vordergrund. Ein Künstler, der die allgemein menschlichen Gefühle nicht individuell in den Vordergrund stellt, läuft Gefahr, bald leere Phrasen zu wiederholen. Wer aber nur jene Gefühle schildert, die sich von den allgemeinen menschlichen Empfindungen unterscheiden, verirrt sich leicht in der Welt menschlicher Abnormitäten.

In Weimar brodelt es, weil Liszts Zielsetzung nicht allgemein verstanden wird. Mitten in aufreibende Hetze und angestrengte Arbeit platzt eine Trauernachricht hinein: am 18. September wird Fürst Felix Lichnowksy, der treue Freund und Begleiter der Wanderjahre, der zu der Frankfurter Versammlung delegiert worden war, von den Revolutionären ermordet.

Aber es gibt kein Stehenbleiben. Proben folgen auf Proben. Am 12. November dirigiert Liszt zum ersten Mal in Weimar die *Tannhäuser*-Overtüre. Darüber schreibt er: "Ich glaube, ein Meisterwerk unseres Jahrhunderts entdeckt zu haben!"

Trotz der anfänglichen Befremdung hat die Overtüre großen Erfolg, sie beschwört jedoch auch weitere Stürme herauf.

Es naht der Geburtstag der verwitweten Großherzogin, und Liszt will bei dieser Gelegenheit, wie es sein Vertrag vorsieht, eine neue Oper eines deutschen Komponisten aufführen: das wird diesmal Wagners *Tannhäuser* sein. Trotz mancher Gegenstimmen wird mit den Proben begonnen.

Im stillen Weimar bricht das Jahr 1849 an. Die *Tannhäuser*-Proben sind in vollem Gang. Liszt lädt Wagner ein, an den Vorbereitungen teilzunehmen. Die Intendanten der sächsischen Theater machen Schwierigkeiten: Wagner kann nicht nach Weimar fahren.

Die beiden Freunde wechseln häufig Briefe. Am 9. Februar schreibt Liszt an Wagner: "Mein Herr und lieber Freund! Sie dürften von Herrn Ziegesar gehört haben, mit welchem Eifer, welcher Anteilnahme und Freude wir Ihren *Tannhäuser* einstudieren. Könnten Sie nicht am 15. zu uns kommen und an der letzten Probe und an der Premiere am nächsten Tag teilnehmen? Es wäre für uns alle eine große Freude... F.L."

Wagner antwortet sogleich: "Liszt, mein edler Freund! Nach alldem, was ich gehört habe, werden Sie nach den beispiellosen Erfolgen Ihres Künstlerlebens einen neuerlichen Erfolg erleben, der sicher nicht hinter den anderen zurückstehen wird, sogar in mancher Hinsicht alle bisherigen Erfolge übertreffen kann. Glauben Sie, daß ich das aus der Ferne nicht beurteilen kann? Nun sind es schon vier Jahre her, daß der *Tannhäuser* vor die Öffentlichkeit gelangte, und kein Theater der Welt hielt es bis jetzt für notwendig, ihn aufzuführen. Sie mußten aus der weiten Ferne in diese Kleinstadt kommen, die ein kleines Hoftheater besitzt, um sofort an die Arbeit zu gehen und das Werk Ihres armen, vielgelittenen Freundes einen Schritt vorwärts zu bringen. Sie haben Ihre Zeit nicht mit Gerede und Feilschen verbracht, sondern Sie haben sich selbst ans Werk gemacht, das völlig neu für Sie war; Sie haben meine Oper einstudiert!

Seien Sie überzeugt, kein anderer weiß es so gut wie ich, was das bedeutet, ein solches Werk unter den gegebenen Umständen auf die Bühne zu bringen. Sie mußten mit Leib und Seele an die Arbeit gehen, sich aufopfern, Ihren Körper, Ihre Nerven anstrengen und Ihre ganze Begabung aufbringen und nur das eine Ziel vor Augen haben: das Werk Ihres Freundes an die Öffentlichkeit zu bringen, aber so, daß es schön wird und nutzbringend für ihn. Sie haben mich entdeckt, teurer Freund, gleichsam mit einem Zauberstreich... und ich habe daraus Kraft und Ausdauer geschöpft. Dafür danke ich Ihnen ganz besonders. R.W."

Diese Zeilen Wagners geben Liszt große Bestätigung. Wagners Opern waren unerwünscht, der Intendant in Dresden hatte den *Tannhäuser* für Pfuscherei erklärt - ein Liszt ist nötig, um diesen Diamanten zum Leuchten zu bringen.

Der Tag der Aufführung rückt immer näher, trotz der Streitigkeiten und des Gezänks. Endlich findet die Premiere am 16. Februar statt. Es wird ein riesiger Erfolg, zu dem sich Liszt äußert: "Wir haben gesiegt! Und es war ein so lauter, überragender Sieg, daß selbst der Spießbürger, der sich aus Furcht immer der siegreichen Partei anschließt, weil er zittert, etwa unwissend und zurückgeblieben ge-

nannt zu werden, sich dem Lager der Applaudierer anschloß."

Am 18. Februar schreibt Liszt an Wagner: "Mein lieber,
teurer Freund! Ich habe Ihnen so viel zu danken, Ihrem
Feuergeist, den gewaligen Blättern Ihres *Tannhäuser,* daß
Ihre Dankesworte, die Sie an mich richteten, mich in Verlegenheit bringen. Ich müßte ja Ihnen danken für die große
Ehre und für das Glück, daß ich Ihr Stück dirigieren durfte.
Ich bitte Sie ein für allemal, zählen Sie mich auch in der Zukunft zu Ihren eifrigsten und hingebungsvollsten Bewun-
derern: fern oder nahe, rechnen Sie immer mit mir und verfügen Sie über mich. F.L."

Wagner antwortet sofort: "Wir beide sind auf dem besten
Weg, ist das nicht auch Ihre Meinung? Wenn die Welt uns
gehörte, glaube ich, daß wir der Menschheit viel Freude
bereiten können. Ich hoffe, daß wir uns immer gut verstehen werden. Wer sich nicht uns anschließen will, der bleibe
zurück: damit wollen wir unser Bündnis besiegeln. R.W."

EIN ÜBEL KOMMT SELTEN ALLEIN

Am 14. April folgt eine neuerliche Erstaufführung in Weimar: Liszt dirigiert diesmal die Oper *Toni* des Fürsten Ernst
von Sachsen-Coburg-Gotha.

Inzwischen bricht die Revolution auch in Dresden aus.
Wagner beteiligt sich an ihr. Nach dem Mißerfolg gerät er
in eine gefährliche Lage. In Dresden wird ein Haftbefehl
gegen Wagner herausgegeben, es bleibt ihm nur der Weg
der Flucht offen.

Am 13. Mai fährt der verfolgte Revolutionär Wagner mit
wiederholt gewechselten Wagen nach Weimar. Er hat die
Handschrift seines *Lohengrin* im Gepäck. Er findet bei
Liszt im Hotel Erbprinz Zuflucht. Sogar die Großherzogin,
die Schwester des Zaren, unterstützt Wagner, Liszt zuliebe,

weil der Komponist des *Tannhäuser* eben so wertvoll für Liszt ist.

Sie verstecken Wagner im Winkel einer Loge, damit er zusehen kann, wie innig Liszt seinen *Tannhäuser* dirigiert. Wagner glaubt, eine Himmelfahrt zu erleben. Was er beim Komponieren empfunden hat, bringt nun Liszt mit seinem Orchester und seinen Sängern genau zum Ausdruck. Darüber schreibt Wagner: "Ich war überrascht, daß ich in ihm mein zweites Ich entdeckte, was ich während des Komponierens der Musik empfand, empfand er genauso, als er mein Werk dirigierte. Was ich ausdrücken wollte, als ich das Werk schrieb, sprach er jetzt aus, ließ es durch seine Sänger aussprechen. Wunderbar!

Diesem allervortrefflichsten Freund habe ich zu verdanken, daß ich, der ich mein Vaterland verloren hatte, es nun zurückgewann mit alldem, was ich überall vergeblich gesucht hatte: die wahre und so lange vermißte Heimat!"

Eine spätere Äußerung von Wagner: "Als ich in Verbannung lebte, ließ sich dieser große Weltenbummler in einem kleinen Ort nieder, um mir ein Heim schaffen. Er befaßte sich überall und zu jeder Zeit mit mir, er erfüllte meine sämtlichen Wünsche, half mir fortgesetzt, wenn ich irgendwas nötig hatte."

Wagner hat Hilfe nötig, zumeist in Form von Geld. Zahllose Bettelbriefe von Wagner sind erhalten, von Carolyne sorgfältig für die Nachwelt aufgehoben, wahrscheinlich aus Rache und Eifersucht. Die Briefe sind verstaubt und verborgen vor neugierigen Blicken, wohl noch aus dem Grundsatz: wenn wir den Lebenden nicht helfen können, erweisen wir wenigstens den Toten die Ehre! Carolyne ist von Wagner nicht angetan. Sie reagiert grundsätzlich nicht so besitzgierig wie Marie. Eine andere Frau macht sie nicht eifersüchtig, denn sie hält es für selbstverständlich, daß ein Mann wie Liszt die Frauen auch gegen seinen Willen anzieht. Allein auf Wagner ist sie eifersüchtig!

Sie meint, er habe einen viel zu großen Raum in Franzens Herzen eingenommen. Am meisten schmerzt es sie, daß

Liszt nicht nur sie, sondern auch sich selbst Wagner zuliebe vernachlässigt. Carolyne fühlt, daß sie die einzige ist, die genau weiß, daß zahlreiche neue Formen, die man allgemein Wagner zuschrieb, eigentlich von Liszt stammen. Die Ungerechtigkeit empört sie, die Liszt infolge seiner Großzügigkeit erleiden muß. Es war ja in ihrer Altenburg, wo die zwölf symphonischen Dichtungen Liszts entstanden. Vor ihren Augen und Ohren, aber unter völligem Ausschluß der Öffentlichkeit.

Während die Presse Wagners Werke preist, kommt die ungekrönte Königin der romantischen Musikliteratur, die *h-moll Sonate* Liszts zustande. Dieses Werk in einem Satz steht der Phantasie näher als der Sonate, am ehesten läßt es sich mit einem erschütternden, von Leidenschaft geplagten, spannungsgeladenen, aufregenden Drama vergleichen; jedenfalls ist es eines der bedeutendsten Werke, die er für das Klavier geschrieben hat. Auch das *Es-Dur Klavierkonzert* wirkt wie ein Werk aus einem Guß, dabei hat es vier Teile. Orchester und Klavier gehen so natürlich ineinander auf, als wäre das Piano nicht nur eine konzertierende Stimme, sondern eines der Orchesterinstrumente. Noch geringer ist die selbständige Rolle des Flügels im *A-Dur Klavierkonzert*.

Die Fahndung nach Wagner erreicht auch Weimar. Richard ist gebrochen, Franz traurig, Carolyne ist die einzige, die ihre Ruhe bewahrt. Carolyne ist eine fromme Katholikin; sie sieht Wagner als einen Heiden an. Nur wenn er sich in einer glühenden Minute ans Klavier setzt und die Melodie vom heiligen Gralskelch in ätherischer Reinheit anschlägt, versöhnt der Musiker Carolyne.

Franz hat wirklich diesen sonderbaren, immer in sich gekehrten kleinen Mann besonders lieb gewonnen, der als tönende Glocke von Dresden nicht nur über das Pathos des *Rienzi* sondern auch über die Dramatik des *Tannhäuser* verfügt. Liszt ermöglicht es Wagner, vor seiner dringlich gebotenen Abreise noch die Wartburg zu besichtigen, die er so herrlich im *Tannhäuser* verewigt hat. Dabei sieht er auch seine heimliche Gönnerin, die Großherzogin.

Wagner fällt die Abreise schwer. Seine Frau, seine Bücher, Kleider und in der Hauptsache seine Partituren, auf deren Sicherheit er selbstverständlich größten Wert legt, müssen in Dresden bleiben. Mit Carolynes Unterstützung wird der Weg frei gemacht. Liszt verschafft Wagner einen Reisepaß, Kleider und Geld. Das wirkt: alle Voraussetzungen zur Flucht sind erfüllt, Wagner muß sich loseisen. Liszt: "Ich begleitete ihn ein gutes Stück über Weimar hinaus. Als ich den Wagen anhielt, stieg auch er aus. Der selbstbewußte, energische kleine Mann fiel mit einem Mal zusammen und wurde zu einem früh gealterten Kind!"

Wagner nimmt gerührt Abschied von Franz: "Ich habe Dich sehr lieb gewonnen, mein heiliger Franz. Den wenigen Glauben, den ich überhaupt noch hatte, verdanke ich einzig und allein Dir. Für jede Enttäuschung und jeden Schmerz entschädigt mich das erhabene Gefühl: ich habe einen Menschen gesucht, einen einzigen Menschen, der mich versteht und an mich glaubt. Nun siehe, in Dir habe ich ihn gefunden!"

Liszt: "Er umarmte mich, aber nicht wie zum Abschied, sondern in einer gewissen hoffnungslosen, das Herz zerreißenden Glut: Er weinte! Mir tat das Herz sehr weh."

Der Wagen fährt, so rasch es geht, über Bayern nach Zürich, und dann weiter nach Paris. Die *Lohengrin*-Partitur hat Wagner als freundschaftliches Pfand bei Liszt gelassen. Liszt denkt an den Menschen, der über Land jagt. Dieser Mensch, der auf dem Klavier der Altenburg sonderbare silberne Akkorde spielte, ein neues Kapitel der Musikgeschichte aufschlug; wenn er nur nicht in die beängstigende, bedrückende Fremde jagen müßte!

Liszt studiert mit größter Aufmerksamkeit den *Lohengrin*. Seine Bewunderung wächst von Tag zu Tag. Doch zuerst schickt er einen Aufsatz über den *Tannhäuser* Wagner nach. Dieser bestätigt den Empfang des Aufsatzes mit hymnischem Lob.

Baron Schober bittet Liszt, er solle Tagebuch führen und seine Erlebnisse verewigen. Liszts Antwort darauf: "Ich wäre froh, wenn von mir nur die Notenköpfe, die Musik erhalten blieben; ganz ohne Schlacke, nur das wenige, pure Gold." Später führt er doch ein eigenes Tagebuch, was er gründlich ausschmückt. Früher hat Marie d'Agoult ja Aufzeichnungen gemacht.

Am 25. Mai schreibt Liszt einen Brief von diesen Tagen an den Großherzog Karl Friedrich. "Wagner verbrachte einige Tage bei mir und war anwesend bei zwei Proben seines Werks. Das, was wir mit den Proben erreichten, machte ihm eine solche Freude, die fast schon überraschend war. Sehr bedauerlich, daß die *Leipziger Zeitung* gerade am Tag der Aufführung den Haftbefehl gegen Wagner veröffentlichte, der ihn zwang, abzureisen. Was immer geschieht, ich habe nichts unterlassen, um ihn entschieden davon abzuhalten, an den Dissonanzen der Politik teilzunehmen."

Ein Übel kommt selten allein. Die Scheidungsaffäre der Carolyne steht nicht günstig. Der Zar lehnt das Gesuch ab. Umsonst schreibt Maria Pavlovna, die Großherzogin von Weimar, einen Brief nach dem anderen an ihren Bruder, den Zaren aller Russen. Die Schwester des Zaren ist eben weit weg vom Petersburger Hof.

Die Familie Wittgenstein wiederum ist nahe, und der Zar hört sich eher deren Meinung an. Die schlaue Aktion geht nur um eines: das riesige Vermögen.

Liszt ist niedergeschlagen. Er ist tatsächlich bereit zur Ehe mit Carolyne, wie damals mit Marie. Aber es geht nicht. Carolyne ist an sich auch so glücklich und zufrieden mit ihrem Schicksal.

Franz überreicht ihr zum Geburtstag am 8. Februar einen Partiturenband in prächtiger Aufmachung als Zeichen seiner Hochachtung. Die Notenköpfe und die Widmung tragen die Handschrift von Franz Liszt. Er hat die Widmung mit lauter Großbuchstaben auf die erste Seite geschrieben: "Ich empfehle mein Werk Carolyne, die ihren Glauben in der Liebe, ihre Hoffnung im Schmerz, ihr Glück in der Selbstaufopferung fand, und die für alle Zeiten in meinen Gedanken und meiner Seele verwahrt ist."

Ein weiteres Versteckspiel vor der öffentlichen Moral hat keinen Sinn mehr. Liszt übersiedelt nunmehr völlig in die Altenburg, in das geräumige dreistöckige Schloß, das in einem schattigen Garten liegt.

Carolyne sorgt mit größter Liebe und Sorgfalt für alle Bequemlichkeiten in dem neuen Nest. Den Hauptteil des Schlosses bewohnen sie und ihre Tochter Magne. Liszt bekommt den kleineren Flügel nach dem Garten hin. In den größeren Saal kommt Liszts Konzertflügel und dazu der Hauptteil seiner musikalischen Bibliothek. An den Wänden hängen die Porträts der Komponisten Berlioz, Wagner und Schumann als Bronzereliefs. Über der Tür prangt ein spaßiges kleines Bild: Amoretten, die sich mit Noten bewerfen. Es war ein Werk von Bettina von Arnim. Darüber die Inschrift LISZT LEBE HOCH! Über den Flügel wird das Original von Beethovens Totenmaske gehängt. Im Nachbarzimmer wird die Waffensammlung untergebracht, die sich nach und nach aus Geschenken von russischen Herrschaften, türkischen Paschas und anderen Verehrern zusammengefunden hat. Dazu Perlmutt-Tische, Pfeifen und Teppiche aus dem Osten, und ein Bild des verblichenen, geliebten Freundes Graf Lichnowsky.

Im oberen Stockwerk ist der eigentliche Musiksaal. Hier stehen Liszts bevorzugtes Erard-Klavier und ein riesiges Instrument, das die Pariser Firma Alexandre & Fils nach Liszts Anweisungen hergestellt hat. Es ist ein Zwitter aus Klavier und Orgel. Das Instrument hat drei Tastaturen, sechzehn Register, Pedale und ein Pfeifenwerk, das im Ton aller Blasinstrumente klingen kann - das einzige Stück seiner Art. Daneben befindet sich eine teure Reliquie, das Spinett von Mozart.

In der Bibliothek stehen auch noch zwei Instrumente: ein Erard und ein Broadwood. Letzteren öffnet Liszt fast überhaupt nicht, denn er hat früher Beethoven gehört. Der Titan aus Bonn ist der letzte gewesen, der darauf gespielt hat. Die Regale sind voller Bücher von Autoren wie Hugo, Sainte-Beuve, Lamartine, Lamennais; im Glasschrank Handschriften von Bach, Haydn, Mozart, Beethoven, aber auch Wagner ist schon vertreten.

Eine kleine Holztreppe führt in Liszts Wohnung hinauf, die aus zwei Zimmern besteht: sein Arbeistzimmer, das unter dem Namen *Blaues Zimmer* bekannt ist, und das Schlafzimmer.

Juni 1849. Ein junger Mann sucht die Altenburg auf. Joachim Raff empfängt ihn; Liszt hält sich nicht zuhause auf. Der Fremde sagt, er möchte den Meister kennenlernen und sich davon überzeugen, wo und wie er lebt; er ist doch aus der Fremde gekommen und hat das hinsterbende Musikleben wiederbelebt. Er hat aus Weimar eine Musikstadt geschaffen, zu der die Jugend heute emporblickt. Raff empfängt den Fremden freundlich, denkt an seine eigene Jugendzeit zurück, und führt den Gast, den er für 17-18 Jahre alt schätzt, durch die Räume, die gezeigt werden können, und gibt dazu auch Erklärungen, wer die Leute sind, die hier zusammenkommen: Schriftsteller wie Hoffmann von Fallersleben, der Maler Cornelius, der namhafte Architekt Genelli, der Bildhauer Schadow, der Oberregisseur Genast, und noch viele andere.

Der junge Besucher bekommt ein rotes Gesicht vor Begeisterung und schaut mit Andacht alles an. Er wartet bis spät abends, bis Liszt ankommt, und nennt seinen Namen sichtlich verlegen: Hans von Bülow.

Liszt hört sich mit zunehmender Niedergeschlagenheit von ihm die Nachrichten über den ungarischen Freiheitskrieg an. Im Juni 1849 haben die russischen Truppen Ungarn besetzt, und die Handvoll Ungarn hat gegen die Übermacht nicht standhalten können.

Franz Liszt vergräbt sich in die Arbeit. Er hat die erste Variante des *Tasso* fertig komponiert, dessen Grundmotiv in dem Stück *Venezia e Napoli* von 1840 schon anklingt. Franz arbeitet fieberhaft, läßt sich auf neue Kompositionen ein. Er fühlt sich dazu aufgerufen, den Todeskampf eines Landes zu beschreiben, muß sich in die Arbeit vergraben, um nicht den Elendsschrei Tausender zu hören.

Den ganzen Sommer arbeitet er und bereitet sich auf Goethes 100. Geburtstag vor, der im August in Weimar gefeiert werden soll.

Am 12. August schreibt Liszt einen Brief an den österreichischen Diplomaten Gutsmannsthal: "Ihre freundlichen Zeilen treffen mich inmitten von unaufhörlicher, fast nicht zu leistender Arbeit. Ich verrichte die Arbeit zu Ehren seiner ehemaligen Exzellenz Goethe. Wir Weimarer müssen am 28. August seinen 100. Geburtstag feiern. Ich bin ersucht worden, den musikalischen Teil der Goethe-Feiern zu leiten, und die Zeit drängt.

Mein Programm: 1. Männerchor, aus dem ich eine Paraphrase zu Goethes letzten Worten zu machen gedenke: 'Licht, mehr Licht'; 2. Vorletzte Szene des II. Teils des *Faust*; 3. *Der Tote von Weimar*, ein Heldengedicht für Bariton; 4. Ouvertüre mit dem Titel *Lamento e trionfo*; 5. *Über allen Gipfeln ist Ruh*, ein Quartett; 6. Festmarsch zur Goethe-Feier.

Gott sei Dank habe ich heute morgen die ganze Komposition beendet."

Am 27. August wird zur Feier des Goethe-Zentenariums Liszts Festmarsch aufgeführt. Am 28. August gibt man im Weimarer Theater eine Festvorstellung von Goethes *Tasso*; das Stück wird von Liszts symphonischer Dichtung zu *Tasso* eingeleitet.

Die wohlverdiente Ruhe gönnt sich Franz mit Carolyne und Magne auf Helgoland. Doch auch da wartet ein Besucher: Franz Dingelstedt. Dieser ersucht Franz, er soll für ihn eine Stelle in Weimar besorgen, was er verspricht und auch hält.

Die Fürstin hat wegen eines Gallenleidens eine Kur nötig. Franz und Carolyne begeben sich deshalb im September zur Erholung nach Bad Eilsen.

Eine traurige Nachricht empfängt Franz aus Ungarn: Petöfi, der größte ungarische Dichter, ist in der letzten Schlacht gefallen. Dieser Todesbotschaft folgt bald eine zweite, nämlich die von Chopins Tod am 17. Oktober. Wie der Verlust Franz bedrückt, läßt sich denken. Er spricht nicht davon, beklagt sich nicht. Was er zu sagen hat, schreibt er für die Nachwelt. Wer Liszts Buch über Chopin liest, auch wenn er kein Musikverständiger ist, kann sich einen Begriff davon machen, wer Chopin war: ein strahlender Stern des 19. Jahrhunderts.

Liszt erfährt bald die Einzelheiten und fühlt seine üble Vorahnung bestätigt. George Sand, die letzte Liebe Chopins, ist nicht imstande gewesen, dem todkranken Komponisten in seinem Sterben beizustehen. "Ich bitte nur eines von dir: wenn ich sterbe, sei du neben mir", hat Frédéric sie angefleht. George Sand hat nach anfänglicher großer Fürsorge ihr Versprechen nicht gehalten und sich während seiner langen Todesqual schließlich überhaupt nicht mehr um ihn gekümmert. Wer Chopin nicht verließ, war Solange Dudevant, George Sands erwachsene Tochter, die insgeheim und hoffnungslos den verlassenen Gefährten ihrer Mutter liebte. Zu Solange sagte Chopin die letzten Worte, die er überhaupt noch vorbringen konnte: "Sie hat mir versprochen, an meiner Seite zu sein, wenn ich sterbe."

Auch das erfährt Liszt von Solange, und er kann George Sand, einer der liebsten Freundinnen seiner Jugend, der er so viele schöne, herzliche Briefe geschrieben hat, niemals ihre Untreue gegen Chopin verzeihen. Er hält sie immer noch für eine großartige Schriftstellerin, aber für einen schlechten Menschen, aus dem nicht einmal der engelsgleiche Frédéric Güte herausholen hat können.

Von der Person George Sand will Liszt nichts mehr wissen. Eine harte Strafe für die Dichterin, denn Liszt war der einzige Mann in ihrem Leben, dessen Freundschaft sie bewahren wollte. Einsam und glücklos wird ihr weiteres Leben, denn selbst ihre Kinder Solange und Maurice wenden sich von ihr ab.

Liszt geht für kurze Zeit nach Hamburg und kehrt dann

nach Bad Eilsen zurück. Aus Rücksicht auf den angeschlagenen Gesundheitszustand der Fürstin können sie den Ort bis Ende des Jahres nicht mehr verlassen.

Am 22. Oktober schreibt Franz einen rührenden Brief an seine Tochter Blandine: "Laß Dich von mir küssen, mein armes Kind, Gott schenke Dir seinen Segen. Ich bete dafür, daß Euch auf Eurem Erdenleben das beste zuteil wird, wenn Ihr sanft und gütig seid zu allen, die Euch lieb haben."

Am 26. Oktober schreibt Liszt an Wagner: "Noch im Laufe des Sommers werde ich den *Sardanapal* beenden." Doch von diesem Werk schreibt Franz nur 111 Seiten, eine Skizze für Gesang und Klavierbegleitung. Am 28. Oktober schreibt Franz wieder an Wagner, der ihn um finanzielle Hilfe ersucht hat. Er hat gerade nicht die nötigen Mittel bei der Hand: "Schon seit länger als einem Monat bedrückt mich die ernste Krankheit der jungen Fürstin. Meine Rückkehr nach Weimar wird dadurch mindestens um einen Monat hinausgeschoben, und so lange ich nicht in Weimar bin, kann ich nicht einmal daran denken, Dir einigermaßen wirkungsvoll zur Hilfe zu sein. Du schlägst vor, ich soll einen Käufer auf den *Lohengrin* und den *Siegfried* finden. Das wird nicht leicht gehen. Deutschland ist Deinem Namen nicht sehr günstig gesonnen. Und ich kann vor Ende des Jahres nicht auf Geldeinnahmen rechnen. Aber ich werde es dann nicht unterlassen, Dir so viel zukommen zu lassen, wie es meine beschränkten Mittel erlauben. Die Virtuosenlaufbahn habe ich, wie Du weißt, vor zwei Jahren beendet, und neu anfangen kann ich sie nicht."

Neue bedrückende Nachrichten bekommt Franz Liszt aus Ungarn. Jetzt erfährt er erste Einzelheiten über die Geschehnisse der letzten Zeit. Der ungarische Freiheitskampf ist niedergeschlagen worden. Die russische Armee hat der Donaumonarchie Hilfe geleistet. Die ungarische Regierung ist im August zerfallen und geflohen. Am 13. August hat die noch bestehende Armee der Republik Ungarn die Waffen vor den russischen Truppen (bewußt nicht vor den österreichischen) gestreckt. Das Land leidet unter der Zwangsherrschaft von Haynau. 13 Generäle der Ungarn sind zum Tode verurteilt und hingerichtet worden, so auch ein lieber Freund von Liszt, Graf Gyula Batthyáni. Carolyne versucht, Franz zu trösten: "Polonia lebt in den Noten Chopins. Ungarn wird durch deine Feder leben."

ZUKUNFTSMUSIK

So arbeitet Franz, während Europa in schwarze Wolken gehüllt liegt. Sein letztes Werk ist *Prometheus,* eine symphonische Dichtung über den griechischen Sagenheld. Liszt schreibt unter den Titel: Qual und Ehre. Aber diese Symphonie wird von einer anderen übertönt. Sie führt den Titel *Funérailles* und ist die Musik des Todes, ein Werk zu Ehren der hingerichteten ungarischen Freiheitskämpfer, die Musik des blutenden Menschen, der schmerzliche Aufschrei, oder wenn man will, das letzte höllische Todesröcheln. Eingestürzte Kirchen, ausgebrannte Häuser, wahnsinnige Mütter; eine richtige Höllenmusik. Das Thema stammt vom liturgischen Motiv des Dies Irae, das furchterweckendste Werk der Musikliteratur. Die Variationen reihen sich ohne Programm hintereinander und machen sämtliche Schauerlichkeiten, mit denen der nahe Tod droht, lebendig. Das Geklapper von Gerippen, das teuflische Lachen des Todes, erbarmungslose Vernichtung und fürchterliche Schauder. Nur der Tod kann so schreiben, der oft in Franzens Nähe war. Das sind die *Funérailles,* ein echter Totentanz.

Franz blickt bitter aus den Fenstern der Altenburg. Was wissen wir von dem ungarischen Volk, woher ist es gekommen? Dieses Volk stammt ja nicht vom Balkan, wie es im Westen verbreitet wird. Das Volk, das aus eigener Kraft die Tataren und Türken aufgefangen hat, muß nun auf dem Schlachtfeld von Kahlenberg den Gnadenstoß empfangen; auf dieses Volk hat sich die Macht des Zaren mit aller Gewalt gestürzt. Und wie oft hat es und wird es noch mit dem eigenen Körper und mit dem eigenen Blut die mörderischen Truppen auffangen, die durch Europa ziehen. Die Ungarn sind ein einsames Volk ohne nahe Angehörige.

Liszt hätte ohne Carolyne die Schicksalsschläge nicht ertragen können, und schon gar nicht ohne seine Arbeit, die heilenden und rettenden Klänge der Musik. Er schreibt die *Hymne der Arbeit* und jagt damit dem vorsichtigen Verleger Haslinger einen Schrecken ein. Der *Marche héroique* kommt zustande, nach der Melodie des Arbeiterchors. Liszt findet die endgültige Form für die ungarischen Lieder und tauft sie um in *Ungarische Rhapsodien*. Inzwischen kommen schon die ersten Akkorde von *Les Préludes,* erst noch in innersten Tiefen keimend, aber sich zur Geburt vorbereitend. Raff ist der einzige, der in die quasi noch geheime Symphonie Einblick hat: Héroide Funèbre, Tristis est anima mea, eine Vereinigung aus Rákóczy-, Dombrowsky-Marsch und Marseillaise, und am Ende der Psalmus. Der Plan bleibt bis zuletzt in der Schublade, er braucht noch zwanzig Jahre, um auszureifen.

So tritt Liszt mit Tränen der Trauer und des Schmerzes in das Jahr 1850. Er arbeitet rastlos, nimmt sich immer neuere Kompositionen vor. Er fühlt die Verpflichtung, ein Wunderwerk zu schaffen, eine Musik, die flammend auflodert, die als Wachfeuer ein Warnzeichen gibt.

Weimar, Februar 1850. Liszt steht auf dem Dirigentenpult und führt seine neueste Kompositionen vor: *Ce qu'on entend sur la montagne.* Wagner, der sich inzwischen nach Zürich verzogen hat, ist ebenfalls mit Arbeit versorgt. Er hat den Auftrag, Glucks Oper *Iphigenie in Aulis* umzuarbeiten. Sie soll zur Geburtstagsfeier der Großherzogin am 16. Februar aufgeführt werden. Liszt kann aus eigener Kraft und mit der Hilfe des Hofes dem Salonrevolutionär auch persönlich helfen. Wagner darf seine Frau wiedersehen, aber seine Verhältnisse bleiben bedrückend.

Der Monat März vergeht mit Arbeit, insbesondere den Vorbereitungen zum Herder-Fest im Sommer. Inzwischen kommen auch Familienprobleme auf. Liszts Kinder schreiben immer öfter. Franz liest ihre Briefe und antwortet in jedem Fall genau. Die über die anderen Geschwister regierende Blandine schreibt: "Lieber Vater! Die Witwe des Generals Petit - der war ein heldenhafter Soldat, Napoleons letzter Getreuer, der 1814 in Fontainebleau die Veteranen anführte - und Mme Haton sind sehr liebenswürdig. Wir haben sehr viel von ihnen gelernt, und ich habe die beiden sehr lieb. Ich spiele jetzt die Moise-Phantasie von Thalberg und höre oft den Vortrag des Uranio Fontana an, der, aus Amerika heimgekehrt, Gesangsstunden gibt... Mme Kautz hat mir jetzt die Hugenotten-Phantasie von Thalberg aufgegeben und außerdem ein gewisses Stück von Euch, Vater, doch leider übertrifft es jetzt noch meine bescheidenen Kräfte. Ich lerne auch Philosophie, das Thema ist Descartes. Je pense donc, alors je suis! Cogito ergo sum. Ich denke, also bin ich. Ein großer Gedanke... Ich stelle mit Freuden fest, lieber Vater, daß Daniel ein sehr guter kleiner Junge ist, und sehr intelligent".

Franz liest die Briefe seiner Kinder mit Rührung und fühlt sich bewogen, an ihrem Schicksal etwas zu ändern. Er nimmt mehr oder weniger zwischen den Zeilen wahr, daß Marie sich einmischt und die Kinder beeinflußt. Er befürchtet, daß sie in die falsche Richtung gelenkt werden. Er verfügt daher, die Kinder sollen das Pariser Institut verlassen, und veranlaßt, daß sie nach dem Vorschlag Carolynes der Erzieherin Mme Patersi anvertraut werden. In diesem Zusammenhang schreibt Liszt an seine Mutter: "Teure Mutter! Lassen Sie mich hoffen, daß Sie nicht krank werden von der Veränderung, die vollzogen werden muß." Der erste Schritt geschieht nach dem Wunsch der Carolyne. Mme Patersi, aus Petersburg kommend, übernimmt in Paris die Erziehung der Kinder. Von dieser Zeit an müssen sie die Fürstin als 'Mutter' titulieren.

Von einem sonderbaren, unverständlichen Mystizismus überwältigt, hetzt Carolyne immer schärfer gegen Wagner.

Die fanatische Religion beginnt Liszt allmählich lästig zu werden, aber beirren läßt er sich nicht.

In Weimar geht inzwischen die Arbeit weiter. Am 1. April leitet Liszt die Premiere der Oper *Graf Ory*, und am 7. April ist schon die nächste Erstaufführung, und zwar *Ein Abenteuer Carl des Zweiten* von Hoven.

Am 21. April kommt ein Brief von Wagner: "Mein lieber Franz! Soeben habe ich meinen *Lohengrin*, die Partitur, gelesen - nebenbei bemerkt, pflege ich meine eigenen Partituren nicht zu überprüfen - aber jetzt ist in mir eine unsagbare Sehnsucht entflammt: dieses Werk muß gespielt werden! Ich lege Dir meine Bitte ans Herz. Bring dieses Stück an die Öffentlichkeit! Du bist der einzige, an den ich mich mit einer solchen Bitte wenden kann. In Deine Hand lege ich meine Arbeit mit der größten Ruhe. Dein Richard."

Im Mai plant Liszt die Erstaufführung des *Sardanapal*. Ein Beweis dafür, wie ernst er es damit meint, ist ein Brief, den Dingelstedt schreibt: "Die guten Nachrichten über den *Sardanapal* freuen und interessieren mich sehr. Diese kühne Tat ist würdig Ihrer Begabung, und es steht außer Zweifel, daß das Stück Ihnen den Erfolg bringen wird."

Im Juni beantwortet Liszt Wagners Brief: "Mein teurer Richard! Die ernste und begeisterte Bewunderung, die ich Deinem Feuergeist entgegenbringe, begnügt sich nicht mit untätigem Phantasieren und leerer Begeisterung. Was ich für Dich tun kann, unterlasse ich unter keinen Umständen... Glaub mir, daß Dein *Lohengrin* meinem Herzen sehr nahe steht, unter ausnehmend guten Umständen und unter den glücklichsten Aussichten für den Erfolg führen wir Deine Oper auf. Die Intendanz hat für diesen Zweck 2000 Taler festgesetzt, was seit Menschengedenken in Weimar nicht der Fall gewesen ist. Wir vergessen auch die Presse nicht... Die Mitwirkenden sind voller Begeisterung. Die Zahl der Geigen haben wir von 16 auf 18 erhöht und eine Baßklarinette angeschafft. Vom Wesen der Musik und von den Nuancen wird nichts verlorengehen. Das Klavier, der

Chor, das Ensemble und das Orchester leite ich an und mache die Proben. Es versteht sich von selbst, daß wir keine Note, kein Jota Deines Werks streichen und daß wir es, soweit es überhaupt möglich ist, in seiner vollen Schönheit auf die Bühen bringen. Dein F."

Wagner säumt nicht mit der Antwort. Liszts Brief ist für ihn etwas wie ein Strick, den man einem Ertrinkenden zuwirft, und der ihm das Leben bedeutet. Wagner, dieser Mann von kleinem Wuchs, weiß von sich selbst, daß er zu Großem berufen ist, und er zehrt jetzt wieder einmal von der Tatkraft des uneigennützigen Freundes Liszt. Er schreibt: "Mein treuer, einziger Franz! Ich muß Dir ins Gesicht sagen: Du bist ein wahrer Freund! Erlaube mir jetzt, nicht mehr zu sagen, denn wenn ich jemals eine Freundschaft von zwei Männern gesehen habe, eine ganz edle und wunderbare Verstrickung, so lösest Du mir den Begriff in die vollste Wirklichkeit auf... Dein Richard."

Während Liszt mit großem Aufwand und feurigem Elan die Proben zu *Lohengrin* durchführt, und unter seinem suggestiven Einfluß alle Mitwirkenden, ohne daß sie es wissen oder wollen, ihr Bestes geben, arbeitet Wagner bereits am *Siegfried*. Dieses Werk gedenkt der Komponist speziell für Weimar zu schreiben.

Im Sommer 1850 werden Liszt und die Fürstin Wittgenstein gemeinsam tätig. Sie schreiben einen Aufsatz über den unvergeßlichen Freund Chopin.

"Ein Musiknachmittag bei Chopin! Sicher erinnern sich außer uns noch viele an diesen Abend, den wir nach wiederholter Absage doch bei ihm veranstalteten, als er in der Rue de Chaussée d'Anthin wohnte. Seine Wohnung, die wir für ihn überraschend überrannten, war nur von einigen Kerzen beleuchtet. Diese hatte er um einen seiner Pleyel-Flügel gruppiert. Diese Klaviere liebte er besonders, weil sie einen etwas nebligen, silbernen Ton gaben und einen leichten Anschlag hatten. Er entlockte ihnen Töne, daß man hätte glauben können, sie kämen aus einem Glasharmonium, aus einem solchen, wie es die alten Meister so

einfallsreich zusammenzustellen verstanden: Kristall und Wasser".

Liszt ist unermüdlich dabei, jedem einzelnen Orchestermusiker und Sänger Wagners Musik einzuimpfen. Er schwingt seinen Zauberstab im Orchester. Er übt seine Macht aus ohne Partitur, allein durch seine unwiderstehliche Suggestivität. Liszt dirigiert so, wie er früher Klavier gespielt hat. Aus dem Virtuosen von unbegrenztem Können hat sich als Vermittler der Tondichter entpuppt, der Werk und Publikum miteinander verbinden kann. Nur so kann Wagners Werk bewahrt und nur so können Anhänger gewonnen werden.

Ein neuer Gedenktag für eine vergangene Weimarer Größe naht: Johann Gottfried Herders Geburtstag. Im Juli schreibt Liszt zu Herders *Entfesseltem Prometheus* acht Chöre. Anlaß für die *Prometheus*-Aufführung ist die Enthüllung der Herder-Statue an dessen Geburtstag, dem 25. August.

Endlich bricht der Tag an, an dem *Lohengrin* auf die Bühne kommt. Bei der Probe ist ein hoher Herr vom Hof anwesend, der witzig sein will: "Schön schön, aber diese Musik verstehen nur die Menschen der Zukunft." Liszt steht am Pult, schmeißt zornentbrannt den Dirigentenstab in den Saal und sagt: "Gut gut, dann machen wir eben Zukunftsmusik!"

Dies wird zum feststehenden Begriff: Zukunftsmusik. Dieses Wort schwirrt noch lange um die Köpfe von Liszt und Wagner, manchmal in humoristischem, manchmal in anerkennendem Sinn. Am 28. August 1850 wird *Lohengrin* zum ersten Mal aufgeführt.

Die Gästeschar ist bedeutend. Jeder, der für die neue Musikrichtung schwärmt oder sie auch kritisieren will, ist anwesend; die Inländer und die Ausländer, die berühmten Kritiker von Paris, Jules Janin, Gérard de Nerval, Joseph Fétis, Theodor Uhlig, der Geigenkünstler, Meyerbeer, Raff, Bülow, Dingelstedt, der Regisseur, Schriftsteller und Dramaturg, und der kleine Engel Bettina von Arnim. Im Na-

men der Musikwissenschaft sind Brendel und Ritter erschienen. Das örtliche Publikum ist nicht so reichlich vertreten. Es interessiert sich weniger für das neue Musikdrama. Ein junger Mann, der sich ohne ein Wort zu sagen,
an die Geige setzt und mit solcher Sicherheit spielt, als
hätte er an allen Proben teilgenommen, macht noch Furore:
Joseph Joachim.

Lohengrin hat keinen so großen Erfolg wie *Tannhäuser,*
nur die Anhänger der Zukunftsmusik geraten in Ekstase.
Das gegnerische Lager verhält sich vorerst still. Was dazwischen liegt, hat nicht den Mut, sich zu äußern. Trotz des
mäßigen Erfolgs stiftet der Weimarer Hof auf Liszts Zure-
den 500 Taler als Vorschuß für die nächste Tondichtung,
das Siegfried-Thema.

JUNGE MUSIKER IN WEIMAR

Weimar wird zum Mekka der neuen Musik. Junge Musiker
kommen scharenweise in die Kleinstadt. Sie wollen von
dem Meister lernen, der den Mut hat, *Lohengrin* auf die
Bühne zu bringen, und von dem Virtuosen profitieren, der
am Gipfel seiner Erfolge das Podium verließ, um von da an
nur noch zu unterrichten und zu dirigieren. Weimar wird
ein Wallfahrtsort der Musikliebhaber.

Der Maler Cornelius bringt seinen jungen Neffen Peter
mit, in dem Liszt eine ungewöhnliche musikalische Begabung entdeckt. Endgültig nach Weimar kommt der aufse-
henerregende Joseph Joachim. Weiterhin sammeln sich
um das Weimarer Hoftheater Kullak, Litolff, Jadassohn,
Bronsard und der Jüngling mit dem fieberroten Gesicht,
der Europa durchwandert hat: Hans von Bülow. Diese jungen Kunstlehrlinge wollen etwas, was noch kein Mensch
erreicht hat, eine Kunst, die die Welt aus den Angeln heben
kann. Noch niemals waren in Weimar so viele laut streitende junge Leute mit wirbelndem Haar beieinander wie

zu Liszts Zeiten. Die große Stille, die in der Stadt geherrscht hat, ist vorbei, sehr zum Entsetzen der Spießbürger.

Auch die Altenburg kriegt ihr Teil davon ab. Junge Titanen dreschen so auf die Klaviere, als wäre ihnen kein Forte und kein Presto kräftig genug, als müßten sie die Zukunftsmusik aus den schwarzen und weißen Tasten herausprügeln. Da muß aus einem Dorf bei Weimar ein Kantor namens Gottschalg hergeholt werden, um etwas Ordnung in den Rummel zu bringen.

Wir haben Angaben, daß der *Lohengrin* am 31. August und jeweils im September und Oktober einmal wieder aufgeführt wurde. Es hat sich ein fester Kreis von Freunden gebildet, die zusammen Wagner und ab und zu auch ein Stück von Liszt spielen. Die Gegner lassen auch von sich hören, sie sammeln sich zum Angriff. Schmidt, der Literaturwissenschaftler, führt einen Streich, dasselbe tut Jahn, der Mozartbiograph, Kühne schreibt unfreundlich in der Zeitschrift *Europa,* und dann stellen sich Eduard Hanslick, Ludwig Bischof und der einstige gute Freund Ferdinand Hiller in die Schlachtlinie. Daraufhin sammelt sich auch die Liszt-Wagner Partei. Für sie setzen sich Robert Franz, Louise Otto, Theodor Uhlig, Karl Riedel aus Leipzig und Leopold Damrosch aus Breslau ein, der später den Geist von Weimar nach Amerika verpflanzen wird. Es kommen neue Schüler: Karl Klindworth, Rudolf Viole, Carl Reinecke und noch viele andere.

Liszt allerdings läßt sich vor keinen Karren spannen, er bewahrt seine Unabhängigkeit. Sein ganzes Leben hat er danach gestrebt, alle Farben und jeden Ton in der Welt zu genießen, zu verstehen und zu interpretieren. Liszt geht weiter auf seinem eigenen Weg, komponiert, unterrichtet und arbeitet. Er setzt die *Favoritin* von Donizetti auf den Spielplan, die er am 28. September aufführt.

Mit seinen Kindern hält er die Verbindung aufrecht. Am 5. Oktober schreibt er einen Brief an Blandine: "Von morgen ab werdet Ihr bei Mme Patersi wohnen, und ich setze voraus, daß Du Deinen ganzen Kummer in ihrer Gesellschaft vergessen wirst, den Du, wie Du gesagt hast, mit dem Klimpern auf dem Klavier zu lindern suchst. Lerne ernsthaft Klavierspielen und scheue die Mühe nicht".

Die beiden Töchter Liszts, Blandine und Cosima, übersiedeln nach Paris in die Rue Casimir Périer Nr. 6. Sie sagen sich schwer los von der Großmama und von Daniel. Den folgenden Brief schreibt Cosima Mitte Oktober: "Mit der vollständigen Folgsamkeit will ich die Sünden wiedergutmachen, die ich gegen meinen Vater verbrochen habe... Wir arbeiten, lernen, um Ihrem Namen dereinst Ehre zu machen."

Auch Liszts Pariser Freundeskreis kümmert sich um seine beiden Töchter, die ihrerseits auf das genaueste den Künstlerweg ihres Vaters verfolgen. Sie sind ungemein stolz auf ihren Vater, versteht sich. Einer der ersten Gönner und Verehrer ist der junge Klavierfabrikant Erard, in dessen Villa La Muette Cosima die erste Chance bekommt, vor einer Gesellschaft öffentlich zu spielen. Erard, frappiert vom reifen Spiel der jungen Liszt-Tochter, überrascht sie seinerseits am nächsten Tag, indem er ihr ein neues Klavier in die Wohnung in der Rue Casimir Périer schickt.

Am 12. Oktober schreibt Liszt an Dingelstedt, den er zur Verwirklichung seiner Reformpläne für sich gewinnen und nach Weimar - wie versprochen - verpflichten möchte: "Ich schreibe aufrichtig und sehr vertraulich: Am Anfang ergaben sich mehrere Schwierigkeiten, und das verpflichtete mich zur Vorsicht, die mir sonst überhaupt nicht liegt. Jetzt, wo ich Ihnen diese Zeilen schreibe, sind die Schwierigkeiten schon zum größen Teil ausgemerzt. Ich werde mein Budget um 8 bis 10.000 Taler erhöhen müssen wegen der notwendigen Engagements und Reformen. In der Hauptsache aber möchte ich Ihre Mitwirkung als Dramaturgen sichern. Das würde den Fortschritt unseres dramatischen Instituts sehr fördern".

Ein anderes neues Talent ist am 14. Oktober schon unter Vertrag: Joseph Joachim beginnt seine Tätigkeit als Konzertmeister in Weimar.

Noch im Oktober begleitet Liszt die Fürstin nach Bad Eilsen, kehrt aber vor ihr nach Weimar zurück. Im frühen Winter wird schon begonnen, Raffs Oper *König Alfred* einzustudieren. Liszt will dabei sein.

Es folgt das Jahr 1851. Januar und Februar vergehen mit Arbeit, Üben und Vorbereitungen. Liszt ist unzufrieden mit seinen Zöglingen, mit ihrer Arbeit. "Ich verliere meine Zeit damit, daß ich für meine Zöglinge fehlende Körperteile fabriziere."

Am 17. Februar fährt Liszt nach Bad Eilsen, um die Fürstin Wittgenstein zu besuchen, die sich um ihre erkrankte Tochter Magne hat kümmern müssen und nun selbst Pflege braucht, weil zuviel nervliche Belastung auf sie eingestürzt ist in den letzten Wochen. Der russische Botschafter weigert sich nämlich, ihr Scheidungsgesuch weiterzuleiten. Liszt bleibt bei ihr. Er muß erst im März nach Weimar zurückkehren, weil am 9. März die Aufführung von *König Alfred* angesetzt ist. Die Vorbereitungen hat Liszt gelenkt, die Premiere dirigiert der Komponist selbst.

Anfang April bessert sich der Zustand der Fürstin soweit, daß Liszt seine Rückkehr nach Weimar wagen kann, wo am 10. April ein Konzert unter seiner Leitung stattfinden soll. Es soll zugunsten der Musikerwitwen und -waisen gespielt werden. Trotz des wohltätigen Zwecks und obwohl die Erstaufführung von Berlioz' *Harold in Italien* angesetzt ist, erweckt die Aufführung nur mäßiges Interesse; das Theater ist nur halb voll.

Liszt, fleißig wie immer, überarbeitet seine zwölf großen Etüden, die schließlich unter dem Titel *Transzendental-Etüden* in die Sammlung seiner Werke kommen. Am 17. Mai schreibt Liszt einen Brief an Wagner und begrüßt darin freudig den Plan der Oper *Jung Siegfried:* "Du bist wirklich ein unglaublicher Kerl, vor dem der Mensch dreimal den Hut ziehen muß. Für die günstige Beendigung Deines Stückes freue ich mich - das kannst Du Dir denken - und ich glaube fest an Dein Werk. Aber wir wollen bis zum 1. Juli 1852 - für diesen Termin willst Du Dein Stück einreichen -

Schweigen darüber bewahren und die Menschen nicht damit behelligen. Hier weiß niemand etwas, ausgenommen Ziegesar, und für uns ist es wichtig, daß im Publikum kein Wort über Dein Werk fällt.

Die letzte (5.) Aufführung Deines *Lohengrin* machte am vorigen Sonntag einen gesteigerten Eindruck. Die Mitwirkenden und das Orchester sind dem Verständnis des Stückes näher gerückt. Das Haus war gefüllt, freilich überwogen die Erfurter, Naumburger und andere Neugierige aus der Nachbarschaft. Denn, aufrichtig gesagt, sind unsere Weimarer, mit Ausnahme von ein paar Dutzend, noch nicht so weit gediehen, daß sie an so einem außerordentlichen Werk von ganzem Herzen teilnehmen können. Daß der *Lohengrin* in dieser Saison zum fünften Mal aufgeführt wurde, ist eine Art Wunder, das wir nur dem Hof verdanken können. Die Großherzogin-Thronfolgerin hatte die Aufführung ausdrücklich gewünscht, bei Gelegenheit ihres ersten Theaterbesuchs nach dem Kindbett. Übermorgen muß ich wieder nach Eilsen fahren! Aber ich gedenke, zu den Pfingsttagen wieder hier zu sein; zum Abschluß der Saison wird wieder der *Tannhäuser* oder der *Lohengrin* gespielt werden."

Die erhabene Persönlichkeit von Liszt lockt die junge Musikergeneration an und erzieht sie zu einer kleinen Elitegruppe. Es finden sich auch Geiger darunter, aber in der Hauptsache sind es Pianisten. Liszts liebster Schüler ist Hans von Bülow, in dem er den größten Pianisten der Zukunft sieht. Zwangsläufig verändert sich im Lauf der Jahre die Zusammensetzung der kleinen Truppe. Die Ausgebildeten werden flügge und fliegen aus in alle Welt. Doch dauernd kommen auch aus allen Teilen der Welt neue, lernbegierige Gesichter, die sich unter Liszts menschlicher Führung in die musikalische Kunst einführen lassen wollen.

Sie werden Liszts Können in der Welt verbreiten. Und noch heute, wenn ein Pianist in Berlin, in Weimar, in Budapest, in Peking, in Rom oder Tokio mit lockerem Gelenk die

Tasten anschlägt, schwingt im Ton noch eine Botschaft von Franz Liszt mit. (Der Verfasser dieser Zeilen hörte sich 1978 in Stuttgart von einem chinesischen Pianisten unter anderem den Vortrag von Liszts *III. Ungarischer Rhapsodie* an, und er mußte dabei an eine neue Inkarnation des großen Virtuosen denken. Nach einem piano gehaltenen Anfang wurde das Spiel von Grad zu Grad stärker, und bald füllte das Fortissimo den Saal, und die Zuhörer, etwa 600, waren begeistert.)

Liszt hat den Zusammenbruch des ungarischen Freiheitskrieges von 1848 und den schweren Druck der Habsburger auf sein Land nie überwinden können. Die 1830 begonnene *Revolutions-Symphonie,* aus derem ersten Satz später die *Héroide funèbre* (Trauerode) entstand, ist in Wirklichkeit als Symphonie in fünf Sätzen gedacht gewesen: 1. Héroide funèbre; 2. Tristis est anima mea (ungarisch); 3. Rákóczi- und Dombrowksy-Marsch (polnisch); 4. Marseillaise (für Orchester), und schließlich 5. Psalm (für Chor und Orchester). Endgültig fertig wird nur der erste Satz, dessen Instrumentation Raff besorgt.

Franz fährt Ende Juli mit Carolyne nach Dresden, um Schumanns zu besuchen. Diesen spielt Liszt einige neuere Kompositionen vor, die aber weder Schumann noch seiner Frau Clara gefallen. Schumann beharrt auf seiner Ablehnung gegenüber der Kunst Liszts. Er schätzt nur den Pianisten Franz Liszt.

Bei der Rückkehr nach Weimar am 12. Oktober muß Liszt feststellen, das während seiner Abwesenheit das Orchester fürchterlich heruntergekommen ist. Seine drastischen und auch finanziell einschneidenden Sanierungsvorschläge werden aber als "unerfüllbar" abgelehnt.

Aus Italien kommen immer wieder interessante Nachrichten, die den Aufstieg Verdis betreffen. Verdi hat in zehn Jahren - von 1842 bis 1851 - fünfzehn Opern geschrieben. Der Erfolg des Italieners beeindruckt auch Liszt, und er läßt sich die Partituren kommen, damit er sie studieren kann.

Am 20. November legt Wagner Liszt brieflich seinen Plan zum Ring dar: "Dieser Plan wird in drei Dramen verwirklicht! 1. *Die Walküre,* 2. *Jung Siegfried,* 3. *Siegfrieds Tod.* Um die drei Stücke zu einem ganzen zu machen, muß ihm ein Vorspiel vorangeschickt werden, und dieses soll *Das Rheingold* werden... Meine Nibelungen-Dramen müssen aus Anlaß einer großen Feierlichkeit aufgeführt werden, die man gerade wegen der Einleitung veranstalten müßte. An drei einander folgenden Tagen muß das abgewickelt werden, vor dem als Vorabend das einleitende Vorspiel gegeben würde. Wo und unter welchen Umständen eine solche Aufführung am ehesten zustande kommen kann, damit befasse ich mich überhaupt nicht. Denn zuallererst muß ich mein großes Werk schreiben." Liszt begrüßt Wagners außerordentliches Vorhaben mit größter Freude.

Das Neujahr 1852 bringt neue Pläne, neue Arbeit und neue Aufgaben, zunächst die alljährlichen Vorbereitungen zum Geburtstag der Großherzogin. Liszt möchte seinem alten Freund Berlioz eine Überraschung bereiten und zu der Gelegenheit endlich seinen *Benvenuto Cellini* aufführen. Aber durch eine unerwartete Wendung - der Träger der Titelrolle wird krank - muß die erste Aufführung im Februar unterbleiben.

Liszt wendet sich dem anderen Gefährten aus Paris zu, dem jung verstorbenen Freund Chopin. Ein Buch über ihn soll geschrieben werden. Wie bei dem Aufsatz vom Sommer 1850 hat auch Carolyne ein Interesse, daran mitzuwirken. Die Fürstin hat nämlich das Gefühl, Franz würde sich verirren im Labyrinth des polnischen Brauchtums und der historischen Ereignisse. So arbeiten sie zusammen und verfallen in denselben Fehler, in den Marie Franz schon einmal getrieben hat. Es ergibt sich eine sonderbare Stilmischung. Die eine Seite schreibt der Schüler Hugos, Balzacs und Lamartines, während den anderen Teil die Polin schreibt, die in übertriebener Liebe ein Beiwort nach dem anderen häuft. Das Buch hat eine Seite - von Liszt geschrieben - die über allem Zweifel steht, eine Verneigung vor dem großen Freund, zugleich aber auch ein Selbstbekenntnis:

"Wir erinnern uns nicht daran, daß er jemals Freude daran hatte, seinen patriotischen Gefühlen Ausdruck geben zu können... Das ständige Thema der politisierenden Gesellschaft ist der Haß gegen den Feind, der die Polen unterdrückt und Rachegelüste entfacht. Nun hatte aber Chopin keine Zeit, den Haß zu erlernen, und er gab sich nicht den Rachegedanken hin. Er begnügte sich damit, seine Liebe zum Opfer des russischen Reichs zu zeigen, mit der unterdrückten Gemeinschaft zu fühlen. Er vergoß Tränen, sang und verherrlichte alle die, die er so unendlich liebte, ohne daß er jemals sich auf diplomatische oder politische Prophezeihungen eingelassen hätte."

Franz Liszt läßt sich zum ersten Mal 1851-52 näher mit der Geschichte seiner Familie ein. Es läßt sich nicht sagen, daß er viel Familiensinn besessen hätte. Auffallend ist schon, daß er das Grab seines Vaters so gut wie niemals besuchte, obgleich er mehrere Male in diese Gegend gereist ist. Mit einem einzigen Verwandten, seinem Onkel Eduard Liszt, den aber Franz immer nur Vetter nennt, hat sich ein vertrautes Verhältnis entwickelt. Eduard ist seinem Verwandten in Weimar auch gleich behilflich, als dieser sich doch etwas mehr für seine Abstammung, vor allem den Adelsnachweis interessiert, und setzt am 7. Januar 1852 in Budapest eine Annonce in die Zeitung, in der er erklärt, er möchte Dokumente kaufen, mit denen er die adelige Abstammung der Familie Liszt beweisen kann.

Folgendes steht in einem Brief an Eduard aus dem Jahr 1851: "Unseren Namen hat mancher unserer Verwandten sehr vernachlässigt und in schlechten Ruf gebracht." In einem Schreiben an seine Mutter vom 21. Februar 1851 wendet er sich deutlich ab von seinen "dreißig oder vierzig Onkeln und Tanten, Neffen und Nichten" und setzt dagegen: "Meine wahre Familie besteht aus der kleinen Anzahl derer, die mich verstehen, mich stützen und fördern."

Von Eduard Liszt, der österreichischer Oberstaatsanwalt

war, und den er am höchsten schätzte, schreibt er: "Er hat ein gutes Herz und zeichnet sich als der einzige der Familie aus durch seinen Charakter, seinen Geist und sein Talent; demgemäß interessiere ich mich für ihn."

Am 4. März schreibt Franz Liszt den folgenden Brief an Wagner: "Du kannst davon überzeugt sein, daß ich nicht ein bißchen eitel auf meine Werke bin, und wenn ich bis ans Ende meines Lebens nichts Schönes und Gutes hervorbringen kann, werde ich nicht um ein Haar weniger aufrichtig und heiß mich über alles Schöne und Große freuen, was andere hervorbringen, und es anerkennen."

Am 20. März kommt Cornelius, der mit dem Weimarer Kreis in engere Verbindung treten will, in die Altenburg und wird von Franz wärmstens begrüßt. An diesem Tag kann bei den Festspielen endlich *Benvenuto Cellini* von Berlioz aufgeführt werden. Am 21. März erstattet Liszt Berlioz einen Bericht: "Höchste Ehre der Goldschmiedekunst! Ehre den schönen Dingen, wie dem *Benvenuto Cellini,* der gestern hier uraufgeführt wurde, und zwar in voller Lebensgröße".

Im April wird in Zürich der *Fliegende Holländer* aufgeführt; Franz Liszt kann nicht zugegen sein. Immerhin schreibt er Richard Wagner den folgenden Brief: "Die Nachrichten, die ich von der Aufführung des *Fliegenden Holländers* bekam, haben mich angenehm berührt. Im nächsten Winter wirst Du auch aus Weimar Nachrichten erhalten über unsere Vorstellung... Dieser Tage habe ich meiner Meinung Ausdruck gegeben, daß unsere erste und Hauptaufgabe in Weimar darin besteht, die Opern von Wagner 'selon le bon plaisir de l'auteur' (wie es dem Autor gefällt) aufzuführen".

Im Juni wird im Weimarer Theater Byrons *Manfred* mit Schumanns Begleitmusik aufgeführt. Der Vorschlag stammt von Franz Liszt. Das Werk von Schumann hat keinen Erfolg, was Clara Schumann sogleich Liszts falscher Auffassung zuschreibt.

Um diese Zeit studiert Franz schon eingehend die Werke

von Verdi und plant, sie schnellstens ins Programm aufzunehmen. Im Augenblick muß er sich in erster Linie dem Musikfest widmen, das am 22. Juni in Ballenstedt stattfinden soll. Liszt hat ein abwechslungsreiches Programm zusammengestellt: Berlioz, Gluck, Mendelssohn, Raff und Wagner sind die Komponisten. Die *Tannhäuser*-Overtüre hat großen Erfolg. Liszt führt in Weimar am 15. August ein kirchliches Werk auf für vierstimmigen Männerchor und Orgel. Dieses Werk wird später unter dem Titel *Szekszárder Messe* bekannt. Hier handelt es sich um die erste Variante, die später von Liszt überarbeitet wurde. Als weitere wichtige Erstaufführung ist am 12. September die von Verdis *Ernani,* unter Liszts Leitung, zu vermelden. Und am 24. Oktober dirigiert der Taktstockmeister die Opernerstaufführung des *Faust* von Louis Spohr.

Im November wird eine Berlioz-Woche veranstaltet, ebenfalls auf Liszts Vorschlag. Zweimal wird der *Benvenuto Cellini* aufgeführt, im Konzertsaal spielt man *Romeo und Julia* und *Fausts Verdammnis.* Das Publikum feiert den Urheber wärmstens, worüber sich Liszt sehr freut.

Dezember: Joseph Joachim kündigt seine Stellung in Weimar und geht als Konzertmeister nach Hannover. Viele sehen darin eine Intrige von Schumann. Liszt ist kein Geisterseher, er hält es für selbstverständlich, daß die Jugend lernen und Neues sehen will. Am Abschiedsabend spielen Liszt und Joachim die *Kreutzer-Sonate.* Im Januar 1853 komponiert Liszt die *h-moll Sonate,* die er am 2. Februar beendet und Schumann widmet.

Inzwischen sind die Vorbereitungen und Proben zum *Fliegenden Holländer* voll im Gange. Dieses Wagner-Opus wird am 16. Februar in Weimar aufgeführt. Das ist lange nicht das letzte Werk von Wagner, das in Weimar vorgestellt wird. Im März 1853 wird eine Wagner-Woche angesetzt, mit ungleichem Erfolg. Liszts Lieblingsschüler Bülow ist von Wien aus auf Liszts Vorschlag unterwegs nach Pest, um sich dort vorzustellen. Liszt hat immer noch Interesse an den ungarischen Melodien, und deshalb ersucht er Bülow, er soll ihm die ungarische Zigeunermusik-Sammlung des Grafen Stephan Fay beschaffen. Liszt wirft die Frage der Authentizität nicht auf, was wir damit erklären können, daß die musikwissenschaftlichen und folkloristischen Kenntnisse jener Zeit dies nicht möglich machten. (Das wurde erst im 20. Jahrhundert durch Bartók und Kodály geschaffen.)

Am 12. Mai schickt Liszt ein Schreiben mit Empfehlungen an Bülow: "Bitte suchen Sie den Grafen Leo Festetics auf, der ist der Intendant des Pester Theaters. Es wäre schön, wenn Sie dort zuerst vorspielen könnten. Sie können sich auf mich berufen. Machen Sie in Pest die Bekanntschaft von Erkel, Doppler und Volkmann, und schreiben Sie mir über die Genannten. Besonders liegt mir daran, daß Sie mir über Doppler und Volkmann schreiben."

In diesem Brief erwähnt Franz Liszt auch, daß er die *h-moll Sonate* beendet hat, außerdem die zweite Ballade und zwei Konzerte: das *Es-Dur Konzert,* von dem einzelne Motive schon in den dreißiger Jahren geschrieben waren, dazu eine neue Version des *A-Dur Konzertes.* Der *Totentanz* wird jetzt für Klavier und Orchester umgearbeitet. Bei Schlesinger erscheinen die *XI.* und *XV. Ungarische Rhapsodie.* Die elfte Rhapsodie widmet Liszt Felix Orczy, Joseph Joachim, Graf Festetics und Hans von Bülow. Nr. XV., der *Rákóczi-Marsch,* ist niemandem persönlich dediziert.

Der 15. Juni ist ein Feiertag in Weimar. Großherzog Karl Friedrich hält sein 25jähriges Regierungsjubiläum. Liszt feiert es mit Aubers *La part du diable.* Der König von Sachsen ist zugegen. Liszt ersucht den Großherzog, wegen der Begnadigung Wagners beim König zu vermitteln. Dieser Schritt führt leider zu keinem Erfolg. Immerhin kann Liszts Selbstlosigkeit nicht in Zweifel gezogen werden.

Der ungarische Geigenvirtuose Ede Reményi, den Liszt wegen seines meisterhaften Spiels sehr hoch schätzt, kommt mit seinem jungen Freund Johannes Brahms im

Juni auf Besuch. Allerdings hält Johannes sich meist abseits und ist mürrisch. Wenn er sich aber ans Klavier setzt und den Geiger begleitet, ist sein Spiel so wunderbar, daß es die Violine mehr als einmal in den Schatten drängt.

SCHRIFTEN ZUR MUSIK

Ende Juni fährt Liszt zu Wagner nach Zürich, wo er am 2. Juli ankommt. Er verbringt acht Tage in Wagners Gesellschaft, der in einem alten Gebäude Zürichs, im 2. Stock des Escher-Hauses eine Wohnung gemietet hat, die er mit seiner Frau bewohnt. In Zürich muß Liszt erfahren, daß Großherzog Karl Friedrich gestorben ist. Sein Sohn Karl Alexander nimmt nach ihm den Thron ein. Liszt ist gezwungen, nach Weimar heimzukehren. Für den neuen Herrscher komponiert er einen Ehrenmarsch.

Auch bei den vielen Gästen auf der Altenburg findet Liszt Zeit zur Arbeit, vor allem am *Christus-Oratorium*. Für den Text des Oratoriums braucht er Hilfe und nimmt zu diesem Zweck die Mitarbeit von Georg Herwegh in Anspruch. Am 11. August, durch seine eigenhändige Unterschrift belegt, ist die festliche Komposition beendet.

Mitte Juli schreibt Franz einen Brief an Wagner und schlägt ihm vor, sie sollten sich in Paris treffen. Er fährt mit der Fürstin und der kleinen Magnolette einstweilen nach Dresden, wo sie auf den aus Ungarn zurückkehrenden Bülow treffen. Sein Konzert in Dresden ist am 12. September. Es bringt großen Erfolg mit dem Vortrag von mehreren Liszt-Kompositionen. Am 17. September fährt Liszt mit Bülow nach Karlsruhe; hier wollen sie das Musikfest vorbereiten. Liszt arbeitet mit Chören, die in verschiedenen Städten beheimatet sind, und probt mit allen gesondert. Am 3. und 5. Oktober ist das Karlsruher Musikfest. Liszt dirigiert ein vielseitiges Programm: neben Beethoven, Mendelssohn und Meyerbeer sind Berlioz, Wagner und Joachim vertreten, aber auch eigene Kompositionen werden gespielt.

Von Karlsruhe geht es direkt nach Basel, wo Liszt sich mit Wagner im Restaurant 'Zu den Drei Königen' trifft. Mit dabei an diesem glänzenden Abend sind unter anderen Joachim, Bülow und Cornelius. Sie besprechen das Programm von Karlsruhe und bewerten die aufgeführten Stücke. Ganz besonders feiern sie Bülow für die Erfolge, die er in Dresden hatte. Dieser ausgelassene Abend unter guten Freunden vergeht in feuchtfröhlicher Stimmung.

Am 7. Oktober kommt die Fürstin mit ihrer Tochter an. Noch mehr vergnügliche Stunden. Wagner übertrifft sich selbst, denn er erobert sich für dieses Mal die Sympathie der Fürstin Carolyne. Liszt spielt die *Hammerklavier*-Sonate von Beethoven vor, danach liest Wagner aus *Jung Siegfried,* an dem er gerade arbeitet. Der energische 'Zauberer von Basel' träumt schon recht deutlich von seinem *Ring des Nibelungen,* den er an vier Festabenden in einer sakralen Aufführungsfolge im Theater realisiert sehen will. Das gewaltige Thema ist mehr als abendfüllend. In diesen Stücken soll alles vom Schicksal des Menschen gesagt werden; die im Nebel versunkene Vergangenheit und die beängstigende Zukunft, die strengen Gesetze wie etwa der Befehl: wer Gold berührt, der stirbt, weil das Gold blind macht und den Menschen seiner Form beraubt.

Auch Carolyne muß zugeben, Wagner sei ein großer Dichter, eben ein Genie. Letzten Endes kommt sie aber doch nicht von ihrer Meinung los, er sei ein Gottverleugner! Selbst Franz macht sich so seine Gedanken. Seine Überzeugung ist: Der Mensch geht den ihm vorgeschriebenen Weg, kämpfend, Wunden austeilend und Wunden erhaltend, wobei er alles, nur eines nicht vergessen darf, die schöpferische Arbeit!

Am 8. Oktober gehen die Freunde nach Straßburg, wo sie sich trennen. Liszt, die Fürstin und ihre Tochter fahren mit Wagner nach Paris. Am 10. Oktober nimmt Liszt den Freund mit zu seinen Töchtern in die Rue Casimir Périer, wo sich eine Künstlergesellschaft versammelt hat. Fürstin Wittgenstein ist mit ihrer Tochter Magnolette natürlich auch dabei. Mme Patersi, Jules Janin und Berlioz sind ebenfalls da. Franz sieht mit eigenen Augen, was er im Laufe der Jahre vergessen hat: die Kinder sind inzwischen erwachsen. Blandine steht im 18. Lebensjahr, Cosima im 16., Daniel ist 14. Franz erkennt die Eigenschaften seiner Töchter: Blandine streitet leidenschaftlich, Cosima dagegen ist still und schweigsam, aber trotzdem ist sie härter und intelligenter. Dieser 10. Oktober ist also der Tag, an dem sich Richard Wagner und Cosima zum ersten Mal im Leben begegnen.

Franz setzt sich ans Klavier und spielt zur Feier des Tages die *Symphonie fantastique,* danach liest Richard die Schlußszene der *Götterdämmerung* vor. Carolyne sinkt in ihrem Sessel in sich zusammen, Franz beugt den Kopf, Berlioz versteht die schwerfälligen deutschen Verse nicht unbedingt, aber zwei Augen entflammen, es sind die von Cosima.

Es werden acht unvergeßliche Tage in Paris, in denen sich auch die Fürstin Sayn-Wittgenstein und Marie d'Agoult das erste Mal begegnen.

Am 22. Oktober wird Liszts Geburtstag in Paris mit einem von Wagner organisierten musikalischen Abend bei den Erards gefeiert. Natürlich sind die Töchter dazu eingeladen. Auf Erards gewaltigem schwarzen Flügel spielt Wagner Melodien aus *Tannhäuser* und *Lohengrin.* Cosima hört bei dieser Gelegenheit zum ersten Mal Wagners Musik.

Liszt und die Fürstin müssen wieder nach Weimar zurück. Für den 18. Dezember, einen abonnementfreien Tag im Weimarer Theater, hat Liszt den *Tannhäuser* angesetzt. Die Oper ist schon fünfzehnmal aufgeführt worden, doch an diesem Abend passiert der unerhörte Fall, daß sie das erste Mal vollkommen ausverkauft ist, und viele Bewunderer sogar zurückgewiesen werden müssen, wie Liszt vermerkt.

Am Ende des Monats kommt Agnes Street-Klindworth,

eine Verwandte Karl Klindworths, mit ihren beiden Söhnen in Weimar an. Auch sie will bei Liszt Klavier studieren.

Anfang 1854 nimmt Liszt wieder verstärkt seine Tätigkeit als Dirigent auf, zumal das Niveau der Oper wieder im Steigen ist. Sozusagen zur sachten Vorbereitung und Einstimmung des Publikums auf Wagners große Bühnenspiele setzt Liszt die Oper *Niebelung* von Dorn auf den Spielplan, die am 22. Januar Premiere hat. Das ist sein Wirken und Walten, Wagners Werken den Weg zu weisen.

Liszt schreibt zudem Aufsätze über die wichtigen Werke, die in Weimar zur Aufführung gelangen.

Am 23. Februar dirigiert er in Weimar seine symphonische Dichtung *Les Préludes,* die zum ersten Mal 1848, nach dem Text von Autran unter dem Titel *Die vier Elemente* (Erde, Wind, Wellen, Sterne) als Einleitung zu einem Männerchor komponiert wurde. Zwischen 1850 und 1854 hat Liszt das Werk viermal überarbeitet. In seinem Vorwort schreibt er: "Kann unser Leben anders genannt werden als ein Vorspiel oder eine lange Reihe von Vorspielen zu dem unbekannten Hymnus, dessen feierlicher Anfangschor der Tod ist? Aber der Mensch kann nicht endlos die im Anfang friedliche und bestrickende Ruhe genießen, vielmehr rennt er beim ersten Schall der Kriegstrompete auf das gefährlichste Schlachtfeld, um im Kampf sein Selbstbewußtsein und seine Kraft zu erproben."

Am 27. Februar wird Liszt telegraphisch vom Ableben des Abbé Lamennais verständigt. Ein weiterer Sarg, der an Liszts Lebensweg steht.

Liszt, der der Weimarer Oper zu einem höheren Rang verhelfen will, macht sich auch Grundsatzüberlegungen, die sehr in die Zukunft weisen. "Aus gutem Grund respektieren wir in aufrichtiger Weise die Meisterwerke vergangener Zeiten mehr als die jetzigen. Doch beständig und gewissenhaft sorgen wir auch für die Einstudierung zeitgenössischer Werke. Wir wollen die Opern nicht nur aufführen, wenn sie ihre Laufbahn schon überall beendet haben. Mit ständiger und unbegrenzter Gastfreundschaft empfangen wir die achtungsgebietenden, zukunftsverheißenden Werke unabhängig davon, ob der Autor berühmt oder unbekannt ist."

Diese Zeilen von Liszt bestätigen ihn als wegweisenden Prediger des Evangeliums der Musik. Er spricht nicht von sich selbst, seinen eigenen Werken, sondern von der Musik!

Etwas beunruhigt durch eine ihm nicht ganz erklärliche Welle von Presseangriffen, überprüft Franz seine beiden Klavierkonzerte, das in Es-Dur und das in A-Dur. Zu seiner Verblüffung entdeckt er, daß keines der beiden Konzerte den richtigen Glanz und Klang hat. Die Instrumentation stammt von Raff, der wohl etwas zu scheu und mutlos drangegangen ist. Das ist nicht sein Ton, die beiden Stücke sind ihres Schwungs beraubt. Das Klaviergenie, das sich noch nie an die Orchesterstimmen gewagt hat, sieht sich dazu gezwungen, selbst umzuinstrumentieren. Es bemächtigt sich seiner auch der alte Zauber von Goethes *Faust.* Wie besessen arbeitet er an einer Faust-Melodie, wirft die Skizzen immer wieder weg, bis schließlich sechs Noten übrigbleiben: G - H - Es - Fis - B - D; sonderbare Töne, die nicht zueinander passen wollen, die sich anziehen und abstoßen. Tage verbringt Liszt am Schreibtisch und schreibt Zeile um Zeile. Es wird keine normale Symphonie, sondern ein wahres Triptychon.

Immer öfter greift er jetzt auch zur Feder, um Stellung zu nehmen zu aktuellen Musikfragen, so im März dieses Jahres zu dem ihn besonders interessierenden Problem der Programmusik. Sein ruheloser Arbeitseifer wird vom inneren Gefühl der Berufenheit angefeuert. Wie heißt es im Brief an Baron Anton Augusz? "Ich bin darauf vorbereitet, daß die Goliathe der Presse, ohne daß sie mir Furcht einjagen können, mit mir ihre Spiele treiben. Ich bin mir meiner künstlerischen Aufgabe bewußt, ich kenne meine Mission. Wenn Gott mir Kraft und Ausdauer schenkt, ertrage ich alle die Angriffe und stehe meinen Mann." Die Kultur- und

Musikgeschichte können das Zeugnis darüber ausstellen: die Musik hat allen Angriffen standhaft getrotzt.

Am 1. April dirigiert Liszt Mendelssohns Musik zum *Sommernachtstraum.* Auch hier bleibt eine musiktheoretische Bewertung nicht aus. "Mendelssohn hatte sich nach reiflicher Überlegung auf den Weg begeben, den Beethoven begonnen hatte. Das läßt sich schon daran erkennen, welches dramatische Thema er wählte, um es mit der Musik in Verbindung zu bringen." Zu vielen weiteren Weimarer Opernaufführungen veröffentlicht Franz Liszt seine Gedanken, so u.a. auch zu Aubers *Die Stumme von Portici* und Donizettis *Favoritin* wie Schumanns *Alfons und Estrella.* Am 16. April wird zum ersten Mal unter Liszts Leitung *Mazeppa* gespielt, das er nach Victor Hugos Gedicht komponiert hat.

Im Sommer arbeitet er an der Phantasie *Hungaria,* womit er sich an eine Ode des ungarischen Dichters Vörösmarty, *An Franz Liszt,* anlehnt.

SCHMERZENSKINDER

Die Altenburg ist weiterhin ein gastliches Haus. Es nimmt die Gebrüder Doppler aus Pest auf, auch den wie ein Sturm hereinbrechenden Russen Anton Rubinstein, 1829 geboren, eine gesegnete Virtuosen- und Komponistenbegabung. Liszt bekommt noch einen Gast, der ihn in Anspruch nimmt: Karl Tausig, ein erst dreizehn Jahre altes Wunderkind aus Warschau.

Am 8. Juli fährt Liszt in Gesellschaft von Rubinstein nach Mainz und Rotterdam, um an den dortigen Musikfeiern teilzunehmen. Die übrigen Julitage verbringt Liszt in Belgien und Holland, trifft sich mit seinen Töchtern verabredungsgemäß in Brüssel.

Liszt kehrt nach Weimar zurück zum Arbeiten. Er ist mit dem Komponieren der drei Sätze der *Faust-Symphonie* beschäftigt. Bis zum 19. Oktober - eigentlich eine erstaunlich kurze Zeit - ist er damit fertig.

Am 22. Oktober geben die Liszt-Töchter am Geburtstagsabend ihres Vaters ein Fest. An diesem Tag feiert auch Weimar seinen Liszt. Hoffmann von Fallersleben verfaßt 32 Gedichte zu Ehren Liszts, und 23 zu Ehren der Fürstin, die noch in der Altenburger Hauschronik aufbewahrt sind.

Am 9. November feiert die Großherzogin Maria Pavlovna das 30. Jubiläum ihrer Thronbesteigung. An diesem Tag wird die Oper *Der sibirische Jäger* von Rubinstein im Theater aufgeführt, außerdem werden als Einleitung zu Schillers *Huldigung der Künste* die *Festklänge* vorgetragen. Am 10. November dirigiert Liszt in Weimar die endgültige Fassung von *Orpheus,* das für ihn ja ein Steinchen auf dem Weg zur Wagnerschen Zukunftsmusik ist. Weimar ist aber gar nicht mehr so erpicht darauf, das neue Musik-Olympia zu werden. Karl Alexander steht Liszt nur mit halbem Herzen zur Seite.

Am 17. November wird ein Aufruf herausgegeben, in dem zum 20. in den Russischen Hof Freunde und Gleichgesinnte zu einer Versammlung eingeladen werden. Es ist der Gründungstag der Neuen Weimarer Schule, deren Vorsitzender Liszt wird. Um ihn sammeln sich Hoffmann von Fallersleben, Raff, Cornelius, Richard Pohl und mehrere andere. Der neue Verein wird gleich zur Zielscheibe des erbitterten, spießbürgerlichen Spottes.

Auch ein Prozeß wird von der Weimarer Regierung gegen Liszt angestrengt, wegen seines Ausspruchs "Hinter mir, vor mir, neben mir stehen lauter Esel", den er einem Stadtrat gegenüber geäußert haben soll, der die Zukunftsmusik nicht billigen wollte. Das Gericht verurteilt Liszt zu 10 Talern Strafe. In Jena wird das Urteil in Ermangelung von Beweisen annulliert.

Am 1. Dezember findet ein Hofkonzert in Weimar statt, bei dem Franz Doppler, der in Europa bekannte Flötenkünstler und Komponist aus Ungarn, und sein jüngerer Bruder Karl auftreten. Am 27. Januar 1855 bekommt Liszt einen Brief aus Ungarn. Sein alter Freund Anton Augusz erinnert ihn an das 1846 gegebene Versprechen an den damaligen Bischof von Fünfkirchen, Johann Scitovszky, für den Dom dort eine Messe zu komponieren. Der inzwischen zum Fürstprimas aufgerückte Scitovszky bittet nun Liszt, sein Versprechen einzulösen und eine Messe zu schreiben zur Einweihung der in Esztergom (Gran) erbauten Basilika. Liszt antwortet noch am selben Tag an Augusz: "Ich beeile mich, Ihnen dankbaren Herzens für die gute Nachricht zu danken, die der mir heute am Morgen zu Händen gekommene Brief brachte. Ich fühle mich doppelt verpflichet, nachdem Sie mir diese Nachricht mitgeteilt haben, schon seit langem fühle ich mich dazu angeregt und beschäftige mich mit der Kirchenmusik. Noch bevor ich das Glück hatte, Sie in Rom kennenzulernen, habe ich die Meister des 16. Jahrhunderts eingehend studiert. Ganz besonders Palestrina und Orlando di Lasso. Eine Gelegenheit habe ich zu meinem Unglück noch nicht gefunden, denn ich muß gestehen, Kirchenmusik zu komponieren ist zur Zeit mit ziemlichen Schwierigkeiten verbunden. Dennoch habe ich vor einigen Jahren, ich könnte sagen rein zufällig, eine Messe für Männerstimme mit Orgelbegleitung herausgegeben, außerdem ein Paternoster und ein Ave Maria. Dankbaren Herzens bestätige ich den Auftrag Eurer Eminenz, des Fürstprimas, den Sie zu vermitteln die Freundlichkeit hatten. Ich werde also eine Messe schreiben, für Gesang und Orchester."

Die Neue Weimarer Schule veranstaltet im Februar als ihre erste öffentliche Tätigkeit eine Berlioz-Woche in Weimar, zu der sie auch den Komponisten einlädt. Eine solche Aktion ist brennend notwendig, denn die Spießbürger und die alteingesessenen Bürger sind mißtrauisch. Selbst höfische Mächte intrigieren unter dem Vorwand: vor kaum sechs Jahren hat die Revolution stattgefunden, und seitdem ist keiner eigenständigen Gruppierung über den Weg zu trauen. Der neue Verein sollte schleunigst darlegen, daß sein Ziel tatsächlich darin besteht, Kunst auszuüben.

Im Rahmen der Festwoche darf Berlioz mehrere eigene Werke dirigieren: *Romeo und Julia, Tanz der Sylphiden, La Captive, Die Kindheit Christi* und selbstverständlich die *Symphonie fantastique.* Auch bei Liszts *Es-Dur Klavierkonzert* schwingt Hector den Stab. Doch was noch sensationeller ist: nach langer langer Zeit setzt sich der ehemals gefeierte Virtuose wieder einmal öffentlich ans Klavier. Eine völlig neue Funktion erfüllt Franz bei der *Symphonie fantastique.* Da schlägt er die Pauke! Das begibt sich am 20. Februar. Beim anschließenden Festessen wird Berlioz zum Ehrenmitglied der Neuen Weimarer Schule gewählt.

Der arbeitsame Liszt überreicht Carolyne zum Geburtstag seine zwölf symphonischen Dichtungen in endgültiger Form, gestaltet als Prachtband mit eigenhändiger Widmung. Die endgültige Fixierung - etwa tausend gestochene Blätter - ist eine ermüdende und langwierige Arbeit, wie aus einem Brief verlautet, der an Adolf Stahr in Oldenburg geht, mit dem Franz die Gründung einer neuen Zeitschrift erwägt.

Die Einrichtung einer neuen bedeutenden Kunststätte in Weimar geht längst nicht so reibungslos vor sich wie gedacht. Der vereinte Glanz eines ungarischen und eines französischen Genius, Liszt und Berlioz, hat den Hof einigermaßen ehrfürchtig gemacht, doch innerhalb des Musikvereins gärt es. In der Februarsitzung schlägt die seit langem schwelende Flamme hoch. Kaum ist Berlioz weg, zettelt der pfäffische Raff, der ohne Liszts Wissen Wagner in Artikeln angegriffen hatte, mit dem Journalisten Pohl eine Empörung an. Liszt stellt sich endgültig auf Wagners Seite. Die Partei der Zukunftsmusik verliert Mitstreiter.

Unerwartet reist auch Rubinstein aus Weimar ab, der offenbar eine Abneigung gegen die Musik von Berlioz hat. Obgleich Rubinstein auch in den späteren Jahren zu Liszts Geburtstagen nach Weimar kommt, ist ein deutlicher Unterschied in den persönlichen Eigenschaften und künstlerischen Auffasssungen der beiden Männer nicht zu übersehen.

"Ausdauer führt ans Ziel!" Diese Devise Carl Maria von Webers treibt Liszt zur Arbeit an. Seine Beschäftigung besteht jetzt darin, seine früheren Werke zu überprüfen. An Stelle der zertrümmerten Symphonie - obgleich nur wenige die Form von Mozart und Beethoven so hoch schätzten wie Liszt - entsteht nach langer Reifezeit eine neue Kunstgattung. Für Liszt gilt es nun, statt des eingerissenen Tempels sein neues Gebäude zu errichten, dessen Gleichgewichtsregeln, Statik und Gesetze ganz anders sind, als sie im 18. Jahrhundert waren.

Vor ihm liegen die neun Schmerzenskinder: die *Berg-Symphonie*, *Tasso*, *Les Préludes*, *Orpheus*, *Prometheus*, *Mazeppa*, *Festklänge*, *Héroide funèbre* und die *Hungaria*. Sie sollen sich nun dem Anspruch der von Beethoven angelegten und von Berlioz fortgeführten Programmmusik stellen. Sie sollen einen Ausdruck literarischer Gedanken darstellen, ohne die menschliche Sprache in Anspruch zu nehmen, nur mit Musik.

Der *Tasso* zeigt den Fortschritt auf diesem Weg an. Das Schicksal des Dichters ist darin gesagt, wobei es unmöglich ist, nicht an Chopin zu denken, den frühverschiedenen alten Freund, den Dichter, in dessen Schicksal Liszt das Charakterbild jeglichen unvollendeten Schöpfers erkannte. *Mazeppa*, der Freiheitsheld auf seinem galoppierenden Roß, das optimistische Heißblut, steht im Gegensatz zur trauervollen, ernsten Tonangabe des *Tasso*. Den *Prometheus* versieht Liszt mit dem Untertitel 'Qual und Ehre'. Im *Orpheus* dagegen besingt er die besänftigende Macht des Dichters. *Les Préludes* als rein dichterischer Gedanke beschäftigt sich mit den Vorspielen des Lebens. Die *Festklänge* sind übrigens zu der erhofften Hochzeit mit Carolyne gedichtet worden, was besonders an der Polonaise erkennbar ist, die im Werk vorkommt. Die *Héroide funèbre* ist eigentlich eine Bearbeitung der Revolution von 1830.

Liszt arbeitet auch unentwegt an der *Graner Messe*. Agnes Street, Schülerin und innige Freundin von Liszt, verläßt am 5. April Weimar wieder, aber sie hält den Briefwechsel mit ihm aufrecht und wird seine Vertraute, der er immer alles aufrichtig, ohne Maske, mitteilt.

Am 9. April findet die erste Aufführung von Schumanns *Genoveva* im Weimarer Theater unter Liszts Leitung statt. Erfolg hat nur der erste Akt. Alles andere fällt dem schlechten Text zum Opfer. Clara Schumann ist eingeladen, kommt aber nicht.

Das Frühjahr bringt neue Arbeitspläne. Auf eine Anregung von Großherzog Karl Alexander hin setzt Liszt nach dem auf der Wartburg befindlichen Fresko von Moritz von Schwind das Leben der heiligen Elisabeth von Thüringen in Musik um. Otto Roquette, der den Text schreiben soll, wird nach Weimar eingeladen.

Am 2. Mai schreibt Liszt an Wagner einen kurzen Brief, in dem er die Beendigung einer anderen Arbeit mitteilt: "Ich habe meine Messe gestern beendet. Wie sie klingen wird, weiß ich nicht, aber soviel ist sicher, daß ich bei der Arbeit mehr gebetet als komponiert habe."

Gleich nach der Beendigung der *Graner Messe* macht sich Liszt ans Komponieren des XIII. Psalms und der *Dante-Symphonie.* Inzwischen erscheint die erste schweizer Ausgabe von Band I der *Wanderjahre,* und zwar in einer Prachtausgabe mit Illustrationen von Kretzschmer. Liszt schreibt einen Dankesbrief an den Verleger: "Dieser erste Band ist wirklich ein Meisterwerk des Verlags, und ich kann nur wünschen, daß Ihre großartige Arbeit meine nicht in den Schatten drängt. Das Titelblatt beruht auf einem Irrtum von Kretzschmer: er suchte offenbar Obermann auf der Landkarte. Nun hat aber die Landkarte überhaupt nichts mit dem Werk zu tun, es beruht auf einem französischen Roman Senancours, *Obermann".*

Liszt befindet sich am 16. Mai in Leipzig und schreibt einen Brief aus dem Hotel 'Bavière' an Agnes Street, in dem er die veränderten Aufgaben der Vortragenden zusammenfaßt: "Nun, unsere Vortragskunst muß einen großen Fortschritt machen, besonders was den Rhythmus und die

Kolorierung betrifft, damit sie die Gedanken und Gefühle nicht falsch übertragen. Dieser Fortschritt wird notgedrungen eintreten, und schließlich werden die 'Zukunfts-Musiker' genauso ihre Vortragsgarde haben wie sie Mozart, Haydn, Gluck, Rossini und Verdi haben."

Im Mai reist der Wanderer wieder. Diesmal trifft er sich in Düsseldorf mit Clara Schumann und spielt bei dem dortigen Musikfest die *Chromatische Phantasie* von Bach. Am 2. Juni schreibt Liszt an Wagner: "Lieber Richard! Total ermüdet und abgestumpft kam ich gestern aus Düsseldorf vom Musikfest zurück. Hiller hatte mich eingeladen, der das ganze dirigierte, und mich interessierte es, einmal an dieser Geschichte Teil zu haben..."

Am 24. Juli dirigiert Liszt in Weimar *Die lustigen Weiber von Windsor* von Nicolai. Die übrige Zeit des Sommers verbringt er mit Arbeit. Er schreibt eine Studie, der er den Titel *Berlioz und seine Harold-Symphonie* gibt und in der er seine Ansichten über die Verbindung von Literatur und Musik, der neuen Programmusik, ausführt. "Das gesungene Wort schuf von Anfang an eine Verbindung der Musik mit der Literatur. Unser jetziges Bestreben möchte die beiden Kunstzweige verschmelzen, was hoffentlich inniger wird, als was wir bisher erreicht haben."

Im Juli nimmt Liszt unter seine Schüler den späteren vorzüglichen Komponisten, Klavierkünstler und Pädagogen Karl Tausig auf. Der Jüngling, dessen wunderbare musikalische Fähigkeiten Franz schon hat kennenlernen können, ist bei all seiner Begabung ein sehr zügelloses Wesen. Er wird der 'Schrecken der Altenburg'. Liszt erlebt mit ihm unvergeßliche, aber auch bittere Stunden.

Am 26. Juli fährt Liszt nach Jena. Der dortige Gesangverein will seine *Messe für Männerchor* vortragen. Nach dem Vortrag folgt ein sehr herzlich gehaltenes Bankett, und im Anschluß daran begleitet ein Troß von vierzig Wagen den gefeierten Komponisten nach Weimar zurück. In Jena schließt er Freundschaft mit Karl Gille, Rechtsanwalt und

Musiker. Gille nimmt es auf sich, als Sekretär des Allgemeinen Deutschen Musikvereins zu fungieren, und wird später der erste Kustos des Liszt-Museums.

Der Sommer 1855 bringt auch Familienprobleme. Die Erzieherin von Liszts Töchtern, Mme Patersi, kann wegen Erkrankung die Kinder nicht weiter in ihrer Obhut behalten. Liszt entscheidet sich dazu, seine Töchter in Deutschland erziehen zu lassen. Das Pensionat der Frau Ritter in Dresden soll sie aufnehmen, bis sie heiraten werden. Doch es ergibt sich keine Möglichkeit, die beiden Töchter entsprechend bei Frau Ritter unterzubringen. Die Fürstin schlägt vor, Liszt solle die zwei der Mutter von Bülow anvertrauen, die außerordentlich gebildet und charakterfest ist. Die Mutter Hans von Bülows lebt in Berlin, seitdem ihr Sohn zum Klavierlehrer des Stern-Konservatoriums ernannt worden ist.

Am 21. August kommen die Fräulein Liszt in Weimar an. Sie verbringen zwei glückliche, ungetrübte Wochen in der Altenburg, denn ihr Vater nimmt sich Zeit für sie. "Meine Töchter nehmen zwei Drittel meiner Tage in Anspruch. Sie sind liebenswürdige, vernünftige, lebhafte, ja sogar ein wenig neugierig veranlagte Damen. Sie haben Eigenschaften sowohl von der Mama als auch vom Papa. Sie in Berlin unterzubringen, freuen sie sich nicht sehr, obgleich das die vorteilhafteste, vernünftigste Lösung ist. Frau Bülow eignet sich, was Charakter, Geist, Sitten und Bildung betrifft, am besten für die ihr anvertraute Aufgabe", schreibt Franz Liszt an Agnes Street.

Die schönen Tage in der Altenburg sind schnell vorbei. Doch die beiden jungen Dämchen wollen ihren Logiswechsel nicht einfach hinnehmen. Sie protestieren verzweifelt, weil sie sich von der väterlichen Obhut verlassen finden, müssen aber doch nach Berlin. Viele halten dieses Erlebnis für die auslösende Ursache des steifen Charakters der Cosima. Daniel muß noch in Paris bleiben. Die Familie zerstreut sich.

Liszt verständigt seine in Paris lebende Mutter vom

Stand der Dinge und versichert ihr, die Töchter wären für ihre musikalische Ausbildung bei Hans von Bülow bestens untergebracht.

Bülow berichtet am 30. September über die Töchter: "Sie wünschen von mir, mein teurer Meister, daß ich Ihnen von den Fräulein Liszt berichte. Dazu wäre ich bis zum heutigen Tag unfähig gewesen. Ich habe mich im Zustand der Bewunderung, des Staunens, ja der Begeisterung befunden, in den mich die jungen Damen - besonders die jüngere - versetzt hatten. Was ihre musikalischen Ambitionen betrifft, kann ich es nicht Begabung nennen, sondern Genialität. Wahrlich sind sie die Töchter meines Wohltäters: ganz außergewöhnliche Wesen... Ich spiele mit Ihnen oft vierhändig auf dem Klavier. Die Pedanterie, mit der ich sie analysiere und ihre Studien überprüfe, ist eher zuviel als zuwenig. Niemals vergesse ich den schönen Abend, als ich ihnen mehrere Male Ihren Psalm vorspielte. Die beiden Engel knieten schier nieder und verloren sich in der Bewunderung ihres Vaters. Mehr als jeder andere verstehen sie Ihre Meisterwerke, sie sind die naturgegebene Zuhörerschaft. Wie sehr hat mich ergriffen und gerührt, als ich Sie - Lisztum ipsum - im Spiel des Fräuleins Cosima erkannte."

Der Brief von Bülow läßt Liszt innerlich jubeln. Seine neueste Arbeit ist ein sehr lobendes Werk über Clara und Robert Schumann, obgleich Clara immer weniger ein Geheimnis daraus macht, daß sie den Reformplänen Liszts nicht zustimmen kann. Am 26. September fährt Liszt nach Merseburg zur Einweihung der neuen Orgel. Alexander Winterberger, sein Schüler, spielt die für diese Gelegenheit geschriebene Fuge von Liszt: *Ad nos, ad salutarem undam.*

Am 18. Oktober dirigiert Liszt in Braunschweig zwei symphonische Gedichte, den *Orpheus* und den *Prometheus.* Am darauffolgenden Tag ist er schon in Berlin und nimmt teil an dem Konzert, an dem Bülow die *Tannhäuser*-Ouvertüre dirigiert. Das Berliner Publikum demonstriert mit schrillen Pfiffen gegen den aus Deutschland verbannten Komponisten; das Konzert endet in einem Skandal.

Bülow wird ohnmächtig vor Scham und Nervenanspannung. Cosima tröstet ihn zuhause in der Wilhelmstraße. Beider Begeisterung für Wagner wirkt anscheinend so stark, daß sie sich noch in der Nacht, die auf dieses mißlungene Konzert folgt, verloben.

Liszt, der ja mit aller Macht Wagner publik machen will, wird durch rohe Angriffe, aber auch begeisterte Anerkennung, in die Auseinandersetzung gezerrt. In einer Schrift faßt er seine Ansichten zusammen, wobei er an zwei Fronten kämpfen muß: an der des 'berufenen' und an der des 'Berufsmusikers'. Er schreibt: "Zwischen den berufenen und den Berufsmusikern tobt ein Streit, der nicht zur Ruhe kommen kann. Die Berufsmusiker sind sozusagen die Pharisäer des Alten Testaments, sie kleben an den Buchstaben, auch wenn sie deswegen den Geist des Gesetzes umbringen müssen. Die Berufsmusiker verehren das Patriarchale des Alten Testaments, gleichsam die Komponisten vergangener Jahrhunderte, und bemühen sich, die leeren Formen der Großen zu imitieren, Dinge, aus denen die Meister zu ihrer Zeit die Luft und den Glanz bereits ausgesogen haben. Die berufenen Musiker dagegen sehen ein, daß die Patriarchen die von ihnen selbst geschaffenen Formen völlig ausgeschöpft haben, und die Nachahmer höchstens noch zu unechten Kopien kommen können. Die berufenen Musiker leben in dem Glauben, daß sie das, was die großen Alten zu ihrer Zeit taten, auch zu tun vermögen: neue Formen für neue Gedanken - biblisch könnte man sagen: neue Schläuche für den neuen Wein - schaffen!"

Mit Bedauern denkt Liszt an die Kritiker seiner neun Schmerzenskinder. Sie schimpfen drauflos, beschuldigen den Musikdichter der Geschmacklosigkeit und werfen ihm damit Knüppel zwischen die Beine. Zu gleicher Zeit aber entwenden die Schankwirte des Musikmarktes den Bahnbrechern Berlioz, Wagner und Liszt ihre geistigen Schätze. Hier entwenden sie eine Instrumentenkombination, da eine kühne Modulation, dort eine frappante rhythmische

Lösung. Mit zweierlei Maß wird gemessen, nicht die eigene Fechsung ausgeschenkt.

Liszt schreibt dazu: "Unsere Gegner wollen uns nicht bezahlen, was sie vor dem Richtstuhl ihres Gewissens schuldig sind. Denn während sie die revolutionären Neuerer ausplündern und sich selbst damit beschmücken, beschimpfen sie mit lauter Stimme die Meisterwerke jener und ihre Schöpfer, die sie weder jetzt noch später, man kann sagen niemals im Leben, überholen können!"

22. Oktober. Weimar feiert Liszts Geburtstag. Etwa hundert Menschen beglückwünschen ihn in der Altenburg. Sie führen ein Festspiel mit Musikeinlagen und Lebensbildern auf, dem sie den Titel *Des Meisters Walten* gegeben haben. Und einen Tag später feiert noch extra der neue Weimarer Verein seinen Vorsitzenden.

Am 25. November muß Liszt wieder nach Berlin, um das Konzert des Stern-Vereins zu dirigieren, in dem Hans von Bülow als Solist auftritt. Nach dem Konzert bleibt er einige Tage bei seinen Töchtern und Bülow. Dabei gesteht ihm der junge Pianist, daß er in Cosima verliebt ist. Liszt bittet sich von den beiden ein Probejahr aus.

DIE GRANER MESSE

Am 14. Dezember fährt Liszt nach Weimar zurück. Hier erfährt er zu seinem Entsetzen, daß der neue Zar Alexander II. auf Wunsch der Familie Sayn-Wittgenstein den Scheidungsantrag von Carolyne abschlägig beschieden hat. Alexander bestellt die Fürstin sogar nach Hause; diesen Befehl verweigert sie natürlich. Daraufhin beschlagnahmt der Zar das Vermögen der Fürstin und verbannt sie. Einen Teil des Vermögens soll ihr Gatte bekommen, während der bedeutendere Teil ihrer Tochter zukommt. Die Unannehmlichkeiten sind groß, denn als Verbannte kann sie sich nicht mehr in Weimar zeigen, die vornehme Gesellschaft zieht sich von ihr zurück. Carolyne nimmt das zur Kenntnis, erklärt aber, daß sie unter allen Umständen an Franzens Seite zu bleiben wünscht.

Das Jahr 1856 bringt Liszt auch eine persönliche Kränkung. Anfang Januar soll er in Berlin nach dem Willen Wagners den *Tannhäuser* dirigieren. Dagegen erhebt der Intendant Hülsen Einspruch, und Wagner fügt sich. Liszt entfernt sich ohne ein Wort und fährt Ende Januar nach Wien zum Mozart-Zentenarium. Am 26. und 28. Januar wird unter anderem Mozarts *h-moll Symphonie* gespielt, unter der Leitung von Franz Liszt. In Wien widerfährt ihm große Ehre. Der Bürgermeister der Stadt schenkt ihm einen vergoldeten Dirigentenstab und eine Gedenkmedaille. Liszt schreibt einen Aufsatz zum Mozart-Zentenarium und kehrt dann nach Weimar zurück.

Hier muß er die Neueinstudierung von Berlioz' Oper *Benvenuto Cellini* leiten und dirigieren. Am 16. Februar wird zu Ehren der Großherzogin-Mutter diese Oper wieder aufgeführt. Berlioz ist auch zugegen und hört sich später den *Lohengrin* an, allerdings verläßt er die Aufführung entrüstet.

Liszt hat schon längere Zeit mit dem Studium der Verdi-Opern verbracht. Dieses Jahr hat er dessen Oper *Die beiden Foscari* ausgesucht, deren Aufführung am 8. April folgt.

Während sich Liszt vorbereitet und seine Tage mit Arbeit, vor allem an der *Dante-Symphonie,* verbringt, beginnt in Ungarn die Intrige gegen Liszt und seine *Graner Messe.* Die Gegner von Liszt tun alles, um die Aufführung der Messe zu verhindern. Am 14. April schickt Roquette Liszt den ersten Teil vom Text seines Oratoriums *Die heilige Elisabeth.*

Am 24. April beraumt der Fürstprimas Scitovszky eine Verhandlung an, bei der Baron Augusz und Graf Leo Festetics, der Intendant des Nationaltheaters, anwesend sind. Es wird beschlossen, die Messe aufzuführen mit einem Chor, der aus achtzig Mitgliedern besteht, und einem entsprechenden Orchester. Festetics nimmt es auf sich, die Stimmen abschreiben zu lassen und die vorangehenden Proben abzuhalten.

Am 25. April kommt ein Brief von Graf Festetics, der nun eigentlich zum Anführer der Partei gegen Liszt geworden ist, denn er ist ja selbst auch Komponist und hofft, eine eigene Einweihungsmesse für die Basilika komponieren zu können. Am 27. April antwortet Liszt dem Grafen Festetics und führt aus, nach seiner Ansicht genügten siebzig bis achtzig Personen zur Aufführung seiner Messe. Er gibt auch seine Einwilligung dazu, die Fuge *Gloria* auszulassen.

Im Mai hält sich Liszt in Merseburg auf. Die *B-A-C-H Preludien* und *Fugen* überläßt er auch diesmal seinem Schüler Alexander Winterberger. Am 12. Mai schreibt er an Agnes Street und berichtet über seine symphonischen Dichtungen: "Sechs davon sind jetzt erschienen. Damit beginne ich, diese Bahn in den Griff zu bekommen, auf der ich, ob es mir gefällt oder nicht, einen großen Weg zurücklegen muß. Bis dahin will ich Geduld üben, wenn für nichts anderes, so dafür, um den Vorwurf der Fürstin Belgiojoso zu bestätigen, nämlich, daß ich so lebe, als ob ich bis in die Ewigkeit Zeit hätte."

Am 24. Mai schreibt Liszt an Christian Lobe, dem Professor aus Weimar, und teilt über seine symphonische Dichtung folgendes mit: "Ich will mich nicht meiner Sorgfältigkeit rühmen, trotzdem muß ich sagen, daß ich nicht mit Fleiß und Mühe sparte". Die Kritik spricht nicht unvorteilhaft von Liszts symphonischen Dichtungen.

Am 8. Juli beendet Liszt seine *Dante-Symphonie,* die er Wagner widmet: "So wie Vergil Dante führte, so hast Du mich in die geheimnisvolle Region der von Leben durchtränkten Töne eingeführt". Er findet einen neuen Protektor, den Fürst Sonderhausen, der sofort bereit ist, auf eigene Kosten für Liszt ein Orchester aufzustellen. In den Sommermonaten verbringt er jeden Sonntag in Sonderhausen, im Park Loh, und führt unentgeltlich Konzerte auf, wobei Eduard Stein dirigiert. Liszt ist nur als Komponist zugegen.

Am 26. Mai wird in die Intrige gegen Liszt der ungarische Fürstprimas einbezogen, der dem Komponisten in einem Brief mitteilt, er möge zu einer anderen Gelegenheit eine Messe komponieren. Am 2. Juni richtet Liszt einen Brief an Baron Augusz und teilt ihm seine Bedenken und einen neuen Vorschlag mit. Graf Festetics intrigiert von neuem beim Fürstprimas: "Möge eure Exzellenz nicht der Mäzen von diesem musikalischen Unsinn sein und ihn nicht unterstützen..., der diesen musikalischen Wirr-Warr hervorbringt gegenüber der Musica Sacra."

10. Juni. Liszt erhält den Absagebrief vom Fürstprimas. Am 17. Juni wendet sich Liszt von neuem an Baron Augusz, in dem er die seiner Meinung nach ungerechte Kritik an seiner Messe zurückweist. Baron Augusz legt für Liszts Messe seine ganze Autorität und seinen Einfluß in die Waagschale.

Es gelingt Augusz, den Fürstprimas doch wieder für Liszt einzunehmen, und niemand verhindert mehr die Aufführung. Am 27. Juli richtet Liszt einen glücklichen Dankesbrief an den Baron. Er kann sich nunmehr auf das große Werk vorbereiten, wird aber durch die traurige Nachricht von Robert Schumanns Tod am 29. Juli etwas aus der Bahn geworfen. Voll Trauer hängt er den fröhlichen Tagen mit Hiller, Mendelssohn, Clara und Robert Schumann nach.

Wieder Grund zur Freude gibt es, als von Wagner die Partituren vom *Rheingold* und der *Walküre* ankommen.

Am 10. August trifft Liszt in Gran an, meldet sich gleich beim Fürstprimas, sieht sich die Basilika, den Chor an und spielt auf der Orgel. Am 11. August kommt er um 5 Uhr früh mit dem Schiff in Pest an, wo in allen Schaufenstern der Geschäfte Liszts Portrait steht. Am 12. August sieht er sich im Nationaltheater die Aufführung des *Rigoletto* an. Am 14. August meldet sich eine Abordnung bei ihm. Am 18. August ist ein Festessen zu Liszts Ehren. Am 20. August verbringt er den Tag in Gran mit Proben, und so gewinnt die

Messe allmählich feste Gestalt. Am 21. August ist er wieder in Pest, denn am 22. gibt der Musikdirektor Franz Bräuer einen Abend zu Ehren Liszts, der im Laufe des Abends gemeinsam mit dem bekannten ungarischen Geigenkünstler Edmund Singer die *Frühlingssonate* von Beethoven spielt.

Zwei Tage später macht Franz die Bekanntschaft Michael Mosonyi-Brands, des namhaften Komponisten. Am 25. sind die Proben zu Ende, und am 26. August ist die Generalprobe der *Graner Messe* im Festsaal des Nationalmuseums. Nicht nur der Saal, sondern auch die Nebenräume sind gestopft voll. Das gilt auch für die breite Prachttreppe. Selbst die Opposition hält den Mund angesichts des großen Erfolges. Die Einnahmen der Generalprobe stiftet Liszt für den Bau der Basilika. Am 29. August fährt er mit allen Teilnehmern per Schiff nach Gran.

Hundertein Kanonenschüsse begrüßen am nächsten Tag die ankommenden Herrschaften, zu denen auch der Kaiser und die Kaiserin gehören. Nach viel Mühe und Aufregung, infolge der kleinlichen und gehässigen Intrigen und nach den Anstrengungen der Proben, ist der große Augenblick nah.

Nach der dritten Probe soll Erkel übrigens die Äußerung getan haben: "Es mag sein, daß Liszt seine Messe betend geschrieben hat. Aber soviel ist sicher, daß er sie fluchend einstudiert hat."

Dieser Ausspruch wird auch als Legende hingestellt. Liszts Leben wird wohl nirgendwo so erforscht und gepriesen, wie bei den ihn hochhaltenden und liebenden Ungarn. Man ist um die Wahrheit bemüht, respektvoll, aber sachlich. Deshalb hat einer der namhaften Wissenschaftler und Historiker, Ervin Major, Zweifel an drei Begebenheiten angemeldet. Die erste ist das Konzert in Ödenburg mit dem blinden Baron Braun. Das zweite mit einem Fragezeichen versehene Ereignis ist Beethovens Kuß im Jahr 1823. Die dritte ist eben der Ausspruch Erkels. Von Liszt selbst ist keine Richtigstellung zu bekommen. Die romantischen Geschichten sind bereits fest verwachsen mit der Gestalt des großen Meisters, der sich weniger der Wirklichkeit als vielmehr dem Glanz eines Symbols unterordnen wollte. Egal ob Dichtung oder Wahrheit, charakteristisch sind diese Legenden auf jeden Fall.

Um 10 Uhr am Morgen des 31. August beginnt die Einweihung der Basilika in Gran. Später erst werden die Musiker, Sänger und Franz selbst herbeigerufen. Um halb 2 beginnt endlich die Erstaufführung der Messe. Das *Kyrie* erklingt, das *Gloria* leuchtet mit seinen Harmonien auf, das *Laudamus* ruft mit Glockentönen zum Beten auf, im *Cum Spiritu Sancto* zeichnet sich eine komplizierte Fuge ab, der Rhythmus des *Resurrexit* pulsiert. Viertausend Zuhörer, darunter der Kaiser und König und etliche Erzherzöge, lauschen der kühnen Instrumentierung. Die Messe mit ihren ungewohnten Tönen und neuartigen Dissonanzen wirbelt erheblich Staub auf bei der Kritik. Der Herrscher findet keinen Gefallen daran, der Fürstprimas dagegen ist entzückt. Liszt bleibt erst einmal bei seinen Musikern, nimmt am folgenden Festessen nicht teil. Am Abend ist er bester Laune und tanzt einen Csárdás auf dem Volksfest. Bevor er wieder nach Pest fährt, ist er noch beim Fürstprimas zu Gast.

Am 4. September wird die ganze Messe auch in Pest vorgetragen. Am 8. September ertönt in der Herminenkapelle diesmal Liszts für Männerchor geschriebene Messe zur Einweihung. Am Abend gibt es gleich noch ein Orchesterkonzert im Nationaltheater, dessen Einnahmen Liszt dem Theater überläßt. *Les Préludes* machen den Anfang, dann wird die symphonische Dichtung *Hungaria* gespielt, die vom Publikum enthusiastisch gefeiert wird. Eine Geigennummer von Edmund Singer folgt, Joseph Ellinger singt, jemand deklamiert, dann tritt wieder der ganze Chor und das Orchester auf die Bühne und trägt den ungarischen Hymnus vor, dessen Crescendo wie ein Blitz in das erstarrte Publikum einschlägt.

Liszt dirigiert wie vielleicht noch nie in seinem Leben, durchdrungen von einer brausenden Begeisterung für seine Heimat. Wenig Völker stehen so für ihre Hymne ein wie das ungarische: Es ist ein Nationalgebet, und das ist es bis zum heutigen Tage geblieben. Es hat keine Ähnlichkeit mit der Hymne eines anderen Volkes, bettelt nicht um das Wohl des Königs, stellt sich nicht über ein anderes Volk, sondern fleht nur für sich um Gottes Segen und verschweigt nicht das Unglück, daß das ungarische Volk so oft heimgesucht hat. Mit tränenden Augen singen die tausend Zuhörer: "Segne Gott das Ungarland!" Und Franz Liszt schwelgt vollen Herzens mit.

Ruhe und Einkehr findet er im Franziskanerkloster von Pest-Ofen. Dort sind alte Freunde seines Vaters. Ein einfaches Mittagessen wird ihm vorgesetzt, still und ruhig. Liszt ergreift das Wort: "Schön und beneidenswert ist es bei Ihnen, liebe Väter, aber nur, wenn der Mensch schon jegliche menschliche Eitelkeit abgestreift hat. 'Domine, non sum dignus.'" (Herr, ich bin nicht würdig).

In das Gästebuch wird eingetragen: Franciscus Liszt octava septembris conventum per humaniter invisens ab codem confraterem assumi desideravit. Damit wird dokumentiert, daß Franz Liszt bei den Franziskanern den Wunsch zum Ausdruck gebracht hat, er möchte als Ordensmitglied dritten Ranges bei ihnen eintreten.

Liszt verläßt Pest am 14. September. Die Rückreise führt ihn über Wien, wo Johann Strauß mit seinem Orchester Liszt zu Ehren den *Mazeppa* spielt, und Prag, wo er eine sehr schwache Aufführung seiner *Graner Messe* miterlebt. Noch von Wien aus schreibt er einen Brief an Erkel, in dem er um die Einwilligung bittet, die erste Zeile der ungarischen Hymne als Leitmotiv in einer neuen symphonischen Komposition zu verwenden.

Am 1. Oktober ist er wieder in Weimar, fährt aber am 5. in der Gesellschaft der Fürstin und ihrer Tochter weiter in die Schweiz, um Wagner in Zürich zu besuchen. Am 22. Oktober, Liszts 45. Geburtstag, wird der erste Akt der *Walküre* aufgeführt. Das Klavier spielt Liszt, und die Gattin des Dirigenten Heim singt die Rolle der Sieglinde. Das Publikum hört sich das Werk mit Begeisterung an. In Zürich wird

Liszt krank, und so müssen sie längere Zeit als geplant an diesem Ort verweilen. Unter dem Eindruck der wieder bekräftigten musikalischen Hochschätzung Wagners schreibt Liszt an den Großherzog Karl Alexander: "Majestät! Ich halte mich für verpflichtet, Euch auf eine wichtige Angelegenheit aufmerksam zu machen. ... Wagners Nibelungen müssen zuallererst in Weimar aufgeführt werden ... Dieses Werk wird über unsere Zeit als das Hauptwerk der modernen Kunst herrschen."

Am 23. November reisen Wagner und Liszt auf Einladung des dortigen Musikdirektors zusammen nach St. Gallen. Liszt dirigiert die Werke *Les Préludes* und *Orpheus*. Wagner wiederum dirigiert die *Eroica*. Am 24. November geht ein Brief an den liebsten Verwandten, Eduard Liszt: "Zu Weihnachten schicke ich Dir die neueste Abschrift der *Graner Messe*."

Anfang Dezember reisen Franz und Carolyne nach München. Sie bleiben längere Zeit in Gesellschaft des deutschen Malers Kaulbach, der ein lebensgroßes Portrait von Liszt malt. Mitte Dezember kehren Liszts nach Weimar zurück. Franzens Gesundheitszustand ist nicht günstig, und er lebt dementsprechend zurückgezogen. Er beginnt, die *Hunnenschlacht* und die *Ideale*, eine symphonische Dichtung, angeregt von Schiller, zu komponieren.

Im Januar 1857 wird eine Erstaufführung im Weimarer Theater angesetzt. Liszt läßt sein großes Orchesterkonzert in *A-Dur* und *Was man auf dem Berg hört* (die endgültige Fassung) aufführen; Hans von Bronsart spielt das Solo. Am 22. Januar spielt Hans von Bülow in Berlin zum ersten Mal die *h-moll Sonate* von Liszt. Bei diesem Konzert wird der erste Bechstein-Flügel verwendet.

Am 10. Februar beendet Franz die Arbeit an seiner symphonischen Dichtung *Die Hunnenschlacht* und denkt jetzt wieder an seinen alten Plan, das *Christus-Oratorium* zu schreiben. Er möchte den Text von Peter Cornelius verfaßt haben, was dieser aber nicht fertigbringt.

Am 22. Februar fährt Liszt nach Leipzig, und gibt am 26.

ein Konzert im Gewandhaus mit *Les Préludes*. Er überläßt das Honorar dem Pensionsfonds des Orchesters. Bülow spielt das *Es-Dur Konzert* von Liszt. *Mazeppa* wird vom Publikum schlecht aufgenommen. Schumanns Anhänger zeigen ihre Feindschaft gegen die Weimarer Schule. Am 28. Februar dirigiert Liszt den *Tannhäuser* in Leipzig und wird bald darauf wieder krank.

Die Krankheit hat sich schon in Zürich gezeigt; es muß ein Hautleiden sein, denn an seinen Beinen entstehen Blasen. Inzwischen ist auch die Fürstin schwer krank geworden. Beinahe die gesamte Altenburg liegt darnieder, wie aus einem gramvollen Brief an Wagner vom 19. April hervorgeht: "In der Altenburg ist die Lage sehr traurig. Die Fürstin ist schon seit drei Monaten sehr krank, auch die junge Fürstin hat einen Arzt nötig, und ich selbst liege schon seit sechs Wochen im Bett... Ich muß mir so viel über mein Werk anhören und lesen, daß ich nur aus einem inneren Zwang heraus arbeite. Mehrere nahe Freunde, zum Beispiel Joachim, und früher schon Schumann und andere, sind mit meinen musikalischen Schöpfungen unzufrieden."

Am 24. April ist sein Zustand soweit wiederhergestellt, daß er im Hoftheater den überarbeiteten *Prometheus* dirigieren kann. Wieder steht ein Feind der neuen Musik auf gegen Liszt. Hiller, Direktor des Kölner Konservatoriums, will in einem Artikel nachweisen, daß Liszt wohl Klavier spielen, aber nicht dirigieren kann. Unter dem Einfluß des Artikels wird Liszt im Juni im Aachener Theater vom Publikum ausgepfiffen.

Wagner teilt Liszt mit, er will am Ring nicht weiter arbeiten, sondern zum *Tristan* übergehen. Liszt ist damit nicht einverstanden und schreibt am 10. Juli zurück: "Ich muß weinen, wenn ich daran denke, daß Du die Arbeit an Deinem Nibelungen unterbrechen willst. Du hast bestimmt viele Gründe zur Verzweiflung, und wenn ich darüber schweige, heißt es nicht, daß ich weniger traurig darüber bin." Dann fährt er fort: "Ich rechne damit, daß ich vom

22. Juli bis 10. August in Aachen als Badegast bleibe. Vom 14. August an bin ich wieder zu Hause." Des weiteren berichtet er darüber, daß die Unterbringung des Schiller- und Goethe-Denkmals Sorge bereite, denn der Erdaushub für das Fundament könnte das Theater gefährden. Der Schöpfer des Denkmals, Ernst Rietschel, seines Zeichens Professor an der Dresdner Kunstakademie, muß sich noch eine Lösung einfallen lassen, wie man die beiden 'Kerle' auf ein sicheres Postament stellen könnte.

Die Hochs und Tiefs wechseln. Am 15. Juli erfährt Franz, daß sein erster Lehrer, Professor Carl Czerny, gestorben ist. Und am 18. August ist in Berlin die Hochzeit Hans von Bülows und Cosima Liszts.

Darauf folgt bald wieder ein kleiner Tiefschlag. Joachim, der einstige treue Schüler, äußert sich klar gegen den Meister. "Deine Musik steht mir fern. Dein Helfer kann ich nicht sein, und kann mir nicht den Anschein geben, daß die Angelegenheit, die Du und Deine Schüler vertreten, auch die meinige ist." Joachim beendet seinen Brief so: "So kann ich also Deinen freundlichen Auftrag von neulich nicht annehmen, daß ich bei der Karl August-Feier in Weimar teilnehme."

Am 3. September gedenkt man des hundertsten Geburtstages des Großherzogs Karl August. Einen Tag später wird das Denkmal Schillers und Goethes enthüllt. Am 5. September folgt ein Festkonzert im Theater von Weimar. Es wird die *Ideale* nach Schiller vorgetragen, des weiteren die *Faust-Symphonie* und der Männerchor *An die Künstler,* sowie Soli über Gedichte von Schiller. Im selben Konzert wird auch das Goethe-Gedicht *Über allen Gipfeln ist Ruh* mit Hornbegleitung gespielt.

Am 21. Oktober wird wieder gefeiert, diesmal das 10. Jahr von Liszts künstlerischer Arbeit in Weimar. Dazu findet im Rathaus ein Bankett statt, bei dem Liszt wärmstens empfangen wird.

Inzwischen hat auch die andere Tochter Blandine zarte Bande geknüpft, und infolge der Vermittlung ihrer Mutter in Florenz, ohne daß Liszt dabei ist, die Ehe mit dem französischen Rechtsanwalt und Politiker Ollivier geschlossen. Ollivier übernimmt später, 1870, einen Ministerposten in der Regierung, und läßt sich, nachdem er den Posten wieder verloren hat, in Rom nieder.

Liszt berichtet Agnes Street am 2. November davon: "Nach mehreren Briefen, die ich darüber bekomme, muß ich daran glauben, daß er sich eine sehr schöne Position erkämpft in der Rechtsanwalt-Laufbahn. Vielleicht auch als Politiker, obgleich dieses Letztere eine riskante Angelegenheit in Frankreich ist. Es ist ein gutes Gefühl, zu wissen, daß meine beiden Töchter nach dem Wunsch ihrer Herzen geheiratet haben, doch nach der Vernunft haben sie ebensogut geheiratet."

DAS ALTE WEIMAR BEGRABEN

Auf der Altenburg ist die Atmosphäre äußerst gespannt, innen wie außen.

An der inneren Unruhe ist Tausig schuld, dieses widerborstige halbwüchsige Genie. Er muß zu einem anderen Lehrer geschickt werden, aber wohin? Bei Wagner kann er sicher noch etwas lernen. Also wird der Jüngling nach Zürich geschickt. Richard, dem eine wirklich heikle soziale Aufgabe übertragen worden ist, schreibt verzweifelte Briefe über Tausig an Liszt: "Wenn du ihm sagst, geh spazieren, rührt er sich bestimmt nicht von zu Hause weg. Wenn du ihn zu Hause halten willst, entflieht er durch das Fenster. Wenn du Ruhe brauchst, drischt er das Klavier, wenn ich Lust nach Musik verspüre, gähnt er: ich habe keine Lust. Mit einem Wort, wir haben erreicht, daß uns als kinderloses Ehepaar all das widerfährt, all das schauerliche, daß so ein Kerl seinen Eltern an den Hals hängt. Aber dann setzt er sich doch an das Instrument. Ein Wunder! Und wie er eine Partitur liest und spielt! Ich verlasse mich darauf, daß Gott uns beistehen wird, und wir irgendwie diese schwere Probe ertragen können."

Am 7. November dirigiert Liszt in Dresden neben dem *Prometheus* auch die *Dante-Symphonie* und endet mit einem schändlichen Mißerfolg. Die Meinung der Kritiker ist vernichtend. Darüber schreibt Liszt: "Wie lange diese besondere Komödie der Kritiker anhält, weiß ich nicht. Zwischenrufe ertrage ich gelassen und gehe meinen begonnenen Weg unaufhaltsam fort. Ob ich aber für die Skandale verantwortlich bin, das wird die Zeit zeigen." Nicht zu Unrecht scheint Liszt bei dieser Kampagne gegen ihn Hintermänner zu vermuten.

Bei weiteren Auftritten des Komponisten hält sich die Kritik nicht zurück, sondern greift weiter an. Anfang 1858 arbeitet Liszt in der Altenburg an einem Aufsatz: *Kritik der Kritik*, zum Schutz Beethovens.

Er fühlt sich von Feinden umgeben. Sogar in Weimar selbst werden Intrigen gesponnen. Der größte Giftmischer ist Dingelstedt, der durch Liszts Protektion hierhergekommen ist. Er ist das typische Beispiel eines Emporkömmlings. Solange er die seiner Ausbildung entsprechende Stellung noch nicht hatte, beredete er Liszt pausenlos, er solle ihm einen Posten in Weimar geben. Franz hat sich für ihn erfolgreich eingesetzt. Als Dingelstedt festen Boden unter den Füßen spürt, beginnt er seine Wühlarbeit. Ganz im Stillen fängt er an, die Spinnweben um seinen Wohltäter zu ziehen. Zu einer offenen Konfrontation Auge in Auge hätte er beileibe nicht den Mut gehabt. Er bleibt im Dunkeln, im Hintergrund, wo er den Torschlüssel an die Lippen setzen und das Pfeifkonzert gegen Liszt eröffnen kann.

Dingelstedts erster Schachzug kommt mit dem Jahr 1858. Eduard Lassen wird als Dirigent an das Weimarer Theater berufen. Nicht anstelle von Liszt, oh nein, erklärt Dingelstedt, sondern neben ihm. Dem älteren Meister müsse ein Teil der Last von den Schultern genommen werden. Franz dirigiert noch am 27. Januar ein Mozart-Konzert. Dieses Konzert hat einen Riesenerfolg. Dingelstedt, dieser Judas, gratuliert als erster.

Franz spürt die böse Luft des Verrates. Er fährt nach Prag. Dort kommt er Anfang März an und dirigiert am 11. ein Konzert zugunsten der unbemittelten Medizinstudenten der Prager Universität. Die *Ideale* und die *Dante-Symphonie* werden aufgeführt.

Tausig kommt angereist und spielt das *A-Dur Konzert* mit riesigem Erfolg. Der Schrecken der Altenburg, der danach das Leben des Ehepaars Wagner verbittert hat, bringt ein wunderbares Feuerwerk hervor. Sein Klavier tönt, lacht schrill oder klingt wie eine Harfe. Nach dem Konzert streicht eine doch wieder wohlwollende, beinahe väterliche Hand das erhitzte Gesicht des Virtuosen.

Bei einem neuerlichen Konzert spielt Pflughaupt das *Es-Dur Konzert* mit Erfolg. Der alte Aberglaube wird aus der Welt geschafft, daß Liszt seine eigenen Werke nur selbst spielen kann. Bülow, Bronsart, Tausig und Pflughaupt sind die Interpreten, die mit Erfolg die Klaviermusik von Franz zu Gehör bringen.

Von Prag fährt Liszt nach Wien, und schon am 20. März schreibt die Presse: *"Wir erwarten Liszt mit Liebe, und es würde uns erfreuen, wenn wir Gelegenheit hätten, bei dem jetzigen Aufenthalt das neue Werk, die 'Faust-Symphonie', zu hören."*

Am 25. März wird in Wien aber die *Graner Messe* unter Liszts Leitung gespielt. Sie erntet Erfolg und Anerkennung. Durch diplomatische Vermittlung von Baron Augusz aus Pest bekommt Liszt eine Audienz beim Kaiser. Seine Majestät Franz Joseph I. überreicht ihm den Eisernen Kronenorden III. Klasse. Dieses Ritterkreuz berechtigt ihn dazu, um seine Aufnahme unter die österreichischen Ritter zu ersuchen.

Am 25. August 1859 gibt Liszt im Einklang mit den Verordnungen des Österreichischen Ritterordens ein eigenhändig geschriebenes Gesuch ein und bittet um seine Aufnahme in den Orden. Er fügt dem Gesuch ein Wappenmuster bei. Die weitere Erledigung der Angelegenheit vertraut er seinem 1817 geborenen Vetter Eduard Liszt an. Franz Joseph I. verleiht in einem Diplom Liszt und seinen Nachkommen die Zugehörigkeit zum Österreichischen Ritterorden. Die Aufnahme geschieht am 21. Januar 1860. Im Jahr 1867, als Franz endgültig in den Franziskanerorden eintritt, überträgt er die Würde seinem Vetter Eduard, dem Oberstaatsanwalt.

Am 29. März 1858 schreibt Liszt einen Brief an die Fürstin Wittgenstein, aus dem ersichtlich ist, daß er sich mit der Einrichtung einer ungarischen Oper befaßt, deren Grundthema als Roman in Versen ein gewisser Karl Beck, ein deutscher Dichter ungarischer Herkunft, 1841 schon unter dem Titel *Jankó, der ungarische Roßhirt* veröffentlicht hat. "Nachdem die Besprechungen in Bezug der ungarischen Oper wieder aufgenommen wurden, bin ich gezwungen, Karl Beck zu treffen. Ich weiß nicht, was dabei herauskommt, aber ich wäre bereit, die Oper zu komponieren."

"Franz Liszt plant, eine romantische Oper zu schreiben", ist auch im April in der ungarischen Presse zu lesen. Doch aus dem Plan wird schließlich nichts.

30. März. Liszt bekommt eine Benachrichtigung über die Anerkennung seines Adels. Tags darauf fährt er mit dem Schiff nach Pest.

Am 3. April steht schon in der Zeitung, Liszt habe die Absicht, die *Graner Messe* am nächsten Tag, es ist der erste Ostertag, in der Innerstädtischen Kirche aufzuführen. Die Vorstellung muß unterbleiben, weil die Partituren aus Wien nicht rechtzeitig ankommen. 6. April. Zwei begabte Pianisten werden Liszt vorgestellt: Anton Sipos und der neunzehnjährige Karl Thern. Er hört sich das Spiel an und lädt die beiden jungen Leute nach Weimar ein. Die Presse würdigt das in warmem Ton.

Am 10. April kann die schließlich dreimal verschobene *Graner Messe* im Festsaal des Nationalmuseums aufgeführt werden. Die Einnahme schenkt Liszt dem Nationalkonservatorium.

Am 11. April wird die *Graner Messe* noch einmal aufgeführt. Die Zahl der Zuhörer ist so groß, daß ins Sanktuarium noch zusätzlich zwölf Bänke hereingetragen werden müssen.

Liszt hat seine zehn Rhapsodien mitgenommen nach Pest und bietet sie dem allgemein bekannten Musikverlag Rózsavölgyi an. Der Firmenchef Grinzweil weist das Angebot zurück. Franz Liszt reist weiter durch die Monarchie, macht Station in Preßburg und Löwenberg, wo Fürst Konstantin von Hohenzollern-Hechingen ihn bewirtet. Auf Einladung des Fürsten erscheint auch Bülow und spielt Werke von Liszt.

Am 2. Mai kehrt Franz nach Weimar zurück. Die Noten der Wanderjahre erscheinen in zweiter Auflage unter dem Titel *'Années de pèlerinage. Suite de compositions pour le piano.'* Die Ausstattung der zweiten Ausgabe ist ähnlich prächtig wie die der ersten.

Am 26. Juni wendet Franz sich hilfesuchend an den Domherrn aus Eger, János Danielik, der ein bedeutendes Werk über die heilige Elisabeth geschrieben hat. Roquette überbringt im Juli den Text des Oratoriums der heiligen Elisabeth. Liszt kann nun die endgültige Komposition dieses Werks in Angriff nehmen.

Zu gleicher Zeit ist Friedrich Hebbel, der deutsche Dramatiker, Gast auf der Altenburg. Er möchte bei der Aufführung seines Dramas *Genoveva* zugegen sein.

Ende August fahren Liszt und die Fürstin Wittgenstein mit ihrer Tochter Magnolette nach München, um von dort zur Erholung in die Tiroler Berge zu fahren. Als sie Ende des Herbstes nach Weimar zurückkehren, empfängt sie kalte Antipathie von allen Seiten. Die Stadt erscheint ihnen ausgestorben. Die Schüler verziehen sich. Die Fürstin kann ihre Heiratspläne wieder nicht durchsetzen und ist deswegen verstimmt. Liszt weiß noch nicht, was in Weimar stadtbekannt ist, daß nämlich Dingelstedt dabei ist, die Schlinge um des Meisters Hals zuzuziehen. Der Eklat kommt am 15. Dezember (an mehreren Stellen heißt es irrtümlich am 18.).

Liszt führt die Oper *Der Barbier von Bagdad* von Cornelius auf. Am Dirigentenpult spürt er gleich, daß etwas nicht stimmt. Nach dem ersten Solo erklingt ein roher, derber Pfiff und Fußgetrappel. Das ist keine Premiere mehr, sondern eine Schlacht! Seine Majestät der Großherzog applaudiert zwar, und die von weither gekommenen Gäste stimmen ein, so Pauline Viardot-Garcia, Albert Niemann, Marie Seebach, und die Schriftsteller Geibel, Freytag, Hebbel und Roquette. Der undankbare Dingelstedt aber pfeift, und die gedungenen Straßenjungen fangen gleich an zu schreien.

Die Demonstration gegen Liszt und seine Schule ist gut vorbereitet gewesen und geht auch nach der Vorstellung weiter. Liszt schreibt daraufhin noch am selben Abend seinen Kündigungsbrief an den Hof. Nur am 17. September tritt er noch einmal aufs Podium. Er dirigiert Beethovens *1. Symphonie.* Von diesem Tag an nimmt er in Weimar den Dirigentenstab nicht mehr in die Hand.

Liszt wird tatsächlich krank aufgrund dieser Aufregungen. Nach seiner Blamage als Dirigent ist er der Verzweiflung nahe. Dingelstedt hat die verschiedenen Strömungen, die es in Weimar gibt, sehr wohl wahrgenommen und hat sofort gewußt, wem er, der glatte Höfling, sich anschließen sollte. Wie aufmerksam er den Klugheiten, die aus dem Mund der Exzellenzen, der Majestäten und anderer Größen kamen, zugehört hat, mit geschlossenen Augen, nikkend, ein feines Lächeln um die Mundwinkel. Leise hat er seine Zeichen gesetzt, daß er kein Parteigänger Liszts ist und sein blindes Vertrauen in die höheren Gewalten setzt. Und Großherzog Karl Alexander tendiert eben mehr dazu, die literarische Bühne, auf der Dingelstedt mit seinen Münchner Shakespeare-Aufführungen sich die Meriten erworben hat, zu fördern.

Dingelstedt ist jedoch nicht der einzige Anfechter; eine so hervorragende Sachverständige wie Clara Schumann hat Liszts Werke mit Abscheu verdammt, obgleich sie eine der besten Klavierinterpreten ihrer Zeit war. Das hat sie nicht aus Berufsneid getan, vielmehr hat sie die moderne Musik ganz aufrichtig nicht verstanden. Für sie endet die Musik bei Robert Schumann, und neben der alten klassischen Musik hat sie höchstens Mendelssohn gelten lassen. Daß das Verstehen fortschrittlicher Musik nicht an ein gewisses Alter gebunden ist, zeigt uns allerdings Bettina von Arnim, die kleine Frau mit den weißen Haaren, die, ein gutes Stück älter als Clara, Liszt schätzt und unterstützt, obwohl sie keine Musikgelehrte, sondern "nur" Schriftstellerin ist.

Der trübe Himmel des Neujahrs 1859 wird für Franz noch einmal düsterer. Er muß gerade dann eine Kränkung von demjenigen erleiden, von dem er es am wenigsten erwartet hat. Noch gut hat er die lobpreisenden Worte vom 22. Oktober 1856, seines Geburtstags, im Ohr: "Ich habe lange nach dem Grund gesucht, warum die deutsche Musikwelt so auffallend böswillig auf Deine Kompositionen reagiert. Ich glaube, es deutlich gesagt zu haben: Wer das deutsche Konzertleben, seine Helden und Anführer kennt, der weiß genau, daß hier eine Versicherungsgesellschaft der Unbegabten tätig ist, aber von denen zu reden lohnt sich nicht. Reden wir lieber von der *Dante-Symphonie*. Das Werk selbst erklärt, warum so etwas so fremd wirkt in unserer Zeit, in unserer geistigen Umgebung. Ich klage das Publikum nicht an. Es hat das Recht, zu sein, wie es eben ist, und es kann ja auch nicht anders sein, unter den gegenwärtigen Führern. Eine genauere und aufregendere Frage ist, wie in so einer Umgebung, in einer so lahmen Zeit die Schöpfungen von Franz Liszt zustande kommen konnten. Das können wir nur in dem Fall verstehen, wenn wir uns in die Pariser Jahre von 1820-1840 einleben. In Paris versammelten sich die Staatsmänner, Wissenschaftler, Schriftsteller, Maler, Bildhauer und Musiker; von allen die besten. Du brauchtest keine Angst zu haben, daß dieses Publikum nicht versteht, was Du ihnen gabst. Deine riesige, schaffende Phantasie sah in ihnen keine Zuhörerschaft, die eines *Dante* oder *Faust* würdig waren. Ich glaube, daß bei

Dir in Deinem Mut, mein lieber Franz, in dem Du Deine Werke schufst, die Anregungen dieser Zeit weiterleben. Dein Genius, mein einziger Freund, mein teurer, heiliger Franziskus, überlebt die Zeit, und die Anregungen der Zeitgenossen, denn von allem ist nur eine Art möglich, daß unter Deiner Feder Meisterwerke von ewiger Dauer geboren werden.

Du sollst niemals vergessen, teurer Bruder, Freund und Waffengefährte, wer mit der Strömung schwimmt, bildet sich leicht ein, er sei ein Meister des Fortschritts. Er wird von der Strömung mitgerissen und bemerkt es wohl kaum, wenn ihn Alltäglichkeit und Mittelmäßigkeit verschlingen. Ach, es ist eine sehr große Sache, gegen den Strom zu schwimmen. Oft erschreckt einen die Angst, unterzugehen, aber unsere Erschöpfung rettet uns an ihrem Tiefpunkt, indem sie uns einen Stoß nach oben versetzt. Bei solchen Gelegenheiten nehmen wir wahr: die Wellen haben uns, unsere Hilferufe gehört, die Strömung bleibt für einige Augenblicke vor Staunen stehen. Ein großer Geist hat sein Wort aus dem All vernehmen lassen."

Es sind die Worte Richard Wagners, die nun einen völlig anderen Ton annehmen. Franz hat bei Richard angefragt, ob er ihm die Partituren seiner neuen Werke schicken solle, die *Dante-Symphonie* und die *Graner Messe*. Er glaubt, Wagner befasse sich mit ebenso großem Interesse mit diesen Schöpfungen, wie er es selbst jedesmal tue, wenn er Wagnersche Handschriften bekommt. Wagner arbeitet in Venedig an dem *Tristan* und möchte Liszt dafür gewinnen, den *Rienzi* in Weimar aufführen zu lassen, denn er braucht Geld.

Liszt tut sein Möglichstes, aber ohne Erfolg, denn Dingelstedt hat ebenfalls sein Bestes gegen Liszt und Wagner getan. Die beiden sorgen doch nicht für die richtigen Kassenerfolge, ist dessen Ansicht. Liszt muß seinem Freund also einen abschlägigen Bescheid schicken, was Wagner ganz aufgebracht macht und von Ehrfurcht in abgründige Verächtlichkeit fallen läßt.

Seinen Antwortbrief in vollem Umfang zu publizieren, läßt sich mit einem ethischen Empfinden nicht vereinbaren. Der Wortlaut ist etwa folgender: Gut, es sei ihm gleich, möge Franz die Symphonie und die Messe schicken, in der Hauptsache aber schicke er Geld, in erster Linie Geld, Geld, Geld, die Phrasen könne er weglassen...

Liszt empfindet im Herzen geradezu das Klirren, mit dem die im höchsten Grad der Kunst entstandene Männerfreundschaft zu Bruch geht. Er antwortet kurz, da seine Symphonie und seine Messe das Geld nicht ersetzen können, halte er es für unwichtig, sie ihm zu schicken. Aber es sei ebenso unwichtig, daß er ihm in Zukunft Briefe schreibt.

Wagner bereut später, den Brief geschrieben zu haben, denn die fruchtbringende Künstlerfreundschaft hat allein des Geldes wegen eine tiefe Wunde erlitten. Liszt, der von seinem mit der Kunst gesammelten Vermögen soviel wie gar nichts behielt, alles an andere verteilte, der mehr als einmal ohne jede Gegenleistung Wagner aus der eigenen Tasche geholfen hat, ist zutiefst gekränkt von so viel Gleichgültigkeit, wie sie Wagner an den Tag legt. Was kann er von der Welt erwarten, wenn sogar sein Freund für seine Werke gleichgültig bleibt?

Wagner hat später einmal an Franz geschrieben: "In Deinen Verletzungen habe ich die Abscheulichkeiten meiner eigenen Seele erkannt."

Eine neuerliche Niederlage erleidet Liszts Werk am 14. Januar in Berlin. Bülow dirigiert die symphonische Dichtung *Ideale.* Das Liszt feindliche Lager veranstaltet ein Pfeifkonzert. Am 27. Februar fährt Liszt nach Berlin. Vor seiner Reise bemerkt er spaßig: "Auf meinen Reisepaß habe ich aufschreiben lassen: Zweck meiner Reise: mich auspfeifen zu lassen." Von neuem ist die *Ideale* aufs Programm gesetzt, die er selbst dirigiert. Diesmal wird das Werk vom Publikum wärmer aufgenommen.

Im Lauf des Frühjahrs fahren Franz, Carolyne und Magnolette nach München. Dort macht die 'Familie' Bekanntschaft mit Fürst Konstantin Hohenlohe-Schillingsfürst.

In Weimar wird am 9. April der *Huldigungsmarsch* aufgeführt. Im Juni nimmt Liszt in Leipzig am Musikerkongreß
teil, den Brendel anläßlich des 25jährigen Bestehens der
Neuen Zeitschrift für Musik veranstaltet. Bei einem der
Konzerte wird der *Tasso* gespielt, und zwar ohne Skandal.

Franz ist schon 48 Jahre alt, aber noch immer eine großartige Erscheinung, auch mit den grauen Haaren. Er dirigiert, daß selbst seine Gegner gerührt sind. Was er hervor-
zaubert, das ist keine Musik mehr, das ist eine Verkündi-
gung. Dem Publikum gefällt das Stück so sehr, daß es auf
einer Wiederholung besteht.

Weimar muß im Juni trauern, denn Maria Pavlovna, die
Großherzogin, ist gestorben. Sie ist diejenige gewesen, die
Liszt protegiert hat. Bei der Beerdigung beendet Liszt seine
Rede mit den Worten: "Mit diesem Sarg begraben wir
heute das alte Weimar."

DIE ALTENBURG VERWAIST

Im Sommer erscheint Liszts Buch *Des Bohémiens et de leur
musique en Hongrie,* ein Werk über die Zigeuner. Es erregt
einen großen Sturm; besonders in Ungarn wird es mit elementarer Entrüstung aufgenommen. Das Buch ist ein gemeinsames Werk von Carolyne und Franz. Die Häufung
der Beiworte ist aus der Feder der Carolyne geflossen, der
einfache Teil, der alles beim Namen nennt, gehört Franz.
Das Werk wurde mißverstanden, und von den Zeitgenossen falsch beurteilt, und so steht es auch heute noch.

Liszt wünschte, seine Kindheitsillusionen wieder zu erwecken und den vielen namenlosen Zigeunerlagern ein
Denkmal zu setzen, den Primasen, den Zimbalisten, die ihr
Leben unter kargen Umständen verbringen. Dabei hat er in
seiner Schwärmerei übersehen, daß ungarische Volksmusik und Zigeunermusik nicht identisch sind.

Liszt hat sich bei der Heraufbeschwörung seiner Erinnerungen bei Hugo, Lenau, Puschkin umgesehen, allen denjenigen, die die ruhelosen, friedlosen Zigeuner liebten. In diesem Werk ist auch eine kleine Portion Dankbarkeit einbegriffen, die er hat gegenüber dem verachteten Musikervolk mit seinen wilden Ekstase-Ausbrüchen, seinen schwingenden Rhythmen und Synkopen, die das Herz höher schlagen lassen. Das sind die Gefühlsmotive. Sachlich ist dagegen Liszt eine mangelhafte Kenntnis der ungarischen Sprache zu bescheinigen, die unter dem Einfluß seines Freundeskreises dazu geführt hat, daß er nicht den echten, volkstümlichen ungarischen Melodienschatz verwendet hat.

Béla Bartók, in einem Vortrag aus dem Jahr 1936, bewertet Liszts Werk folgendermaßen: "Der Ausgangspunkt selbst und die Benennung dieser Musikgattung an sich sind schon vollständig falsch. Wer war es denn, der diese Musik Zigeunermusik nannte? Wir selbst!"

Bartók entschuldigt Liszt am Ende seiner Rede: "Wir können Liszt nur zum Teil beschuldigen wegen seiner irrigen Folgerungen. Er konnte wohl kaum zu einem anderen Resultat gelangen, im Gegenteil sind wir ihm sogar Hochachtung schuldig für seinen Mut, mit dem er seine gutgemeinte, wenn auch irrige Meinung aussprach. Er mußte ja gewußt haben, daß er mit seinem Werk feindliche Stimmung gegen sich selbst erwecken wird."

Die feindliche Stimmung in der Heimat flammt auf in einem angsterregenden Echo. Aber auch das Ausland regt sich. Der Journalist der *Revue des deux Mondes* greift ihn mit schonungslosem Spott an. Am 27. August gibt Liszt Antwort: "Wenn Sie mein Buch lesen, werden Sie sehen, daß ich nur das schrieb, was meine glühende Liebe zu meinem Vaterland mir eingab."

Unter dem Einfluß der Angriffe verzichtet er endgültig darauf, eine Oper mit ungarischem Thema zu komponieren. Sein lieber und treuer Freund Baron Augusz schreibt ihm einen freundlichen Brief, in dem er fast um Entschuldigung bittet wegen der rohen Angriffe.

Im Oktober bleibt Liszt allein. Die Fürstin bereitet sich auf die Hochzeit ihrer Tochter vor, die seit dem 9. August verlobt ist. Franz freut sich von ganzem Herzen, daß die Tochter Carolynes, Marie-Magne, unter den Verhältnissen ihrer Mutter nicht zu leiden hat. Sie kann eine rangwürdige Ehe schließen. Der Mann, den sie am 15. Oktober heiratet, ist Fürst Konstantin Hohenlohe-Schillingsfürst, Flügeladjutant von Franz Joseph I. Die Hofaristokraten drücken ein Auge zu wegen der übelbeleumundeten Mutter, mit Rücksicht darauf, daß das junge Mädchen über ein großes Gut und ein Vermögen in Gold verfügt.

Liszt ist niedergeschlagen. Wieder kommt der Gedanke in ihm hoch, er müsse ein Wandervogel werden. Niemand ist mehr an seiner Seite; Carolyne ist fort, Magne ebenfalls, Bülow ist nicht mehr da, es fehlen Bronsart, Tausig, Raff, Pohl, auch Cornelius, und schließlich der Dichter des Vereins, Hoffmann von Fallerlsleben. Der Herr auf Altenburg bekommt Post von seinem Vetter Eduard. Fast jeden Tag kommt ein neuerlicher Brief, der dunkle Wolken bringt und seine Seele schwer belastet, darunter auch die Nachricht, Daniel gehe es nicht gut, er werde von Tag zu Tag kränker.

Am 11. Dezember rennt Franz zur Eisenbahn, um nach Berlin zu fahren; von der Bahnstation rast er zu Cosima, wo er Daniel in seinen letzten Augenblicken antrifft. Er steht am Krankenbett und kann nur ein paar Worte an seinen Sohn richten. Am 13. Dezember stirbt Daniel, der die Winterferien bei seiner Schwester verbringen wollte, an Schwindsucht.

Monate später, auf den Pariser Straßen spazierend, trifft es Franz wie ein Blitzschlag: "Oh lieber Gott! Ich habe keinen Geistlichen zu meinem Kind gerufen!"

Am 14. Januar 1860 schreibt Franz einen Brief an seinen ungarischen Freund Anton Augusz, und gießt ihm den ganzen Schmerz über den Tod seines Sohnes aus. Als Daniel geboren wurde, hat er sich über ihn nicht so sehr freuen können. Es sind Jahre vergangen, ohne daß Vater und

Sohn sich trafen. Als halb erwachsener Junge wird er endlich als sein Liebling ins Herz geschlossen. Franz hat in seinem Sohn das Kind seiner Seele und seines Geistes wiederzufinden geglaubt, den Menschen, der sein Lebenswerk fortsetzen würde als Fackelträger seiner Ideen. Und als er ihn so liebgewonnen hat, verliert er ihn. Nach dem Tod des Kindes komponiert er das Stück *Les morts,* zu dem er als Text eine Rede von Lamennais verwendet. So will er sich für ewig seines Sohnes erinnern.

Am 26. Februar ist die Premiere von *Prometheus* in Wien. Dem größeren Teil des Publikums gefällt das Werk, aber eine organisierte Gegenpartei veranstaltete ein Pfeifkonzert und bringt das Stück zu Fall. Im März kommt die Nachricht, daß die Scheidung der Carolyne endlich ausgesprochen worden ist. So meint er, er kann doch den alten Traum wahrmachen und nach so vielen Jahren Carolyne zu seiner Ehefrau machen.

Doch auch dieses Projekt erleidet einen schmerzlichen Rückschlag. Der Bischof von Fulda, der für Carolyne zuständig ist, erlaubt die Trauung nicht mit der Begründung, die Dokumente seien durch Bestechung erworben worden. Die Fürstin beschließt, ihr Recht geltend zu machen, nach Rom zu reisen und dort ihre Angelegenheit entscheiden zu lassen.

Am 17. Mai fährt die Fürstin über Frankreich nach Rom. Liszt bleibt völlig allein zurück in Weimar. Er arbeitet die ganze Zeit, steht früh auf, übernimmt die Post eigenhändig und gibt dem zum Ableben seines Sohnes geschriebenen Werk *Les morts* die endgültige Form.

Am 8. September schreibt der Vater an Blandine: "Ich danke Dir für die Einzelheiten, die Du mir über die langsame, aber dennoch anhaltende Besserung im Zustand meiner Mutter schreibst. Eine Woche verbrachte sie bei Cosima in Berlin. Die Fürstin ist immer noch in Rom und steht im besten Verhältnis zu den höchsten und zuständigen Persönlichkeiten. Überglücklich erwarte ich sie Ende dieses Monats zurück."

Die Fürstin aber kehrt nicht zurück nach Weimar, weder am Ende des Monats noch später; sie bleibt bis zum Ende ihres Lebens in Rom.

Napoleon III. verleiht Liszt den Orden der Ehrenlegion. Das passiert just in dem Augenblick, in dem Franz sich am verlassensten fühlt. Die Altenburg ist leer und verwaist. In der klärenden Stille befaßt Liszt sich viel mit dem Gedanken an den Tod.

Er setzt sich am 14. September an den Schreibtisch und verfaßt sein Testament. Es beginnt mit den Worten: "Ich schreibe das am 14. September 1860, an dem Tag also, an dem die Kirche die Ehrung des Heiligen Kreuzes feiert. Dieser Feiertag paßt zu dem geheimnisvollen Gefühl, das mein Leben verwundet hat. Ich bin zwar im Laufe meines Lebens zahllose Male gestolpert und habe mich verirrt, was ich aus der Tiefe meines Herzens reumütig bedauere. Aus meinem Leben war das Heilige Kreuz niemals vollkommen verschwunden, im Gegenteil, es bestrahlte mit seinem Licht mein ganzes Leben.

Was ich Gutes tat oder dachte in den letzten zwölf Jahren, kann ich nur ihr verdanken, die ich mit so viel Sehnsucht hätte meine Gattin nennen mögen".

Ausführlich gedenkt er seiner Lebensgefährtin und auch seiner Mutter. Die autorisierte Abschrift des Testaments vom 14. September 1860 besagt: 1. Allgemeine Erbin ist Carolyne Fürstin v. Sayn-Wittgenstein, geborene Iwanowska, und sie ist zugleich Vollstreckerin des Testaments; 2. Das bei dem Pariser Bankhaus Rothschild hinterlegte Geld (etwa 220.000 Francs) ist die Aussteuer für die Töchter Blandine und Cosima; 3. Der in Paris lebenden Mutter, Anna Liszt, wird dieselbe Lebensrente vermacht, die sie derzeit schon bekommt.

Liszt zählt genauestens sämtliche Wertgegenstände auf, seine goldenen und silbernen Erinnerungsstücke, die Dirigentenstäbe, Gemälde, Wagners eigenhändige Partituren von *Lohengrin* und dem *Fliegenden Holländer*, Beethovens Klavier und andere Geschenke (die Hinterlassenschaften hatten im Jahr 1936 nach dem damaligen Reichsmark-Kurs einen Wert von 10 Millionen).

Der Schluß des Testaments ist erschütternd: "Ich wünsche, daß man mich einfach begräbt, ohne jeden Pomp, und wenn es möglich ist, nachts." Trotzdem klingen Dankbarkeit und Hochachtung aus der letzten Zeile: "Mit meinem letzten Seufzer werde ich Gott darum bitten, er möge Carolyne segnen!" Nachdem er das Testament geschrieben hat, bessert sich sein Gefühlszustand.

Das erste Kind Cosimas, Daniela Senta, wird am 12. Oktober 1860 geboren. Am 22. Oktober feiert Weimar Liszts Geburtstag. Das Publikum mit Dingelstedt an der Spitze veranstaltet einen Fackelzug. Liszt bekommt von seiner Majestät einen neuen Orden, den er apathisch annimmt.

Bevor er zur Taufe seines ersten Enkelkindes reist, schreibt Franz einen Brief an Agnes Street, worin er schlicht davon berichtet, daß er zum Ehrenbürger von Weimar ernannt worden ist. Die Taufe von Daniela von Bülow ist am 24. November.

Cosima wird darauf schwer krank; ihr Zustand bessert sich nur sehr langsam. Aber sie plant, Paris und ihrer Schwester einen Besuch abzustatten. "Gegen Mitte Januar besuche ich Euch", schreibt sie Blandine voller Hoffnung.

Im Januar 1861 kehrt Liszt nach Weimar zurück. Der Großherzog, der wieder zur Vernunft gekommen ist, bittet Liszt, das Musikleben in Weimar weiter zu leiten. Aber dieser hält an seiner Abdankung fest. Doch in jüngster Zeit ist sein Virtuosenblut, seine Künstlernatur wieder aufgeflammt. Das Publikum im Neuen Weimarer Kunstverein kann ihn am 21. Januar 1861 als Schubert-Interpreten bewundern. Und er spielt auch Teile der *Soirées de Vienne.*

Im Mai kommt Liszt in Paris an, in der Absicht, sich bei Napoleon III. für den Ehrenorden zu bedanken. Er besucht seine Mutter, die alten Freunde und die Gräfin d'Agoult. Am 29. Juni berichtet er der Fürstin Wittgenstein über seine Begegnung mit der ehemaligen Gefährtin: "Während sie mir zuhörte, überkam sie irgendeine starke Rührung, und ihr Gesicht war von Tränen bedeckt. Ich küßte sie auf die Stirn, nach vielen Jahren das erste Mal... Gott segne sie! Sie soll mir nichts Böses wünschen! Ihre Tränen flossen unverändert. Und sie sagte fast stotternd: 'Ich bleibe ewig treu zu Italien und Ungarn!' Daraufhin verließ ich sie in aller Stille. Während ich die Treppen hinunterging, erschien mir mein Daniel. In den drei, vier Stunden, die ich mit seiner Mutter verbrachte, fiel kein Wort über ihn."

Liszt trifft sich auch mit Wagner, der ihm mitteilt, er hoffe, Amnestie zu bekommen. Und tatsächlich kann Richard Wagner dank des Generalpardons schon am 7. August in Weimar sein, zur Gründung des Allgemeinen Deutschen Musikvereins.

Dieser Tag ist wieder ein Freudentag für Liszt. Im Festkonzert zur Gründungsfeier wird die *Faust-Symphonie* unter der Leitung von Hans von Bülow gespielt. Wagner, der in seiner Tasche die Partitur von *Tristan und Isolde* mitgebracht hat, ist Zuhörer. Außerdem wird Franz die Nachricht überbracht, der Papst habe die Bitte der Fürstin erfüllt und sei mit der Heirat von Franz und Carolyne einverstanden.

In den nächsten Tagen verschließt er die Altenburg und verlegt seinen Wohnsitz für einige Tage ins Hotel Erbprinz. Danach verabschiedet er sich vom Neuen Weimarer Musikverein, seinen Freunden und den Mitgliedern des Orchesters. Vor der endgültigen Abreise besucht er den Fürsten von Coburg in Reinhardsbrunn, und im Anschluß daran ist er drei Tage lang beim Großherzog von Weimar in Wilhelmstadt zu Besuch.

Franz Liszt verläßt Weimar am 17. August.

CAROLYNE VERZICHTET

Franz Liszt fährt nach Berlin zu den Bülows und noch einmal nach Paris. Hier trifft er sich wieder mit Marie d'Agoult und mit seiner Mutter Anna. Gerührt betrachtet er das alte

Heim, welches seine Mutter mit so großer Sorgfalt hütet und pflegt. Jedes Stück ist sozusagen unverändert am alten Platz geblieben. Hier steht sein Klavier, auf dem Chopin und Mendelssohn gespielt haben, der Schreibtisch, auf dem er die erste Skizze seines Paganini-Aufsatzes hinschrieb, die Bücher, an deren Rand seine eigenhändigen Anmerkungen zu sehen sind.

Mit Schmerzen betrachtet er, wie schwach und verblichen seine Mutter geworden ist. Sie bleibt der Gegenwart verschlossen, lebt nur in der Vergangenheit und geht ganz in ihren Erinnerungen auf: Raiding, Eisenstadt, Czerny, der teure alte Erard. Mit Tränen in den Augen erwähnt sie Adam, ihren verstorbenen Gatten.

Liszt möchte noch Blandine und ihren Mann auf ihrem Gut in St. Tropez besuchen, doch ein Brief von Fürstin Wittgenstein veranlaßt ihn, weiterzureisen, um zu seinem Geburtstag in Rom anzukommen.

Von Marseille aus schreibt er ihr noch einen Brief: "Das sind meine letzten Zeilen. Meine lange Verbannung ist zu Ende. In fünf Tagen werde ich in Ihnen meine Heimat, meinen Herd und meinen Altar wiederfinden."

Franz Liszt kommt am 20. Oktober in Rom an. Alles wird so eingerichtet, daß sie an seinem 50. Geburtstag Hochzeit halten können. In der Kirche San Carlo al Corso wird am Vorabend alles vorbereitet für die Zeremonie, die am nächsten Tag erfolgen soll. Liszt und die Fürstin halten sich in der Wohnung auf der Piazza di Spagna auf, als ein unerwarteter Gast eintritt. Der Legat des Papstes überbringt die Nachricht, die Hochzeit könne nicht stattfinden, weil der Heilige Vater auf neuerliches Ansuchen der Familie Wittgenstein die Überprüfung der Dokumente angeordnet hat. Damit hat Carolyne den zwölfjährigen Nervenkrieg verloren. Sie hält es nicht weiter aus. Sie verzichtet darauf, jemals die Gattin von Liszt zu werden.

Sie überredet nur Liszt, sich auch in Rom niederzulassen. Als drei Jahre später der Papst stirbt und der Eheschluß wieder in den Bereich des Möglichen rückt, bleibt Carolyne bei ihrem Verzicht. Es ist zu spät. Sie hätte sich nicht mehr freuen können. Allmählich verfällt sie in einen religiösen Wahn und versucht, in literarischer Tätigkeit einen Ausweg zu finden. Tag und Nacht schreibt sie, aber keine Gefühlsergüsse, sondern theologische Studien, die von vornherein zur Unfruchtbarkeit verurteilt sind. Liszt kann ihr nur mit Rührung und Mitleid zusehen.

Franz fühlt sich plötzlich für ihr mißlungenes Leben verantwortlich. Das Paar wohnt jedoch nicht mehr zusammen. Eigentlich ist er zu jedem Opfer bereit gewesen. Doch was Carolyne fordert, gleicht dem Opfer seiner ganzen Kunst. So, wie sie sich der kirchlichen Schriftstellerei widmet, soll sich Franz der kirchlichen Musik widmen. Dabei kommt Carolyne zum ersten Mal auf den Gedanken, Franz solle endgültig in den kirchlichen Orden eintreten.

Liszt vergräbt sich in die Komposition der Elisabeth-Legende. Am 25. Dezember schreibt er einen Brief an Blandine: "Mein Leben ist hier gesicherter, geordneter, harmonischer, als es in Deutschland war. Ich hoffe, daß dieses Ergebnis an meinem Schaffen spürbar sein wird. Ich habe eine sehr schöne kleine Wohnung, nahe beim Pincio, in der ersten Etage: Via Felice 113".

Liszt arbeitet auch zu Anbruch des Jahres 1862 an der Elisabeth-Legende. Er geht zwar noch in Gesellschaft, trotzdem ist ihm anzumerken, daß er aus dem Leben flüchten will. Sein zweites Enkelkind wird geboren, es ist von Blandine. Der Junge erhält den Namen Daniel. Bei Ferdinand Gregorovius, dem berühmten deutschen Historiker, mit dem Liszt sich bekannt gemacht hat, findet sich in seinem römischen Tagebuch folgende kurze Beschreibung: "Er ist eine auffallende, dämonische Erscheinung, groß, mager, und hat lange Haare".

Am 19. Juli schreibt Liszt an Blandine: "Ich bin sehr glücklich, meine teure Blandine, daß das glückliche Ereignis so gut verlief, und daß Du Deine Aufgabe so tüchtig verrichtet hast." Er schwelgt ganz nichtsahnend im Familienglück, wie auch der nächste Brief vom 12. September beweist: "Teure, liebe Mutter! Wenn mein Brief auch nur ein Hundertstel Freude Ihnen bereitete, wie mich Ihr Brief, Mutter, erfreute, kann ich mich wirklich zufrieden geben, denn dann habe ich schon sehr viel Freude. Ihre Schrift wird immer schöner von Jahr zu Jahr, so sehr, daß ich von Ihnen Kalligraphiestunden nehmen möchte. Und die Zeugenschaft Ihrer Liebe, sie wird auch von Jahr zu Jahr süßer und stärker in meinen Augen. Zu Tränen gerührt bin ich von dieser Andacht, wie Sie meines Vaters gedenken, und ich danke Ihnen von ganzem Herzen, daß Sie am 28. August zugleich an ihn und an mich gedacht haben... Ja wirklich, meine teure liebe Mutter, Sie haben ganz recht gehabt, als Sie sagten, daß unter tausend und abertausend Vätern kein einziger imstande gewesen wäre, sich selbst so aufzuopfern, und auch nicht zu solcher Ausdauer und solcher intuitiven Trotzköpfigkeit, wie es so außerordentlichen Charakteren eigen ist. Doch da Sie, meine Mutter, als folgsame Gattin und liebevolle Mutter von Stunde zu Stunde, von Tag zu Tag Gefährtin waren in alldem, was mein Vater für mich tat, lassen Sie mir Ihnen, liebe Mutter, mit der größten Dankbarkeit geben, was Ihnen gebührt. Wenn Sie mir schreiben, geben Sie mir den Segen mit dem von meinem Vater zusammen. Von ganzem Herzen nehme ich den Segen entgegen und bitte Gott, möge er seinen Segen mit den guten Wünschen Ihres lieben Sohnes Franz Liszt vereinigen."

Dies ist der romantisch-überschwengliche Ausdruck von Franz Liszts Elternliebe. Doch am Tag, bevor er diese gefühlvollen Zeilen niederschreibt, stirbt gänzlich unerwartet Blandine in St. Tropez, was wieder große Trauer in die gerade so gelassene väterliche, ja sogar schon großväterliche Seele bringt.

Franz geht auf im Schmerz über seine Tochter, die so plötzlich aus dem Leben geschieden ist. Jetzt hat er nur noch ein einziges Kind, Cosima. Wird sie sich als eine wahre Tochter von ihm erweisen? Äußerlich vielleicht, denn sie sieht dem braven Bruder Daniel ähnlich, kann aber ihre Liebe zum Vater nicht so genau zeigen.

ORATORIEN, MESSEN UND CHORÄLE

Franz hat im August schon das Oratorium *Die Heilige Elisabeth* zu Ende geschrieben, er berichtet im November dem Großherzog von Weimar davon: "Die *Legende der Heiligen Elisabeth* ist fertig. Außerdem habe ich noch einige Kompositionen angefertigt, die mit derselben Emotion Verbindung haben. Die eine ist *Vision in der Sixtinischen Kapelle*. Das Elend und die Sorgen der Menschen weinen im *Miserere* um Gottes unendliche Barmherzigkeit, und seine Gnade, mit der er uns erhört, leuchtet im *Ave Verum Corpus*."

Am 14. November schreibt er an seinen Vertrauten Carl Gille: "Im Laufe des Jahres habe ich ungefähr dreihundert lange Partiturenseiten dicht vollgeschrieben, und nebenbei einige überschüssige Stücke erzeugt. Wozu ist das alles gut?"

Liszt beschäftigt sich immer mehr mit den gregorianischen Chorälen, er gibt sich Mühe, in die Tiefe der reichen Melodienkultur einzudringen. Die traditionelle einstimmige Form gräbt sich ein in seine schaffende Phantasie.

19. November. Liszt schreibt an seinen Vetter Eduard: "Ich habe den Entschluß gefaßt, den Plan meines Christus-Oratoriums zu verwirklichen. Da ich meine Schwächen und meine Stärken kenne, rechne ich damit, daß ich meinen Plan bis 22. Oktober 1863 verwirklichen werde."

Ende des Jahres wird in Rom der *Sonnenhymnus des Heiligen Franziskus von Assisi* (die erste Variante des Oratoriums *Cantico del sol di San Francisco d'Assisi*) aufgeführt.

Die erste Hälfte des Jahres 1863 verbringt er mit Komponieren. In dieser Zeit fertigt er die *Spanische Rhapsodie* und zwei Konzertetüden für die Klavierschule Lebert & Stark an (*Das Waldesrauschen* und *Tanz der Heinzelmännchen*). Er komponiert auch Orgelwerke, arbeitet an seinem Christus-Oratorium weiter, dessen Text er schließlich selbst zusammenstellt aus Bibelstellen, mittelalterlichen Hymnen und Liturgien.

Am 21. März wird Liszt eine große Anerkennung zuteil. In Wien, in der kaiserlichen Druckerei, ist die *Graner Messe* gedruckt worden.

Liszt führt 1863 wirklich ein Einsiedlerleben im geschäftigen und lauten Rom, wohin sonst so viele andere Künstler kommen, um einmal tief in das Leben unter südlicher Sonne zu tauchen. Franz fühlt sich nicht sehr wohl in seiner derzeitigen Wohnung; die Via Felice liegt in einer zu unruhigen Gegend. Deshalb nimmt er die Einladung vom Archivar des Vatikans an, der ihm eine Wohnung, etwa eine Stunde entfernt von der Stadt, im kleinen Kloster Madonna del Rosario am Monte Mario anbietet. Franz besichtigt den Ort und findet sogleich Gefallen daran. Ein solches Heim hat er sich schon immer gewünscht, hier hat er die ruhige Klause, die er für seine Arbeit braucht. Man hat von hier eine wunderbare Aussicht auf ganz Rom, die Campagna und die Sabiner Berge. Er beschreibt dieses neue Heim folgendermaßen: "Ich höre die Glocken von drei verschiedenen Kirchen, die abwechselnd läuten, wie Schildwachen."

Zur Tausendjahrfeier der Heiligen Kyrillos und Methodios am 3. Juli wird die Erstaufführung des Stückes *Slavimo slavno Slaveni* in Rom veranstaltet. Liszt arbeitet an zwei weiteren Stücken: *Der Heilige Franziskus von Assisi predigt den Vögeln* und *Der Heilige Franziskus von Paula wandelt auf den Wellen.* So sehr beschäftigt er auch ist, findet er doch jeden Tag Zeit, einen Brief an die Fürstin Wittgenstein zu schreiben. Sie sind einander nahe und doch zu weit.

Am 11. Juni erwarten Liszt und das Kloster auf dem Monte Mario allerhöchsten Besuch. Papst Pius IX., schon 71 Jahre alt, erweist dem großen Komponisten seine Reverenz. Liszt spielt dem Heiligen Vater auf dem Harmonium und auf seinem Arbeitspiano vor. Sie unterhalten sich über die Kirchenmusik und tauschen ihre Ansichten aus.

Liszt breitet seine Pläne aus, die Kirchenmusik zu reformieren. Der oberste Kirchenherr hört sich Liszts Ausführungen aufmerksam an. Er ist geneigt, Liszt mit der Leitung der Kirchenmusik zu betreuen, denn der Ausgangspunkt der erneuerten Musik sollte Rom sein. Pius IX. hat einen Vorschlag. Er würde Liszt gerne als Leiter der Sixtinischen Kapelle begrüßen. Dazu brauche er nur einen Schritt zu tun: Der Gast im Franziskanerkloster soll sich als Geistlicher die niederen Weihen geben lassen.

Diesen päpstlichen Vorschlag begrüßt Carolyne freudig, und das bekräftigt den Entschluß Liszts, in den Verband der Kiche einzutreten.

Agnes Street erhält unter dem Datum 6. 12. 1863 wieder einmal Post aus Rom: "Aus St. Petersburg lud mich die Philharmonische Gesellschaft ein, ich sollte in der nächsten Saison zwei Konzerte dirigieren, und sie würden gerne Werke von mir aufführen, die nicht verstanden worden sind. Daraufhin gab ich den Herren von Petersburg die Antwort, ich bleibe auch weiterhin eigensinnig in meiner Höhle und arbeite höchstens daran, immer weniger verstanden zu werden."

Die Monate Januar und Februar 1864 vergehen mit Arbeit. Selten geht Franz in Gesellschaft. Im März kommt die Nachricht, Fürst Wittgenstein sei gestorben. Damit stünden Carolynes Eheschließung nichts und niemand mehr im Wege. Die Fürstin, die sich aus ihren sich anhäufenden theologischen Studien nicht mehr lösen kann, bleibt bei ihrem Verzicht. Die Ehe ist mit ihrer religiösen Verfassung nicht mehr zu vereinbaren.

Am 24. März gibt es einen der wenigen Auftritte Franz Liszts, und zwar in der Academia Sacra, ein Wohltätigkeitskonzert.

Liszt ist Mitte Juli in Tivoli in der Villa d'Este beim Kardinal Hohenlohe zu Gast. Der Kardinal hat Liszt auf dem Monte Mario besucht und ihm vorgeschlagen, er soll für einige Zeit zu ihm umziehen. Neue Umgebung, neue Menschen, neue Gedanken. Der Kardinal sucht seinen Gast täglich auf, um zu erfahren, ob sich Franz mit dem Gedanken befreundet hat, die Leitung der Sixtinischen Kapelle zu übernehmen und dafür den niedrigsten Rang im kirchlichen Orden anzunehmen. Liszt bleibt die entscheidende Antwort noch schuldig.

Anfang August wird Franz nach Karlsruhe zum Musikfest eingeladen, bei dem seine eigenen Werke auf dem Programm stehen sollen. Seine Werke hatten großen Erfolg beim Vortrag, aber Franz Liszt hat auch noch einen persönlichen Grund, weshalb er nach Karlsruhe will. Es kommen besorgniserregende Nachrichten über Cosima und Hans. Cosima erscheint allein in Karlsruhe, während Hans wegen Krankheit in München bleibt, wohin ihn der bayrische König mit einem Gehalt von 2000 Gulden im Monat als 'Hofkünstler' verpflichtet hat.

Liszt überzeugt sich von Bülows Gesundheitszustand. Wegen zu angestrengter Arbeit sind ihm die Nerven durchgegangen, und er liegt nicht arbeitsfähig in der Münchner Wohnung. Wagner erfährt von Liszts Ankunft in München, holt ihn ab und nimmt ihn mit in seine Villa am Starnberger See, die seine Majestät, der König von Bayern, ihm zur Verfügung gestellt hat. Wagner hat jetzt festen Boden unter den Füßen, lebt in ruhiger Umgebung, jedoch ohne seine Frau Minna. Er spielt Liszt die *Meistersänger* vor, und der Gast revanchiert sich mit einem Vortrag aus dem *Christus-Oratorium*. Beider Verhältnis ist anscheinend dabei, sich wieder zu normalisieren.

Im September fährt Liszt nach Weimar. Von dort aus resümiert er Carolyne gegenüber: "...in Zusammenhang mit dem Bedauern, den mein Abgang vom Weimarer Theater verursachte, antwortete ich: Die Glanzzeit der Weimarer Oper ist und bleibt die Zeit, als man mich am meisten beschimpft hat!"

Fluchtartig verläßt er seine alte Wirkungsstätte wieder und reist hektisch durchs Reich, bis ihm plötzlich einfällt, seine Mutter und Marie d'Agoult mit einem Besuch zu überraschen.

Am 4. Oktober ist Liszt in Cosimas Anwesenheit mit der Gräfin d'Agoult zusammen. Nach der Begegnung fährt er nach St. Tropez und besucht das Grab von Blandine. Jetzt wird er eigentlich erst mit seinem Schwiegersohn und dem kleinen Enkel bekannt.

Am 18. Oktober kehrt Liszt nach Rom zurück, um seine unbeendete Arbeit fortzusetzen. Er gibt wieder Unterricht, aber nicht auf dem Monte Mario, sondern im Römischen Palais von Monsignore Vardi. Er unterrichtet mit viel Geduld und großem Verständnis. Gespielt werden Bach, Schumann, Beethoven, Weber, Scarlatti, Mendelssohn, und wenn einer der Schüler Liszt-Werke anstimmt, bekommt Franz ein trübes Gesicht. Er liebt es nicht, wenn man ihm schmeichelt.

Er überarbeitet weiter seine Werke. *La notte* ist der neue Titel von *Morts années; Il pensieroso*, der zweite Teil im Zyklus der drei Traueroden, wird für Orchester umgeschrieben.

Der Präsident der Musikschule Pest ersucht Liszt, zum 25. Jubiläum des 1840 gegründeten Instituts im Mai nächsten Jahres das *Oratorium der Heiligen Elisabeth* persönlich zu leiten. Die ungarische Musikwelt fühlt, daß sie Liszt, einem der Hauptbegründer des Instituts, diese Ehrenbezeugung schuldig ist. Liszt antwortet am 3. Januar 1865 auf das Schreiben in französischer Sprache. In der Musikschule wird der Brief irrtümlich als Absage gelesen. Das gibt einerseits Ursache zu Bedauern, andererseits zu einem Angriff. Die Musikzeitung in Pest fordert die Veröffentlichung von Liszts Brief im Originalwortlaut, um festzustellen, ob man den Sinn absichtlich verfälscht hat, oder ob es sich um einen Irrtum handelt.

Die Richtigstellung des Liszt-Briefes erfolgt in der Nummer vom 2. Februar. Es werden der französische Originaltext und die ungarische Übersetzung abgedruckt. Liszt teilt im Brief lediglich mit, daß er wegen einer früheren Verpflichtung nicht erscheinen könne, an einem anderen Termin aber bereitwillig zur Verfügung stehe. Die Leitung der Musikschule verschiebt darauf die für Mai geplante Feier auf August. Liszt nimmt die Entscheidung gern zur Kenntnis und verpflichtet sich, als Künstler mitzuwirken. Er ver-

spricht, daß er die Partitur des Oratoriums kurzfristig schikken und einen Monat vor dem Vortrag des Werkes schon in
Ungarn sein werde, um die Vorbereitungen der Aufführ-
rung persönlich leiten zu können.

24. Februar. Liszt schreibt aus Rom einen Brief an Carl
Gille: "Diesen Sommer werde ich im August nach Pest reisen müssen, wo man mich zum 25. Jubiläum des Konservatoriums im großen Stil mit musikalischen Vorträgen feiern
will. Die Partitur von meinem Werk, des *Oratoriums der
Heiligen Elisabeth,* befindet sich seit September im Besitz
von Carl Götz in Weimar. Bitte sorgen Sie dafür, daß die Ko-
pie in kürzester Zeit abgeschrieben wird, und schicken Sie
diese Partitur zusammen mit der Partitur des *Prometheus,*
die bei Kahnt erschienen ist. Für die ungarische Übersetzung des Textes haben wir nur wenig Zeit."

Liszt beklagt sich brieflich auch, daß er seit Neujahr
durch verschiedene gesellschaftliche Verpflichtungen an
der Arbeit gehindert werde. Die dem Papst gewidmete Ka-
pellenmesse ist noch nicht fertig. Liszt versucht es mit
einem Rückzug von dem lauten gesellschaftlichen Leben,
in dem er immer gern gesehen war. Es fällt ihm nicht leicht,
den Geselligkeiten bei Graf Arnim, dem preußischen Botschafter, Kurd von Schlözer, dem Hofrat der Donaumonarchie, Fürst Sermoneta, dem berühmten Dante-Forscher,
und auch den alten Malerfreunden Cornelius und Overbeck fernzubleiben. Doch am meisten vermißt er zwei
strahlende Schönheiten: Donna Laura und Donna Maria
Mighetti. Franz ist vor allem den schönen Hausfrauen zuliebe auf die Gesellschaften gegangen, doch nun hat ihn
seine Schwäche an den Punkt geführt, wo es verfänglich
wird. Ein kleiner Rückzug kann ihm nur helfen, Abstand zu
gewinnen.

Aber es treten immer neue Persönlichkeiten in Liszts Leben: Lindemann-Fromell, Passini und ein eben aus
Deutschland angekommener Künstler: Riedel. Unerwartet
erscheint auch Gregorovius, der korpulenter geworden ist,
ein respektvoller Professor, der Liszt wieder dafür gewin-

nen kann, in der Gesellschaft Klavier zu spielen. Er intoniert Chopin, Schubert, Beethoven und schließlich seinen *Mazeppa*, den qualvoll herrlichen Galopp.

Im großen Saal des Capitols spielt Franz *Cantique d'amour*, und auf den nicht enden wollenden Aplaus hin auch *Charité* von Rossini.

Im Kloster Madonna del Rosario beendet Franz die *Missa choralis* für gemischten Chor und Orgel. Dies ist, abgesehen vom Geist der gregorianischen Choräle, das erste Ergebnis seiner Bestrebungen zur Erneuerung der Kirchenmusik. Die *Missa choralis* verzichtet auf jede äußerliche Wirkung, die Harmoniewelt der alten Kirchenmusik ist darin modal neu erschaffen.

Ein schwerer und schwerwiegender persönlicher Entschluß ist nun auch gefaßt. Am 20. April ist für Liszt der Tag eines Carnevals im doppelten Sinne. Wörtlich genommen ist es sein Abschied vom weltlichen Leben. Dieser Abschied wird karnevalsmäßig im Palazzo Barberini vor einem vornehmen Publikum gefeiert mit Stücken wie Webers *Aufforderung zum Tanz* und Schuberts *Erlkönig*.

Ein sonderbarer Abschied von der Weltlichkeit, stellt einige Tage später Ferdinand Gregorovius fest: "Niemand ahnte, daß er die Abbé-Strümpfe schon in der Tasche hatte. Das ist also das Ende des genialen Virtuosen, einer wirklich beherrschenden Persönlichkeit. Es freut mich, daß ich Liszt noch Klavier spielen hörte, und hatte das Gefühl, daß er und sein Instrument zu einer Einheit zusammengewachsen waren wie ein Klavier-Kentaur."

Liszt zieht sich ins Kloster zurück. Er fürchtet sich vor Bindungen, sieht sich jetzt aber auf ganz neue Art gebunden. Sein Vater fällt ihm ein, der war auch ein Mönch, der die vollkommene Unterordnung nicht ertragen konnte. Liszt folgt ihm nach. Er tritt bei den Franziskanern ein, doch nur in den dritten, niedrigsten Grad, der ihm noch gestattet, wieder ins weltliche Leben zurückzukehren, und ihm auch kein Keuschheitsgelübde abverlangt.

Der Gedanke für diesen Schritt ist im Kopf der Carolyne

entstanden, das ist eine bewiesene Tatsache. Weitere Förderung hat er vom Kardinal Hohenlohe erfahren. Was hat Liszt selbst zu diesem Schritt veranlaßt? In erster Linie seine Gläubigkeit. Er fand im Glauben Schönheit und Ruhe. Das beweisen auch seine Werke. Außerdem ist es einer der größten Wünsche von Carolyne gewesen, und deren Einfluß darf bei diesen Dingen zu keinem Zeitpunkt unterschätzt werden. Das entscheidende, persönliche Argument ist aber die Flucht.

Der Bruderorden gibt ihm Ruhe und eine Zuflucht vor den Menschen, insbesondere den Frauen. Denn immer noch ist er ein schöner Mann, anziehender für die Frauen noch als in seiner Jugend, wenn er auch als junger Mann vielen den Kopf verdreht hat. Sie haben ihn immer am meisten von der Arbeit abgehalten. Franz Liszt blickt tief in sich selbst hinein. Er hofft inständig, das Ordensgewand möge ihm Schutz bieten, nicht nur vor der Welt, sondern auch vor sich selbst. Trotz seiner 50 Jahre sind sein Körper, seine Sinne und Nerven, sein Blut und seine Phantasie noch jung geblieben. Das geistliche Gewand sollte ihm Hilfe und Stütze sein, wenn seine Willenskraft sich manchmal als zu schwach erweisen sollte.

Liszt berichtet Fürst Hohenzollern-Hechingen: "Dienstag, den 25. April, am Fest des Evangelisten San Marco, trat ich, nachdem ich den niederen Grad in der Kapelle des Erzbischofs Hohenlohe angenommen hatte, in den Verband der Kirche ein."

Kurd Schlözer berichtet auch von dem Fall: "Die Angelegenheit war schon vor längerer Zeit vorbereitet worden. Seit Monaten wurde darüber gemunkelt. Und jetzt, als die Bombe platzte, rieben sich die Leute doch die Augen vor Verwunderung."

Von Kardinal Hohenlohe empfängt er in dessen Privatkapelle im Vatikan die Tonsur. Dies ist der heikelste Moment der gesamten Prozedur, denn auf seine auffällig lange Haarpracht ist Franz immer stolz gewesen. Nach der Aufnahme in den Orden bleibt Liszt im Vatikan. Seine Zimmer sind "sehr bequem, und nur ein paar Schritte von der Sixtinischen Kapelle entfernt", wie er an Carolyne schreibt.

Seine Weimarer Gefährtin freut sich und findet ihre Ruhe wieder, denn der Fall gibt ihr die Genugtuung, daß alles ihr zuliebe geschehen ist, und nur darum, weil Franz sie nicht hat heiraten können. Die Nachricht von Liszts Einkehr in den Schoß der Kirche verbreitet sich schnell und erregt sowohl Verwunderung wie Spott. Seine Feinde sehen in ihm einen Abbé Don Juan.

Im Mai übersiedelt er in die Villa d'Este auf Einladung des Kardinals Hohenlohe. Am 5. Mai besucht Kurd Schlözer Liszt dort das erste Mal und erinnert sich an den Fall: "Er trug eine lange schwarze Reverende, schwarze Schuhe und Strümpfe. Der dreieckige Hut lag vor ihm auf dem Tisch. Ein unglaublich tüchtiger Kerl! Dabei hat er nicht im geringsten Maße die Absicht, auf die Musik zu verzichten."

Seit mehreren Monaten kommt keine Nachricht der Pester Kommission fürs Jubiläum. Aber für Liszt hat es den Anschein, als habe sich nichts am dortigen musikalischen Programm geändert. Er plant, Anfang August über Ancona, Triest und Wien mit dem Zug nach Pest zu fahren.

So langt er auch am 5. August mit dem Abendzug in der ungarischen Metropole an. Er geht zu Fuß durch den eben fertiggewordenen Tunnel vom Südbahnhof zur Kettenbrücke in sein Quartier im Hotel 'König von England'. Am 9. August vormittags erscheint das Festkomitee bei Liszt. Am Abend hört er sich die Chorproben für die *Heilige Elisabeth* an. Im Anschluß daran ist er beim Pfarrer Schwendtner eingeladen. Das Essen vergeht in fröhlicher Stimmung.

Ein paar Tage später klopfen drei Gäste an die Tür von Liszts Hotelzimmer: Liszt läßt sich nicht gerne in seiner Arbeit stören - er sitzt an den letzten Noten des Oratoriums. Doch Cosima mit Gemahl und der Verwandte Eduard sind willkommen. Das Ehepaar Bülow ist die Sensation in Pest; besonders Cosima interessiert die Menschen.

Ganz Pest ist am 15. August feierlich beflaggt. Zu Tausenden strömen die Neugierigen schon am frühen Morgen zur Redoute, obgleich das Konzert erst abends beginnt. Nach den einführenden Worten nimmt der Präsident des Konservatoriums einen Stab aus Rosenholz mit silbernem Griff in die Hand und überreicht ihn Franz, der damit die Erstaufführung dirigieren soll. Der Komponist hat einen Chor von 500 Sängern vor sich.

Die Aufführung wird am nächsten Tag in der Zeitung *Pesti Napló* folgendermaßen gewürdigt: *"Liszt dirigierte wie ein Komponist, nicht wie ein Dirigent, wobei er bei manchen Stellen nachdachte und den Dirigentenstab zu bewegen vergaß, eher mit Ausdruck die Richtung angab, während hinter ihm Erkel (damit ihn Liszt nicht sieht) voller Eifer und mit gewohnter Lebhaftigkeit das Orchester dirigierte."* Diese Dirigierweise ist eine besondere Eigenart Liszts.

Vom Oratorium selbst steht in der Zeitung: *"Eine Sensation in der Musikliteratur. Man könnte sagen epochal und unübertrefflich. Der allerkälteste Laie mußte von dieser erhabenen Poesie, die in die Höhe strebte und meisterhaft ausgearbeitet war, mitgerissen werden. Jede Einzelheit wurde mit ungeteilter und gesteigerter Zustimmung aufgenommen."*

Liszt berichtet am nächsten Morgen als erstes der Fürstin Wittgenstein: "Die Abendzeitungen sind voll mit meinem Namen. Der große, prächtig ausgeschmückte Saal der Redoute ist sicher größer als das Capitol in Rom. Es haben zwei- bis dreitausend Menschen Platz. Die *Elisabeth* wird neuerlich aufgeführt, zum dritten Mal, wahrscheinlich wird auch eine vierte Aufführung folgen."

Ein zweites großes Konzert beginnt am 17. August um zehn Uhr vormittags, ebenfalls in der Redoute. Das Programm: "1. Festouvertüre für großes Orchester, für diese Gelegenheit komponiert von Robert Volkmann; der Komponist leitet die Aufführung persönlich; 2. *Sappho*, dramatische Szene für Sologesang mit Orchesterbegleitung; der Komponist ist Robert Volkmann; 3. Ungarisches Violinkonzertstück mit Orchesterbegleitung, zu dieser Gelegenheit komponiert und vorgetragen von Ede Reményi; 4. Hallelujah, aus dem Oratorium *Der Messias* von Händel; 5. Symphonie zu Dantes *Divina Comedia*, komponiert von Franz Liszt (zwei Teile: I. *Inferno*, II. *Purgatorio* und Schlußchor), vorgetragen unter der persönlichen Leitung des Komponisten; 6. Festmusik für großes Orchester, komponiert von Michael Mosonyi; 7. Ungarische Volkslieder, vorgetragen von Cornelia Hollósy-Lonovits; 8. *Rákóczi-Marsch*, Transkription für großes Orchester von Franz Liszt, vorgetragen unter der persönlichen Leitung des Komponisten.

Nach dem Konzert geht Liszt mit Bülows und Reményi in das Palais des Fürstprimas, wo anläßlich des Geburtstages des Königs sie an einem Festmahl teilnehmen sollen. Cosima strahlt, Bülow begeistert sich, und es ist ein Wunder, daß er sich mit niemandem zankt. Eduard fühlt sich direkt im siebten Himmel, denn in der Umgebung von Franz gibt es Ränge, Adel, Wappen, eiserne Kronenorden, hohe kirchliche Würden und amtliche Macht. Ein Festessen zu Ehren Liszts gibt es am 19. August. Cosima sonnt sich begeistert im Ruhm, der Franz Liszt zuteil wird.

An der Prozession zur Erinnerung an den ersten ungarischen König, Stephan dem Heiligen, die am nächsten Tag stattfindet, nimmt auch Franz Liszt teil, in kirchlichem Gewand. Er hat sich zu dieser Gelegenheit ein Chorhemd gekauft und schreitet mit einer Kerze in der Hand einher. Cosima, Bülow und Reményi sehen sich die glanzvolle Prozession aus einem Fenster, das ihnen zur Verfügung gestellt wurde, mit an. Franz fällt mit seinen langen Haaren, mit seinem vorteilhaft geschnittenen kirchlichen Gewand und den neuen Schnallenschuhen auf, er unterscheidet sich von den anderen Geistlichen, wird sogleich vom Volk erkannt, das die Straßen entlangsteht, und immer lauter hört man das Zischen des -sz-, soviel wird aus dem Gemurmel des Publikums vernehmlich, wenn es hundertfach den Namen Liszt ausspricht.

Das Oratorium wird am 25. August wiederholt, und das Orchester spielt bei dieser Gelegenheit den *Rákóczi-*

Marsch. Noch am selben Abend berichtet Franz in einem Brief an Carolyne: "Ich schließe noch einige Brocken von Nachrichten an über die Prozession am Sankt Stefans-Tag, an der ich im Chorhemd teilgenommen habe... Am Samstag gehe ich nach Gran auf Einladung des Kardinals... Man sagt, er wird mich um die Krönungsmesse bitten. Die wichtigsten Zeitungen bringen schon Meldungen darüber... Vielleicht fahre ich zu Augusz für eine Woche und mache von dort aus einen Sprung nach Raiding, vielleicht werde ich auch in Raab Halt machen und nehme dann die Bülows mit nach Venedig, und werde Sie wohl vor Ende September wiedersehen."

Der Fürstprimas verspricht ihm tatsächlich, er werde in Wien bei Hof die Aufführung der Krönungsmesse empfehlen.

Am 29. geben Liszt, Reményi und Bülow ein Konzert in der Redoute. Die Eintrittskarten kosten unglaublich viel, trotzdem ist alles ausverkauft. Das Programm besteht aus Liszt-Werken. 1. *Ave Maria, Cantique d'amour* (1845), gespielt von Franz Liszt; 2. *Drei Zigeuner*, vorgetragen von Ede Reményi, begleitet von Plotényi; 3. *Sankt Franziskus Legenden*, vorgetragen von Franz Liszt; 4. *I. Ungarische Rhapsodie*, vorgetragen auf zwei Klavieren von Franz Liszt und Hans von Bülow; 5. *II. Ungarische Rhapsodie*, vorgetragen von Franz Liszt und Ede Reményi. Die Einnahmen stiftet Liszt für einen wohltätigen Zweck.

Am Abend des 30. August wird beim Pfarrer ein Abschiedsessen gegeben mit vielen Gästen. Liszt und Bülow spielen zusammen das Werk *Parademarsch der Künstler.*

Die Reisegruppe ist bei Baron Augusz eingeladen. Das bedeutet eine sechsstündige Fahrt mit dem Schiff, danach Umsteigen in den Wagen zur Residenz des Barons.

Die achtzehnjährige Tochter des Baron, Anna, trägt in ihr Tagebuch ein: "Am Abend erklärte sich Liszt mit der größten Bereitwilligkeit dazu bereit, mit Plotényi vierhändig mehrere Teile aus der Festmesse vorzutragen. Das hätte man sehen müssen! Den prächtigen, durchgeistigten Kopf des Abbés, wie fein er den Glauben im *Credo* ausdrücken kann. Dann spielte der Abbé aus Bülows Walzern einige, dann griff Reményi zum Bogen und trug vollkommen das von Liszt vertonte Lenau-Gedicht *Die drei Zigeuner* vor. Beim Spielen rauchte Liszt eine Zigarre. Seine gute Cosima war ständig neben ihm...

Der 3. September, Sonntag. Der Abbé stand früh auf, während Cosima erst nach zehn Uhr hervorkam. Nach dem Mittagessen machten wir einen Ausflug, dann machte sich die Gruppe auf den Heimweg. Der Abbé hielt streichelnd die Hand der Cosima, die hinreißend wohlwollend war."

Liszt berichtet folgendermaßen von den weiteren Ereignissen: "Abends erschien eine Abordnung mit Fackeln vor dem Fenster der Wohnung; sie sangen drei Lieder. Anstatt eine Rede an die Einwohnerschaft zu halten, ließ ich das Klavier nahe ans offene Fenster rücken, und Reményi und ich spielten eine ungarische Rhapsodie, und mit Hans den *Rákóczi-Marsch.*"

4. September, Montag (wieder aus Annas Tagebuch): "Am Morgen hörte ich, daß der brave Abbé in seinem Zimmer Klavier spielte, danach kam er herunter zu uns ins Eßzimmer, um mit Mama den Speiseplan zusammenzustellen: Suppe, Vorspeisen (Sardinen, Kaviar, Melone und Fisch), Rindfleisch mit Beilage, Hasenbraten mit Salat, süße Nudeln, Dessert. Remény schlug noch vor: 'Geigensaiten mit Parmesan. Blumensträuße, Sturm-Offertorium'. Die Stimmung war ausgezeichnet. Abends im Salon trug der Abbé mit Bülow auf zwei Klavieren den Totentanz *(Danse macabre),* ein hervorragendes Werk Liszts, vor. Nach dem Abendessen spielte Bülow Liszts großartige *Spanische Rhapsodie.*"

Weitere Zitate aus dem Tagebuch der Baronesse Anna Augusz: "5. September, Dienstag. An diesem Morgen hat Cosima, die seit drei Tagen keine Nachricht bekam von ihren drei in München gebliebenen kleinen Töchtern (Daniela, Blandine und Isolde), an Wagner telegraphiert."

Die Tagebucheintragung der Anna von diesem Tag ist

bedeutsam. Da ist zu lesen, daß Cosima an Wagner telegraphierte. Das ist schon ein Vorzeichen der Auflösung von Cosimas und Hansens Ehe, obgleich die beiden den Anschein noch mit großer Sorgfalt wahren.

"8. September, Freitag. Liszt suchte uns am frühen Morgen auf, wir gingen um zehn Uhr in die Kapelle, wo jedes Jahr der Marientag gefeiert wird. Das Mittagessen verging in heiterer Stimmung, da versprach Liszt, er würde 1866 zwei Monate mit uns verbringen. Beim Abendessen dachten wir schon traurig an den Abschied: die Liszts wollten abreisen. Nach dem Abendessen ertönte Zigeunermusik unter dem Fenster, Liszt zu Ehren. Reményi ging hinunter zu den Zigeunern und spielte auf der Geige des einen mit."

Am 9. September macht sich die Gesellschaft wieder auf den Rückweg nach Pest. Am 12. September fährt Liszt von Pest nach Rom, wo er sich sofort wieder an seine Arbeit stürzt. Er nimmt sich das *Christus Oratorium* vor. In einem Brief an János N. Dunkl, den Konzertunternehmer in Pest, gibt er seinen Bedenken Ausdruck in Bezug auf eine Wiener Aufführung des *Elisabeth Oratoriums.* "Es fragt sich, ob dieses Werk in Wien gefallen wird. Lassen wir die Elisabeth einstweilen in Pest ruhen, warten wir bis zum nächsten Sommer, wenn sie wahrscheinlich nach Thüringen pilgern wird."

Das Jahr vergeht in stiller Arbeit in Rom. Am 4. Januar 1866 wird ein fertiggewordener Teil des Christus Oratoriums vorgetragen, das *Stabat mater speziosa.*

Im Februar kommt ein Brief aus Paris: Anna Langer, verwitwete Frau Adam Liszt, hat in ihrem 78. Lebensjahr in Paris, nachdem sie die Sterbesakramente empfangen hatte, am 6. Februar ihre Seele dem Schöpfer übergeben. Liszts Mutter ist an Lungenentzündung gestorben. Im damals komponierten *Stabat mater speziosa* steht der Text: "Vidit suum dulcem natum / Moriendo desolatum... / O quam tristis et afflicta / Fuit illa benedicta / Mater unigenita" (Sie sah ihren Sohn verlassen, sich quälend und sich selber hassend... Oh wie schrecklich war ihr Bangen vor dem Leiden, vor dem langen, was die Mutter mußt' erleiden).

Bei Liszt ist die Selbstanklage so groß wie sein Schmerz. Sein Vater hat ihn jung verlassen, seine Mutter das Pariser Exil gewählt, fern der Verwandtschaft, fern ihrem Geburtsland. Sie hat ihr Leben lang für die anderen sorgen müssen, zuerst für Franz, dann für die allein zurückgelassenen drei Enkelkinder.

An diesem Tag schreibt Liszt einen Brief an János Dunkl und bittet ihn, ihm den Klavierauszug für vier Hände der *Graner Messe* nach Paris zu schicken, wo man das Werk vorzutragen gedenkt.

Am 5. März kommt Franz Liszt auf Einladung des Bürgermeisters Dufour in Paris an. Die Aufführung der *Graner Messe* in seiner alten geliebten Kirche Saint-Eustache, in die er in seiner Jugend so gerne ging, steht an. Die Klaviertranskription kommt, das *Credo* und das *Sanctus* führt Franz mit Camille Saint-Saëns am Abend der Fürstin Metternich vor. Saint-Saëns erinnert sich daran: "Franz Liszt ist der Erzieher von uns allen. Sein Mut und seine nie nachgebende Kühnheit ermuntert uns alle. Manchmal wird eine musikalische Wendung geradezu wie eine Prophezeihung, als würde er mit Adleraugen über die Wolken sehen können, und schon die Landschaften des nächsten Jahrhunderts betrachten."

Die Aufführung der *Graner Messe* am 15. März hat nur mäßigen Erfolg. Die Kritiker schreiben ablehnend. Berlioz verläßt sogar demonstrativ die Kriche. Liszt schreibt an einen Freund: "Meine Werke sind den meisten Menschen fremd. Eine Musik, die kein Publikum hat. Ich kann mich also nicht freuen, wenn da und dort, ab und zu, ein Werk von mir vorgetragen wird. Ich kann warten. Und weiß, daß ich irgendwann Recht haben werde."

In diesen Tagen begegnet er Marie d'Agoult, die ihm mitteilt, sie wolle ihre Erinnerungen schreiben. Liszt ist eindeutig dagegen. Es ist die letzte Begegnung der beiden.

Bald darauf reist Liszt nach Amsterdam und dann auf

Einladung der Königin von Holland nach Den Haag, wo Liszt-Konzerte veranstaltet werden sollen, vor allem von Bülow. Auf Bitte der Königin setzt sich Liszt wieder ans Klavier und spielt Beethoven, Weber, Chopin und Schubert; und dann ganz bescheiden auch einige eigene Kompositionen.

Ende Mai kommt er über Paris wieder nach Rom. Im Juni verläßt er den Vatikan und übersiedelt wieder in seine frühere Wohnung auf dem Monte Mario. Die Einsamkeit des Klosters Madonna del Rosario erscheint ihm geeigneter für seine vertiefte schöpferische Arbeit.

Der Sommer bringt ihm den lange begehrten Auftrag. Der ungarische Fürstprimas beauftragt ihn, die Krönungsmesse zu schreiben. Demütig antwortet Liszt: "Paratum est cor meum, Deus cantabo et psalmus dicam!" (Bereit ist mein Herz, Herr, ich singe und spreche den Psalm.)

Am 29. September hat Liszt das *Christus Oratorium* beendet und beginnt sogleich mit der *Krönungsmesse*. Er hat das Partiturpapier noch nicht vor sich, da formt sich schon die Messe in seinem Kopf. Im Graduale zitiert er eine gregorianische Melodie, im Credo einen uralten Cantus Firmus, das Offertorium soll irgendeine ungarische Hymne werden, im Benedictus baut er eine Geigenstimme für seinen Freund Reményi ein.

Am 22. November erfolgt ein neuer Umzug, diesmal in das Kloster Santa Francesca Romana, das zwischen der Konstantius Basilika und dem Titusbogen liegt. Die Aussicht ist wunderschön. Gärten in der Nähe spenden Frieden. Wieder läßt Franz Schüler kommen, die sich in schöner Zahl anmelden.

Mit November ist auch das Titelblatt der *Drei Traueroden* datiert. "Wenn bei meinem Begräbnis Musik gemacht wird, würde ich es gerne hören, wenn von den Traueroden die Wahl auf die zweite fiele, wegen der ungarischen Kadenz auf der 3., 4., und 5. Seite", ist Liszts Wunsch.

DIE KRÖNUNGSMESSE

1867. Ein Brief kommt vom neuen Fürstprimas Ungarns, János Simon, ob Liszt weiter bei der Komposition der Messe für die Krönung des ungarischen Königs bleibe. In Wirklichkeit arbeitet er schon eine ganze Weile daran. Ein begeisterter italienischer Schüler hat ohne des Meisters Wissen den einen oder anderen Teil schon veröffentlicht. So hat es Giovanni Sgambati schon beim *Christus Oratorium* getan.

Die fertiggewordenen Teile der Messe schickt Liszt, um sie abschreiben zu lassen, zu Mosonyi nach Pest. Das Credo übernimmt Liszt aus der *Messe-Royale* von Henry Du Mont. Das Offertorium und das Graduale hat er noch nicht fertig. Am 3. April schreibt er an Baron Augusz und würdigt Mosonyis Verdienst und Opferbereitschaft beim Abschreiben der Partitur. "Eigentlich schmerzte es mich insgeheim, daß ich einen so bedeutenden und hochzuschätzenden Autor wie Mosonyi mit meiner Partitur belästige, aber ich weiß, das Monsonyi ... mir und der Sache bereitwillig einen großen Dienst tut."

Im April beginnen die Proben tatsächlich, doch es gibt gleich Störungen. Liszts Partitur wird in Wien an 'entsprechende' Fachleute eingereicht, die nichts von sich hören lassen. Der Amtsweg ist ja grundsätzlich der längste. Das Gerücht verbreitet sich, wonach Liszts Messe bei der Krönung nicht aufgeführt werden soll, denn bei einer so großen Staatsfeier darf nur ein Werk des Direktors der Wiener Hofoper aufgeführt werden, und nur unter seiner Leitung mit seinem eigenen Orchester. Keine Rede könne also von Liszts Messe sein, und schon gar nicht davon, daß ein ungarisches Orchester sie aufführt. Eine Bittschrift nach der anderen kommt vom Kirchenmusik-Verein an den Kultusminister und bleibt unbeantwortet. Erst ein persönliches Bittschreiben an Königin Elisabeth, u.a. mit der Unterschrift ihres Ungarischlehrers Max Falk, hat Erfolg.

Am Hof wird noch weiter intrigiert: das Benedictus kann

kein Reményi spielen, wohl aber ein Hellmesberger aus Wien, und das Orchester kann nur das Wiener Hoforchester sein; Liszt kann nicht dirigieren, dazu ist nur der Rangälteste Herbeck berufen. Der hervorragende Dirigent ist aber leider krank, an seine Stelle kann nur Gottfried Preyer treten.

Am 20. Mai ergeht allerhöchster Befehl: Liszts Messe soll aufgeführt werden, aber nach den Vorschriften des Hofes. Liszt bekommt weder eine Einladung zur Aufführung in der Kirche, noch zum Mittagsmahl bei Hof. Die nationale Musikschule lädt ihn telegraphisch ein und sichert ihm einen Platz auf dem Chor zu. Dort darf er sich wenigstens die Aufführung seiner Messe anhören.

Am 4. Juni kommt Liszt aus Rom in Pest an, steigt auch diesmal bei den Franziskanern, beim Abt Schwendtner ab. Am 5. Juni hört er sich die erste Hauptprobe um neun Uhr in der Früh in der Mathiaskirche an. Gottfried Preyer dirigiert. Am 6. Juni erscheint Liszt in Audienz beim Kaiser und König Franz Joseph I. Als Abgesandter des Papstes überreicht er seiner Majestät eine wertvolle Reliquie. Der Herrscher reicht dem priesterlich gekleideten Liszt die Hand. Bei einem Musiker in Zivil würde er das nicht getan haben. Liszt empfängt auch den Franz Joseph Orden.

8. Juni 1867. Der österreichische Kaiser Franz Joseph I. und seine Gemahlin Elisabeth werden in Buda in der Mathiaskirche zum ungarischen Königspaar gekrönt. Es ist die Stunde der kaiserlichen und königlichen Monarchie, der k.u.k.-Zeit. Liszts Messe wird vorgetragen, und der Komponist darf seine Schöpfung vom Chor aus anhören. Gleich danach verläßt Liszt die Kirche. Die Menge grüßt und feiert ihn begeistert. Dabei ist Franz sehr in Gedanken versunken. Die eben verklungene Musik gibt ihm zu denken: hier treffen sich sehr alte, gregorianische, und sehr neue, völlig moderne Klänge. Der Cantus Firmus aus dem Mittelalter geht ein in eine Harmoniewelt, die freier mit den Klängen umgeht, wie es je ein Mozart, ein Beethoven, ein Schubert oder Wagner geduldet hätten.

Franz geht hinüber auf die Pester Seite, denn er wünscht, nicht mehr gefeiert zu werden. Richtiggehend flüchten muß er. In seinem Quartier fällt er aufs Bett, das Wechselbad von Feiern und Verachten zerrt an seinen Nerven.

Im Juni ist Liszt nur zwei Wochen in Rom, dann fährt er weiter nach Thüringen. Am 29. Juni kommt Liszt in Weimar an und steigt im Blauen Zimmer der Altenburg ab. Inzwischen hat er erfahren, man habe die Altenburg vermietet, die alten Möbel hinausgeschafft, der Wirtschaftsdirektor des Großherzogs habe nur das Blaue Zimmer verschont. Das sollte zu Franz Liszts ewigem Angedenken sein. Der doppelte Betschemel, der Schreibtisch, auf dem Franz die *Ideale* komponierte, und das Schreibzeug, mit dem er die *Tasso Symphonie* und die *h-moll Sonate* schrieb, sowie auch den *Faust*-Schlußchor und einige Stücke, die dem Großherzog ans Herz gewachsen sind, werden gut verwahrt, der Rest darf verstauben und verrotten.

Am 28. August wird das 800jährige Bestehen der Wartburg gefeiert. Die *Heilige Elisabeth* wird aufgeführt, Hunderte von Menschen drängen sich im Chor der Burgkirche. Tausende sind von allen Ländern Europas gekommen, um bei der großen Wartburgfeier dabei zu sein. Das Publikum feiert den Meister über alle Maßen. Die *Heilige Elisabeth* wird auch in Eisenach gespielt, gleich am nächsten Tag. Der Großherzog Karl Alexander bittet Liszt erneut, er möge sich wieder in Weimar niederlassen. Liszt antwortet ausweichend.

Er setzt sich ab nach München, um Hans und Cosima zu besuchen, deren Trennung schon eine ausgemachte Sache ist. *Tannhäuser* und *Lohengrin* werden in der Oper gegeben, aber Wagner ist nicht da. Er ist in die Schweiz gefahren, in seine Villa nach Tribschen am Luzerner See.

Am 9. Oktober sucht Liszt ihn auf, denn er möchte dringend ein klärendes Gespräch über die Affäre mit Cosima. Die Aussprache bringt ihm die bittere Wahrheit in aller Deutlichkeit. Hans von Bülow ist sein "lieber Sohn", und es kränkt ihn ungeheuer, auf welche Weise dieser Mensch hintergangen wird. Wagner kann seinen Freund zwar nicht überzeugen, aber zumindest zur Duldung des Verhältnisses überreden. Liszt ist zu niedergeschlagen, um Widerspruch einzulegen: "Richard, ich habe Dir bisher immer alles hingegeben, stand mit meiner Musik immer bescheiden auf dem zweiten Platz, habe statt meiner eigenen immer Deine Arbeit an die Öffentlichkeit gebracht, und hast Du nicht selbst gesagt, wieviel Du von mir beim Harmonisieren gelernt hast. Jetzt soll ich Dir auch meinen letzten Schatz, meine Tochter, hingeben. Bedenke das und schätze mich dementsprechend. Wartet ein Jahr!"

Wagner bricht pflichtgemäß in Tränen aus und umarmt den in seinen Augen zukünftigen Schwiegervater, aber er denkt nicht ans Abwarten. Er vertraut auf die Überzeugungskraft seiner Musik. Am gleichen Abend spielt er die *Meistersinger* vom ersten bis zum letzten Takt. In Liszt leuchtet plötzlich der Gedanke auf: wie bleich ist alles geworden, was man in den letzten 50-60 Jahren musiziert hat; und ohne jede Scheinbescheidenheit zählt er seine Arbeit auch unter diese bleiche Musik.

Ende Oktober kehrt er nach Italien zurück, verbringt einige Tage in Florenz, und schreibt am 11. November einen Brief an Baron Augusz. "Ein Jahr lang gedenke ich Rom nicht zu verlassen."

Still und zurückgezogen erlebt Franz Liszt das Jahr 1868. Er liebt die ewige Stadt, die steinernen Erinnerungen an das klassische Altertum, aber auch an 18 Jahrhunderte Christentum. Seine Lebensordnung hat sich nicht sonderlich verändert. Frühaufsteher ist er schon immer gewesen, also besucht er die stille Messe in der Sixtinischen Kapelle. Manchmal bemächtigt sich seiner ein sonderbares Gefühl. Ja, hier in dieser Kapelle ist einmal der kleine Wolfgang Amadeus Mozart herumgewandert, hat auf diesen Steinen in der Karwoche das *Miserere* von Gregorio Allegri gehört. So kommen und gehen im Halbdunkel des Kirchenraums die Visionen, ein Meister folgt dem anderen. Franz vergräbt das Gesicht in die Hände; ihm ist, als ob jemand sich zu ihm bücken und ihn auf die Stirn küssen würde, genauso wie vor vierundvierzig Jahren.

Auf dem Heimweg, die Porta del Popolo hinter sich lassend, bleibt er vor der Augustinerkirche stehen. Hier begann die Reformation, hier in diesem Kloster wohnte Martin Luther, als er in Ordensangelegenheiten in Rom weilte, und die Korruptheit des päpstlichen Staates aus der Nähe kennenlernte, sinniert er.

Franz Liszts Freundeskreis ist mit der Zeit doch enger geworden: Baronin Meyendorff, die Gemahlin des Sekretärs der russischen Botschaft in Rom, der über Württemberg und Ägypten hierher versetzt worden ist, Gregorovius, der Historiker, Helbig, der deutsche Altertumsforscher, und dessen Frau dürfen ihn in seiner Zurückgezogenheit aufsuchen. Sein treuester und vielversprechendster Schüler ist Giovanni Sgambati, Sohn eines römischen Anwalts, der als Wunderkind begonnen hat. Jetzt ist er ein vorzüglicher Musiker und verspricht, ein bedeutender Komponist zu werden. Auch ein Junge aus Birmingham, Walter Bache, fällt mit seinen außerordentlichen musikalischen Fähigkeiten auf. Bache ist auch gut befreundet mit Sgambati, der eine englische Mutter hat.

Liszt studiert ernsthaft die Opern von Verdi, die nicht nur Italien, sondern die meisten Hauptstädte Europas erobern. Er kann die Meinung der Verdi-Kritiker nicht gelten lassen, die öffentlich verbreiten, der patriotische Italiener sei nur durch den günstigen Moment des Freiheitskrieges zu Ruhm gekommen. Verdi ist freilich zum symbolischen Namen für die nationalen Bestrebungen eines Italia unita geworden: V = Vittorio - E = Emanuele - R = Re - D = d' - I = Italia.

Nationalstolz wird auch woanders groß geschrieben. Besorgt liest Franz von den wachsenden Spannungen zwischen Deutschen und Franzosen. Der Gatte seiner verstorbenen Tochter Blandine spielt eine immer größere Rolle in der Regierung Napoleon III. Für wen soll er sich sorgen, wenn die Wellen überschlagen? Familiäre Beziehungen hat er zu beiden Nationen.

Im Juni besucht Liszt zusammen mit dem Abbé Solfanelli mehrere Provinzstädte. So kommt er nach Assisi, Loretto und Grotte Mare, wo er Gast des Grafen Fenelli ist. Im August übersiedelt er wieder für einige Zeit nach Tivoli, in die schöne, romantische Villa d'Este, wo er sich mit Komponieren, Unterrichten und der Niederschrift einer modernen Klavierschule (technische Übungen) beschäftigt.

Am 16. November verläßt Cosima ihren Gatten Hans von Bülow und fährt mit ihren Kindern demonstrativ nach Tribschen zu Wagner, mit dem sie sich endgültig verbindet. Das betrübt Liszt dermaßen, daß er für längere Zeit den Kontakt unterbricht. Er schreibt einen Trostbrief an den nervlich zerrütteten Bülow, den er jetzt, nach all dem, was geschehen ist, lieber hat als je zuvor. "Lieber Sohn! Ich denke unaufhörlich an Sie, heiße alles richtig, was Sie tun. Es gibt nur eine Sache, auf die Sie acht geben müssen, und das ist Ihre Gesundheit. Um die müssen Sie sich etwas mehr kümmern."

Dem noch unbekannten jungen Edvard Grieg schreibt Liszt, nachdem er dessen frühe Werke kennengelernt hat: "Es ist mir ein Vergnügen, Ihnen meine aufrichtige Freude auszudrücken, die Ihre Sonate in mir erweckte. Es ist ein kräftiges, tiefsinniges, phantasievolles Werk, das von einer bedeutenden kompositorischen Begabung kündet. Wenn Sie im Winter nach Deutschland kommen, besuchen Sie mich in Weimar, damit wir besser miteinander bekannt werden."

Der Portraitmaler Hearly besucht Franz Liszt im Kloster mit einem Gast aus Amerika: Henry Longfellow. Der Dichter war vom Anblick eines von Hearly gefertigten Liszt-Portraits so angezogen, daß er den Meister persönlich kennenlernen wollte.

Hearlys Erinnerungen: "Wir klingelten beim Privateingang von Liszts Wohnung. Der Korridor war schon ganz dunkel, die Tür ging, von einem inneren Schloß geöffnet, auf. Ein Diener war nicht zu sehen. Der Abbé selbst kam uns zur Begrüßung entgegen, wobei er eine römische Lampe hochhob, um uns auf dem Weg zu leuchten... Liszt war ein angenehmer Mensch, denn er konnte, wenn er wollte, entzückender als jeder andere sein. Er spielte uns auf seinem vorzüglichen amerikanischen Klavier vor und zeigte uns dann seine Junggesellen-Wohnung."

Das Jahr 1869 bricht an. Wieder oben auf dem Monte Mario in der Stille wohnend, geht Franz zweimal die Woche hinunter in das Vardi-Palais, wo er seine Schüler und seine Verehrer empfängt. Hier ist Giovanni Sgambati im Mittelpunkt, der sich unaufhörlich bedankt: "Maestro! Wir Italiener haben von Ihnen gelernt, daß es außer der Bezauberung der Gesangsstimme auch noch eine andere Welt gibt; das ist die Welt des modernen Orchesters."

Liszt besucht Carolyne regelmäßig, nur kann von einer Liebesbeziehung zwischen den beiden keine Rede mehr sein.

Der große Virtuose, der jahrelang in ganz Europa herumgewandert ist, wandert nun im Rom umher, von Kloster zu Kloster, von Freunden zu Schülern. Franz fühlt sich aber auch wohl in der Klosterzelle, wenn er vor seinem Klavier sitzen kann. Da spielt er ein Stück aus den *Meistersingern,* zitiert den Walther Stolzing und hängt seinen Erinnerungen nach. Die teure Mutter hat ihn verlassen, Daniel ist weg, Blandine auch, und jetzt sind für ihn auch Cosima und Richard unerreichbar. Wie gewonnen so zerronnen. Er spielt, und seine Hand verirrt sich wieder auf "Morgenlicht leuchtend in rosigem Schein..."

IM DREIECK WEIMAR - ROM - PEST

Großherzog Karl Alexander lädt im Januar 1869 Liszt zum wiederholten Mal ein, nach Weimar zu kommen. Dingelstedt ist nicht mehr da, ein neuer Abschnitt kann beginnen, denn die Theaterliebhaber wollen Gutes geboten bekommen. Liszt überlegt gar nicht lange, er nimmt die Einladung an. Carolyne, die heftig gegen den Plan eingenommen ist, klammert sich an ihre fixe Idee, wonach Liszt seine ganze Kraft und sein ganzes Können der kirchlichen Musik widmen sollte, in der Art, wie sie sich dem Schreiben religiöser Traktate hingibt.

Mit diesem zweiten Aufenthalt beginnt der lange letzte Akt von Liszts Leben, der sich im Dreieck Weimar - Rom - Pest abspielt. In der Altenburg ist kein Platz mehr für ihn; er findet in der Hofgärtnerei ein Heim für sich vor. Die Wohnung des Hofgärtners wird instand gesetzt und geschmackvoll eingerichtet. Drei Räume hat Liszt: den Musiksaal, sein Wohnzimmer und sein Eßzimmer. Zwei Klaviere haben Platz, ein großes und ein kleines, und es finden sich auch Ecken für so manche vertrauten und ans Herz gewachsenen Gegenstände. Natürlich ist er jetzt nicht mehr der einflußreiche Operndirigent, sondern der fleißige Komponist, der wieder Wohnung in Weimar genommen hat.

Liszt macht sich gleich an die Arbeit. Es entstehen Skizzen und Lieder in Massen. Viele Schüler kommen zu ihm in den Unterricht. Er gibt an drei Nachmittagen von ein bis sechs Uhr Stunden. Seinen begabten Schülern hilft er, ihr Können zu entfalten und weiterzuschreiten auf der Künstlerlaufbahn, von den übrigen fordert er nichts. Er ist gütig wie ein Vater, einfach, unmittelbar, und er erweckt nicht nur Bewunderung, sondern auch Liebe. Im Januar wird ein Nachfolger von Dingelstedt ernannt: Baron Loen. Liszt unterstützt ihn in seinen Bemühungen, die Oper wieder auf ihre alte Höhe zu heben.

Am 17. Januar schreibt Franz an die Fürstin Carolyne: "Am Donnerstag, den 14., besuchten mich nach der Messe Milde und noch etwa zwanzig Leute. Es ist mir unmöglich, von zu Hause vor sechs Uhr wegzugehen. Dann gehe ich in die sehr geräumige Loge von Herrn Loen. Dort ist ein rotes Kanapee so untergebracht, daß man die Bühne vollkommen sehen kann, ohne daß man selbst von dort aus gesehen wird - so hörte ich mir den ersten Akt von Webers *Oberon* an."

Liszt versucht, sich an das Prinzip zu halten, keine öffentlichen Konzerte mehr zu geben, aber am 25. Januar tritt er bei einem Hofkonzert doch auf. Der weißhaarige Abbé ist wieder zum Liebling von Weimar geworden. Die Konzerte folgen rasch hintereinander und bringen bedeutende Summen für die wohltätigen Zwecke der Großherzogin. Es scharen sich immer mehr Schüler sowie die Freunde von früher um ihn, und wieder ist eine Pilgerfahrt nach Weimar im Gange. Es treffen ein Bronsart, der inzwischen Intendant geworden ist, und Ingeborg Starck, die inzwischen verheiratete Klavierkünstlerin. Und es kommt Rubinstein, der eine Russin namens Vera Tschikanow geheiratet hat. Und der einstige Schrecken der Altenburg, der das Leben von Liszt und Wagner bitter gewürzt hat, ist wieder da. Tausig ist schon gezeichnet vom letzten Stadium einer Lungenkrankheit.

Liszt will sich in Wien das Oratorium der *Heiligen Elisabeth* anhören. Er steigt am 25. Februar im Hotel 'Elisabeth' ab, verlegt aber bald seinen Sitz zu seinem Verwandten Eduard Liszt, der im Schottenhof wohnt. Hier muß er wieder Todesnachrichten entgegennehmen, erst die traurige Nachricht vom Ableben Lamartines, dann die Botschaft, daß am 8. März Berlioz gestorben ist. Ein schwerer Schlag für Franz. Er erinnert sich an die Zeit, als sie miteinander bekannt wurden, an die berauschenden Tage der Revolution, an die Liebesabenteuer von Hector, der jetzt, nach seiner unglücklichen zweiten Ehe, arm und allein gestorben ist.

Am 4. April wird in Wien das Oratorium aufgeführt, dirigiert von Herbeck. Der Erfolg ist so überragend, daß es am 11. April wiederholt werden muß. Liszt trifft in Wien auch Sophie Menter, die den Mut hatte, das *Es-Dur Klavierkonzert* vorzutragen, das Werk, welches der gallige Kritiker Hanslick eine Tingeltangelmusik genannt hat. Die heldenhafte Unternehmung ist eine imposante Stellungnahme für

Liszt, der sich auch für die Aufführung bedankt. Im April kommt auch eine Einladung aus Pest. Erkel und die führenden Musiker der Stadt wollen Liszt sehen.

Franz kommt am 21. April mit dem Schiff in Pest an, in Begleitung von Sophie Menter. Er steigt beim Franziskaner-Abt Schwendtner ab, bei dem er ein gerngesehener Gast ist. Einen Tag später kommt eine größere Abordnung zu ihm, zu der auch der Geigenspieler Ede Reményi gehört. Franz wird gebeten, er soll die *Krönungsmesse* unter seiner Leitung aufführen lassen. Liszt erfüllt die Bitte mit Freude und setzt die Hauptprobe schon für den nächsten Tag an. Das wird tatsächlich auch bewerkstelligt.

Am 25. April ist Liszt am Hof zu einem Mittagessen eingeladen, bei Tisch sitzt er neben Königin Elisabeth. Da sie sich für den Lebenslauf von Franz Liszt interessiert, kommt ein sehr angeregtes Gespräch in Gang. Nach dem Essen wird Liszt gebeten, einige seiner Werke der Gesellschaft vorzuspielen. Das königliche Paar und die zwei königlichen Prinzessinnen begeben sich in den Musiksaal, wo sie sich von Liszt eine Stunde musikalisch unterhalten lassen.

Am 26. April ist die erste öffentliche Aufführung der *Krönungsmesse*. Als Einleitung führen ein Frauenchor und das Orchester die *Dante-Symphonie* auf, dann werden auch noch die Kriegslieder gespielt, unter der Leitung von Franz Erkel. Die mit Ungeduld erwartete *Krönungsmesse* dirigiert Liszt selbst. Den Tag darauf liest man in der *Musikalischen Zeitung* die Würdigung: *"Die Krönungsmesse hatte einen so glänzenden Erfolg und Sieg, wie man sie einem so genialen Werk nur zutrauen kann."*

Mit geändertem Vorprogramm wird am 30. April die Messe erneut gegeben. Und am 2. Mai ist in der Mathiaskirche Mozarts *Krönungsmesse* zu hören.

Der 3. Mai ist der letzte Tag von Liszts Aufenthalt in Pest. Bei Baron Augusz spielt er sein *A-Dur Konzert* mit Sophie Menter. Reményi spielt einen schon fertigen Teil des Christus Oratoriums, die *Pastorale*. Abends gibt man Liszt zu Ehren eine Abschiedsserenade.

Am 4. Mai kehrt Liszt nach Rom zurück und besucht sofort die Fürstin Wittgenstein. Ihm bietet sich ein bedrükkender Anblick. Die Fürstin hat sich regelrecht vergraben. Die Wohnung ist völlig ungelüftet und durch und durch von Zigarrenrauch verqualmt. Carolyne meidet Frischluft wie die Pest. Sie hat auch bei Tag die Fenster verhängt.

Auf Bitten der Fürstin beginnt Liszt das *Oratorium des Heiligen Stanislaus* zu komponieren (davon sind nur zwei Teile fertiggeworden). Er plant auch noch ein ungarisches Oratorium. Am 19. September schreibt Liszt nach Szekszárd an Baron Augusz: "Am Tag der feierlichen Einweihung Deiner Kirche wünsche ich, daß Dein Gesangverein meine für Männerstimmen und Orgelbegleitung geschriebene Messe vorträgt... So wird einige Wochen lang Szekszárd in musikalischer Hinsicht die blühendsten Hauptstädte überflügeln, und Dein Haus soll eine Art Athenaeum sein." Die Aufführung der *Szekszárder Messe* für Männerchor kommt aber nicht zustande.

Am 22. September schreibt Liszt an Therese von Helldorf, eine Aristokratin aus dem Kreis seiner Weimarer Freunde. Darin erklärt er seine Schwärmerei und Bewunderung für Byrons *Manfred:* "Ich nehme ihn öfter in die Hand als den Faust, den ich, unter uns gesagt, trotz seines dichterischen Zaubers bis in seine Tiefe als ein bürgerliches Werk empfand." Das ist schon beinahe eine programmatische romantische Erklärung.

Im November übersiedelt Liszt wieder in die Villa d'Este, wo er fieberhaft am Werk *Heiliges Feuer und Wasser* arbeitet, aber auch an dem *Heiligen Stanislaus.* In Rom besucht ihn Edvard Grieg. Der norwegische Komponist schildert die Begegnung seinen Eltern so: "Nicht ohne jede Furcht ging ich zu Liszt, aber ich hatte keinen Grund zur Besorgnis. Es gibt wohl kaum einen liebenswürdigeren Menschen als Liszt. Lächelnd kam er mir entgegen und sagte froh: 'Wir haben einmal schon miteinander korrespondiert?' 'Ich kann es gerade Ihrem Brief verdanken' - sagte ich darauf - 'daß ich jetzt hier bin.' Sein Interesse steigerte sich in einem fort, während mein Mut immer kleiner wurde, bis Liszt vorschlug, ich solle ihm meine Sonate vorspielen; als aber die Geige etwas sonderbar mit einem national gefärbten Lauf einsetzte, rief er: 'Wie mutig! Warten Sie einen Augenblick, das gefällt mir.' Und als dann das Adagio in der Geigenstimme fortgesetzt wurde, spielte er in den oberen Registern des Klaviers die Stimme dazu in einem wunderbaren, edlen, singenden Ton, mit dem er mich vollständig bezauberte. Das waren die ersten Töne, die ich von Liszt hörte."

Am 9. November schreibt Liszt an Baron Augusz: "Es lebe Szekszárd! Teurer Freund, Dein Haus wird für mich ein Stützpunkt sein, und durch Dich und die Deinigen werden mir die süßesten Tage der Rast zuteil werden. Du weißt, daß ich diesen Winter eine Kantate schreiben muß zu Beethovens Jubiläum. Die wird man in Weimar vortragen anläßlich des Musikerkongresses (Tonkünstlerversammlung) Ende Mai. ... Ich habe mich hier in Rom in die Villa d'Este zurückgezogen zum Kardinal Hohenlohe. Seit vorigen Monat bin ich 58 Jahre alt und fange an, mich alt und müde zu fühlen, mein teurer Freund."

Liszt sieht die drohenden Wolken am politischen Himmel Europas, die bald darauf das Kriegsgewitter zwischen Frankreich und Preußen auslösen. Er wünscht als Künstler neutral zu bleiben, und darum plant er, seine Zeit bei Augusz zuzubringen, auf neutralem Gebiet. Das Jahr 1870 gehört Beethoven. In der ganzen Welt wird sein 100. Geburtstag gefeiert, aber die Politik überschattet die musikalischen Festivitäten. Frankreich ist dagegen, daß ein Hohenzoller den spanischen Thron besteigt. Das löst den Krieg aus.

In Rom ist das Erste Vatikanische Konzil zu Ende gegangen, auf dem die Unfehlbarkeit des Papstes, das Dogma, ausgesprochen wurde. Aber Papst Pius IX. muß um seine weltliche Macht bangen, denn Vittorio Emanuele, der König von Italienisch-Piemont, schickt sich an, den päpstlichen Staat endgültig zu erobern. Napoleon III. wiederum nimmt zum Schutz des Papstes Stellung. Das französische

Cosima Liszt

Hans von Bülow

Richard Wagner

Die Hofgärtnerei in Weimar

Der Salon der Hofgärtnerei

Carolyne von Sayn-Wittgenstein, um 1850

Sophie Menter, 1873

*Franz Liszt mit Verleger Nandor Taborszky
und Lina Schmalhausen, 1885*

Ereignis berührt Liszt auch in familiärer Hinsicht. Sein Schwiegersohn Emile Ollivier, der Gatte seiner verstorbenen Tochter Blandine und Vater seines Enkels Daniel, wird Ministerpräsident in Frankreich. Und nicht nur das, er versieht auch die Portefeuilles Justiz und Unterricht. Die Ereignisse machen Liszt tief betroffen. Zwei Nationen rüsten gegeneinander, denen er mit gleichen Gefühlsmomenten verbunden ist. Paris bedeutet für ihn die Jugend, das Aufbrausen der jungen Kräfte, während er mit Deutschland und Weimar durch sein ganzes Mannesalter, seine kompositorische Tätigkeit und die Einführung der Zukunftsmusik verbunden ist. Ein Enkel ist französisch, die anderen deutsch. Schaudernd malt er sich aus, was geschehen könnte, wenn seine Enkelkinder militärpflichtig wären. Sie müßten aufeinander schießen!

Liszt schreibt am 8. März wieder an Baron Augusz: "In den beiden letzten Monaten vertiefte ich mich ganz in meine Beethoven-Kantate. Im Mai wird in Weimar das Programm des Tonkünstlerkongresses im entzückend schönen Park interessant werden. In München wird die *Walküre* für den August angekündigt. Ich werde dabeisein und von dort direkt zu Dir nach Szekszárd fahren."

Bei den Feiern am 29. Mai in Weimar dirigiert Liszt Beethovens *9. Symphonie*. Er hält sich dann in München auf, wo Lenbach in porträtiert. Dort wird er mit dem jungen ungarischen Komponisten Ödön Mihalovich bekannt.

Im Sommer fährt Liszt weiter nach Oberammergau, um bei den Passionsspielen zugegen zu sein. Er kommt erst nach der französischen Kriegserklärung vom 19.7.1870, nämlich am 31. Juli in Pest an und fährt von dort direkt nach Szekszárd. Er gedenkt, unter den Umständen in dem gastfreundlichen Haus längere Zeit zu verbringen. Er genießt die völlige Ruhe und familiäre Atmosphäre in Szekszárd.

In einem Brief an die Fürstin Wittgenstein äußert er sich zur politischen Lage: "Die Nachrichten in den Zeitungen sind niederschmetternd für diejenigen, die sich ein verkleinertes, blutarm gewordenes Frankreich nicht vorstellen können. Ich will bis zum letzten Augenblick daran glauben, daß der Kaiser nicht fällt. Aber die Gefahr wächst, das Blutvergießen ist schauerlich, und der Sieg scheint sich auf die Seite des preußischen Adlers zu neigen."

Die Zeitungen bringen Tag für Tag die Nachrichten über Moltkes Vordringen. Gleichzeitig muß Franz lesen, daß die öffentliche Meinung sich angesichts der militärischen Niederlage gegen Ministerpräsident Ollivier gewandt hat und er am 9. August zurücktreten muß. Liszts Schwiegersohn übersiedelt nach Rom. Franz denkt schmerzvoll an ihn, der jederzeit seinen Schwiegervater respektiert und ihn auch nach dem Tod der Blandine immer mit Vater angesprochen hat.

Liszt liest die Nachrichten über die Belagerung von Paris mit Schmerzen. Ihm geht der Untergang von fast hunderttausend jungen Menschen sehr nahe.

27. August. Bei Augusz gibt man Liszt die Pester Zeitung in die Hand, in der steht, daß am 25. August Cosima Liszt und Richard Wagner in Luzern die Ehe geschlossen haben.

Anfang September besucht Liszt den Bischof von Fünfkirchen, Kovács, in dessen Schloß Nádasd. In der bischöflichen Residenz begegnet Liszt dem Justizminister, der ihn mit einem Gedicht begrüßt.

Am 4. September geht wieder einmal ein Brief an die Fürstin Carolyne: "Nachdem sich die französische Armee und der Kaiser ergeben haben, nach diesem fürchterlichen Schlag muß ich für längere Zeit auf die Hoffnungen verzichten, die ich aus Ihrem letzten Brief schöpfte. Der himmlische Vater hat sein Urteil gegen den Herrscher ausgesprochen, den ich als den weisesten, geschicktesten und besten Herrscher unserer Zeit bewunderte."

Bewegte Zeiten stehen Liszt bevor. Am 20. September wird in der Zeitung *Hon* Liszts Tätigkeit gewürdigt. *"Wie einst nach Weimar, so kommen jetzt die Schüler scharenweise hierher, auch die guten Freunde und alle, die den großen Künstler verehren."* Zum Gefolge von Liszt im Schloß von Augusz gehören Sophie Menter, Mihalovich und eine seiner Schülerinnen aus Rom, Olga Janina, die in ihrer verrückten romantischen Schwärmerei nicht mehr von seiner Seite weicht. Durch diesen Kreis blüht das musikalische Leben in Szekszárd auf.

"Am 25. gab Fräulein Menter hier ein Konzert für die Armen, und am selben Abend war auch ein Wohltätigkeitsball. Eines wie das andere brachte vollen Erfolg. Ich ging nur zu der ersten Veranstaltung, und die Ballmusik, die bis fünf Uhr in der Früh dauerte, hörte ich nur aus meinem Bett", berichtet Liszt nach Rom.

Am 29. September verbringt er den ganzen Tag bei seinem Freund Mihály Mosonyi, denn es ist dessen Namenstag. Die zwei ungarischen Musiker führen lange Gespräche und schmieden Pläne.

Olga Janina gibt am 18. Oktober in Szekszárd im Hotel ein Bankett Liszt zu Ehren, und am 21. Oktober marschiert die Einwohnerschaft von Szekszárd um Mitternacht mit Fackeln vor Liszts Fenster auf, um ihm zum Geburtstag zu gratulieren. Die vielen Gäste und der Besuch weiterer Musiker anderntags machen Liszt einen unvergeßlichen Eindruck.

Am 31. Oktober bekommt er einen Brief vom ungarischen Beethoven-Komitee, in dem er aufgefordert wird, ein Konzert zu dirigieren, das am 100. Geburtstag Beethovens stattfinden soll. Liszt erklärt sich dazu bereit und antwortet: "In etwa vierzehn Tagen komme ich in Pest an, wo der unterzeichnete Franz Liszt Ihnen, meine sehr verehrten Herren, ganz zur Verfügung steht."

In die Freude mischt sich auch Bitterkeit. Zugleich mit der Einladung kommt die traurige Nchricht, Mihály Mosonyi, der treue Freund und Helfer, ist gestorben. Zur Erinnerung an seinen Freund komponiert Franz ein Klavierwerk: *Mosonyis Trauermarsch.*

Am 16. November kommt Liszt in Pest an und steigt gewohnheitsmäßig beim Franziskaner-Abt Schwendtner ab. Es bleibt ihm in Pest wenig Zeit zur Trauer, denn am 19. November leistet das Beethoven-Komitee unter der Führung von Baron Orczy einen Ehrenbesuch bei Liszt ab, der sich für die Treue bedankt. Abends geht er ins National-theater, um ein Werk von Karl Goldmark zu hören. In den nächsten Tagen hat Liszt ein umfangreiches Programm vor sich. Am 26. November Feier im Gesangverein, am 27. erste Matinee in der Pfarrkirche (zwei Teile aus dem *Christus Oratorium* werden unter Mitwirkung von Reményi aufge-führt), am 4. Dezember die zweite Matinee. Am 14. Dezem-ber beginnt eine Folge von Beethoven-Feiern mit Goethes *Egmont*, der mit Beethovens Begleitmusik aufgeführt wird. *Fidelio* steht am 15. Dezember auf dem Programm, und am 16. schließlich das Festkonzert in der Redoute. Reményi ist der Solist beim Violinkonzert und bei Liszts *Beethoven-Kantate*. Wenige Tage später musiziert Liszt selbst auf einer Familienmatinee bei Reményi vor einer zahlreichen Gäste-schar.

Hohen Besuch erhält der Komponist am 22. Dezember. Graf Andrássy, der ungarische Ministerpräsident, kommt und ersucht Liszt, die zu gründende Musikakademie zu lei-ten. Er teilt ihm auch mit, daß der Finanzausschuß des Par-laments den Kostenvoranschlag schon verhandelt und da-bei auch seine Einladung besprochen hat. Liszt sieht sich vor einem Dilemma. Soll er die werdende Akademie füh-ren? Das Angebot ist schmeichelhaft, aber für diese Posi-tion ist eine junge Kraft nötig, er kann sich nicht dazu ver-pflichten. Erkel sagt auch ab, und Mosonyi, dessen Können vom europäischen Niveau her geeignet gewesen wäre für diesen Posten, ist tot.

Graf Zichy, der nur eine Hand hat (die andere hat er bei einem Jagdunfall verloren), meint, Robert Volkmann wäre der Mann, der an die Spitze der Musikakademie gehört. Dieser ist kein Riese als Komponist, doch ein gründlich ge-bildeter, vortrefflicher Lehrmeister. Liszt hat auch an sei-nen geliebten Bülow gedacht, aber er sieht ein, daß man diesen Künstler mit seinem ruhelosen Lebenslauf nicht als Professor und Direktor verpflichten kann. Doch immerhin hat der Antrag des Ministerpräsidenten erreicht, daß Liszt vorerst in Pest bleibt.

Noch am selben Tag geht Franz in eine Kaserne und übergibt einem Infanterieregiment seinen *Ungarischen Geschwindmarsch.* Die letzten Tage des Jahres 1870 bringen noch einen öffentlichen Auftritt zusammen mit Olga Janina in der innerstädtischen Pfarrkirche, wo sie die Transkription des *Tasso* für zwei Klaviere spielen. Am 29. Dezember stattet die Leitung des Pester Damenorchesters dem Meister einen Besuch ab und trägt die Bitte vor, er solle dem Orchester erlauben, seinen Namen zu tragen. Dazu erteilt Liszt bereitwillig die Erlaubnis. Liszt kann mit dem angenehmen Gefühl eines geehrten und gefeierten Künstlers im Freundeskreis das neue Jahr 1871 begrüßen. Die Leute in Pest erfahren am 1. Januar aus den Zeitungen, daß Franz Liszt ihr Mitbürger geworden ist und bis auf weiteres hier bleiben will.

Franz hat die Elite der Hauptstadt in seiner Wohnung zu Gast. Er geht auch sehr entschieden daran, einen Freundeskreis um sich zu scharen. Seine Wohnung soll ein kultureller Treffpunkt werden, ein Veranstaltungsort. Als Leiter des Kreises holt Franz den Musikwissenschaftler Ludwig Nohl, einen Beethoven-Spezialisten, aus München. Bis April werden dort unter maßgeblicher Mitwirkung von Ede Reményi und Olga Janina glanzvolle Matineen abgehalten.

Die Philharmonische Gesellschaft holt Franz Liszt auch zweimal aufs Dirigentenpult. Beim zweiten Konzert stehen nur ungarische Komponisten auf dem Programm. Liszt schreibt am 6. April an Carolyne: "Ich bin am Ende der mühsamen Pester Konzerte. Zuletzt war das zweite philharmonische Konzert am Mittwoch. Im besten Sinn des Wortes sind bei diesem Konzert die Weichen für die jungen ungarischen Komponisten gestellt worden. Sie entsprechen den drei Kategorien der Voltaire-Freunde: denen, die mich lieben, denen, die mir gleichgültig sind, und denen, die mich nicht ausstehen können, denen allen ich aber loyal dienen will."

Das Abschiedsessen für Liszt ist am 20. April. Zwei Tage später fährt er mit Olga Janina nach Wien, um nach kurzer Rast die Reise nach Weimar fortzusetzen. Olga Janina, die seit Rom wie eine Klette an ihm hing, ist nicht mehr mit dabei. Sie hat sich, um im Gefolge des Meisters zu bleiben, finanziell ruiniert.

Franz fühlt sich zunächst wohl in Weimar. In der Stadt ist die Musikkultur noch nicht versteinert, sondern geht den immer sich weiterentwickelnden neuen Weg. Nur wird Franz mit der Zeit eine zweite Olga zur Belastung, Baronin Olga von Meyendorff. Sie wird ihm in ihrer bemutternden Art lästig, denn sie läßt ihn gar nicht aus ihrer Obhut.

Am 13. Juni bekommt Liszt ein prächtiges amtliches Dokument in die Hand. Darin steht: "Seine Kaiserliche und Königliche Majestät hat mit allerhöchstem Beschluß Eurer Hochwohlgeboren für Seine Verdienste auf dem Gebiet der Musikkunst den Titel Königlicher Ungarischer Rat verliehen und zugleich eine Jahresrente von 4000 Gulden sichergestellt."

Er ist also nun gut bestallter Königlicher Rat. Grund genug, sofort einen Brief an Baron Augusz zu schreiben und ihn zu bitten, eine entsprechende Wohnung für ihn in Pest zu suchen. "Die Wohnungsfrage ist eine der schwersten Belastungen für mich in Pest, während ich in Rom eine prächtige Wohnabteilung in Santa Francesca habe für geringes Geld und in Weimar völlig umsonst lebe in einem niedlichen Häuschen, das der Großherzog mit vollständiger Einrichtung, Wäsche und Tischzeug mir zur Verfügung stellt. Nimm mir nicht übel, daß ich dieses Detail stark betone".

VERSÖHNUNG IN BAYREUTH

Ein dringliches Schreiben trifft bei Liszt ein. Die Frau seines früheren Schülers Tausig bittet den Meister, sie zu besuchen. Tausig sei todkrank und wünsche, ihn noch einmal zu sehen. Sofort sieht Franz vor seinen Augen wieder den unbändigen, ruhelosen Springinsfeld Tausig, den zum Ehepaar Wagner in 'Pflege' gegebenen Schüler. Er sieht, wie Tausig sich ans Klavier setzt und die Finger über die Tasten gleiten läßt, genauso wie er selbst in seiner Jugend etwa die *As-Dur Ballade* von Chopin gespielt hatte. Den Ton, den Rhythmus, das feine Schwingen im Spiel Frédérics, das sich nicht analysieren läßt, das hatte er an Tausig weitergegeben, und der spielte so, daß die zerbrechlichen Chopin-Stimmen sich zum orchestralen Sturm steigerten.

Franz kommt am 2. Juli in Leipzig bei dem Todkranken an. Die schwache Lunge hat Tausig völlig aufgezehrt. Er ist erst knapp dreißig Jahre alt, doch ihm ist nicht mehr zu helfen. Am 17. Juli stirbt Tausig an Typhus. Liszt ist noch lange von den letzten Worten tief erschüttert: "Ich fürchte, oft Kummer bereitet zu haben. Aber jetzt ist schon ein für allemal Frieden eingekehrt."

Es kommt ein Brief aus Ungarn, mit Baron Augusz als Absender. Liszt öffnet das Schreiben begierig und findet darin die Mitteilung des Freundes, er habe eine entsprechende Wohnung für ihn in Pest gefunden, in der Nádorstraße. Liszt antwortet umgehend: "Sei bedankt für den neuerlichen Dienst, den Du mir tust... Ich hätte ein paar Möbel nötig, aber ich wünsche mir ganz einfache, ohne jeden Luxus, weil der einzige Luxus, den ich mir erlauben kann, meine eigene Person ist."

In Wien wird inzwischen der erste Teil des *Christus Oratoriums,* der Weihnachtsteil, aufgeführt. Anton Rubinstein dirigiert, Anton Bruckner spielt die Orgel.

Während des Krieges hat Liszt sich von Rom und Paris ferngehalten, weil er auf keinen Fall in die politischen Wirren hineingezerrt werden wollte. Doch Anfang Oktober scheint sich für ihn die Lage soweit beruhigt zu haben, daß er doch nach Rom reist, wo er mit Freuden empfangen wird. Am 23. Oktober werden zwei Kisten aus Weimar auf den Weg nach Pest in die neue Wohnung geschickt. Das ist

Liszts erster Versuch, zu einer einigermaßen ständigen Einrichtung in Pest zu kommen.

Er selbst kommt am 16. November wieder nach Pest und begibt sich zu seiner Wohnung in der Nádorstraße 20. Sogar einen Diener hat er mitgenommen. Die neue Bleibe entspricht ganz seinen Vorstellungen. Doch heftiger als ihm lieb ist, kommt Leben in die Bude. Olga Nr. 1, Olga Janina, stürmt in die Wohnung und veranstaltet eine skandalöse Eifersuchtsszene. Die Freunde von Liszt können die wild gewordene Frau nur mit Mühe entfernen. Zweifellos ist sie eine vorzügliche Pianistin, aber dazu eine Frau, die ihre persönlichen Grenzen nicht erkennen kann. Es gibt Informationen, wonach Olga Janina gar keine Gräfin war, sondern die Tochter eines Fabrikanten.

Olga denkt an Rache. Was liegt da näher, als ein enthüllendes Buch zu schreiben, das skandalgierige Menschen immer gerne lesen. Dieses Buch erscheint 1874 unter dem Titel *Souvenirs d'une Cosaque* und enthält die nur wenig verschlüsselten Erlebnisse mit Liszt aus ihrer Sicht.

Wichtige Gäste im neuen Pester Domizil sind Hans Richter und Franz Erkel, die zwei eingefleischten Dirigenten. "Erkel", schreibt Liszt, "vertritt das 'Ancien Régime', Richter dagegen ist sehr scharf für die neue Richtung engagiert. Wagner ist sein Gott, einen anderen kennt er nicht." Hans Richter ist ein Musiker, der die Münchner Schule durchgemacht, der von Wagner, Cornelius und Bülow gelernt hat und durchaus für die Leitung der neuen Musikakademie geeignet wäre. Doch am 8. Dezember stimmt zum größten Ärger Liszts das ungarische Parlament der materiellen Unterstützung der Akademie nicht zu.

Das erste Viertel des Jahres 1872 hält den rüstigen Meister sehr in Trab, denn seine Mitwirkung und seine Werke sind nicht nur in Pest gefragt, sondern auch in Wien und in Preßburg. Wochenlang wird er gefordert, muß dirigieren, Klavier spielen und seine Kompositionen aufführen.

Wieder ist ein Ortswechsel fällig. Über Wien als übliche Zwischenstation fährt Franz weiter nach Weimar. Hier wartet Olga Meyendorff, Olga Nr. 2, schon mit wichtigen Nachrichten auf ihn. Wagner will ein Theater errichten, um dort seine Tetralogie ganz nach den eigenen Vorstellungen aufführen zu können. Einer der eifrigsten Bundesgenossen für Wagners Projekt ist Tausig gewesen, der nun nicht mehr mitstreiten kann. Statt in Weimar verwirklichen sich Wagners Pläne nun in Bayreuth, einem altertümlichen Städtchen, hübsch und gemütlich, das bisher noch kein internationales Aufsehen erregt hat.

Am 22. Mai, Wagners Geburtstag, wird dort der Grundstein zum Festspielhaus gelegt. Liszt ist bei der Feier nicht anwesend. Seit Jahren unterhält er weder zu Cosima noch zu Wagner eine Beziehung. Liszt ist aber der erste gewesen, der, wenn auch im Geheimen, Anteilscheine für das neue Theater zeichnete, aber so gerne er auch das Geheimnis wahren wollte, es wurde bekannt bei Tausigs Begräbnis.

In Wirklichkeit wartet er bis zum letzten Augenblick auf die Einladung, die ganz unerwartet doch noch kommt. "Cosima behauptet, Du kämest nicht, selbst wenn ich Dich rufe. So müssen wir also auch das noch ertragen, die wir schon so viel ertragen haben. Dich aber einzuladen, kann ich nicht unterlassen. Und was rufe ich Dir denn zu, wenn ich Dir sage: Komm? Du bist in mein Leben getreten als der größte Mensch, an den ich jemals die vertraute Freundesanrede richten durfte. Du bist mir entrissen worden; vielleicht, weil ich Dir nicht so vertraut geworden war als Du mir. An Deine Stelle trat Dein wiedergeborenes innigstes Wesen an mich heran und erfüllte meine Sehnsüchte, Dich mir ganz vertraut zu wissen. Und so lebst Du noch heute in voller Schönheit vor mir und in mir, und wie über Gräber sind wir vermählt. Du warst der erste, der mich mit seiner Liebe erhöhte; zu einem zweiten, höheren Leben bin ich nun ihr vermählt und vermag, was ich allein nicht vermocht hätte. So konntest Du mir alles werden, während ich Dir so wenig bleiben konnte: in welch ungeheurem Vorteil bin ich gegen Dich.

Wenn ich Dir sage: Komm! will ich damit sagen: Komm zu Dir! Denn hier findest Du Dich. Sei gesegnet! Ich werde Dich lieben, was immer Du beschließt. R.W."

Franz treten vor Rührung Tränen in die Augen, aber er kann sich nicht dazu durchringen, zur Grundsteinlegung zu gehen. Es ist nicht sein eigener Stolz, der ihn daran hindern würde - sein Inneres sträubt sich nicht mehr -, aber Fürstin Wittgenstein hat ihn inständig gebeten, fernzubleiben.

Auf den einschmeichelnden Brief gibt Franz folgende Antwort: "Mein erhabener, lieber Freund! Tief erschüttert durch Deinen Brief, kann ich Dir nicht in Worten danken. Wohl aber hoffe ich sehnlich, daß alle Schattenrücksichten verschwinden, die mich von Euch fernhalten, und wir uns bald wiedersehen".

Das Ehepaar Wagner fühlt auch, daß mit Briefen allein die Wunden nicht geheilt werden. Deswegen fragt Wagner an, ob ihn ein Besuch von Cosima erfreuen würde.

Am 3. September fahren Cosima und Richard nach Weimar. Liszt sieht sie jetzt zum ersten Mal als Ehepaar, und sein Zorn verfliegt. Er kann sich dem Glück des Paares nicht widersetzen. Die beiden guten Freunde aus den früheren Weimarer Tagen haben sich wieder gefunden. Franz verspricht, die beiden in Bayreuth zu besuchen.

20. September. Liszt schreibt einen Brief an Wilhelm von Lenz, der das Buch *Die großen Pianoforte-Virtuosen unserer Zeit* geschrieben hat. "Ich bin Ihnen vielen Dank schuldig in allen 24 Dur- und Moll-Tonarten dafür, daß Sie mich in Erinnerung bringen, und für Ihren flammenden Stil, mit dem Sie das der Welt zur Kenntnis bringen. Ihrem Buch kann man nur einen, allerdings kapitalen, Vorwurf machen: daß Sie meine Rolle als zu groß und als zu schön darstellen... In drei Wochen kehre ich nach Ungarn zurück und bleibe über den Winter da. Was für mich noch vom Leben übrig ist, will ich zwischen Pest und Weimar teilen... Stehen Sie in Verbindung mit den jungen Musikern Rußlands? Und Ihren sehr bedeutenden Führerpersönlichkeiten, mit

den Herren Balakirev, Kjuj, Rimskij-Korsakov? Vor kurzem las ich mehrere ihrer Werke, die Aufmerksamkeit, Lob und Verbreitung verdienen."

Im Oktober rafft Franz sich auf zu seinem ersten Besuch in Bayreuth. Die mächtigen Mauern der Villa Wahnfried umfangen ihn. Er sieht das Festspielhaus, dessen Mauern schon aufstreben, und hört dazu von Wagner vorgetragen die Skizze vom Parsifal. Da dringt es Franz Liszt mit Macht ins Bewußtsein: Dieser energische kleine Mann setzt seinen Willen durch, koste es was es wolle. Bayreuth ist ein Gesetz, ein Dogma, ein Mythos, eine Philosophie, sogar eine Moral. Bayreuth ist die Vollendung, die unveränderliche Ewigkeit in einer einzigen Kristallfassung.

Weimar dagegen ist eine notwendige Vorstufe, eine Meisterschule, wo mit Geduld und Zähigkeit die Entwicklung auf den Weg gebracht wird. Franz Liszt fühlt, daß nicht er es ist, der die letzte Kadenz der Zukunftsmusik anschlagen wird.

Noch im Oktober berichtet er dem Großherzog Karl Alexander über das in Bayreuth in Bau befindliche Wagner-Festspielhaus. "Das Theater der Nibelungen wird auf einem Hügel angestrengt gebaut. Das Grundstück hat die Stadt Wagner geschenkt, es liegt auf einem sehr günstigen Terrain. Es ist zweifellos das bedeutendste Unternehmen der heutigen Künstlerwelt. Tollkühn bis zum Äußersten, sagt man."

Liszt denkt auch an Carolyne und schreibt wieder nach Rom: "Cosima übertrifft sich selbst. Ob man sie verurteilt oder verflucht, für mich bleibt sie die große Seele, die der großen Vergebung des heiligen Franziskus würdig ist; und was mich am meisten erstaunt: sie gerät ganz nach mir!"

27. Oktober. Liszt ruht sich einige Tage in Horpács aus. Er ist zu Gast bei Graf Széchenyi. Liszt bekommt Nachricht von Bülow, der geradezu wie besessen arbeitet und sich selbst zugrunde richtet, während er neue Gebiete der Musikgeschichte zu entdecken glaubt. Er findet Gefallen an

Verdi und an Glinka. Franz lacht nur darüber, hat er doch Glinka schon vor vierzig Jahren entdeckt.

Am 4. November stattet Liszt seinem Geburtsort Raiding wieder einen Besuch ab. Er trifft viele Gäste an, es gibt Wein zu trinken die Menge; beinahe bacchantisch wird der weitgereiste Meister gefeiert, den der kleine Ort wirklich nicht alle Tage zu Gast hat.

Der Gefeierte fährt dann weiter nach Pest und richtet sich in seiner neuen Wohnung in der Nádorstraße sehr bequem ein. Aus Rom kommen seine Bücher, seine Bilder, sein Klavier und sonstige Wertgegenstände an. Er gibt sich ganz der ungarischen Musikkultur hin. Am 29. Dezember gibt der Liszt-Verein ein Konzert, wobei Liszt den Chor auf dem Klavier begleitet.

Am 12. 1. 1873 veranstaltet der Musikverleger Rózsavölgyi im Hotel Hungaria im Prunksaal ein Konzert. Liszt, Mihalovich und Dunkl spielen drei Klavierkonzerte von Bach. Für diese Gelegenheit hat der Klavierfabrikant Bösendorfer extra drei Klaviere aus Wien geschickt und sich sogar selbst um Transport und sachgemäße Aufstellung gekümmert.

Am 8. Februar wird im ungarischen Parlament wieder die Angelegenheit der Musikakademie verhandelt, und diesmal gibt es einstimmig seine Bewilligung zum Kostenvoranschlag.

Hans Richter erfüllt als Leiter des Theaterorchesters nur sehr widerwillig seine Pflicht, denn er würde lieber an Wagners Seite und in seinem Interesse wirken. Grenzenlos ist daher seine Freude, als er erfährt, Wagner sei bereit, nach Pest zu kommen und zu dirigieren. Der Neuerer des Musiktheaters braucht nämlich dringend Geld für das Theater, das er bauen läßt. Allerdings dauert es doch eine Weile, bis all die Pläne verwirklicht werden. Am 17. Februar schreibt Liszt einen Brief an die Fürstin Wittgenstein nach Rom: "Wagner kommt wahrscheinlich nicht nach Pest diesen Winter, seine neuesten Bemühungen haben ihn zu sehr erschöpft, und ich verstehe, daß es ihm keine große Freude bereitet, in Konzerten kurze Bruchstücke seiner Werke zu dirigieren. Müßte er nicht für das Bayreuther Theater der Nibelungen Geld sammeln, hätte er sich nie darum gekümmert, sich so zu produzieren. Baron Augusz schrieb freudig, das gleiche Parlament, das vorigen Winter mit geringer Mehrheit die Kosten für die Musikakademie abgelehnt hatte, bewilligte vorigen Samstag - am 8. Februar - fast einstimmig das Budget. Ich berichte über diesen Fall, denn trotz dieser günstigen Wendung lädt es mir schwere Lasten auf die Schulter."

Am 19. März läßt Richter in der Redoute die Transkription von Liszts *Hungaria* aufführen. Am 21. ist ein Wohltätigkeitskonzert, dessen Einnahmen dem Liszt-Fonds übergeben werden. Von den Zinsen werden die Töchter verstorbener Künstler erzogen. Wie sagte früher einmal Liszt zu Belloni: "Wem du geben kannst, dem gib!"

Die Eröffnung der Musikakademie in Budapest (seit einem Jahr sind die zwei Orte ja zu einer Stadt vereinigt) wird sich allerdings noch sehr in die Länge ziehen, erkennt Liszt. Einstweilen finden nur Beratungen statt. Franz wechselt auch wieder den Standort. Über Preßburg, wo am 13. April die *Graner Messe* in Liszts Anwesenheit aufgeführt wird, geht die Fahrt nach Weimar, wo die erste vollständige Aufführung des *Christus Oratoriums* vorbereitet wird.

Am 4. Mai schreibt Liszt aus Weimar an Baron Augusz in Sachen Musikakademie und schlägt vor, sie sollten Franz Witt aus Regensburg einladen. "Ende Oktober werde ich in Pest sein, ich habe die Patenschaft der Zwillingskinder des Hausmeisters meiner Wohnung in der Nádorstraße angenommen."

Mit dem Brief zugleich schickt er das Programm der Weimarer Aufführung seines *Christus Oratoriums.* Am 29. Mai wird dann in der Weimarer protestantischen Kirche in der Anwesenheit Wagners und seiner Gemahlin, Maria Kalergis, der Ungarn Abrányi und Mihalovich das *Christus Oratorium* aufgeführt, wobei Liszt den Dirigentenstab führt. Zu diesem Termin erscheint auch Raff unerwartet; verschämt

413

und schuldbewußt umarmt er Liszt und läßt seinen Tränen freien Lauf. Franz zieht ihn an sich, als wäre ein Stück von seiner Jugend zurückgekehrt. Liszt interessiert vor allem, was die Wagners von seinem Oratorium halten. Cosima äußert sich solange nicht, bis Richard seine Meinung ausspricht. Wie könnte sie sich auch äußern? Sie gehört ja zu jener Gattung der Schwärmerinnen, die sich vollsaugen mit dem Glauben an nur eine Person. Sie hat nur insoweit Interesse für die Literatur und für die Musik, wie Wagner dadurch berührt wird. Als aber Wagner mit liebenswürdigem, kameradschaftlichem Zynismus erklärt, er habe hier wieder einen Haufen entzückende und entzückenswerte, ja sogar Mythen formende Melodien und Harmonien gefunden, da beginnt auch Cosima - wenn auch maßvoll - sich zu begeistern.

Im Juni macht der Dirigent des Weimarer Theaters, Eduard Lassen, Liszt mit Vincent d'Indy bekannt, dem französischen Komponisten, der Folgendes in seinen Memoiren schreibt: "Niemals werde ich vergessen, was für mich das Zusammensein mit Liszt bedeutete. Es steht außer Zweifel, daß die Unterhaltung mit dem Komponisten des *Christus Oratoriums* mich zu dem Plan der Kompositionslehre führte, die ich zwanzig Jahre später in der Schola Cantorum verwirklichte. An diese drei Monate werde ich mich immer erinnern. Von den Schülern, mit denen ich damals bekannt wurde, wurden später berühmt: Richard Metzdorf, der Komponist russischer Abstammung, der Engländer John Orth, der Romantiker Anton Urspruch, Berthold Kellermann, der der Direktor des Münchner Konservatoriums wurde, zwei entzückende Amerikanerinnen, Josie Bates und Amy Fay, und noch viele andere."

Und auch von Amy Fay haben wir eine kurze Chrakterisierung Liszts: "In seinem ganzen Erscheinen und in seinem Betragen hat er etwas von einer jesuitischen Eleganz und Ruhe. Am erstaunlichsten ist die Vielseitigkeit seines Gesichtsausdruckes. In einem Augenblick ist er verträumt, fast tragisch, im nächsten ist er ein entzückender, einschmeichelnder Ironiker oder Zyniker."

Bayreuth und Schillingsfürst sind dieses Jahr seine Sommeraufenthalte. Bayreuth - und natürlich die Wagners - besucht er von da an jedes Jahr. In Schillingsfürst ist er Gast des Kardinals Hohenlohe. Der Kardinal hat sich mit dem Heiligen Vater politisch zerstritten. Er konnte das wagen, da einer seiner Brüder der frühere Adjutant von Franz Joseph I. war, der andere ein führender Politiker in Deutschland; somit stand eine gewisse Macht hinter ihm. Er bietet Franz Liszt an, möglichst viel nach Rom zu reisen, denn sein Palast stünde leer und es wäre besser, wenn er bewohnt würde, er läge ja in einer schönen Umgebung.

Im September, am 7., kehrt Liszt nach Weimar zurück wegen der Hochzeit des jungen Erbgroßherzogs, die mit einem Konzert gefeiert werden soll. Lassen ist der Dirigent, und Franz Liszt begibt sich wieder als Interpret aufs Podium zu Webers *Polonaise brillante* und seiner eigenen *Ungarischen Phantasie*. Am 10. September ist er in Budapest.

Doch am Ende des Monats fährt er nach Rom, aber er verbringt nur drei Wochen in der Ewigen Stadt, denn nichts vermag ihn hier mehr zu halten. Carolyne ist alt und kränklich geworden, sie leidet unter Schweißausbrüchen. Die Luft ihres Zimmers mit dem vielen Zigarrenrauch schnürt einem die Kehle zu. Doch das ist für Franz, der ja auch den Zigarren sehr zugetan ist, nicht das schlimmste. Die Unordnung ist für ihn unerträglich. Die Erleichterung steht ihm ins Gesicht geschrieben, als er Carolynes Tür von außen schließen kann. Gleich nach seinem Geburtstag bricht er wieder auf.

Er verzieht sich wieder nach Budapest, dem derzeit für ihn heimatlichsten Ort. Und die Großen der Stadt tun auch etwas für ihren Meister. Ein bevorzugter Freund und Schüler, Kardinal Lajos Haynald, und Kornél Abrányi, Vorsitzender des Liszt-Komitees, setzen eine Subskription in Umlauf, um die Ausgaben für einen goldenen Lorbeerkranz für Franz Liszt zu decken. "Franz Liszt feiert in diesem Jahr das 50jährige Jubiläum seiner künstlerischen Tätigkeit, würdig auch der ungarischen Nation, die so glücklich ist, ihn als ihren großen Sohn zu feiern."

Während der große Sohn noch in Rom weilt, findet eine Sitzung des Jubiläums-Komitees statt. Eine Liszt-Gedenkmedaille wird geprägt. Auf einer Seite ist das Porträt Franz Liszts mit einer Rundschrift zur Feier: *Zum 50jährigen Jubiläum von Franz Liszts künstlerischer Tätigkeit*. Auf der anderen Seite stehen sechs Zeilen des romantischen Dichters Vörösmarty.

Am Geburtstag Franz Liszts wird in der Universitätskirche eine Messe zu seinen Ehren gelesen. Am 23. wird die Franz-Liszt Stiftung gegründet.

Sobald der Meister ungarischen Boden betritt, wird er offiziell von einem Empfangskomitee begrüßt, das ihn nach Budapest begleitet. Auf jeder Zwischenstation wird er von Gesandschaften und Chören gefeiert, es gibt einen wahren Triumphzug. Liszt bezieht eine neue Wohnung am Fischplatz 4.

Am 9. 11. wird in der Redoute eine Jubiläumsfeier gegeben. Sie fängt um 10 Uhr an, und als Glanzpunkt wird das Geschenk des Budapester Publikums überreicht: der Lorbeerkranz aus Gold. Jetzt sind es fünfzig Jahre her, daß Franz Liszt in Wien zum ersten Mal auftrat. Das musikalische Fest bleibt dem Nachmittag vorbehalten. Um 5 wird unter der Leitung Hans Richters im glänzend beleuchteten Redoutensaal das *Christus Oratorium* zum ersten Mal in Budapest aufgeführt. Das Werk ist das Lieblingsstück von Franz. Es ist seine Predigt: in der Musik soll der Glaube an Gott ausgedrückt werden.

Im Oratorium predigt Liszt, aber nicht so sehr für andere, sondern mehr für sich selbst. Es ist der Aufruf an sich, den Glauben zu halten. Die Gästeschar fühlt sich ergriffen wie seinerzeit Wagner, als er das Oratorium zum ersten Mal hörte. Es ist natürlich viel Prominenz anwesend. Sogleich fällt Baronin Meyendorff auf, dann Baron Loen, der Intendant aus Weimar, der Klavierfabrikant Bösendorfer aus

Wien, und Karl Goldmark, der gebürtige Ungar, der aus Keszthely nach Wien übersiedelt ist. Sophie Menter ist auch gekommen. Musiklehrer, Musikwissenschaftler und Journalisten aus Prag, München, Paris, Wien, Berlin und der Himmel weiß von wo sonst noch, sind angereist. Selbst der dauernd unzufriedene Richter ist von der Aufführung gerührt. Das Feiern hat noch kein Ende. Es folgen am 10. November ein Festessen zu Ehren Liszts, am 15. ein Abend für ihn in der Redoute und am 16. und 17. ein Galabesuch beim Fürstprimas in Gran.

Liszt schreibt der Fürstin Wittgenstein einen Brief und wirft darin den Gedanken auf, er möchte den goldenen Lorbeerkranz, den er zum Jubiläum erhalten hat, und noch einige in Weimar gehütete Wertgegenstände dem ungarischen Nationalmuseum übergeben. Diese Überlegung findet schließlich ihren konkreten Ausdruck im folgenden Schreiben vom 3. Mai 1874 an den Direktor des ungarischen Nationalmuseums: "Im November vorigen Jahres, aus Anlaß des unvergeßlichen Jubiläums, mit dem mich die Stadt Pest beehrte, entwickelte ich vor Ihnen meine Gedanken über den würdigen Platz des zum Fest gehörenden goldenen Kranzes und der Medaille. Gestatten Sie mir, daß ich die genannten Gegenstände heute Ihnen übergebe, damit sie als Eigentum des Museums bewahrt werden. Hinzufügen möchte ich auch den Silberkranz, welcher aus Anlaß desselben Festes der Allgemeine Deutsche Musikverein Leipzig-Jena mir darbot. Ich habe die Absicht und den Wunsch, noch einige Gegenstände den genannten anzuschließen, namentlich das Schwert, das man mir in Pest mit allgemeinem Zuspruch im Januar 1840 im Nationaltheater anbot, das Klavier, welches die Londoner Firma Broadwood Beethoven gab, sowie einen silbernen Notenständer und einen Dirigentenstab aus Gold, mit Edelsteinen geschmückt. Ich möchte gern diese Gegenstände sogleich hinschicken, aber um diese Dinge zurückzuverlangen von dem Ort, wo sie verwahrt werden, bräuchte ich eine Vollmacht, die zu einer unrichtigen Zeit zu verlangen unpassend wäre. Die Gegenstände werden aus Weimar nach Pest geschickt, sobald es möglich ist, und ich möchte im Vorgefühl meines nahen Todes Verfügungen treffen mit dem Zweck, daß alles, was ich Ihrem Museum zudenke, richtig ankommt. F.L."

Carolyne von Wittgenstein erhält auch weiterhin regelmäßig Post, die sie vertrösten soll: "Nach Rom kann ich jetzt nicht zurückkehren. Ich möchte bis Ostern in Pest bleiben." Den Jahreswechsel von 1873 auf 1874 verbringt Franz im Familienkreis bei Baron Augusz in Buda. Schließlich wird dieser Aufenthalt der längste, den er auf ungarischem Boden zubrachte. Bis zum Mai hat er zu tun in Ödenburg, Budapest und Preßburg, jagt von einem Konzert zum anderen, wobei viele Einnahmen wieder zu wohltätigen Zwecken gestiftet werden.

DIE MUSIKAKADEMIE

Am 17. Mai sagt Liszt dem Konzertrummel Adieu und fährt nach Tivoli in die Villa d'Este, wo er sich fest entschlossen an die Arbeit begibt, um dem Wunsch Carolynes entsprechend die *Legende des Heiligen Stanislaus* zu Papier zu bringen.

Liszt hält sich nicht mehr so gerne in Italien auf. Der Pfadfinder für Wagner hat im innersten Wesen für das nordische Element Partei ergriffen. Liszt nimmt auch in Italien dazu Stellung, hilft, die Musik Wagners, Beethovens und Mozarts nach Italien einzuschmuggeln. Damit bringt er sich in Gegensatz zu den musikalischen Bestrebungen Verdis. Schon seit 1871 tobt unter den Anhängern beider Lager ein unsinnig heftiger Streit. Keiner der beiden Meister nimmt unmittelbar daran teil. Ein Jahrzehnt später, 1883, nachdem der Streit seinen Höhepunkt erreicht hatte und Wagner schon gestorben war, wünschte Verdi die Wogen zu glätten. Inzwischen hatte er nämlich seine Ansicht über

Wagner stark geändert, nach dem Motto: "Im Haus meines Vaters gibt es viele Wohnungen."

Liszts Ansichten können wie folgt zusammengefaßt werden: Die italienische Musik ist von Anfang an und grundlegend vokal. Instrumental kann sie nur nebensächlich sein. Demgegenüber ist die deutsche Musik von Anfang an und grundlegend instrumental. Für die italienische Musik ist die Polyphonie von Palestrina, für die deutsche die *h-moll Symphonie* oder die *9. Symphonie* von Beethoven charakteristisch.

Franz macht die Erfahrung, daß die deutsche Musik, wenn sie nach Italien hineinströmt, auch eine zauberhafte Wirkung auf die Jugend ausübt, aber sie ihren ursprünglichen Quellen entlockt. Die italienische Musik muß ihren Charakter bewahren, das heißt, vor allem ihre Vokalität. Tut sie es nicht, verliert sie ihre Eigenart und wird unfruchtbar.

Am 22. Mai verliert Liszt unerwartet seine geliebte Pflegerin, Verbündete und Freundin Frau Mukhanov, die vor ihrer Ehe Maria Kalergis hieß. Mit ihr verliert der Liszt-Wagner Kreis eine der stärksten Stützen. Franz wirkt sehr gebrochen, als er die Todesnachricht vernommen hat. Er wird ruhelos, müde und immer nachlässiger.

In einem Schreiben an Baron Augusz in Sachen seines Reisepasses steht folgendes: "Mein lieber Freund Augusz. Bei Gelegenheit schicke mir freundlicherweise meinen Paß mit den drei Titeln, die ich Dir angegeben habe: Königlicher ungarischer Rat, Kämmerer des Großherzogtums Weimar und Inhaber hoher Orden. Auf dem deutschen Blatt des Passes sei so freundlich, auch meine Doktortitel hinzuschreiben, und vergiß das 'von' nicht. Also so: Doktor Franz von Liszt."

Er hat diese Formalien inzwischen nötig, denn er ist alt geworden. Oft wird er nicht erkannt und nicht mit dem gebührenden Respekt behandelt. Eher geht man herablassend mit ihm um, zumal seine Soutane des öfteren nicht frei von Ruß und Flecken vom Öllicht ist.

Im Juli beginnt er, in der Villa d'Este in der Einsamkeit sein neues Werk *Die Glocken von Straßburg* zu komponieren, zu dem ihn ein Gedicht von Longfellow inspirierte. Neue Klavierstücke wie der Weihnachtsbaum-Zyklus (*Arbre de Noël*), worin er kirchliche Volksgesänge verarbeitet, und die *Via Crucis,* in der er den 14 Stationen des Kreuzwegs dramatischen Ausdruck verleiht (mit Begleitung von Solisten, Chor und Orgel), werden in Angriff genommen. Dieses Werk sollte eine mächtige Steigerung im Vergleich zum vorigen sein: zur *Heiligen Elisabeth,* zur *Graner Messe* und der *Krönungsmesse.* Das Werk ist weniger ausgeschmückt, puritanischer, aber mutiger. Das sehr Alte und sehr Neue treffen sich, die Gegensätze vereinigen sich in aufgewühlter Harmonie, das Gregorianische und das Moderne treffen sich in geradezu knirschenden Tönen und überflügeln bereits die Harmoniewelt Wagner-Berlioz-Schumann-Brahms.

Den weiteren Teil des Jahres verbringt er in Rom im Kreise seiner Schüler. Junge Männer und Frauen besuchen ihn an festgesetzten Tagen und Stunden. Die Jugend bringt einige Heiterkeit in das stille Arbeitszimmer. Von Zeit zu Zeit besucht er die Fürstin Wittgenstein, die ihr Glück in fabrikmäßig hergestellten theologischen Büchern findet, immer in der Hoffnung, daß Franz sich mehr und mehr von den weltlichen Freuden entfernt. Aber Liszt kann den Zwiespalt von weltlicher Hinwendung und geistlicher Abkehr sein Leben lang nicht überwinden.

Zur Zeit versteckt er sich tatsächlich oft und läßt nur den treuen Sgambati zu sich, der ihm von Italiens Musikwelt Bericht erstattet. So erfährt Liszt, daß Verdis *Requiem* am 22. Mai in der San Marco Kirche von Mailand aufgeführt wurde. Diese Nachricht wird vom Abbé Solfanelli ergänzt mit der Mitteilung, Verdi habe sich schon vor zwei Jahren zurückgezogen, weil auch er vielleicht müde geworden ist.

14. August. Aus Wien kommt ein Brief von Doppler, in dem er sich für die Großmut Liszts bedankt, der ihm für die Instrumentierung der *Ungarischen Rhapsodien* 50 Duka-

ten zukommen hat lassen. "Mein Anteil an der Instrumentierung Ihrer wunderbaren *Ungarischen Rhapsodien* ist so bescheiden, daß ich das Honorar des Verlegers nur zögernd annehmen kann."

Ein lebhafter Briefwechsel kommt in Gang zwischen Bayreuth und Budapest. Wagner teilt Hans Richter mit, er möchte nun doch in Pest sein Konzert geben, weil die Baukosten von Bayreuth alle seine finanziellen Reserven erschöpft haben. Eine neue Anleihe bekommt er nicht, und der Bau des Festspielhauses ist ins Stocken geraten. Wagner teilt Richter mit, jemand müßte ihm eine Einnahme von 5000 Gulden zusichern, nur so kann er seinen Vortrag in Pest halten. Wagner schreibt zum selben Thema auch an Mihalovich. "Lieber Mihalovich. Wenn Sie hören, daß ich irgendwo ein Konzert gebe, können Sie dessen sicher sein, daß mich zu diesem Schritt nur die sichere Aussicht auf eine bestimmte Einnahme veranlaßt hat, zu diesem Entschluß, der mir so verhaßt ist. Ich habe aber keine Veranlassung, unserer Bayreuther Unternehmung eine solche Einnahme vorzuenthalten. Ich hoffte schon über diesen Abschnitt hinausgeraten zu sein, als ich mich gezwungen sah, mich mit der Aufführung von Bruchstücken meiner Werke abzufinden... es geschieht nicht zu dem Zweck, die Ungarn in Begeisterung zu versetzen für eine deutsche Unternehmung, weil ihre Sympathie für die deutschen Musiker zur Genüge in Anspruch genommen ist, um mich ihrer Großmut zu enthalten. Ihr Anhänger mit Respekt, R.W."

In Budapest unterstützt der Wagner-Verein nach Kräften ein Konzert für das Bayreuther Bauvorhaben. Wagner hat viele Anhänger und 'Gläubige' in Budapest: Emmerich Huszár, Kornél Abrányi, Hans Richter, Alois Gobbi und den Verleger Táborszky, und natürlich einen, der jede musikalische Angelegenheit unterstützt: Franz Liszt. Budapest würde ein Auftreten Wagners gerne begrüßen, aber keiner kann ihm die 5000 Gulden im vorhinein zusichern. Nach wiederholtem Briefwechsel entschließt man sich zu folgender Lösung: die eine Hälfte des Konzerts garantiert Wagner, die andere Liszt. Nur auf diese Weise kann ein so hoher Geldbetrag eingespielt werden. Es wird also wieder eine gemeinsame Unternehmung von Wagner und Liszt in Angriff genommen, wie aus einem Brief an Abrányi aus der Villa d'Este hervorgeht: "Am 10. Februar bin ich wieder in Pest, und warte auf Wagner. Vor zehn Jahren haben wir gemeinsam ein Konzert in St. Gallen dirigiert, das könnte man in Pest wiederholen... Weitere Verabredungen können wir während meines Pester Aufenthalts vornehmen".

Vom 9. Dezember ist der Brief Liszts an Baron Augusz datiert, der im Zusammenhang mit Wagners Auftritt steht. "Der amerikanische Pianist Pinner begleitet mich nach Pest, wo ich am 9. oder 10. 2. ankomme. An Abrányi und Mihalovich schrieb ich wegen Wagners Konzert und meiner *Fastenglocken.* Im Zusammenhang damit fällt mir ein geistreicher Ausspruch Rubinis ein. Man fragte ihn, ob er im Petersburger Theater bei meinem nächsten Konzert singen würde. Seine Antwort war: 'Ich singe nicht nur, sondern ich tanze auch, wenn Liszt das wünscht.' Mit größerer Bereitwilligkeit als Rubini bin ich unter allen Umständen bereit, Wagner die Treue zu leisten, und es ist mein sehnlichster Wunsch, daß sein Aufenthalt in Pest angenehm ausfällt."

Die Vorbestellungen der Eintrittskarten laufen nicht so recht an. Liszts Antwort darauf ist die Erklärung, er sei bereit, den fehlenden Anteil zu übernehmen. Zu diesem Zweck bietet er die Partitur der *Straßburger Glocken* an, und er ist auch bereit, Beethovens *Es-Dur Konzert* vorzutragen. Das Publikum überströmt fortan die Kassen. Für manche Wagner-Anhänger allerdings verliert das Konzert durch die Einbeziehung von Liszt und Beethoven an Gewicht.

Selbstverständlich ist Carolyne Wittgenstein verärgert und schimpft auf Franz, weil er wieder bereit ist, sich für Wagners Interessen zu opfern, und am Jahresbeginn 1875 schon auf dem Sprung ist, nach Pest zu fahren. Sie möchte ihn davon abbringen, ist eifersüchtig wie eh und je auf

Wagner, und mehr als das, sie haßt ihn ausgesprochen. Franz ist unerbittlich, denn er denkt auch an seine Tochter Cosima. Als er am 11. Februar in Budapest ankommt, steigt er wieder bei Abt Schwendtner in der Pfarrei ab. Seinen alten gewohnten Diener hat er nicht mitbringen können, da dieser kurz vor seiner Abreise in Rom erkrankte und starb. Da stellt er als Diener Spiridon Knézovits, einen Montenegriner ein, der mehrere Sprachen spricht, allerdings auch im geheimen Auftrag der Fürstin Wittgenstein arbeitet. Der Diener folgt dem Auftrag treuherzig und schickt regelmäßig Berichte nach Rom. Carolyne ist nicht auf Liszts Liebesabenteuer neugierig, vielmehr wünscht sie genaue Informationen über Wagner zu bekommen.

Liszt macht sich wegen der Musikakademie Sorgen. Am 1. Dezember haben die Pester Zeitungen die Nachricht gebracht, der zuständige Minister wolle den Grafen Festetics zum Leiter der Musikakademie ernennen. Das wäre gar nicht nach Franzens Geschmack. Der Minister läßt diesen Plan aber wieder fallen.

Am 6. März kommen Wagner und seine Frau Cosima in Budapest an. Sie steigen im Hotel Hungaria ab. In der Nacht zieht sich das Ehepaar zur Nachtruhe zurück. Zigeunermusik klingt in ihr Zimmer hinauf, und das Ehepaar kann nicht schlafen. Mit Richters Hilfe verziehen sie sich zu dessen Mutter, die in der Vácistraße ihre Wohnung hat.

Am 10. März 1875 findet endlich das gemeinsame Konzert von Wagner und Liszt in der Redoute in Budapest statt. Der erste Teil des Programms gehört Liszt; er spielt zuerst die *Straßburger Glocken*, sodann Beethovens *Es-Dur Klavierkonzert*, von Richter dirigiert. Wagner setzt sich aus Dankbarkeit dafür, daß Liszt die Veranstaltung des Konzerts ermöglicht hat, ins Orchester als Paukenschläger. Der zweite Teil des Konzerts besteht aus Wagners Werken: Schmiedelied aus dem *Siegfried*, Siegfrieds Tod aus der *Götterdämmerung*, Wotans Abschied und Feuerzauber aus der *Walküre*. Diesmal dirigiert Wagner, und an die Pauke setzt sich Richter.

Von dem Konzert schreiben die Pester Blätter vom 12. März wie von einem Triumph, einem wahren Fest der Musen. *"Der ewig mürrische Richter hat geradezu Flügel bekommen. Wagner leitete das Orchester wie ein Fürst. Liszt vergaß seine etwas geschwollenen Hände - bei ihm hatte sich ein Ödem gebildet - er spielte abermals in diabolischem Glanz."* - *"Hans Richter dirigierte das Orchester, und Wagner saß an der Pauke. Das Publikum suchte aufgeregt den in ganz Europa berühmten Meister, ohne zu ahnen, daß er schon im Orchester Platz genommen hatte. Als er als Dirigent ans Pult trat, erhoben sich die hinten Sitzenden, dann auch die vor ihnen Sitzenden, bald stand das ganze Publikum, und es hatte den Anschein, es hätten sich alle Anwesenden erhoben, um dem Meister die Ehre zu erweisen."*

Von Liszts Spiel wird geschrieben: *"Richard und Franz wechseln Blicke, und gleich darauf erdonnert das Klavier. Das Allegro des ersten Satzes dröhnt im Saal ohne jede Verzierung, sich auf die prachtvolle Aussage der Musik beschränkend, den Sieg, den der Mensch erkämpft. Der zweite Satz klingt zauberhaft, und in der Mitte des dritten Satzes erstrahlt im Sturm der jung gewordene Liszt. Es wird mehr geboten als Klavierspiel: es ist ein andächtiger Psalm. Es ist wieder der alte Liszt, der dem Orchester voranrast mit so verblüffender Sicherheit wie einstmals in seinen Konzertrundreisen. Mit einem Wort: ein Triumph."*

14. März. Liszt schickt an die Fürstin Wittgenstein einen Brief, der den Bericht über das Wagner-Konzert und die Presseberichte enthält: *"...darin ist nichts Neues mehr für sie enthalten. Morgen abend muß ich wieder klimpern, aber das geschieht zum letzten Mal in diesem Winter. Die Aufführung des Christus Oratoriums wird am 12. April stattfinden. Mein Sommer wird in Stücke gerissen durch allerlei schnelle Reisen nach Hannover, in das Schloß Loo, zum Festival von Dresden und Stuttgart, und nach Schillingsfürst. Mögen Ihre Engel mich gesund heimführen in die Villa d'Este."*

Zum Abschluß dieses Ungarn-Aufenthaltes überreicht der ungarische Minister Trefort am 30. März Liszt persönlich die Ernennung zum Präsidenten der Musikakademie: "Seine Apostolische und Kaiserliche Majestät geruhen mit seinem Handschreiben vom 21. März dieses Jahres Euer Hochwohlgeboren zum Präsidenten der in Pest gegründeten ungarischen Musikakademie zu ernennen."

Am 1. April verläßt Liszt Ungarn und verbringt einige Tage in Wien, dann fährt er über München nach Hannover. Am 28. tritt Liszt in Hannover in einem Konzert auf, das zum Zweck eines für Eisenach bestimmten Bach-Denkmals bestimmt ist. Er spielt zum ersten Mal die Variationen über Bachs *Weinen, Klagen, Sorgen, Zagen* und das Ostinato des Crucifixus-a-basso der *h-moll Messe.* Auch die *Heilige Elisabeth* wird aufgeführt. Danach fährt Liszt auf Einladung des holländischen Königs Wilhelm III. nach Loo. Der König hat zur Entscheidung über die Vergabe eines von ihm gestifteten Musikpreises ein internationales Komitee zusammengerufen. Dieser Kreis, dessen Mitglied auch Franz Liszt ist, hatte jährlich eine Sitzung. Am 7. Mai schreibt Liszt an die Fürstin Wittgenstein: "... Mittagessen von 12 bis 1, danach eine Zigarre mit Epilog und, ohne vom Tisch aufzustehen, Abendessen um 6 Uhr. Lebhaftes Gespräch ohne jede Dissonanz, ohne die Teilnahme von Damen und Fräulein, was keineswegs schädlich ist. Ungefähr ein Dutzend zur unschönen Rasse der Männer gehörende Gäste, 5-6 Berühmtheiten der Pariser, belgischen und holländischen Malerei, Musiker: Ambroise Thomas, Henri Wieniawski, der neue Vieuxtemps der Geige und Ihr untertäniger Diener, F.L."

Der ewige Wanderer ist weiter unterwegs nach Bayreuth. Er betrachtet das imposante Festspielhaus, dessen Bau weit fortgeschritten ist. Wagner erklärt begeistert die Einteilung der Bühne und die erhoffte Akustik. Im August 1876 soll die Einweihung stattfinden. Bayreuth wird ein neues Mekka, ist Liszts feste Überzeugung, und er schreibt auch: "Die Tetralogie *Der Ring des Nibelungen* halte ich für wunderbarer als den Kaaba-Stein." Zwei Wochen verbringt Liszt bei Wagners. Er beschäftigt sich heiter mit den bald ausgewachsenen Töchtern; Daniela und Blandine sind schon kleine Damen. Aus Bayreuth schreibt Liszt an Baron Augusz, erfüllt von Bedenken und Sorgen wegen der Eröffnung der Musikakademie. "Heil und Sieg der Restaurierung der von Mathias Corvinus erbauten Krönungskirche. Deine Teilnahme als Direktor dieses Neubaus sichert den Erfolg dieses Plans in etwa 10-15 Jahren. Warum könnten wir nicht die Gründung der Pester Musikakademie bis dahin aufschieben? Es wäre eine viel weisere Lösung. Bülow reist nach Amerika. Witt ist schwer krank, und ich kann es nicht riskieren, eine Aufgabe, die meine Kräfte übersteigt, auf mich zu nehmen".

Liszt hat an die Einladung Bülows als Akademieprofessor gedacht, doch der rüstet zu einer Amerika-Reise, mit der er sich selbst zugrunde richten wird. Auch Franz Witt, der in Regensburg lebende Professor, ist schwer krank geworden und hat die Einladung abgelehnt.

Liszt fährt wieder nach Weimar. Sein Wanderinstinkt treibt ihn unablässig weiter, eine Ruhelosigkeit, die ihn nicht an einer Stelle bleiben läßt, als würde er sein ganzes Leben nach etwas suchen, das er weder zu nennen noch zu finden vermag.

14. Juni. Liszts Brief an Baron Augusz aus Weimar: "Wer befreit mich von den Römern und Griechen? Und in der Hauptsache von der Budapester Akademie?" Es ermüden ihn die vielen Scherereien, die mit der Eröffnung verbunden sind.

Am 17. Juni bei der Trauerfeier im Weimarer Tempelherrenhaus zur Erinnerung an die Gräfin Maria Kalergis wird zum ersten Mal die *Legende der Heiligen Cäcilia* aufgeführt, sowie die zum Tod der Gräfin komponierte *Elegie* für Cello, Klavier, Harfe und Harmonium.

Mitte September verläßt Liszt Weimar und reist nach Rom, wo er den Rest des Jahres verbringt. Am 21. schreibt er wieder einen Brief an Baron Augusz, den treuen, uner-

müdlichen Freund: "... gestern Abend bin ich hier angekommen, ich beeile mich, Dir für Deinen liebenswürdigen
letzten Brief zu danken. Nach der Feier des Großherzogs
Karl August blieb ich noch eine Woche in Weimar und verbrachte dann einige Tage in Leipzig und Nürnberg. Die
Fahrt von München nach Rom dauerte 33 Stunden, dann
kam ich nach Hause in die Villa d'Este. Hier bleibe ich bis
zu meiner Rückreise nach Budapest... Die Ernennung von
Volkmann, Abrányi und Erkel teilte mir der Unterrichtsmi-
nister mit... daraus folgere ich, daß die Eröffnung der Musikakademie... nicht mehr lange auf sich warten läßt."

Am 14. November wird die Eröffnung der Musikakademie vollzogen, doch ohne die Anwesenheit von Liszt. Er
bleibt aus einer Laune fern, will damit sein Mißbehagen
ausdrücken, daß die Akademie am Fischplatz auf so engem
Raum untergebracht worden ist. Erst vier Jahre später wird
die Akademie auf ihren jetzigen würdigen Platz verlegt.
Der Direktor der Akademie, Franz Erkel, hält die Eröff-
nungsrede, worin er natürlich sein Bedauern über das
Fernbleiben Liszts ausdrückt. Am 17. November schreibt
Liszt: "... diese Akademie ist für mich ein angsterregendes
Damoklesschwert, und ihre Sammlung ... hat für mich die
Gestalt von Klavieren und lästigen Kompositionen."

Am 15. Februar 1876 tritt Liszt endlich sein Präsidenten-
amt in der Musikakademie Budapest an. Er beeilt sich, in
seine Wohnung, die im Gebäude der Akademie im ersten
Stock ist, zu kommen. Tags darauf geht er schon durch die
Zimmer, hört sich das Spiel der Schüler Franz Erkels an und
wählt für sich selbst die Geeignetsten aus.

Von 1876 an sind seine Aufenthalte in Budapest, Weimar
und Rom regelmäßig eingeteilt. Den Herbst bis zum Frühjahr und Sommer verbringt er in Rom und Weimar, den Rest
in Budapest. Im ersten Jahr findet er neun Schüler: Karl
Agházi, Nikolaus Almássy, Aladár Juhász, den er am liebsten mochte, Karl Szvoboda-Szabados, Janka Feigler, Ilka
Knapp, Ilona Lépessy, Ilonka Ravasz. Ein Grundprinzip behält er bei: Wer in seine Meisterschule geht, braucht kein

Lehrgeld zu bezahlen. Bisher hat er niemals für Geld unterrichtet, und eine Ausnahme will er auch jetzt nicht machen.

Beim Konzert der Philharmonischen Gesellschaft am 26. Februar wird das Werk *Die Hunnenschlacht* aufgeführt. Am 2. März beginnt er den offiziellen Unterricht der Schüler, denen er zwei-dreimal in der Woche Stunden gibt.

Eine neue Trauernachricht erreicht ihn: Marie d'Agoult ist im Alter von 72 Jahren gestorben. Liszt erfährt die Botschaft zuerst aus den Zeitungen, er bekommt aber auch einen Brief von seinem Schwiegersohn Ollivier. Dem liegt ein Nachruf bei. Ein Freund Maries, der Schriftsteller Louis Ronchaud, hat ihn verfaßt. "Mme d'Agoult litt nur kurze Zeit, ihren fatalen Zustand erkannten wir nur einen Tag vor ihrem Tod. Sie mußte am Dienstag Nachmittag zu Bett, und Sonntag Mittag war schon alles vorbei. Sie bekam eine Lungenentzündung bei einem Spaziergang. Die ersten Tage litt sie schwer, die letzten Tage vergingen ruhig. Die Beerdigung fand gestern statt. Die Gebete wurden nach protestantischem Brauch im Totenhaus gesprochen, der Sarg wurde von uns auf den Friedhof Père Lachaise gebracht, wo sie in einer provisorischen Gruft beigesetzt wurde".

Am 27. März schreibt Liszt an Ollivier: "Ich danke Ihnen für Ihre Freundlichkeit, mir die Nachricht über den Tod der Mme d'Agoult mitgeteilt zu haben. Es ist nicht meine Art, Phrasen zu äußern: die Erinnerungen, die ich von Mme d'Agoult bewahre, sind schmerzhafte Geheimnisse. Ich habe ein Wort nur an Gott gerichtet und ihn gebeten, der Mutter meiner drei geliebten Kinder Frieden und Heil zu spenden. Am passendsten wäre es, wenn das literarische Eigentum des Daniel Stern auf Daniel Ollivier überginge". Daniel Stern war ja das Pseudonym, unter dem Marie in einer erstaunlichen Mischung aus Dichtung und Wahrheit die Geschichte ihrer Liebe zu Liszt niederschrieb. Der Streit zwischen Nélida (M. d'Agoult) und Guermann (F. Liszt) ist endgültig beendet.

Am 26. März findet die erste Matinee der Liszt-Schüler

statt, und am Abend gibt es eine Versammlung zu Ehren Karl Goldmarks. An dieses Ereignis erinnert sich Goldmark zwischen den Jahren 1910-14 wie folgt: "In diesem Jahr reiste ich wegen der Aufführung der *Königin von Saaba* nach Budapest. Liszt war ebenfalls in der Stadt, und ich besuchte ihn um die Mittagsstunden... Er lud mich liebenswürdig ein und spielte mir dann mein Op. 11 vor. Dieses Stück habe ich so noch niemals gehört".

Am 30. März verläßt Liszt die ungarische Hauptstadt. In seinem Brief von 2. April berichtet er von seinem Wiener Programm: "... wir luden zum Abendessen in den Schottenhof Bösendorfer und Gattin, die ich besonders lieb habe, Camille Saint-Saëns, Gobbi aus Pest und Oncken ein. Saint-Saëns hatte in Wien mit seinen Kompositionen als Pianist großen Erfolg. Er spielte auch wunderbar auf der Orgel. Er war so liebenswürdig, die Schüler des Konservatoriums zu beehren - das Konzert, das zu meinen Ehren improvisiert wurde -, indem er den *Totentanz* dirigierte und meine Phantasie, die ich unter Verwendung der Motive von Beethovens *Athens Ruinen* komponiert hatte, spielte."

Der Wanderer ist wieder unterwegs. Er verläßt Wien und fährt nach Düsseldorf, dann nach Hannover, wo er ein Konzert gibt für Bayreuths Festspielhaus. Bronsart begleitet ihn. Der Abend trägt 5000 Mark ein. Wagner hat den Betrag dringend nötig. Die deutsche Presse schreibt größtenteils unfreundlich über den Bayreuther Plan, und dieser Umstand ist verständlicherweise für die Sammlung von Kapital nicht vorteilhaft. Liszt steht selbstlos im Dienst der Musik.

In der zweiten Maihälfte hält er sich wieder in Loo auf als Gast des holländischen Königs. Anfang Juni kehrt er zu seinen Weimarer Schülern zurück. Der Stern von Weimar leuchtet nicht mehr so hell wie vor Jahren, wenn er auch noch nicht erloschen ist. Immerhin sind Liszts begabteste Schüler gerade hier zu finden.

Am 7. Juni stirbt George Sand. Liszt trauert aufrichtig in seinem Herzen um die bedauernswerte Frau, die einsam und verlassen aus der Welt gegangen ist.

Am 2. Juli erklingt zum ersten Mal in einem öffentlichen Konzert in Sonderhausen die symphonische Dichtung *Hamlet;* den Dirigentstab führt Max Erdmannsdörfer.

Am 1. August kommt Liszt in Bayreuth an, um an den Wagner-Feiern teilzunehmen. Carolyne ist immer noch sehr entschieden gegen seine Teilnahme, denn sie hält allen Ernstes Wagners Arbeit für Satanswerk. Er beantwortet ihren Brief noch am selben Tag. "Jeder Zweifel ist geschwunden, und jedes Hindernis ist weggeräumt. Wagners gewaltige Geisteskraft triumphiert über alles. Sein Werk, die *Nibelungen,* überstrahlt die ganze Welt mit seinem Glanz. Die Blinden können das Licht nicht auslöschen, die Tauben die Musik nicht verstummen lassen."

Liszt schreibt gleichzeitig einen Brief nach Weimar an den Großherzog: "Was hier vor sich geht, grenzt an ein Wunder. Eure königliche Hoheit werden es mit eigenen Augen sehen, und ich werde es ewig bedauern, daß der ganze Ruhm nicht Weimar zukam, der dieser Stadt nach den Vorbereitungen zukäme." Nun steht Bayreuth der ganzen Welt offen, ist ein Stein gewordener Traum, ein Wunder der Wirklichkeit. Auf dem Hügel steht das feste Gebäude, über seiner pompeianisch roten Farbe erstrahlt die Kuppel. Richard und Cosima arbeiten wie die Sklaven. Natürlich gehört auch eine kräftige Hilfe des Märchenkönigs Ludwigs II. dazu, daß dieses Wunder zustande kommt.

Ein Dirigent aus Dresden, der nie ein Stück mit bleibendem Erfolg auf die Bühne brachte, beschließt, ein Theater eigens für seine Werke zu bauen, ein Theater, in dem nichts anderes gespielt wird als seine Musik. Das ist nun Wirklichkeit geworden.

Die ersten Bayreuther Festspiele beginnen am 13. August mit dem *Rheingold.* An den folgenden drei Abenden werden *Die Walküre, Siegfried* und *Die Götterdämmerung* gespielt. Den Abschluß bildet ein Bankett mit siebenhundert Gedecken. Die aus der ganzen Welt herbeigeströmten Wagner-Anhänger feiern üppig die Eröffnung des Festspielhauses.

Auf dem Höhepunkt seines Weges ist Wagner nicht vergeßlich geworden. Sein schönster Trinkspruch gilt Franz Liszt: "Hier ist jemand, der an mich schon glaubte, als noch niemand von mir etwas wußte, ohne den Sie alle keinen einzigen Ton meiner Werke vernehmen würden. Diese Persönlichkeit ist mein lieber Freund Franz Liszt." Liszt antwortet auf diese Ansprache leise und still: "Ich danke für die Anerkennung meinem lieben Freund, dessen aufrichtiger Verehrer ich für alle Zeiten bleibe. So wie ich mich vor dem Feuergeist Dantes, Michelangelos, Shakespeares und Beethovens verneige, so verbeuge ich mich auch vor dem Genius Richard Wagners".

Ein zorniger Brief kommt aus Rom. Die Fürstin nimmt die Rolle Liszts beim Fest übel. Franz beantwortet ihren Brief umgehend und recht barsch. "Ich bin ein bescheidener Mensch, glaube aber nicht, daß ich Ihren heutigen Brief verdient habe... Gott ist mein Zeuge, daß ich jahrelang nur das eine Ziel verfolgte, Ihre Leiden zu sänftigen. Diese Absicht scheint nicht erfolgreich gewesen zu sein... Nach Ihrem heutigen Brief verzichte ich darauf, nach Rom zurückzukehren."

Liszt ist wieder auf Reisen, statt nach Rom fährt er nach Hannover. Dort ist der liebenswürdige Bronsart der führende Dirigent, der einen weiteren Besuch hat: den todkranken Hans von Bülow. Dessen rechter Arm ist gelähmt, sprechen kann er nur noch stotternd, das eine Auge ist unbeweglich.

Bronsart berichtet über die Vorgeschichte. Hans hat in acht Monaten eine Amerika-Tournee abgeleistet, wobei er hundertvierzig öffentliche Konzerte gab, zum großen Teil so, daß er am selben Abend dirigierte und Klavier spielte. Das alles ohne Noten. Auf diese Weise hat er seine geistigen Fähigkeiten vollkommen überanstrengt. Ein von Bronsart herbeigerufener Arzt empfiehlt die sofortige Unterbringung Bülows in einem Sanatorium. Der Kranke hat dringend ärztliche Aufsicht nötig, denn er hat vielleicht noch einige Wochen, vielleicht gar nur einige Tage zu leben. Bülow wird im Sanatorium Godesberg untergebracht.

Franz entscheidet: sein nächstes Reiseziel wird Budapest. Am 15. Oktober kommt er dort an. Die Zeit vom 21. - 31. verbringt er bei Augusz. Am 26. schreibt er einen Brief an Carolyne: "Meine Klassen beanspruchen wöchentlich mindestens 15 Stunden... Schwerwiegender ist meine Korrespondenz, mein Purgatorium, trotzdem tue ich das Möglichste, um Musik schreiben zu können. Das ist die einzige Arbeit, die mir Freude macht, mich im Gleichgewicht hält und mir Ruhe gibt."

Am 1. November fährt er zum Erzbischof Haynald nach Kalocsa, am 7. gibt er ein Konzert in Budapest und spielt in der Philharmonie die *Legende der Heiligen Cäcilia* am 29.; am 17. Dezember nimmt er an einer Liszt-Matinee in der Musikschule teil. Am 18. Dezember erleidet er einen Unfall. Er gleitet auf dem feuchten Pflaster aus und zieht sich eine Arm- und Beinverletzung zu. Mehrere Tage hindurch kann er seine Wohnung nicht verlassen und sich auch nicht ans Klavier setzen. Aber am 31. Dezember kann er für den Liszt-Verein in der Innerstädtischen Kirche die Missa Choralis dirigieren.

Am 2. Januar 1877 schreibt Liszt seinem Vetter Eduard: "Viermal in der Woche gebe ich Stunden für in- und ausländische Pianisten und Pianistinnen. Unter ihnen sind ein halbes Dutzend vorzügliche, die auch öffentlich auftreten könnten. Zum Unglück gibt es zuviele Konzerte und zuviel Konzertveranstalter. Dingelstedt sagte einmal: 'Die Theater sind die nötigen Übel, die Konzerte aber sind die unnötigen Übel.' Diese Sentenz möchte ich meinen Schülern auf der Akademie einschärfen."

Am 15. Februar gibt er im Hotel Hungaria einen Abend und hört sich am 23. den blinden Pianisten Attila Horváth an, von dem er dermaßen begeistert ist, daß er ihn nach Weimar mitnimmt und seine weitere Ausbildung übernimmt.

Am 25. lädt Liszt Gäste in die Musikakademie ein, darunter den weltberühmten polnischen Geiger Wieniawski, der ein alter Bekannter aus Paris ist. Die erste Programmnummer ist die *Chaconne* von Bach, die ein junger Künstler namens Eugen Huber meisterhaft vorträgt. Liszt und der polnische Künstler überhäufen Huber mit Lob (der bald unter dem Namen Hubay bekannt werden wird). Es stellt sich heraus, daß er bei Joachim in Berlin gelernt hat, und so nimmt ihn Liszt in seinen Kreis auf. Am 26. Februar schreibt Zichy in sein Tagebuch: "Wir bereiten uns auf die Premiere der *Heiligen Elisabeth* vor... Die Orchester, die Musikalienhändler, die Chöre stellen unglaubliche Forderungen... Dieser Geldhunger ist zum Verzweifeln und widerlich." Am 5. März dirigiert Liszt dann die *Heilige Elisabeth*. Den Pressemeldungen nach war das Publikum spärlich und hat Liszt kühl empfangen. Noch einige Auftritte sind zu absolvieren, bis Franz Mitte Mai nach Wien gehen kann, wo er an dem Konzert zugunsten eines Beethoven-Denkmals das *Es-Dur Konzert* spielt.

NEUE FARBEN IM ALTER

Bald fährt er weiter über Bayreuth nach Weimar. Am 28. März besucht Liszt der Impresario Ullmann, der dem Meister eine Million Dollar für eine einjährige amerikanische Rundreise anbietet. Liszts Antwort: "Lieber Ullmann! Vielen Dank, daß Sie sich meiner erinnert haben, aber ich möchte keinen Gebrauch von Ihrem Angebot machen. Sehen Sie ein, daß ich mit der Kunst nie Geschäfte gemacht habe und es auch bis an mein Lebensende nicht machen werde. Außerdem bin ich auch schon zu alt dazu, um mich wie ein angeketteter Löwe zeigen zu lassen. Und ich wüßte auch nicht, was ich mit Ihrer Million anfangen sollte, da ich weder an einer Börse spekuliere noch mit Aktien an einer Börse beteiligt bin. Meine bescheidenen Ansprüche würden auch so die gleichen bleiben, und die kann ich auch be-

friedigen ohne Ihre Million. Gott sei Dank auch ohne Reklame und Plakate."

Liszt nimmt vom 19. - 24. Mai in Hannover am Musikerkongreß teil, für den er sich sehr rührig einsetzt und von
dem er auch gut profitiert. Es werden unter seiner Leitung
die *Symphonie fantastique* von Berlioz und seine eigene
Dante Symphonie gespielt. Danach trägt Franz mit seiner
alten Schülerin, Frau Bronsart, geb. Ingeborg Stark, eine
Konzertvariation von Saint-Saëns und sein eigenes *Patheti-
sches Konzert* vor.

Am 12. Juni wird in Weimar die *Graner Messe* und am 13.
ein Teil der *Krönungsmesse* vorgetragen. Bei dem Vortrag
der *Heiligen Elisabeth* am Tag darauf ist der Dirigent Bott
so betrunken, daß er vom Dirigentenpult herunterfällt.
Liszt übernimmt geistesgegenwärtig die Orchesterleitung.

Im Juli kommt ein Gast in Weimar an: Alexander Borodin. Er stammt aus einem kaukasischen Fürstengeschlecht,
war Chemieprofessor an der Universität Petersburg und
beschäftigt sich nebenbei auch mit Musik. Er ist nach Weimar gekommen, ins Mekka der Musik, weil er mit Liszt bekannt werden will. Borodin erinnert sich des Vorfalls in
einem Brief an seine Frau. "Ich suche Liszts Wohnung und
komme dabei zu zwei Straßen. Beide führen zu musikalischen Berühmtheiten, die eine zum Friedhof zu dem in jeder Hinsicht verstummten Hummel, während die andere
Straße durch einen Park zu dem in jeder Hinsicht lebenden
Liszt führt.

Ich habe meine Visitenkarte noch gar nicht überreichen
können, da steht schon ein schlanker, großer Mann im
schwarzen Mantel, mit langer Nase und grauen Haaren vor
mir, als wäre er aus dem Fußboden geschossen. 'Sie haben
eine großartige Symphonie geschrieben', rief er mit tönen-
der Stimme, reichte mir seine lange Hand und sagte dann
kurz, aber treffend, seine Meinung über die Symphonie in
allen Einzelheiten, womit er bewies, wie gut ihm mein
Werk gefiel und wie eingehend er es kannte."

Am nächsten Tag sieht Borodin den verehrten Meister in

der Kathedrale von Jena bei der Probe eines Konzertes wieder, doch diesmal trägt Liszt ein geistliches Gewand. In letzter Zeit legt Liszt nur zu offiziellen Anlässen die Tracht des Abbés an; lieber trägt er zivil ein schwarzes Sakko über der geschlossenen Weste, woran auch noch der Geistliche zu erkennen ist.

Mitte August kehrt Liszt nach Italien zurück und bezieht wieder in der Villa d'Este Quartier. Er arbeitet in Ruhe und Stille, nur ein Brunnen plätschert im Garten. Er hängt draußen unter den Zypressen seinen Gedanken nach. Doch die liebliche Gartenatmosphäre inspiriert ihn auch. Er holt sich Papier und Tinte und schreibt die übrigen Teile der *Années de pèlerinage (III.)*, das *Angelus* sowie *Les jeux d'eaux à la Villa d'Este* (Der Springbrunnen der Villa d'Este). Vor seinem inneren Auge sieht er sich in einen antiken Hain versetzt, ein paar Tempelsäulen, dazu frühe christliche Choräle. Die Tonalität fängt zu flimmern an. Der satte italienische Sommer bietet ihm eine neue Palette, empfindlichere Farben. Liszt geht in eine neue Richtung. Auf den Blättern entsteht der musikalische Impressionismus zur selben Zeit wie die zeitbestimmende *Impression* Monets. Liszt gibt sich ganz der Atmosphäre hin, verkehrt selbst von hier aus nur brieflich mit Carolyne. Die Zeitgenossen sehen diesen Abschnitt schon als die Zeit des Verfalls, des Alterns und der Dekadenz. Liszt geht jetzt auf Pfaden, die zu steil für die Zeitgenossen sind. Nicht einmal Wagner versteht den neuen Farbton.

Im November beklagt sich Liszt bei seinem Verwandten Eduard in einem Brief: "... Das viele Herumreisen hat mich sehr ermüdet. Am liebsten möchte ich mich in einer Stadt oder in einem Dorf oder sonstwo aufhalten bis an mein Lebensende... Ich bleibe im ausgedehnten Dreieck von Pest-Weimar-Rom."

Am 22. November befindet sich Liszt wieder in Budapest. Baron Augusz stellt Angestellte ein auf Wunsch der Fürstin Wittgenstein. Sie kümmern sich um Liszt, dessen halb zigeunerische, halb pfäffische Lebensweise nach Carolynes

Meinung seine Gesundheit gefährdet. Am 6. Dezember wird eine Gedenktafel für ihn enthüllt. Bei einem Abend zu seinen Ehren setzt er sich zur allgemeinen Überraschung nicht ans Klavier, sondern an den Kartentisch und spielt sein Lieblingsspiel Whist.

In der *Hauptstädtischen Zeitung* erscheint am 25. Dezember: *"Erfreulich war der Abend am 22. Dezember in der Wohnung der Táborszky. Liszt spielte die größte, die XII. Ungarische Rhapsodie. Die Violinstimme, ursprünglich für Joachim verfaßt, spielte Eugen Huber. Am liebsten spielt er in diesem Kreis von lauter Musikverständigen. Die Öffentlichkeit ist nicht mehr sein Lebenselement, nur schade, daß man dafür bei uns keinen Respekt aufbringt. Wenn ein Blatt schreibt, er würde in diesem Jahr auch öffentlich für den Schriftstellerkreis spielen, geht am nächsten Tag schon die Hetze los, und vier oder fünf Vereine klopfen bei ihm im Namen der Wohltätigkeit an. Wir wissen ja, daß es kaum noch einen Künstler auf der Erde gibt, der größere Opfer auf diesem Altar gebracht hätte als er!... Es kann heute oder morgen passieren, daß man Liszts Kunst als Einnahmequelle betrachtet und in die Jahresabrechnung einträgt: Einnahme: 'zehn Finger von Liszt'."*

Liszts Anwesenheit in Budapest wirkt auf jeden Fall magnetisch für viele europäische Musiker. So empfängt er am 2. Januar 1878 Leo Delibes, der zur Erstaufführung seiner *Coppelia* nach Budapest gekommen ist. Liszt gibt einen Abend ihm zu Ehren, eine Gelegenheit, zu der aus verschiedenen Städten Europas Interessenten kommen. Budapest leuchtet als kleines Sternchen auf der Landkarte Europas, und das ist Liszt gutzuschreiben.

Der Meister begibt sich noch unermüdlich auf Empfänge und Matineen, aber das Alter ist ihm jetzt anzusehen; seine Haltung ist nicht mehr so stramm wie früher. Er ist nachlässiger sich selbst gegenüber. Das Ödem meldet sich immer öfter und macht ihm zu schaffen. Aber sein Unterricht an der Musikakademie zahlt sich aus, wie einem Zeitungsbericht zu entnehmen ist. *"Liszt kann mit dem guten Gefühl*

abreisen, daß seine Schüler während der Herbst- und Win-
tersaison wieder Fortschritte machten, die ihn selbst und
die öffentliche Meinung mit Zufriedenheit erfüllen kön-
nen." So ehrt ihn die Akademie am 25. 3. auch, indem sie
Liszts Porträt, ein Werk von Mór Than, in der Musikakademie enthüllt.

Am 30. März ist der Budapest-Aufenthalt wieder zu
Ende. In Wien trifft Liszt sich mit Dingelstedt. Dieser ist
jetzt Direktor des Burgtheaters. Die beiden vergessen die
alten Gegensätze und reden wieder vertraulich miteinander. Liszt beauftragt Dingelstedt sogar, den Text des Oratoriums vom Heiligen Stanislaus zu bearbeiten.

Weitere Freunde werden besucht: Wagners in Bayreuth,
dann der allen ärztlichen Prognosen zum Trotz genesene
Bülow in Hannover. Bülow schreibt an seine Mutter:
"Heute sind es 34 oder 33 und ein halbes Jahr, daß ich bei
der Aufführung von *Rienzi,* bei der mich Lola Montez eingeführt hat, mit Liszt Bekanntschaft schloß."

Am 5. Mai teilt Liszt Abrányi mit, daß er bereit sei, als Jurymitglied bei der Pariser Weltausstellung mitzuwirken.
Mitte Mai fährt er nach Paris. Hier trifft er sich mit seinem
alten Freund Victor Hugo, der aus der Verbannung zurückkehren konnte. Inzwischen sind beide grau geworden. Die
Weltausstellung bringt Franz mit dem Wiener Musikschriftsteller und Kritiker Eduard Hanslick zusammen, der
den Meister oft scharf angegriffen hat. Jetzt, im versöhnli-
chen Alter, können sich beide lebhaft aber heiter über Mozart, Beethoven, Wagner und Brahms streiten. Hanslick
schreibt in seinen Aufzeichnungen: "Bei unserem ersten
Zusammenkommen begrüßten wir freundlich Liszt, der erschienen ist, und ich machte den Vorschlag, ihn zum Ehrenpräsidenten zu wählen. Das geschah auch, und schien
Liszt Freude zu machen. Daß Ungarn, das nur wenige Instrumente ausstellte, ein besonderes Jurymitglied nach Paris schickte, eben keinen geringeren als Franz Liszt, wirkte
etwas komisch, machte aber umso mehr Eindruck. Kein anderes Land konnte einen so großen Herren aufweisen. Liszt

war zweifellos die bekannteste Persönlichkeit in Europa. Jeder kannte ihn nach Bildern, in seinem Abbé-Gewand, das er immer trug, seinem breitkrempigen Hut und seinem so charakteristischen Jupiterkopf mit der scharfgeschnittenen Mähne.

In den Mittagsstunden wurde er müde und erklärte, die liebsten Instrumente wären für ihn jetzt Messer und Gabel. Wir nahmen seine Einladung in die ungarische Tscharda des Ausstellungsparks gerne an und fühlten uns vorzüglich unter den Köchen und den Musikerzigeunern, die alle zum Gelingen beitrugen, und ich habe ihn, Liszt, selten so liebenswürdig, mitteilsam und gutgelaunt gesehen."

Weiter in den Aufzeichnungen: "Er setzte sich ans Klavier im Saal und ließ sich nicht bitten, sondern spielte freiwillig. Die Werke von Schumann, Wagner, Borodin, Mosonyi, Beethoven, Chopin, Sgambati und Smetana erklangen mit dämonischem Glanz. Sie umstehen Liszt, betrachten seine etwas geschwollenen Hände und stellen fest, daß er immer noch der beste Pianist der Welt ist!"

Liszt sonnt sich noch eine Weile im Licht der Weltausstellung und goutiert das Prestige, das er hier immer noch genießt. Danach gibt es wieder offizielle Verpflichtungen: Musikerkongreß in Erfurt, 25. Jubiläum der Thronbesteigung des Großherzogs von Weimar. Nach Weimar folgt ein Besuch beim Ehepaar Wagner. Liszt und Wagner verbringen die Zeit mit außerordentlich gemütlichen und ausgelassenen Späßen. Cosima sieht es den beiden 'kindischen' Erwachsenen nach.

Franz behält auch die Dinge in Budapest im Auge. "Ich kann nicht mehr zweifeln am Zusammenkommen des neuen Gebäudes der Musikakademie. Im großen Saal kann die passende Orgel auch nicht fehlen. Der Orgelbauer von Fünfkirchen (Angster) wäre der passende für diese Arbeit; das würde mich freuen, weil wir den Landsleuten den Vorzug erteilen sollen, und seine Leistungen sind hervorragend", schreibt er am 28. August an Baron Augusz.

Liszt verläßt Bayreuth, und nur wenige Tage später, schon in Tivoli in der Villa d'Este, bekommt er die Nachricht, Baron Augusz, sein ältester, treuester Freund in Ungarn, sei gestorben. Liszt vergräbt sich in Arbeit, beendet die *Via Crucis* und beginnt, die *Septem Sacramenta* zu komponieren.

Anfang Januar 1879 fährt er weiter nach Budapest, wo er am 17. Januar ankommt. Zum letzten Mal wohnt er in der Wohnung am Fischplatz. Die Musikakademie wird in die Radialstraße verlegt, ein geeigneterer Ort auch für seine Wohnung.

Eine neue Todesnachricht erhält Liszt: Eduard, der liebste Verwandte, ist am 8. Februar gestorben. Das bringt Sorgen. Eduard hat Liszts Vermögen und auch das der Fürstin Wittgenstein verwaltet. Er war ein sehr guter Wirtschafter, was Liszt wahrlich nicht war, denn ihm floß das Geld aus den Händen, wie er es einnahm.

26. Februar. An diesem Tag schließt Liszt die Komposition seines Werkes *Via Crucis* ab. Zu dieser Zeit komponiert er auch das Werk *Ossa arida* für Männerchor und vierhändige Klavierbegleitung. Am 5. März gibt Saint-Saëns ein Konzert in Budapest, das sich Liszt anhört. Am 8. findet ein Künstlerabend in der Redoute statt, bei dem Saint-Saëns-Werke, unter anderem *Danse macabre,* aufgeführt werden. Liszt spielt bei dieser Gelegenheit das Stück *Venezia e Na poli.*

Am 10. fährt er nach Siebenbürgen auf die Einladung Graf Zichys hin, der den Meister auf die Reise begleitet. Die Konzerte und Matineen reißen nicht ab, vor allem kann Franz Liszt wieder für einen wohltätigen Zweck auftreten. In Klausenburg und Budapest erzielt er hohe Einnahmen für die von einer Hochwasserkatastrophe heimgesuchten Szegediner. Dazu geben sich sogar Kaiser Franz Joseph I. und seine Gemahlin die Ehre.

Ende April fährt er nach Weimar, um sich wieder um seine dortigen Schüler zu kümmern. Seine liebste Schülerin aus der Meisterschule ist Lina Schmalhausen, die sich auch fest an ihn bindet und seine stützende und pflegende Hand wird. Allerdings muß sie in Weimar noch hinter der herrischen Baronin Meyendorff zurücktreten.

In den ersten Septembertagen fährt Franz nach Italien, wohnt zumeist in der Villa d'Este, aber auch in Rom mietet er eine Wohnung, zwei Zimmer in der Via Bocca di Leone.

12. Oktober. Liszt sitzt wieder im Klassenzimmer und bereitet eine Klavierstunde vor, doch dabei nickt er ein wenig ein. Ein unerwartet eintretender Gast schreckt ihn hoch: es ist Kardinal Hohenlohe. Der rebellische Katholik, der in noch stärkerem Maß als Liszt vom Alter gebeugt ist, ist nach Rom zurückgekehrt, denn ein neuer Papst sitzt auf dem Heiligen Stuhl: Leo XIII., der die Kraft und den Weitblick hat, der katholischen Kirche den Weg ins 20. Jahrhundert zu öffnen.

Die beiden alten Männer, müde und bleich der eine, krumm und zittrig der andere, bieten das stimmige Bild weltabgewandter Kirchenmänner. Für beide gibt es noch einen kleinen Aufstieg. Hohenlohe hat zur Versöhnung die Eminenz des Bistums von Albano erhalten. Die erste Verfügung betrifft Liszt: "Ich bringe den aufrechten Gruß Seiner Heiligkeit und habe Euer Hochwohlgeboren zum Kanonikus meines Domkapitels vorgeschlagen. Seine Heiligkeit gab sein Einverständnis, und so darf ich Sie als erster in dieser neuen Würde begrüßen."

Gleich darauf wird Liszt von seinen jungen Schülern umringt und freundlich begrüßt. Natürlich freuen auch sie sich über die Ehre, die ihrem Lehrer zuteil geworden ist. Liszt kauft sich sofort die seiner neuen Würde entsprechenden Gewänder.

Er beendet sein Werk *Ossa arida* am 18. Oktober in der Villa d'Este. Er versieht die Handschrift mit einem Vermerk: "Ich sehe mit Mut den zähneknirschenden Kritikern entgegen, die mein Werk für unvortragbar halten." Liszt spielt das Werk zu seinem eigenen Vergnügen, in der Überzeugung, daß er mit dieser Komposition seiner Zeit vorauseilt.

DER WANDERER WIRD GEFEIERT

Auch von einer starken Erkältung läßt er sich nicht abhalten, im Januar 1880 nach Budapest zu reisen. Am 5. Januar kommt er leichtgekleidet an, ohne Rücksicht darauf, daß noch vor kurzem seine Gesundheit angegriffen war. Er hat zum Glück die fürsorgliche Lina Schmalhausen als Begleitung. An der Bahn wird er festlich empfangen. Unter den vielen liebenswürdigen Gesichtern fällt ihm auch das Sophie Menters auf, die in Pest geblieben ist und sich den Studien gewidmet hat.

Die Musikakademie kann endlich die neuen Räume in Besitz nehmen. Der Standort in der Radialstraße bietet mehr Platz, vor allem einen Saal mit tadelloser Akustik, der gut und gern 300 Personen faßt. Franz ist mit dieser Lösung sehr zufrieden. Sein Leben ist in Ordnung, zumindest augenblicklich. Am 20. Januar gibt er schon die ersten Stunden in seinem Zimmer, dessen luxuriöseste Ausstattung zwei Bösendorfer-Flügel sind. Einen neuen Bösendorfer schenkt er dem Institut der Englischen Fräulein.

Er ist auch mit seinem neuen Diener Mischka zufrieden. Herr Knézovits ist 'abgetreten', der Meister hat keine Veranlassung, ihn aufzuhalten. Er hat von der unablässigen Spionage im Auftrag Carolynes schon genug. Der neue Diener kann zwar nur ungarisch sprechen, doch das stört die beiden Männer nicht, sich ausgezeichnet zu verstehen. Der Neue übergibt seinem Herrn die langen Briefe der Carolyne, die voller komplizierter Anweisungen, dietätischer Vorschriften und Kriegslisten gegen die weltlichen Versuchungen stecken. Bier, Cognac, Zigarren und Whist sind nun die vorherrschenden weltlichen Genüsse des Abbé Liszt, seine letzten sträflichen Leidenschaften. Er läßt sich vor allem nicht davon abhalten, den Konsum seines Lieblingsgetränks, des Cognacs, einzuschränken. Viele Freunde versuchen, ihn von dieser Trinkerei abzubringen, aber es ist hoffnungslos. Dazu ist Franz ein leidenschaftlicher Raucher, zieht eine Virginia nach der anderen hervor.

Wohl fühlt er sich nur, wenn die "Satansstange", wie das Carolyne nannte, qualmt. Oft aber zerbeißt er nur die Enden der Zigarren. Es kann auch vorkommen, daß er die brennende Virginia nochmal anzündet oder an der nicht glühenden mit voller Hingabe zieht.

Am 20. März wird in der Presse offiziell vermeldet, Liszt ziehe sich nach Weimar zum Ruhen und Arbeiten zurück, weil er sich in Budapest keine der beiden 'Leidenschaften' gestatten dürfe. Die Ehrenbesucher drücken wirklich einander die Klinke in die Hand, führen Liszt Talente zu, fordern ihn pausenlos zu diesem oder jenem auf. Er wird immer zu Abendessen, Mittagessen und sonstigen Gelegenheiten eingeladen; mit einem Wort: In ihrer großen Ehrerbietung verehren die Verehrer den Meister fast zu Tode. Zuletzt haben vier Pianistinnen, lauter Ausländerinnen, den alten Mann in seiner Wohnung belagert und umschwärmt.

Am 30. März weilt Liszt in Wien, dirigiert dort mehrere Werke von sich, so auch die *Straßburger Glocken.* Das Publikum feiert ihn wärmstens, während die Kritik ihn ziemlich scharf angreift. Von Wien fährt er direkt nach Weimar, wo er den ganzen Sommer verbringt. Liszt korrespondiert in der Zwischenzeit mit Ungarn. Abrányi verständigt ihn, daß das Komitee seinem Wunsch, das von ihm gestiftete Stipendium seinem begabtesten Schüler Aladár Juhász zu verleihen, nicht entsprochen hat. Am 23. April schreibt deswegen Liszt: "Herr Minister Trefort... ich bitte darum, den Hauptpreis dem Schüler Juhász zuzusprechen; er ist ein hervorragendes Talent". Daraufhin erst erfüllt der Minister Liszts Bitte.

Die gesamte Familie Wagner verbringt ihre Ferien im September in der Nähe von Siena. Sie lädt Franz ein nach Torre Fiorentina ins außerhalb der Stadt gelegene Haus. Auch die Bülow-Kinder sind anwesend. Unbesorgtes Spiel, selbstvergessenes Musizieren; Franz Liszt kann abschalten und sich gehen lassen. Richard und er, die ergrauten Köpfe, treiben allerlei Unsinn. Sie sind ausgelassen und albern wie kleine Jungs, bar jeder Vorahnung der kommenden Tragödie. Cosima, die Frau mit dem ehernen Profil, blickt über das närrische Spiel der beiden grauhaarigen Männer hinweg. Sie ist keine Frau, die jemals ihre Contenance verlieren würde. Ihr ganzes Leben ist dem strengen Dienst an der deutschen Zukunftsmusik geweiht.

Mit Wehmut im Herzen verläßt Liszt Siena und kommt am 28. September wieder in der Villa d'Este an. Die Fürstin Wittgenstein hat seinen Urlaub überhaupt nicht billigen können. Carolyne hört nicht auf, heftig gegen Franzens Freund aus Bayreuth zu polemisieren.

Inzwischen ist in Rom eine Dame mittleren Alters eingetroffen: Lina Ramann, eine deutsche Musikschriftstellerin, die sich vorgenommen hat, Franz Liszts Biographie zu schreiben. Sie hat viel wertvolles Material gesammelt und will jetzt direkt aus der Quelle schöpfen. Franz fallen die lang anhaltenden Fragereien lästig, aber Carolyne sieht sich in ihrem Element. Sie kettet Lina Ramann an sich und beschließt, Liszts Lebensroman nicht Wagnerparteiisch abzufassen. Die beiden Damen suchen alte Briefe und Schriften hervor, Erinnerungen, Programme, sie flüstern und plappern stundenlang miteinander, sammeln Material gegen Wagner. Schließlich entsteht eine Liszt-Biographie, die schön und interessant ist, aber keineswegs objektiv. Über diese Liszt-Darstellung wird auch heute noch gestritten in der Welt. Carolyne verkündet mit donnernder Stimme die Verdammnis Wagners wie ein Papst das Anathema, und der Refrain in ihrer Tirade ist: Cosima ist die Verdammte, weil sie Richard zuliebe protestantisch geworden ist.

1835 begann Joseph d'Ortigue, in der *Gazette musicale* in einzelnen Folgen die romantische Liszt-Biographie zu veröffentlichen. Diese trug die Handschrift der Marie d'Agoult. 1841 gab Christen sein Heft heraus, Rellstab 1842, und Schilling gab 1844 den Rest dazu. Drauf folgt dann 1880 als letzte Biographie zu Lebzeiten die Ausgabe der

Lina Ramann, die eine lückenhafte und etwas entstellende Version ist, die Liszt bedauerlicherweise so stehen läßt.

Franz arbeitet wieder unbehelligt in Rom, beschäftigt sich mit seinen Schülern und nimmt wahr, daß ihm nebenbei viel Geld aus der Hand fließt. Große Summen kommen den Notleidenden zugute, und vor allem dem vollständig taub gewordenen Smetana läßt er erhebliche Beträge zufließen. "Mein hochverehrter Freund Smetana! Schöpfen Sie trotz der Sie ereilenden Prüfungen Trost aus dem Bewußtsein, daß Sie Erhebliches für die Kunst der Tschechoslowakei geleiset und Ihre Heimat vergrößert haben. Der Name Bedrich Smetana wird unvergänglich in Ihrer Heimat weiterleben und weit über Ihre Landesgrenzen hinaus bekannt werden... F.L."

Franz lebt derzeit in zwei kleinen Zimmern in einem Hotel, geht am Morgen in die Kirche San Carlo al Corso zur Messe, erlaubt sich einen kurzen Spaziergang und setzt sich dann an die Arbeit. Am Abend hat er Freunde bei sich, die gern mit ihm Karten spielen. Franz Liszt allerdings verliert ungern, und wenn es ihm doch passiert, dann ist er nachhaltig niedergeschlagen. So erlauben sich die Freunde einen sanften Schwindel, damit immer der Meister gewinnt. Liszt geht überall gerne hin außer zur Fürstin Wittgenstein, die er mit unruhigem Gewissen meidet.

Die Fürstin ist ziemlich alt geworden, befaßt sich jetzt mit dem Buddhismus, den Lehren Lao-tses, und geht noch weiter zurück: die Mythologien des antiken Hellas, Ur-Ägyptens und Assyrien-Babylons werden studiert.

Während Carolyne sich in die mythische Welt flüchtet, tut Liszt eben das Gegenteil: er begibt sich auf Entdeckungsreisen in die Welt von Schopenhauer und Nietzsche.

Ende Januar 1881 ist Liszt wieder in Budapest zu finden. Von seiner Ankunft gibt er sofort - wie gewohnt - Bericht an Carolyne in Rom: "Ich wollte niemanden stören, so verständigte ich niemanden vom Tag meiner Ankunft. Trotzdem erwarteten mich die Grafen Zichy und Abrányi am Bahnhof und führten mich zu meiner bequemen Wohnung, die mit vollendetem Geschmack eingerichtet war."

Franz darf jetzt auch in den neuen Räumen der Musikakademie wohnen. Die Budapester Blätter, so auch die *Hauptstädtische Zeitung*, melden: *"Liszt verzichtet in diesem Jahr auf das öffentliche Auftreten in Konzerten. Er wird aber noch in Budapest, in Wien und zum letzten Mal in Ödenburg spielen, wo er als Jüngling zum ersten Mal vor die Öffentlichkeit trat."*

Graf Zichy plant nichtsdestotrotz eine Konzerttournee, von deren Einnahmen er Liszts Geburtshaus in Raiding kaufen will. Liszt bittet den einarmigen Graf, das Einkommen lieber für das Liszt Stipendium zu verwenden. Am 2. April fährt er mit Zichy nach Preßburg, wo sie am 3. ein sehr einträgliches Konzert geben für das Hummel-Denkmal. Geben und immer noch geben!

Am 4. ist Liszt wieder in Wien, am 5. in Ödenburg, am 6. gibt er dort ein Konzert, wo er als kleiner Junge seinen ersten Auftritt im Leben hatte. Zichy und Liszt spielen zusammen, und somit erklingt dreihändig der *Rákóczy-Marsch*. Am 7. zieht eine große Schar nach Doborján-Raiding, etwa 40 Wagen sammeln sich vor Liszts Geburtshaus. Zichy erinnert sich: "Die ganze Gemeinde prahlte und prunkte in Fahnenpracht. Unter dem gewaltigen Fahnenflor drängten sich große Mengen festlich gekleideter Dorfleute, die begeistert auf den großen Sohn des Dorfes warteten. Aus dem blonden, kleinen Franzl ist ein 'großer', imposanter, schneeweißer Franz geworden. Vor dem Haus hielt der Obernotar des Dorfes, Joseph Hannibal, eine schöne Rede, wonach eine Gedenktafel aus grauem Marmor enthüllt wurde, auf dem goldene Lettern verkündeten: 'In diesem Hause ist Franz Liszt geboren'."

Nach dem lauten Fest befindet sich der Wanderer wieder auf dem Weg nach Berlin, denn dort soll er Ende April gefeiert werden. Die Reihe der Feiern wird in Belgien fortgesetzt. In Antwerpen wird die *Graner Messe* gespielt, in Brüssel das *Pathetische Konzert* und der erschütternde

Totentanz. Das faßt Franz in einem Brief an Carolyne folgendermaßen zusammen: "Das Brüsseler Konzert gelang nicht weniger großartig als das Antwerpener. Geschmackvoller Saal, wunderbares Orchester... und warmer Applaus des Publikums. Ich glaube, das ist der erste Fall, wo an den Straßenecken mit großen Buchstaben plakatiert war: Huldigung Liszts!"

Der Weg führt Franz weiter nach Weimar. Etwa 50 Schüler hat er dort noch in seiner Obhut. Sie tragen entscheidend dazu bei, den Meister zu ermüden, der noch älter geworden ist. Dessenungeachtet arbeitet er auch noch an der *Sonnenhymne des Heiligen Franziskus von Assisi* und komponiert eine letzte symphonische Dichtung unter dem Titel *Von der Wiege bis zum Grab.* Von den *Trois valses oubliées* (den drei vergessenen Klavierstücken) wird der erste fertig, und von den einzelstehenden Klavierstücken die *Nuages gris.*

Liszt möchte sein Alter gerne verleugnen, verhält sich direkt leichtsinnig. Prompt gleitet er aus, fällt beim Heimweg die Treppen der Hofgärtnerei hinunter. Mit einer häßlichen Prellung muß er tagelang das Bett hüten. Es fällt ihm auch nicht leicht, den Unfall psychisch zu überwinden. Bülow und seine Tochter Daniela, die sich nach einer Pause von dreizehn Jahren vor kurzem erst anläßlich eines Liszt-Konzerts in Berlin wieder gesehen haben, kommen ihn pflegen. Von Herzen sehnt Liszt sich danach, nun auch seine Tochter, die ehemalige Frau Bülow, wiederzusehen, mit ihr zu sprechen und sich auszuruhen.

Also wählt er sich im August Bayreuth zur Sommerfrische. Im Haus Wahnfried wird er aber gar nicht so gern gesehen. Ein eigensinniger alter Mann, der ständig Klavier spielt, kann leicht zur Last fallen. Richard Wagner kann bald diesen "Weihrauch", wie er das Spiel seines Mentors Abbé Liszt bezeichnet, nicht mehr hören. Er braucht Ruhe und Konzentration, um seinen *Parsifal* zu vollenden. Auch Cosima ist ihrem Vater gegenüber sehr zurückhaltend. Das ist nicht unverständlich. Cosima ist kein Typ, der sich auf-

446

drängt und anschmiegt. Obgleich sie von Herzen zu ihrem Vater steht, ist er doch für sie kein Götze, sondern ein Mann aus Fleisch und Blut, und eben schon ein eigenwilliger Alter.

Liszt fährt im September nach Rom und nimmt seine Enkelin Daniela mit. Ganz Europa feiert am 22. Oktober Liszts 70. Geburtstag, was keine kleine Sache ist. Unter den ersten persönlichen Gratulanten ist Bülow. Auch Rom gratuliert ihm, die Philharmonische Gesellschaft trägt seine *Dante-Symphonie* vor, und im Palazzo Caparelli veranstaltet der Deutsche Bund ein strahlendes Fest. Weimar versäumt natürlich nicht, den Meister zu ehren, indem die *Legende der Heiligen Elisabeth* szenisch vorgetragen wird. Leipzig, die Stadt der ersten Konzertpleite, verneigt sich vor dem greisen Meister; das vollständige *Christus Oratorium* wird vorgetragen. Der Allgemeine Deutsche Musikverein wählt Liszt zum Ehrenpräsidenten. In Paris und London werden feierlich Liszt-Konzerte veranstaltet. In Budapest gedenken seiner die Gesellschaft der Schriftsteller und Künstler, die Musikakademie und die Zöglinge aus dem Konservatorium von Anton Sipos mit einer feierlichen Matinee. Alles beugt sich vor dem 70jährigen Kentaur des Klaviers.

Nur die ungarische Philharmonische Gesellschaft begeht die Unterlassung, Liszt kein Konzert zu widmen. Somit fehlt ein amtliches Fest gerade in Ungarn. Der alte Abbé verliert seine gute Laune nicht. An vieles ist er schon gewöhnt. Lobgesänge machen ihn nicht gefühllos, und das 'Kreuziget ihn' macht ihn nicht taub.

Am 4. Februar 1882 kommt Liszt in Budapest an. Und auch an diesen Tagen beleben Feierlichkeiten die Wintersaison. Ein in Paris lebender ungarischer Künstler, Mihály Munkácsy, der den Olymp der Kunst erklommen hat, dessen Bilder in Paris, London und New York mit Millionen bezahlt werden, wird in Budapest in Liszts Gesellschaft gefeiert. Eine enge und innige Freundschaft entwickelt sich zwischen den beiden. Liszt ist von Munkácsy dermaßen beeindruckt, daß er seine *XVI. Rhapsodie* dem Maler widmet. Sie wird das erste Mal am 25. Februar vor Freunden aufgeführt.

AUF DEM GIPFEL

Bülow hat am 10. Februar ein Konzert in der Redoute gegeben. Derselbe Bülow, der wiederholte Male erklärt hat, er sei von der Liszt-Wagner Musik enttäuscht, spielt nun auf seinen Konzerten in Wien, Preßburg und Budapest Werke nur von zwei Meistern: Beethoven und Liszt.

Bülow veranstaltet einen besonderen Liszt-Abend. Er bringt in der Redoute Werke zu Gehör, die von den Fachleuten im Hinblick auf die unüberwindlichen technischen Schwierigkeiten als unvortragbar beurteilt wurden. Die Hände Bülows bringen die *h-moll Sonate* zum Tönen, die große Sphinx, die bis jetzt ihre Geheimnisse niemandem, oder nur sehr wenigen, offenbart hat. Der Komponist hat dieses Stück allein Robert Schumann gewidmet, der zuerst mißtrauisch, dann verärgert, und schließlich mit Verachtung die Laufbahn Franz Liszts verfolgte.

Franz sitzt unter den Zuschauern, als die *h-moll Sonate* ertönt, und der Gedanke formt sich in ihm, in diesem Werk habe er sein ganzes Leben zusammengefaßt. Der düstere Abstieg der Tonleiter stellt gleichsam den Beginn der Divina Commedia dar, symbolisiert den Abstieg in die Hölle, denn wer das Leben kennenlernen will, muß die größten Tiefen des Leidens und der Leidenschaft hinter sich lassen. Franz lauscht versunken den Tönen, die den Menschen in unerhörte Regionen erheben, von wo aus er den Überblick über die ganze Welt gewinnen kann. Die Sonate verbirgt auch ungarische Tonfolgen schamhaft in sich, und Franz fragt sich, ob irgendjemand bemerkt, daß diese Sonate eine Brücke ist, nicht nur in die Zukunft, sondern auch zurück zu den letzten Beethoven-Sonaten, vielleicht auch noch weiter bis zu Johann Sebastian Bach.

Bülow spielt die Sonate streng, als müßte er mit seinen Händen die tonnenschweren Bögen, die riesigen Säulen und die monumentalen Gewölbe der Musikkathedrale aufbauen. Bülow trägt ohne eine Spur von Lächeln vor, die Zuhörerschaft fast in die Knie zwingend. Bülow, der soviel litt, der Frau und Kinder verlor, drei schwere Zusammenbrüche und eine Gehirnblutung überwunden hat, spielt die *h-moll Sonate* mit eisernem Willen und gibt ihr das Wesentliche, das nicht nur die Fassung von Liszt, sondern die Fassung des Jahrhunderts ist. Das ist mehr als ein Konzert.

Am 4. April ist die Schlußvorstellung der Musikakademie. Zeitungszitat: *"Man nahm gerührt Abschied vom Meister. Dieser letzte Vortrag war der interessanteste. Zum großen Teil spielte er das Stück selbst seinen Schülern vor, und schaltete lauter Bravourstücke ein, bei denen auch heute noch die besten Klaviervirtuosen sich bekreuzigen... Die Technik seines Spiels ist unerreichbar und grenzt an ein Wunder, besonders wenn man hinzuzieht, daß er nie technische Übungen verrichtet - seit 43 Jahren -, und trotzdem wirkt auch heute noch neben ihm jeder Virtuose wie ein Zwerg."*

Schließlich setzt sich Juhász an den Chickering-Flügel und spielt zur großen Zufriedenheit des Meisters und zum Staunen der Zuhörer die mächtige, furchtbar schwierige und hervorragend vollkommene Liszt-Transkription von Beethovens *Pastorale.*

Liszt hat schon den zweiten vergessenen Walzer im Gedächtnis, die Trauergondel *(La lugubre gondola),* von dem gesagt wird, er ahne geradezu Wagners unerwartetes Hinscheiden voraus. Es kommt auch der *Csárdás macabre* zustande. Auf den Noten ist in Liszts Handschrift klar zu lesen: F. Liszt, Avril 82, Budapest. In diesem Werk dröhnt zum ersten Mal die angsteinflößende Folge der leeren Quinte, die nicht einmal für seine Freunde begreiflich ist.

Hier können wir kurz verweilen, denn es gibt einige Äußerungen dazu. Der ungarische Schüler Liszts, János Végh, äußert sich folgendermaßen: "Das eigentliche Ziel wäre nach der Erklärung des Meisters gewesen, daß Eduard Hanslick, der berühmte Kritiker in Wien, der, wie öffentlich bekannt, weder Wagner noch Liszt gutgesinnt war, sich ärgern sollte." Der stille Anton Göllerich, Liszt-Schüler, Sekretär und Biograph, gibt den folgenden Ausspruch von Schreck von sich: "Darf man sowas schreiben? Darf man sowas anhören?" Dem Musikhistoriker Szabolcsi nach muß Wagner eine ähnliche Meinung gehabt haben. Es wird vom "vaterlandslosen Liszt", ja sogar vom "verfallenen Liszt" geschrieben. In Wirklichkeit aber ist der *Csárdás macabre* das mutigste, am weitesten in die Zukunft weisende Altersstück, das erst 1942 in London veröffentlicht wurde, damals noch nach dem unvollständigen Originalmanuskript aus dem British Museum! Die letzte Fassung für vier Hände von János Végh ist dann 1953 erschienen. Auf dem Titelblatt der Arbeit, die sich im Weimarer Archiv befindet, ist eine eigenhändige Notiz von Liszt: "Herrn J. Végh zu gütigem Arrangement vier- oder achthändig; dankbar ergebenst F. Liszt." Der *Csárdás macabre* gehört zu den Stücken, die von allem romantischen Bombast, von jedem überflüssigen Ton befreit sind, und in denen Liszt am mutigsten der Musik Béla Bartóks im 20. Jahrhundert nahekommt.

Anfang Juli nimmt Liszt am Tonkünstlerfest in Zürich teil. Von dort fährt er nach Bayreuth. Am 26. Juli ist er in der Premiere des *Parsifal,* der ihn tief erschüttert und rührt. Nach Daniela von Bülow flüsterte Liszt während der Aufführung: "Man glaubt seinen eigenen Ohren nicht."

Liszt schreibt: "Der *Parsifal* ist mehr als ein Meisterwerk. Es ist eine Offenbarung im Rahmen des Musikdramas." Nach der Vorstellung sagt Wagner: "Heute, wenn ich dank der hier versammelten Künstler mit Freude und Zufriedenheit auf mein beendetes Werk schauen kann, kann ich sagen, welche große Wirkung auf meine Künstlerlaufbahn ein außerordentlicher Mensch ausübte. Als ich aus

Deutschland verbannt war, kam Liszt zu mir und rief: 'Künstler, ich glaube an dich.' Er war es, der mich hochhob, stützte und an mich glaubte wie kein anderer." Dieser Ausspruch wird selten zitiert.

Anfang November kommen Rubinstein und Marie Brandt nach Weimar. Liszt bereitet den Gästen einen schönen Empfang mit einem Abendessen von 45 Gedecken. Zwei Liszts existieren. Der eine ist Präsident der Musikakademie, der alte Liszt. Der andere Liszt hat überhaupt kein Alter. Er forscht leidenschaftlich nach neuen Wegen, schafft ein Opus nach dem anderen, lauter aufregende Ausflüge. Doch findet sich keine Spur mehr von dem entzückenden lisztischen Feuerwerk, kein atemberaubender Lauf, keine Triller oder Oktavenrollen. Die Wunder sind trocken geworden. Es fängt schon die leere Welt an. Der alte Abbé macht Experimente. Bald mit andächtigem Gesicht, bald mit einem kühnen Zug um die Mundwinkel forscht er, sucht neue Regeln, einen neuen Ton, eine neue Gravitation der Musik. Der alte Herr liebt es, mit seinen Kritikern zu spaßen. Solche wirren Sachen sind eigens zu dem Zweck geschrieben, daß sich andere den Kopf darüber zerbrechen, was das für Wunderdinge sind und in welcher Rubrik der Musikwissenschaft sie unterzubringen sind, wenn sie sie finden und herausklamüsern.

DIE LETZTEN TAGE WAGNERS

Die Familie Wagner weilt in Venedig. Richard möchte ruhen, im Familienkreis sitzen, vorlesen, Gespräche führen. Auch Franz ist eingeladen und zieht im Spätherbst zu Wagners, die sich im Palazzo Vendramin am Canale Grande Quartier genommen haben. Die Zimmer Liszts sind im Halbstock, seine Fenster gehen auf den Großen Kanal hinaus. Cosima ist eine großartige Hausfrau, die alles tadellos organisiert, mit tätiger Liebe für ihren Mann und ihren Vater sorgt. Im Haus herrscht strenge Ordnung. Es wird spät aufgestanden, spät gefrühstückt, am Vormittag richtet sich jeder ein, wie es ihm paßt, um 2 Uhr ist Mittagessen, danach arbeitet Liszt, Richard wünscht keine Musik zu hören, er meditiert und ruht.

Die Elegie *La lugubre gondola* nimmt ihre endgültige Form an, die Arbeit am *Heiligen Stanislaus* macht Fortschritte.

Liszt erfährt, daß Verdi sich ebenfalls in Venedig aufhält, und weiß auch, daß der italienische Maestro keinen sehnlicheren Wunsch hat, als mit Wagner zusammenzukommen. Diese Begegnung will Wagner aber nicht, er hat für nichts ein Gefühl, was außerhalb des Ringes und des *Parsifals* liegt. Gern geht er in das Fenice Theater, wo die italienische Jugend seine Werke einübt, wo Neuaufführungen von Wagner-Werken stattfinden.

Eines Abends, während Richard und Franz das Theater verlassen, steht wie eine Vision in einer Nische eine düstere Gestalt, gleichsam als lebender Warnpfahl: Verdi! Franz erkennt ihn, sagt aber nichts. Richard, ganz mit sich selbst beschäftigt, merkt nichts. Was haben die beiden versäumt... Welch eine Wendung wäre eingetreten, wenn Wagner und Verdi an einem Tisch gesessen und über Musik diskutiert hätten! Die Gelegenheit ist unwiderruflich vertan.

Doch während der Karnevalszeit läßt Richard sich von den Harmonien der großartigen italienischen Melodien begeistern und beschließt, in Zukunft mehr Zeit für das Studium der südlichen Musik aufzubringen. Mitte Januar 1883 verläßt Liszt Venedig wieder und reist nach Budapest. Es wird ein unvergeßlicher und schmerzlicher Abschied. Wagner begleitet ihn bis zum Tor. Dort küßt er ihn wärmstens als seinen treuesten Anhänger und Freund. Franz blickt auf Richard zurück, der im Tor steht und ihm zuwinkt. Ihm fällt Richards Bitte ein: "Spiel mir etwas, Franz, meine Sehnsucht verlangt nach Bach, mein Durst wünscht Beethoven." Während sich die Gondel entfernt und die Ge-

stalt am Palazzo kleiner wird, fällt Franz noch ein Ausspruch Richards ein: "Es wäre gut, wenn Du lange mit uns
bliebest; wenn Du nicht mit uns bist, fehlst Du." Die beiden
sollten sich nie wiedersehen.

In der venezianischen Barke, die leise schaukelnd ab-
fährt, kommen Franz auch sorgenvolle Gedanken. Denn
Richard hat ihm während einer Probe gesagt: "Franz, ver-
rate es bitte niemandem, daß mir gestern im Theater sehr
schlecht geworden ist. Lévy, der Dirigent, und einer der
Sänger schleppten mich in die Garderobe."

Am 14. Januar kommt Liszt in Budapest an. Er wird von
zahllosen Besuchern aufgestört, bekommt eine Menge Einladungen, die er aber unter Berufung auf seinen schwachen Zustand und sein Alter ablehnt. Er unterrichtet leise,
ruhig; ein weiser alter Herr. Er geht zu dem Bildhauer
Strobl, der seine Figur modelliert. Die Statue wird später
vor der Oper aufgestellt.

Am 14. Februar findet sich Kornél Abrányi bei Franz Liszt
ein und zeigt ihm ein Telegramm, in dem steht: Richard
Wagner, der Komponist, ist gestern im Alter von 69 Jahren
gestorben. Liszt glaubt es nicht, da er von Cosima keine
Nachricht bekommen hat. Während er grübelt, kommt ein
Telegramm von Daniela: "Mama bittet Sie, nicht zu kommen, bleiben Sie schön ruhig in Pest, die Leiche wird nach
kurzem Aufenthalt in München nach Bayreuth überführt."
Cosima hat ihn also ohne Benachrichtigung gelassen, sie
wünscht nicht, daß er bei der Beerdigung des Menschen,
dem er die Hälfte seines Lebens gewidmet hat, anwesend
ist, denkt Franz. Allerdings liegt seine Tochter bewußtlos
vor Schmerz über den Verlust im verdunkelten Zimmer
und ist unfähig, jemanden zu empfangen.

In seiner Trauer fällt Liszt die Musiknummer ein, die er
im Palazzo Vendramin komponiert hat, *La lugubre gondola*; die Gondel, die Franz spürt, die Gondel, die vielleicht
jetzt Wagner in seinem Sarg zur Santa Lucia trägt, neben
ihm die in sich gesunkene Cosima.

Langsam erholt er sich von dem Verlust. Am 15. März

gibt er einen Abend in der Musikakademie. Bei dieser Gelegenheit erscheinen zwei begabte Künstler: der Opernsänger Takács und István Thomán, der Begleiter Liszts auf seinem restlichen Lebensweg, ein treuer Chroniker und ein vorzüglicher Pianist.

Am 17. macht Liszt in Preßburg eine Probe, denn am 18. muß er die Aufführung der *Legende der Heiligen Elisabeth* dirigieren. Ohne tägliche Fürsorge kann er seinen Wanderweg nicht mehr fortsetzen, deshalb reist er nur noch in Gesellschaft seiner fürsorglichen Pflegerin Lina Schmalhausen. Im April kommt er nach Wien, dann geht es nach Marburg, wo aus Anlaß des 600jährigen Jubiläums der Elisabeth-Kirche wieder die *Heilige Elisabeth* aufgeführt wird. In Leipzig ist ein Musikkongreß, bei dem der hervorragende Liszt-Schüler d'Albert das *Es-Dur Konzert* seines Meisters mit großem Erfolg präsentiert.

Abbé Liszt rüstet zu einer Reise nach Bayreuth, um Cosima zu besuchen. Diese lehnt es aber ab, ihn zu empfangen; sie hält noch Trauer und läßt niemanden vor. Das tut Franz sehr weh. Seine Schüler trösten den verschmähten Vater und begleiten ihn nach Weimar zurück.

Der neue Sekretär, der liebenswürdige August Göllerich, und Lina kümmern sich um den Meister. In Weimar befindet sich aber auch Baronin Meyendorff, auf deren Anhänglichkeit er mittlerweile liebend gern verzichten würde. Und dann hält sich auch noch die im Auftrag der Fürstin Wittgenstein stehende "Aufsichtsbehörde" (Liszt) Adelheid Schorn hier auf, die krankhaft klatschsüchtig ist und deswegen in das Verhältnis zwischen der Fürstin und Franz zusätzliche Spannungen bringt. Liszts erstaunlich große Geduld und Ritterlichkeit Damen gegenüber lassen es auch in diesem Fall nicht zu, daß die Stellvertreterin Carolynes davongejagt wird. Sie quittiert ihren Dienst von selbst.

Am 22. Mai wird ein Wagner-Gedächtniskonzert in Weimar veranstaltet. Liszt dirigiert zwei Werke, den *Karfreitagszauber* aus dem *Parsifal* und ein eben beendetes eigenes Werk: *Am Grabe Richard Wagners*.

RUHELOSES WANDERN

Im Dezember fährt Liszt nach Meiningen, wo Bülow die *Ideale* dirigiert. Bülow hat nach Wagners Tod gleichsam Flügel bekommen, wirkt erfrischt und verwandelt, als wäre ein schwerer Alpdruck von ihm genommen. Den sonstigen Teil des Jahres verbringt Liszt in Weimar im Kreise seiner Schüler, unter denen auch der einarmige Graf Zichy, Abrányi und Thomán sind, lezterer wie ein Schatten neben ihm bleibend.

Liszt komponiert zwischendurch den 3. *Mephisto-Walzer* und den dritten *Valse oubliée*. Und der große Zauberer setzt sich manchmal noch ans Klavier und spielt. Er sieht kaum noch, aber sein Gedächtnis ist tadellos. Seine Hände bewegen sich, als ob sie selber Augen hätten. Sie sind noch so geschwind, daß der Eindruck erweckt wird, das Klavier dröhne von selbst, wie von einer unsichtbaren Macht bewegt. Franz spielt die *c-moll Sonate*, die *Arietta*, die himmlischen Triller der Schlußakkorde tönen immer stiller, die Stimme einbüßend, so wie die Sterne ihren Glanz verlieren beim anbrechenden Tag. Das ist das Stück, das er zuletzt Richard Wagner vorgespielt hat.

Am 4. Februar 1884 ist der Abbé wieder in Budapest. Er nimmt am 25. im Preßburger Dom an der Aufführung der *Krönungsmesse* teil. Seine goldene Messe wird zum 50jährigen Jubiläum des Bischofs Heiller gespielt. Am 3. März ist Liszt beim Fürstprimas in Gran, am 9. April ist er Gast beim Erzbischof Haynald in Kalocsa, am 19. gastiert er wieder beim Bischof Heiller und von dort kehrt er nach Weimar zurück, wo er mit erneuter und jugendlicher Kraft arbeitet und unterrichtet.

Vom 23. - 28. März wird das 25jährige Bestehen des Deutschen Musikvereins gefeiert. Bei dieser Gelegenheit werden die *Legende der Heiligen Elisabeth* gespielt und einzelne Bruchstücke aus dem *Oratorium des Heiligen Stanislaus*. Im Sommer sehnt sich Liszt wieder nach Bayreuth, wird aber nicht eingeladen. Cosima wünscht ihren Vater immer noch nicht zu treffen. Sie beruft sich auf zahllose Gründe, denn sie organisiert und probt im Festspielhaus. Der Papa soll sich nur ausruhen und mit den Enkeln spielen. Das erfüllt Franz mit Bitterkeit. Er schreibt einen Brief, den Cosima unbeachtet läßt. An ihrer Statt antwortet Daniela, in der Villa sei wenig Platz, Cosima arbeite Tag und Nacht an der Vorbereitung des *Parsifal.* Aber in der Nachbarschaft sei ein kleines Haus, das für den Abbé sehr geeignet wäre. Als Franz sich dort einquartiert hat, wird ihm im Theater ein extra Platz besorgt, denn die Familienloge ist auch schon für andere vermietet.

Liszt erkennt, Cosima kann nichts anderes tun in ihrem Schmerz als Richard geradezu manisch ohne Pause Tag und Nacht feiern zu lassen. Nach einigen Tagen erscheint er mit Tränen in den Augen vor dem Haus Wahnfried, in dem er nicht mehr gebraucht wird. Natürlich kann der Pianist Liszt noch in Betracht gezogen werden, wenn Kassenerfolge gefordert sind und das Niveau gehoben werden soll. Franz empfindet die Atmosphäre in Bayreuth als unmenschlich, geldgierig und berechnend. Er packt seine Sachen und verläßt den Ort im Stillen.

In Weimar hat er nach wie vor viel Schüler um sich. Sie kommen aus allen Teilen der Welt: der immer lächelnde Albeniz aus Spanien, Eugen d'Albert aus Frankreich, der jede Woche in eine andere verliebt ist, Emil Sauer aus Hamburg und der in Dalmatien geborene Felix Weingartner, der große Illusionen über die Dirigentenlaufbahn nährt. Und auch Siloti ist da, der Russe aus Charkow, und der bis zum letzten Schritt bei ihm aushaltende István Thomán.

Die Wanderungen setzen sich fort, bis Franz am 30. Oktober wieder in Budapest ankommt. Mit Herz und Seele arbeitet er an der *Sankt Christophs Legende,* die erst 1967 zum ersten Mal in Budapest aufgeführt werden wird. Er ist im November beim Grafen Zichy in Ungarn zu Gast, wohnt in einem einfachen kleinen Haus und fühlt sich sehr heimisch. Hier bleibt ein bezeichnendes Kärtchen, auf eine

Visitenkarte geschrieben, zurück: "Liszt Franz bittet um Cognac. Dieses zweifelhafte Getränk hat ihm ein sehr erfahrener Arzt empfohlen. Es hängt alles davon ab, maßvoll mit dem Alkohol umzugehen. Wein ist die Milch der Greise, Cognac der Rahm." Liszts Kommentar auf der Karte: "Der Arzt ist ein geistloser Stümper."

Im Dezember wird es unerwartet kalt, so flüchtet Liszt vor dem schlechten Wetter nach Rom. Er verbringt einige kurze Wochen in der Ewigen Stadt, aber seine Schüler rufen ihn schon wieder.

1885. Liszt sitzt unruhig und nervös in Rom. Fürstin Wittgenstein macht ihm in einem fort Vorwürfe, weil er an dem Fest von Bayreuth teilgenommen hat. Carolyne geht so weit, Wagners Werke aus ihrer Anschauung zu überprüfen und zu kritisieren. Franz kann in ihr nur die Dilettantin sehen, die ohne richtiges Verständnis urteilt. Carolyne, mittlerweile über 60, ist in ihrem verqualmten Zimmer keine anziehende Erscheinung mehr, sie fabriziert ihre Bücher über die Gründe der Schwäche des Papsttums und ist schon beim 20. Band angelangt. Die religiöse Manie beraubt die früher gebildete und umgängliche Frau ihres Wesens.

Der Ruhelose bricht wieder auf. Eigensinnig und unermüdlich reist er weiter. Der Wandervogel wagt nicht, die Flügel zu schließen, aus Angst, er könne sie dann nicht mehr öffnen. Am 25. verbringt er im romantischen Schloß der Sophie Menter einige angenehme Tage. Dann fährt er weiter nach Innsbruck.

Am 30. Januar ist der Wanderer wieder in Budapest, begleitet von Lina Schmalhausen und August Stradal, einem Pianisten, der auch zum engeren Schülerkreis gehört. Es kommen wieder mehrere kleinere Klavierwerke aus Liszts Feder. Am 23. März gibt er ein Schülerkonzert auf der Akademie, und am 24. ist er Gast des Fürstprimas in Gran. Nach weiteren Besuchen besteigt er wieder die Eisenbahn und fährt nach Weimar. Der Samtsitz schaukelt ihn, während er in der *Divina Comedia* liest. Er findet keine Bleibe, Weg reiht sich an Weg: Karlsruhe, Baden-Baden, Straßburg.

Zerrüttet und müde kommt er Ende Juni nach Weimar zurück. Am 30. Juli schreibt er Carolyne nach Rom: "Sie schwimmen im Buddhismus, ich meinerseits versinke musikalisch im Ungartum".

Um diese Zeit entstehen neben den ungarischen historischen Porträts die *XVIII.* und *XIX. Ungarische Rhapsodie*, das kurze Nocturne *En rêve*, außerdem eines der am sonderbarsten klingenden Stücke, der *Unstern*, eine Komposition, die mit den Ketten der erweiterten chromatischen Töne die Sternenbahn fühlbar machen sollte, dann folgt der *Abschied*, die Verarbeitung einiger russischer Volkslieder.

Müde und erschöpft kehrt er im Oktober nach Rom zurück. "Trotz der vielen Arbeit war das Jahr nicht einträglich", ist sein Fazit. Den Sylvesterabend verbringt er im Kreise seiner römischen Schüler, er spielt lange Whist, und seine Schüler lassen ihn gewinnen. Am 1. Januar 1886 begrüßen sie ihn mit einem improvisierten Konzert. Schließlich läßt sich der alte Zauberer noch überreden, selbst zu spielen. Also setzt er sich an den Flügel und spielt die *XII. Rhapsodie.* Er verläßt Rom am 21. Januar, ohne zu wissen, daß es ein endgültiger Abschied von der Ewigen Stadt ist.

Er kommt in Florenz an und fährt bald darauf nach Venedig. Hier wird er von den Erinnerungen tief ergriffen. Das Bild, wie Wagner von der Probe aus dem Fenice Theater kommt, dahinter die schattenhafte Gestalt Verdis, steigt wieder vor ihm auf.

SCHON MUSIKGESCHICHTE

In Budapest kommt er am 30. Januar 1886 an. Die Professoren der Musikakademie warten auf ihn mit ihren Schülern. Noch am selben Abend geht er in die Oper und hört sich das neue Musikdrama von Mihalovich, *Hagbe und Signe*, an. Am 31. Januar ist ein Abend im engen Kreis in der Akademie, auf dem Programm stehen ausschließlich Liszt-Werke. Im Februar sind Vortragsprüfungen.

Liszts letzte Stunde, die er auf der Akademie gibt, ist am 6. März, und am 10. das letzte Liszt-Konzert, bei dem drei Schüler auftreten: Irene Krivácsy, Lina Schmalhausen und August Stradal. Als Stradals Auftritt kommt, besteigt Liszt mit ihm das Podium und blickt ernst und schwermütig, als wolle er etwas Schmerzliches mitteilen, ins Publikum. Stradal am Piano sieht eine Vision vor sich: Liszt fühlt, daß seine Tage gezählt sind und nimmt Abschied vom Pester Publikum, aus diesem Grund muß er das Stück *Funérailles* spielen.

Stradal hat diesen unvergeßlichen Abend verewigt: "Unaussprechliche Trauer ergriff mich, würgte mir die Kehle, eine böse Vorahnung erfaßte mein Herz, aus meinen Augen flossen die Tränen, um die ich mich nicht schämte. Erst als der müde Meister sich in die erste Reihe hinsetzte, begann ich zu spielen."

Am Tag darauf hört Franz sich das erste Konzert seines geschätzten Schülers István Thomán an. Der spielt drei Liszt-Werke, nichts anderes. Mit unendlicher Liebe streichelt Franz den Kopf seines Schülers, was sonst nicht seine Gewohnheit ist. Am 12. steigt er wieder in die Eisenbahn, von Göllerich, Thomán und Stradal begleitet.

Sein Wanderinstinkt erwacht wieder einmal in ihm, als wollte das erlöschende Licht ein letztes Mal aufflackern. Er kann ohne Hilfe nicht mehr in den Eisenbahnwaggon steigen, und dennoch fährt er unermüdlich von einem Ort zum anderen. Er denkt an Bülow. Hans bereitet eine unvergeßliche Beethoven-Ausgabe für die Presse vor, die 32 Sonaten erglänzen unter seiner Hand wie der Sonnenstrahl auf einem kunstvoll geschliffenen Diamanten. Hans hat an alles gedacht: ans Pedal, die Ligatur, die Fingerordnung, das Crescendo, an die Triller und feinen Zeichen. Er teilt zum Schluß auch mit, er habe die Schauspielerin Marie Schanzer geheiratet.

Liszt fährt unermüdlich weiter, er hört sich die Konzerte

seiner Schüler an, und der alte Abbé weiß sehr genau, daß nicht der Lehrsaal, sondern das Podium die wahre Schule des Künstlers ist. Welch endloses Reisen; ein Rennen durch Europa: Preßburg, Wien, Weimar, Karlsruhe, Straßburg, Antwerpen und Aachen, wo überall nur seine Werke gespielt werden, dann München, wo eine Oper von Cornelius aufgeführt wird. Symbolisch steigt er auf das Dirigentenpult, setzt die musikalischen Feste in Bewegung, bei denen schon seine Schüler auftreten. Ohne Neid sitzt er im Zuschauerraum, er liebt ja die Jugend, er hat sie zu mutigen, begabten Künstlern erzogen. Er ist wie Kolumbus auf einer kleinen Barke losgefahren, andere musikalische Gebiete zu suchen, und hat eine neue Musikwelt entdeckt. Die Jugend verfolgt die bereits entdeckte Strecke siegreich und sicher. Er, Franz Liszt, applaudiert am lautesten.

Er ist ganz schön verblüfft, als er erfährt, daß im vergangenen Oktober Professor Martin Krause unter dem Patronat des Großherzogs in Weimar den Franz-Liszt-Verein gegründet hat. Ein schönes, aber zugleich schmerzliches Erlebnis, denn ihm ist, als wäre er nicht mehr am Leben, sondern schon Musikgeschichte. Er ist bereits eingereiht in die Zeitgenossenschaft von Beethoven, Schubert, Cherubini, Berlioz, Chopin, Meyerbeer, Mendelssohn, Schumann und Wagner.

Im März und April sind die letzten großen Siegeszüge. Und die Briefe strömen ihm nach. Er muß sie sich alle vorlesen lassen, denn sehen kann er so gut wie nichts mehr, da seine Augen vom Star befallen sind. Die teure Sophie Menter schreibt aus Petersburg, wo sie Professorin am Konservatorium ist: "Meister! Das Publikum von Petersburg will Sie hören!" Der Veranstalter schickt einen Blankovertrag, Franz möge den Betrag eintragen, der ihm richtig erscheint. Auch zu einer Tournee in Amerika wird er nochmals eingeladen, mit Einnahmeversprechen in astronomischer Höhe. Der alte Abbé lehnt alles lächelnd ab.

Dann kommt ein Brief, den er zehnmal oder gar hundertmal vorlesen läßt. Der Franz-Liszt-Verein in Leipzig schickt dem Meister, der in sein 75. Lebensjahr eintritt, einen Lorbeerkranz.

Am 17. März ist der Abbé in Belgien zu finden. In Liège nimmt er an einem Konzert teil, das nur aus seinen Werken zusammengestellt ist. Von hier aus ist es nur ein Sprung nach Paris. Da ist er also wieder, am Ort seiner Jugend und seiner ersten Triumphe. In der St. Eustache Kirche wird am 25. März die *Graner Messe* mit großem Erfolg vorgetragen. Liszt: "Paris macht wieder gut, was es vor zwanzig Jahren sündigte."

2. April. Die *Graner Messe* wird wegen des großen Erfolgs wiederholt. An drei Konzerten werden seine Werke unter der Leitung von Colonne und Lamoureux gespielt; der Erfolg übertrifft jede Vorstellung. Am Abend schreibt Liszt einen Brief an die Fürstin Wittgenstein: "Die *Préludes* wurden begeistert gefeiert beim Colonne-Konzert. Nächsten Sonntag wird das Konzert mit den *Ungarischen Rhapsodien* und dem *Orpheus* wiederholt. Die Zeitungen äußern sich sehr günstig, nicht so, wie anno 66. Wer lange leben will, der muß dulden können!"

Er hat sich viel von Paris erwartet und bekommt auch viel. Auf der Reise begegnet er Claude Debussy, der außer eigenen Werken einen ganzen Haufen anderer Noten dabei hat. Er spielt dem alten Meister von dem und von jenem Stück vor: Franck, Lalò, Chabrier, Reyer, Messager. Franz drückt Claude, dem Inhaber des Prix de Rome, heiß die Hand.

In Paris macht Liszt Bilanz. Er sieht seinen Weg zusammen mit den französischen Romantikern, mit Hugo, Berlioz, Musset, Chopin. Dann fielen Paganinis dämonische Strahlen ein und führten ihn auf neue Wege. In den Rheintälern erwachten Lieder, in der Stille von Weimar kamen die Symphonien zustande, aber die schönsten Melodien verbinden ihn doch mit seinem Geburtsland: die *Rhapsodien,* die *Graner Messe,* die *Krönungsmesse,* und nur hier konnte die *Legende der Heiligen Elisabeth* geboren werden, die Trauer um das Vaterland brachte die *Funérailles* hervor, denn man muß nicht immer nur lächeln, sodern auch Tränen vergießen.

Am 3. April wird der Wanderer in London empfangen. Die *Musical Times* bereitet ihm einen Empfang, wie er bis jetzt nur gekrönten Häuptern zuteil wurde. *"Wo Liszt eintritt, steht das Publikum sofort auf, diesen Gruß bringt es dem größten lebenden Musiker entgegen, dem Musikerfürsten von Europa."* Ein Kommentar ist hier überflüssig.

In seinem Brief vom 6. April erstattet Franz der Fürstin Carolyne Bericht: "Dienstag morgen im Westwood House, Sydenham, bei London. Samstag, am 3. komme ich an ... und hier dirigiert Mackenzie, ein hervorragender Dirigent, die *Elisabeth*. Bei der gestrigen Hauptprobe waren mehr als 1500 Personen zugegen."

Der Schüler eines Lyzeums ersucht den Meister, er möge ihren *Faust*-Vortrag anhören. Er tut das gern. In ätherischer Klarheit erklingt die *Faust-Symphonie* und der hartnäckig wiederkehrende *Mephisto-Walzer*.

8. April. Liszt schreibt: "Vorgestern wurde die *Elisabeth* in der Saint James-Hall vorgetragen. Zwischen den zwei Teilen kam der Prinz von Wales in das Künstlerzimmer und begleitete mich zurück in den Konzertsaal. Gestern ließ mich um 3 Uhr die Königin nach Windsor einladen." Im königlichen Schloß steht das Klavier, auf dem er vor 50 Jahren spielte, immer noch unberührt da!

Eine Erinnerung Bettina Walkers, die in Weimar Klavierstunden bei Liszt hatte und nun Hofdame in London ist: "Er setzt sich ans Klavier und spielt ein längeres Werk. Er erschütterte und bezauberte mit seinen süßen, klingenden Klaviertönen, mit seinem edlen Pathos, das das ganze Stück durchdrang. Die Nachmittagssone schien herein und glänzte auf seinem langen silbernen Haar, das ihm auf die Schulter fiel. Erst jetzt erschütterte es uns: der Greis wird nicht mehr lange unter uns weilen. Ich würde gerne von meinen eigenen Jahren einige hingeben, wenn ich seine dadurch verlängern könnte. Die Augen der Zuhörer glänzten verdächtig, keines blieb trocken."

Liszt sitzt dem vorzüglichsten Bildhauer Englands, Böhm, Modell. Er wird von Haus zu Haus eingeladen. Bernhard Stavenhagen und Walter Bache eilen ihm zur Hilfe, und der Abbé wird an den Flügel gesetzt.

Liszt kehrt nach einigen Tagen Rast nach Paris zurück. Am 18. Mai führt man im Saal des Trocadero mit 7000 Menschen Fassungsvermögen die *Legende der Heiligen Elisabeth* auf. Die Einleitung dirigiert Liszt, das große Werk aber Colonne. Noch ein riesenhafter Erfolg. Ein umfangreicher Hofstaat umgibt den Meister. Erards sind da und der weltberühmte ungarische Maler Munkácsy, bei dem er abgestiegen ist. Beim Verlassen des warmen Saales trifft ihn ein kühler Wind. Seinen Mantel hat er wie immer vergessen, infolgedessen erkältet er sich und muß tagelang das Bett hüten. Aber Geduld hat er nicht, es treibt ihn weiter nach Weimar.

Am 20. Mai schreibt Liszt an Frau Munkácsy: "Habe keine Sorge um mich, meine liebe Freundin. Das regelmäßige Leben, das ich führe, tut mir am besten... Zwischendurch denke ich an die schönen Pariser Tage... Vom 7. - 18. Juli möchte ich Ihre Gastfreundschaft in Anspruch nehmen, in Colpach in dem Feenschloß."

Am 21. unterrichtet er schon wieder, obgleich er so gut wie nichts mehr sehen kann. Die Ärzte empfehlen ihm eine Augenoperation und stellen bei ihm auch Wassersucht fest. Liszt kümmert sich nicht um die ärztliche Empfehlung, sondern reist nach Sonderhausen weiter zum Musikfest. Wie sollte er nicht hinfahren, wo auf dem Konzertprogramm die *Gebirgssymphonie,* die *Ideale,* die *Hunnenschlacht, Hamlet* und der *Totentanz* stehen. Nach so viel Angriff, Mißachtung und Unverständnis soll er im Glanz der Anerkennung seine Freude haben.

Liszt bleibt krank, kümmert sich aber nicht viel um seinen Zustand. Nur am 20. Juni läßt er sich einmal bei Graf Zichy entschuldigen, er könne wegen schlechten Befindens nicht kommen. Doch der brüchige Abbé kann immer noch keine Ruhe finden. Er fährt nach Dornburg und Jena.

Am 25. schreibt er an Graf Zichy: "Da ich selbst noch nicht in dem Zustand bin, lesen und schreiben zu können, bat ich nach der Ankunft Ihrer Sonate Göllerich, den hervorragenden Pianisten, er soll mir Ihr Stück vorspielen."

Im Vorgefühl seines nahenden Endes verfügt Liszt über einzelne Gegenstände. Sein Arbeitszimmer zum Beispiel hinterläßt er seinem geliebten Schüler und treuen Begleiter Göllerich. Am 26. Juni beschäftigt er sich zum letzten Mal in seinem Leben mit Schülern.

Am 3. Juli schreibt er an Sophie Menter: "Morgen gehe ich nach der Hochzeit von meiner Enkelin Daniela Bülow zu Munkácsy nach Colpach... Lesen kann ich überhaupt nicht mehr, ein paar Worte zu schreiben kostet mich große Mühe!" Daniela heiratet den Kunsthistoriker Henry Thode. Liszt läßt es sich nicht nehmen, zur Trauung zu gehen, doch er hustet während der ganzen Zeremonie.

Er fährt weiter nach Colpach. Von 5. bis 20. Juli kann er im luxemburgischen Schloß sich einigermaßen ausruhen. Hier spielt er auch zum letzten Mal Klavier, und zwar Transkriptionen von Chopin und Schubert. Am 6. diktiert er noch einen Brief nach Rom an Carolyne.

Am 20. Juli fährt er nach Bayreuth ab und erkältet sich im Zug noch mehr. Er fiebert. Göllerich umarmt den alten Herren am Bahnhof, hilft ihm in sein Zimmer im Haus des Forstrates Fröhlich. Liszts Zustand bessert sich etwas gegen Abend. Er kleidet sich an und verkündet, er wünsche nach Wahnfried gebracht zu werden zum Empfang. Dort verschlechtert sich plötzlich sein Zustand; das Fieber steigt, er wird von Husten geschüttelt, Schweiß bricht ihm aus.

Am 21. geht es ihm so schlecht, daß er das Zimmer nicht verlassen kann. Cosima sieht den bedenklichen Zustand des Kranken nicht oder will ihn nicht sehen und bittet den Abbé, ins Theater mitzukommen. Liszt, für seine Tochter schwärmend, will sich in fast bewußtlosem Zustand ankleiden. Göllerich, der selbst erkrankt ist, fleht Liszt an, auch Lina, die treue Seele, bettelt, er soll nicht gehen. "Cosima ruft, ich muß gehen."

Am 23. nimmt er an der Festspielaufführung des *Parsifal* teil und am Sonntag, den 25. Juli, im Halbschlaf, bewußtlos, durchschlummert er den *Tristan.*

Am 26. Juli bleibt er endgültig im Bett; der Todeskampf beginnt. Liszt liegt alleine im Zimmer. Cosima beschäftigt sich mit den Gästen, denn für sie sind jetzt die Aufführungen, der Erfolg wichtig. Richard lebt nicht mehr, also läßt sie ihn leben und feiern. Sie rennt herum, organisiert, empfängt, ist entzückend, nur um ihren Vater kümmert sie sich nicht, obgleich dieser sehnsuchtsvoll die Anwesenheit der Tochter herbeiwünscht. Cosima hat mit über 40 ihre tadellose Figur und das makellose Weiß ihres Gesichtes bewahrt, nur in ihren Haaren sind die ersten grauen Strähnen aufgetaucht. Glatte Kälte strömt aus ihr. Es ist keine Seele da, die die Tür zum Zimmer des Sterbenden öffnen und ein Wort zu ihm sprechen würde. Franz kann nicht aufhören, an seine Tochter zu denken. Aber er bleibt alleine. Göllerich liegt auch krank darnieder, und Cosima hat Lina Schmalhausen die Besuche bei Liszt verboten. In fürchterlicher Einsamkeit, mit hohem Fieber, liegt Franz im Bett. Eine leise Musik dringt ins Zimmer herein, es ist Wagner-Musik. Cosima gibt im Wahnfried eine Soiree.

Lina Schmalhausen kann es nicht länger aushalten, sie stürzt ins Zimmer und sieht den in fürchterlichen Qualen liegenden Maestro. Sie holt eilig Göllerich aus dem Bett, zerrt den Fiebernden, dem die Zähne klappern, zum Fröhlich-Haus. Da kommen auch der Diener Mischka und István zum Vorschein.

Am 27. Juli läßt Cosima wieder den Arzt kommen. Sie muß Optimismus verbreiten. "Papa, hab du nur etwas Geduld. Es wird nicht so schlimm sein." Der Arzt stellt jedoch eine Lungenentzündung fest und gibt nicht viel Hoffnung. Von da an bleibt Cosima am Bett des Todkranken. Sie selbst ist auch erschöpft. Sie ist das Mädchen für alles im Festspielhaus: Direktorin, Dramaturgin, Oberregisseurin, Kassiererin.

Von den jungen Verehrern darf niemand mehr an Liszts

Krankenbett. Nur dem Diener Mischka überläßt die erschöpfte Cosima am 30. Juli die Nachtwache. Franz Liszt sinkt in Bewußtlosigkeit.

Am 31. frühmorgens steht er in völlig benommenem Zustand auf und gibt einen fürchterlichen, letzten und erschütternden Schrei von sich. Man muß ihn mit Gewalt ins Bett zurücklegen. Der Arzt verabreicht eine letzte Injektion.

Gegen Abend um 10 Uhr bewegt er noch die Lippen; die das Bett Umstehenden fragen, ob er leide. "Nicht mehr." Das sind seine letzten Worte. Franz Liszt stirbt am 31. Juli 1886 abends um 23.15 Uhr. Ein letzter Seufzer verrät seinen Abgang in die Ewigkeit.

Cosima ist hart. Die Festspiele dürfen nicht gestört werden. Sie versucht, die Katastrophe geheim zu halten, was ihr nicht gelingt. Die Beerdigung wird aber aufgeschoben. In der Stadt herrscht riesige Hitze. Am 1. August, in den frühen Morgenstunden, wird die Leiche Liszts einbalsamiert, eine Totenmaske wird gemacht, Photographien werden aufgenommen, dann schließt sich der Sargdeckel. Erst am Nachmittag des folgenden Tages wird die Zimmertür für diejenigen geöffnet, die Abschied nehmen wollen von dem Meister.

Am 3. August um 10 Uhr vormittags wird Franz Liszt in Anwesenheit einer riesigen Menge auf dem öffentlichen Friedhof von Bayreuth beigesetzt. An der Bahre stehen Göllerich, Stradal, Stavenhagen, Siloti, Thomán und Mischka. Der Dirigent Felix Mottl für die Musiker und Ernst von Wolzogen in Vertretung der Schriftstellergesellschaft Deutschlands sind dabei, natürlich auch die Baronin Meyendorff und Lina Schmalhausen. Ungarn ist durch Mihalovich und Végh vertreten. Der Sarg wird auf einem offenen Wagen mit Blumen geschmückt zur Grabstätte gefahren. Das Bahrtuch tragen Mihalovich und Loen, die Intendanten, sowie Mottl und Wolzogen. An beiden Seiten schreiten die Schüler des Meisters. Hinter dem Sarg gehen Siegfried Wagner und Dr. Thode. Cosima und ihre Töchter folgen dem Leichenzug im Wagen. Die Zeremonie ist kurz und einfach. Die Trauerrede hält der Bürgermeister von Bayreuth. Er gelobt, das Grab von Liszt zu allen Zeiten andachtsvoll zu pflegen. Stavenhagen hält eine Rede im Namen der Schüler.

Außer den Verehrern, Schülern und Notabilitäten begleitet Franz Liszt auf seinem letzten Weg noch eine Gruppe in schwarzen Anzügen, die bittere Tränen vergießt. Es sind ungarische Zigeunermusiker.

Am 4. August gibt es eine Trauermesse in der katholischen Kirche. An die Orgel setzt sich Anton Bruckner. Die Leiche Franz Liszts ruht seitdem in Bayreuth gemeinsam mit seinem Freund und Waffengefährten Richard Wagner. Um die Pflege des Grabes kümmern sich heute noch die Stadt Bayreuth, die österreichische Regierung und die ungarische Volksrepublik.

Rom. Auf Carolynes Suite in der Via Babuino herrscht Stille. Kein Fenster wird geöffnet. Carolyne ist eine lebende Leiche. Die Kirche hat sie streng gestraft: der Papst hat die 22 Bände ihres Lebenswerks auf den Index setzen lassen. Sie hat sich die Druckkosten vom Mund abgespart. Leer und sinnlos ist alles. Fürstin Carolyne von Sayn-Wittgenstein stirbt am 7. März 1887. Zur Trauermesse in Santa Maria del Popolo wird das *Requiem* von Liszt aufgeführt. Der Vorhang ist gefallen, das Drama ist zu Ende.

Die Voraussage der Carolyne Wittgenstein soll vor uns stehen: "Liszt hat seinen Speer viel weiter in die Zukunft geschleudert als Wagner. Menschenleben werden vergehen, ehe wir das in seiner vollen Bedeutung begreifen werden!"

Der alte Abbé lebt nicht mehr. Vielleicht erzählt man in einer Gesellschaft noch eine pikante Geschichte von ihm, die meistens ein Produkt der Phantasie ist. Neue Namen, neue Schöpfungen strahlen in die Welt: Verdi, Richard Strauß, Debussy, Puccini, Rimskij-Korsakow und andere. Auch das altertümliche Weimar ist nicht tot. Der Leiter des Weimarer Orchester ist der Meister der Spätromantik,

Richard Strauss, der bei Bülow in Meiningen seinen Aufstieg begann.

Und in Budapest wälzt der junge Bartók die Blätter der *h-moll Sonate* und wird sich dessen bewußt, daß das Titelblatt eine wunderbare Welt verdeckt. Am 3. Februar 1936 hält Bartók eine Rede in der ungarischen Akademie der Wissenschaften, worin er folgendes sagt: "Wenn wir Liszt als Komponisten mit seinen Vorgängern und Zeitgenossen vergleichen, dann finden wir in seinen Werken Merkmale, die wir anderswo vergeblich suchen. Wir stellen fest, daß unter allen größeren Komponisten seiner und der vorhergehenden Zeit kein einziger war, auf den so viele verschiedene Einflüsse einwirkten. Liszt ging niemals von einem einzigen Punkt aus, noch verschmolz er mehrere einander verwandte Dinge in seinen Werken; er gab sich dem Einfluß der verschiedenartigsten und fast unversöhnlichsten Elemente hin. Das Wesen seiner Werke müssen wir in den neuen Idealen finden, denen Liszt als erster Ausdruck verlieh, und in dem kühnen Vordringen in die Zukunft. Diese Dinge erheben Liszt als Komponisten in die Reihen der Großen, und um ihretwillen lieben wir seine Werke, ohne Rücksicht auf ihre Schwächen."

Stammbaum der Familie Liszt

I.

LISZT , Sebastian, Urgroßvater von Franz Liszt
  geb. in Raggendorf/Rajka/, Komitat Moson
  gest. 7.1.1793 ("90 Jahre alt"), Tagelöhner

1. Ehe mit Anna Maria ROTH
   geb. 1703 (?), gest. 17.10.1776 in Raggendorf im Alter von
   73 Jahren
   Kinder:
   1. **Ursula** / Orsolya /, geb. 30.10.1748 in Raggendorf
      (Ehe – 25.1.1767 – mit Franz Liebwein – geb. 1736,
      gest. 22.7.1811 – Tagelöhner / Landarbeiter)
      10 Kinder sind früh verstorben
   2. **Johann Kristof,**
      geb. 26.8.1751 in Raggendorf, gest. 2.9. 1751 in Raggendorf
   3. **Georg Adam,**
      geb. 14.10.1755 in Raggendorf, gest. 8.8.1844 in Raggen-
      dorf, Schulmeister und Notar (s. II)
2. Ehe – 9.1.1787 – mit Kristina SCHANDOR / Sándor /
   geb. ?, gest. 9.3.1791 in Raggendorf,
   kinderlos

II.

LISZT, Georg Adam, Großvater von Franz Liszt
  1. Ehe – 17.1.1775 in Oroszvár – mit Borbala SCHLESACK
     geb. 28.11.1753 in Oroszvár,
     gest. 31.3.1798 in Leitha, Komitat Sopron
     Kinder:
     1. **Michael,**
        geb. 19.9.1775 in Edelstal, Komit. Moson
        gest. 22.1.1779 in Edelstal
     2. **Adam,**
        geb. 16.12.1776 in Edelstal
        gest. 28.8.1827 in Boulogne-sur-Mer
        Gutsverwalter (s. V)
     3. **Magdalena,**
        geb. 3.11.1778 in Edelstal, gest. ?
     4. **Rosalie,**
        geb. 12.9.1780 in Edelstal (früh gest.)
     5. **Rosalie,**
        geb. 30.8.1781 in Edelstal, gest. ?

6. Anna Maria,
geb. 22.6.1783 in Edelstal, gest. ?
7. Borbala,
geb. 24.1.1785 in Edelstal, gest. 6.4.1855 in Bedeg
(Ehe mit Alajos Vetzko, Förster bei Fürst Esterházy,
gest. 9.4.1861 in Bedeg, 81 Jahre alt)
3 Kinder
8. Teresia,
geb. 31.10.1786 in Kittsee / Köpcsény /
gest. 9.9.1787 in Kittsee
9. Franz,
geb. 18.5.1788 in Kittsee, gest. ?
10. Katherina,
geb. 15.8.1790 in Kittsee, gest. 15.10.1826 in Wien
11. Teresia,
geb. ?, gest. ?
(Eheschließung in Pottendorf mit Franz Mayerheim)
12. Andreas,
geb. 15.9.1795 in Leitha, gest. vor 1801
13. Friederika,
geb. 25.11.1797 in Leitha, gest. 10.8.1798 in Leitha
2. Ehe − 8.5.1798 in Leitha − mit Borbala WENINGER
geb. 29.4.1778 in Leitha
gest. 21.12.1806 in Mattersburg / Nagymarton /
Kinder:
14. Anton,
geb. 5.4.1799 in Leitha, gest. 29.7.1876 in Wien
(1. Ehe mit Anna Haas, 2. Ehe mit Therese Fichtner,
beide kinderlos), Uhrmacher
15. Andreas,
geb. 13.2.1801 in Leitha, gest. 10.4.1801 in Leitha
16. Borbala (II.),
geb. 18.2.1802 in Marz, gest. ?
(Ehe − 8.4.1823 − mit Josef Henning, Arzt, geb. ? in
Breslau, gest. 11.12.1867 in Leithakáta)
17. Johann Nepomuk,
geb. 1.5.1804 in Marz, gest. ?
18. Sándor,
geb. 24.9.1806 in Mattersburg,
gest. 29.4.1807 in Mattersburg
3. Ehe − 10.2.1807 in Mattersburg − mit Magdalene RICHTER
geb. 10.7.1780 in Stützenhofen (Österreich)
gest. 17.3.1856 in Wien
Kinder:
19. Johanna,
geb. 20.10.1807 in Mattersburg,
gest. 6.5.1808 in Mattersburg

20. Alois,
  geb. 17.11.1808 in Mattersburg,
  gest. 20.8.1809 in Mattersburg
21. Johanna,
  geb. 13.5.1810 in Mattersburg, gest. ?
22. Alois,
  geb. 18.12.1811 in Mattersburg, gest. ?
23. Michael,
  geb. 1813, gest. ?
24. Ludwig,
  geb. ?, gest. ?
25. Eduard,
  geb. 31.1.1817 in Margarethen am Moss,
  gest. 8.2.1879 in Wien, K.u.K. Staatsanwalt (s. XI)

III.

LAGER, Mathias, Urgroßvater von Franz Liszt
  geb. 1660, gest. 20.12.1718 in Palt, Landwirt
1. Ehe mit Margarethe (Nachname nicht bekannt)
  gest. 23.10.1697 im Alter von 60 Jahren
Sohn: − alle Kinder Mathias Lagers sind in Palt geboren
  1. Adam,
    geb. 6.10.1679, gest. ?
2. Ehe − 26.1.1698 − mit Marie Elisabeth DANKBECKH aus
  Ober-Fucha,
    gest. 24.11.1708 im Alter von 35 Jahren
Kinder:
  2. Eva Katherine,
    geb. 18.11.1698
    (Ehe − 9.5.1719 in Mautern mit Ferdinand Riedl, Metzger
    und Gastwirt)
  3. Leopold,
    geb. 15.6.1700, gest. ?
  4. Gotthard,
    geb. 5.5.1702, gest. ?
  5. Mathias,
    geb. 30.8.1704, gest. ?
  6. Apollonia,
    geb. 8.2.1706, gest. ?
3. Ehe − 10.9.1709 in Mautern − mit Anna Marie STÖCKL
    geb. 7.12.1688, gest. etwa 1742
Kinder:
  7. Marie Elisabeth,
    geb. 19.10.1711, gest. ?
    (Ehe − 25.8.1733 − mit Christian Stöger, Mühlmeister)

8. Ferdinand,
  geb. 15.10.1713, gest. ?
9. Mathias jun.,
  geb. 5.9.1715, gest.?, Bäckermeister (s. IV)
10. Franz Anton,
  geb. 1.8.1718, Bäckermeister
  (Ehe − 23.5.1745 in Krems − mit Marie Anna Keplinger)
  11 Kinder

IV.

LAGER, Mathias, jun., Großvater von Franz Liszt
  1. Ehe − 13.9.1740 in Krems − mit Regina NÜNDORFER
  Kinder:
  − alle Kinder M. Lagers sind in Krems geboren
  1. Mathias,
    geb. 8.9.1741, gest. 16.3.1743 in Krems
  2. Anna Marie Eva,
    geb. 24.12.1742, gest. 28.12.1742
  2. Ehe − 26.5.1777 in Krems − mit Franziska Romana
    SCHUMANN
    geb. 1752 in Öttingen, gest. 9.5.1797 in Krems
  Kinder:
  3. Mathias Ferdinand,
    geb. 15.9.1779, gest. 1798, Soldat
  4. Marie Magdalene,
    geb. 26.10.1780, gest. 20.2.1781
  5. Ferdinand Paul,
    geb. 25.1.1782, gest. 13.3.1801, Soldat
  6. Anton,
    geb. 8.6.1783, gest. ?
  7. Josef,
    geb. 10.9.1784, gest. 15.7.1785
  8. Karl,
    geb. 2.11.1785, gest. ?
    (Ehe − 29.1.1811 in Krems − mit Magdalene Käufl)
    Bürstenbindermeister
  9. Franz Xaver,
    geb. 28.11.1786, gest.?
    (Ehe mit Elisabeth Gärtner) Bürstenbindermeister
  10. Marie Anna,
    geb. 9.5.1788, gest. 6.2.1866 in Paris (s. V)
  11. Marie Therese,
    geb. 29.10.1790, gest. ?
  12. Aloisia Marie Anna,
    geb. 2.6.1792, gest. 16.6.1793

V

Liszts Eltern:
Adam LISZT (s. II) und **Anna LAGER** (s. IV)
    Eheschließung am 11.1.1811 in Lók-Unterfrauenhaid
    Sohn
    FRANZ LISZT
    geb. 22.10.1811 in Raiding / Doborján /
    gest. 31.8.1886 in Bayreuth

VI.

Franz LISZT und **Marie Catherine Sophie de FLAVIGNY**
                         (verh. Comtesse d'Agoult)
    Kinder:
    1. Blandine Rachel,
        geb. 18.12.1835 in Genf, gest. 11.9.1862 in St. Tropez
        (Ehe − 22.10.1857 in Florenz − mit Emile OLLIVIER
        geb. 2.7.1825 in Marseille
        gest. 20.8.1913 in Saint-Gervais-les-Bains
        Rechtsanwalt und späterer franz. Ministerpräsident)
        Sohn:
        Daniel, geb. 3.7.1862 in Gemenot, gest. ?
        (Ehe mit Catharine du Bouchage, Tochter Blandine)
    2. Cosima Francesca Gaetana,
        geb. 24.12.1837 in Como,
        gest. 1.4.1930 in Bayreuth (s. VII)
    3. Daniel Henrik,
        geb. 9.5.1839 in Rom
        gest. 10.12.1859 in Berlin

VII.

LISZT, Cosima Francesca Gaetana, Tochter von Franz Liszt
    1. Ehe − 18.8.1857 in Berlin − mit Dr. Hans Guido von
        BÜLOW
        geb. 8.1.1830 in Dresden, gest. 12.2.1894 in Kairo
        Pianist und Dirigent, Scheidung am 18.7.1870
    Kinder:
    1. Daniela Senta
        geb. 12.10.1860 in Berlin, gest. 28.8.1940 in Bayreuth
        (Ehe − 3.7.1886 in Bayreuth − mit Dr. Henry THODE,
        geb. 13.1.1857 in Antonstadt-Dresden,
        gest. 9.9.1920 in Kopenhagen, Kunsthistoriker
        Annulierung der Ehe im Jahre 1914)

2. Blandine Elisabeth
   geb. 20.3.1863 in Berlin, gest. 4.12.1941 in Florenz
   (s. VIII)
2. Ehe − 25.8.1870 in Luzern mit Richard WAGNER
   geb. 22.5.1813 in Leipzig, gest. 13.2.1883 in Venedig
   Komponist und Dirigent
   Kinder:
3. Isolde Ludovika
   geb. 10.4.1865 in München, gest. 7.2.1919 in München
   (s. IX)
4. Eva Maria,
   geb. 17.2.1867 in Luzern, gest. 26.5.1942 in Bayreuth
   (Ehe − 26.12.1908 in Bayreuth − mit Houston Stewart
   Chamberlain,
   geb. 9.9.1855 in Southsea, gest. 9.1.1927 in Bayreuth,
   Schriftsteller)
5. Helferich Siegfried Richard,
   geb. 6.6.1869 in Tribschen, gest. 4.8.1930 in Bayreuth
   Komponist und Dirigent (s. X)

VIII.

von BÜLOW, Blandine Elisabeth, Enkelin von Franz Liszt
   Ehe − 25.8.1882 in Bayreuth − mit Graf Biagio GRAVINA DI
   RAMACCA,
   geb. 5.12.1850 in Palermo, gest. 14.9.1897 in Palermo
   Kinder:
1. Manfredo,
   geb. 14.6.1883 in Palermo, gest. 4.10.1932 in Danzig
   Dr.jur.h.c., Königl. Marine-Fregattenkapitän, seit 1927
   Gesandter des Völkerbunds in Danzig
   (Ehe − 3.5.1922 − mit Maria Sofia Giustiniani Bandini
   geb. 4.5.1889 in Rom)
2. Maria Cosima Contessina Blandina,
   geb. 23.9.1888 in Palermo, gest. 1919 in Dresden
   (1. Ehe − 5.1.1911 − mit Dr. Paul Vassily, Arzt,
   Annulierung der Ehe 1924;
   2. Ehe − 4.6.1924 in Dresden − mit Egas Wenden, Schriftsteller)
   Tochter Blandine Teresia Maria Cosima
   geb. 19.4.1926 in Dresden, gest. ?
3. Gilberto,
   geb. 17.10.1890 in Palermo, gest. 23.11.1972 in Bayreuth
   Dirigent
   (1. Ehe − 1919 − mit Klara Voigt, geb 1883, gest. 1931 in
   Meran)

Kinder:
Hans Amadeus,
geb. 20.10.1919 in Dresden, gest. 16.10.1950 in Meran
(2. Ehe mit Dorothea Briggs,
geb. 5.4.1905 in Beadford, England)
Christopher Manfred, geb. 21.7.1934 in Meran
Michael Franz, geb. 6.9.1936 in Meran
Timotheus, geb. 1942 in den USA
4. Guido,
geb. 1.2.1896 in Ramacca, gest. Jan. 1931 in Orselina,
Schweiz, Bankangestellter

IX.

WAGNER, Isolde Ludovika, Enkelin von Franz Liszt
Ehe − 20.12.1900 in Bayreuth − mit Franz Philipp BEIDLER
geb. 29.3.1872 in Kaiserstuhl, Schweiz,
gest. 15.1.1930 in München, Dirigent
Sohn:
Franz Wilhelm (Dr.)
geb. 16.10.1901 in Bayreuth, Rechtsanwalt
(Ehe − 24.11.1923 in Berlin − mit Ellen Annamarie Gott-
schalk), geb. 8.4.1903 in Berlin, gest. 5.10.1945 in Zürich)
Tochter:
Dagny Ricarda − geb. 20.4.1942 in Zürich

X.

WAGNER, Helferich Siegfried Richard, Enkel von Franz Liszt
Ehe − 22.9.1915 in Bayreuth − mit Winifred Marjorie
WILLIAMS
geb. 23.6.1897 in Hastings, gest. 1980 in Bayreuth,
nach Siegfrieds Tod Intendantin des Bayreuther Festspiel-
hauses.
Kinder:
1. Adolf Wieland Gottfried
geb. 5.1.1917 in Bayreuth, gest. 17.10.1966 in Bayreuth,
Intendant
Kinder:
Iris, geb. 12.6.1942 in Bayreuth
Wolf Siegfried, geb. 6.12.1943 in Bayreuth
Nike, geb. 9.6.1945 in Überlingen
Daphne, geb. 13.11.1946 in Bayreuth
2. Friedelind,
geb. 29.3.1918 in Bayreuth

476

3. Manfred Wolfgang Martin

geb. 30.8.1919 in Bayreuth
seit 1966 Intendant des Bayreuther Festspielhauses
(Ehe – 11.4.1943 in Bayreuth – mit Ellen Drexel
geb. 20.8.1919 in Wiesbaden)
Kinder:
Eva, geb. 14.4.1945 in Oberwarmensteinach
Gottfried, geb. 13.4.1947 in Bayreuth

4. Verena

geb. 2.12.1920 in Bayreuth
(Ehe – 25.12.1943 in Bayreuth – mit Dr. Bodo Lafferentz
geb. 27.7.1897 in Kiel)
Kinder:
Amelie Friedelind, geb. 5.6.1944 in Bayreuth
Manfred, geb. 17.9.1945 in Überlingen
Winifred, geb. 16.1.1947 in Konstanz
Wieland, geb. 11.6.1949 in Konstanz
Verena, geb. 2.8.1952 in Konstanz

XI.

LISZT, Eduard, sen. (s. II), Onkel von Franz Liszt

1. Ehe – 15.5.1850 in Wien – mit Carolina PICHART
   geb. 27.1.1827 in Cilli, Jugoslawien, gest. 4.10.1854 in Wien
Kinder:

1. Franz Eduard,

geb. 2.3.1851 in Wien, gest. 21.6.1919 in Seeheim
Universitätsprofessor für Jura
(Ehe – 16.6.1877 in Wien – mit Baronin Rudolfina
Friedenfels
geb. 15.4.1855 in Wien, gest. 3.10.1925 in Berlin)
Kinder:
Elsa, geb. 19.6.1878 in Graz, gest. ?
Gerta, geb. 20.2.1883 in Marburg, gest. ?

2. Karolina,

geb. 28.6.1852 in Wien, gest. 5.2.1853 in Wien

3. Marie,

geb. 10.12.1853 in Wien, gest. 4.11.1919 in Mieders, Tirol
(Ehe – 22.10.1877 – mit Baron Heinrich Saar)
Kinder:
Günther, geb. 27.7.1878 in Wiener Neustadt,
gest. 7.12.1918
Universitätsprofessor
(2. Ehe – 24.1.1859 in Wien – mit Henrietta WOLF
geb. in Neugedein, Tschechoslowakei
gest. 2.11.1920 in Wien)

Kinder:

4. Henrietta,
geb. 24.7.1860, gest. 12.12.1864 in Wien

5. Hedwig,
geb. 5.1.1866,
eingetreten in den Karmeliterorden am 22.6.1892, gest. ?

6. Eduard jun.
geb. 13.3.1867 in Wien, gest. 25.7.1961 in Neuenkirchen
Universitätsprofessor
(Ehe − 10.3.1922 − mit Marie Julia Linke-Wagner
geb. 24.6.1879 in Mattersdorf, gest. 12.8.1967 in Wien)

Spuren von Liszts Vorfahren:

1711 den 5. Februar ist begraben worden ein armes Weib: Elena Liszt alt bei 31 Jahr.
den 2. September Ist dem Sebastian Lüst sein Söhnlein Johann Christioh Begraben Worden alt 8 Täg.
(Röm.-kath. Taufbuch Raggendorf ab 1683)

1748 den 30. Oktober, Infans: Ursula. Parentes: Sebastianus List, ux. Maria. Patrini seu Levantes: Ursula Gurgaltis, martius Paul
(Röm.-kath. Taufbuch Raggendorf, 2. Bd. S. 103)

1751 den 26. August, dito: Infans: Johan Kristof. Parentes: Sebastianus List, ux. Maria. Patrini: Georg Adam Graf ux. Maria
(Röm.-kath. Taufbuch Raggendorf, 2. Bd. S. 128)

1793 Litere registri: L: die 7. Jan. Moribundo adstitit: Capellanus. Sepelivit: Capellanus. Defuncti nomen: Sebastianus. Cognomen: List. Condition: Viduus inquilinus "x". Religio: C Morbus: Pleuritis, Aetas: 90. annorum.
(Anm.: Inquilinus x = Tagelöhner, also arm.
Todesbuch Raggendorf (1793), 3. Bd. S. 147)

1775 Anno 1775 January den 17-ten dito ist der Jungesöll Adam List Schulmeister in Edles-Thal alt 20 Jahr mit der Jungfrau Barbara Schlesackin allhier, alt 21 Jahr, Copuliert worden. Zeigen seiner Johan Michael Ott Schullmeister allhier und Johann Händi Mitnacher in Edles-Thall, ihrer Seithen Joseph Mayr Schoffmeister bei Herrn Jacklin.
(Röm.-kath. Matrikelbuch (1775) in Oroszvár)

Zeittafel zum Leben Franz Liszts

1811	22.10.:	Franz Liszt wird in Raiding /Doborján/ im ungarischen Komitat Ödenburg geboren.
1816		Der junge Franz Liszt wird schwer krank. ("Von den Leuten in der Umgebung wurde er sogar totgesagt.")
1820	Okt.:	Franz Liszt tritt erstmals in Ödenburg auf.
	26.11.:	Konzert in Preßburg mit großem Erfolg: Beethoven-Sonaten.
1822	08.05.:	Übersiedlung der Familie Liszt nach Wien, zunächst in die Stiftgasse Nr. 92, danach in die Krugerstr. 1047.
	01.12.:	Erstes Konzert in Wien im Landständischen Saal.
1823	13.04.:	Konzert im Redoutensaal vor 4000 Zuhörern: Hummels h-moll Konzert. Beethoven angeblich anwesend. Zeitungszitat: "Beethoven bestieg hastig das Podium, ergriff das Kind und küßte es auf die Stirn."
	20.09.:	Familie Liszt verläßt Wien.
	17.10.:	Konzert in München.
	27.10.:	Audienz beim bayrischen König.
	11.12.:	Familie Liszt kommt in Paris an.
	19.12.:	Liszt wird vom Konservatorium durch Luigi Cherubini abgewiesen. Unterricht bei Ferdinando Paër und Antonin Reicha.
1824	07.03.:	Triumphales Debut als Pianist in Paris. Anschließend Konzertreise durch Frankreich. Sommer: Konzertreise durch England. Weihnachten in Paris.
1825	15.03.:	Konzert in Paris, danach Tournee durch Frankreich (Bordeuax, Toulouse, Lyon, Marseille).
	Juni:	Tournee durch England.
	17.10.:	Uraufführung der Oper *Don Sanche ou le Château d'amour*.
1826		Konzertreise durch Südfrankreich.
1827	26.03.:	Tod von Ludwig van Beethoven. Tournee durch England im Mai, Juni und Juli.
	28.08.:	Tod von Adam Liszt in Boulogne sur Mer.
	Sept.:	Franz Liszt in Paris, er gibt ab Oktober Klavierunterricht.
1828	März:	Caroline St. Cricq nimmt Klavierunterricht. Erste Liebe von Franz Liszt.
1829	März:	Längere Krankheit. *L'Etoile* nimmt einen Nekrolog auf.

1830	Februar:	Liszt kehrt zum Klavier zurück.
	Juli:	Juli-Revolution in Paris. Liszt schreibt den Entwurf einer Lafayette gewidmeten Symphonie.
	04.12.:	Erste Begegnung mit Hector Berlioz. Kontakte mit Eugène Delacroix, Heinrich Heine, Alfred de Musset, Victor Hugo, George Sand, Alexandre Dumas, Sainte-Beuve. Kontakte mit den Saint-Simonisten.
1831	09.03.:	Niccolo Paganini gibt sein erstes großes Konzert in der Großen Oper in Paris. Liszt beschließt, Klaviervirtuose zu werden.
1832	26.02.:	Chopin gibt sein erstes Konzert in Paris; Liszt ist dabei, Begegnung mit Pater Félicité de Lamennais.
1833	02.04.:	Liszt tritt mit Chopin auf.
	Mai:	Begegnung mit Marie d'Agoult.
1834	April:	Liszt ist in der Bretagne bei Abbé Lamennais und komponiert *Lyon*. Liaison mit der Gräfin d'Agoult, Freundschaft mit George Sand.
1835	21.08.:	Liszt und Gräfin d'Agoult in Genf, Rue Tabazan.
	03.10.:	Konzert in Genf.
	18.12.:	Tochter Blandine wird in Genf geboren.
1836	Januar:	Sigismund Thalberg gibt sein erstes Konzert in Paris.
	18.12.:	Liszt tritt im Konzert von Berlioz auf. Thalberg kehrt erst drei Monate später aus Österreich zurück und tritt im Théâtre Italien auf.
1837	02.01.:	Thalberg-Kritik von Liszt in der *Gazette musicale*.
	15.02.:	François Fétis übt scharfe Kritik an Liszt.
	22.-31.03.:	Wettstreit zwischen Thalberg und Liszt. ("Thalberg ist der erste Pianist der Welt, Liszt der einzige," schreibt Fürstin Belgiojoso in der *Gazette musicale*).
	April/Mai:	Liszt und Marie bei George Sand in Nohant.
	03.08.:	Konzert in Lyon.
	17.08.:	Liszt und Marie lassen sich in Bellagio nieder.
	24.12.:	Tochter Cosima wird in Bellagio geboren.
1838	Januar:	Begegnung mit Rossini in Italien.
	16.03.:	Liszt und Marie reisen nach Venedig.
	07.04.:	Liszt reist allein nach Wien. Zehn Wohltätigkeitskonzerte für die Opfer einer Überschwemmungskatastrophe in Pest. 25.000 Gulden Ertrag.
	April:	Liszt spielt in Wien ungefähr hundert Werke (ohne Noten!), u.a. von Weber, Beethoven, Hummel, Moscheles, Händel, Scarlatti, Chopin, Czerny, Schubert, Rossini und Berlioz. Begegnung mit Clara Wieck.
	21.04.:	Audienz bei Fürst Metternich.
	Juni:	Liszt und Marie in Venedig, dann Weiterreise nach

		Mailand, Genua, Padua, Florenz und Bologna.
1839	05.01.:	Liszt und Marie in Rom.
	09.05.:	Sohn Daniel wird in Rom geboren.
	Okt.:	Erste Trennung von Marie. Mutter Anna Liszt, Marie und die drei Kinder kehren nach Paris zurück.
	Nov.:	Aufenthalt in Wien.
	Dez.:	Liszt in Preßburg.
	23.12.:	Liszt kommt in Pest an.
	Dez.:	Konzerte in Pest bis weit über Neujahr hinaus.
1840	Februar:	Reise nach Ödenburg und Raiding.
	16.03.:	Erstes Konzert in Dresden.
	17.03.:	Konzert im Gewandhaus in Leipzig. Liszt erleidet seine erste Niederlage.
	März-April:	Tournee durch Deutschland, Belgien und Frankreich.
	09.05.:	Erstes Solokonzert in London ("piano recital").
	12.05.:	Empfang im Buckingham Palace bei Königin Victoria. Erst spielt die Königin, danach spielt Liszt Rossini, Bellini, Meyerbeer und zuletzt *Rule Britannia.*
	27.05.:	Tod von Niccolo Paganini in Nizza. Liszt schreibt einen Nekrolog.
	Juni-Juli:	Europäische Konzertreise. Liszt spendet 10.000 Franken für das Beethoven-Denkmal.
	August:	Tournee durch England.
1841	Januar:	Tournee durch Irland, England und Belgien.
	Juli-Okt.:	Konzerte in Deutschland, Kopenhagen und Paris.
	26.11.:	Erstes Konzert in Weimar.
	Dez.:	Liszt in Berlin. Bekanntschaft mit Charlotte von Hagn und mit Bettina von Arnim.
	27.12.:	Erstes Konzert in Berlin.
1842	19.03.:	Ehrendoktorwürde der Universität Königsberg.
	16.04.:	Konzert in St. Petersburg. Bekanntschaft mit Madame Kalergis.
	30.06.:	Liszt wieder in Paris.
	31.10.:	Liszt wird Hofkapellmeister im außerordentlichen Dienst in Weimar, muß jährlich drei Monate in Weimar zubringen.
1843	Jan.-	Große Konzertreise durch Europa bis Juli 1845
1845	Juli:	(Deutschland, dann von Spanien bis Moskau). Neue Trennung von Marie d'Agoult.
1844	07.01.:	Weimar: Liszt dirigiert erstmals Beethovens *5. Symphonie.*
1845	Sommer:	Begegnung mit Joachim Raff.
	12.08.:	Liszt beim Beethoven-Fest und bei der Enthüllung des Beethoven-Denkmals in Bonn.

	19.10.:	Uraufführung von Wagners *Tannhäuser* in Dresden.
	Okt.:	Konzertreise durch Freiburg, Straßburg, Metz, Nancy, Reims, Nantes und Weimar (Dez.).
1846	01.03.:	Konzertreisen. Begegnung mit Josef Joachim.
	30.04.:	Liszt in Pest. Bekanntschaft mit Bedrich Smetana. Der Roman *Nélida* von Marie d'Agoult erscheint unter dem Verfassernamen Daniel Stern.
1847	Februar:	Konzertreise durch Rußland.
	14.02.:	Begegnung mit Fürstin Carolyne von Sayn-Wittgenstein.
	Juni:	Tournee durch die Türkei.
	August:	Liszt in Odessa.
	Sept.:	Konzerte in Jelizavetgrad (heute Kirowgrad) am 12., 13., 14. oder 18. Beendigung der Virtuosenlaufbahn.
	Okt.:	Liszt kehrt auf Carolynes Gut in Woronice zurück.
1848	02.02.:	Liszt in Weimar. Uraufführung von Flotows *Martha*.
	März-April:	Unruhen in Europa, Revolution in Paris. Liszt hält sich in Wien und Pest auf. Gemeinsam mit Carolyne besucht er Raiding und Eisenstadt. Eilige Rückkehr nach Weimar.
	23.06.:	Liszt findet einen Brief von Wagner vor, in dem dieser um Hilfe bittet. "... Lieber Liszt, mit diesem Geld kaufen Sie mich von der Sklaverei los..."
1849	13.05.:	Wagner trifft unerwartet als Flüchtling in Weimar ein.
	Juni:	Begegnung mit Hans von Bülow.
	28.08.:	Uraufführung der symphonischen Dichtung *Tasso*.
	06.10.:	Ungarns Freiheitskampf gegen Habsburg-Österreich wird mit russischer Hilfe niedergeschlagen. Franz Liszt komponiert unter diesem Eindruck *Funérailles* (Totentanz), *Mazeppa, Prometheus, Hungaria, Berg-Symphonie, Hunnenschlacht*.
	17.10.:	Tod von Frédéric Chopin.
	Okt.:	Liszt in Hamburg, danach in Bad Eilsen.
1850	24.08.:	Festkonzert in Weimar mit den Prometheus-Chören; Liszt dirigiert.
	25.08.:	Enthüllung des Herder-Denkmals in Weimar.
	28.08.:	Uraufführung von Wagners *Lohengrin* in Weimar unter Liszts Leitung. Anwesend sind Gérard de Nerval, Josef Joachim, Joachim Raff, Hans von Bülow, der Kritiker Fétis.
	12.10.:	Liszt entwickelt Reformpläne für die Weimarer Oper. Franz Dingelstedt wird eingestellt. Josef Joachim wird Konzertmeister in Weimar.

1851	Juni:	Hans von Bülow wohnt als Schüler bei Liszt auf der Altenburg.
	Juli:	Begegnung mit Schumann in Dresden.
1852	Februar:	Festspiele in Weimar. Peter Cornelius veröffentlicht in der Zeitschrift *Echo* Liszts Buch über Chopin.
	22.06.:	Festspiele in Ballenstedt.
	Nov.:	Berlioz-Woche in Weimar.
	Dez.:	Joachim gibt seine Stelle auf und geht nach Hannover.
1853	02.02.:	Liszt komponiert die *h-moll Sonate*.
	März:	Wagner-Woche in Weimar.
	01.06.:	Hans von Bülow dirigiert die *Ungarische Phantasie* in Pest.
	Juni:	Begegnung mit Johannes Brahms.
	Juli:	Liszt besucht nach 4 Jahren Pause Richard Wagner.
	26.07.:	Liszt reist nach Karlsruhe, dann nach Dresden.
	11.08.:	Liszt vollendet die *Festklänge*.
	03.-05.10.:	Musikfest in Karlsruhe. Liszt dirigiert Werke von Beethoven, Mendelssohn, Meyerbeer, Berlioz, Wagner und Joachim.
	06.10.:	Liszt, Wagner, Joachim, Bülow und Cornelius treffen sich in Basel im Gasthaof "Drei König". Am 8. reisen die Freunde nach Straßburg. Liszt reist mit Wagner weiter nach Paris.
	10.10.:	Erste Begegnung Wagners mit Cosima Liszt.
	18.12.:	Begegnung mit Agnes Street-Klindworth.
1854	22.01.:	Aufführung von Dorns *Niebelung* in Weimar.
	23.02.:	Uraufführung von *Les Préludes* in Weimar.
	27.02.:	Tod von Abbé Lamennais.
	16.04.:	Uraufführung von *Mazeppa* in Weimar.
	02.07.:	Anton Rubinstein trifft bei Liszt in Weimar ein. Am 8. Juli reisen die beiden nach Rotterdam.
	19.10.:	Vollendung der *Faust-Symphonie*.
	22.10.:	Hoffmann von Fallerlseben ist Gast bei Liszts Geburtstag.
	20.11.:	Gründung des Neuen Weimarer Vereins unter maßgeblicher Beteiligung von Hoffmann von Fallersleben. Prominente Mitglieder sind Raff, Cornelius, Pohl und Liszt.
1855	27.01.:	Liszt erhält den Auftrag zur Komposition der *Graner Messe*.
	Juli:	Carl Tausig kommt als Schüler nach Weimar.
	26.07.:	Begegnug mit Carl Gille in Jena.
	26.09.:	Bei der Orgeleinweihung in Merseburg spielt Alexander Winterberger Liszts *Ad nos, ad salutarem undam*.

14.12.:	Über Carolyne wird die Verbannung ausgesprochen.
1856 Januar:	Mozart-Zentenarium in Wien.
29.07.:	Tod von Robert Schumann.
10.08.:	Liszt kommt in Gran an. Proben zur *Graner Messe*. Erkel: "Liszt hat seine Messe betend geschrieben, aber er studiert sie fluchend ein."
31.08.:	Uraufführung der *Graner Messe*.
08.09.:	Aufführung von *Les Préludes* und *Hungaria* in Pest. Überraschend dirigiert Liszt die verbotene ungarische Nationalhymne.
13.09.:	Liszt bittet, als Tertianer in das Franziskaner Kloster in Pest aufgenommen zu werden.
23.11.:	Gemeinsames Konzert von Liszt und Wagner in St. Gallen.
Dez.:	Begegnung mit Wilhelm v. Kaulbach in München.
1857 22.07.:	Bülow in Berlin, bei der *h-moll Sonate* wird erstmals ein Bechstein-Flügel verwendet.
26.02.:	Bei einem Wohltätigkeitskonzert in Leipzig wird Liszt als Dirigent gefeiert, aber als Komponist ausgepfiffen.
Mai:	Liszt dirigiert in Aachen die *Festklänge*. Starke Angriffe gegen Liszt, gesteuert von Hiller aus Köln.
15.07.:	Tod von Carl Czerny.
18.08.:	Heirat von Cosima Liszt mit Hans von Bülow.
03.09.:	Liszt ist anwesend bei der Enthüllung des Goethe- und Schiller-Denkmals in Weimar.
05.09.:	Uraufführungen der symphonischen Dichtungen *Ideale* (nach Schiller), *An die Künstler* und *Über allen Gipfeln ist Ruh* (nach Goethe).
21.10.:	Geburtstagsfeier für Franz Liszt und Bankett für seine zehnjährige Arbeit in Weimar.
22.10.:	Heirat von Blandine Liszt mit Emile Ollivier in Florenz.
07.11.:	Niederlage Liszts in Dresden bei der Aufführung des *Prometheus*.
29.12.:	Uraufführung der *Hunnenschlacht*.
1858 25.03.:	Aufführung der *Graner Messe* in Wien. Liszt erhält von Kaiser Franz-Joseph I. in Wien das Ritterkreuz des Eisernen Kronenordens.
April:	Aufenthalt in Pest.
Juli:	Begegnung mit Friedrich Hebbel in Weimar.
15.12.:	Bei der Uraufführung von Cornelius' *Barbier von Bagdad* unter Liszts Leitung gibt es ein Pfeifkonzert.
16.12.:	Liszt entschließt sich, sein Amt in Weimar niederzulegen

	17.12.:	Liszt dirigiert zum letzten Mal als Hofkapellmeister in Weimar ein Beethoven-Konzert.
1859	Januar:	Große Auseinandersetzung zwischen Wagner und Liszt.
	14.01.:	Anti-Liszt Demonstrationen in Berlin bei einem Konzert von Hans von Bülow.
	27.02.:	Liszt reist zu einem Konzert mit Bülow nach Berlin und wird gefeiert.
	13.12.:	Tod von Daniel Liszt.
1860	17.05.:	Carolyne Sayn Wittgenstein verläßt Weimar und läßt sich in Rom nieder.
	14.09.:	Liszt verfaßt sein Testament.
	24.11.:	Liszt besucht Cosima und Hans von Bülow in Berlin zur Taufe seiner ersten Enkelin Daniela Senta.
1861	Januar:	Liszt ist wieder in Weimar.
	Mai:	Aufenthalt in Paris.
	August:	Gründung des Allgemeinen Deutschen Musik-vereins. Politische Amnestie für Wagner.
	14.10.:	Liszt ist in Marseille.
	20.10.:	Liszt kommt nach Rom.
	21.10.:	Vorbereitungen für die Hochzeit von Franz und Carolyne in Rom. Im letzten Moment untersagt die Kirche die Hochzeit. Liszt läßt sich in Rom nieder.
1862	13.04.:	Begegnung mit Ferdinand Gregorovius.
	10.08.:	Liszt vollendet die *Legende der Heiligen Elisabeth*.
	11.09.:	Tod von Blandine Ollivier in St. Tropez, zwei Monate nach der Geburt von Liszts Enkel Daniel.
	Nov.:	Liszt verkehrt in hohen römischen Kreisen, komponiert geistliche Musik.
1863	Januar:	Liszt geht zum Komponieren in Klausur.
	20.06.:	Liszt zieht ins Kloster Madonna del Rosario.
	03.07.:	Rom: Uraufführung von *Slavimo slavno slaveni*.
	11.07.:	Papst Pius IX. besucht Liszt im Kloster.
1864	10.03.:	Tod von Fürst Wittgenstein. Carolyne könnte jetzt Liszt heiraten, aber sie verzichtet.
	24.03.:	Liszt veranstaltet ein Wohltätigkeitskonzert in Rom mit einem Ertrag von 20.000 Lire.
	Juli:	Liszt ist Gast beim Kardinal Hohenlohe in der Villa d'Este.
	10.08.:	Liszt verläßt Rom und fährt nach Karlsruhe zur Tonkünstlerversammlung.
	Sept.:	Liszt reist nach Weimar.
	02.-17.10.:	Liszt ist in Paris, besucht seine Mutter und Gräfin d'Agoult.
1865	Januar-März:	Heftiger Briefwechsel zwischen Liszt und Pest über die Aufführung der *Heiligen Elisabeth*.

	20.04.:	"Abschiedskonzert vom weltlichen Leben" in Rom im Palazzo Barberini.
	25.04.:	Liszt empfängt die niederen Weihen als Abbé im Vatikan.
	02.05.:	Liszt bezieht eine Wohnung im Vatikan.
	08.08.:	Liszt kommt in Pest an.
	15.08.:	Uraufführung der *Heiligen Elisabeth* unter Liszts Leitung in Pest. Anwesend sind auch Bülows.
	29.08.:	Konzert von Liszt, Bülow und Reményi in Pest, anschließend längerer Aufenthalt in Südungarn.
	Sept.:	Rückkehr nach Rom.
1866	06.02.:	Tod von Anna Liszt in Paris.
	24.02.:	Erste deutsche Aufführung der *Heiligen Elisabeth* in München unter Bülows Leitung.
	15.03.:	Großartige Aufführung der *Graner Messe* in der St. Eustache-Kirche in Paris.
	März:	Letzte Begegnung von Liszt und Marie d'Agoult.
	April:	Liszt reist nach Amsterdam und Den Haag, im Mai kehrt er nach Paris zurück und reist Ende des Monats nach Rom.
	26.05.:	Konzert-Niederlage von Liszt in Paris.
	30.05.:	Liszt zieht sich in Rom in die Einsamkeit des Klosters Madonna del Rosario zurück.
	August:	Vollendung des *Christus-Oratoriums*.
	22.11.:	Liszt zieht um ins Kloster Santa Francesca Romana.
1867	14.03.:	Liszt bekommt offiziell den Auftrag zur *Krönungsmesse*. Sie wird innerhalb von drei Wochen vollendet.
	04.06.:	Liszt reist nach Pest, wohnt beim Franziskanerabt Schwendtner.
	06.06.:	Treffen mit Kaiser Franz-Joseph I. in Pest. Liszt erhält den Franz-Josephs-Orden.
	08.06.:	Uraufführung der ungarischen *Krönungsmesse* zur Krönung Kaiser Franz-Josephs als König von Ungarn in der Mathiaskirche in Pest.
	06.07.:	Aufführung des *Christus Oratoriums* in Rom unter Leitung von Sgambati.
	27.07.:	Liszt reist nach Thüringen.
	29.07.:	Aufenthalt in Weimar. Liszt zieht in die Hofgärtnerei.
	28.08.:	Großartige Aufführung der *Heiligen Elisabeth* auf der Wartburg.
	Sept.:	Liszt bei Bülows in München zu Gast; er besucht die Aufführungen von *Tannhäuser* und *Lohengrin* in München.
	09.10.:	Liszt besucht Wagner in Tribschen. Auseinandersetzungen über Wagners Verhältnis zu Cosima.

	26.10.:	Liszt fährt statt nach Pest nach Italien.
	11.11.:	Liszt in Rom.
1868	Jan.:	Liszt verbringt wieder einen Teil des Jahres in Rom. Das *Requiem* wird komponiert.
	Juni-Juli:	Liszt ist mit dem Abbé Solfanelli auf Pilgerreise in Italien von der Adriaküste nach Assisi, Loreto und Grotte Mare.
	16.11.:	Cosima verläßt Bülow und fährt nach Tribschen zu Wagner.
	Dez.:	Begegnung mit Henry Wadsworth Longfellow in Rom.
1869	13.01.:	Liszt kehrt nach Weimar zurück. Er erteilt dort wieder Unterricht.
	Januar:	Baron Loen wird Intendant in Weimar.
	Februar:	Rubinstein bei Liszt in Weimar.
	25.02.:	Liszt fährt nach Wien.
	28.02.:	Tod von Abbé Lammartine.
	08.03.:	Tod von Hector Berlioz.
	11.04.:	Begegnung mit Sophie Menter, die Liszt nach Ungarn begleiten wird.
	21.04.:	Liszt und Menter in Budapest.
	25.04.:	Audienz bei Königin Elisabeth (Sissi) und König Franz Joseph in Pest.
	04.05.:	Liszt kehrt nach Rom zurück.
	Nov.:	Liszt zieht um in die Villa d'Este; neue Kompositionen. Edvard Grieg besucht Liszt.
1870		Beethoven-Jahr.
	29.05.:	Beethoven-Feier des Allgemeinen Deutschen Musikvereins in Weimar. Liszt dirigiert die *9. Symphonie.*
	Juni:	Liszt in München. Lenbach malt sein Porträt.
	31.07.:	Liszt in Ungarn. Wegen des Krieges mit Frankreich bleibt Liszt im Land.
	25.08.:	Cosima heiratet Richard Wagner in Luzern.
	Sept.:	Liszt tritt in Ungarn mit Sophie Menter und mit Olga Janina auf.
	31.10.:	Tod von Mihály Mosonyi-Brand.
	16.12.:	Bei den Festspielen in Pest zu Beethovens 100. Geburtstag dirigiert Liszt die *9. Symphonie.*
	22.12.:	Audienz beim ungarischen Ministerpräsidenten.
	25.12.:	Bei einer Matinee in der katholischen Kirche spielen Liszt und Olga Janina.
1871	Januar:	Liszt sagt zu, weiter in Pest zu bleiben. Er besucht bis Ende März beinahe täglich Konzertveranstaltungen.
	22.04.:	Liszt und Janina fahren nach Wien.
	13.06.:	Liszt wird zum ungarischen Rat ernannt.

	17.07.:	Tod von Carl Tausig.
	Okt.:	Liszt kehrt nach Rom zurück. Leben im Dreieck Rom, Weimar, Budapest.
	16.11.:	Liszt in Budapest; er zieht in die Nádorgasse 20. Olga Janina macht einen skandalösen Auftritt.
1872	19.01.:	Liszt besucht ein Bülow-Konzert in Preßburg.
	28.01.:	Erstes Konzertprogramm des Franz Liszt Chors.
	04.02.:	Uraufführung der *Missa Choralis* in der Budapester Innerstädtischen Kirche.
	01.04.:	Liszt reist nach Wien und weiter nach Weimar.
	Mai:	Tod von Caroline de St. Cricq.
	22.05.:	An Wagners Geburtstag findet in Bayreuth die Grundsteinlegung zum Festspielhaus ohne Liszt statt. Sommer: Aufenthalt in Weimar. Liszt überarbeitet mehrere seiner Kompositionen.
	03.09.:	Versöhnung zwischen Liszt und den Wagners in Weimar.
	Okt.:	Liszt zu Gast bei Wagners in Bayreuth.
	27.10.:	Liszt in Ungarn Gast bei Graf Széchenyi.
	04.11.:	Liszt besucht seinen Geburtsort Raiding.
1873	08.02.:	Das Budapester Parlament genehmigt die Gründung der Hochschule für Musik.
	02.04.:	Liszt verläßt Budapest, reist nach Gran zur Neuaufführung der *Graner Messe*.
	August:	Liszt bei Wagners in Bayreuth, dann bei Kardinal Hohenlohe in Schillingsfürst.
	27.09.:	Liszt fährt zu einem dreiwöchigen Aufenthalt nach Rom.
	23.10.:	Gründung der Liszt-Stiftung in Budapest.
	30.10.:	Liszt feiert in Budapest das Jubiläum seiner 50jährigen Künstlerlaufbahn.
	22.11.:	Liszt fährt nach Preßburg.
1874	16.01.:	Liszt in Ungarn zu Gast bei Graf Széchenyi.
	23.03.:	Großes Wohltätigkeitskonzert im Budapester Redoutensaal.
	April:	Kurze Aufenthalte in Wien und Kalocsa (bei Kardinal Haynald).
	17.05.:	Liszt reist nach Rom.
	Mai:	Komposition des *Heiligen Stanislaus*.
	22.05.:	Tod von Maria Mukhanov-Kalergis.
1875	11.02.:	Liszt fährt zu Konzerten nach Budapest. Vorbereitung eines gemeinsamen Auftretens von Liszt und Wagner.
	10.03.:	Gemeinsames Konzert von Liszt und Wagner im Budapester Redoutensaal.

	30.03.:	Liszt wird zum Präsidenten der Budapester Musikakademie ernannt.
	25.04.:	Liszt in Hannover.
	28.04.:	Liszt spielt beim Konzert für das Bach-Denkmal in Eisenach u.a. *Weinen, Klagen, Sorgen, Zagen*.
	Mai:	Liszt zu Gast beim holländischen König in Loo bei Arnheim.
	Mai:	Zweiwöchiger Aufenthalt in Bayreuth.
	Juni:	Aufenthalt in Weimar.
	Sept.:	Aufenthalt in Rom bis Februar 1876.
1876	15.02.:	Liszt reist nach Budapest.
	02.03.:	Erster Unterricht von Liszt in der Musikakademie.
	05.03.:	Tod von Marie d'Agoult.
	26.03.:	Begegnung mit Karl Goldmark.
	März–Juni:	Liszt reist über Wien nach Düsseldorf, Hannover, Loo und Weimar.
	07.06.:	Tod von George Sand.
	13.08.:	Liszt ist bei der Eröffnung des Festspielhauses in Bayreuth. Auf dem Programm: *Rheingold, Walküre, Siegfried* und *Götterdämmerung*.
	Sept.:	Liszt besucht in Hannover den todkrank von einer Amerikatournee heimgekehrten Bülow.
	15.10.:	Liszt reist nach Ungarn.
1877	18.03.:	Liszt in Wien. Beim Konzert für das Beethoven-Denkmal spielt Liszt Beethoven-Klavierwerke.
	28.03.:	Liszt bekommt ein lukratives Angebot für eine Konzertreise in die USA; er lehnt ab.
	Mai:	Liszt ist bei der Tonkünstlerversammlung in Hannover.
	14.06.:	Bei der Aufführung der *Heiligen Elisabeth* in Weimar stürzt der Dirigent betrunken vom Podium, Liszt muß einspringen.
	04.07.:	Begegnung mit Alexander Borodin.
	Juli:	Beethoven-Zentenarium in Weimar und einigen anderen Städten. Aufführung von Liszts *Beethoven-Kantate*.
	August:	Aufenthalt in der Villa d'Este. Komposition der *Années de pèlerinage* (3. Jahr).
	22.11.:	Aufenthalt in Budapest.
	06.12.:	Enthüllung der Liszt-Gedenktafel in Budapest.
1878	30.03.:	Liszt in Wien. Versöhnliche Begegnung mit Burgtheaterdirektor Dingelstedt.
	Mai:	Liszt reist nach Hannover zu Bülow und Bronsart.
	15.05.:	Liszt reist weiter nach Paris zur Weltausstellung. Begegnung mit Eduard Hanslick. Danach Aufenthalte in Weimar, Bayreuth.
	Sept.:	Aufenthalt in Rom.

	09.09.:	Liszt erfährt vom Tod des Baron Antal Augusz.
1879	02.01.:	Liszt reist nach Budapest.
	08.02.:	Tod von Eduard Liszt.
	05.03.:	Konzertbegegnung mit Camille Saint-Saëns in Budapest.
	März:	Aufenthalt in Siebenbürgen.
	02.04.:	Audienz bei Kaiser und König Franz Joseph in Wien.
	April:	Aufenthalt in Weimar. Liszt gibt Klavierunterricht. Seine Lieblingsschülerin in Weimar ist Lina Schmalhausen.
	03.-09.06.:	Liszt beim Musikfest in Wiesbaden.
	10.07.:	Uraufführung der *Septem sacramenta* in Weimar.
	Sept.:	Liszt kehrt nach Rom zurück, wohnt in der Villa d'Este und in der Stadt in der Via Bocca di Leone.
	12.10.:	Liszt wird als Titular-Kanonikus von Albano eingesetzt.
1880	02.01.:	Schwerwiegende Erkältung Liszts.
	15.01.:	Liszt reist nach Budapest zum Unterricht an der Musikakademie. Er erhält zwei neue Bösendorfer-Flügel.
	14.03.:	Erstes Konzert im neuen Gebäude der Musik-akademie.
	April-Juli:	Aufenthalt in Weimar: Unterricht, Kompositionen, Besucher aus aller Welt.
	16.09.:	Liszt besucht Wagners in Siena.
	28.09.:	Aufenthalt in Rom bis zum Jahresende.
1881	20.01.:	Aufenthalt in Budapest, Lehrtätigkeit.
	06.02.:	Galaabend für Liszt in Budapest.
	20.03.:	Bei einem Konzert von Liszt-Schülern wird erstmals ein Chickering-Flügel verwendet.
	April:	Konzertreise durch Ungarn mit Graf Zichy.
	07.04.:	Enthüllung einer Liszt-Gedenktafel am Geburts-haus in Raiding.
	28.04.:	Liszt besucht in Berlin Bülow und seine Enkelin Daniela.
	Mai:	Liszt-Fest in Belgien.
	Juni:	Liszt kehrt erschöpft nach Weimar zurück.
	02.07.:	Liszt stürzt an der Treppe der Hofgärtnerei in Weimar und verletzt sich. Bülow und Daniela besuchen ihn.
	August:	Liszt in Bayreuth. Wagner vollendet den *Parsifal*.
	Sept.:	Aufenthalt mit Enkelin Daniela in Rom.
	22.10.:	Liszts 70. Geburtstag wird weltweit gefeiert. Liszt wird zum Ehrenpräsidenten des Allgemeinen Deutschen Musikvereins ernannt.
1882	04.02.:	Liszt kehrt nach Budapest zurück.

10.02.:	Bülow spielt Werke von Beethoven und Liszt im Redoutensaal.
14.02.:	Erfolgreiches Klavierkonzert von Bülow in Budapest.
25.02.:	Galaabend für den ungarischen Maler Munkácsy. Liszt spielt am Klavier die *16. Ungarische Rhapsodie.*
02.04.:	Abschiedsfest der Musikakademie. Liszt spielt mit unerhörtem Erfolg äußerst virtuose Stücke.
05.04.:	Liszt in Kalocsa bei Kardinal Haynald.
14.04.:	Liszt reist nach Weimar, dann weiter nach Brüssel.
25.06.:	Tod von Joachim Raff.
Juli:	Liszt ist beim Musikkongreß in Zürich, reist weiter nach Bayreuth.
26.07.:	Liszt ist bei der Uraufführung des *Parsifal.*
August:	Liszt kehrt mit Lina Schmalhausen nach Weimar zurück.
10.11.:	Aufenthalt in Venedig bei Wagners. Liszt ahnt Wagners Tod; Komposition von *La lugubre gondola.*
1883 13.01.:	Liszt verläßt Venedig, sieht Wagner zum letzten Mal.
13.02.:	Tod von Richard Wagner.
Februar:	Aufentalt in Ungarn. Konzert des Meisterschülers István Thomán.
April:	Liszt reist in Begleitung von Schmalhausen über Wien nach Weimar.
Mai-Dez.:	Aufenthalt in Weimar. Wagner-Gedenkkonzert am 22. Mai.
1884 Februar:	Aufenthalt in Budapest und Preßburg.
April:	Aufenthalt in Weimar.
23.-28.05.:	Tonkünstlerversammlung in Weimar zum 25. Jubiläum des Allgemeinen Deutschen Musikvereins. Aufführung der *Heiligen Elisabeth* und des *Heiligen Stanislaus.*
Juni:	Aufenthalt in Bayreuth. Aufführung des *Ring des Nibelungen.*
Sept.:	Liszt zu Gast bei Sophie Menter in Itter.
Okt.:	Aufenthalt in Budapest.
02.12.:	Liszt kehrt nach Rom zurück.
1885 Januar:	Liszt reist viel, um Aufführungen seiner Werke beizuwohnen.
30.01.:	Liszt in Budapest.
28.03.:	Liszt spielt zum allerletzten Mal in Budapest im Mädcheninternat.
02.04.:	Liszt ist über Ostern Gast bei Kardinal Haynald in Kalocsa.

Mai:		Liszts letzte Triumphreise: Florenz, Wien, Antwerpen, Straßburg, Aachen, München, Leipzig, Karlsruhe, Weimar und Budapest.
	28.06.:	Liszt kehrt über Paris erschöpft nach Weimar zurück. Vollendung der *18. und 19. Ungarischen Rhapsodien.*
	25.09.:	Liszt zu Gast bei Sophie Menter in Itter.
	04.10.:	Liszt reist nach Rom.
	31.12.:	Bei einer Abendgesellschaft bleibt die Wanduhr stehen. Liszt sieht das als Mahnung und Zeichen.
1886	21.01.:	Liszt verläßt Rom, reist über Florenz und Venedig nach Budapest.
	06.03.:	Liszts letzter Unterricht an der Musikakademie.
	10. und 11.03.:	Bei Abschiedskonzerten für Liszt spielen die Liszt-Schüler Iréne Krivácsy, Lina Schmalhausen, August Stradal und István Thomán.
	12.03.:	Liszt verläßt Budapest.
	März-April:	Liszts letzte Reise durch Europa führt ihn nach Liège, Paris (beispielloser Erfolg der *Graner Messe*), London und Antwerpen.
	18.05.:	Aufführung der *Heiligen Elisabeth* im Pariser Trocadero unter Leitung von Colonne. Liszt ist danach krank und erschöpft.
	Mai:	Aufenthalt in Weimar.
	26.05.:	Liszt fährt nach Sonderhausen zur Tonkünstlerversammlung des Allgemeinen Deutschen Musikvereins.
	03.06.:	Liszt-Konzert in Weimar mit der *Hunnenschlacht, Hamlet* und anderen Kompositionen.
	26.06.:	Liszts letzter Klavierunterricht in Weimar.
	01.07.:	Ankunft in Bayreuth zur Hochzeit seiner Enkelin Daniela.
	05.07.:	Liszt spielt auf Schloß Colpach in Luxemburg öffentlich zum allerletzten Mal.
	06.07.:	Liszts letzter Brief an Carolyne Sayn-Wittgenstein.
	20.07.:	Liszt fährt nach Bayreuth, fühlt sich sehr krank. In den folgenden Tagen schleppt er sich dennoch zu den Festspielaufführungen von *Parsifal* und *Tristan.*
	26.07.:	Liszt legt sich zum Sterben nieder. Der Arzt diagnostiziert eine schwere Lungenentzündung.
	31.07.:	Gegen 2 Uhr morgens erfolgt noch ein letztes Aufbäumen des todkranken Körpers. Tod von Franz Liszt gegen Mitternacht.
	03.08.:	Beisetzung von Franz Liszt auf dem Bayreuther Friedhof.

	04.08.:	Bei der Totenmesse für Liszt spielt Anton Bruckner auf der Orgel Phantasien über Motive aus dem *Parsifal*.
1887	23.02.:	Fürstin Wittgenstein beendet ihr 22bändiges Werk über das Papsttum.
	07.03.:	Tod von Carolyne von Sayn-Wittgenstein.
	09.03.:	Beisetzung von Carolyne auf dem deutschen Friedhof des Vatikans.
	10.03.:	Totenmesse für Carolyne mit Liszts *Requiem*.

Die Werke Franz Liszts

Die Kompositionen, zu seinen Lebzeiten gedruckt: 1122
Gesamtsumme der veröffentlichten und nichtveröffentlichten
Werke: 1150

KLAVIERWERKE / Auswahl:
Variationen über einen Walzer von Diabelli 1822
18 Variationswerke in den Jahren 1824-1825
Etude pour le Pianoforte en quarante-huit Exercises, nur 12 Etu-
    den erschienen − 1826, umgearbeitet 1838 und als Études
    d'exécution transcendante 1851.
Scherzo 1827
Grande Fantaisie de Bravoure sur la Clochette de Paganini 1831-32
Apparitions 1834
Années de Pèlerinage: Première Année: Suisse (neun Stücke zwi-
    schen 1848 und 1853 aus Stücken des Album d'un voyageur
    von 1835-36 umgestaltet)
        Deuxième Année: Italie (sieben Stücke, darunter die Dante-
        Sonate, entstanden ab 1835) zusammen veröffentlicht 1858
        Troisième Année (sieben Stücke) ab 1867 bis 1877
        Venezia e Napoli (im 2. Band) 1840-1859
Grand Galop chromatique 1838
Harmonies poétiques et réligieuses(zehn Stücke, darunter Nr. 4.
        Pensée des morts, eine Umarbeitung der Harmonies) 1845-52
3 Études de Concert 1848
Großes Konzertsolo 1848
Consolations 1849
I. Ballade in Des-Dur 1848
II. Ballade in h-moll 1853
Scherzo und Marsch 1851
Ab irato, Étude perfectionnement 1852
Sonate h-moll 1853
Weinen, Klagen, Sorgen, Zagen. Präludium nach Bach 1859
Variationen über dasselbe Thema 1862
2 Legenden 1862
2 Konzertetüden 1863
2 Elegien 1874-77
Sarabanda und Chaconne aus dem Singspiel "Almira"
    von Händel 1879
Div. Märsche, Tänze und Piècen
19 Ungarische Rhapsodien, erschienen ab 1851

WERKE FÜR KLAVIER UND ORCHESTER / Auswahl:
Malédiction 1827
Grande Fantaisie symphonique über Themen aus Berlioz
 "Lélio" 1834
Phantasie über Motive aus Beethovens "Ruinen von Athen",
 zwischen 1848 und 1852
I. Konzert in Es-Dur 1849
II. Konzert in A-Dur 1839, Umarbeitung bis 1861
Totentanz 1849 Paraphrase über "Dies irae"

BEARBEITUNGEN FÜR KLAVIER UND ORCHESTER:
14. Ungarische Rhapsodie
Schuberts "Wanderer-Phantasie"
Webers "Polacca brillante", Opus 72

ORCHESTERWERKE:
13 Symphonische Dichtungen:
 1. Tasso. Lamento e Trionfono 1849
 2. Ce qu'on entend sur la montagne 1850
 3. Prometheus 1850
 4. Orpheus 1854
 5. Mazeppa 1854
 6. Les Préludes 1854
 7. Festklänge 1854
 8. Hungaria 1856
 9. Die Ideale 1857
 10. Héroide funèbre 1857
 11. Hunnenschlacht 1857
 12. Hamlet 1858
 13. Von der Wiege bis zum Grabe 1858, vollendet 1881-82
Faust-Symphonie in drei Charakterbildern 1857, für Chor und
 Orchester
Symphonie zu Dantes Divina Commedia, 1857, mit Frauenchor
Zwei Episoden aus Lenaus Faust 1861 Nr. 2 ist der sogenannte
 Mephisto-Walzer
Trois Odes funèbres 1860

ORGELWERKE:
Phantasie und Fuge über den Choral aus Meyerbeers Oper "Der
 Prophet" 1850, "Ad nos, ad salutarem undam"
Präludium und Fuge über dem Namen BACH 1855; 2. Fassung 1870
Variationen über den chromatischen Bass von J.S. Bachs Kantate
 "Weinen, klagen" 1863

VOKALWERKE / Auswahl:
Oper:
Don Sanche ou le Château d'Amour 1825

Oratorien:
Die Legende der Heiligen Elisabeth 1862
Christus 1872
Graner Messe. Missa solemnis zur Einweihung der Basilika
    in Gran 31. August 1856
Messe für vierstimmigen Männerchor und Orgel 1848;
    2. Fassung 1869
Missa Choralis 1865, für vierstimmigen gemischten Chor und Orgel
Ungarische Krönungsmesse 1867, für 3 Solostimmen, gemischten
    Chor und Orchester
Requiem 1868, für 4 Solostimmen, vierstimmigen Männerchor,
    Orgel und Blechbläser
Psalme: 13., 18., 23., 128., 137. Psalm in verschiedenen Besetzungen
    für Solostimmen, Chor, Instrumente und Orgel 1855-1881
Sonnenhymnus des Heiligen Franziskus von Assisi 1874 für Bariton,
    Männerchor, Orgel und Orchester; 1. Fassung 1862, letzte
    Umarbeitung 1881
Legende der Heiligen Cäcilia 1874, für Mezzo-Sopran, gemischten
    Chor und Orchester
Festkantate zur Enthüllung des Beethoven-Denkmals 1845
Kantate zur Säkularfeier für Beethoven 1870
Chöre zu Herders "Entfesseltem Prometheus" 1850; 2. Fassung
    1855, für 6 Solostimmen, gemischten Chor und Orchester
An die Künstler 1853, für Solostimmen, Männerchor und Orchester

LIEDER:
82 Werke u.a. auf Texte von: Goethe, Lamartine, Herder, Hugo,
Schiller, Heine, Hoffmann von Fallersleben, David, Byron, Lenau,
Herwegh, Petrarca, di Todi, Tasso, Dante, Sénacourt, Shakespeare,
Longfellow, Franz von Assisi, Rosa und Michelangelo (darunter: Oh,
quand je dors, Tre Sonetti di Petrarca, Die drei Zigeuner, Nonnenwerth, Hohe Liebe, Gestorben war ich, O lieb, so lang du lieben
kannst.)

MELODRAMEN:
6 Werke

TRANSKRIPTIONEN:
darunter Opernfantasien
über Mozarts "Don Giovanni" 1841
über Verdis "Rigoletto" 1851
und Opern R. Wagners ab 1851
Phantasie über Berlioz "Symphonie fantastique" 1833
und viele andere mehr.

DIE LITERARISCHEN WERKE FRANZ LISZTS:
Biographien:
Frédéric Chopin 1850

Essays:
Zur Stellung der Künstler 1835
Über zukünftige Kirchenmusik 1842
Über Volksausgaben bedeutender Werke 1836
Über Meyerbeers "Hugenotten" 1837
Über Thalbergs Opus 15, 19, 22 1837
"An Herrn Professor Fétis" 1837
Über Schumanns Opus 5, 11, 14 1837
Paganini. Ein Nekrolog 1840

Dramaturgische Skizzen:
Glucks "Orpheus" 1854
Beethovens "Fidelio" 1854
Webers "Euryanthe" 1854
Beethovens Musik zu "Egmont" 1854
Mendelssohns Musik zum "Sommernachtstraum" 1854
Meyerbeers "Robert der Teufel" 1854
Schuberts "Alphons und Estrella" 1854
Aubers "Die Stumme von Portici" 1854
Bellinis "Montecchi und Capuletti" 1854
Boieldieus "Die weiße Dame" 1854
Donizettis "Favoritin" 1884
Pauline Viârdot-Garcia 1859
Kleine Zwischenaktmusik 1855
Mozart 1856

Wagneriana:
Tannhäuser 1849
Lohengrin. Über die erste Aufführung zu Weimar. 1850
Holländer 1859
Rheingold. Zum 1. Januar. 1855

Über 'Zukunftsmusik':
Berlioz und seine "Harold-Symphonie" 1855
Robert Schumann 1855
Robert Franz 1855
Sobolewsky "Vinvela" 1855
John Field und seine Nocturnes 1859
Nachwort zu "Robert Franz" 1871

Kritiken / Auswahl:
Zur Goethe-Stiftung 1850
Der 100. Geburtstag des Großherzogs Karl August von
        Sachsen-Weimar. 1857

Dornröschen. Zu einem Gedicht von Genast und der Musik Joachim
        Raffs 1856
Marx und sein Buch "Die Musik des 19. Jahrhunderts." 1855
Kritik der Kritik 1858
Ein Brief über das Dirigieren; 1. Aufl. 1853; 2. Auflage 1872

Soziologisch-kritische Studien:
Die Zigeuner und ihre Musik in Ungarn 1860 / 1883
Musik in Wien 1861

Übersetzungen:
Musikalische Haus- und Lebensregeln von Robert Schumann.

Spiegel ohne Worte
Franz Liszt Wohltätigkeits-Konzerte
chronologisch

München	1823	24. Oktober	Für und mit den Ebner-Brüdern
Augsburg	1823	1. November	Für Feueropfer in Augsburg
Genf	1835	3. Oktober	Für Emigranten
Paris	1837	31. März	Wohltätigkeit
Lyon	1837	3. August	Wohltätigkeit
Genf	1837	3. Oktober	Für Emigranten
Wien	1838	18. April	Pest-Überschwemmungs-katastrophe
"	1838	21. April	"
"	1838	24. April	"
"	1838	30. April	"
"	1838	3. Mai	"
"	1838	4. Mai	"
"	1838	8. Mai	"
"	1838	10. Mai	"
"	1838	24. Mai	"
"	1838	25. Mai	"
			10 Konzerte: Ertrag: 25.000 Gulden
Pressburg	1839	20. Dezember	Für Arme
Pest	1840	2. Januar	Für Musiker
Pest	1840	4. Januar	Für das Theater in Pest
Pest	1840	11. Januar	Für das Musikkonservatorium ca. 12.000 Francs
Pressburg	1840	26. Januar	Für Kirchenmusik
Wien	1840	6. Februar	Für die Barmh. Schwestern
Ödenburg	1840	18. Februar	Für Arme
Raiding	1840	19. Februar	Für sein Heimatdorf
Dresden	1840	29. März	Für Arme
Baden-Baden	1840	Juli	Für Arme
Wiesbaden	1840	Juli	Beethoven
Frankfurt	1840	Juli	Denkmal
Bonn	1840	Juli	10.000 Francs
Hamburg	1840	Okt.-Nov.	6 Konzerte, 17.000 Francs für alte Musiker
Paris	1841	3. April	Für das Beethoven-Denkmal. Nur Beethoven-Kompositionen
Köln	1841	23. August	Für den Kölner Dom 10.400 Francs

Königsberg	1842	8. Mai	Für Studenten
Petersburg	1842	12.-17. Mai	5 Konzerte für Arme, und die Hamburger Feuer-katastrophe
Paris	1842	30. Juni	Für Opernhaus
Liege	1842	20. Juli	Für Grétry-Denkmal
Paris	1842	29. Oktober	Wohltätigkeit
Petersburg	1843	28. April	Für Kinderklinik
Petersburg	1843	30. April	Für Kinderklinik
Moskau	1843	28. Mai	Wohltätigkeit
München	1843	Oktober	Für Blinde
Lissabon	1844	Okt.-Dez.	von 12 Konzerten 4 für Wohltätigkeit
Pest	1846	6. Mai	Für Konservatorium
Pest	1846	9. Mai	Für Soldaten
Pest	1846	10. Mai	Für Frauen-Verein
Pestz	1846	13. Mai	Für Waisenkinder
Mödingen	1846	20. Mai	Für die Dorfkirche
Ödenburg	1846	3. August	Wohltätigkeit
Köszeg	1846	27. September	Für Musikverein
Pest	1846	11. Oktober	Für Waisenhaus
Pécs (Fünfkirchen)	1846	26. Oktober	Wohltätigkeit
Temesvár	1846	4. November	Für Musikverein
Temesvár	1846	8.-10. Nov.	Wohltätigkeit
Klausenburg	1846	3. Dezember	Wohltätigkeit
Wien	1847	14. Februar	Wohltätigkeit
Weimar	1851	10. April	Für Witwen, Waisenkinder und Musiker
Budapest	1856	26. August	Für die Pester Basilika
Budapest	1856	8. September	Für Musiker-Altersversorg.
Leipzig	1857	26. Februar	Für Musiker-Altersversorg.
Dresden	1857	7. November	Für Opernhaus-Chor
Prag	1858	11. März	Für Medizin-Studenten
Budapest	1858	9. April	Für Frauen-Verein
Budapest	1858	10. April	Für Konservatorium
Rom	1864	24. März	Für Accademia Saccra
Budapest	1865	29. August	Wohltätigkeit
Wartburg	1867	28. August	Wohltätigkeit
Budapest	1872	18. März	Für Kinderklinik und Frauen-Altenheim
Budapest	1872	29. Dezember	Für Liszt-Verein
Budapest	1873	2. März	Für Robert Franz-Stiftung
Budapest	1873	21. März	Für Frauen-Verein
Wien	1874	8. Januar	Für Franz Josef-Stiftung
Ödenburg	1874	12. Februar	Wohltätigkeit
Budapest	1874	23. März	Für den Witwen-Verein

Pressburg	1874	19. April	Wohltätigkeit / Mit Dohnányi
Budapest	1875	10. März	Für Bayreuther-Festspiel-hausbau. Mit Wagner. Ertrag/ 5.000 Francs
Budapest	1875	15. März	Wohltätigkeit
Budapest	1875	22. März	Wohltätigkeit
Hannover	1875	29. April	Für Eisenacher Bach-Denkmal 2.000 Gulden
Budapest	1876	20. März	Für Überschwemmungs-katastrophe 8.200 Gulden
Hannover	1876	April	Für Bayreuther Festspiel-haus 5.000 Mark
Budapest	1877	23. Februar	Für Blinde
Wien	1877	18. Mai	Für Beethoven-Denkmal
Szeged	1879	14. März	Für Szegeder Überschwem-mungskatastrophe
Budapest	1879	26. März	Für Szegeder Überschwem-mungskatastrophe
Rom	1879	30. Dezember	Wohltätigkeitskonzert in Villa d'Este
Budapest	1880	11. März	Bösendorfer-Flügel für Mädchen-Internat
Paris	1886	25. März	Wohltätigkeit / Aufführung der Graner Messe

Die wichtigsten Schüler Franz Liszts

(die, deren Namen fettgedruckt sind, bezeichnete er
als seine Meisterschüler).

Vilma Abrányi	Budapest
Károly Agházy	**Budapest**
Walter Bache	London
Eugen d'Albert	Eisenach
Friedrich Altschul	Budapest
Conrad Ansorge	**New York**
Franz Bendel	Berlin
Otto Benedix	Kopenhagen
Anna Block	New York
Ida Block	New York
Marianne Brandt	New York
Ludwig Breitner	Baltimore/Berlin
Karl-Franz Brendel	**Leipzig**
Ingeborg von Bronsart-Stark	**Weimar**
Hans von Bülow	**Berlin**
Richard Burmeister	Weimar
Hermann Cohen	**Paris**
Peter Cornelius	München
Bernhard Cossmann	Baden-Baden
Leopold Damrosch	New York
Ludwig Dingeldey	Weimar
Felix Draeseke	Dresden
Johann Nepomuk Dunkl	Budapest
Amy Fay	**Chicago**
Pauline Fichtner-Erdmannsdörfer	**Moskau**
Stephanie von Fryderycy	Wien
Anna Gáll	Budapest
Adalbert Goldschmidt	Wien
August Göllerich	**Weimar**
Alexander Wilhelm Gottschalg	Tiefurt
Aline Hundt	Berlin
Marie Jael-Trautmann	Paris
Joseph Joachim	Berlin
Salomon Judassohn	Leipzig
Aladár Juhász	**Budapest**
Wilhelm Kienzl	Graz
Karl Klindworth	**London/New York**
Johanna Klinkerfues	Stuttgart
Julius Kniese	Aachen
Louis Köhler	Berlin
Wanda von Kontsky	Warschau

Ilonka Krivácsy	Budapest
Franz Kroll	Berlin
Frédéric Lamond	Brüssel
Eduard Lassen	Weimar
Wilhelm von Lenz	Rußland
Elsa Levyson	Berlin
Marie Lipsius (La Mara)	Leipzig
Sarah Magnus-Heinze	Dresden
Gyula Major	Budapest
Louis Marek	Polen
Sophie Menter	**Itter**
Henriette Mildner	Prag
Ida Milliquet	Genf
Moritz Moskowsky	Berlin
Ida Nagy	Budapest
Otto Neitzel	Köln
Irene Nobel	Budapest
Ludwig Nohl	Heidelberg
Carl Pohling	Weimar/Rom
Dionys Pruckner	Weimar
Frau Tony Raab	Budapest
Joachim Raff	Frankfurt
Lina Ramann	Nürnberg
Theodor Ratzenberger	Weimar
Ilonka Ravasz	Budapest
Ede Reményi	Budapest
Clara Riese	Leipzig
Moritz Rosenthal	Moskau
Nikolaus Rubinstein	Moskau
Camille Saint-Saëns	Paris
Bertha Sándor	Budapest
Emil Sauer	Hamburg
Nadine von Schakowskoy-Helbig	Rom
Xaver Scharwenka	Berlin
Lina Schmalhausen	Berlin
Giovanni Sgambati	Rom
Alexander Siloti	**Leipzig**
Edmund Singer	Stuttgart
Paula Söckeland	Hamburg
Ella Solomonson	Budapest
Elsa Sonntag	Dresden
Agnes Street, geb. Klindworth	London/Weimar
Ladislaus Tarnowsk	Polen
Carl Tausig	**Prag/Berlin**
István Thomán	**Budapest***
Bernhard Urspruch	Frankfurt
Pauline Viardot-Garcia	Paris

Gizella Voigt	Wien**
Ida Volkmann	Nürnberg
Felix Weingartner	Prag
Alexander Winterberger	Merseburg
Pierre Wolf	Paris
Johanna Zarembski	Brüssel
Jules Zarembski	Brüssel

* István Thomán war ein Nachfolger Liszts an der Budapester Musikakademie.

** Voigt, eine verheiratete Pásthory, wurde 1889 die Gattin von August Göllerich.

Bibliographie

Ábrányi, Kornél:
Die ungarische Musik im 19. Jahrhundert. Budapest, Rózsavölgyi Verlag 1900.

Ábrányi, Kornél:
Aus meinem Leben und aus meinen Erinnerungen. Budapest, Franklin Verlag 1897.

Bartha, Dénes:
Gedenkausstellung Franz Liszt. Budapest, 1936.

Bartók, Béla: ~
Liszts Musik und das Publikum von heute. Budapest, Népmüvelés 1911.

Berlioz, Hector:
Mémoires. Comprenant ses voyages en Italie, en Allemagne, en Russie, et en Angleterre. 1803-1865. Paris, M. Lévy Frères 1870.

Bertha, Sándor:
Über Liszts Mutter. Sonntags-Zeitung. Budapest 1891. Nr. 22.

Bertha, Sándor:
Über Franz Liszt. Aus meinen Erlebnissen. Sonntags-Zeitung. Budapest 1907. Nr. 48-52.

Boissier, Auguste:
Franz Liszt als Lehrer. Berlin, Zsolnay Verlag 1930.

Boissier, Valérie:
Memoires. Paris 1928. Archiv: Dr. Georg Milotay.

Bory, Robert:
La vie de Francois Liszt par l'image. Paris, Ed. Horizons de France 1936.

Bory, Robert:
Liszt.et ses enfants. D'après correspondance inédite avec la princesse Marie Sayn-Wittgenstein. Paris, A. Correa 1936.

Buchner, Alexander:
Liszt in Böhmen. Praha, Artia 1962.

Christern:
Franz Liszt nach seinem Leben und Wirken aus authentischen Berichten dargestellt. Hamburg-Leipzig 1941.

Csatkai, Endre:
Erinnerungen an Franz Liszt. Kommité Sopron 1920. III. S. 25, 28, 31. IV. S. 2.

Csatkai, Endre:
Versuch einer Franz Liszt-Ikonographie. Eisenstadt, Rötzer 1936.

Csekey, István, Prof.:
Franz Liszt Abstammung und Patriotismus. Budapester Schau / Budapesti Szemle / 1937. Nr. 720.

Csuka, Béla:
Liszts Konzerte in Wien 1838/39. Aus dem Tagebuch von Therese Walter. Budapest, Franz Liszt Gesellschaft 1941.

D'Agoult, Marie:
Memoiren. Bd. 1-2. Geleitwort von Siegfried Wagner. Übersetzt von E. Goldenberg und Agas von Wenden, Dresden, Reissner 1928.

Dunkl, Joh. Nepomuk:
Aus den Erinnerungen eines Musikers. Wien, Rosner 1876.

Dunkl, Norbert:
Wie war Franz Liszt? Budapest 1936. Liszt Museum Bp.

Erinnerungen an Franz Liszt, von Graf Albert Apponyi, Vincent D'Indy, Jenö Hubay, Ödön v. Mihalovich, Baron Gyula Wlassics, Gräfin János Zichy, Graf József Mailáth, Nándor Plotényi, János Bókay, **István Thomán,** Budapest, Muzsika / Musik / 1929. Nr. 1-2.

Erkel, Ferenc:
Gedenkbuch, Hrsg. von Bertalan Fabó. Budapest, Pátria 1910.

Felix, Werner:
Franz Liszt. Ein Lebensbild. Leipzig, Reclam, 1961.

***Frankenburg,* Adolf:**
Erinnerungen an Franz Liszt. Budapest, Athenaeum 1873. Nr. 16.

Füssmann, Werner-Mátéka Béla:
Franz Liszt. Ein Künstlerleben in Wort und Bild. Langensalza-Berlin-Leipzig, J. Beltz 1936.

Gajdoš, Vsevlad:
František Liszt a františkáni z "Františkanskeho Obzoru" Bratislava 1936. II. 3-4.

Gajdoš, Vsevlad:
Knižná pozostalost' Františka Liszta. / Der Büchernachlaß von Franz Liszt. / Bratislava, Duchovny Pastier 1962. XXXVII. Nr. 1-2.

***Göllerich,* August:**
Franz Liszt. Berlin, Marquardt 1908.

***Gottschalg,* A.W.:**
Franz Liszt in Weimar und seine letzten Lebensjahre. Erinnerungen und Tagebuchnotizen. Berlin, A. Glaue 1910.

Handrick, Willy, *Weilguny,* Hedwig:
Franz Liszt. Biographie in Bildern. Leipzig, Deutscher Verlag für Musik 1961.

Hankis, János:
Franz Liszt als Schriftsteller. Budapest, Rózsavölgyi Verlag 1943.

Hankis, János:
Ausgewählte Schriften Franz Liszts. Bd. I-II. Budapest, Musikverlag /Zenemükiadó/1959.

Haraszti, Emil:
Liszt á Paris. Paris, La Revue Musicale 1936.

Haraszti, Emil:
Le problème Liszt. Acta Musicologica 1936, IX. 1938, X.

Hill, Ralph:
Liszt. London, Duckwort 1949.

Isoz, Kálmán:
Liszt und Budapest. Budapest. Muzsika 1929. Nr. 1-2.

'Kapp, Julius:
Franz Liszt. Berlin, Schuster & Loeffler 1916.

Kellermann, Berthold:
Erinnerungen an Liszt. Zürich 1936.

Kemesnes, Frigyes:
Franz Liszt und die neue ungarische Kirchenmusik. Budapest 1936.

Klampfer, Josef:
Liszt-Gedenkstätten im Burgenland. Burgenländische Forschungen. Heft 43. Eisenstadt 1961.

Koch, Lajos:
Franz Liszt. Ein bibliographischer Versuch. Bibliothek Budapest. Budapest 1936.

Koudela, Géza:
Franz Liszt. Franz-Liszt-Gesellschaft, Budapest 1930.

Kozocska, Sándor:
Eine ungarische Liszt-Bibliographie. Budapest Muzsika 1929. Nr. 1-2.

La Mara:
Aus der Glanzzeit der Weimarer Altenburg. Leipzig, Breitkopf & Härtel 1906.

La Mara:
Marie von Mouchanoff-Kalergis, in Briefen an ihre Tochter. Leipzig, Breitkopf & Härtel 1907.

La Mara:
Durch Musik und Leben im Dienste des Ideals. Bd. I-II. Leipzig, Breitkopf & Härtel 1918.

Liszt, Cosima:
Briefe an Ödön Mihalovich. Unveröffentlicht. Z.F. Liszt-Museum, Budapest.

Major, Ervin:
Franz Liszt und die ungarische Musikgeschichte. Budapest, Ethnográfia 1938/39. Nr. 3-4.

Milstein, J.I.:
Liszt. Bd. I-II. Übersetzt, verbessert und erweitert von Subrik. Musikverlag, Budapest 1965.

Moravcsik, Géza:
Die Geschichte der Gründung und der 50jährigen Entwicklung der Ung. Königl. Musikakademie. Jubiläums-Gedenkbuch, Budapest 1925.

Nohl, Ludwig, Göllerich, August:
Liszt. 1-2. Teil. Leipzig, Reclam 1882-1888. Musiker-Biographien, Bd. IV. und VIII.

Ollivier, Blandine:
Franz Liszt. Musicien passioné. Paris, Libr. Plon 1936.

Pauler, Ákos:
Franz Liszts Gedankenwelt. Budapest 1922.

Prahács, Margit:
Unveröffentlichte und unbekannte Liszt-Briefe im Archiv der Hochschule für Musik in Budapest. Z.T.T. 1955.

Prahács, Margit:
Liszts Nachlaß. Budapest, Z.T.T. VII. 1959. Archiv.

Ramann, Lina:
Franz Liszt als Künstler und Mensch. Bd. I-III. Lepizig, Breitkopf & Härtel 1880, 1887, 1894.

Sachéverelle-Sitwell:
Liszt. Rev. Edit. London, Faber 1955.

Ságh, József:
Ungarisches Musiklexikon, Budapest, Táborszky & Parsch 1879. Ak. Archiv.

Schilling, Gustav:
Franz Liszt. Sein Leben u. Werke aus nächster Beschauung. Stuttgart, Stoppani 1844.

Siloti, Alexander:
Meine Erinnerungen an Liszt. Zeitschrift der Internationalen Musik-
gesellschaft, 1913.

Sommsich, Andor, jun.:
Das Leben Franz Liszts. Budapest. Irodalmi Társaság. / Ung. Lit.
Gesellschaft, 1925.

Stradal, August:
Erinnerungen an Franz Liszt. Bern, Haupt 1929.

Szabolcsi, Bence:
Franz Liszt an seinem Lebensabend. Budapest, Akad. Verlag 1959.

Szelényi, István:
Liszts Leben in Bildern. 2. Auflage Budapest, Musikverlag 1956.

Teleki, Sándor, Graf:
Meine Erinnerungen. Bd. I-II. Budapest, Aigner Verlag 1879.

Vajda, Viktor:
Die Welt der Kunst. Budapest, Athenaenum Verlag 1885.

Vajdaffi, Emil:
Die Geschichte des National-Konservatoriums. Budapest, Athenaenum Verlag 1890.

Vier, Jacques:
Franz Liszt-La Comtesse D'Agoult et son temps. Avec des Documents
inédits. Tome I-VI. Paris, A. Colin 1955-1963.

Wagner, Cosima:
Franz Liszt. Ein Gedenkblatt von seiner Tochter. München, F. Bruck-
mann 1911.

Wittgenstein, Carolyne von Sayn:
Briefe. Unveröffentlicht. Országos Széchenyi Levéltár Budapest. /
Länd. Graf Széchenyi Archiv Bp.

Wohl, Janka:
Franz Liszt. Erinnerungen einer Landsmännin. Jena, Costenoble Vlg.
1888.

Wolzogen, von Ernst:
Der Kraftmayr. Ein humoristischer Musikanten-Roman. Dem Andenken Liszts. Bd. I-II. Stuttgart, Engelhorn 1907.

Zichy, Géza, Graf:
Aus meinem Leben. Erinnerungen und Fragmente. Bd. I-III. Stuttgart,
Deutsche Verlagsanstalt 1911, 1912, 1920.

Zichy, Géza, Graf:
Meine Erinnerungen. Bd. I-II. Budapest, Franklin Verlag 1912-1913.

Prüfungspläne und Jahrbücher der königlichen ungarischen Musikakademie 1876-1886.

510

Quellen

Raggendorfer Kath. Gemeinde-Pfarramt: Taufbuch-Sterbebuch ab 1683.

Békefi, Ernö:
Franz Liszt Familie und Abstammung / Liszt Ferenc családja és származása/. Musikverlag Budapest 1936.

Békefi, Ernö:
Liszt und unser Bau, Studium Nr. 67-69, 1936.

Wamser, Heinrich Edmund:
Abstammung Familie F. Liszts. Burgenländische Heimatblätter 1936. Liszt Gedenkheft.

Kunnert, Heinrich, Dr.:
Der Ritterstand Franz Liszts. Heimatheft Burgenland 1936.

Csekey, István, Prof.:
Franz Liszt Familie und Abstammung. Budapest, Wissenschaftl. Akademie 1937.

Österreichische Musikzeitschrift Nr. 9, Wien 1961.

Zimmermann, Joh.:
Deutsche Forschungen in Ungarn, IV. Jahrgang, Heft 1-2, 1939.

Archivarbeiten

Archiv der Ung. Akademie der Wissenschaften	Budapest
Archiv des Bartók-Konservatoriums	Budapest
Archiv Stadt Szekszárd	Szekszárd
Archiv Stadt Sopron / Ödenburg	Sopron
Archiv Fürstprimas Esztergom / Gran	Gran
Erzbischöfliches Archiv	Kalocsa
Privat-Archiv:	
Dr. Milotay. Rellstab Ludwig: Franz L.	Berlin 1842/1972
Joseph D'Ortigue: Memoire 1835.	
Gazette musicale de Paris / Bruchstücke	
Archiv der Staatsoper	Budapest
Archiv des Liszt-Museums der Hochschule für Musik	Budapest
Archiv der Nationalbibliothek "Széchenyi"	Budapest
Archiv	Eisenstadt
Archiv Liszt-Museum	Weimar
Bischöfliches Archiv	Pécs/Fünfkirchen
Archiv Rom-Vatikan-Milano-Venedig-Barcelona	

Liszt-Briefe

Franz Liszts Briefe. Herausgegeben von La Mara, Bd. I-VIII, Leipzig 1893-1905. Bd. IV-VII enthält die Briefe an die Fürstin Wittgenstein.

Franz Liszts Briefe an Baron Antal Augusz. 1846-1878. Herausgegeben von Vilmos von Csapó. Budapest 1911.

Franz Liszts Briefe an seine Mutter. Aus dem Französischen übertragen und herausgegeben von La Mara. Leipzig 1918.

Franz Liszts Briefe an Carl Gille. Herausgegeben von Adolf Stern. Leipzig 1903.

Franz Liszt: Briefe hervorragender Zeitgenossen an Franz Liszt. Herausgegeben von La Mara, Bd. I-III. Leipzig 1895-1904.

The Letters of Franz Liszt to Marie zu Sayn-Wittgenstein. Translated and edited by Howard E. Hugo, Cambridge 1953.

Briefe Cosima Wagners an ihre Tochter Daniela Bülow. 1866-1885. Herausgegeben von Max v. Waldberg, Berlin 1933.

Correspondance de Liszt et de la Comtesse d'Agoult. Vol. I-II. Publ. par Daniel Ollivier, Paris 1933/34.

Briefwechsel zwischen Franz Liszt und Hans von Bülow. Hrsg. von La Mara. Leipzig 1898.

Correspondance de Liszt et de sa fille, Madame Emile Ollivier. 1842-1862. Publ. par Daniel Ollivier, Paris 1936.

Richard Wagners Briefe nach Zeitfolge und Inhalt. Hrsg. von Wilhelm Altmann, Leipzig 1905.

Gesamtausgabe der musikalischen Werke von Franz Liszt. Breitkopf & Härtel, Leipzig.

Eduard von Liszt-Ritter: Franz Liszt. Abstammung, Familie, Begebenheiten. Wien-Leipzig 1937.

Liszts Bücher und Musikalien-Nachlaß, den der Meister der Musikakademie vermachte, mit dem Stempel-"Liszt Hagyaték"-/ Liszts Nachlaß/ versehen. Liszt Musikakademie Budapest, Museum.

Aufbewahrungsorte der Briefe von Franz Liszt in Ungarn

Bildnachweis

Alle Abbildungen entstammen dem privaten Archiv des Autors Adalbert Engel.
Ausnahme: Seite 4 / Bildblock 1
Diese Bilder sind der Sammlung von Dr. Stephan Milotay, Buenos Aires, entnommen.

Personenregister

Ketil Bjørnstadt

Ballade in g-moll

**Roman über das Leben
von Edvard Grieg**

**460 Seiten,
geb. mit Schutzumschlag
ISBN 3-925825-22-3**

Eine empfindsame und verständnisvolle Einführung in das Werk, das Leben und den Charakter des norwegischen Komponisten Edvard Grieg, der immer eine starke Bindung zu seiner Heimat hatte und insbesondere durch die Bühnenmusik zu Ibsens „Peer Gynt" berühmt wurde; seine Kammermusik und Klavierwerke sind jedoch nicht minder bedeutend.

Das Buch „Ballade in g-moll" legt keine trockene Biographie über den Spätromantiker vor, die mit bloßen Fakten und Daten angereichert ist, sondern stellt eine lebendige und literarische Bearbeitung der Lebensbeschreibung des Komponisten dar.

Der junge norwegische Autor Ketil Bjørnstad durchbricht die Grenze, die die bekannten Stationen des Komponisten aufgerichtet haben. Das Ergebnis ist eine brillant geschriebene und stimmungsvolle Komposition, so daß selbst jene, die bisher an Grieg vorbeigegangen sind, den Roman genießen.

Casimir Katz Verlag